PRÉCIS
DE
PHILOSOPHIE
SCIENTIFIQUE
ET DE
PHILOSOPHIE MORALE

CONFORME AU DERNIER PROGRAMME

DES CLASSES DE MATHÉMATIQUES A ET B

Par Gaston SORTAIS

ANCIEN PROFESSEUR DE PHILOSOPHIE A L'EXTERNAT DE LA RUE DE MADRID, A PARIS

PARIS (VI°)

P. LETHIELLEUX, LIBRAIRE-ÉDITEUR

10, RUE CASSETTE, 10

PRÉCIS
DE
PHILOSOPHIE SCIENTIFIQUE
ET DE
PHILOSOPHIE MORALE

Ouvrages de G. SORTAIS

ANCIEN PROFESSEUR A L'EXTERNAT DE LA RUE DE MADRID

En vente chez P. Lethielleux, 10, rue Cassette, Paris

Traité de Philosophie, conforme au dernier programme de la classe de Philosophie. 2 vol. in-8 écu, reliure toile anglaise (xxxi-594 pp. ; xxxi-804 pp.) . . . . 12 fr.
Précis de Philosophie, conforme au dernier programme du baccalauréat pour les classes de Mathématiques A et B. In-8 écu, reliure toile anglaise . . . . 6 fr.
Excursions artistiques et littéraires. 2 vol. in-12. . . . . 5 fr.
Chaque volume forme *une série* pouvant se vendre séparément.
La Crise du Libéralisme et la Liberté d'Enseignement. In-12. . . . . 2 fr. 50

En vente chez E. Bouillon, 67, rue de Richelieu, Paris

Ilios et Iliade. — Les ruines de Troie. — La formation de l'Iliade. — Essais de restauration de l'Iliade primitive. — L'olympe et l'art homérique. 1 vol. in 8 (xv-417 pp. avec une carte) *deuxième édition.* 5 fr.

En vente chez V. Retaux, 82, rue Bonaparte, Paris

De la Beauté d'après Platon, Aristote et Saint-Augustin. Broch. in-8. . . . . 0 fr. 75
Conditions spéciales par nombre, par 6 exemplaires au moins.

En vente chez Desclée, de Brouwer et Cie, 30, rue Saint-Sulpice, Paris

Le Maître et l'Élève. FRA ANGELICO et BENOZZO GOZZOLI.

EN PRÉPARATION :

Excursions philosophiques et sociales.

L'auteur et l'éditeur réservent tous droits de traduction et de reproduction.

Cet ouvrage a été déposé, conformément aux lois, en Septembre 1904.

SAINT-AMAND (CHER) — IMPRIMERIE BUSSIÈRE

PRÉCIS
DE
PHILOSOPHIE
SCIENTIFIQUE
ET DE
PHILOSOPHIE MORALE

CONFORME AU DERNIER PROGRAMME

DES CLASSES DE MATHÉMATIQUES A ET B

Par Gaston SORTAIS

ANCIEN PROFESSEUR DE PHILOSOPHIE A L'EXTERNAT DE LA RUE DE MADRID, A PARIS

PARIS (VI°)

P. LETHIELLEUX, LIBRAIRE-ÉDITEUR

10, RUE CASSETTE, 10

PRÉFACE

Parmi les innovations apportées au régime des examens du baccalauréat, le décret du 31 Mai 1902 mentionne l'introduction d'une dissertation philosophique à l'épreuve écrite de l'examen de la classe de Mathématiques. C'est pour répondre à cette exigence nouvelle que ce *Précis de Philosophie Scientifique et de Philosophie Morale* a été composé. Voici les traits caractéristiques qui le distinguent des traités similaires :

1° Dans les traités, même les plus en vogue, la pensée est comme noyée dans le développement trop littéraire de la phrase. On dirait que leurs auteurs n'osent pas affronter le public sans cet ornement verbal qui cache le fond. C'est une plainte assez générale. Ici, rien de pareil : l'idée se dégage nette et claire, sans fausse parure. Les définitions sont multipliées : on sait par là même d'où l'on part et où l'on va. C'est le procédé scientifique opposé au procédé littéraire ;

2° Chaque affirmation abstraite est accompagnée d'un exemple concret ;

3° Chaque question est divisée en paragraphes numérotés, pour faciliter les références, et chaque paragraphe est, le plus souvent, disposé de façon à former un plan de dissertation ;

4° Certaines questions, plus importantes ou plus complexes, sont étudiées avec une ampleur particulière : par exemple, *la philosophie des sciences, les méthodes des sciences mathématiques et des sciences physiques, les divers systèmes de morale, le déterminisme, le collectivisme, les fonctions de l'État, les grandes hypothèses scientifiques*, etc. ;

5° Les citations ont été contrôlées en remontant, autant que possible, aux sources mêmes. Mérite bien mince et pourtant assez rare dans la plupart des cours qui se copient, sous ce rapport, avec une confiance trop souvent aveugle.

Les ouvrages cités çà et là renferment parfois une doctrine très mêlée. Ces références ne sont donc aucunement des recommandations, mais de simples *indications* ([1]).

Paris, 1ᵉʳ Septembre 1904.

([1]) Comme la MÉTHODOLOGIE et la MORALE, qui forment le contenu de ce *Précis*, s'appuient souvent sur les autres parties de la Philosophie, nous serons obligé de renvoyer fréquemment à notre *Traité de Philosophie* en deux volumes ceux qui voudraient avoir des renseignements complémentaires. Les chiffres, indiquant ces références, se rapportent aux *paragraphes* et non aux pages de ces deux volumes.

TABLE SYNTHÉTIQUE

PHILOSOPHIE SCIENTIFIQUE

MÉTHODOLOGIE

CHAPITRE PREMIER. — LA SCIENCE ET LES SCIENCES

	Pages
1. La Science	2
2. Connaissance du particulier et science du général	7
3. Origine et distinction des sciences	10
4. Classification des sciences	11
5. Classifications **subjectives** :	
I. — Aristote	12
II. — François Bacon et d'Alembert	13
6. Classifications **objectives** :	
I. — Les Scolastiques	14
II. — Ampère	14
III. — A. Comte	16
IV. — H. Spencer	18
7. Classification proposée	19
8. Hiérarchie des sciences	22
9. Philosophie des sciences	23
10. Rapports de la philosophie avec les sciences	26
11. Philosophie, science universelle et science particulière	28

CHAPITRE II. — LA MÉTHODE

12. La méthode générale	30
13. Règles de la méthode cartésienne	30
14. La méthode d'autorité	33
15. Procédés essentiels de la méthode générale	37
16. Analyse et synthèse	38
17. Méthodes déductive et inductive	48
18. Marche générale de la science	55
19. Utilité de la méthode	57

CHAPITRE III. — MÉTHODE DES SCIENCES MATHÉMATIQUES

	Pages
20. Objet des sciences mathématiques	60
21. Division des Mathématiques.	60
22. Origine des notions mathématiques	63

ARTICLE I. — Théorie de la déduction

Section I : La déduction immédiate

23. L'opposition des propositions	68
24. La conversion des propositions.	71

Section II : La déduction médiate

§ A. — SYLLOGISME SIMPLE ET RÉGULIER

25. Structure ou éléments du syllogisme.	72
26. Figures et modes du syllogisme	73
27. Modes concluants des quatre figures.	75
28. Réduction des modes	75
29. Règles ou lois du syllogisme.	77
30. Justification de ces règles.	78

§ B. — VARIÉTÉS DU SYLLOGISME

31. Syllogismes irréguliers	82
32. Syllogismes composés.	84
33. Argument de l'exemple	85
34. Argument *ad hominem*.	86
35. Principes fondamentaux du syllogisme.	86
36. Représentations graphiques des syllogismes	90
37. De la démonstration en général	95
38. Valeur de la déduction	99

ARTICLE II. — Théorie de la démonstration mathématique

39. La démonstration mathématique	103
40. Sciences exactes.	113
41. Les mathématiques et la formation de l'esprit	115

CHAPITRE IV. — MÉTHODE DES SCIENCES PHYSIQUES ET DES SCIENCES NATURELLES

	Pages
42. Sciences physiques et sciences naturelles.	119

ARTICLE I. — Méthode des sciences physiques

43. Phases de la méthode inductive	123
44. § A. — **L'Observation**	124
45. § B. — **L'Hypothèse**	128
46. § C. — **L'Expérimentation**	136

Section I : L'Observation provoquée
Section II : L'Interprétation de l'expérience

a) La recherche de la cause	141
b) Méthode des coïncidences constantes	144
c) Méthode de coïncidence solitaire	146
47. § D. — **L'Induction proprement dite**	150
48. Fondement de l'induction	151
I. — Induction formelle	151
II. — Solution de l'École écossaise	152
III. — Solution de Cl. Bernard et de Ravaisson	154
IV. — Solution de S. Mill	155
V. — Solution proposée	158
49. Le raisonnement inductif	160
50. Valeur et utilité de l'induction	162

ARTICLE II. — Méthode des sciences naturelles

51. La généralisation	166

Section I : La Définition

52. Définition nominale	169
53. Définition réelle	170
54. Définition empirique	175
55. Définitions mathématiques et définitions empiriques	178

Section II : La Classification

56. Définition et espèces	179
57. Formation des classifications naturelles	181

58. Division logique et classification	184
59. Avantages des classifications naturelles.	186
60. Valeur des classifications naturelles.	187
61. Fondement de la généralisation	189
62. Induction et généralisation	193

Section III : L'Analogie

63. Définitions et espèces d'analogie	195
64. Formes de l'analogie	196
65. Valeur de l'analogie	198
66. Analogie, induction et déduction	201
67. Avantages et dangers de l'analogie	202

CHAPITRE V. — MÉTHODE DES SCIENCES MORALES

68. Objet et division des sciences morales	207
69. Différences de méthodes	209
70. Les sciences physiques et les sciences morales	210

Section I : Méthode de la Psychologie

71. La Méthode géométrique et la Psychologie.	212
72. I. — L'Observation	214

§ A. — OBSERVATION SUBJECTIVE
§ B. — OBSERVATION OBJECTIVE

73. II. — L'Hypothèse	220
74. III. — L'Expérimentation	220
75. IV. — L'Induction	225

Section II : Méthode de la morale

76. Nature de la méthode en Morale	227

Section III : Méthode des sciences historiques

77. Objet et division de l'histoire	229
78. Critique du témoignage en général	230
79. Critique historique	236

§ A. — CRITIQUE DES TRADITIONS
§ B. — CRITIQUE DES MONUMENTS
§ C. — CRITIQUE DES TEXTES

80. Histoire proprement dite.	239
81. Synthèse métaphysique de l'histoire.	244

Section IV : Méthode de la science sociale

82. Philosophie de l'histoire ou science sociale	247

CHAPITRE VI. — LES GRANDES HYPOTHÈSES SCIENTIFIQUES

83. La nébuleuse primitive	253
84. L'unité des forces physiques.	256
85. Le transformisme	263
86. L'évolutionnisme	280
87. La perfectibilité humaine.	288

PHILOSOPHIE MORALE

LIVRE I. — CONDITIONS PSYCHOLOGIQUES DE LA VIE MORALE

CHAPITRE PREMIER. — NOTIONS PRÉLIMINAIRES

1. Distinction entre la Psychologie et la Physiologie	298
2. Classification des faits psychologiques	301
3. Détermination des facultés	304
4. Unité de la vie psychologique	306
5. Activité psychologique et division de la psychologie.	308

CHAPITRE II. — LES DIVERSES FONCTIONS DE L'ACTIVITÉ PSYCHOLOGIQUE

ARTICLE I. — L'Activité sensible

§ A. — Les émotions

6. Plaisir et douleur en général	311
7. Sensations et sentiments.	311

§ B. — Les inclinations

	Pages
8. Les inclinations en général	315
9. L'instinct	316

§ C. — Les passions

10. Rapports de l'inclination et de la passion	318
11. Valeur et traitement des passions	320
12. Rôle de la sensibilité	323

ARTICLE II. — L'activité intellectuelle

13. Classification des fonctions intellectuelles	325
14. Origine des notions et vérités premières	328

ARTICLE III. — L'activité volontaire

15. Nature et modes de l'activité volontaire	329

§ A. — La volonté

16. Volonté et liberté	330
17. Analyse de l'acte volontaire	331
18. Essence de l'acte libre	333
19. Volonté et désir	333
20. Caractères de la volonté saine	335
21. Défauts et maladies de la volonté	336
22. La personnalité	337

§ B. L'habitude

23. Origine, développement, espèces	339
24. Effets de l'habitude	340
25. Rôle et importance de l'habitude	341
26. L'habitude, la liberté et la moralité	342

LIVRE II. — LA MORALE

27. Définition et objet de la morale	344
28. Division et méthode de la morale	345
29. La morale indépendante	345

TABLE SYNTHÉTIQUE DES MATIÈRES

PREMIÈRE PARTIE

MORALE FORMELLE OU GÉNÉRALE

	Pages
30. Division de la morale formelle.	351

CHAPITRE I. — LA CONSCIENCE MORALE

31. Conscience psychologique et conscience morale.	353
32. Analyse de la conscience morale	353
33. Universalité de la conscience morale	355
34. Conditions de la moralité.	358
35. L'intention morale	358
36. Degrés, éducation et règles de la conscience	360

CHAPITRE II. — LA LIBERTÉ MORALE

37. Espèces de liberté	364
38. Les preuves du libre arbitre.	365
§ A. — Témoignage de la conscience.	365
§ B. — Témoignage de l'humanité.	367
§ C. — Preuves morales	368
§ D. — Preuves insuffisantes	369
39. Le fatalisme	370
40. Définition du déterminisme en général	375
41. Le déterminisme scientifique.	376
42. Le déterminisme physique et physiologique	381
43. Le déterminisme psychologique	383

CHAPITRE III. — LE DEVOIR ET LA LOI MORALE

44. Le devoir et l'obligation morale.	392
45. De la loi : divisions.	392
46. Existence de la loi morale et du devoir.	397
47. Caractères de la loi morale et du devoir	399

CHAPITRE IV. — LE SOUVERAIN BIEN

	Pages
48. Les motifs des actions humaines	402
49. Tableau des divers systèmes de morale	404

ARTICLE I. — Morales égoïstes ou utilitaires

§ I. — MORALE DU PLAISIR

50. L'Hédonisme de Chrysippe	405

§ II. — MORALE DE L'INTÉRÊT

51. La morale d'Épicure	407
52. La morale de Bentham	408
53. Utilitarisme rectifié de S. Mill	410
54. La morale évolutionniste de Spencer	412
55. Rôle du plaisir en morale	415
56. Rôle de l'intérêt en morale	415

ARTICLE II. — Morales altruistes ou sentimentales

57. La morale de la sympathie de Smith	419
58. Le sentiment de l'honneur	421
59. Rôle du sentiment en morale	423

ARTICLE III. — Morales rationnelles

60. L'eudémonisme rationnel d'Aristote	424
61. La morale formelle de Kant	427
62. La morale du bien rationnel	433
63. Critérium du bien et du mal	434
64. Fondement de l'obligation	436

CHAPITRE V. — CONSÉQUENCES DE LA MORALITÉ

65. La responsabilité morale	442
66. Mérite et démérite	446
67. Les sanctions morales	448

CHAPITRE VI. — LE DROIT

68. Définition et caractères du droit	454
69. Principe et fondement du droit	456

TABLE SYNTHÉTIQUE DES MATIÈRES

	Pages
70. Rapports du droit et du devoir.	459
71. Formes particulières du droit	461
72. Préceptes primaires et secondaires du droit naturel	463
73. Conflit des droits	464

DEUXIÈME PARTIE

MORALE MATÉRIELLE OU PARTICULIÈRE.

74. Division des devoirs.	466
75. Devoirs envers les animaux ?	468
76. Conflit des devoirs.	469

CHAPITRE I. — MORALE PERSONNELLE

77. Existence et fondement des devoirs personnels	470

§ I. — Devoirs relatifs au corps

78. Devoirs positifs	473
79. Devoirs négatifs	474

§ II. — Devoirs relatifs a l'ame

80. Les vertus principales.	476
81. L'alcoolisme	477

CHAPITRE II. — MORALE SOCIALE

82. Division des devoirs envers autrui.	480

Section I : Morale humanitaire

83. Justice et charité.	481

§ A. — Devoirs de justice

84. Devoirs relatifs à la vie d'autrui	485
85. Devoirs relatifs à l'âme d'autrui	490
86. Respect des biens matériels : droit de propriété.	495
87. Objections contre le droit de propriété	501
88. Liberté testamentaire	504
89. Le socialisme.	505
90. Respect des biens spirituels : l'honneur.	509

§ B. — Devoirs de charité

	Pages
91. Les œuvres de charité	510

Section II : Morale domestique

92. La famille	511
93. Le mariage	512
94. Le célibat	516
95. Devoirs des époux	516
96. Devoirs des parents	517
97. Devoirs des enfants	517
98. Devoirs des maîtres et des serviteurs	518
99. Devoirs des patrons et des ouvriers	518

Section III : Morale civique

100. La société : éléments constitutifs	520
101. La Patrie	522
102. Origine de la société	524
103. Origine du pouvoir	527
104. Fonctions de l'État	530
105. Insurrection et résistance	540
106. Les gouvernements de fait	542
107. Les formes de gouvernement	544
108. La séparation des pouvoirs	546
109. Stabilité et transmission de l'autorité	547
110. Devoirs et droits des gouvernants	548
111. Devoirs et droits des gouvernés	549
112. Liberté civile et liberté politique	549
113. L'État et l'instruction	550
114. L'impôt	552
115. Le vote	554
116. L'État et le droit d'association	555
117. La constitution de l'Église	557
118. Rapports de l'Église et de l'État	559
119. La thèse et l'hypothèse	564
120. L'intolérance	568
121. L'Église et la Révolution	572

Section IV : Morale internationale

122. Le droit des gens	575

PREMIÈRE PARTIE

ÉLÉMENTS DE PHILOSOPHIE SCIENTIFIQUE

Le but de la *Philosophie scientifique* est de tracer les règles ou procédés qui permettent d'arriver à la science. C'est pourquoi on l'appelle **Méthodologie**. Nous commencerons par définir la science et par classer les sciences ; puis nous traiterons de la **Méthode en général** ; enfin nous étudierons les **Méthodes particulières** à chaque groupe de sciences.

CHAPITRE PREMIER

LA SCIENCE ET LES SCIENCES

1. — LA SCIENCE

La science naît de la *curiosité* si naturelle à l'homme, c'est-à-dire du besoin de comprendre et d'expliquer. « L'étonnement, a dit Aristote, est le commencement de la science [1] ». Elle s'achève dans une disposition d'esprit contraire à celle qui l'a fait naître. Quand on ignore la raison d'être des choses, on s'étonne qu'elles soient comme elles sont ; quand on la connaît, on serait étonné qu'elles fussent autrement. « Rien, dit encore Aristote, ne surprendrait autant le géomètre que de voir le diamètre devenir commensurable avec la circonférence [2] ».

§ A. — *NATURE DE LA SCIENCE*

La curiosité de l'homme n'est pas satisfaite quand on lui apprend qu'une chose existe : ce n'est là qu'une connaissance *vulgaire, empirique*. Il veut en outre se rendre compte, c'est-à-dire connaître le **pourquoi** et le **comment** des choses ; il veut arriver à la *science*. Le vulgaire se contente de connaître le *fait*, c'est-à-dire ce qui est particulier, ce qui passe, ce qui paraît ; le savant s'efforce de trouver la *raison* du fait, c'est-à-dire ce qui est général, permanent, essentiel. On peut donc définir la science : la connaissance **raisonnée** des choses, ou la recherche des **raisons** des choses.

[1] Aristote, *Métaphysique*, L. I, ch. ii, § 8. Nous renvoyons à l'édition Didot.
[2] Aristote, *Métaphysique*, L. I, ch. ii, § 12.

Il y a deux espèces de raisons pour expliquer les **causes et les lois**. Les causes répondent plus particulièrement à la question : *Pourquoi ?* Les lois, à la question : *Comment ?* Exemple : *Pourquoi* une pierre abandonnée à elle-même tombe-t-elle ? C'est demander : quelle *cause* agit pour déterminer ce phénomène. *Comment* tombe-t-elle ? C'est dire : la cause étant posée, quel *rapport constant* la relie à l'effet produit ? D'après quelle *loi* agit-elle ?

C'est pourquoi Aristote (¹) affirmait que savoir c'est connaître les causes. Les Scolastiques ont traduit ainsi la pensée d'Aristote : *Scientia est cognitio rerum per causas*, et F. Bacon après eux : *Vere scire per causas scire* (²). Quand on connaît *de quoi* une chose est faite (= cause *matérielle*) — *ce qu'est* cette chose (= cause *formelle*) — *par qui* elle a été faite (= cause *efficiente*) et *en vue de quoi* elle a été faite (= cause *finale*), on a de cette chose une connaissance *scientifique*.

Remarque : dans les sciences **abstraites**, où il n'y a pas de faits à expliquer, on remplace les mots causes et effets par ceux de **principes** et de **conséquences**.

§ B. — *CARACTÈRES ET CONDITIONS DE LA SCIENCE*

Toute science est une connaissance ; mais toute connaissance n'est pas une science. La science se distingue de la connaissance vulgaire par la **certitude**, la **généralité**, l'**enchaînement**. La science en effet est :

1. — **Certaine** : la connaissance vulgaire est souvent vague et douteuse ; et, alors même qu'elle est certaine, elle ne peut rendre compte de sa certitude. — La science au contraire est certaine parce qu'elle repose sur des principes évidents et qu'elle n'admet que les conséquences qui en découlent nécessairement. Qu'elle déduise ou qu'elle induise, les résultats auxquels elle aboutit sont fondés en raison : elle en donne les preuves.

(¹) Aristote, *Derniers Analytiques*, L. I, chap. ii, § 1. Cf. *Métaphysique*, L. I, ch. iii.
(²) Bacon, *Novum organum*, L. II, Aphor. II.

II. — Générale : la curiosité du vulgaire s'arrête aux *faits*, se borne à examiner les *phénomènes*, c'est-à-dire ce qui est *particulier, passager, superficiel*. La science veut dépasser les apparences pour aller au *fond* des choses : elle est la connaissance des causes et des lois, c'est-à-dire de ce qui est *général* et *permanent*. En étudiant des faits, vg. (¹) la dilatation de tels corps par la chaleur, le physicien tire les *rapports constants* de ces faits, c'est-à-dire la *loi* de la dilatation des corps. De l'organisation de quelques êtres semblables, vg. chiens, le naturaliste dégage les *caractères constants*, c'est-à-dire l'idée du *genre* ou du *type*, l'idée du chien en général. Il en est de même dans les autres sciences : elles aboutissent à des vérités *générales, invariables, permanentes*. Penser un *type*, c'est-à-dire une loi de *coexistence* (vg. type mammifère), c'est penser tous les individus qui le réalisent ; penser une *loi de succession* (vg. chute des corps), c'est penser tous les faits qui en sont l'expression. Les *individus* et les *phénomènes* sont au contraire limités dans le temps et l'espace ; ils paraissent et disparaissent. C'est pourquoi Socrate et Aristote ont dit depuis longtemps : « Il n'y a pas de science du particulier ; il n'y a de science que du général (²) ».

III. — Enchaînée, méthodique, systématique : entasser des matériaux ce n'est pas construire un édifice. Ainsi des faits ou des propositions isolées et sans liaison sont les *matériaux* de la science, non la science même. La science est un enchaînement de propositions, d'êtres ou de faits. Le lien des propositions, ce sont les *principes* ; le lien des êtres, les *types* ; le lien des faits, les *lois*. On déduit les propositions les unes des autres et on les enchaîne par le raisonnement. On systématise la connaissance des êtres individuels et des faits particuliers en les rattachant à des rapports constants de coexistence ou de succession. C'est grâce à cette liaison rationnelle que les vérités particulières forment un tout cohérent et deviennent un édifice scientifique, dont les parties, fortement cimentées entre elles, se soutiennent et s'expliquent mutuellement.

(¹) Ces deux lettres *vg.* (abrégé de *verbi gratia*), qui reviendront souvent, signifient *par exemple*.

(²) Aristote, *Métaphysique*, L. V. ch. II. § 10.

Ce qui produit dans la science cet enchaînement nécessaire, qui fait sa force et son unité, c'est la *méthode*. Ainsi le mathématicien rattache, par une série de *déductions*, la multiplicité des théorèmes aux principes de la démonstration : l'axiome et la définition. Le physicien ramène, par un ensemble d'*inductions*, la variété des faits particuliers à l'unité des lois qui les régissent, et la variété des lois secondaires à l'unité supérieure de lois plus générales. Connaître c'est, comme dit Platon, « faire de plusieurs un », ramener la diversité à l'unité. Mais c'est par la connaissance *scientifique* seule que cette réduction est vraiment réalisée. Un maximum de faits ou de propositions réduit à un minimum de lois et de principes : voilà l'idéal de la science.

La connaissance empirique manque au contraire d'enchaînement et d'unité. Le vulgaire a quantité d'idées particulières plus ou moins incohérentes : c'est un amas et non un tout bien ordonné. C'est donc surtout par ses caractères de *liaison* et de *généralité* que la science diffère de la connaissance vulgaire. « Plus une intelligence est élevée, plus le nombre de ses idées décroît, parce que cette intelligence d'élite enferme dans un petit nombre d'idées ce que les intelligences d'un degré inférieur distribuent en un nombre plus grand... Le nombre des idées va se réduisant dans les intelligences créées, à mesure que ces intelligences se rapprochent du Créateur, et Lui, l'Idée par excellence, l'Être infini, l'Intelligence infinie, voit tout dans une seule idée : idée simple, unique, immense, idée qui n'est autre que son essence ([1]) ».

Conclusion : on peut donner maintenant une définition détaillée de la science, en se plaçant au point de vue :

1°) **Subjectif**, c'est-à-dire en la considérant dans le *sujet* intelligent qui la possède : c'est la *connaissance certaine et méthodique des vérités générales*. Dans ce sens on l'oppose : *a*) à la connaissance *empirique*, qui manque d'enchaînement et de méthode ; — *b*) à l'*opinion*, qui n'est qu'une connaissance *probable* : — *c*) à l'*hypothèse*, qui n'est qu'une explication *provisoire*.

2°) **Objectif**, c'est-à-dire en la considérant *en soi* : c'est un ensemble ou *système de vérités générales se rapportant à un*

([1]) Balmès, *Art d'arriver au vrai*, ch. XVI, § 7.

objet déterminé : vg. la biologie est un système de connaissances sur les phénomènes vitaux. A ce point de vue, on peut dire que *la science* n'existe pas ; il y a seulement des *sciences particulières*, ayant chacune leur domaine propre.

§ C. — *AVANTAGES ET BIENFAITS DE LA SCIENCE*

La science a de nombreux avantages. Elle permet de :
I. — **Comprendre et expliquer les choses.** — Comprendre une chose, l'expliquer, c'est indiquer sa raison d'être. Or la science nous fait connaître les raisons des choses, puisqu'elle nous fait découvrir leurs principes, leurs causes et leurs lois. Ainsi une proposition géométrique est expliquée, quand on sait le principe d'où elle dérive et la démonstration qui la relie à ce principe. Un phénomène physique ou biologique est expliqué quand le physicien ou le naturaliste peut indiquer la cause qui le produit et la loi d'après laquelle cette cause opère.
II. — **Prévoir les phénomènes.** — Les lois étant les rapports *constants et invariables* qui relient les antécédents aux conséquents, le savant peut prédire avec certitude l'apparition d'un phénomène : vg. une éclipse. Cette prévision n'est certaine que s'il s'agit de causes fatales, parce qu'elles sont *unilatérales*. Elle est plus ou moins probable, s'il s'agit de causes libres, parce qu'elles sont *bilatérales* : vg. conjectures des diplomates.
III. — **Agir sur la nature.** — Sans doute, en soi, la science est théorique et le savant, comme tel, ne se préoccupe pas de l'utilité pratique de ses découvertes. Mais tôt ou tard les vérités spéculatives trouvent leur application. C'est pourquoi savoir c'est non seulement *comprendre* et *prévoir*; c'est encore *pouvoir* dans une certaine mesure. Bacon va trop loin quand il dit sans restriction que « la science et la puissance coïncident (¹). Il ne suffit pas en effet de connaître la cause d'un mal pour le guérir ; il faut en outre avoir prise sur cette cause. Il reste vrai cependant que la puissance de l'homme sur la nature se mesure à l'étendue

---

(¹) Bacon, *Novum organum* L. I, Aph. III.

de sa science, car pour produire ou empêcher un phénomène il faut d'abord connaître sa cause. Bref, la science permet de *pourvoir* aux besoins de la vie, en faisant des causes connues les dociles instruments de notre action. A. Comte a tout résumé dans cette formule : « Science, d'où prévoyance ; prévoyance, d'où action (¹) » ; ou en d'autres termes : **Savoir pour prévoir, afin de pourvoir.**

Conclusion : ces applications bienfaisantes ne sont que le but *secondaire* de la science. Sa fin *véritable*, c'est de satisfaire le *désir de connaître*, c'est la *possession* de la vérité. La science est, de sa nature, *spéculative*. C'est pourquoi Aristote (²) a pu dire, sans paradoxe, qu'une science est d'autant plus excellente qu'elle est moins utile. Tel est surtout le cas de la Philosophie et des Mathématiques (³).

2. — CONNAISSANCE DU PARTICULIER ET SCIENCE DU GÉNÉRAL

« Tous les hommes, dit Aristote, sont naturellement désireux de savoir » (⁴) Cette curiosité a d'abord pour objet les choses *individuelles*. Puis l'intelligence distingue dans les individus leurs caractères et leurs rapports *communs*. L'esprit passe ainsi, spontanément, de la connaissance du particulier à la connaissance du général. Laquelle de ces deux connaissances mérite le nom de science ? La science est la forme la plus parfaite de la connaissance humaine : elle est une connaissance aussi **adéquate**, aussi **rationnelle**, aussi **profitable** que possible. Or le *général* est seul susceptible d'une telle connaissance ; le particulier ne saurait

---

(¹) A. Comte, *Cours de Philosophie positive*, Leçon Iʳᵉ.
(²) Aristote, *Métaphysique*, L. I, ch. ɪɪ, §, 8, 9.
(³) « Rien n'est plus propre à montrer la différence entre une découverte industrielle et une découverte scientifique que l'histoire de l'invention de l'éclairage par incandescence » (A. Dastre, *Revue des Deux Mondes*, 1ᵉʳ février 1901, p. 699).
(⁴) Aristote, *Métaphysique*, L. I, ch. ɪ, § 1.

donc être l'objet de la science. C'est pourquoi Socrate et Aristote disaient avec raison : « Il n'y a pas de science du particulier, il n'y a de science que du général (¹) ».

§ A. — *CONNAISSANCE DU PARTICULIER*

La connaissance du *particulier* est forcément pour nous :

I. — **Inadéquate à son objet** : il nous est en effet impossible :

A) De connaître tous les *cas possibles*, passés, présents et futurs, parce que leur nombre est indéfini.

B) De connaître à fond, d'épuiser la compréhension d'un seul individu, parce que cette compréhension est pour ainsi dire illimitée. C'est pourquoi l'individuel n'est pas définissable **(53)** (²). Ce qui faisait dire à Pascal : « Nous ne savons le tout de rien ». — Seule une intelligence infinie est capable d'une telle connaissance, seul Dieu est omniscient.

II. — **Sans intérêt** : ce qui est *particulier* et *passager* est *accidentel* ; or tout ce qui est accidentel intéresse faiblement l'esprit humain, parce qu'il n'en voit pas la raison. Sans doute la série mouvante des phénomènes est un spectacle plein de charme pour l'imagination. Mais constater des phénomènes ne satisfait pas l'intelligence. Elle veut atteindre les causes et les lois qui expliquent les faits ; or toute cause et toute loi ont un caractère de *généralité* et de *permanence*.

III. — **Sans profit** : la connaissance du particulier n'atteint pas la fin secondaire de la science : *prévoir l'avenir pour y pourvoir* (**1 § C**). D'un fait particulier, en tant que particulier, on ne peut rien conclure, car il n'y a pas deux faits absolument identiques

---

(¹) ARISTOTE, *Métaphysique*, L. V, ch. II, § 10.

(²) Les chiffres mis entre parenthèse *sans autre indication* renvoient aux *paragraphes* de la *même partie* de l'ouvrage à laquelle appartient le paragraphe où ils se trouvent placés. Ici le chiffre indiqué renvoie au paragraphe 53 de cette première partie : la MÉTHODOLOGIE. Quand ils renvoient à une partie différente, cette partie est explicitement mentionnée : soit vg. : (MORALE 5). Cela signifie qu'il faut se reporter au paragraphe 5 de la seconde partie du Précis, c'est-à-dire à la MORALE.

dans la nature. Ce qui s'applique à tel individu pourra ne pas convenir à tel autre; toute prévision est nécessairement aléatoire. — La connaissance du *particulier* et du *passager* n'a donc aucun des caractères d'une connaissance parfaite.

§ B. — *CONNAISSANCE DU GÉNÉRAL*

La connaissance du *général* est toute différente. Son objet, ce ne sont pas les choses individuelles, mais leurs caractères communs et permanents; ce ne sont pas les phénomènes mobiles et variés, mais leurs rapports stables et semblables. La connaissance sensible s'arrête à ce qui est accidentel; la connaissance rationnelle s'attache à ce qui est *essentiel*. Or l'essence des choses n'est pas une pure abstraction. Si, en tant que générale et commune à toute une classe d'individus, elle n'existe *formellement* que dans l'intelligence; elle a cependant un *fondement réel* dans les individus existants, car ils possèdent vraiment l'ensemble des caractères qu'elle représente (¹).

L'objet de la connaissance rationnelle n'est donc point irréel, puisque les essences ont une réalité éminente, supérieure à la réalité des caractères individuels. En outre elles sont bien plus intelligibles que les faits particuliers. C'est pourquoi la connaissance du général est :

I. — **Adéquate à son objet** : à un nombre indéfini d'objets complexes, elle substitue un objet défini, relativement simple, c'est-à-dire les rapports *essentiels* des choses, qui constituent les *types* et les *lois* : vg. l'homme en général, les attributs communs à l'humanité, sont un objet accessible et proportionné à notre intelligence. — Cette connaissance a une extension illimitée; elle embrasse non seulement *tous les temps* et *tous les espaces*, mais elle dépasse le réel pour atteindre le *possible* : partout et toujours l'homme est et sera l'animal raisonnable.

II. — **Rationnelle** et conséquemment du plus haut intérêt,

(¹) G. Sortais, *Traité de philosophie*, t. I, *Psychologie expérimentale*, n° 144, IV.

car les vérités générales permettent seules d'*expliquer* les choses et de les *enseigner* (¹). On constate les faits particuliers ou bien on les croit sur la parole de témoins autorisés. On ne peut en rendre compte, les faire comprendre que si on réussit à les rattacher à leurs *causes* et à leurs *lois*, c'est-à-dire à ce qui est *permanent* et *général*. Alors on ne sait pas seulement qu'ils sont, mais *comment* et *pourquoi* ils sont (**1**, § A).

III. — **Profitable** : pour agir sur la nature, il faut être capable de prévoir, de produire ou de modifier les phénomènes. Mais comment les prévoir, comment les maîtriser si l'on ne connaît pas leurs *causes* et leurs *lois* ? « C'est en obéissant à la nature, dit Bacon, qu'on parvient à lui commander. » *Natura non nisi parendo vincitur* (²).

Conclusion : la maxime socratique reste donc vraie : « Il n'y a pas de science du particulier ; il n'y a de science que du général. » Auguste Comte le reconnaît lui-même : « Le pur empirisme est stérile. »

3. — ORIGINE ET DISTINCTION DES SCIENCES

La science parfaite, synthèse de toutes les sciences particulières, serait la connaissance universelle et adéquate de l'univers. C'est le privilège de Dieu. L'homme, ne pouvant y atteindre, est contraint de diviser ses connaissances pour les *préciser* et les *ordonner* : de là sont nées les *sciences particulières*. Il n'y eut d'abord qu'une seule science ayant pour objet l'universalité des choses ; les premiers savants la nommèrent la *sagesse* ; mais Pythagore, plus modeste, l'appela *philosophie*, l'amour de la sagesse, ou du savoir.

Peu à peu les sciences particulières s'en dégagèrent. Les **Mathématiques** furent les premières à s'attribuer un domaine indépendant. — Il faut traverser ensuite l'antiquité, le moyen

---

(¹) Aristote, *Métaphysique*, L. I, ch. II, § 5.
(²) Bacon, *Novum Organum*, L. I, Aphorisme III.

âge et une partie des temps modernes pour trouver une nouvelle science, la **Physique**, qui commence à se détacher de la philosophie. Les grands physiciens du xvii° siècle, Galilée, Descartes, Pascal, Newton, sont encore de grands philosophes. Ce n'est que vers la fin du xviii° siècle que la Physique eut sa méthode propre. — Puis c'est la **Linguistique** ou **Philologie comparée** qui se constitue après la découverte du sanscrit. — C'est ensuite la **Chimie**, la **Physiologie**, etc. A mesure que progresse la précision des analyses, chacune de ces sciences tend à se subdiviser elle-même en sciences spéciales.

Tout en restant distinctes, les sciences se compénètrent et se prêtent un mutuel appui : vg. il y a des questions de Physique qui relèvent de la Mécanique (*Thermo-dynamique*), de la Chimie (*Thermo-chimie*), de la Physiologie (*Optique, Acoustique*). — Les mouvements réflexes ressortissent à la Physiologie et à la Philosophie. — L'Histoire et la Géographie se font de continuels emprunts. — La Médecine doit faire appel à la Physique et à la Chimie.

4. — CLASSIFICATION DES SCIENCES

Classer les sciences c'est les distribuer en groupes distincts et subordonnés ; c'est déterminer les rapports qui les unissent de manière à montrer quelle place elles occupent dans l'ensemble des connaissances humaines. On peut faire une classification en se mettant au point de vue soit : A) **subjectif**, d'après les facultés mises en jeu par le *sujet* qui connait ; — B) **objectif**, d'après l'*objet* connu. Ce second point de vue semble le meilleur.

1. — **Conditions d'une bonne classification :** elle doit se faire :

A) D'après la nature des **objets** connus et non d'après les facultés du sujet pensant : « La classification doit ressortir de l'étude même des objets à classer et être déterminée par les affinités réelles et l'enchaînement naturel qu'ils présentent » (A. Comte).

B) En suivant l'ordre **naturel d'évolution**, en allant de la généralité décroissante à la complexité croissante, car les phénomènes complexes ont leurs conditions nécessaires, quoique pas toujours suffisantes, dans les phénomènes simples. A ce prix, on a une bonne classification, car elle est **naturelle**, fondée sur la nature des choses.

II. — **Avantages d'une classification naturelle :** Bacon a dit d'une bonne classification qu'elle est : *Globus orbis intellectualis* (¹). D'Alembert l'a traduit ainsi : « C'est comme une mappemonde de l'univers scientifique (²). » Une bonne classification montre : 1°) l'unité et la diversité des connaissances humaines ; — 2°) le domaine propre de chaque science ; — 3°) les rapports logiques qui unissent les sciences les unes aux autres ; — 4°) l'ordre dans lequel elles doivent être étudiées.

5. — CLASSIFICATIONS SUBJECTIVES

§ I. — *CLASSIFICATION D'ARISTOTE*

A) **Exposé** : il classe les sciences, d'après les formes possibles de l'activité humaine, en trois groupes. Il distingue les sciences (³) :

I. — **Spéculatives** : dont le but est la connaissance pure, sans aucune préoccupation pratique. Ce sont : 1) *Physique* ; — 2) *Mathématiques* ; — 3) *Philosophie première* ou *Métaphysique*.

II. — **Pratiques** : dont le but est de diriger nos actions. Ce sont : 1) *Éthique* ou *morale* ; — 2) *Économique* ; — 3) *Politique*.

III. — **Poétiques** : dont le but est la réalisation d'œuvres extérieures à l'agent. Ce sont : 1) *Poétique* ; — 2) *Rhétorique* ; — 3) *Dialectique*.

B) **Critique** : cette classification correspond aux trois modes possibles du développement d'un être intelligent : *savoir*, *agir*, *faire* ou *produire* ; — la *science*, la *pratique* et l'*art* (⁴).

(¹) Bacon, *De dignitate et augmentis scientiarum*, L. IX.
(²) D'Alembert, Discours préliminaire de l'*Encyclopédie*.
(³) Aristote, *Topiques*, L. VII, ch. I, § 23.
(⁴) Ravaisson, *Essai sur la Métaphysique d'Aristote*, P. III, L. I, ch. II.

Mais : 1) elle est incomplète : vg. elle ne fait aucune place aux sciences historiques.

2) Elle sépare trop la spéculation et la pratique.

3) L'expression « sciences poétiques » est impropre, car l'art et la poésie diffèrent profondément de la science, soit dans leur but, soit dans leurs moyens et méthodes, soit dans leurs manifestations.

§ II. — *FR. BACON ET D'ALEMBERT*

A) **Exposé** ([1]) : Bacon prend pour principe de sa classification des sciences les *facultés intellectuelles* dont elles dérivent. Or d'après lui l'esprit a trois fonctions essentielles : *conserver, reproduire, combiner*, auxquelles répondent trois facultés : *mémoire, imagination, raison*. De là trois grandes divisions dans les sciences :

I. — *Sciences* de la **mémoire** : Histoire
  - a) *naturelle*.
  - b) *civile*.

II. — *Sciences* de l'**imagination** : Poésie
  - a) *narrative*.
  - b) *dramatique*.
  - c) *parabolique*.

III. — *Sciences* de la **raison** : Philosophie, *qui a un triple objet* :

1) **Dieu** : *théologie naturelle.*

2) **nature** :
  - a) *métaphysique*.
  - b) *physique*.
  - c) *arts mécaniques*.

3) **homme** *considéré* :
  - a) *en général*.
  - b) *dans son corps*.
  - c) *dans son âme*.
  - d) *dans ses relations sociales*.

D'Alembert ([2]) adopte cette classification sans modification notable. Il place la raison avant l'imagination.

B) **Critique** : 1) Le principe de cette classification est fort con-

---

([1]) Bacon, *De augmentis et dignitate scientiarum*, L. II-IX. — Cf. G. Fonsegrive, *François Bacon*, L. II, ch. I.

([2]) D'Alembert, *Discours préliminaire de l'Encyclopédie*.

testable : nos facultés ne s'exercent pas isolément, et aucune science n'est l'œuvre exclusive d'une seule faculté. « L'étude de chaque science, a dit Condorcet, met toutes les facultés de l'esprit en exercice. »

2) D'ailleurs Bacon ne reste pas fidèle à son principe : la division des sciences philosophiques est uniquement fondée sur la distinction de leurs *objets* et non sur le jeu divers de nos facultés.

6. — CLASSIFICATIONS OBJECTIVES

§ I. — *CLASSIFICATION DES SCOLASTIQUES*

A) **Exposé** : Les Scolastiques divisaient les connaissances humaines en :

Trivium : { Grammaire. Dialectique. Rhétorique. } **Quadrivium :** { Musique. Arithmétique. Géométrie. Astronomie. }

L'ensemble constituait les *sept arts libéraux*. Mais le Droit canon et le Droit civil, la Médecine et la Théologie étaient placés au-dessus.

B) **Critique** : ce n'est pas une classification, mais un plan d'études qui ne contient qu'une simple énumération ; or classer ce n'est pas seulement énumérer, mais surtout ranger en groupes subordonnés [1].

§ II. — *CLASSIFICATION D'AMPÈRE*

A) **Exposé** : André-Marie Ampère [2] partage l'ensemble des sciences en deux grands règnes : les sciences **cosmologiques** et

---

[1] Ozanam, *Dante et la philosophie catholique au xiiie siècle*, Document II.
[2] Ampère, *Essai sur la philosophie des sciences*. Cf. Valson, *Vie et travaux d'Ampère*.

les sciences **noologiques**. Les deux règnes sont divisés en 4 sous-règnes ; ceux-ci se subdivisent en 8 embranchements, qui forment 16 sous-embranchements, auxquels correspondent 32 sciences du 1er ordre. Ces 32 sciences se décomposent en 64 sciences du 2e ordre, et celles-ci enfin en 128 sciences du 3e ordre : vg.

A) RÈGNE :	SOUS-RÈGNES :	EMBRANCHE-MENTS
Sciences cosmologiques :	I. — **Cosmologiques** proprement dites :	1) Mathématiques. 2) Physiques.
	II. — **Physiologiques** :	3) Naturelles. 4) Médicales.
B) RÈGNE :	SOUS-RÈGNES	EMBRANCHE-MENTS
Sciences noologiques :	III. — **Noologiques** proprement dites :	5) Philosophiques. 6) Dialegmatiques.
	IV. — **Sociales** :	7) Ethnologiques. 8) Politiques.

Puis il subdivise chacun de ces 8 embranchements en deux sous-embranchements ; et chacun de ces sous-embranchements en deux sciences du 1er ordre, etc.

B) **Critique** : 1) Ampère a raison de fonder la classification des sciences sur la distinction de leurs *objets*. C'est une classification *dichotomique* ; elle est bonne dans ses grandes lignes.

2) Mais il n'est pas resté constamment fidèle à son principe, puisqu'il a déduit les sciences du 3e ordre des conditions mêmes de la *connaissance* telles qu'elles découlent des lois de l'*intelligence*, ce qui est le point de vue *subjectif*.

3) L'esprit systématique l'a conduit à établir une symétrie parfois arbitraire.

4) Il confond la science avec ses applications et fait rentrer dans les mêmes cadres les sciences et les arts.

§ III. — *CLASSIFICATION D'AUGUSTE COMTE*

A) Exposé : Auguste Comte ([1]) fonde la « hiérarchie des sciences » sur les remarques suivantes :

I. — Dans la nature, les faits les plus simples sont les plus généraux.

II. — Les phénomènes les plus simples et les plus généraux conditionnent les phénomènes plus compliqués.

III. — La difficulté de connaître croît à mesure qu'augmente la complexité de l'objet.

La loi, d'après laquelle Comte règle la classification des sciences, c'est leur **généralité décroissante** et leur **complexité croissante**. Il répartit les sciences **abstraites et générales**, qui ont pour but la découverte des lois, en six sciences fondamentales :

I. — **Mathématiques.**   IV. — **Chimie.**
II. — **Astronomie.**   V. — **Biologie.**
III. — **Physique.**   VI. — **Sociologie.**

Dans la seconde période de sa carrière philosophique, Comte ajouta une septième science, la **Morale**.

B) Critique : I. — **Qualités** : cette classification est remarquable à plusieurs titres :

1°) Elle est fondée sur la distinction des objets.

2°) Elle indique le vrai principe d'ordre *hiérarchique* des sciences : le degré de complexité croissante des phénomènes et par conséquent de généralité décroissante.

3°) Cet ordre hiérarchique représente aussi l'ordre *didactique* ou *pédagogique*, celui dans lequel les sciences doivent être étudiées, car il faut, dans l'enseignement, aller du simple au composé.

II. — **Défauts** : mais elle est attaquable à d'autres points de vue :

1°) H. Spencer ([2]) l'a vivement critiquée. Voici son principal

---

([1]) A. Comte, *Cours de philosophie positive*, Leçon II.
([2]) Spencer, *Introduction à la science sociale*.

grief : la série hiérarchique de cette classification ne représente pas fidèlement l'ordre historique du développement des sciences. Il y a, dit-il, entre les sciences, une action et une réaction mutuelles. Les découvertes d'une science influent sur les autres sciences, et leur progrès est souvent *parallèle*, au lieu d'être *successif*, comme le prétend Comte.

Il reste vrai pourtant que, à prendre les choses *en gros* et à n'envisager que les sciences *cosmologiques*, l'ordre indiqué par Comte correspond au développement historique : les *Mathématiques* étaient déjà fort avancées au temps d'Euclide ; l'*Astronomie* est constituée à l'époque de Copernic ; mais la *Physique* ne date véritablement que de Galilée, la *Chimie* de Lavoisier, la *Biologie* de Bichat et de Claude Bernard.

Si l'on ajoute les sciences *noologiques*, il n'y a plus correspondance, car la *Psychologie* et la *Morale* commencent avec Socrate et Platon ; la *Logique* avec Aristote. Quant à la *Sociologie*, on ne peut nier que Platon (*République* et *Lois*), Aristote (*Politique*, *Recueil de constitutions*), Machiavel (*Le Prince*), Suarez (*De legibus*), Montesquieu (*Esprit des lois*) n'aient devancé Comte.

2°) Cette classification ne fait pas de place à la philosophie. La philosophie, pour les positivistes, n'est que la systématisation des sciences, « le lien général du savoir » (Littré), elle a pour unique objet d'établir les relations de coordination et de surbordination qu'ont entre elles les diverses sciences. Or la philosophie n'a pas seulement cet objet que lui assigne Comte ; elle embrasse l'étude de l'âme et des règles à suivre pour connaître le vrai, pratiquer le bien et réaliser le beau (*Psychologie, Logique, Morale, Esthétique*) ; elle comprend encore la critique des lois de l'esprit et la recherche des causes que Comte déclare inconnaissables (*Métaphysique*) [1].

3°) Comte avait d'abord enseigné que les lois supérieures se ramènent aux lois inférieures et qu'en dernière analyse toutes les lois sont réductibles aux lois mathématiques. Cette théorie mécaniste est applicable aux sciences de la matière inorganique, car les lois physico-chimiques peuvent se résoudre en formules

---

[1] G. SORTAIS, *Traité de philosophie*, T. I, Introduction, n° 1.

mathématiques. Mais on ne saurait l'étendre aux phénomènes vitaux et encore moins aux phénomènes psychologiques.

Comte enseigna d'ailleurs, plus tard, qu'il y a d'un ordre de lois à l'autre « un immense accroissement » (¹). Les lois inférieures conditionnent nécessairement les lois supérieures ; mais elles n'en sont pas la condition suffisante : avec l'ordre plus élevé apparait quelque chose de nouveau. Comte a donc reconnu avec raison que la vie n'était pas réductible à la matière, la biologie à la physico-chimie ; l'être vivant possède ce qu'on trouve dans le corps inorganique, plus l'organisation, la vie. C'est parfait ; mais Comte aurait dû conséquemment aller plus loin, c'est-à-dire admettre aussi que la vie consciente psychologique n'est pas réductible à la vie physiologique. Au lieu de cela, il a persisté à faire de la psychologie une branche de la biologie, niant la possibilité de l'observation interne et ne reconnaissant comme critérium de la science que l'expérience externe. C'est par là que son positivisme confine au matérialisme, qu'il a cependant répudié en ces termes : « Le matérialisme est l'explication du supérieur par l'inférieur ».

4°) Le principe de généralité décroissante n'est pas toujours bien appliqué par Comte : vg. on a contesté que l'Astronomie, placée avant la Physique, soit plus générale que cette dernière. En outre, l'ordre d'apparition de chaque science n'est pas non plus en harmonie avec le même principe : vg. l'Algèbre, plus générale que l'Arithmétique, lui est cependant postérieure.

§ IV. — *CLASSIFICATION DE H. SPENCER*

A) **Exposé.** — Spencer distingue les sciences :

I. — **Abstraites** : elles ont pour objet les **rapports** indépendamment des phénomènes et des êtres réels : LOGIQUE, MATHÉMATIQUES.

(¹) A. COMTE, *Cours de philosophie positive* (3ᵉ Édit), T. VI. Conclusion générale.

II. — **Abstraites-concrètes** : elles ont pour objet les **phénomènes** indépendamment des êtres où ils se produisent : Mécanique, Physique, Chimie.

III. — **Concrètes** : elles ont pour objet les **êtres** eux-mêmes : Astronomie, Géologie, Biologie, Psychologie, Sociologie ([1]).

B) **Critique** : cette classification est, en somme, fondée comme celle de Comte sur le principe, autrement appliqué, de la complexité croissante des objets et de leur généralité décroissante. — Elle restitue à la *Logique* et à la *Psychologie* la place que Comte leur avait refusée. Mais elle a le tort de n'en pas donner de spéciale à la *Morale* et de n'en donner aucune à la *Métaphysique*. — Cette classification n'a pas pour fondement direct la nature des objets, mais le *point de vue* sous lequel chaque science les envisage : c'est ainsi que les sciences abstraites ne considèrent que les *rapports* ; les sciences abstraites-concrètes que les *phénomènes* ; les sciences concrètes que les *êtres*.

7. — CLASSIFICATION PROPOSÉE

A. — **Exposé** : nous placerons au-dessus de toutes les sciences, les dominant de sa suprême abstraction, la **Métaphysique générale**, qui est la science des premiers principes de toute *connaissance* et de toute *existence*. Elle traite deux questions :

1°) Quelle est la valeur de la connaissance ? C'est l'objet de la **Critique**.

2°) Elle étudie l'être en tant qu'être, l'être dans ses propriétés universelles : c'est la matière de l'**Ontologie**.

Les subdivisions sont fondées sur la nature des objets étudiés et sur l'ordre de leur perfection croissante :

I. — **Sciences mathématiques** : qui ont pour objet la **grandeur** ou **quantité** considérée en dehors des choses elles-mêmes :

---

[1] H. Spencer, *Classification des sciences*.

1) **Géométrie** : science de l'*étendue figurée*.
2) **Arithmétique** : science des *nombres*.
3) **Algèbre** : science des grandeurs *simplifiées et généralisées*.
4) **Calcul intégral et différentiel** (= algèbre *supérieure*).
5) **Mécanique** : science des lois de l'*équilibre* et du *mouvement*.
6) **Astronomie** : science de la *distance* des corps célestes et de leurs *mouvements*.

Ces deux dernières, la **Mécanique** et l'**Astronomie**, ne sont pas purement abstraites comme les autres, mais *mixtes*, c'est-à-dire qu'elles participent des sciences abstraites et des sciences concrètes, parce qu'elles ont leur point de départ dans l'*observation* et se servent du *calcul* pour résoudre leurs problèmes.

Comme les corps sont de deux espèces, inorganiques ou organisés, inanimés ou vivants, on obtient de ce chef deux autres subdivisions :

II. — **Sciences physiques** ou **de la matière non organisée** : elles ont pour objet les êtres **inanimés, inorganiques** :

1) **Géologie** : science de la *constitution* de la terre.
2) **Géographie physique** : science de la *description* de la terre.
3) **Minéralogie** : science des *minéraux*.
4) **Physique** : science des *propriétés générales* des corps (pesanteur, etc.).
5) **Chimie** : science de la *structure intime* des corps et de leurs combinaisons, qui manifestent des *qualités particulières*.

III. — **Sciences biologiques, naturelles** ou **de la matière organisée** :

Elles ont pour objet les êtres **vivants** : { végétaux. animaux.

1) **Paléontologie** : science des *fossiles*.
2) **Botanique** : science des *plantes*.
3) **Zoologie** : science des *animaux*.
   La Botanique et la Zoologie se subdivisent en :
   a) ANATOMIE VÉGÉTALE OU ANIMALE : science des *organes*.
   b) PHYSIOLOGIE VÉGÉTALE OU ANIMALE : science des *fonctions*.
4) **Pathologie** : science des *désordres* des organes et des fonctions.
5) **Ethnologie** : science de l'origine et de la distribution des *races*.

IV. — **Sciences morales** : elles ont pour objet l'homme, en tant qu'être intelligent et libre. Mais l'homme peut être envisagé isolément ou dans ses rapports avec les autres hommes. D'où deux groupes de sciences morales :

A) **Sciences psychologiques** : qui étudient l'esprit humain, soit dans les faits de conscience, qui le manifestent, soit dans ses tendances vers le vrai, le bien et le beau. De là :

1) **Psychologie expérimentale** : science des *phénomènes* de *conscience*.
2) **Logique** : science de la *vérité*.
3) **Morale** : science du *devoir*.
4) **Esthétique** : science du *beau*.

B) **Sciences sociales ou politiques** : qui étudient l'homme dans ses relations diverses avec les autres hommes ; d'où :

1) **Philologie ou linguistique** : science du *langage*.
2) **Économie politique** : science de la *richesse*.
3) **Droit** : science des rapports des *citoyens entre eux*.
4) **Politique** : science des rapports *entre gouvernants et gouvernés*.
5) **Droit des gens** : science des rapports *internationaux*.
6) **Histoire** : science des *événements* de la vie passée de l'humanité et des *lois* qui les régissent.
7) **Géographie politique** : science de la *description des États*.

V. — Sciences métaphysiques : elles ont pour objet la **nature intime** des êtres ; or les êtres peuvent se ramener à trois : le monde, l'âme et Dieu ; de là :

1) **Cosmologie rationnelle** : science de la *nature des corps*.
2) **Psychologie rationnelle** : science de la *nature de l'âme*.
3) **Théologie rationnelle** : science de la *nature de Dieu*.

VI. — Justification de la classification proposée :
A) **Elle est fondée sur la nature des objets à connaître :** elle procède *ab exterioribus ad interiora* ; elle part en effet des faits *extérieurs* : l'étendue, les phénomènes physiques ; puis elle passe aux faits *internes* : les phénomènes biologiques et psychologiques ; enfin elle arrive à ce qu'il y a de *plus intime* : la nature, l'essence des êtres, c'est-à-dire de la matière, de l'âme, de Dieu. Tel est son mérite essentiel, telle est l'idée directrice qui *hiérarchise* les diverses sciences dans cette classification.

B) **Elle suit aussi l'ordre de complexité croissante :** les abstractions de la Métaphysique générale et des Mathématiques sont moins complexes que les phénomènes physiques ; ceux-ci le sont moins que les phénomènes biologiques ; ceux-ci moins que les phénomènes psychologiques ; ceux-ci moins que les phénomènes sociaux ; ceux-ci enfin moins que l'étude de la nature des êtres.

8. — HIÉRARCHIE DES SCIENCES

Les classifications des sciences montrent qu'il existe une dépendance entre les diverses sciences. On entend précisément par *hiérarchie* des sciences l'ordre véritable de leur subordination. Le principe de subordination est difficile à trouver ; on accepte généralement celui mis en avant par Comte et Spencer : l'ordre de **complexité croissante** et conséquemment de **généralité décroissante**. Mais il ne faut pas l'entendre dans un sens matérialiste et dire que les phénomènes de la vie sont réductibles aux phénomènes physico-chimiques. Ce qui est vrai c'est que les sciences morales supposent la connaissance des phénomènes biologiques, car les phénomènes psychologiques sont en partie conditionnés par eux ; de même les sciences biologiques supposent la connaissance des phénomènes physico-chimiques, car les phénomènes vitaux sont partiellement conditionnés par eux ; enfin les sciences physiques supposent la connaissance des mathématiques, parce que les phénomènes physico-chimiques sont soumis aux lois du nombre et du mouvement. Les sciences les plus élevées supposent donc les connaissances fournies par les sciences inférieures.

Remarque : on entend encore quelquefois par *hiérarchie* des sciences l'*ordre de dignité* ; en ce sens les sciences psychologiques, sociales et métaphysiques occupent le premier rang.

9. — PHILOSOPHIE DES SCIENCES

La philosophie des sciences a pour objet les plus *hautes généralités scientifiques* : elle étudie les questions qui concernent *toutes* les sciences en général ou *une* science spéciale, mais ne relèvent d'*aucune d'elles en particulier*. Ce mot peut donc s'entendre soit dans un sens *généralissime*, soit dans un sens *restreint*.

§ A. — *SENS TRÈS GÉNÉRAL*

Les théories, qui regardent l'ensemble des sciences et qu'aborde la philosophie des sciences comprise dans son sens *le plus large*, peuvent se ramener à cinq principales :

1. — **Nature de la science** : c'est la philosophie qui détermine la *nature* de la science, ses *conditions*, ses *classifications* (1 ; 4).

II. — **Certitude** : c'est la philosophie qui établit le fait de la *certitude* dont toute autre science suppose l'existence (¹).

III. **Notions et principes premiers** : c'est la philosophie qui donne aux sciences : a) les *notions* qui leur sont *communes* : les notions d'être, d'identité, d'unité, de raison, de loi — et b) les *principes* qu'Aristote appelle aussi *communs* : les principes d'identité ou de raison (²).

IV. — **Méthodes** : il faut à chaque science une méthode spéciale, adaptée à son objet particulier. Quel est le fondement de chacune de ces méthodes ? Quels sont leurs caractères ? Quelle est leur légitimité ? Autant de questions auxquelles les sciences particulières ne donnent pas de réponse. Pour le faire, il faut avoir analysé l'esprit humain, connaitre les lois de la pensée en elle-même et dans ses rapports avec la réalité. Or ce travail est l'œuvre de la *Psychologie* et de la *Logique*.

V. — **Coordination des résultats généraux** : chaque science aboutit à certaines vérités générales, en rapport avec son objet propre. Mais le monde est un et l'esprit cherche à découvrir cette unité. Aussi, au-dessus des sciences particulières qui fragmentent l'unité de l'univers, il y a place pour une science supérieure : s'appuyant sur les résultats certains, auxquels chaque science est arrivée dans son domaine spécial, elle a pour but de condenser dans une ample synthèse leurs vérités isolées et de parvenir ainsi aux plus hautes généralités scientifiques et à la complète unification du savoir. Aucune science particulière ne s'occupe de ce travail synthétique ; on conçoit donc une *science des sciences*, qui coordonne toutes nos connaissances et les organise en un vaste système, où tout s'enchaine ; et cette science des sciences c'est la philosophie. C'est même à ce rôle d'*unification* des différentes sciences que Comte(³) et Spencer(⁴) veulent borner la philosophie ; car le premier la définit : « La systématisation des sciences »

(¹) Cf. G. Sortais, *Traité de Philosophie*, T. II, *Logique*, L. III, Ch. 1.
(²) Cf. G. Sortais, *Traité de philosophie*, T. I, 165 ; 170, § III.
(³) A. Comte, *Cours de philosophie positive*, 1ʳᵉ Leçon.
(⁴) H. Spencer, « La connaissance de l'espèce la plus humble est le savoir *non unifié* ; la science, le savoir *partiellement unifié* ; la philosophie, le savoir *complètement unifié.* » (*Les premiers principes*, P. II, ch. 1, 37).

et lui donne pour objet unique de montrer les liens de *coordination* et de *subordination* qu'ont entre elles les différentes sciences ; le second dit dans un sens analogue : « La philosophie c'est le savoir complètement unifié ». C'est à tort puisque la philosophie a un objet beaucoup plus étendu : la connaissance du monde, de l'âme, de Dieu et de leurs rapports.

§ B. — *SENS RESTREINT*

La philosophie des sciences peut se fragmenter : chaque science peut avoir sa philosophie. Quand une science cherche à se rendre compte de ses notions fondamentales, de ses principes et de sa méthode, surtout quand elle veut rendre raison des résultats généraux auxquels elle est arrivée, s'efforçant de les enchaîner dans une vigoureuse synthèse et d'en montrer les relations avec les autres sciences, alors elle s'élève à la philosophie. On aura ainsi la philosophie des :

I. — **Sciences mathématiques** : elle examinera l'origine des notions de figure et de nombre, l'applicabilité des sciences abstraites à la réalité concrète, la nature et le rôle de l'infini mathématique, etc. C'est ainsi que M. de Freycinet a écrit un livre *sur les principes de la mécanique rationnelle*.

II. — **Sciences physiques** : elle se demandera : vg. si les forces physiques sont irréductibles ou si elles ne sont que les transformations d'un phénomène identique au fond, le mouvement. C'est ainsi que le P. Secchi a écrit : *L'unité des forces physiques*. — Elle recherchera quelle est la constitution intime des corps ; c'est ainsi que J.-B. Dumas a écrit une philosophie de la *chimie*. — Elle déterminera l'origine du monde, des astres et de la terre ; c'est ainsi que Cuvier a composé le *Discours sur les révolutions du globe*.

III. — **Sciences naturelles** : elle construira une théorie sur l'origine des espèces, discutera l'opinion de *Cuvier*, qui les regarde comme fixes et irréductibles et l'hypothèse de *Darwin*, qui fait dériver, par voie de transformation, les espèces actuelles de quelques types primitifs. Geoffroy-Saint-Hilaire a écrit une philosophie de l'*anatomie*.

IV. — **Sciences morales** : vg. on aura la philosophie :

a) **Du droit** : quand la science juridique ne se bornera pas au simple commentaire des lois, mais s'efforcera de les justifier en les rattachant aux principes de la Morale et du Droit naturel. C'est ainsi que Montesquieu a fait l'*Esprit des lois*.

b) **De l'histoire** : quand l'historien tâchera d'établir les causes et les lois générales des événements, d'en donner l'explication et d'en dégager des leçons et des règles pour la conduite des États C'est ainsi que Bossuet (*Discours sur l'histoire universelle*) essaie de démêler dans les faits historiques l'intervention de la Providence et l'action de l'homme, tandis que Montesquieu (*Considérations sur la grandeur et la décadence des Romains*) les rattache à des causes naturelles et nécessaires (Cf. ch. V, 81).

c) **De la Politique** : quand le sociologue essaiera de déterminer quelle est la loi qui préside aux constitutions politiques en général, ou quelle est, pour tel peuple, la loi de son évolution sociale. C'est ce que J. de Maistre a tenté dans son *Essai sur le principe générateur des constitutions* — et dans ses *Considérations sur la France*.

10. — RAPPORTS DE LA PHILOSOPHIE AVEC LES SCIENCES

§ A. — *RAPPORTS GÉNÉRAUX*

Cette question vient d'être traitée, sous le titre de philosophie des sciences. La philosophie entretient avec les sciences *en général* des rapports au quintuple point de vue de : 1) la *science* qu'elle définit ; — 2) de la *certitude* qu'elle établit ; — 3) des *notions* et *principes* qu'elle fournit ; — 4) des *méthodes* qu'elle explique ; — 5) des *résultats* qu'elle synthétise (9 § A).

§ B. — *RAPPORTS PARTICULIERS AVEC LES SCIENCES*

I. — **Mathématiques :** A) Elle leur fournit les **notions** d'*unité*, de *nombre*, de *grandeur*, d'*étendue*, de *force*, de *mouvement*, ainsi que les **axiomes**, qui dérivent des principes d'identité et de contradiction. — Elle fait acquérir à l'esprit la précision dans le langage et la rigueur dans le raisonnement.

B) **En retour,** ces sciences habituent l'intelligence à pratiquer le raisonnement déductif et à se dégager des réalités sensibles pour mieux saisir les abstractions métaphysiques (**41**).

II. — **Physiques :** A) Elle leur fournit les **notions** de *mouvement* et de *force*, de *cause* et d'*effet*, de *substance* et de *mode*, de *phénomène* et de *loi*, ainsi que les **principes** de *causalité*, de *substance*, d'*uniformité de la nature*, de *finalité*.

B) **En retour,** la Physique aide le philosophe à étudier la perception extérieure ; la Chimie lui sert pour déterminer l'essence des corps. — L'ordre merveilleux de l'univers, révélé par les lois physiques, lui permet de tirer un argument en faveur de l'existence de Dieu et de la Providence.

III. — **Naturelles ou biologiques :** A) Elle leur fournit les **notions** de *vie*, d'*espèce*, de *genre*, de *type*, de *moyen* et de *fin*, ainsi que les **principes** de *causalité* et de *finalité*. — La Psychologie est utile au physiologiste.

B) **En retour,** la Physiologie est utile au psychologue ; car les sensations, la mémoire, l'imagination, les inclinations et les passions dépendent plus ou moins de certains phénomènes physiologiques, à cause de l'influence réciproque du physique et du moral ([1]). — L'admirable organisation des êtres vivants est la base de l'argument des causes finales en *Théodicée*.

IV. — **Morales :** A) Elle leur fournit les **notions** de *liberté*, de *bien*, de *devoir*, de *droit*, de *mérite* et de *démérite*, ainsi que les **principes** de *finalité*, de la *distinction du bien et du mal*, de l'*obligation morale*, de la *responsabilité*.

([1]) Cf. G. SORTAIS, *Traité de philosophie*, t. I, PSYCHOLOGIE, 5, § B. — L. IV, ch. II.

En particulier : 1°) Le Droit et la Politique déduisent de ces données morales diverses applications. — La Morale établit en outre le fondement du devoir et du droit. — La Logique expose et légitime la méthode de la Sociologie.

2°) Philologie : l'origine du langage et les rapports de la pensée avec le langage sont expliqués par la Psychologie (¹).

3°) Histoire : la philosophie apprend à l'historien à peser la valeur des témoignages, à tirer des événements particuliers les lois générales ; elle lui fournit aussi la notion de la Providence.

B) **En retour,** la Philosophie puise, dans l'étude des institutions politiques et sociales, des langues, des littératures et de l'histoire, des informations précieuses sur l'homme (²).

11. — PHILOSOPHIE, SCIENCE UNIVERSELLE ET SCIENCE PARTICULIÈRE

La philosophie est, à la fois et sans contradiction, une *science particulière* et la *science universelle*, parce que le point de vue, sous lequel on peut l'envisager, est différent. Elle a son objet *propre* et *déterminé*, qui ne se confond avec celui d'aucune autre science, qui n'est pas davantage la somme des objets de toutes les autres sciences ; de ce chef, c'est une science **particulière**. D'autre part, elle domine toutes les autres sciences de ses principes et unifie leurs résultats généraux ; à ce titre, elle est la science **universelle**. L'universalité de la philosophie ne consiste donc pas en ce qu'elle enveloppe toutes les sciences. Ce ne fut vrai qu'à l'origine (3).

Conclusion : dans sa marche vers la vérité, l'esprit humain procède par une *analyse entre deux synthèses*. Vous voici en face d'un vaste paysage : le premier coup d'œil est une *synthèse confuse ;* tout s'offre simultanément à votre admiration. A ce premier regard d'ensemble succède une revue détaillée qui est une *analyse :* vous distinguez la forme massive des montagnes, les méandres

---

(¹) Cf. G. Sortais, *Ibidem*, Psychologie, 234.
(²) Cf. G. Sortais, *Ibidem*, Psychologie, 7, § B.

gracieux de la rivière, la sombre verdure des pins, ici des fermes, là des champs de blé, plus loin des prairies, partout les jeux variés de la lumière. Cet examen de détail terminé, vous refaites une *nouvelle synthèse*, plus précise et mieux ordonnée que la précédente, car elle permet de saisir nettement les rapports des éléments au tout, des détails à l'ensemble, en ramenant la variété à l'unité et l'unité à la variété : *lucidus ordo*. On procède de la même manière en visitant une cathédrale, en regardant un tableau, en exposant une vérité.

L'humanité a suivi à travers les siècles cette même marche que l'esprit de chaque homme suit en particulier. A l'origine, toutes les sciences étaient confusément contenues dans une seule science, la philosophie : c'est la synthèse primitive. Peu à peu le travail des recherches se divisa et les différentes sciences ont été en se spécialisant de plus en plus : c'est l'analyse intermédiaire. Enfin, de temps à autre, les plus grands penseurs s'efforcent de réaliser l'unification du savoir humain ; c'est la synthèse lumineuse (8, 9, § A, n° V).

BIBLIOGRAPHIE

ADAM,	*Philosophie de Bacon*, L. I.
ALEMBERT (d'),	*Discours préliminaire de l'Encyclopédie.*
AMPÈRE,	*Essai sur la philosophie des sciences.*
ARISTOTE,	*Métaphysique*, L. I, ch. II, III, IV.
BACON,	*De dignitate et augmentis scientiarum*, L. II-IX.
BERNARD (Claude),	*Introduction à l'étude de la médecine expérimentale.*
COMTE,	*Cours de philosophie positive*, Leç. 2.
FONSEGRIVE,	*François Bacon*, L. II, ch. I.
FREYCINET (de),	*Essai sur la philosophie des sciences.*
GOBLOT,	*Classification des sciences.*
JANET (Paul),	*Principes de Métaphysique et de Psychologie*, t. I, INTROD., Leç. 6, 7.
LIARD,	*La Métaphysique et la science*, ch. I.
NAVILLE (E),	*Nouvelle classification des sciences.*
RAVAISSON,	*Essai sur la Métaphysique d'Aristote*, t. I, p. III, L. I, ch. II, p. 250 et sq.
SPENCER,	*Classification des sciences.*
STOLIPINE,	*Essai de philosophie des sciences.*

CHAPITRE II

LA MÉTHODE

12. — MÉTHODE GÉNÉRALE

La Méthode (μετά όδός, chemin vers) est un ensemble de procédés rationnels pour la recherche et la démonstration de la vérité.

La diversité des objets de la science entraine la diversité des méthodes. Mais l'objet commun de la science étant le même, à savoir la découverte des raisons des choses, les méthodes particulières doivent offrir des procédés semblables et des règles universelles, dont l'ensemble constitue une méthode *générale* applicable à toutes les sciences. Descartes a eu le mérite de dégager, des conditions particulières relatives à chaque science, les conditions *générales* nécessaires à toute recherche scientifique.

13. — RÈGLES DE LA MÉTHODE CARTESIENNE

§ A. — *LES QUATRE RÈGLES*

I. — **Règle de l'évidence rationnelle** : « Ne recevoir jamais aucune chose pour vraie, que je ne la connusse *évidemment* être telle ; c'est-à-dire éviter soigneusement la *précipitation* et la *prévention* et ne comprendre rien de plus en mes jugements que ce qui se présenterait si *clairement* et si *distinctement* à mon esprit que je n'eusse aucune occasion de le mettre en doute ». Cette première règle se décompose en trois parties :

1°) On ne doit admettre que ce qui est **évident**. Descartes indique comme critérium de la certitude, c'est-à-dire comme marque distinctive et infaillible de la vérité, l'*évidence* rationnelle (¹).

2°) Descartes indique ensuite les obstacles qui s'opposent à la claire vue de l'évidence : la **précipitation**, qui porte les esprits légers à juger sans réflexion ; — la **prévention**, qui naît des préjugés, des passions, surtout de l'amour-propre. Ce sont les deux causes *morales* de l'erreur.

3°) Pour être sûr de ne pas se tromper, il ne faut comprendre dans ses jugements que les idées **claires** et **distinctes**, c'est-à-dire les *natures simples*, les éléments *irréductibles* de l'intelligence.

II. — **Règle de l'analyse :** « *Diviser* chacune des difficultés que j'examinerais, en autant de parcelles qu'il se pourrait et qu'il serait requis pour les mieux *résoudre* ». — Avant de juger, il faut attendre la perception *claire* et *distincte*. Or, pour arriver à la clarté et à la distinction des idées, il faut employer l'**analyse**. Descartes en indique les deux moments : la *division* qui est le moyen, la *résolution* des difficultés qui est le but. L'esprit humain est trop faible pour saisir dans une intuition unique les vérités complexes : il faut diviser le travail.

III. — **Règle de la synthèse :** « Conduire par ordre mes pensées, en commençant par les objets les plus simples et les plus aisés à connaître, pour monter peu à peu comme par degrés jusques à la connaissance des plus composés, et supposant même de l'ordre entre ceux qui ne se précèdent point naturellement les uns les autres ». — L'*analyse* va du *composé* au *simple*, c'est-à-dire que, partant de notions *obscures* et *confuses*, elle les éclaircit en les rattachant à d'autres notions *claires* et *distinctes*. La synthèse va du *simple* au composé, c'est-à-dire que, partant de notions *claires* et *distinctes*, elle s'en sert pour éclaircir d'autres notions *obscures* et *confuses*.

Descartes insiste sur l'**ordre**, d'après lequel il faut procéder dans toute recherche scientifique : il faut aller, par degré, du

---

(¹) DESCARTES, *Règles pour la direction de l'esprit*, III°, n. 12. Les références se rapportent à l'édition des *Œuvres philosophiques de Descartes*, par A. Garnier, Paris, 1835.

connu à l'inconnu, du facile au difficile. La raison est tellement « amie de l'ordre » qu'elle le *suppose* là même où elle ne l'aperçoit pas encore. C'est reconnaître l'importance de l'**hypothèse** méconnue par Bacon.

Le fondement de cette règle est dans la conviction qu'a Descartes que l'ordre existe dans le monde. A ses yeux le monde est un ensemble d'éléments intelligibles associés selon des rapports intelligibles. Tout étant lié dans la nature, tout doit l'être également dans l'esprit [1].

IV. — **Règle de l'énumération** : « Faire partout des dénombrements si entiers et des revues si générales que je fusse assuré de ne rien omettre ». — L'énumération n'est pas un procédé nouveau ajouté à l'analyse et à la synthèse ; c'est la *condition commune* d'une bonne analyse et d'une bonne synthèse ; c'est la *condition essentielle* de toute démonstration rigoureuse ; c'est aussi un moyen de *contrôle* et de *vérification*, analogue à ce que l'on nomme la *preuve* en arithmétique. En effet :

A) En dehors des déductions ou des réductions, qu'une simple intuition suffit à saisir, la démonstration présente ordinairement une *série* de raisonnements enchaînés. Il faut se rendre compte de *chacun* des intermédiaires employés, pour voir si l'enchaînement est continu, car si un seul des anneaux de la chaîne manque, la chaîne est rompue : il n'y a pas de démonstration [2].

B) Le savant doit avant tout bien circonscrire son objet, bien poser la question, c'est-à-dire voir s'il n'oublie aucune circonstance, aucune donnée. Autrement le résultat sera inexact par omission : il ne sera pas une réponse à la question proposée, parce que le savant aura laissé, hors de ses prises en considération, quelque élément de l'objet complexe qu'il examinait.

§ B. — *CRITIQUE*

Cette méthode a été inspirée à Descartes par l'étude des mathématiques : « Ces longues chaines de raisons toutes simples et

[1] Descartes, *Règles pour la direction de l'esprit*, XII°.
[2] Descartes, *Règles pour la direction de l'esprit*, VII°, n. 35.

faciles, dont les géomètres ont coutume de se servir pour parvenir à leurs plus difficiles démonstrations, m'avaient donné occasion de m'imaginer que toutes les choses, qui peuvent tomber sous la connaissance des hommes, s'entresuivent de même façon, et que pourvu seulement qu'on s'abstienne d'en recevoir aucune pour vraie qui ne le soit, et qu'on garde toujours l'ordre qu'il faut pour les déduire les unes des autres, il ne peut y en avoir de si éloignées auxquelles enfin on ne parvienne, ni de si cachées qu'on ne découvre (1) ».

C'est précisément le tort de Descartes d'avoir voulu appliquer une méthode mathématique, une méthode admirablement faite pour les sciences abstraites, au monde des corps et des esprits, sans tenir assez compte de l'expérience (2). C'est ainsi qu'il a essayé de construire le monde *a priori*.

14. — LA MÉTHODE D'AUTORITÉ

§ I. — **L'autorité**, c'est-à-dire la croyance sur la parole d'hommes honnêtes et compétents, **ne peut être le critérium suprême de la vérité**, c'est-à-dire le critérium qui n'en suppose aucun autre et auquel tous les autres se ramènent.

A) **Exposé** : l'abus de la méthode d'autorité a été introduit, dit-on, par les disciples de Pythagore, qui aimaient à donner pour raison dernière la parole du maître : *Magister dixit*. Les partisans d'Aristote ont aussi poussé jusqu'à la superstition le respect pour ce grand philosophe, se faisant « des oracles de toutes ses pensées, et des mystères même de ses obscurités (3) ». Mais ce sont là des excès de disciples de second ordre, qui sont en complet désaccord avec la direction imprimée par les Maîtres de la Scolastique (Cf. *infra*, § III).

---

(1) Descartes, *Discours de la méthode*, II° P.
(2) C'est ce qui a fait dire à Cousin : « Le démon de la géométrie fut le mauvais génie de Descartes ».
(3) Pascal, *Fragment d'un traité du vide*, publié par Bossut sous le titre qu'on lui donne encore parfois : *De l'autorité en matière de philosophie*. Édit. Havet, p. 430 et sq.

B) Réfutation : Pascal a formulé contre cette méthode des objections décisives :

1°) Elle ne donne pas une certitude scientifique : toute science résulte de l'*intuition immédiate* ou de l'*évidence intrinsèque et médiate* du raisonnement. Or la méthode d'autorité n'aboutit qu'à l'évidence *extrinsèque* : son terme ce n'est pas la science, mais la croyance ([1]). On *croira* que les anciens ou tels savants de notre temps ont dit vrai ; mais on ne *verra* pas qu'ils ont dit vrai, ni pourquoi ils ont raison.

2°) Elle suppose un autre critérium : si je veux me rendre compte des raisons qui ont motivé les jugements de ces anciens ou de ces savants, je devrai recourir à un autre critérium que celui de leur autorité et de leur compétence. Auquel ? A celui-là même d[ont] ils ont usé pour découvrir la vérité. L'autorité exige donc un critérium antérieur et supérieur à elle-même.

3°) Elle n'est pas infaillible : les anciens se sont trompés sur plusieurs points. Ils s'appuyaient sur leur expérience. En nous appuyant sur la nôtre, qui est plus longue, nous avons moins de risques qu'eux de nous tromper : « Ceux que nous appelons anciens étaient véritablement nouveaux en toutes choses et formaient l'enfance des hommes proprement ; c'est en nous que l'on peut trouver cette antiquité que nous révérons dans les autres » ([2]). Bacon avait dit plus laconiquement : *Antiquitas sæculi, juventus mundi* ([3]).

§ II. — La science ne doit pas répudier toute autorité : Pascal a traité cette délicate question des rapports de la science et de l'autorité avec une parfaite mesure : « Ce n'est pas que mon intention soit de corriger un vice par un autre et de ne faire nulle estime des anciens, parce que l'on en fait trop » ([4]). Bacon, Descartes, Malebranche et leurs disciples donnent dans cet excès justement condamné par Pascal. Descartes ne voulait reconnaître comme scientifique aucune proposition appuyée sur l'autorité ni même sur l'expérience. C'était rejeter d'abord les sciences

---

([1]) Cf. G. Sortais, *Traité de Philosophie*, T. II, Logique, 110, 112, § IV.
([2]) Pascal, *Op. cit.*, p. 436.
([3]) Bacon, *De dignitate...*, L. I, n. 33.
([4]) Pascal, *Op. cit.*, p. 430.

historiques et ensuite les sciences de la nature tant qu'elles demeurent expérimentales. C'était poser en principe qu'il ne faut admettre comme vraies que les propositions qui apparaissent avec la complète et nécessaire intelligibilité des vérités *mathématiquement démontrées* et qui peuvent être *adéquatement* comprises. Il y a là une double erreur :

1°) Il est parfaitement raisonnable d'accepter pour vraies certaines propositions, bien qu'on ne saisisse pas le lien intrinsèque qui rattache l'attribut au sujet. C'est le cas, comme l'a reconnu Hume lui-même, des propositions expérimentales, où l'on *constate* que l'attribut est lié au sujet, mais sans voir *comment* ni *pourquoi*. On sait que la chaleur fond la cire ; ne pourrait-elle pas aussi bien la durcir ? Pourquoi ne le fait-elle pas ? on l'ignore. Cette ignorance ne nous empêche pas d'admettre le fait *constaté*. Nous avons une connaissance *inadéquate*, mais cependant réelle et certaine. Descartes oubliait un des buts de la science : démontrer l'*existence* des choses.

2°) La prétention de Descartes et de certains logiciens modernes d'imposer au savant la règle de n'admettre que ce qu'il aurait vu, entendu, vérifié *par lui-même*, de ne s'en rapporter à *aucune autorité*, rendrait non seulement l'histoire impossible mais encore entraverait tout progrès des sciences de la nature. En effet, dès qu'une science serait parvenue à un certain degré de complexité, le travail de vérification personnelle, qu'on exige de chaque savant, absorberait sa vie entière : ce serait l'arrêt de toutes les sciences expérimentales. D'ailleurs la pratique scientifique ne concorde aucunement avec la théorie de Descartes. Chaque génération de savants fait appel à l'autorité compétente de ses prédécesseurs et s'appuie sur leurs travaux qui servent « de degrés » ([1]) pour monter plus haut.

L'autorité, revêtue de certaines conditions qui la rendent légitime (**79**), a donc un rôle effectif dans l'avancement des sciences, puisque les savants, sous peine de se condamner à l'immobilité, acceptent, à titre de base historique dûment contrôlée, toutes les observations et expérimentations de leurs devanciers qu'ils ne

([1]) Pascal, *Op. cit.*, 434.

peuvent vérifier par eux-mêmes. La science n'est pas en effet une œuvre exclusivement individuelle ; c'est aussi une œuvre *collective* : « ...Toute la suite des hommes, pendant le cours de tant de siècles, doit être considérée comme un même homme qui subsiste toujours et qui apprend continuellement (¹). »

§ III. — **La science doit user de l'autorité comme d'un moyen** : il ne faut pas, en matière scientifique, regarder l'autorité comme suffisante, parce que la science vise à l'évidence intrinsèque (§ I). C'est là l'enseignement formel des plus grands docteurs. Saint Thomas (²), après avoir dit expressément : « L'argument fondé sur l'autorité humaine est très débile », fait sienne cette parole de Saint Augustin (³) : « Quelle que soit la sainteté et l'excellence de la doctrine de ceux que je lis, je ne juge pas qu'une chose est vraie, par cela seul qu'ils l'ont pensée. » D'autre part, il ne faut pas mépriser l'autorité comme superflue. L'attitude, qui convient au savant et au philosophe vis-à-vis de l'autorité, c'est un **respect raisonnable** : « Comme la raison le fait naître, elle doit aussi le mesurer (⁴) ». Quelle doit être cette juste mesure ? Pascal l'indique lui-même : il faut se servir des travaux de ceux qui font autorité dans les sciences, **comme d'un moyen,** et non comme d'une fin. Ce n'est pas un terme d'arrivée ; c'est un *point d'appui* et une *base d'élan* pour aller de l'avant : l'autorité est chose **utile.**

Les opinions de nos devanciers sont un précieux contrôle pour nos propres idées ; s'il y a conformité, c'est une garantie de plus ; s'il y a désaccord, c'est un motif de défiance qui doit nous porter à un nouvel examen. La conclusion générale qui se dégage c'est que toute science a une partie historique et se compose d'un ensemble de vérités acquises qui facilitent le travail de ceux qui viennent après. Voilà pourquoi les anciens « s'étant élevés jusqu'à un certain degré où ils nous ont portés, le moindre effort nous fait monter plus haut, et avec moins de peine et moins de gloire

---

(¹) Pascal, *Op. cit.*, p. 136.
(²) S. Thomas, *Summa theologica*, I P., Q. I, Art. 8, ad 2.
(³) S. Augustin, *Epist. ad Hieronym.* XIX, ch. I.
(⁴) Pascal, *Opere cit.*, p. 434.

nous nous trouvons au-dessus d'eux » (¹). C'est une règle essentielle que Bacon et Descartes ont eu le tort de méconnaître ; c'est aussi la prétention de certains rationalistes contemporains de vouloir, à l'exemple de l'infortuné Jouffroy, faire table rase du passé et reconstruire par eux-mêmes et par eux seuls tout l'édifice des connaissances humaines, sans vouloir s'appuyer sur l'autorité de leurs devanciers ni reconnaître que la raison, ayant des bornes, se heurte de toute part au mystère. Tâche surhumaine qui aboutit au découragement et à l'impuissance, quand ce n'est pas au scepticisme.

15. — PROCÉDÉS ESSENTIELS DE LA MÉTHODE GÉNÉRALE

On peut envisager la science à un double point de vue :

I. — *La science est une explication raisonnée des choses.* Or cette explication peut se faire soit en descendant des principes ou des causes aux conséquences ou aux effets : c'est la marche **synthétique**; — soit en remontant des effets ou des conséquences aux causes ou aux principes ; c'est la marche **analytique**.

II. — *La science est un ensemble de vérités rigoureusement enchaînées.* On ne peut établir et lier entre elles les vérités, qui ne sont pas évidentes, que par le *raisonnement*. Le raisonnement, c'est-à-dire l'acte par lequel l'esprit va du connu à l'inconnu, peut revêtir deux formes. Ce qui est d'abord connu, c'est tantôt un **fait particulier**, et le raisonnement en infère une vérité générale ; alors il est **inductif**; — c'est tantôt une **vérité générale**, et le raisonnement en infère une autre vérité, ordinairement moins générale ou une conséquence particulière ; et alors il est **déductif**. De là vient que la méthode est **inductive** ou **déductive**, selon la nature du raisonnement dont elle fait usage.

Nous verrons que l'induction peut se ramener à l'analyse, et la déduction à la synthèse. Ces opérations sont donc foncièrement

(¹) PASCAL, *Op. cit.*, p. 435.

identiques ; mais, comme leur point de vue est différent, il importe de les étudier séparément.

16. — ANALYSE ET SYNTHÈSE

§ I. — DÉFINITION ÉTYMOLOGIQUE

L'analyse (ἀνα-λύω, *résoudre*) est un procédé qui va du *composé au simple*. La synthèse (σύν-τίθημι, *composer*) va au contraire du *simple au composé*. On considère, comme *simples* ou *relativement simples*, l'*élément chimique* par rapport au corps brut, le *rouage* par rapport à la machine, l'*organe* par rapport au corps vivant, la *loi* par rapport aux faits qu'elle régit, la *cause* par rapport aux effets qui en résultent, la *condition* par rapport aux vérités ou aux phénomènes qu'elle conditionne.

Cette double opération est naturelle à l'esprit humain : il analyse pour simplifier les données complexes de l'expérience et il rassemble les éléments séparés par l'analyse. L'attention et l'abstraction sont des procédés analytiques. La généralisation, qui ramène le multiple à l'unité, le jugement qui unit deux idées, le raisonnement qui rapproche deux jugements, sont des opérations synthétiques. Le langage est tout ensemble un instrument d'analyse et de synthèse. — Après la définition *nominale* et *étymologique*, il faut chercher la définition *réelle* et *scientifique*.

§ II. — DÉFINITION SCIENTIFIQUE

Toute science a pour but l'explication des choses, c'est-à-dire la découverte de leurs *raisons* d'être. Or il y a deux sortes de raisons : la **cause** et la **loi** qui sont la raison des **faits** ; — le **principe** qui est la raison des **conséquences** ou **vérités déduites**. La découverte scientifique consiste donc à saisir le rapport nécessaire qui relie les faits à leurs causes et les vérités à leurs principes. Pour atteindre ce but, le savant a devant lui deux méthodes : il peut partir des **principes** ou des **causes** pour descendre aux conséquences ou aux effets ; dans ce cas il va de la **condition** au conditionné : c'est la méthode **synthétique**. — Ou, *inversement*, il peut partir des **conséquences** ou des **effets** pour remonter aux principes ou aux causes ; il va alors du **conditionné** à la condition : c'est la marche **analytique**.

Il semble, au premier aspect, que ces deux mots soient pris par les savants en deux sens absolument irréductibles, selon qu'il s'agit des sciences *rationnelles et abstraites* ou des sciences *expérimentales et concrètes*.

§ III. — *ANALYSE ET SYNTHÈSE RATIONNELLES*

L'analyse et la synthèse, appliquées aux sciences *abstraites*, opèrent sur des *idées*, sur des *vérités générales*. On les nomme alors méthodes **géométriques**. C'est en ce sens qu'elles étaient comprises et pratiquées par les anciens jusqu'à Condillac.

A) **Synthèse rationnelle** : c'est la marche **progressive** de la pensée allant du principe à la conséquence, de la condition au conditionné. — La synthèse en Mathématiques consiste « à partir de propositions reconnues vraies et à en déduire d'autres comme conséquences nécessaires ; de celles-ci de nouvelles, et ainsi de suite jusqu'à ce que l'on parvienne à la proposée, qui se trouve alors reconnue elle-même comme vraie. Elle n'est donc autre chose qu'une méthode de *déduction* (¹) ».

B) **Analyse rationnelle** : c'est la marche **régressive** de la pensée remontant de la conséquence au principe, du conditionné à la condition. — « Si l'on n'aperçoit pas de quelles propositions connues » une proposition à démontrer « pourrait être déduite, on cherchera de quelle proposition non admise elle pourrait l'être, et alors la question sera ramenée à démontrer la vérité de cette dernière. Si celle-ci peut se déduire de propositions admises, elle sera reconnue vraie, et par suite la proposée ; sinon, on cherchera

---

(¹) Duhamel, *Des Méthodes dans les sciences de raisonnement*, Ire P., ch. vi, n. 39.

de quelle proposition non encore admise elle pourrait être déduite, et la question sera ramenée à démontrer la vérité de cette dernière. On continuera ainsi jusqu'à ce que l'on parvienne à une proposition reconnue vraie, et alors la vérité de la proposée sera démontrée. On voit donc que cette méthode, que l'on appelle *analyse*, consiste à établir une chaîne de propositions commençant à celle qu'on veut démontrer, finissant à une proposition connue, et telles qu'en partant de la première, chacune soit une conséquence nécessaire de celle qui la suit; d'où il résulte que la première est une conséquence de la dernière, et par conséquent vraie comme elle. L'analyse n'est donc autre chose qu'une méthode de **réduction** (¹) »... « D'où l'on voit que, si l'on connaissait la démonstration analytique d'un théorème, on en obtiendrait immédiatement la démonstration synthétique en renversant l'ordre des propositions (²) ».

C) **Exemple** : soit à mesurer l'aire d'un triangle :

1°) **Analytiquement** : on partira de la question posée. On montrera que l'aire du triangle est la moitié de l'aire du parallélogramme de même base et de même hauteur ; puis on fera voir que l'aire du parallélogramme est elle-même égale à celle du rectangle de même base et de même hauteur ; enfin, si l'on sait que l'aire du rectangle est égale au produit de sa base par sa hauteur, on en déduira immédiatement celle du triangle : $\frac{BH}{2}$.

2°) **Synthétiquement** : le point de départ est une vérité évidente ou démontrée. Ici, on partira de l'aire du rectangle ; puis on déduira l'aire du parallélogramme et enfin de l'aire du parallélogramme on déduira celle du triangle. C'est l'analyse renversée (³).

Ce « renversement » des propositions est possible dans le raisonnement mathématique, parce que les propositions expri-

---

(¹) DUHAMEL, *Op. cit.*, IIe P., ch. v, n. 25.
(²) DUHAMEL, *Op. cit.*, Ire P., ch. vi, n. 39. — Cf. LAPLACE, *Exposition du système du monde*, p. 465-469 (Édit. Gauthier-Villars, T. VI).
(³) « Dans l'analyse, a dit Descartes, on déduit de l'inconnu le connu, en traitant l'inconnu comme connu et le connu comme inconnu ». Dans la synthèse, on déduit du connu l'inconnu, en traitant le connu comme connu et l'inconnu comme inconnu.

ment toujours des égalités. La conclusion d'un raisonnement géométrique a la même extension que les prémisses. Aussi je puis dire : A = B, or B = C, donc A = C ; ou bien : si A = C, et si B = C, c'est que A = B. Dans le premier cas, A = C est la conséquence de A = B ; dans le second, A = B est la conséquence de A = C (¹).

(¹) ANALYSE DES ANCIENS GÉOMÈTRES : Il ne faut pas la confondre avec l'analyse des géomètres modernes, telle qu'elle a été exposée ci-dessus. Attribuée à Platon, cette méthode a été employée par Euclide et exposée par Pappus, au VII° Livre de ses *Collections mathématiques*. Voici la définition donnée par Pappus : « Supposant vraie la chose en question et regardant comme vraies les conséquences qui s'en déduisent, comme elles le sont en effet d'après l'hypothèse, nous avançons jusqu'à ce que nous parvenions à quelque chose de connu. Si cette chose est vraie, la proposée le sera aussi ;... Mais si nous sommes parvenus à une chose reconnue fausse, la proposée sera fausse elle-même ». Il explique le nom en disant : « Nous appelons cette méthode *analyse*, comme pour dire solution à rebours ». Cette méthode consiste donc à supposer comme vraie la chose en question, à en déduire les conséquences et à l'admettre elle-même comme vraie si l'on arrive à une conséquence reconnue comme vraie. C'est une régression par DÉDUCTION.

Ce n'est pas une méthode rigoureuse, car la vérité de la conséquence ne prouve pas nécessairement la vérité du principe, puisque, selon la remarque d'Aristote (*Topiques*, L. VIII, ch. x, n. 7), du faux on peut déduire le vrai (vg. Tous les hommes sont savants ; Donc quelques hommes sont savants). Pour rendre cette méthode concluante, il faut, comme l'avait déjà noté Leibniz (*Nouveaux essais sur l'entendement humain*, L. IV, ch. xvii, § 6), que « les propositions soient *réciproques* », c'est-à-dire qu'en partant de la conséquence *reconnue vraie* on puisse en déduire la proposition en question qu'on avait supposée vraie. Alors c'est une méthode démonstrative, car du vrai on ne peut déduire que le vrai. Mais ce renversement des propositions n'est pas toujours possible.

L'analyse géométrique des modernes est, au contraire, une régression par RÉDUCTION ; c'est une méthode rigoureuse parce que l'on ramène la proposée à une proposition vraie, dont elle dérive comme une conséquence vraie, puisque du vrai on ne peut déduire que le vrai. Elle a, de plus, l'avantage de montrer *comment* la proposée découle de cette proposition vraie.

On peut représenter ces deux méthodes ainsi :

1°) ANCIENNE : de la proposée A on déduit B, de B on déduit C, de C on déduit D reconnu comme vrai ; donc A est vrai aussi.

2°) MODERNE : la proposée A se déduit de B, B se déduit de C, C se déduit de D reconnu comme vrai ; donc A est vrai aussi. Cf. DUHAMEL, *Op. cit.*, I° P., ch. v, n. 24-30.

D) **Comparaison** : l'analyse est généralement mieux appropriée que la synthèse à la résolution des problèmes ou à la démonstration des théorèmes. En effet, dans l'analyse, le point de départ est nettement connu : c'est le problème à résoudre ou le théorème à démontrer : « On ramène le problème proposé à un second, celui-ci à un troisième, et ainsi de suite jusqu'à ce que l'on parvienne à un problème qu'on sache résoudre (¹) ». S'il s'agit d'un théorème, on ramène la question proposée à une autre proposition déjà démontrée, de laquelle on puisse la déduire. Il y a bien quelque incertitude pour trouver à quel problème ou à quel théorème il faut rattacher la question à résoudre, mais elle est beaucoup moins grande que si l'on se sert de la synthèse. Soit par exemple un théorème à démontrer synthétiquement : dans ce cas, quel théorème faut-il prendre pour point de départ afin d'en déduire le proposé ? Qu'on en choisisse un, nouvel embarras. En effet, d'un théorème admis on peut déduire plusieurs conséquences différentes, et de chacune d'elles une série d'autres : laquelle choisir pour arriver au but ? Et ainsi, à chaque pas, même incertitude pour s'orienter. On peut donc tâtonner longtemps sans résultat. — Mais une fois la découverte faite analytiquement, la synthèse est la méthode la plus apte pour l'enseigner (²) (§ vii).

§ IV. — *ANALYSE ET SYNTHÈSE EXPÉRIMENTALES*

L'analyse et la synthèse, appliquées aux sciences *concrètes*, opèrent sur des *faits* ou sur des êtres *réels*, qu'ils soient d'ailleurs spirituels ou matériels. C'est en ce sens surtout qu'on les prend depuis Condillac (³) et on les nomme méthodes **chimiques** (⁴), à cause du grand usage qu'en fait la chimie : ce sont alors des pro-

---

(¹) Duhamel, *Des méthodes dans les sciences de raisonnement*, 1, 51.
(²) Port-Royal, *Logique*, IV⁰ partie, ch. ii
(³) Condillac, *Logique*, ch. iii ; *Art de penser*, ch. iv. Condillac fait consister l'analyse à démonter et à remonter une machine pour en reconnaître les rouages. C'est supprimer la synthèse et la faire rentrer dans l'analyse.
(⁴) Berthelot, *La synthèse chimique*.

cédés de **décomposition** et de **recomposition**. Dans les sciences concrètes, qui étudient des réalités complexes et des faits qui se conditionnent les uns les autres, les rapports de la **cause** à l'**effet**, de la **loi aux phénomènes** y remplacent les rapports du principe à la conséquence.

A) **Analyse expérimentale** : elle consiste à **décomposer** un tout en ses éléments. Cette décomposition se fait de deux façons :

1°) Par **division réelle** des parties, s'il s'agit d'êtres matériels et de phénomènes sensibles, comme il arrive dans les sciences *physiques* et *biologiques*. Ainsi le *chimiste* résout l'eau en ses éléments, l'hydrogène et l'oxygène ; — le *physicien* décompose la couleur blanche en violet, indigo, bleu, vert, jaune, orange et rouge ; — le *botaniste* sépare les divers organes de la fleur (calice, corolle, étamines, pistil) pour en saisir les rapports de dépendance ; — l'*anatomiste* dissèque le corps humain ou animal pour comprendre le fonctionnement des organes et leur mutuelle subordination ; — le *linguiste* décompose les langues en mots-racines, pour se rendre compte de leur formation et de leur évolution.

2°) Par **division mentale**, c'est-à-dire par *abstraction*, quand il s'agit de substances immatérielles et de phénomènes suprasensibles, comme il arrive dans les sciences *psychologiques* et *métaphysiques*. Ainsi, le *psychologue* distingue dans l'âme des faits émotionnels, intellectuels et volitifs et les rattache à un principe sentant, pensant et voulant ; — le *sociologue* analyse les institutions, les législations, les événements, etc., pour démêler les lois qui président à l'origine et au développement des sociétés ; — l'*historien* analyse les faits d'une époque pour en dégager les causes et les lois.

Remarque : il ressort de ce qui précède que l'analyse ne consiste pas seulement à diviser un tout en ses éléments, mais principalement à expliquer le tout par ses éléments, en faisant découvrir leurs relations mutuelles.

B) **Synthèse expérimentale** : elle consiste à **composer** un tout par la réunion de ses éléments. Cette composition se fait de deux façons :

1°) Par **réunion réelle** : ainsi le *chimiste* avec de l'azote et de l'hydrogène fait de l'ammoniaque ; — le *physicien* recompose la lumière blanche en faisant converger tous les rayons du spectre sur un même point.

2°) Par réunion mentale: ainsi le *psychologue* refait un état de conscience en rapprochant un certain nombre de faits psychologiques ; — l'*historien* ressuscite le passé en coordonnant les événements d'une époque ; — le *naturaliste* reconstitue idéalement les plantes et les animaux en rassemblant les éléments organiques découverts par l'analyse.

Remarque: il faut noter que l'analyse et la synthèse sont *nécessairement incomplètes* dans les sciences biologiques, car l'analyse ne peut atteindre le principe vital qui est immatériel, et si la synthèse réussit à composer des substances *organiques*, elle ne peut reproduire l'*organisation et la vie*, car il n'est pas au pouvoir du naturaliste de créer le principe vital qui organise et vivifie la plante et l'animal ([1]).

§ V. — *RÉDUCTION A L'UNITÉ*

On peut ramener à l'unité ces deux espèces d'analyse et de synthèse. En effet, au sens *géométrique*, la caractéristique de la synthèse c'est d'être une marche **progressive**, car elle va, dans l'ordre logique, de ce qui est *avant* à ce qui est après, à savoir du *principe* à la conséquence, de la *condition* au conditionné. L'analyse, au contraire, suit une marche **régressive** ; c'est une solution *à rebours*, en remontant (4v4), car elle part de la question proposée et s'efforce de la ramener à des principes connus d'où l'on puisse la faire dériver à titre de conséquence : elle va de ce qui est *après* pour remonter à ce qui est avant, c'est-à-dire de la *conséquence* au principe, du *conditionné* à la condition.

Or on retrouve cette **progression** et cette **régression** dans la synthèse et l'analyse envisagées, au sens *chimique*, comme méthodes de **composition** et de **décomposition**. En effet vg. quand le *chimiste* fait la synthèse de l'eau, il va des éléments (H, O) qui sont *causes*, à l'effet qui est l'eau. C'est une marche

---

[1] G. Sortais. *Traité de philosophie*, T. II, Métaphysique n. 14 et sq.

progressive, car, dans l'ordre réel, la *cause* est *avant* l'effet, la *condition* est *avant* le conditionné. — Même marche quand le *physicien* compose la lumière blanche avec les rayons du spectre ; — quand un *naturaliste*, comme Cuvier, reconstitue un organisme disparu avec quelques débris retrouvés, etc.

Dans toute **décomposition** on retrouve aussi une marche **régressive**, analogue à celle que suit l'analyse mathématique, type des autres. L'analyse mathématique est une régression du conditionné à sa condition, puisqu'elle ramène la question posée à des principes évidents ou à des vérités déjà démontrées qui la conditionnent et d'où l'on peut la déduire. N'est-ce pas ainsi qu'on procède dans les autres sciences ? Le *chimiste* ramène le corps composé aux corps simples qui le conditionnent : vg. il va de l'eau qui est *effet* à ses éléments (H, O) qui en sont la cause ; — le *physicien* ramène les faits aux lois ; — l'*anatomiste* ramène les organes aux éléments organiques ; — le *psychologue* ramène les faits de conscience aux facultés et aux lois psychologiques ; — le *critique* d'art ramène un tableau, un poème, un discours, aux idées élémentaires qui ont été le point de départ du peintre, du poète, de l'orateur, etc. Or cette **réduction** se fait toujours par **régression**, car aller des faits aux lois, des organes aux éléments, du composé au simple, c'est toujours aller de l'*après* à l'*avant*.

On pourrait ajouter enfin que, réciproquement, dans les sciences mathématiques, l'analyse et la synthèse sont des méthodes de décomposition et de composition, mais **idéales**, car on peut envisager les vérités abstraites comme des *ensembles et des touts logiques*, susceptibles d'être décomposés et recomposés.

§ VI. — *RÈGLES DE L'ANALYSE ET DE LA SYNTHÈSE*

Pour avoir une valeur scientifique, l'analyse et la synthèse doivent suivre certaines *règles*. Elles doivent être :

I. — **Complètes**, c'est-à-dire *ne rien omettre*. L'analyse doit être poussée jusqu'aux éléments simples et irréductibles ; la synthèse doit en partir. Selon l'expression anglaise, elles doivent être « *exhaustive* », épuiser la matière, ne pas s'arrêter en chemin.

II. — **Graduelles**, c'est-à-dire *passer par tous les intermédiaires* ; sinon, l'on courrait le risque d'imaginer des rapports au lieu d'en découvrir. L'hypothèse se substituerait ainsi à la réalité. On agirait « comme un homme qui, du pied d'un édifice, voudrait s'élancer d'un saut jusqu'au faîte, soit en négligeant l'escalier destiné à cet usage, soit en ne l'apercevant même pas (¹) ».

Remarque : par éléments (que Descartes appelle « natures simples ») il faut entendre non seulement les éléments corporels, mais aussi les éléments de la pensée, les notions premières.

§ VII. — *EMPLOI DE L'ANALYSE ET DE LA SYNTHÈSE*

I. — L'analyse et la synthèse sont, chacune prise en soi, une **méthode complète** qui se suffit à elle-même, et non pas deux phases successives et nécessaires de la méthode. Là où l'une peut être appliquée *pleinement*, il n'est pas nécessaire d'employer l'autre. Ne voir dans l'analyse qu'une préparation à la synthèse, c'est la confondre avec la division. Mais l'analyse ne consiste pas seulement à diviser un tout en ses éléments ; elle consiste surtout à saisir les rapports du tout avec ses éléments. Ainsi comprise l'analyse peut résoudre le problème scientifique aussi complètement que la synthèse, mais par une marche inverse, par *régression*.

II. — **Elles se suppléent mutuellement.** Elles n'ont pas à se compléter, quand l'une ou l'autre a pu résoudre *pleinement* la question proposée. Mais il y a des cas où l'une des deux est impossible ou du moins ne peut être poussée jusqu'au bout ; alors on prend l'autre : vg. si l'on connaît *seulement* ou *mieux* les conséquences et les effets, il faut adopter l'analyse.

III. — **Elles se contrôlent** l'une l'autre, quand toutes deux sont possibles. Ainsi, quand on a fait une addition de haut en bas, on la refait de bas en haut. Le doute ne porte pas sur la suffisance de l'opération, puisque les deux méthodes sont jugées capables de résoudre le problème, mais sur l'habileté de l'opérateur.

(¹) Descartes, *Règles pour la direction de l'esprit*, V°, 23.

L'emploi de la seconde n'est qu'une *contre-épreuve*, une garantie d'*exactitude* dans l'usage de la première.

IV. — La méthode synthétique donne à l'esprit une plus grande **satisfaction esthétique**, parce qu'elle suit l'ordre naturel des choses : dans l'ordre logique, le principe est *avant* la conséquence qui en dérive ; dans l'ordre réel, la cause est *avant* l'effet qui en résulte. Cette marche *progressive* nous fait pour ainsi dire assister à la genèse des vérités, des êtres et des phénomènes. C'est pour cela qu'on la regarde communément comme la méthode la plus propre à l'**exposition** et à l'**enseignement** des vérités connues.

L'analyse étant une méthode de solution *à rebours*, en sens inverse du cours naturel des choses, est par là même moins satisfaisante pour l'esprit. On la considère ordinairement comme la méthode de l'**investigation** et de la **découverte** des vérités ignorées, parce qu'elle part des effets et des conséquences qui nous sont généralement mieux connus que les causes et les principes, du moins dans les sciences concrètes.

Aucune méthode d'enseignement ne doit être *absolument exclusive* ; il faut choisir celle des deux méthodes, qui, selon la matière à enseigner, se trouve être la plus claire pour l'exposition ; mais il est bon d'employer aussi l'autre, si elle a servi à découvrir la vérité enseignée. Je suppose qu'on adopte la méthode synthétique comme mode d'exposition ; si c'est analytiquement que la vérité exposée a été trouvée, il faudra procéder aussi analytiquement. De cette façon l'élève sera pour ainsi dire témoin de la découverte ; c'est le moyen de développer en lui l'esprit d'*invention* qui est la caractéristique du génie, puisque, d'après Ampère, le génie n'est que la faculté éminente de saisir entre les choses des rapports nouveaux jusque là inaperçus par le commun des esprits ; c'est le moyen de lui faire acquérir « le tact du vrai ».

Conclusion : esprit synthétique et esprit analytique. L'analyse et la synthèse supposent chez ceux qui en font usage des aptitudes spéciales, mais non incompatibles. L'analyse exige un esprit exact, précis, minutieux, qui va au détail des choses ; la synthèse demande un esprit large, étendu, compréhensif, qui saisit les rapports et les ensembles. Ces deux tendances existent chez tout savant, mais d'ordinaire dans une mesure inégale : on dira d'un savant que c'est un esprit synthétique ou analytique selon la tournure prédominante de son intelligence. Le génie de Cuvier est plutôt analytique, tandis que celui de G. Saint-Hilaire est plutôt synthétique. On trouve aussi, dans l'histoire des sciences, des époques où la tendance synthétique l'emporte, et d'autres où c'est la tendance analytique qui prévaut. Dans les périodes analytiques, les savants s'occupent surtout à amasser les matériaux : c'est la préparation de la science ; dans les périodes synthétiques, ils s'appliquent plutôt à les coordonner : c'est un essai de construction scientifique. C'est ainsi que le moyen âge avait l'esprit de synthèse et le xviii° siècle l'esprit d'analyse.

17. — MÉTHODES INDUCTIVE ET DÉDUCTIVE

I. — **Méthode inductive** : c'est la méthode par laquelle l'esprit conclut du particulier au général, c'est-à-dire des *effets* aux causes, des *faits* aux lois, des *conséquences* aux principes.

II. — **Méthode déductive** : c'est la méthode par laquelle l'esprit conclut du général au particulier, c'est-à-dire des *principes* aux conséquences, des *causes* aux effets, des *lois* aux phénomènes. Il faut remarquer que les termes « général » et « particulier » n'ont pas tout à fait le même sens dans les deux définitions. Dans l'*induction*, le particulier représente des *faits* qui sont absolument particuliers ; le général signifie une *loi*, une *vérité générale* : vg. le savant a constaté un certain nombre de fois que l'eau entre en ébullition à 100° (= faits particuliers) ; il a conclu que l'eau entre toujours et partout en ébullition à 100° (= loi). — Dans la *déduction*, le particulier ne signifie pas nécessairement un fait individuel ou un ensemble de faits particuliers, mais, le plus souvent, une vérité générale. Comme cette vérité est parfois moins générale que le principe d'où elle est déduite, on peut dire qu'elle est *relativement particulière*.

§ A. — *DIFFÉRENCES ENTRE L'INDUCTION ET LA DÉDUCTION*

Les méthodes inductive et déductive diffèrent par :

I. — Leurs points de départ et d'arrivée :

A) Le point de départ de l'*induction* est **expérimental** : ce sont des faits particuliers ; — son point d'arrivée, c'est une **loi générale** : vg. je constate que la chaleur dilate le cuivre, le fer, l'argent, etc. ; j'en conclus que la chaleur dilate les corps.

B) Le point de départ de la *déduction* est **rationnel** : c'est une proposition générale admise comme vraie, ou une loi ; — son point d'arrivée, c'est une *conséquence plus ou moins particulière* ; vg.

> Il faut aimer le bien ;
> Or la vertu est un bien ;
> Donc il faut aimer la vertu.

II. — Leur usage dans les sciences :

A) La *déduction* est le procédé propre aux sciences *abstraites* ; vg. Géométrie. Leur objet étant très simple et les définitions mathématiques étant des constructions de l'esprit, on peut déduire des définitions mêmes les propriétés de l'objet.

B) L'*induction* est le procédé encore dominant des sciences *concrètes* (physiques, naturelles et morales), parce que, leur objet étant une réalité plus ou moins complexe, elles doivent recourir plus longtemps à l'observation, à l'expérimentation et à l'induction, avant d'arriver au stade déductif et synthétique, qui est l'idéal vers lequel marche toute science (18).

III. — Les principes qui leur servent de base :

A) La *déduction* s'appuie sur des *axiomes tirés des principes d'identité et de contradiction* : 1) Deux termes qui conviennent à un même troisième terme se conviennent entre eux. — 2) Ce qui est vrai d'un genre est vrai aussi de toute espèce et de tout individu contenus dans ce genre (35).

> Tout homme est mortel ;
> Or Paul est homme ;
> Donc Paul est mortel.

Pour établir l'identité de Paul et de mortel, on montre :

a) Ou bien que ces deux notions sont identiques à une même troisième : *homme* ; c'est le point de vue de la *compréhension*.

b) Ou bien que, l'*individu Paul* étant contenu dans l'*espèce homme*, et que l'espèce homme étant contenue dans le *genre mortel*, l'individu Paul est nécessairement contenu dans le genre mortel ; c'est le point de vue de l'*extension*.

B) L'*induction* a pour fondement le principe d'*uniformité de la nature* : Dans les mêmes circonstances les mêmes causes produisent les mêmes effets (**48**, § V). On est arrivé par induction à cette conclusion : vg. Tout homme est mortel. Comment cela ? Un homme est mort, puis un second, puis un troisième, etc.; jusqu'ici, jusqu'à une certaine date, tous les hommes connus sont morts. Comment sait-on que tous les autres subiront le même sort ? Il ne faut pas répondre avec S. Mill qu'il n'y a, dans cette inférence, qu'une *généralisation empirique*, c'est-à-dire qu'il en sera ainsi des autres *jusqu'à expérience contraire*, car alors la conclusion serait simplement hypothétique. Il n'en est pas ainsi, car ce n'est pas sur le *nombre* des cas constatés qu'est fondée l'inférence inductive, mais sur la *nature et l'ordre essentiel* des choses, exprimés par le principe d'*uniformité* qui n'est qu'une application du principe de l'invariabilité des essences. Ici, dans l'exemple allégué, tous les hommes mourront, non pas parce qu'ils sont tous morts jusqu'ici, mais parce que la *mortalité* est *essentiellement jointe* à la *qualité d'homme* : tout composé, et par conséquent le composé humain, finit par se dissoudre.

Conclusion : de ces différences il semble résulter que l'induction et la déduction sont deux méthodes irréductibles. On a cependant essayé de les réduire l'une à l'autre.

§ B. — *TENTATIVES DE RÉDUCTION*

A) **Réduction de l'induction à la déduction** : on examinera les divers essais de réduction en traitant du *Fondement de l'induction* (**48**).

B) **Réduction de la déduction à l'induction** : c'est une tentative de S. Mill (¹).

I. — **Exposé** : il prétend que le syllogisme est tout entier dans la majeure; or, comme la majeure est le *résultat d'une induction*, il s'ensuit que la déduction se ramène à l'induction. Voici son exemple et sa preuve :

> Tout homme est mortel ;
> Or le duc de Wellington est homme ;
> Donc le duc de Wellington est mortel.

Quand vous avez posé la majeure, tout est dit. La mineure est inutile. En effet, si vous savez que tout homme est mortel, vous savez par là même que le duc de Wellington est mortel. Mais ce jugement : *Tout homme est mortel* est le produit d'une induction. Vous avez constaté que *jusqu'à présent* nul homme n'a échappé à la mort, et vous en inférez qu'il en sera de même dans l'avenir. Donc votre jugement inductif (*Tout homme est mortel*) renferme déjà la conclusion (*Donc le duc de Wellington est mortel*) ; donc votre syllogisme se réduit à l'induction exprimée dans la majeure (²).

II. — **Réponse** : la conclusion (*Donc le duc de Wellington est mortel*) exprime une vérité que la majeure *toute seule* ne contient pas, car ce n'est pas comme duc de Wellington que ce personnage est mortel, mais en *tant qu'homme*. C'est donc au *moyen de la mineure*, (*Or le duc de Wellington est homme*) qui fait rentrer le duc de Wellington dans l'espèce humaine, qu'on lui attribue la *mortalité*, parce que la mortalité fait partie *essentielle* de la compréhension de l'humanité. Par conséquent

---

(¹) S. Mill, *Système de Logique*, L. II, ch. III, § 2, 3.
(²) D'après Mill, la proposition majeure résulte d'une simple généralisation *empirique*, qui sera vraie jusqu'à expérience contraire et qu'on peut exprimer ainsi : *Jusqu'ici* tous les hommes sont morts. Le syllogisme doit alors être interprété, comme il suit :

> Jusqu'ici tous les hommes sont morts,
> Or le duc de Wellington est un homme,
> Donc le duc de Wellington mourra.

tout n'est pas dit quand la majeure est énoncée. Donc le syllogisme déductif ne peut se réduire à l'induction. On a établi par induction que *Tout homme est mortel* ; et, par déduction, on applique l'attribut mortel à un individu, non pas en tant qu'il est duc, ou Wellington, ou qu'il a tel ou tel caractère propre, mais en tant qu'il ressemble à tous ceux qui sont morts, par certains caractères *essentiels*, donc *nécessaires*, donc *invariables*, qu'on résume dans le mot *homme*.

§ C. — *EMPLOI DES MÉTHODES INDUCTIVE ET DÉDUCTIVE*

I. — **L'Induction fournit des prémisses à la déduction** : elle aboutit à des lois générales, d'où par déduction on tire les conséquences : vg. *Tout homme est mortel* ; ce jugement, résultat d'une induction, peut servir de majeure, comme nous venons de le voir, à un raisonnement déductif.

II. — **La déduction dans les sciences Inductives** : ([1]) elle leur est utile comme moyen :

A) **De vérification des hypothèses.** — Une loi hypothétique, qui n'est pas vérifiable inductivement, l'est déductivement si :

1) Tous les faits connus peuvent être déduits directement de cette loi.

2) Toutes les conséquences qu'on en peut tirer sont réalisables dans la nature : vg. en optique la théorie de l'ondulation a triomphé de la théorie de l'émission, parce que seule elle rendait compte de tous les faits connus, notamment du phénomène des interférences, et que toutes les conséquences déduites de cette théorie ont été confirmées par l'expérience.

B) **D'explication des faits et des lois** :

1) *Un fait est expliqué* lorsqu'on peut le faire dériver d'une ou de plusieurs lois : vg. un verre de lampe se brise soudainement ; ce fait est expliqué si, constatant l'intensité de la source de chaleur, je puis le déduire de cette loi générale que la chaleur dilate les corps.

2) *Expliquer une loi*, c'est la déduire d'une ou de plusieurs

---

([1]) Rabier, *Logique*, ch. x.

autres lois (¹). Tant qu'une loi, établie inductivement, n'a pu se ramener à une loi supérieure, c'est simplement une loi **empirique** ou **secondaire**. Mais quand une loi empirique a pu être rattachée à une loi plus haute, de laquelle par suite on peut la déduire, d'empirique elle devient loi **dérivée** : alors on voit quelle est sa raison d'être ; elle est expliquée. L'analyse inductive a fourni les éléments de l'explication, mais l'explication est parachevée par la synthèse déductive : vg. Newton a expliqué les lois de Kepler sur le mouvement des planètes, en les déduisant de deux lois plus générales combinées : la loi de la force *tangentielle* ou *centrifuge* qui tend à lancer la planète sur la tangente à son orbite, et la loi de la force *centripète* ou *gravitation* qui tend à jeter la planète sur le soleil.

C) **De découverte de faits et de lois inconnus** : en tirant les conséquences des lois établies par induction, on peut arriver à découvrir de nouveaux faits et de nouvelles lois : vg. D. Papin connaissait la loi en vertu de laquelle la force élastique d'un gaz est inversement proportionnelle à son volume. Il en déduisit une application quand il employa la force de la vapeur à soulever un piston.

Conclusion : ces deux méthodes se combinent en proportions diverses dans les différentes sciences. Toute science inductive tend à devenir *déductive*. L'idéal de la science est de découvrir toutes les lois essentielles de la nature ; puis, en possession de ces lois généralissimes, d'en déduire la connaissance et l'explication des lois moins générales et des faits qu'elles régissent. C'est ainsi que, dans la *Mécanique céleste*, on a déduit plusieurs lois de la loi générale de l'attraction universelle ; — qu'en *Optique* tout se déduit des lois de la réflexion et de la réfraction. Mais c'est là un idéal auquel l'esprit humain doit « tendre sans y prétendre » (Malebranche). La transformation des sciences de la nature en sciences déductives se fait surtout par l'application des mathématiques, en substituant les considérations de la quantité

(¹) BAIN (A.), *Logique déductive et inductive*, L. III, ch. XI, XII. — LIEBIG, *Induction et déduction dans les sciences*, Rev. scient., T. IV. — MILL (S.), *Système de Logique déductive et inductive*, L. III, ch. XII.

aux considérations de la qualité, car on est fondé à croire que les variations qualitatives ont leur fondement dans des variations quantitatives correspondantes. La *Physique mathématique* est née précisément de l'application de la déduction et du calcul à la physique expérimentale.

§ D. — *COMPARAISON AVEC L'ANALYSE ET LA SYNTHÈSE*

La déduction et l'induction ne sont pas autre chose, au fond, que la synthèse et l'analyse (1). En effet :

I. — **L'Induction** : A) suit une **marche régressive**. Elle s'élève des faits aux lois. Mais les faits peuvent être considérés comme des conséquences particulières par rapport aux lois. Donc, quand on va des faits aux lois par induction, on *remonte des conséquences aux principes*, on suit une *marche régressive*.

B) **Procédé par décomposition** : les rapports de causalité sont mêlés à une multitude de rapports de simple succession. Il faut d'abord *démêler* cette masse confuse d'antécédents et de conséquents ; puis, par des éliminations successives, *dégager* les rapports de causalité. — On pousse plus loin encore la décomposition quand la loi de causalité, qu'on a établie, est une loi complexe qu'on peut ramener à des lois plus simples.

II. — **La déduction** : A) suit une **marche progressive**. Elle descend des principes aux conséquences, des lois aux phénomènes, des causes aux effets. Or c'est là précisément la marche *progressive*.

B) **Procède par composition** : le syllogisme est une synthèse. La conclusion en effet est une résultante des prémisses que l'esprit doit fusionner pour la produire, car le rapport, qu'elle énonce entre son sujet et son attribut, résulte du rapport qui *unit* chacun d'eux au même moyen terme ; il y a donc *composition*. — On peut le prouver encore en disant : la déduction consiste ordinai-

---

(1) Cette assimilation n'est pas admise par tous les philosophes. Il semble cependant qu'elle est bien fondée, comme l'a montré M. Rabier (*Logique*, ch. xvi, § 4), fort du reste de l'appui de Newton (*Optique*, L. III, question 21).

rement à faire l'application d'une vérité générale à un cas particulier, à appliquer vg. cette loi : *Tout mammifère respire par des poumons*, à la *baleine* :

> Tout mammifère respire par des poumons,
> Or la baleine est un mammifère,
> Donc la baleine respire par des poumons.

Mais faire cette application c'est *composer* une vérité générale avec une donnée particulière. — « L'astronomie offrit le plus bel exemple d'analyse *ou* d'induction quand Newton trouva la gravitation, cause d'effets particuliers, — et de synthèse *ou* de déduction, quand de la gravitation ou loi générale on tira les faits particuliers du système solaire » (Littré).

18. — MARCHE GÉNÉRALE DE LA SCIENCE

L'observation, l'expérimentation, l'induction, l'analyse l'hypothèse, la classification, la définition et la déduction sont les divers procédés dont se servent les savants pour arriver à la vérité. Mais ces huit procédés peuvent être réduits à deux types principaux : **Analyse** et **Synthèse**, qui sont par là même **essentiels** à toute méthode.

En effet : 1) L'**observation** s'attache à un fait qu'elle *isole* pour le considérer en détail ; elle procède donc par *décomposition*, par *analyse* ;

2) L'**expérimentation** fait de même, car pour découvrir le vrai rapport causal, il faut le *dégager* de la multitude des simples rapports de succession et arriver à un cas de *coïncidence solitaire* entre l'antécédent et le conséquent ;

3) L'**induction** a la marche régressive de *l'analyse*, car elle va des faits aux lois, elle remonte des conséquences aux principes ;

Au contraire : 4) la **classification** procède par *composition* : elle groupe les faits de même nature, allant du simple au composé : c'est une *synthèse* ;

5) La **définition** réunit dans une même énumération les caractères d'un être ou d'une espèce : *synthèse* encore ;

6) L'**hypothèse**, qui rapproche plusieurs choses analogues, est dans le *même cas* ;

7) La **déduction**, qui associe deux prémisses pour en tirer une conclusion, procède aussi *synthétiquement* ;

8) L'**analogie**, qui n'est qu'une déduction fondée sur une induction, *unit l'analyse et la synthèse* et peut servir de transition entre les deux groupes : les trois premiers procédés sont *analytiques* ; les quatre derniers sont *synthétiques*.

Que conclure de là pour la marche générale de la science, sinon que la science doit commencer par l'analyse et finir par la synthèse ? Car, pour synthétiser, pour associer des idées, pour composer une loi générale avec des données particulières, il faut d'abord acquérir ces idées et ces données. Comment les acquérir si ce n'est par l'observation, l'expérimentation, l'induction, c'est-à-dire par voie d'*analyse* ? Telle est donc la marche qu'a dû suivre toute science : débuter par l'analyse, continuer et s'achever par la synthèse.

Les sciences *mathématiques* et les sciences *physiques* ont un objet *simple*, parce qu'elles n'étudient que certaines propriétés des choses. Les sciences *naturelles* et les sciences *morales* ont un objet *complexe*, parce qu'elles considèrent dans les êtres l'ensemble de leurs caractères. Les sciences du premier groupe, ayant un objet plus simple, peuvent l'embrasser plus vite tout entier ; elles doivent donc arriver à leur perfection avant les sciences du second groupe, dont l'objet, plus complexe, doit être plus long à explorer complètement. Aussi les premières doivent être plus avancées que les secondes. Or nous savons que l'état parfait d'une science est caractérisé par l'emploi de la synthèse, tandis que son état rudimentaire est marqué par l'emploi des procédés analytiques.

Cette considération *a priori* est confirmée par les faits, car :

1) Les sciences *mathématiques*, dont l'objet est le *plus simple* et qui sont les plus avancées, ont depuis longtemps franchi le stade analytique de l'observation et de l'expérience ; elles usent sans doute de l'analyse *rationnelle*, surtout pour résoudre les

problèmes ; mais c'est la déduction, procédé *synthétique*, qu'elles emploient de préférence ;

2) Les sciences *physiques*, dont l'objet est *plus complexe*, sont moins avancées ; elles se servent déjà beaucoup de la synthèse, mais sans manier encore la déduction aussi aisément que les sciences précédentes ; elles sont loin d'être affranchies des procédés analytiques de l'observation et de l'expérimentation ;

3) Les sciences *naturelles* ou *biologiques*, dont l'objet est *encore plus complexe*, en sont surtout à l'analyse et ne font qu'essayer la synthèse ;

4) Les sciences *morales*, dont l'objet est *très complexe*, en sont encore à l'analyse.

L'histoire des sciences prouve donc que l'idéal de toute science c'est de substituer la méthode *déductive* (ou synthétique) à la méthode *inductive* (ou analytique).

19. — UTILITÉ DE LA MÉTHODE

Descartes prise si fort l'utilité de la Méthode qu'il attribue à la diversité des méthodes l'inégalité des intelligences. C'est une exagération, car il y a entre les esprits des différences natives. Il n'en reste pas moins vrai que la méthode est nécessaire aux intelligences les mieux douées. — Les plus grandes forces, dans la nature et dans l'industrie, peuvent ne produire que des effets médiocres ou opposés à ceux qu'on attend d'elles, si elles sont mal appliquées. Il en va de même des forces intellectuelles. « Aussi, dit Descartes, ce n'est pas assez d'avoir l'esprit bon ; le principal est de l'appliquer bien ([1]) ». De là l'utilité de la Méthode et de la Logique qui en trace les règles. En effet :

I. — **La méthode facilite la découverte de la vérité**, car elle préserve de l'erreur et elle économise le temps et la peine. L'esprit qui marche à l'aventure court risque de s'égarer et s'expose à des tâtonnements longs et infructueux. La méthode est

([1]) Descartes, *Discours de la méthode*, 1re P.

pour l'esprit du savant ce que le levier est pour la main de l'homme. Aussi Laromiguière a pu dire : « Un enfant avec un levier est plus fort qu'Hercule avec sa massue ». Munie d'une bonne méthode, une intelligence ordinaire acquiert des connaissances auxquelles une intelligence plus vive, mais sans discipline, ne parviendra pas : *Claudus in via*, dit Bacon, *antevertit cursorem extra viam* (1). « Un boiteux dans le bon chemin dépasse un coureur qui s'en écarte ».

II. — **Elle facilite l'exposition de la vérité** : un enseignement méthodique, où chaque chose vient à sa place, où tout s'enchaîne, est plus aisé à saisir, parce que les diverses parties s'éclairent mutuellement et par là même sont plus faciles à retenir.

III. — **L'histoire des sciences** prouve que leurs tâtonnements, leurs reculs et leurs progrès ont coïncidé avec l'ignorance ou l'emploi des méthodes véritables. Les sciences **mathématiques** ont été les premières constituées, parce que la simplicité de leur objet a permis d'établir de bonne heure les règles de leur méthode. Si les sciences **physiques** et **naturelles** sont restées à peu près stationnaires dans l'Antiquité et au Moyen âge, c'est faute de méthode ; elles ont pris au contraire un vigoureux essor du jour où une méthode appropriée leur a été appliquée. Galilée en pratiquant la méthode *inductive* et Bacon en la vulgarisant ont donné l'impulsion à la *Physique*. Lavoisier a créé la *Chimie* en traçant les règles de la *nomenclature* et de l'*analyse* chimiques. Les sciences **naturelles** ont été transformées par les procédés de *classification* mis en honneur par les de Jussieu et Cuvier. La **physiologie** doit ses grands progrès aux méthodes d'*expérimentation* introduites par Cl. Bernard et Pasteur. L'emploi de la méthode *dialectique* de Socrate, de la méthode *syllogistique* d'Aristote, de la méthode *psychologique* de Descartes a fait avancer les sciences **philosophiques**.

Après avoir traité de la méthode *générale*, il nous reste à exposer en détail les méthodes *particulières* aux différentes sciences, méthodes qui sont formées par la combinaison, en pro-

---

(1) Bacon, *Novum organum*, L. I, Aph. LXI ; *De Dignitate...*, Lib. II, n. 2.

portions diverses, des procédés logiques énumérés ci-dessus. Nous suivrons l'ordre indiqué dans notre classification des sciences (**7**) : les méthodes des sciences *mathématiques*, des sciences *physiques*, des sciences *naturelles* et des sciences *morales* seront donc l'objet des chapitres suivants.

BIBLIOGRAPHIE

Balmès,	*L'art d'arriver au vrai.*
Berthelot,	*La synthèse chimique.*
Bossuet,	*Logique.*
Charaux	*De la liberté d'esprit.*
Condillac,	*L'art de penser.*
Descartes,	*Discours de la Méthode*, IIᵉ Partie. — *Règles pour la direction de l'esprit.*
Dugald Stewart,	*Éléments de la philosophie de l'esprit humain*, T. IV, sect. 3.
Duhamel,	*Des méthodes dans les sciences de raisonnement.*
Fonsegrive,	*L'analyse et la synthèse.* Revue philosophique, T. XIV.
Gratry,	*Logique*, L. IV.
Kleutgen,	*La philosophie scolastique*, Vᵉ Dissertation.
Leibniz,	*Nouveaux essais sur l'entendement humain*, L. IV, ch. xvii.
Pascal,	*De l'autorité en matière de philosophie.*
Paulhan,	*Analystes et esprits synthétiques.*
Port-Royal,	*Logique*, IVᵉ P., ch. ii.
Rabier,	*Logique*, ch. xvi.
Rabus,	*Méthode et méthodes*, Rev. philos. 1889.
Ravaisson,	*La philosophie en France au XIXᵉ siècle*, § XXXII, XXXIII.
Renouvier,	*Logique*, T. I.
Taine,	*Les philosophes classiques du XIXᵉ siècle*, ch. xiii, xiv.
Thomas (F.),	*La philosophie de Gassendi*, Introduction.

CHAPITRE III

MÉTHODE DES SCIENCES MATHÉMATIQUES

20. — OBJET DES SCIENCES MATHÉMATIQUES

Au lieu d'étudier les phénomènes de la nature dans toutes leurs propriétés, les sciences *mathématiques* ne considèrent qu'une seule de ces propriétés, isolée des autres par abstraction. Cette propriété c'est la **grandeur** ou **quantité**, c'est-à-dire le caractère par lequel les choses sont *susceptibles de plus ou de moins*. Or il y a deux espèces de grandeurs ou quantités : les **nombres**, qui sont la quantité *discontinue*, et les **figures**, qui sont la quantité *continue* et supposent par conséquent la notion d'espace. Les Mathématiques en général sont donc **la science des nombres et des figures**. Elles ont pour objet le *calcul* des nombres et la *mesure* de l'étendue ([1]).

21. — DIVISION DES MATHÉMATIQUES

Quoique l'objet étudié par les Mathématiques soit toujours abstrait, il présente néanmoins *divers degrés d'abstraction*, une simplicité plus ou moins grande. Par suite on peut diviser les Mathématiques en Mathématiques *pures* ou *proprement dites* et en Mathématiques *appliquées* ou sciences *physico-mathématiques*.

([1]) Ce n'est là ni leur unique, ni même leur principal objet. Les mathématiques supérieures ajoutent la considération des propriétés qui résultent de la *situation* et de l'*ordre*. « Toutes les sciences, qui ont pour objet la recherche de l'*ordre* et de la *mesure*, se rapportent aux mathématiques ». (DESCARTES, *Règles pour la direction de l'esprit*; IVᵉ, nᵒ 21).

§ A. — *MATHÉMATIQUES PURES*

On les subdivise en plusieurs sciences *de plus en plus abstraites* :
I. — **Géométrie** : *science de l'étendue ou grandeur continue.* Elle a pour objet les formes et les figures qu'il est possible de tracer dans l'espace, ainsi que les rapports nécessaires qu'ont entre eux les différents éléments des figures étendues. La géométrie *pure* raisonne sur ces figures sans rien emprunter à l'algèbre. Elle étudie : *a*) les figures **planes**, qui sont situées dans un même plan et n'ont que deux dimensions, la longueur et la largeur ; — *b*) les figures **dans l'espace**, qui ont leurs parties situées dans différents plans et qui présentent trois dimensions : longueur, largeur et profondeur. — A la géométrie dans l'espace on rattache la **Géométrie descriptive**, dont l'objet est d'étudier les figures au moyen de leurs projections sur des surfaces déterminées.

II. — **Arithmétique** : *science du nombre ou grandeur discontinue.* Elle étudie d'abord les nombres entiers et ensuite les autres nombres. Elle est *plus abstraite* que la géométrie, car elle ne s'occupe pas de la forme des figures ni des grandeurs concrètes ; elle ne considère que les *idées de quantité et de nombre sans les supposer dans aucun objet particulier.* Cette indétermination permet d'obtenir des vérités très générales : vg. les propriétés du nombre 9 s'appliquent aussi bien à 9 hommes qu'à 9 moutons.

III. — **Algèbre** : c'est une *arithmétique généralisée*. Elle est donc *encore plus abstraite* que l'arithmétique. Elle ne considère que les *rapports entre les nombres* sans tenir compte de la valeur particulière de ces nombres. Aussi a-t-elle recours à des *lettres*, symbole plus indéterminé que les chiffres. Cette indétermination plus grande *simplifie et généralise* l'arithmétique.

IV. — **Analyse** : elle étudie les *relations de dépendance entre diverses grandeurs*. On rattache à l'analyse :

1°) **Le calcul infinitésimal.**
2°) **La géométrie analytique,** qui n'est qu'une application de l'algèbre à la géométrie. C'est Descartes qui opéra cette grande

révolution en géométrie. Il « remarqua ([1]) que, à chaque variation de position dans les points, la direction des lignes ou la forme des courbes et des surfaces (toutes choses qui sont des *qualités*), *correspond* un rapport particulier de *quantité* entre deux ou trois coordonnées rectilignes (*rapport susceptible d'être exprimé algébriquement*) ». Il réussit ainsi à « substituer en géométrie de pures considérations de quantité à toutes les considérations de qualité ». (Comte) Par là même, les problèmes relatifs aux figures dans l'espace peuvent se traiter sous la forme de lois de la quantité *la plus abstraite* : les lignes sont ramenées à des *nombres* ; et les rapports des lignes à des *équations*. La géométrie analytique consiste donc à s'affranchir de la considération directe des figures et à leur substituer de simples expressions algébriques. — La **trigonométrie** peut être regardée comme une branche de la géométrie analytique.

3°) La **théorie des fonctions** : on peut encore abstraire davantage, si l'on ne considère *que la dépendance d'une quantité par rapport à une ou plusieurs variables*, même en admettant une relation arbitraire entre les variables et la quantité dont elles déterminent la variation.

§ B. — *MATHÉMATIQUES APPLIQUÉES*

Elles comprennent les sciences dites **physico-mathématiques**. Ces sciences sont moins abstraites que les Mathématiques pures, car elles ajoutent aux objets de la géométrie et de l'algèbre la considération de nouveaux éléments, tels que le *mouvement*, la *durée*, la *force*, la *masse*, la *vitesse*. On les appelle *appliquées*, parce qu'elles consistent surtout dans une *application* des mathématiques pures à certaines données de l'expérience (vg. le *mouvement*, etc.) :

I. — **Mécanique** : *science des lois du mouvement.*

II. — **Mécanique céleste** ou **Astronomie** : *science des astres et de leurs révolutions.*

([1]) Renouvier, *Critique philosophique*, Avril 1882.

III. — **Physique mathématique**.
IV. — **Calcul des probabilités**, qui s'appuie sur des lois physiques.

C'est une tendance de la science contemporaine de vouloir ramener les différentes sciences aux Mathématiques. Cette tendance, qui remonte à Descartes et s'est accentuée depuis Comte, est louable pour ce qui regarde les sciences physico-chimiques. Mais on ne réussira pas à constituer une *Biologie mathématique*, encore moins une *Psychologie mathématique*, parce que la vie et la pensée sont irréductibles à la quantité. Tout ce que peuvent faire les *Psycho-physiciens*, c'est de mesurer les phénomènes physico-chimiques, qui sont les *conditions* physiques ou physiologiques des états de conscience ; on ne peut mesurer ces états mêmes. La *précision* que la *Psycho-physique* et la *Psycho-physiologie* prétendent introduire n'est qu'une précision illusoire, car l'un des deux termes, la sensation, n'est pas une quantité mathématique.

22. — ORIGINE DES NOTIONS MATHÉMATIQUES

Les **nombres** et les **figures** sont l'objet ou matière des sciences mathématiques. On s'est demandé comment cette matière leur est fournie. On a fait trois réponses principales à cette question [1] :

§ 1. — *THÉORIE DE L'INNÉITÉ OU THÉORIE RATIONALISTE*

A) **Exposé** : d'après cette théorie, les notions des nombres et des figures *existent toutes formées dans notre esprit avant toute expérience* ; ce sont des idées *préformées*.

---

[1] Nous retrouvons ici, pour expliquer l'origine des notions mathématiques, les trois systèmes imaginés pour rendre compte des notions et vérités premières. Cf. G. Sortais, *Traité de philosophie*, T. I, Psychologie, L. II, Sect. IV, ch. II.

B) **Critique** : 1°) Nous n'avons aucune conscience de ces concepts qui seraient comme innés dans notre esprit.

2°) S'il en est ainsi, comment se fait-il que chacun de nous soit resté jusqu'ici sans penser à beaucoup de nombres et sans se représenter beaucoup de figures ? — De plus certaines figures sont difficiles à concevoir. Il y a des peuplades sauvages qui sont incapables de former les nombres au-delà de 5 ou de 10. Si ces figures et ces nombres étaient innés dans l'esprit humain, on ne s'expliquerait pas ces efforts et ces impuissances.

§ II. — *THÉORIE EMPIRIQUE*

A) **Exposé** : les philosophes empiristes voient dans les notions mathématiques *de simples résidus de l'expérience*. Hume avait déjà déclaré que la nécessité et l'universalité qu'on leur attribue sont illusoires. Après lui, S. Mill [1] et H. Spencer [2] ont soutenu que les nombres et les figures sont l'*expression plus ou moins abstraite de certains faits d'expérience* : vg. le nombre 5 et le nombre 10 seraient formés par la considération de nos doigts ; le cercle géométrique a été suggéré par la vue d'une roue ou du soleil.

B) **Critique** : considérons successivement les **nombres** et les **figures**.

I. — **Nombres** : 1°) Il y a bien des nombres que l'expérience ne nous montre pas : vg les *très grands nombres* : mille, million, milliard, n'ont jamais été perçus par les sens et ne peuvent même pas être représentés par l'imagination.

2°) L'expérience ne nous présente pas les notions de la *série*, de la *croissance régulière des nombres*.

3°) Bien plus, l'expérience sensible ne nous donne la notion d'*aucun nombre*, car le nombre n'existe pas dans la nature ; dans la nature tout est individuel et singulier. Il ne suffit pas de *voir*

---

[1] S. Mill, *Système de Logique...*, L. I, ch. vii, § 5, 6 ; L. II, ch. v. — Cf. A. Bain, *Logique déductive et inductive*, L. III, ch. v, § 7, 8.
[2] H. Spencer, *Les principes de la Psychologie*, VI° P. Analyse spéciale.

une multitude d'objets pour avoir l'*idée* de leur nombre : les animaux et les idiots perçoivent comme nous les objets et ils n'ont pas l'idée des nombres. L'abstraction même n'y suffit pas, car elle ne dégage de l'expérience que ce que l'expérience contient. Or le nombre n'existe pas formellement dans la réalité ; le nombre, comme dit Euclide, est une « *collection* d'unités ». L'esprit trouve dans la réalité un fondement : à savoir des unités, mais c'est lui qui les réunit et les rassemble, qui en fait une collection, un nombre en un mot. Le nombre est donc une *construction* de l'esprit ; c'est une relation qui a un fondement réel, mais qui n'existe formellement que dans l'intelligence.

II. — **Figures** : 1°) D'abord le mathématicien étudie certaines figures qui n'existent pas et qu'il ne peut se représenter : vg. lignes asymptotes, un kiliogone, un myriagone.

2°) A la différence des nombres, il faut reconnaitre que l'expérience nous offre des exemples de certaines figures : vg. lignes droites, circonférences, triangles, sphères, etc. Mais ces figures concrètes n'ont pas les caractères de celles dont s'occupe le mathématicien ; il n'y a pas dans la nature de points *sans étendue*, de lignes *sans largeur*, de surfaces *sans épaisseur*. On répondra que dans une ligne on peut faire abstraction de sa largeur, etc. C'est vrai ; mais c'est déjà recourir à l'activité de l'esprit.

De plus, les figures que nous présente l'expérience sont *imparfaites* : où trouver dans la nature une ligne absolument droite, une circonférence aux rayons rigoureusement égaux ? ([1]) L'abstraction ici est impuissante ; elle peut bien isoler les éléments d'un tout concret, mais elle n'ajoute rien aux données de l'expérience : vg. elle peut, dans la représentation d'une ligne, laisser de côté la représentation de la largeur qui s'y trouve jointe ; mais elle est incapable de rectifier cette ligne. Il faut donc que la *raison* corrige les irrégularités des figures concrètes : c'est une œuvre de *reconstruction*. Pour ce travail l'expérience ne nous offre aucun modèle parfait ; elle nous sert seulement d'occasion et de point de départ. C'est de ces figures reconstruites, conséquemment idéales,

---

([1]) Boussinesq, *Revue philosophique*, 1879.

que les mathématiques s'occupent : leurs propriétés résultent nécessairement de la loi suivant laquelle l'esprit les a créées.

§ III. — *THÉORIE EMPIRICO-RATIONALISTE*

Les notions mathématiques n'étant pas données toutes faites soit dans l'esprit, soit dans l'expérience, il faut que l'homme les forme lui-même, qu'il les construise. Les définitions mathématiques sont donc des *constructions*. Ces constructions sont faites par l'esprit avec des éléments empruntés à l'expérience ; ainsi **l'expérience et l'intelligence** s'unissent pour les produire.

A) **Éléments** : 1°) Les *nombres* supposent comme élément la notion d'**unité**, qui est due à l'expérience interne ; nous avons conscience d'une seule force agissant en nous, et de là nous formons l'idée d'unité, que nous étendons aux objets du monde extérieur.

2°) Les *figures* supposent comme éléments l'**espace**, le **point** et le **mouvement**, dont l'expérience externe nous suggère l'idée : c'est à l'occasion de certaines sensations que nous concevons l'espace, le mouvement et le point.

B) **Opérations** : 1°) Le *nombre* est engendré par l'**addition** des unités qui en fait une collection.

2°) Avec l'espace, le point et le mouvement, on a tout ce qui est nécessaire pour engendrer la *ligne*, que Leibniz définit « le tracé idéal d'un point en mouvement dans l'espace ». Au moyen de la ligne on construit les différentes *figures* : « Avec des droites qui se coupent deux à deux, en formant certains angles, on construit tous les triangles, tous les quadrilatères et, en général, tous les polygones ». Le cercle est une figure engendrée par la révolution d'une droite autour d'une de ses extrémités. « Avec la révolution du demi-cercle autour de son diamètre, du rectangle autour d'un de ses côtés, du triangle rectangle autour d'un des côtés de l'angle droit, nous fabriquons la sphère, le cylindre, le cône ; avec des sections du cône, l'ellipse, la parabole et l'hyperbole [1] ».

---

[1] Taine, *De l'intelligence*, L. IV, ch. I, § II.

Les **propriétés** des figures ainsi construites sont **certaines, nécessaires et universelles,** parce qu'elles *résultent de la construction toujours identique* des figures et que la définition indique la *loi génératrice* de ces constructions.

Conclusion : « Les définitions mathématiques sont suggérées à l'esprit par l'expérience, puis rectifiées par l'esprit et enfin énoncées de manière à exprimer la loi d'après laquelle l'objet de la définition est construit. Ainsi l'expérience montre à l'œil des figures à peu près circulaires, l'horizon, l'arc-en-ciel, les ronds que fait une pierre en tombant dans l'eau ; à l'occasion de ces cercles l'esprit conçoit la vraie figure circulaire, celle dont tous les points extérieurs sont à égale distance d'un point intérieur ; et enfin se demandant par quel procédé il pourrait construire le cercle ainsi conçu, l'esprit voit que le cercle est engendré par la révolution d'une droite autour d'un point. Exprimant alors cette loi de construction on a la définition du cercle, non pas seulement descriptive mais *explicative*, ou, comme disent les géomètres, *per generationem* ([1]) ».

Remarque. — La méthode employée par les sciences mathématiques étant la méthode *déductive*, il nous faut, au préalable, faire la théorie de la *déduction* en général ; puis nous étudierons cette forme spéciale de la déduction qu'on appelle la *démonstration mathématique*. De là deux articles dans le présent chapitre :

I. — **Théorie de la déduction en général.**
II. — **Théorie de la démonstration mathématique.**

([1]) Fonsegrive, *Éléments de philosophie*, Logique, XIIe leçon, § 1.

ARTICLE I.

LE RAISONNEMENT DÉDUCTIF ET SES DIFFÉRENTES FORMES (THÉORIE DE LA DÉDUCTION)

Raisonner, c'est tirer d'un ou de plusieurs jugements donnés un autre jugement qui en est la conséquence. Dans le raisonnement **déductif**, qui conclut du général au particulier, la conséquence découle nécessairement des prémisses par cela seul qu'elles sont données.

La **déduction** est donc une inférence dans laquelle la conséquence dérive de jugements antécédents en vertu de la **forme même** de la pensée, indépendamment de sa matière.

La déduction est de deux sortes :

1°) **Immédiate**, quand elle tire une conclusion d'un jugement donné sans recourir à un jugement intermédiaire.

2°) **Médiate**, quand elle recourt à un jugement intermédiaire. De là deux sections.

SECTION PREMIÈRE. — LA DÉDUCTION IMMÉDIATE

On obtient une déduction immédiate soit par **opposition** soit par **conversion**.

23. — § I) OPPOSITION DES PROPOSITIONS

I. — **Définition** : procédé logique qui consiste à conclure *immédiatement*, de la vérité ou de la fausseté d'une proposition, la vérité ou la fausseté d'une proposition opposée.

Or deux propositions sont *opposées*, lorsque, composées des mêmes termes, elles diffèrent par leur quantité ou leur qualité.

La **quantité** dépend de l'*extension* du sujet (¹).

La **qualité**, de l'*affirmation* ou de la *négation* par rapport à l'attribut.

II. — **Espèces** : toute proposition ayant à la fois quantité et qualité, on a quatre espèces de propositions opposées :

Universelle affirmative   A
       ″   négative   E
Particulière affirmative   I
       ″   négative   O

Asserit A, negat E, verum generaliter ambo.
Asserit I, negat O, sed particulariter ambo.

D'où quatre espèces d'oppositions :

1) **Contradictoire**, entre deux propositions différant à la fois en qualité et en quantité.

(¹) Il importe de préciser le sens des mots *extension* et *compréhension*, parce qu'ils reviendront fréquemment dans la suite.

Tout concept ou idée générale a deux propriétés fondamentales :

I. La COMPRÉHENSION : c'est l'ensemble des *éléments*, des *qualités* qui constituent l'idée générale. Elle en est comme le contenu : vg. la compréhension de l'idée d'homme au point de vue physiologique est : *animal, vertébré, mammifère, bimane*.

II. — L'EXTENSION : c'est l'ensemble des *individus* ou *espèces* auxquels s'applique l'idée générale. L'extension de l'idée d'homme embrasse tous les hommes, passés, présents, futurs, blancs, noirs, jaunes, rouges.

Loi : *L'extension et la compréhension des idées sont en raison inverse l'une de l'autre*. Si la compréhension augmente, l'extension diminue ; si l'extension diminue, la compréhension augmente : vg. la compréhension de l'idée d'homme est : *animal, vertébré, mammifère, bimane*; l'extension de cette idée embrasse tous les individus humains. Si l'on ajoute à la compréhension la qualité de *blanc*, l'extension diminue, car cette qualité élimine les hommes noirs, jaunes, rouges. L'idée d'être est celle qui a l'extension *maxima*, puisqu'elle s'applique à *tous les êtres*, réels ou possibles ; mais aussi a-t-elle la compréhension *minima* : elle ne contient qu'*un seul* élément.

2) **Contraire**, entre deux propositions de même quantité universelle et de qualité différente.

3) **Subcontraire**, entre deux propositions de même quantité particulière et de qualité différente.

4) **Subalterne**, entre deux propositions de même qualité et de quantité différente.

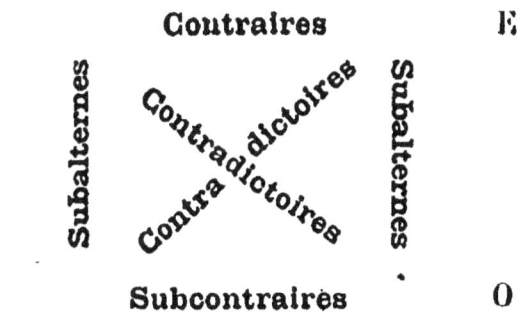

Tout homme est mortel.   *Nul homme n'est mortel.*

Quelque homme est mortel.   *Quelque homme n'est pas mortel.*

III. — **Conclusions immédiates par opposition** : on peut des diverses sortes de propositions opposées tirer des conclusions immédiates. Bornons-nous à signaler les plus importantes (¹) :

A) **Contradictoires** : de la vérité ou de la fausseté de l'une des propositions on peut conclure la vérité ou la fausseté de l'autre (Principe du tiers exclu : Une chose est ou n'est pas).

Vg. 1) Tout homme est mortel (vrai). Donc la contradictoire est fausse : *Quelque homme n'est pas mortel.*

2) Nul homme n'est mortel (faux). Donc la contradictoire est vraie : *Quelque homme est mortel.*

B) **Contraires** : de la vérité d'une des propositions on peut conclure la fausseté de l'autre, mais non *vice versa*, car *datur medium* :

Vg. 1) Tout homme est mortel (vrai). Donc la contraire est fausse : *Nul homme n'est mortel.*

(¹) Pour les *Subcontraires* et les *Subalternes*, Cf. G. Sortais, *Traité de Philosophie*, T. II, Logique, 19, III, C, D.

2) Tout homme est savant (faux). Donc la contraire n'est pas nécessairement vraie : Nul homme n'est savant, car *dalur medium* : *Quelque homme est savant.*

24. — § II) CONVERSION DES PROPOSITIONS

I. — **Définition** : procédé logique qui consiste à conclure, d'une proposition donnée, une proposition nouvelle, de même qualité, par la transposition des termes.

II. — **Règle générale** : dans la proposition convertie, les termes doivent garder leur extension première, ou tout au moins ils ne doivent pas en avoir une plus grande.

L'extension du *sujet* est toujours manifeste.

L'extension de l'*attribut* est indiquée par ces deux lois :

1°) L'attribut des propositions **affirmatives** est pris seulement dans une **partie** de son extension, vg. :

Tout A est B = Tout A est *quelque* B.

Les bœufs sont ruminants = *quelques* ruminants, c'est-à-dire une *espèce* du genre ruminant.

Quelque A est B = Quelque A est *quelque* B.

2°) L'attribut des propositions **négatives** est pris dans **toute** son extension, vg. :

Nul A n'est B = Nul A n'est *aucun* B.

Nul homme n'est immortel = Nul homme n'est *aucun* immortel, n'appartient au *genre* immortel.

Quelque A n'est pas B = Quelque A n'est *aucun* B.

Quelque homme n'est pas immortel = n'est *aucun* immortel.

III. — **Règles particulières** : 1°) Les **universelles affirmatives** A se convertissent en particulières affirmatives I.

Tout homme est mortel = Quelque homme est mortel. C'est ce qu'Aristote appelle la conversion *imparfaite* ou *par accident*, κατὰ μέρος.

2°) Les **universelles négatives** E et les **particulières affirmatives** I se convertissent sans changement :

a) Nul homme n'est quadrumane (E).
Donc nul quadrumane n'est homme (E).
b) Quelques hommes sont savants (I).
Donc quelques savants sont hommes (I).

3°) **Les particulières négatives** O n'ont point de conversion régulière. On fait une **contraposition**, c'est-à-dire qu'on les ramène d'abord à des particulières affirmatives; puis on convertit celles-ci.

IV. — **Critique d'Hamilton** [1] : il n'accepte pas que dans toute proposition affirmative l'attribut soit toujours particulier ; donc on peut quelquefois convertir une proposition affirmative universelle en une autre affirmative universelle.

Réponse : c'est vrai quand la proposition exprime une *définition*, car alors, la proposition étant *réciproque*, l'attribut a exactement la même extension que le sujet :
Tout homme est animal raisonnable,
Donc tout animal raisonnable est homme.

SECTION DEUXIÈME. — DÉDUCTION MÉDIATE

§ I. — *SYLLOGISME SIMPLE ET RÉGULIER*

25. — STRUCTURE OU ÉLÉMENTS DU SYLLOGISME

I. — **Définition** : « C'est, dit Aristote, un *discours* dans lequel certaines choses étant posées, quelque autre chose en résulte *nécessairement*, par cela seul que celles-là sont posées [2] » ; — ou : C'est un argument composé de trois propositions telles que la troisième découle nécessairement des deux premières. Le syllogisme (συλλογισμός, liaison) *régulier* est la *forme parfaite* de la

---

[1] Hamilton, *Discussions on philosophy*.
[2] Aristote, *Analytiques*, I, ch. 1.

déduction ; c'est l'*expression verbale* du raisonnement déductif. La théorie en a été tracée par Aristote dans les *Premiers analytiques*.

II. — **Éléments** : le syllogisme implique donc *trois propositions* : deux prémisses, une conclusion. Les prémisses contiennent *trois termes*. Aristote définit les termes : « Les éléments dans lesquels se résout la proposition ». On appelle :

1) **Extrêmes**, les deux termes unis dans la conclusion.
2) **Majeur** ou *grand extrême*, l'*attribut* de la conclusion.
3) **Mineur** ou *petit extrême*, le *sujet* de la conclusion.
4) **Moyen terme**, celui qui, présent dans les deux prémisses et absent de la conclusion, sert à la produire. C'est le terme *intermédiaire* entre le grand terme dans la *Majeure* et le petit dans la *Mineure*.

On nomme : a) **Majeure**, celle des deux prémisses qui contient le *grand terme* ; — b) **Mineure**, celle qui renferme le *petit terme*.

C'est le point de vue de l'**extension** : il s'agit de démontrer que le sujet est contenu dans l'extension de l'attribut comme une espèce dans un genre ; c'est pourquoi le sujet de la conclusion s'appelle **Petit terme** et l'attribut **Grand terme**. Comment opère-t-on la démonstration ? En trouvant un troisième terme qui contienne le petit et soit lui-même contenu dans le grand, c'est-à-dire qui soit genre par rapport au sujet, espèce par rapport à l'attribut : c'est le **Moyen terme** : vg.

Tout bien est aimable,
Or la vertu est *un bien*,
Donc la vertu est aimable.

26. — FIGURES ET MODES DU SYLLOGISME

Le syllogisme affecte des formes différentes qui en sont les figures et les **modes**.

A) — **Figures** : ce sont les différentes formes que le syllogisme

revêt d'après la *position du moyen terme* dans les prémisses. Or il peut occuper quatre places ; de là quatre figures. Il peut être :
Sujet dans la majeure et attribut dans la mineure = 1re Figure.
Attribut dans la majeure et dans la mineure = 2me Figure.
Sujet dans la majeure et dans la mineure = 3me Figure.
Attribut dans la majeure et sujet dans la mineure = 4me Figure.
I. *Sub præ*, II. *tum præ præ*, III. *tum sub sub*, IV. *denique præ sub* (¹).

B) — **Modes** : ce sont les différentes formes que peut prendre le syllogisme d'après la *quantité et la qualité* des propositions qui le composent (A, E, I, O). Or, d'après les lois de combinaisons, les 4 espèces de propositions, combinées diversement par 3, donnent 64 modes possibles pour chaque figure ; soit en tout 256 modes. Mais tous ces modes ne concluent pas : 216 sont éliminés par l'application des règles générales du syllogisme ; 21 par l'application des règles particulières à chaque figure ; 19 seulement sont concluants. Les voici :

4 dans la 1re Figure :
$\begin{cases} a\,a\,a - a\,i\,i. \\ e\,a\,e - e\,i\,o. \end{cases}$

4 ″ 2me ″
$\begin{cases} a\,e\,e - a\,o\,o. \\ e\,a\,e - e\,i\,o. \end{cases}$

6 ″ 3me ″
$\begin{cases} a\,a\,i - a\,i\,i. \\ e\,a\,o - e\,i\,o. \\ i\,a\,i - o\,a\,o. \end{cases}$

5 ″ 4me ″
$\begin{cases} a\,a\,i - a\,e\,e. \\ e\,a\,o - e\,i\,o - i\,a\,i. \end{cases}$

C) — **Remarque** : Aristote ignorait cette 4me figure ; elle est rejetée avec raison par les Scolastiques du moyen âge et quelques philosophes contemporains. Elle est attribuée au médecin philosophe Galien par Averroës ; elle est admise par Port-Royal et d'autres logiciens. Elle ne contient que des modes difficiles et

---

(¹) *Sub* = *Subjectum*, Sujet. — *Præ* = *Prædicatum*, Prédicat ou Attribut.

inutiles dans la pratique, car ces modes ne sont que des *inter-versions* de ceux de la 1ʳᵉ figure (I = Sub præ ; IV = Præ sub). Théophraste en a fait les modes *indirects* de la 1ʳᵉ Figure (¹).

27. — MODES CONCLUANTS DES QUATRE FIGURES

(Iᵃ) **Barbara, Celarent, Darii, Ferio.** — (IVᵃ) **Bamalipton, Camentes, Dimatis, Fesapo, Fresisonorum.**

(IIᵃ) **Cesare, Camestres, Festino, Baroco.** — (IIIᵃ) **Darapti, Felapton, Disamis, Datisi, Bocardo, Ferison.**

Les syllogismes de la première figure sont dits **parfaits** par Aristote, parce que la nécessité de la conclusion est évidente. Leur légitimité apparaît du premier coup, car on ne fait, dans leur conclusion, qu'affirmer ou nier de toutes les espèces, ou d'une espèce, ou d'un individu, ce qui a été dans la majeure affirmé ou nié universellement du genre lui-même. C'est l'application manifeste du principe fondamental du syllogisme au point de vue de l'extension **(35)**.

> Tout *homme* est mortel ;
> Or Pierre est *homme* ;
> Donc Pierre est mortel.

Les syllogismes des trois autres figures sont **imparfaits** parce que la nécessité de la conclusion n'est pas absolument évidente. On manifeste leur légitimité en les ramenant aux modes parfaits de la première figure.

28. — RÉDUCTION DES MODES

Elle se fait d'après les lois de la conversion des propositions. Les consonnes initiales **BCDF** indiquent quel est le mode de

(¹) Cf. G. Sortais, *Traité de philosophie*, T. II, logique, 23.

la première figure, auquel il faut ramener le mode donné : vg. s'il commence par **C** (**Cesare**), il faut le ramener à **Celarent**. Les trois premières voyelles de chaque mot (vg. **e, a, e**) indiquent le mode dans chaque figure.

La réduction exige certaines opérations qui sont indiquées par les consonnes suivantes : **S, P, M, C** (¹). Les opérations nécessaires doivent affecter la proposition désignée par la voyelle *après* laquelle ces consonnes sont placées. **S** signifie la conversion simple ; — **P**, la conversion par accident ; — **M**, une mutation : à savoir la transposition des prémisses ; — **C**, la réduction à l'absurde. — Les modes BOCARDO et BAROCO sont seuls irréductibles, si ce n'est par l'absurde.

Prenons comme exemple le syllogisme suivant :
Toute science est *certaine* ;
Or nulle connaissance des choses contingentes n'est *certaine* ;
Donc nulle connaissance des choses contingentes n'est science.

Il faut d'abord chercher la **figure** : pour cela il suffit de voir la place occupée par le moyen terme. Ici, il est deux fois attribut (*præ præ*) ; donc deuxième figure.

Puis il faut trouver le **mode** : pour cela, on recherche la nature des propositions.

Ici la Majeure est affirmative universelle ; donc = **A**.
la Mineure est négative universelle ; donc = **E**.
la Conclusion est négative universelle ; donc = **E**.

Cherchons dans la deuxième figure le mode **AEE** ; = **Camestres**.

Le **C** de **Camestres** indique que l'argument doit se réduire à **Celarent** de la première figure.

Pour y parvenir il faut lui faire subir certaines modifications ; elles sont signalées par les lettres **M S** dans le **corps** du mot Camestres.

S signifie qu'il faut convertir **simplement** la proposition indiquée par la voyelle **E**, qui précède la consonne **S**. On aura :

Nulle connaissance certaine n'est connaissance des choses contingentes.

(¹) Les autres consonnes n'ont pas de valeur significative d'opérations à exécuter.

La lettre **M** indique qu'il faut **transposer** les prémisses ; la majeure doit prendre la place de la mineure. On aura donc enfin :

Nulle connaissance certaine n'est connaissance des choses contingentes = **E** ;

Or toute science est *une connaissance certaine* = **A** ;

Donc nulle science n'est une connaissance des choses contingentes = **E**. On a **E A E**, donc **Celarent**.

29. — RÈGLES OU LOIS DU SYLLOGISME

§ A. — *QUATRE RELATIVES AUX TERMES* :

NOMBRE : I^a **Terminus esto triplex : medius, majorque minorque.**

EXTRÊMES : II^a **Latius hos quam præmissæ conclusio non vult.**

MOYEN :
- III^a **Nunquam contineat medium conclusio fas est.**
- IV^a **Aut semel aut iterum medius generaliter esto.**

§ B. — *QUATRE RELATIVES AUX PROPOSITIONS* :

QUALITÉ :
- V^a **Ambæ affirmantes nequeunt generare negantem.**
- VI^a **Utraque si præmissa neget, nihil inde sequetur.**

QUANTITÉ ET QUALITÉ :
- VII^a **Pejorem sequitur semper conclusio partem.**

QUANTITÉ : VIII^a **Nil sequitur geminis ex particularibus unquam.**

30. — JUSTIFICATION DES RÈGLES DU SYLLOGISME

§ A. — *RELATIVES AUX TERMES*

I. — Le syllogisme se compose de trois termes : le moyen, le grand et le petit. Terminus.....

Le premier vers énonce moins une règle que l'essence même de tout syllogisme. S'il y avait plus de trois termes, il n'y aurait pas de comparaison de deux termes avec un même troisième. La base même du syllogisme ferait défaut, le principe d'identité : deux termes identiques à un même troisième sont identiques entre eux ; vg.

> Le *taureau* est une constellation ;
> Or le *taureau* est un animal ;
> Donc un animal est une constellation.

En réalité, il y a quatre termes, car le mot taureau est pris en deux sens différents.

II. — La conclusion ne doit pas être plus étendue que les prémisses. Latius.....

La conclusion n'est que le résultat de la comparaison faite dans les prémisses ; or, si les termes de la conclusion étaient plus étendus que ceux des prémisses, la conclusion dépasserait les limites de la comparaison et par conséquent ne serait pas légitime. En effet, les prémisses n'ayant affirmé ou nié que *partiellement* l'identité de chacun des extrêmes avec le moyen, la conclusion ne doit pas affirmer ou nier *totalement* l'identité du grand terme avec le petit ; vg.

> *Tout voleur* prend le bien d'autrui,
> Or *tout voleur* est homme,
> Donc *tout* homme prend le bien d'autrui.

La conclusion devrait être : *quelque* homme prend le bien

d'autrui ; en effet *homme*, dans la mineure, étant attribut d'une proposition affirmative, n'est pris que dans *une partie* de son extension : tout voleur est *quelque* homme. Il ne peut donc, dans la conclusion, être pris dans toute son extension : *Tout* homme......

III. — La conclusion ne doit jamais contenir le moyen terme. Nunquam......

Le moyen terme, n'étant qu'un point de comparaison, ne doit se trouver que là où se fait la comparaison, c'est-à-dire dans les prémisses ; vg.

> Pierre est *chrétien*
> Or le *chrétien* est bon ;
> Donc Pierre est un bon *chrétien*.

Sa présence dans la conclusion ne fait que modifier le sens d'un terme et, par cette modification, il crée un quatrième terme (puisque bon est pris en deux sens), ce qui fausse le syllogisme.

IV. — Le moyen terme doit être pris au moins une fois généralement. Aut semel......

S'il était pris deux fois particulièrement, il pourrait avoir un sens dans la majeure et un autre sens dans la mineure ; il équivaudrait par conséquent à deux termes. Le syllogisme aurait quatre termes (contra I Regulam) ; donc pas de comparaison avec un *même troisième terme*, donc pas de syllogisme ; vg.

> *Quelque* homme est voleur ;
> Or *quelque* homme est juste ;
> Donc quelque juste est voleur.

Une partie de l'extension d'homme (quelque voleur) ne coïncide pas avec l'autre (quelque juste). Le moyen terme : *homme* équivaut donc à deux termes.

§ B. — *RÈGLES RELATIVES AUX PROPOSITIONS*.

V. — Deux propositions affirmatives ne peuvent donner une conclusion négative. Ambæ......

C'est manifeste : deux affirmations ne peuvent produire une négation. Si les extrêmes conviennent à un même troisième terme, ils se conviennent entre eux ; la conclusion ne peut nier cette convenance ; vg.

> La *vertu* est aimable ;
> Or la charité est une *vertu* ;
> Donc la charité n'est pas aimable.

VI. — On ne peut rien conclure de deux prémisses négatives. — Utraque.....

Elles indiquent simplement que les deux extrêmes ne sont pas identiques au moyen terme, mais ne montrent pas s'ils sont ou ne sont pas identiques entre eux ; vg.

> Pierre ne ressemble pas à *Paul* ;
> Or André ne ressemble pas à *Paul* ;

Quid inde ? que résulte-t-il de là ? Rien.

VII. — La conclusion suit toujours la plus faible partie. Priorem.....

Elle est : A) **négative**, si l'une des prémisses est négative : c'est l'application de l'axiome du syllogisme négatif : *Deux termes, dont l'un convient et l'autre ne convient pas à un troisième, ne se conviennent pas entre eux* ; vg.

> Il faut aimer la *vertu* ;
> Or l'orgueil n'est pas une *vertu* ;
> Donc il ne faut pas aimer l'orgueil.

B) **Particulière**, si l'une des prémisses est particulière : comment, en effet, quand dans cette prémisse on n'a affirmé que l'identité *partielle* du moyen avec l'un des extrêmes, pourrait-on conclure en affirmant l'identité *totale* des extrêmes entre eux ?

> Tout acte *héroïque* est admirable ;
> Or *quelques actes* humains sont *héroïques* ;
> Donc quelques actes humains (et non tous) sont admirables.

VIII. — On ne peut rien conclure de deux prémisses particulières. Nil sequitur.....

Trois hypothèses. Ces prémisses seront ou bien :

A) **Toutes deux affirmatives** : alors il y a quatre termes (contra I Reg. : Terminus.....) et le moyen sera pris deux fois particulièrement (contra IV Reg. : Aut semel.....). En effet, tous les termes sont particuliers : les *sujets* parce que les propositions sont particulières ; les *attributs* parce qu'elles sont affirmatives. Donc le moyen terme sera pris deux fois particulièrement et équivaudra à deux termes différents ; vg.

> *Quelque homme* chante ;
> Or *quelque homme* est muet ;
> Donc quelque muet chante.

B) **Toutes deux négatives** : contra VI Reg. : Utraque.....

C) **L'une affirmative, l'autre négative** :

Il n'y a place que pour un seul terme universel, à savoir l'attribut de la prémisse négative. — Mais si une des prémisses est négative, la conclusion doit l'être aussi, d'après la R. VII, Pejorem ; par conséquent l'attribut de la conclusion doit être universel (puisqu'elle est négative) ; il doit donc aussi être pris universellement dans les prémisses, autrement : Latius hos..... Or il faut deux termes universels dans les prémisses : le moyen terme (sinon, on pèche contre IV R. : Aut semel.....) et le grand terme (puisqu'il est l'attribut d'une proposition négative). Mais il n'y a place que pour un terme universel : l'attribut de la proposition négative ; le syllogisme est donc impossible ; vg.

> Quelques hommes sont *savants* ;
> Or quelques musiciens ne sont *pas savants* ;
> Donc quelques musiciens ne sont pas des hommes.

Remarque : les huit règles du syllogisme peuvent être ramenées à ces deux principales : 1) *Nul terme ne peut être plus général dans la conclusion que dans les prémisses*, — 2) *Le moyen doit être pris au moins une fois universellement*.

§ II. — VARIÉTÉS DU SYLLOGISME

Jusqu'ici il n'a été question que du syllogisme *simple* et *régulier*, dans lequel les trois termes sont affirmés ou niés purement et simplement. Mais il y a plusieurs formes dérivées du syllogisme simple et régulier : les syllogismes *irréguliers* et les syllogismes *composés*. Ils constituent les *variétés* du syllogisme.

31. — SYLLOGISMES IRRÉGULIERS

I. — **Enthymème** (ἐν θυμῷ, l'une des propositions reste *dans l'esprit*) : syllogisme dans lequel l'une des prémisses est sous-entendue, vg. Vous êtes juge. Donc vous devez écouter. — Ce vers de la *Médée* d'Ovide : « Je t'ai pu conserver, je pourrai donc te perdre ».

Parfois même l'argument est réduit à *une seule* proposition : vg. ce vers de la *Médée* de Sénèque, qui veut prouver à Jason qu'il est coupable de tous les crimes qu'elle a faits pour lui : « Celui à qui sert le crime en est coupable ». Il manque à cet enthymème la mineure et la conclusion :

Celui qui laisse faire le crime et s'en sert en est coupable ;
Or Jason m'a laissé faire le crime et s'en est servi ;
Donc Jason est coupable.

II. — **Épichérème** (ἐπιχείρημα, effort, tension) : syllogisme dans lequel l'une des prémisses ou toutes les deux sont accompagnées de leurs preuves. On peut ramener la *Milonienne* à l'épichérème suivant :

Tout assassin mérite la mort, *car* la loi naturelle et toutes les législations le démontrent ;
Or Clodius est un assassin, *car* les témoins, sa conduite, tous ses apprêts le prouvent ;
Donc Clodius mérite la mort.

III. — **Polysyllogisme** : suite de syllogismes tellement enchainés que la conclusion du premier devient une prémisse du second. On appelle le premier *prosyllogisme*, le second *épisyllogisme* ; vg.

— Ce qui est simple ne peut se dissoudre ;
Or l'âme est simple ;
Donc l'âme ne peut se dissoudre.
— Ce qui ne peut se dissoudre est incorruptible ;
Or l'âme ne peut se dissoudre ;
Donc l'âme est incorruptible.
— Ce qui est incorruptible ne périt pas avec le corps ;
Or l'âme est incorruptible ;
Donc l'âme ne périt pas avec le corps.

IV. — **Sorite** (σωρός, tas ; il désignait chez les anciens le sophisme d'Eubulide, disciple d'Euclide, de l'école mégarique, sur le tas de blé). C'est un polysyllogisme abrégé, dans lequel les conclusions intermédiaires sont supprimées. Comme le polysyllogisme, il est :

Progressif, quand la conclusion de chaque syllogisme sert de *majeure* au syllogisme suivant. Exemple :

> Tout vertébré *a le sang rouge*,
> Tout mammifère est vertébré,
> Tout carnassier est mammifère,
> Tout félin est carnassier
> Donc tout félin a le *sang rouge*.

Régressif, quand la conclusion de chaque syllogisme sert de *mineure* au syllogisme suivant. Montaigne (¹) fait raisonner ainsi son renard :

> *Cette rivière* fait du bruit ;
> « Ce qui fait un bruict se remue ;
> Ce qui se remue n'est pas gelé ;
> Ce qui n'est pas gelé est liquide ;
> Ce qui est liquide plie soubs le faix ».
> Donc *cette rivière* plie soubs le faix.

(¹) Montaigne, *Essais*, L. II, ch. iii.

32. — SYLLOGISMES COMPOSÉS

Ce sont des syllogismes dans lesquels l'affirmation ou la négation implique une *condition*, une *alternative* ou une *incompatibilité*. D'après la *Logique de Port-Royal*, ce sont des syllogismes dont la majeure enferme la conclusion ([1]). On distingue le syllogisme :

I. — **Hypothétique** : syllogisme dont la majeure présente la conclusion comme soumise à une *condition*, vg. *S'il est jour, il fait clair*. — Il se produit sous un *double mode* :

A) **Positif** : si l'on affirme la condition dans la mineure, il faut affirmer le conditionné dans la conclusion :

Or il fait jour, Donc il fait clair.

B) **Négatif** : si le conditionné est nié dans la mineure, il faut nier la condition dans la conclusion :

Or il ne fait pas clair, Donc il ne fait pas jour.

II. — **Disjonctif** : syllogisme dont la majeure est une proposition disjonctive : *Pierre est debout, ou assis, ou couché*.

A) **Mode positivo-négatif** : si l'un des membres de la disjonction est *affirmé* dans la mineure, les autres doivent être niés *conjointement* dans la conclusion :

Or Pierre est debout, Donc il n'est ni assis, ni couché.

B) **Mode négativo-positif** : si l'un des membres est *nié* dans la mineure, les autres doivent être affirmés *disjonctivement* dans la conclusion :

Or Pierre n'est pas debout, Donc il est assis ou couché.

III. — **Copulatif** : c'est un syllogisme, dit Port-Royal, qui a pour majeure « une proposition copulative niante ; » vg.

Un homme n'est pas à la fois blanc et nègre ;
Or celui-ci est blanc,
Donc il n'est pas nègre.

([1]) Port-Royal, *Logique*, P. III, ch. xii, xiii.

Si la mineure était *négative* : Or cet homme n'est pas blanc, on ne pourrait rien conclure.

IV. — **Dilemme** : combinaison des syllogismes hypothétique et disjonctif. C'est un argument, dont la première proposition est une disjonctive telle que, de chacun de ses membres, on puisse conclure également contre l'adversaire. Aussi l'appelle-t-on *argumentum cornutum* ou *utrinque feriens* : vg. dilemme à une sentinelle qui n'avait pas jeté le cri d'alarme :

Ou tu étais à ton poste ou tu n'y étais pas.
Si tu étais à ton poste, tu as trahi ;
Si tu n'y étais pas, tu as manqué à la consigne ;
Donc, dans les deux cas, tu mérites la mort.

Règles : pour qu'un dilemme soit concluant, il faut que :

1°) La proposition disjonctive énonce toutes les alternatives possibles et ne laisse pas d'échappatoire.

2°) La disjonction ne puisse pas être *rétorquée*, c'est-à-dire qu'on n'en puisse pas retourner les conséquences contre celui qui l'a employée.

33. — EXEMPLE

C'est un argument dans lequel le conséquent se déduit de l'antécédent en vertu d'un rapport de *parité*, de *supériorité* ou d'*opposition*. De là les arguments :

I. — **A pari** (d'égal à égal, pour la même raison) : on conclut d'une chose à une autre à cause de leur parité, ressemblance ; vg.

> Celui, qui met un frein à la fureur des flots,
> Sait aussi des méchants arrêter les complots.

II. — **A fortiori** (à plus forte raison) : il consiste à affirmer d'une chose ce qu'on a affirmé d'une autre, parce que la raison de cette affirmation se retrouve dans la seconde à *un plus haut degré* que dans la première ; vg.

> Si mourir pour son prince est un illustre sort,
> Quand on meurt pour son Dieu, quelle sera la mort !

III. — **A contrario** (pour la raison contraire) : on conclut d'une chose à une autre en raison de leur *opposition* ; vg. Si l'oisiveté est la mère de tous les vices, le travail doit en être le préservatif.

L'argument de l'exemple tire sa valeur d'une induction provisoire appliquée par déduction à un cas particulier. Il sous-entend ces principes : Des causes *semblables* produisent des effets *semblables* ; — des causes *contraires*, des effets *contraires* ; — une chose a *d'autant plus lieu* d'être ou de n'être pas qu'il y a *plus de raisons* pour qu'elle soit ou ne soit pas.

34. — ARGUMENT PERSONNEL OU AD HOMINEM

C'est un argument qui met l'adversaire en contradiction avec lui-même, en lui empruntant un point qu'il a concédé. Cet argument n'a d'ordinaire qu'une valeur *relative* à la personne contre laquelle on l'emploie. Socrate s'en sert souvent dans les dialogues de Platon.

35. — PRINCIPES FONDAMENTAUX DU SYLLOGISME

Les termes peuvent représenter soit des **quantités**, soit des **qualités**. De là deux sortes de syllogismes :

§ I. — *SYLLOGISME DE LA QUANTITÉ*

C'est le syllogisme **mathématique**. Il est composé de termes qui sont des **quantités** ayant entre elles des rapports d'**égalité**. On arrive à la conclusion en *substituant* une quantité égale à une autre quantité égale ; vg. $A = B$, $B = C$, donc $A = C$.

Principe : *Deux quantités égales à une troisième sont égales entre elles.*

Quantification du prédicat : Hamilton (¹) a voulu ramener tout raisonnement au syllogisme de la *quantité*. D'après lui, le verbe *est* joue dans la proposition le rôle du signe =, parce que le prédicat ou attribut représente une *quantité* déterminée. Hamilton réduit donc la proposition à une équation et traite la Logique comme l'Algèbre (²).

Critique : cette théorie est en contradiction avec la nature du jugement et du raisonnement, telle qu'elle ressort de leur analyse philosophique. Hamilton confond l'extension logique avec la quantité mathématique (³).

§ II. — *SYLLOGISME DE LA QUALITÉ*

Il se compose de termes qui expriment des *qualités*, c'est-à-dire des caractères qui ne peuvent, comme les quantités, être substitués les uns aux autres. C'est le syllogisme proprement dit : il s'applique aux cas où il s'agit d'établir, entre deux termes, l'un sujet, l'autre attribut, des rapports au point de vue soit de la **compréhension**, soit de l'**extension**.

A) **Point de vue de la compréhension** : alors la relation entre le sujet et l'attribut est fondée sur la **contenance compréhensive** des termes ou sur leur **convenance et liaison**. Soient deux termes A (Pierre) et C (mortel). Peut-on affirmer C de A ? Pour savoir s'ils se conviennent entre eux, il faut trouver un troisième terme B (homme) qui puisse être tiré de la

---

(¹) Hamilton, *Discussions on Philosophy ; Lectures of Logic*, III.

(²) Le seul cas, où le rapprochement a une rigueur *apparente*, c'est le cas des définitions : vg. L'homme est l'animal raisonnable = L'animal raisonnable est l'homme, car les propositions sont réciproques et expriment une *identité*. Mais, même alors, le verbe *est* n'est pas synonyme du signe = des propositions mathématiques. On ne pourrait dire rigoureusement : L'homme = l'animal raisonnable, car la définition identifie un concept complexe au total de ses *qualités*.

(³) Pour la critique détaillée de cette théorie, Cf. G. Sortais, *Traité de philosophie*, T. II, Logique, 34, § I.

compréhension de A, et de la compréhension duquel on puisse tirer C. On aura le syllogisme suivant :

L'homme est mortel ⎫   B est C ;
Or Pierre est homme ⎬   A est B ;
Donc Pierre est mortel ⎭   Donc A est C.

On peut le développer ainsi :

Mortel est un attribut d'homme ⎫   C est attribut de B ;
Or homme est un attribut de Pierre ⎬   B est attribut de A ;
Donc mortel est un attribut de Pierre ⎭   Donc C est attribut de A.

Principe : *a*) Forme positive : *Deux termes qui conviennent à un troisième se conviennent entre eux. Quæ sunt eadem uni tertio sunt eadem inter se.*

b) Forme négative : *Deux termes, dont l'un convient et l'autre ne convient pas à un troisième, ne se conviennent pas entre eux. Quæ differunt in uno tertio, differunt inter se.*

Rôle du moyen terme : quand le syllogisme est fondé sur la *contenance compréhensive* des termes ou leur *liaison*, le moyen (B) sert à faire voir que le grand terme (C) convient ou ne convient pas au petit terme (A), en montrant que le grand terme (C) est ou n'est pas contenu dans la compréhension du petit (A).

B) **Point de vue de l'extension** : à toute compréhension correspond une extension déterminée, car un concept peut être pensé non seulement comme un ensemble de qualités, mais encore comme un *groupe* inclus dans un autre groupe. On peut donc expliquer aussi le syllogisme par la **contenance extensive**. Soient les deux termes A (Pierre) et C (mortel). Pour savoir si A est contenu dans l'extension de C, il faut trouver un troisième terme B (homme), qui soit contenu dans C et qui lui-même contienne A. On aura le syllogisme suivant :

L'homme est mortel ⎫   B est C ;
Or Pierre est homme ⎬   A est B ;
Donc Pierre est mortel ⎭   Donc A est C.

On peut le développer ainsi :

Homme est une espèce contenue dans le genre mortel	B est contenu dans C ;
Or Pierre est un individu contenu dans l'espèce homme.	A est contenu dans B ;
Donc Pierre est un individu contenu dans le genre mortel.	Donc A est contenu dans C.

Principe : *a*) **Forme positive** : Dictum de omni : *Ce qui est vrai du genre est vrai aussi de toute espèce et de tout individu appartenant à ce genre.*

b) **Forme négative** : Dictum de nullo : *Ce qui n'est pas vrai d'un genre n'est pas vrai non plus de toute espèce et de tout individu appartenant à ce genre.*

Rôle du moyen terme : quand le syllogisme est fondé sur la *contenance extensive* des termes, le moyen (B) sert à montrer que le petit (A) est contenu dans l'extension du grand (C).

Conclusion : un principe général s'applique au syllogisme de

I. — Extension  II. — Compréhension

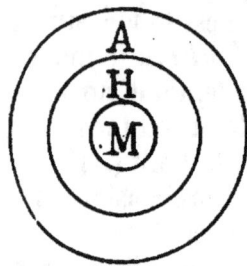
L'*homme* est mortel ;
Or Alexandre est *homme* ;
Donc Alexandre est mortel.
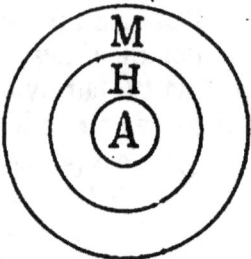

A = Alexandre ; H = homme ; M = mortel

la qualité, qu'il s'agisse des rapports d'extension ou de compréhension. C'est le principe appelé par l'École : Dictum de continenti et contento. On peut le formuler ainsi : *Ce qui est contenu dans une chose est contenu dans tout ce qui contient cette chose ;* — ou : *La partie de la partie est elle-même partie du tout.* Seulement il faut noter que, la compréhension et l'extension étant en raison inverse, les rapports de contenance compréhensive et de contenance extensive le seront également, comme le montrent clairement les figures ci-dessus.

Cet axiome commun *De continenti et contento* est un corollaire du principe d'identité, ainsi que les autres axiomes que nous avons cités.

Il en résulte que le syllogisme a pour dernier fondement le **principe d'identité et de contradiction** ([1]). C'est évident pour le syllogisme de la **quantité**, puisque l'égalité est l'*identité* au point de vue de la quantité. — C'est manifeste aussi pour le syllogisme de la **qualité**, au point de vue soit : *a*) de la *compréhension*, car la contenance compréhensive, c'est l'*identité* totale ou partielle sous le rapport des caractères constitutifs des concepts ; — *b*) de l'*extension*, parce que le genre est *identique* à la totalité des espèces qu'il renferme.

36. — REPRÉSENTATIONS GRAPHIQUES DES SYLLOGISMES

A) **Point de vue de la contenance extensive** : Euler ([2]) a eu l'ingénieuse idée de figurer les termes (*grand, moyen* et *petit*)

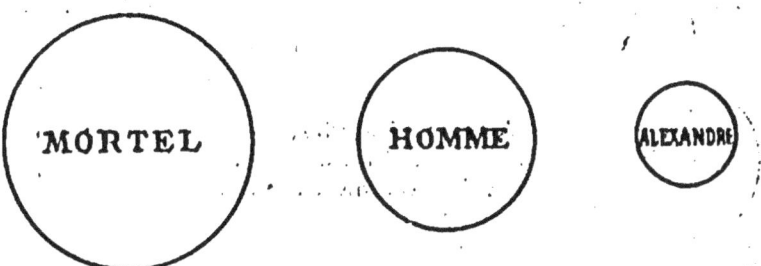

par des cercles dont la grandeur est proportionnelle à l'extension relative de ces termes.

([1]) On formule ainsi le principe d'identité : « Ce qui est, est » ou bu « A est A ». — Le principe de contradiction peut s'exprimer ainsi : « Il est impossible que le même attribut appartienne et n'appartienne pas au même sujet, dans le même temps, sous le même rapport » ; — ou : « Il est impossible que A soit à la fois A et non A ». Comme le principe de contradiction n'est, au fond, que la forme négative du principe d'identité, on les prend souvent l'un pour l'autre et on les réunit. Cf. C. SONRAIS, *Traité de philosophie*, T. I, PSYCHOLOGIE, 163.

([2]) EULER, *Lettres à une princesse d'Allemagne*, IIe P. Lettres XXV à XXXIX.

En s'inspirant de cette idée on peut représenter graphiquement les syllogismes, dont les termes n'ont pas une extension égale. Voici quelques exemples :

I. — Syllogisme à conclusion *singulière affirmative* :

> Tout homme est mortel (*Fig.* 1) ;
> Or Alexandre est *homme* (*Fig.* 2) ;
> Donc Alexandre est mortel (*Fig.* 3).

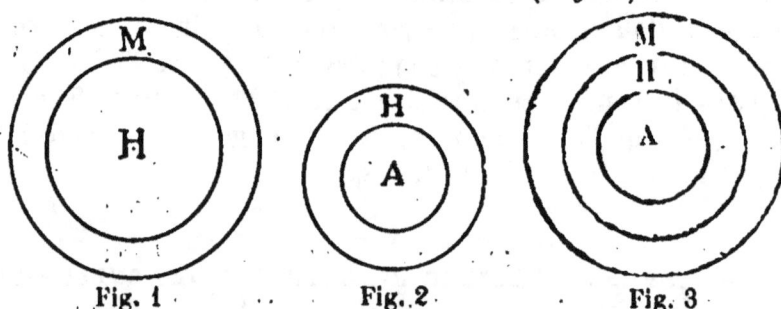

M = Mortel ; H = Homme ; A = Alexandre

II. — Syllogisme à conclusion *singulière négative* :

> *Nul homme* n'est immortel (*Fig.* 4) ;
> Or Alexandre est *homme* (*Fig.* 5) ;
> Donc Alexandre n'est pas immortel (*Fig.* 6).

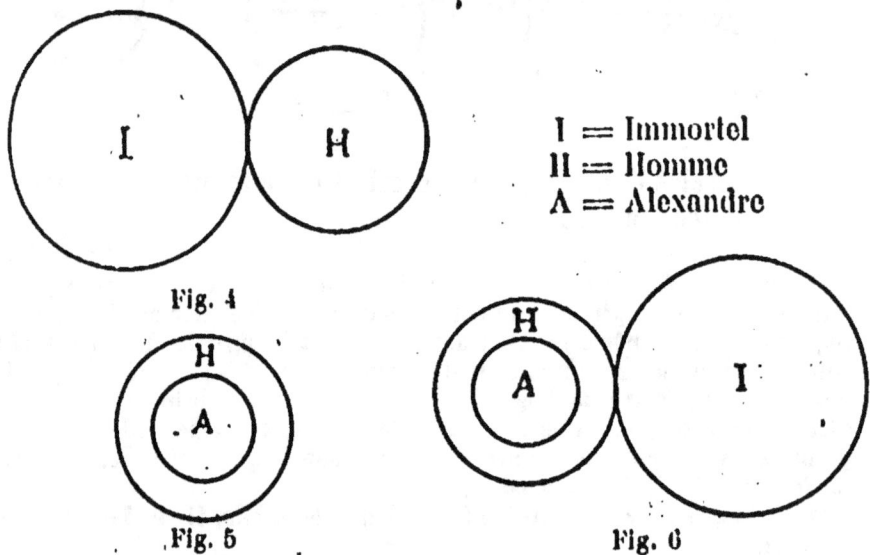

I = Immortel
H = Homme
A = Alexandre

III. — Syllogisme à conclusion *particulière affirmative* :

Tout juste est généreux (*Fig.* 7) ;
Or quelques hommes sont *justes* (*Fig.* 8) ;
Donc quelques hommes sont généreux (*Fig.* 9).

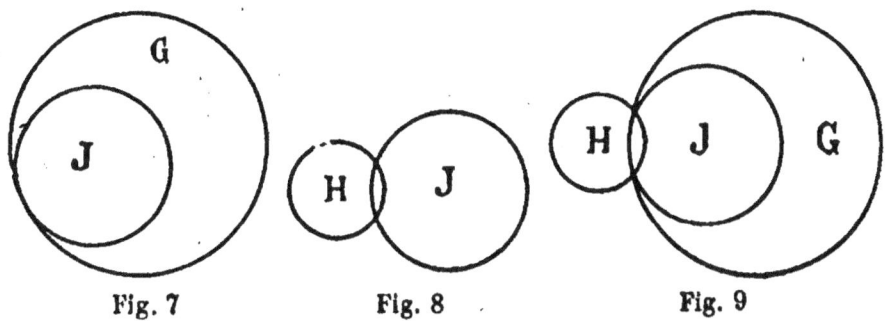

Fig. 7   Fig. 8   Fig. 9

G = Généreux ; J = Justes ; H = Hommes

IV. — Syllogisme à conclusion *particulière négative* :

Nul ambitieux n'est généreux (*Fig.* 10) ;
Or quelques hommes sont *ambitieux* (*Fig.* 11) ;
Donc quelques hommes ne sont pas généreux (*Fig.* 12).

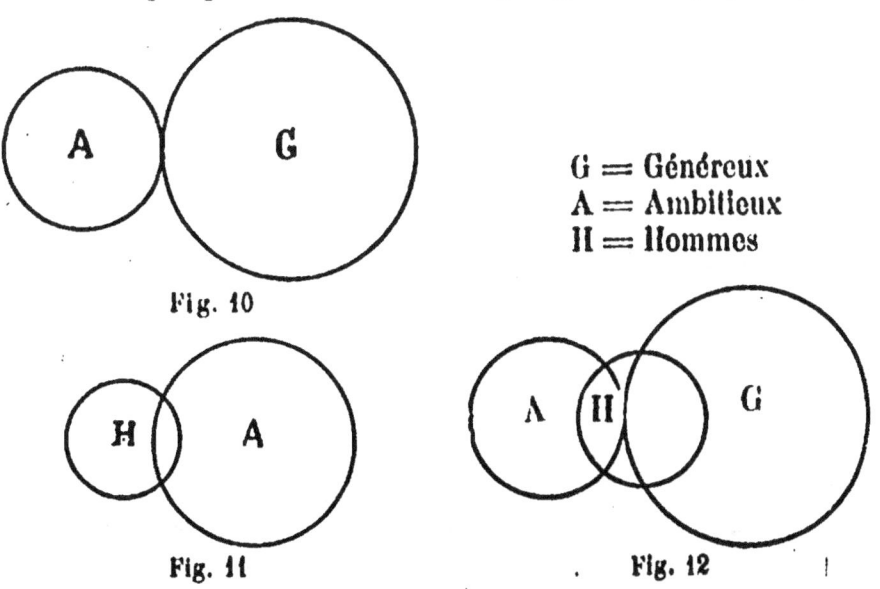

G = Généreux
A = Ambitieux
H = Hommes

Fig. 10

Fig. 11   Fig. 12

B) **Point de vue de la contenance compréhensive** : ce cas est l'inverse du précédent. Pour bien voir la différence, il suffit de prendre les mêmes exemples. Cette différence résulte de la loi même des idées générales : *La compréhension et l'extension sont en raison inverse* (**23**, note 1) :

    I. — *Tout homme* est mortel (*Fig.* 1) ;
        Or Alexandre est *homme* (*Fig.* 2) ;
        Donc Alexandre est mortel (*Fig.* 3).

Explication : 1) Mortel est un attribut contenu dans la compréhension d'*Homme* (*Fig.* 1).

2) *Homme* est un attribut contenu dans la compréhension d'Alexandre (*Fig.* 2).

3) Donc Alexandre (parce qu'il est *Homme*) est mortel (*Fig.* 3).

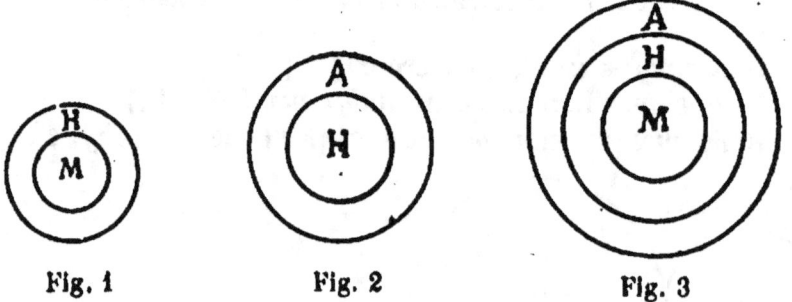

Fig. 1   Fig. 2   Fig. 3

    II. — *Nul homme* n'est immortel (*Fig.* 4) ;
        Or Alexandre est *homme* (*Fig.* 5) ;
        Donc Alexandre n'est pas immortel (*Fig.* 6).

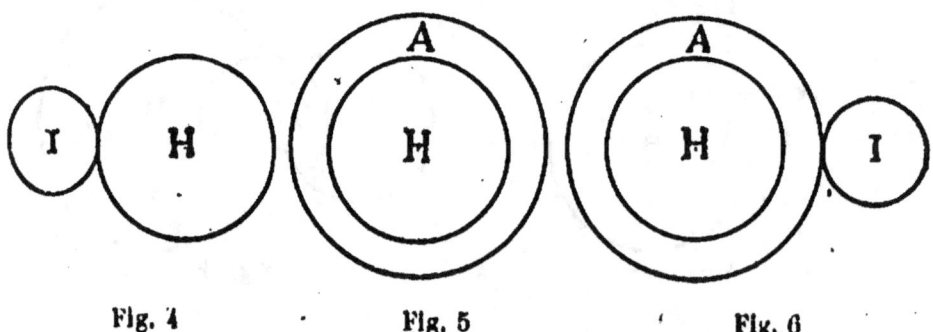

Fig. 4   Fig. 5   Fig. 6

III. — *Tout juste* est généreux (*Fig.* 7) ;
　Or quelques hommes sont *justes* (*Fig.* 8) ;
　Donc quelques hommes sont généreux (*Fig.* 9).

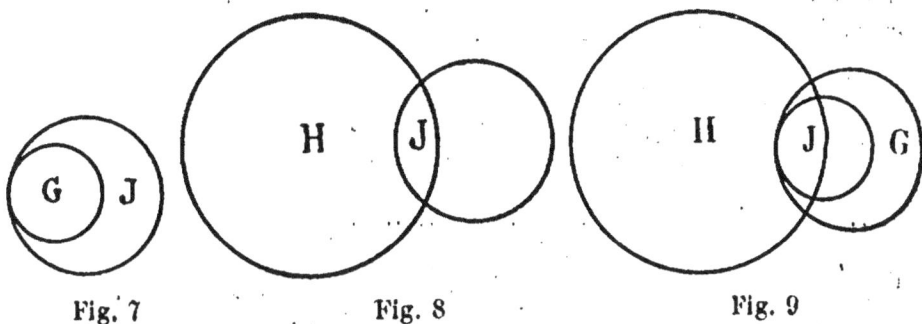

Fig. 7　　　　Fig. 8　　　　Fig. 9

IV. — *Nul ambitieux* n'est généreux (*Fig.* 10) ;
　Or quelques hommes sont *ambitieux* (*Fig.* 11) ;
　Donc quelques hommes ne sont pas généreux (*Fig.* 12).

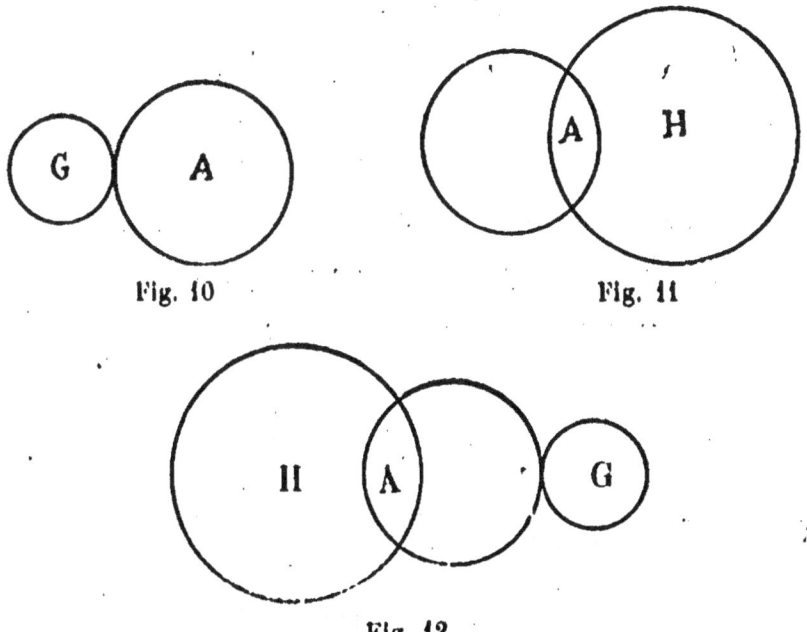

Fig. 10　　　　Fig. 11

Fig. 12

37. — DE LA DÉMONSTRATION EN GÉNÉRAL

§ A. — *SES CONDITIONS*

Pour constituer une démonstration, le syllogisme doit être vrai :
1) **Matériellement**, c'est-à-dire quant à ses prémisses.
2) **Formellement**, c'est-à-dire que la conclusion doit nécessairement découler des prémisses.

La *matière* du syllogisme, ce sont les propositions ;

La *forme*, c'est la nécessité de la conclusion découlant des prémisses. *Exemples* :

a) Celui qui possède la pierre philosophale peut changer les métaux en or ;
Or les magiciens possèdent la pierre philosophale ;
Donc les magiciens peuvent changer les métaux en or.

Ce syllogisme est faux *matériellement* ; correct *formellement*, car il ne pèche contre aucune des règles du syllogisme.

b) Les Chinois ne sont pas noirs ;
Or les noirs ne sont pas jaunes ;
Donc les Chinois ne sont pas jaunes.

Ce syllogisme est vrai *matériellement* ; faux *formellement*, car il pèche contre la règle : Utraque.....

Une vérité scientifiquement démontrée est une vérité qui s'impose *nécessairement* à l'esprit. Un syllogisme est *démonstratif* quand il revêt une **double nécessité** : 1) quant à sa **matière**, lorsque les prémisses sont évidentes par elles-mêmes ou sont tirées d'une démonstration antérieure ; — 2) quant à sa **forme**, lorsque la conclusion découle logiquement des prémisses posées. L'application exacte des règles du syllogisme ne garantit que la forme de la science, la rigueur de la déduction. Aristote a donc eu raison de définir la démonstration : « Le syllogisme qui produit la science » (¹), « le syllogisme tiré de propositions nécessaires » (²).

§ B. — *NÉCESSITÉ DE PRINCIPES INDÉMONTRABLES*

Pour que la démonstration soit possible, il faut qu'elle s'appuie sur certaines prémisses **indémontrées** et **indémontrables**, dont la nécessité s'impose **immédiatement** à l'esprit. Ce sont les **principes** de la démonstration. Il est impossible de tout démontrer (³). En effet, la série régressive des démonstrations serait *infinie* ou *finie*. Or ces deux hypothèses répugnent. Reste donc que tout n'est pas démontrable. Pour légitimer cette conclusion, il faut prouver la répugnance des deux hypothèses. La série des démonstrations ne peut être :

I. — **Infinie** : s'il fallait tout démontrer, on ne pourrait rien démontrer, et la science serait impossible ; car l'humanité passerait sa vie à chercher la démonstration de chaque nouvelle proposition, et ainsi sans terme. Mais ce *processus in infinitum* répugne ; il faut, comme dit Aristote, s'arrêter enfin en un point dont la nécessité s'impose immédiatement (⁴). Autrement, faute d'un point de départ fixe et incontesté, la science ne pourrait commencer. Et cependant il y a des démonstrations scientifiques, quand ce ne serait que les démonstrations mathématiques. Il faut donc rejeter cette première hypothèse, puisqu'elle implique l'impossibilité de la science et que la science existe.

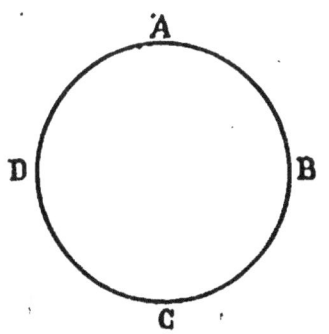

II. — **Finie**, car elle tournerait dans un cercle vicieux. On aurait en effet vg. A qui démontrerait B, B qui démontrerait C, C qui démon-

---

(¹) Aristote, *Derniers analytiques*, L. I, ch. II, § 4.
(²) Aristote, *Derniers analytiques*, L. I, ch. IV, § 1.
(³) Aristote, *Derniers analytiques*, L. I, ch. III, § 4.
(⁴) Aristote, *Derniers analytiques*, L. I, ch. XXII, §§ 16, 20.

trerait D, enfin D qui démontrerait A. Or, comme le remarque Aristote (¹), cette hypothèse aboutit à une contradiction : A serait *à la fois* logiquement *antérieur* à D, puisque c'est A qui démontrerait D par les intermédiaires B, C, qui tirent de A leur force probante ; — et logiquement *postérieur*, puisque A serait démontré par D.

Il faut donc admettre des vérités indémontrables et immédiatement évidentes, qui servent de point de départ et d'appui à la démonstration. Par conséquent la démonstration n'est pas le seul moyen pour arriver au vrai. A côté du procédé *discursif*, il y a le procédé *intuitif*. Quand l'évidence d'une proposition s'impose par elle-même, il serait absurde de la repousser parce qu'elle n'est pas démontrée ni démontrable. Ce serait ressembler à un habitant d'un quartier de Paris qui s'imaginerait qu'il doit se mettre en route pour y arriver, parce que les habitants des autres quartiers sont obligés de le faire pour y venir. De même, l'esprit qui a l'évidence immédiate de la vérité est déjà parvenu à la vérité : il la voit. Il n'a pas à se mettre en mouvement pour marcher vers elle : il est rendu. La démonstration a donc pour condition, nécessaire et préalable, l'intuition de certaines vérités évidentes, indémontrées et indémontrables, qu'on nomme **principes** (²).

§ C. — *PRINCIPES DE LA DÉMONSTRATION*

Aristote (³) distingue deux sortes de principes de la démonstration : les principes **communs** ou **axiomes** et les principes **propres** ou **définitions**.

A) **Axiomes** : ce sont des propositions qui s'imposent à la pensée dès qu'elle en saisit les termes. Ils peuvent être ou bien :

1) **Absolument communs**, c'est-à-dire s'appliquer à **toutes** les sciences. Ils servent à apprendre « n'importe quoi », puisqu'ils

---

(¹) ARISTOTE, *Derniers analytiques*, L. I, ch. III, § 5.
(²) ARISTOTE définit les principes les « termes indémontrables » (*Derniers analytiques*, L. III, ch. x).
(³) ARISTOTE, *Derniers analytiques*, L. I, ch. x, § 3.

conditionnent *toute* pensée. Ce sont les seuls qui méritent rigoureusement le nom d'axiomes. Or il n'y a dans ce cas que le **principe d'identité** et le **principe de raison** ([1]).

2) **Relativement communs ou dérivés**, c'est-à-dire s'appliquer à tout un **groupe** de sciences : vg. les axiomes mathématiques (**39**, § B). Ils servent à démontrer tout ce qui se rapporte à *ce groupe*. C'est ainsi que l'axiome : *Deux quantités égales à une troisième sont égales entre elles*, est un axiome dérivé du principe d'identité : il est commun à toutes les sciences mathématiques.

B) **Définitions** : les termes, qui forment la matière de la science, ont besoin d'être définis. La définition exprime l'essence des choses, c'est-à-dire les éléments *nécessaires* à leur constitution (**53**). S'il s'agit d'un *être*, la définition énonce le rapport invariable de ses éléments constitutifs ; s'il s'agit d'un *événement*, elle énonce le rapport invariable de ses phénomènes constitutifs, et alors la définition se nomme *loi*. De la sorte l'esprit est assuré que les termes, qui composent les sujets et les attributs des propositions employées, ont entre eux ce rapport de *nécessité* qu'exige la validité de la démonstration. Les définitions, variant avec l'objet de chaque science, sont appelées principes **propres** par opposition aux axiomes.

De même qu'il faut admettre des axiomes premiers non démontrés, de même il faut arriver à des définitions premières dont l'esprit saisisse immédiatement la vérité, autrement on devrait aller à l'infini, ce qui, nous l'avons vu, répugne. S'il fallait démontrer toutes les définitions, aucune ne serait *principe*, puisque la dernière démontrée ne serait que la *conclusion* de la démonstration antérieure, et ainsi sans fin.

([1]) On peut formuler ainsi le principe de raison suffisante : « Tout ce qui est a sa raison d'être ». Cf. G. Sortais, *Traité de philosophie*, T. I, Psychologie, 164 ; 165.

38. — VALEUR DE LA DÉDUCTION

On a dirigé contre la valeur de la déduction deux objections principales :

I. — **Stérilité** : le syllogisme est un procédé *stérile* : il est impuissant à découvrir des vérités nouvelles. En effet, la conclusion étant contenue dans la majeure, la conclusion est connue d'avance ; le raisonnement déductif aboutit donc à une **tautologie**, puisque la conclusion ne fait que répéter la majeure en tout ou en partie.

Réponse : 1°) Les progrès des sciences exactes attestent la fécondité de la déduction. Si l'objection était fondée, il suffirait de connaître les axiomes, les postulats et les définitions géométriques, pour connaître toute la géométrie.

2°) Quand on dit que la majeure contient la conclusion, on entend qu'elle contient la raison pour laquelle la conclusion est vraie. Il ne s'agit donc pas d'une contenance explicite et formelle, car dans ce cas il suffirait de penser la majeure pour y lire la conclusion : ce serait une véritable tautologie (¹). Mais il s'agit d'une contenance *implicite* et *virtuelle*. Dans ce cas, pour découvrir la conclusion dans la majeure et la rendre explicite, la majeure ne suffit pas : il faut recourir à la mineure qui montre si la raison indiquée dans la majeure convient au sujet de la conclusion. Soit l'exemple classique : *Tous les hommes sont mortels, Or Socrate est homme, Donc Socrate est mortel.* Si j'ignore ce qu'est Socrate, je ne saurai nullement qu'il est compris dans la majeure. Si j'apprends qu'il est homme (c'est la mineure), je verrai alors qu'il est compris dans la majeure et *pourquoi*, c'est-à-dire *parce qu'il est homme.*

(¹) Kant montre bien la différence entre les jugements *analytiques* et les propositions *purement tautologiques* : « Dans le premier cas, l'identité des notions n'est qu'*implicite* ; elle est *explicite* dans le second..... Les propositions implicitement identiques ne sont point vaines ou sans conséquence, car elles développent par une explication le prédicat qui était implicitement compris dans la notion du sujet » (*Logique*).

3°) Ce qui fait, en partie, la force de l'objection, c'est la nature même des raisonnements qu'on apporte comme exemples : on sait d'avance la conclusion. Mais s'il y a au contraire doute ou ignorance, le raisonnement sert à lever ce doute ou cette ignorance. Qu'importe en effet qu'une vérité soit contenue dans une autre si je ne l'y vois pas ? Le raisonnement a précisément pour résultat de me faire voir qu'elle y est implicitement contenue, et de m'en donner la raison. Cette raison c'est la liaison essentielle et nécessaire, qui unit le grand et le petit terme et que le moyen terme met en pleine lumière.

II. — **Pétition de principe** : d'après S. Mill, le syllogisme ne peut rien **prouver**, puisqu'il est une *pétition de principe*, un *cercle vicieux* : « Quand on dit :

Tous les hommes sont mortels,
Socrate est homme,
Donc Socrate est mortel,

les adversaires de la théorie du syllogisme objectent irréfutablement que la proposition « Socrate est mortel » est présupposée dans l'assertion plus générale « Tous les hommes sont mortels » ; que nous ne pouvons pas être assurés de la mortalité de tous les hommes, à moins d'être déjà certains de la mortalité de chaque homme individuel ; que s'il est encore douteux que Socrate soit mortel, l'assertion que tous les hommes sont mortels est frappée de la même incertitude ; que le principe général, loin d'être une preuve du cas particulier, ne peut lui-même être admis comme vrai, tant qu'il reste l'ombre d'un doute sur un des cas qu'il embrasse et que ce doute n'a pas été dissipé par une preuve *aliunde* ; et, dès lors, que reste-t-il à prouver au syllogisme ? (¹) » Bref, on ne peut prouver que *Socrate est mortel* en s'appuyant sur cette majeure : *Tout homme est mortel*, car elle est elle-même douteuse s'il est douteux que Socrate, qui *lui aussi est homme*, soit mortel. Le faire, c'est supposer prouvé ce qui est en question, c'est commettre une pétition de principe.

(¹) S. Mill, *Système de Logique déductive et inductive*, L. II, ch. III, § 2.

Réponse : ici encore il suffit de nier la supposition gratuite qui sert de base à l'objection : la conclusion n'est *pas formellement* contenue dans la majeure ; elle n'est même pas contenue formellement dans les deux prémisses, car elle en *résulte*, grâce à une opération de l'esprit qui la dégage de la comparaison préalable des deux extrêmes avec le moyen. Par conséquent le doute qui porte sur la conclusion n'affecte pas la majeure. Soit l'exemple suivant :

Ceux qui naissent en France de parents français sont Français ;
Or Descartes est né à la Haye, en France, de parents français ;
Donc Descartes est Français.

Quand je me demande si « Descartes est Français », mon doute sur ce point n'affecte aucunement cette proposition : « Ceux qui naissent en France... » En effet, dans la question que je me suis faite, Descartes est pensé en tant que philosophe, mathématicien, vivant à l'étranger, etc., et non en tant que né à la Haye en Touraine. La preuve, c'est que ma question trouve sa réponse et mon doute cesse dès que je sais que Descartes est né à la Haye en France, de parents français. On le voit donc : l'affirmation et le doute ne portent pas sur le même point ; dès lors s'appuyer sur l'affirmation pour résoudre le doute, ce n'est pas commettre une pétition de principe.

BIBLIOGRAPHIE

Aristote,	*Premiers Analytiques.*
Bain,	*Logique déductive et inductive*, L. II.
Balmès,	*L'art d'arriver au vrai.*
Bossuet,	*Logique*, L. III.
Brochard,	*Logique de S. Mill*, Rev. philos. T. XII.
Carra de Vaux,	*Le Syllogisme*, Annales de philos. chrét. Mars 1898.
Euler,	*Lettres à une princesse d'Allemagne*, IIᵉ P.
Folghera,	*Le Syllogisme. S. Mill et Rabier*, Revue thomiste, Juil. 1897.
Fonsegrive,	*Raisonnement par l'absurde*, Rev. philos., Déc. 1885.
Janet (Paul),	*La nature du syllogisme*, Rev. philos., T. XII.

Jerphanion (de), *L'algèbre de la Logique,* Etudes, Déc. 1902 et Fév. 1903.
Lachelier, *De natura syllogismi. — Théorie du syllogisme,* Revue philos., T. I, Mai 1876.
Leibniz, *Nouveaux essais sur l'entendement humain,* L. III, IV.
Liard, *Les logiciens anglais contemporains.*
Mill (S), *Examen de la phil. de Hamilton,* ch. xx-xxiv. *Système de Logique inductive et déductive,* L. II.
Palmieri *Institutiones philosophicæ,* T. I, *Logica,* Ch. v.
Pesch (T), *Institutiones logicales,* Pars II, Vol. I.
Port-Royal, *Logique,* IIIe P.
Rabier, *Logique,* ch. iv, v.
Renouvier, *Logique,* T. II.
Séailles et Janet, *Histoire de la Philosophie :* III. *Logique,* ch. v, *Théorie du Syllogisme.*

ARTICLE II

THÉORIE DE LA DÉMONSTRATION MATHÉMATIQUE

39. — LA DÉMONSTRATION MATHÉMATIQUE

Il faut accorder que nombre de vérités mathématiques ont été d'abord découvertes par l'expérience, comme semble l'indiquer l'étymologie même du mot géométrie (mesure de la terre). L'homme, après avoir mesuré un certain nombre de triangles, a sans doute constaté que la surface de cette figure était *toujours* égale à la moitié du produit de la base par la hauteur. Dès lors, cette propriété a dû lui apparaître comme indépendante des triangles particuliers et, conséquemment, comme nécessaire et universelle. Mais rien ne lui certifiait que, vraie pour le temps et le lieu où il expérimentait, cette propriété l'était aussi pour tous les temps et pour tous les espaces. Cette vérité n'avait, jusque là, qu'une nécessité et une universalité *relatives*. L'expérience n'est donc pas une méthode suffisante.

Les vérités, que l'expérience a pu faire découvrir aux mathématiciens, n'ont eu une nécessité et une universalité *absolues*, n'ont été indépendantes de toute condition de temps et d'espace, que le jour où l'esprit, s'élevant au-dessus des faits, a saisi la loi même de la génération de la figure. Alors il put construire idéalement le triangle, substituer aux notions expérimentales, toujours contingentes et particulières, la définition nécessaire et universelle, c'est-à-dire essentielle, et déduire de cette définition même les propriétés du triangle qui participent à sa nécessité et à son universalité *absolues*. Ainsi donc, quoique beaucoup de vérités mathématiques aient été suggérées par l'expérience, ce n'est pas à l'expérience, mais à la **déduction** qu'elles doivent leur **exactitude**, leur **nécessité** et leur **universalité absolues**. La méthode propre aux mathématiques, c'est donc la **déduction**, ou mieux une forme particulière de la déduction, la **démonstration**, qu'Aristote définit le *syllogisme du nécessaire* (37, § A).

Remarque : la vérité à *trouver* s'appelle **problème** ; c'est une *inconnue à déterminer*. La vérité à *prouver* se propose comme un **théorème** ; c'est une *vérité* qu'il faut rendre *évidente*.

§ A. — *PRINCIPES DE LA DÉMONSTRATION*

La démonstration est une *déduction* qui part de *principes nécessaires* pour aboutir à des *conséquences nécessaires*. Comme toute démonstration elle doit sortir de principes *indémontrables* qui servent à démontrer le reste (37, § B). Ces principes sont de deux sortes ; les uns **communs** : ce sont les **axiomes** ; les autres **propres** : ce sont les **postulats** et les **définitions**. La démonstration se construit en appliquant les axiomes aux définitions et aux postulats.

§ B. — *PRINCIPES COMMUNS : AXIOMES*

I. — **Définition** : ce sont des propositions nécessaires, indémontrables, énonçant des rapports nécessaires entre des grandeurs indéterminées. Ces axiomes sont *communs* à toutes les mathématiques, parce qu'ils s'appliquent également aux étendues, aux nombres et aux forces ; vg. *Le tout est plus grand que la partie.* — *Deux quantités égales à une troisième sont égales entre elles.* — *Si à des grandeurs égales on ajoute des grandeurs égales, les sommes sont égales*, etc.

II. — **Nombre** : les mathématiciens ne sont pas d'accord sur le nombre des axiomes, parce qu'ils ne s'entendent pas sur leur nature. Euclide en compte douze, Legendre en met cinq en tête de sa géométrie ; Bain les ramène à deux.

III. — **Caractères**. — Les axiomes sont :

A) **Indémontrables** : devant être le fondement de tous les théorèmes, ils ne doivent dériver d'aucun.

B) **Analytiques** : le sujet et l'attribut appartenant, l'un et l'autre, à la même catégorie, la *quantité*, il suffit d'analyser le sujet (vg. le *tout*) pour découvrir l'attribut (*plus grand que la partie*) dans sa compréhension. Ils sont dérivés du principe d'identité ; il faut remarquer, en effet, que l'*égalité* c'est l'identité sous le rapport de la grandeur. C'est ce qui autorise, en Mathématiques, la substitution des valeurs égales.

IV. — **Rôle** : les axiomes ne sont pas principes du raisonnement mathématique, en ce sens qu'ils serviraient de **majeures** énoncées ou sous-entendues, d'où l'on *déduirait* d'autres vérités ; à ce point de vue, Locke, d'Alembert, D. Stewart, ont raison de prétendre qu'ils ne sont pas principes de la démonstration. « Un homme de talent pourrait méditer éternellement sur les axiomes sans faire un pas de plus dans la connaissance des vérités mathématiques » (Locke). Ils sont principes de la démonstration en ce sens qu'ils sont la **condition**, la **règle** du raisonnement ; ils sont au raisonnement mathématique ce que le principe d'identité est à la pensée en général, la condition sous-entendue qui rend toute déduction possible. On ne déduit rien *des* axiomes, mais on déduit tout *en vertu* des axiomes, *conformément* aux axiomes ; ils sont *comme* le *nerf* caché du raisonnement. Aussi Leibniz a pu dire : « Il ne sert de rien de ruminer les axiomes sans avoir *de quoi les appliquer* » (¹). L'esprit ressemblerait à une machine qui marche à vide.

§ 6. — *PRINCIPES PROPRES*

Les principes **propres** sont ceux qui ne s'appliquent qu'à **une science** ; on peut en distinguer deux espèces : les **Postulats** et les **Définitions**.

I. — Postulats

I. — **Définition** : ce sont des propositions également admises sans démonstration, mais qui n'ont ni l'évidence ni la nécessité

(¹) Leibniz, *Nouveaux essais*..., L. IV, ch. xii, § 14.

des axiomes. Ces propositions ne sont pas absolument indémontrables ; mais, comme la démonstration n'a pas été jusqu'ici possible et qu'elle n'est pas nécessaire à cause de l'évidence de ces propositions, le savant demande (*postulare*) qu'on les admette sans preuves.

II. — **Rôle** : les postulats sont nécessaires à l'enchaînement des vérités mathématiques, à la suite des raisonnements. Ils peuvent être employés à titre de majeures ou de mineures, car les propriétés qu'ils énoncent sont la raison de certaines autres propriétés des figures. Leur rôle est donc analogue à celui des définitions, dont ils sont les compléments ([1]).

III. — **Espèces** : seules ([2]) la géométrie et la mécanique ont des postulats ; vg. postulat d'Euclide : *Par un point situé à l'extérieur d'une droite on ne peut faire passer qu'une parallèle à cette droite.* — *La ligne droite* ([3]) *est le plus court chemin d'un point à un autre.* — *La réaction est égale à l'action.*

IV. — **Caractères** : A) **Démontrables, mais non démontrés.**
B) Au point de vue de l'**origine**, les avis sont très partagés. Les postulats seraient :

1°) **Synthétiques a priori,** d'après Kant ([4]). Ils seraient :

a) *Synthétiques,* parce que le sujet et l'attribut de ces postulats appartiennent à des catégories différentes : l'attribut, *le plus court chemin,* se rapporte à la catégorie de la *quantité,* tandis que le sujet, *ligne droite,* relève d'une catégorie différente : la *position*

([1]) La *définition* fait connaître l'essence des nombres et des figures; le *postulat* exprime une propriété *complémentaire* qui résulte de l'essence : vg. de la droite, et qu'on fait rentrer par convention dans l'ensemble des propriétés caractérisant la droite.

([2]) C'est pour cela que certains auteurs appellent les postulats des axiomes *propres* ou de *second ordre.*

([3]) « La définition et les propriétés de la ligne droite sont l'écueil et, pour ainsi dire, le scandale des éléments de géométrie » (D'ALEMBERT, *Éclaircissements sur les éléments de philosophie*). On a, en effet, beaucoup discuté sur la nature de cette proposition : *La ligne droite est le plus court chemin...* Les uns en font un axiome, les autres une définition, ceux-ci un postulat. Cf. LIARD, *La science positive et la métaphysique,* L. II, ch. V, p. 242. — RENOUVIER, *Logique,* T. I, p. 209 et suiv.

([4]) KANT, *Critique de la raison pure.*

ou *forme* ; l'attribut est donc *ajouté* au sujet et non extrait du sujet ; la proposition est, par conséquent, *synthétique*.

b) *A priori* : étant nécessaires et universels, ils ne peuvent être *a posteriori*, car l'expérience est toujours contingente et particulière.

2°) **Synthétiques et a posteriori**, d'après M. Rabier ([1]) : ces postulats ont pour fondement l'expérience, non l'expérience externe ou sensible, mais l'*expérience interne* ou *intuition*, qui, opérant sur la forme pure de l'espace, nous fait voir que la supposition de la rectitude d'une ligne entraine, comme conséquence immédiate et nécessaire, le caractère de distance la plus courte. — Cette solution n'est pas satisfaisante, parce que toute expérience est nécessairement particulière et contingente ; et que l'intuition n'est pas une expérience, mais une perception rationnelle.

3°) **Analytiques**, d'après Taine ([2]) et d'autres philosophes, qui semblent être dans le vrai. Sans doute, la notion de *court* n'apparait pas dans la notion de *droit* si on considère celle-ci *absolument*, en elle-même ; mais si on *compare* la ligne droite avec la courbe, immédiatement apparait, dans le concept de la ligne droite, la notion de moindre distance *relativement* à la ligne courbe, et alors l'esprit conçoit la ligne droite comme condition essentielle du chemin le plus court. Le postulat de la ligne droite n'énonce pas une propriété primitive, mais une propriété dérivée. Il n'est donc pas étonnant que son caractère analytique ne soit pas immédiat comme celui du principe d'identité. — On objecte aussi que les deux termes de ce postulat ne sont pas homogènes : *court chemin* se rapporte à la *quantité*, tandis que *droite* se ramène à la *forme* ou *position*. Cette objection n'est pas fondée, car la *forme* ou la *position* d'une figure est un mode de son *étendue* ; or l'étendue implique nécessairement la *quantité*.

([1]) Rabier, *Logique*, Ch. xv, § IV.
([2]) Taine, *De l'intelligence*, L. IV, ch. ii, § 2, n° 5. — Palmieri, *Logica critica*, Thes. XV. — G. Sortais, *Traité de philosophie*, T. I, Psychologie, 154.

II. — Définitions

A. — Nature : la nature des définitions mathématiques est conforme à l'origine des notions ou concepts mathématiques (**22**, § III), car définir, ici, c'est analyser un concept. Les définitions mathématiques, suggérées à l'esprit par les faits, puis rectifiées et idéalisées par l'esprit, expriment la loi même d'après laquelle l'objet défini est construit. Ce sont des créations de l'esprit, des conceptions **idéales, rationnelles**, car l'expérience n'a servi que d'occasion et de stimulant. De là découlent leurs caractères propres [1].

B. — Caractères : les définitions *mathématiques* sont :

1°) **Constructives** : l'objet des mathématiques étant un objet idéal, irréel, les définitions doivent faire voir, comme dit Leibniz, « la possibilité du défini ». Elles y arrivent en énonçant les lois d'après lesquelles les nombres et les figures se construisent. C'est pourquoi elles se font par **génération** : vg. le nombre 2 s'obtient en ajoutant l'unité à elle-même ; la sphère est le volume engendré par la révolution d'un demi-cercle autour de son diamètre.

2°) **Définitives et imperfectibles**, car elles énoncent l'essence *complète* de leur objet. En effet :

a) La loi de construction de l'objet mathématique est connue adéquatement, sans erreur possible, parce que, l'objet mathématique étant abstrait, c'est l'esprit lui-même qui en détermine toutes les conditions : il est sûr que rien ne restera en dehors de ses prises. Or l'essence de l'objet mathématique résulte précisément de la loi de sa génération.

b) L'objet mathématique, par son abstraction même, échappe à tout changement ; de ce chef encore, les définitions mathématiques sont définitives et immuables. Aussi les définitions vg. du carré, du cercle, données par les géomètres modernes, ne diffèrent

---

[1] Liard, *Les définitions géométriques et les définitions empiriques.* — Delbœuf, *Prolégomènes philosophiques de la géométrie.*

pas pour le fond de celles qu'on trouve dans Aristote et dans Euclide.

3°) **Des principes de connaissance.** — Ce troisième caractère nous amène à indiquer leur rôle.

C. — **Rôle** : ce sont les principes féconds de la démonstration ; elles en sont la **matière**, car les définitions ou les théorèmes qui en dérivent entrent comme prémisses dans le raisonnement mathématique. Toutes les propriétés des figures et des nombres se déduisent de leurs définitions, qui expriment soit leur mode de génération, soit leur essence qui en résulte. Ainsi vg. en *géométrie*, on déduit du mode de génération du cercle cette propriété essentielle qu'il a tous les rayons égaux ; et de cette propriété essentielle on déduit les propriétés secondaires du cercle ; en *arithmétique*, toutes les propriétés du nombre 9 dérivent de sa loi génératrice, c'est-à-dire de sa définition qui ne fait que formuler cette loi.

§ D. — *DÉMONSTRATION MATHÉMATIQUE ET SYLLOGISME* [1]

Quoique la démonstration se présente sous forme syllogistique, elle se distingue du syllogisme : « Tout syllogisme, dit Aristote, n'est pas une démonstration ; mais toute démonstration est un syllogisme ». Voici les principales **différences** :

I. — Le syllogisme n'est composé que de trois propositions. — Rarement la démonstration revêt une forme aussi simple. Elle est ordinairement composée d'un grand nombre de syllogismes enchaînés les uns aux autres : c'est une suite de déductions.

II. — La démonstration est le « syllogisme du nécessaire » : elle part de principes nécessaires pour aboutir à des conséquences nécessaires. Le syllogisme démonstratif est vrai *quant à sa matière et quant à sa forme* ; sa conclusion a donc une double nécessité ; *a*) elle dérive *nécessairement* des prémisses posées ; — *b*) elle est tirée de *prémisses nécessaires*. — La déduction logique

---

[1] G. Milhaud, *Le raisonnement géométrique et le syllogisme*, Revue philos., Oct. 1897.

ne garantit que *la correction de la forme* : dans un syllogisme régulier, la conclusion se déduit nécessairement des prémisses ; mais la conclusion peut très bien être fausse *matériellement*, en elle-même : vg. *Tous les hommes sont savants ; Or Pierre est homme ; Donc Pierre est savant.* La conclusion est rigoureuse, parce que, les prémisses étant données, elle en découle logiquement ; mais elle n'est pas vraie.

III. — La déduction *mathématique* a trait aux **quantités** et affirme des rapports d'**égalité**. Elle consiste en une série d'équations qui reviennent à des identités, car l'égalité, c'est l'identité par rapport à la grandeur. La copule est exprimée par le signe =. Mais, comme l'égalité de deux termes (A, B) n'apparaît pas du premier coup, on recourt à des termes *intermédiaires*, c'est-à-dire à des *substitutions* plus ou moins nombreuses de quantités égales ou équivalentes. On sait : vg. d'une part que A = C, que C = D ; on sait d'autre part que B = E, que E = F, que F = D. On aura la démonstration suivante :

$$
\begin{array}{ll}
A = C & F = E \\
C = D & E = B \\
\text{mais } D = F & \text{donc } A = B
\end{array}
$$

L'**axiome**, en vertu duquel on a pu faire cette déduction, est celui-ci : *Deux quantités égales à une troisième sont égales entre elles.*

Les **définitions** ont permis de poser chacune des égalités, car c'est dans la définition de A qu'on a trouvé qu'il est égal à C ; c'est dans la définition de C qu'on a trouvé qu'il est égal à D, etc.

La déduction *logique* se rapporte à des **qualités** et affirme des rapports d'**inclusion** ou d'**exclusion**, au point de vue soit de la compréhension, soit de l'extension, entre deux termes, l'un sujet et l'autre attribut. Grâce à un moyen terme, elle fait voir que le grand terme est inclus dans la *compréhension* du petit ou en est exclu, c'est-à-dire est ou n'est pas un attribut du petit ; ou bien que le petit terme est inclus dans l'*extension* du grand ou en est exclu, c'est-à-dire est ou n'est pas un individu rentrant dans tel genre. De là vient que la conclusion de la déduction logique est ordinairement moins générale que les prémisses (35, § II) (¹).

§ E. — ESPÈCES DE DÉMONSTRATION

On distingue la démonstration :
I. — **Analytique** ou **synthétique** (16, § III).
II. — **Directe** ou **indirecte**.

A) La démonstration **directe** consiste à établir une proposition par des arguments tirés de la *notion même de l'objet* en question. C'est la méthode préférable parce qu'elle *éclaire en même temps qu'elle convainc* : elle est *probante* et montre la *raison* de la preuve. L'analyse et la synthèse se ressemblent en ce qu'elles sont des méthodes directes.

B) La démonstration **indirecte ou réduction à l'absurde** (²) consiste à établir la vérité d'une proposition en montrant la fausseté de la proposition contradictoire. Pour cela, il faut partir de la proposition *contradictoire* à celle qu'on veut établir et en déduire les conséquences, jusqu'à ce qu'on parvienne à une conséquence évidemment fausse ; on en conclut que la proposition contradictoire, d'où elle découle, est fausse elle-même, parce que le faux ne peut se déduire du vrai. Par conséquent la première proposition, c'est-à-dire le théorème à démontrer, est vraie. Cette démonstration a pour fondement le principe logique que deux propositions contradictoires ne peuvent être vraies ou fausses simultanément. Si l'une est vraie, l'autre est nécessairement fausse et *vice versa* ; on peut par conséquent de la vérité de l'une déduire la fausseté de l'autre et réciproquement (23). — La démonstration *indirecte* est donc logiquement incontestable ; mais elle convainc l'esprit sans l'éclairer, parce que, si elle montre qu'une chose est vraie, elle ne dit pas *pourquoi*.

(¹) On peut voir dans Rabier (*Logique*, ch. xv, § VI) un exemple de déduction géométrique appliquée au théorème sur la somme des angles d'un triangle. La démonstration proprement dite est un tissu de cinq syllogismes.
(²) Duhamel, *Des méthodes...*, Iʳᵉ P., ch. ix, n. 49.

§ F. — *RÈGLES*

Voici, d'après Pascal (¹), les différentes règles pour les :

I. — **Axiomes** : 1°) N'omettre aucun des principes nécessaires, sans avoir demandé si on l'accorde, quelque clair et évident qu'il puisse être.

2°) Ne demander, en axiomes, que des choses parfaitement évidentes d'elles-mêmes.

II. — **Définitions** : 1°) N'entreprendre de définir aucune des choses tellement connues d'elles-mêmes, qu'on n'ait point de termes plus clairs pour les expliquer.

2°) N'omettre aucun des termes un peu obscurs ou équivoques, sans définition.

3°) N'employer dans la définition des termes que des mots parfaitement connus ou déjà expliqués.

III. — **Démonstrations** : 1°) N'entreprendre de démontrer aucune des choses qui sont tellement évidentes d'elles-mêmes qu'on n'ait rien de plus clair pour les prouver.

2°) Prouver toutes les propositions un peu obscures, et n'employer à leurs preuves que des axiomes très évidents, ou des propositions déjà accordées ou démontrées.

3°) Substituer toujours mentalement les définitions à la place des définis, pour ne pas se tromper par l'équivoque des termes, que les définitions ont restreints.

Conclusion : la démonstration doit s'appuyer sur des principes indémontrables. De même qu'on ne peut tout définir ou analyser, ainsi on ne peut tout démontrer, comme on l'a prouvé (**87** § B). Pascal voit à tort dans cette nécessité une marque de faiblesse et d'impuissance intellectuelles : « En poussant les recherches de plus en plus, on arrive nécessairement à des mots primitifs qu'on ne peut plus définir, et à des principes si clairs qu'on n'en trouve plus qui le soient davantage pour servir à leur preuve. D'où il paraît que les hommes sont dans une *impuissance naturelle et*

(¹) Pascal, *De l'esprit géométrique*.

immuable de traiter quelque science que ce soit dans un ordre absolument accompli (¹) ». D'après lui, la méthode parfaite, « le véritable ordre », consiste « à tout définir et à tout prouver », c'est-à-dire « à définir tous les termes et à prouver toutes les propositions ».

Cette méthode n'est pas impraticable parce que la raison humaine est trop bornée pour la suivre, mais parce qu'elle implique contradiction : prouver une proposition douteuse c'est la rattacher à une proposition qui ne l'est pas ; la démonstration suppose donc nécessairement des propositions indubitables, connues par *intuition*. Le procédé *intuitif*, loin d'être une marque de faiblesse, est au contraire le signe de la puissance intellectuelle. La science imparfaite est celle qui, comme la nôtre, est obligée de recourir au *détour* du procédé *discursif*, lequel nous fait passer par une série d'*intermédiaires*, dont notre connaissance dépend. Dieu étant parfait connaît *tout intuitivement*. L'intelligence humaine connaît aussi par intuition certaines vérités *immédiatement évidentes*, et c'est par là qu'elle rappelle la perfection de l'intelligence divine.

40. — SCIENCES EXACTES

Les mathématiques doivent leur caractère d'**exactitude** :

I. — **A la nature de leurs objets** : en effet, ces objets, les nombres et les figures, sont des **constructions idéales**, faites avec *des éléments simples* et *peu nombreux*. Ainsi les *nombres*, objet de l'arithmétique, ne sont pas extraits empiriquement de la multitude des choses sensibles ; ils sont construits *a priori* en partant de l'unité. Les *figures*, objet de la géométrie, ne sont pas non plus extraites empiriquement des formes des choses sensibles ; elles sont construites *a priori* avec ces seuls éléments, l'espace, le point et le mouvement dans l'espace (**22**, § III). Les objets des sciences mathématiques sont donc *idéaux* : ils sont construits par elles-mêmes au moyen des définitions. Il n'y a pas

---
(¹) PASCAL, *De l'esprit géométrique*, 1ᵉʳ Fragment

à se demander si les définitions correspondent bien aux choses, si elles sont parfaites : les définitions sont les choses mêmes. — De plus, ces objets, étant purement idéaux, restent toujours identiques et fixes : c'est ainsi que telle partie de l'espace est absolument homogène par rapport à n'importe quelle autre partie ; dans quelque combinaison qu'on fasse entrer un nombre et une figure, leurs propriétés restent invariables, parce qu'elles dérivent de leur construction même. Il n'y a donc pas place pour l'*erreur*. Il n'y en a pas non plus pour l'*ignorance*, car l'esprit en présence d'objets idéaux, que lui-même a créés, et dont toutes les propriétés découlent de la loi de leur génération, peut en acquérir une connaissance adéquate.

Les autres sciences, au contraire, trouvant leur objet tout fait dans la réalité, et cet objet formant un ensemble complexe de *qualités* variées et changeantes, arrivent plus difficilement à le connaître d'une façon certaine et parfaite. *

II. — **A la rigueur de leur méthode** : la démonstration est le syllogisme du *nécessaire* (**39**, § D). Si l'on emploie la méthode *analytique*, on ramène la question posée à une proposition déjà connue comme nécessaire, d'où l'on puisse la déduire. Si l'on adopte la méthode *synthétique*, on part d'une proposition nécessaire, d'où l'on déduit logiquement la proposée. Dans un cas comme dans l'autre, la conclusion participe à la *nécessité* des propositions qui ont servi de principes à la démonstration.

III. — **A la possibilité de représenter les quantités de toute espèce** par un petit nombre de signes très simples et très clairs, et d'opérer sur ces signes comme si on opérait sur les choses mêmes.

Conclusion : ce caractère exact des Mathématiques tient surtout à la nature de leur objet qui est purement idéal, abstrait, aussi éloigné que possible du réel. Ce n'est pas à dire que les autres sciences ne puissent arriver à des résultats aussi certains : vg. je ne suis pas plus certain de l'égalité des rayons d'un cercle que de l'existence de Napoléon. Mais : a) leur certitude est plus difficile à acquérir, à cause de l'extrême complexité de leur objet ; — b) la certitude des sciences morales est d'une nature différente ([1]).

([1]) Cf. G. Sortais, *Traité de philosophie*, T. II, Logique, 111.

41. — LES MATHÉMATIQUES ET LA FORMATION DE L'ESPRIT

§ A. — *AVANTAGES*

I. — Plus que toute autre science, les Mathématiques font acquérir à l'esprit des habitudes de **précision**, de **clarté** et de **rigueur**, parce que :

a) Elles s'appuient sur des principes **absolument certains** : d'une part les **axiomes**, qui ont la même nécessité évidente que le principe d'identité d'où ils dérivent ; — d'autre part les **définitions**, qui sont absolument rigoureuses, puisque, engendrant les objets eux-mêmes, elles leur sont adéquates.

b) Elles emploient la méthode *démonstrative*, qui est une suite de déductions partant de principes nécessaires et aboutissant à des conséquences nécessaires.

II. — D'après Hamilton lui-même (¹), qui a fait d'une façon trop sévère le procès des mathématiques au point de vue de leur valeur éducative, leur étude peut fortifier « l'habitude de l'attention soutenue ».

III. — Le calcul des probabilités affine ce que d'Alembert nomme « l'*esprit de conjecture* plus admirable quelquefois que l'esprit de découverte (²) ».

IV. — Les Mathématiques supérieures et même élémentaires ont sans cesse besoin de l'imagination, pour leurs constructions idéales et la solution des problèmes ; elles contribuent à la développer en la réglant.

V. — Elles s'élèvent jusqu'au *beau* (³). Quand elles présentent

---

(¹) Hamilton, *Fragments de philosophie*, traduct. Peisse, p 361. — Cf. S. Mill, *Examen de la philosophie de Hamilton*, ch. xxvii.

(²) D'Alembert, *Éléments de philosophie*, ch. v.

(³) « Le savant digne de ce nom, le géomètre surtout, éprouve en face de son œuvre la même impression que l'*artiste* : sa jouissance est aussi grande et de même nature... Si nous travaillons, c'est moins pour obtenir ces résultats positifs, auxquels le vulgaire nous croit uniquement attachés, que pour ressentir cette émotion *esthétique* et la communiquer à ceux qui sont capables de l'éprouver ». (Poincaré, *Notice sur Halphen*, Journal de l'École polytechnique, 1890, p. 143).

une série bien ordonnée de déductions rigoureuses, c'est la splendeur du vrai qu'elles offrent alors à l'admiration de l'esprit.
— Les démonstrations mathématiques peuvent avoir encore une autre qualité esthétique, qu'on nomme l'*élégance*. Elle a pour conditions la *brièveté*, la *clarté* et la *simplicité*.

§ B. — *DANGERS*

I. — La *Logique* de Port-Royal et d'Alembert reprochent aux Mathématiques d'avoir plus de souci de convaincre l'esprit que de l'éclairer ; de démontrer avec subtilité ce qui pourrait l'être simplement ou se passer de toute démonstration. — Ces critiques s'adressent aux mathématiciens de ce temps-là plutôt qu'aux Mathématiques.

II. — A notre époque le danger est ailleurs : il est dans la tendance à vouloir ramener les différentes sciences aux Mathématiques. — Sans doute on peut y ramener les sciences physiques ; mais c'est chimérique, s'il est question des sciences de la vie, et surtout des sciences morales. Sans doute encore, en sociologie, on peut, après Comte, parler de *dynamique* et de *statique* sociales, mais sans prétendre assimiler les lois qui régissent des êtres libres à celles de la matière réglée par des lois fatales. On ne prouvera jamais mathématiquement qu'on doit honorer Dieu et ses parents, ou se sacrifier à ses semblables : ces vérités sont d'un ordre supérieur et réclament une méthode différente.

III. — L'étude *exclusive* des Mathématiques habitue à tout considérer sous une forme abstraite et fait perdre de vue la réalité avec ses aspects concrets et multiples. Le mathématicien est trop *simplificateur*, n'étudiant que les conditions idéales des choses. Un géomètre qui n'est que géomètre, comme dirait Pascal, est peu propre à saisir la valeur des arguments apportés par les sciences morales, ou les nuances de la vie réelle, à cause de leur complexité ondoyante ; car il a dans toutes ses études cet esprit de simplification, ce manque de souplesse qui le porte à tout enfermer dans des formules rigides [1].

---

[1] « De là cette vérité, dont on voit tant d'exemples, que dans les

IV. — Aussi une culture *excessive* des Mathématiques peut-elle conduire à l'*utopie* et à la *chimère* : « Toutes les utopies sociales, avoue A. Comte, ont trouvé de nombreux et actifs partisans chez les élèves les mieux dominés par une éducation mathématique. »

V. — Elles étouffent le développement du *sentiment*. Il faut donc *contrebalancer* la culture des sciences abstraites par celle des sciences concrètes, surtout morales : autrement l'esprit ne verra qu'un côté des choses et se faussera. C'est la règle que trace Descartes et qu'il pose en tête de toutes les autres pour la direction de l'esprit : « Pas d'étude exclusive ; il faut cultiver toutes les sciences, avant de se spécialiser » (¹).

Conclusion : on comprendra mieux maintenant la comparaison faite par Pascal (²) entre l'*esprit géométrique et l'esprit de finesse* : dans le premier « les principes sont palpables, mais éloignés de l'usage commun ; de sorte qu'on a peine à tourner la tête de ce côté-là, manque d'habitude ; mais, pour peu qu'on l'y tourne, on voit les principes à plein ; et il faudrait avoir tout à fait l'esprit faux pour mal raisonner sur des principes si gros qu'il est presque impossible qu'ils échappent ». Dans le second, « ils sont dans l'usage commun... Il n'est question que d'avoir bonne vue, mais il faut l'avoir bonne, car les principes sont si déliés et en si grand nombre, qu'il est presque impossible qu'il n'en échappe ». Par esprit de finesse, Pascal entend donc et la justesse et la souplesse de l'esprit, qui s'applique à tout et transporte en toutes choses ce qu'Ampère nomme le « tact du vrai ».

« matières contingentes les mathématiciens sont mauvais raisonneurs ». (SPENCER, *Introduction à la science sociale*).

(¹) DESCARTES, *Règles pour la direction de l'esprit*, R. Ire. — Cf. GRATRY, *Logique*, L. VI, ch. II, § V, *Science comparée*.

(²) PASCAL, *Pensées*, Art. VII, 2, Éd. HAVET.

BIBLIOGRAPHIE

Alembert (d'),	*Éléments de philosophie*, c. V.
Aristote,	*Seconds analytiques*.
Bain,	*Logique déductive et inductive*, L. V, c. I.
Boyer,	*Histoire des mathématiques*, Paris 1900.
Calinon,	*Les espaces géométriques* (Rev. phil. Juin, 1889). — *Définitions des grandeurs* (Rev. phil. Mai 1898).
Chasles,	*De la méthode mathématique*. — *Discours d'inauguration du cours de géométrie supérieure en 1846*.
Comte,	*Cours de philosophie positive*, Leç. III, X.
Condillac,	*Logique*.
Cournot,	*De l'enchaînement des idées fondamentales*.
Couturat,	*Les rapports du nombre et de la grandeur* Rev. de Mét. et de Mor., Juillet 1898.
Delaporte (L-J.),	*Essai philosophique sur les géométries non euclidiennes*.
Delbœuf,	*Prolégomènes philosophiques de la géométrie*.
Descartes,	*Les principes de la philosophie*, IIe Partie, n° 64. — *Règles pour la direction de l'esprit*, IVe.
Duhamel,	*Des méthodes dans les sciences de raisonnement*.
Freycinet (de),	*De l'expérience en géométrie*. Paris, 1903.
Hœfer,	*Histoire des Mathématiques*.
Kirschmann (A.),	*Die Dimensionen des Raumes*, Leipzig, 1902.
Leibniz,	*Nouveaux essais sur l'entendement humain*, L. IV, c. 7, 17.
Le Roy et Vincent,	*Les diverses espèces de postulats*, Rev. de Mét. et de Mor., Novembre 1894.
Liard,	*Les définitions géométriques et les définitions empiriques*.
Marie (Max.),	*Histoire des sciences mathématiques*.
Mill (St.),	*Système de Logique déductive et inductive*, L. II.
Mourey,	*La notion mathématique de quantité*, Rev. phil. Mai 1897.
Pascal,	*De l'esprit géométrique*.
Poincaré (H.),	*Notion mathématique du continu*, Rev. de Mét. et de Mor. Janvier 1893. — *La science et l'hypothèse*, Paris 1902.
Rabier,	*Logique*, Ch. xv.
Renouvier,	*Logique*, T. I.
Schmitz-Dumont,	*Naturphilosophie als exacte Wissenschaft mit besonder Berücksichtigung der Mathematischen Physik*.
Tannery (J.),	*Philosophie mathématique*, Rev. phil. 1888. — *Introduction à la théorie des fonctions*.
Tannery (P.),	*Pour l'histoire de la science hellène : De Thalès à Empédocle*. — *La géométrie grecque*.
Zeuthen,	*Histoire des Mathématiques dans l'antiquité et le moyen âge*. Trad. J. Mascart, Paris 1902.

CHAPITRE IV

MÉTHODE DES SCIENCES PHYSIQUES ET DES SCIENCES NATURELLES

Nous avons vu, dans la classification générale des sciences (**7**), qu'on entend par sciences **physiques**, celles qui ont pour objet les *phénomènes* et les *êtres* de la matière *brute* ou *inorganique* (**Géologie, Minéralogie, Physique et Chimie**) ; — et par sciences **naturelles**, celles qui ont pour objet les *phénomènes* et les *êtres* de la matière *organisée* ou *vivante* (**Paléontologie, Botanique, Zoologie**). C'est le point de vue *organique* ou *inorganique*. Mais si on se place, comme ici, au point de vue spécial de la *méthode*, on divise ces sciences d'après un autre principe, d'après le degré d'abstraction de leur objet. C'est pourquoi on appelle sciences : **physiques**, celles qui, soit dans les êtres inanimés, soit dans les êtres vivants, étudient les **phénomènes**, abstraction faite des êtres chez lesquels ils se produisent ; — **naturelles**, celles qui étudient les **êtres**, vivants ou non. Les premières sont dites **abstraites-concrètes**, les secondes, **concrètes**.

42. — SCIENCES PHYSIQUES ET SCIENCES NATURELLES

Les sciences physiques et les sciences naturelles diffèrent par :
I. — **L'objet étudié** : les sciences **physiques** ont pour objet les **phénomènes**, abstraction faite des êtres où ils se passent, que ces êtres soient vivants ou non vivants : vg. fusion des corps par la chaleur, combinaisons de la chimie organique. — Les sciences **naturelles** ont pour objet les **êtres** mêmes qui composent la nature, qu'ils soient organiques ou inorganiques. Par

êtres on n'entend pas ici les substances, mais le *groupe* de caractères ou de phénomènes qui manifestent à nos yeux un être déterminé. Les sciences physiques étudient donc un *phénomène isolé*, vg. la couleur, abstraction faite de l'étendue ; les sciences naturelles étudient le *groupement* des phénomènes : vg. la couleur, le poids, la résistance, la forme, qui nous révèlent tel minéral, tel végétal ou tel animal.

Division : A) **Les sciences physico-chimiques** comprennent :

1°) **Physique** : elle étudie les phénomènes qui se produisent dans la *constitution extérieure* des corps sans les altérer profondément. Ces phénomènes sont *passagers* et, après leur production, les corps reprennent leur apparence antérieure : vg. dilatation et fusion d'un métal sous l'action de la chaleur.

2°) **Chimie** : elle étudie les phénomènes qui modifient la *constitution intime* des corps et déterminent des changements *permanents*. Les phénomènes chimiques offrent deux degrés de complication :

a) La chimie INORGANIQUE étudie les combinaisons qui se forment entre les corps non doués de la vie.

b) La chimie ORGANIQUE étudie les matières organiques, celles qu'on rencontre dans les *organes* des végétaux et des animaux ([1]). Ce nom a été appliqué, par extension, aux produits artificiels qu'on obtient par la réaction des matières organiques les unes sur les autres ou sur les matières minérales.

B) **Les sciences naturelles** se subdivisent en deux branches :

1°) La **première** comprend les sciences qui s'occupent des **êtres non vivants** :

a) **Géologie**, science de la constitution terrestre.

b) **Minéralogie**, science des minéraux.

2°) La **seconde** comprend les sciences **biologiques**, qui s'occupent des êtres **vivants**. On les divise en **Botanique**, science des plantes, et en **Zoologie**, science des animaux. La Botanique et la Zoologie se subdivisent en **Anatomie et Physiologie végétales et animales**. L'anatomie étudie la *structure* des organes,

---

([1]) A. DASTRE, *La chimie de la matière vivante*, Revue des Deux Mondes 1er Avril 1901, p. 697 et sqq.

par lesquels s'exercent les fonctions vitales : vg. cœur, poumon. La Physiologie étudie les *fonctions* des organes, les phénomènes qui se passent dans les organismes vivants : vg. circulation, respiration. — Quand l'Anatomie et la Physiologie étudient les organes et les fonctions *élémentaires*, qui restent les mêmes chez tous les êtres vivants, elles forment l'Anatomie et la Physiologie **générales**; quand elles examinent les *relations* des organes et des fonctions chez l'*homme* et chez l'*animal*, elles constituent l'Anatomie et la Physiologie **comparées**. — On doit mentionner enfin parmi les sciences biologiques la **Paléontologie**, science de la succession des êtres vivants, dont on trouve les débris enfouis dans les différentes couches géologiques.

A. — **Sciences physiques** (*Phénomènes isolés*)

1) Physique.

2) Chimie : { a) *Inorganique*. b) *Organique*.

B. — **Sciences naturelles** (*Êtres manifestés par un groupe de phénomènes*)

I. — **Êtres non vivants :**

1) Géologie.   2) Minéralogie.

II. — **Êtres vivants :**

1) Paléontologie.
2) Zoologie   { *Physiologie* végétale et animale.
3) Botanique { *Anatomie* végétale et animale.

II. — **Le but poursuivi** : les sciences *physiques* ont donc pour objet l'étude des *phénomènes* ; or le rapport, qui lie les phénomènes entre eux, étant un rapport de succession *nécessaire* ou de *causalité*, ces sciences ont pour but de déterminer les *lois de causalité*, c'est-à-dire les lois d'après lesquelles les phénomènes se produisent. — Les sciences naturelles ont pour objet l'étude des *êtres* : or le rapport, qui lie entre elles les parties d'un même être, étant un rapport de *coexistence* qui n'est pas également nécessaire pour toutes les parties, ces sciences ont pour but de déterminer les différents *types* d'êtres, les *lois de coexistence de leurs caractères* d'après le degré de nécessité de leurs rapports. Les premières formulent, dans leurs lois, des rapports de *cause à effet*, de *condition à conditionné* ; les secondes expriment, dans leurs définitions, des rapports de *moyen à fin*, d'*espèce à genre*.

III. — **La méthode employée** : ces deux groupes de sciences ont recours à l'**induction** pour découvrir les causes et les lois. Aussi appelle-t-on méthode **inductive** la méthode des sciences physiques et naturelles, par opposition à la méthode *déductive* des sciences mathématiques. On l'appelle encore méthode **d'observation, expérimentale, a posteriori**, parce que, pour découvrir les causes et les lois des phénomènes, il faut user de l'observation et de l'expérimentation. C'est une méthode *complexe* qui comprend tout un *ensemble* de procédés : **observation, hypothèse, expérimentation, induction proprement dite, analogie, classification, définition**. Tous ces procédés peuvent, en définitive, être employés par les sciences physiques et par les sciences naturelles. Étant des sciences *de faits*, elles ont pour point de départ l'**observation**.

Différences : mais, comme ces deux groupes de sciences ont des buts différents, les sciences physiques cherchant à établir des lois de *causalité*, les sciences naturelles, des lois de *coexistence*, ils usent *plus ou moins* des divers procédés de la méthode expérimentale, selon que ces procédés sont *plus ou moins aptes* à atteindre le but poursuivi. C'est pourquoi on peut noter quelques différences dans leurs méthodes respectives :

A) La méthode des sciences **physiques** est *surtout* caractérisée par l'emploi : 1) de l'**hypothèse**, qui exprime l'idée de la cause probable ; — 2) de l'**expérimentation**, qui vérifie l'hypothèse ; — 3) de l'**induction**, qui généralise le rapport causal découvert par l'expérimentation. Elle est régie par le principe de **causalité** et par celui de l'**uniformité de la nature**

B) La méthode des sciences **naturelles** est *surtout* spécifiée par l'emploi : 1) de l'**analogie**, qui sert à dégager les différents types des êtres ; — 2) de la **classification**, qui ordonne les êtres, d'après leurs types, en classes de plus en plus étendues ; — 3) de la **définition**, qui énumère les caractères essentiels des êtres. Elle est dominée par le principe de **finalité** sous la double forme de la loi des **conditions d'existence** (Cuvier) et de la loi du **plan de composition** (Geoffroy-Saint-Hilaire).

Conclusion : bien qu'on appelle la méthode des sciences physiques et naturelles, méthode d'**observation**, **expérimentale**, **a posteriori**, son nom propre est celui de méthode **inductive**, parce que c'est *autour de l'induction* que se groupent les divers procédés que ces sciences emploient. L'observation et l'expérimentation ne font que *préparer l'induction* ; l'hypothèse, formule présumée de la loi, n'est qu'une *induction provisoire* pour diriger l'expérimentation ; l'analogie est une déduction fondée sur une *induction* ; la classification et la définition résument des *inductions antérieures*.

ARTICLE PREMIER

MÉTHODE DES SCIENCES PHYSIQUES

43. — PHASES DE LA MÉTHODE INDUCTIVE

On distingue quatre moments dans la méthode expérimentale :

I. — **Observation**, qui recueille et étudie les faits.

II. — **Hypothèse** ou formule provisoire d'un rapport de causalité imaginé.

III. — **Expérimentation**, qui vérifie l'hypothèse et aboutit à la détermination de la **cause**.

IV. — **Induction proprement dite**, qui généralise le rapport causal découvert par l'expérimentation : c'est l'établissement de la loi.

Le savant commence en effet par *observer* les faits ; — cette observation lui suggère une *hypothèse* : il suppose que le phénomène B a pour cause le phénomène A ; il imagine entre l'antécédent A et le conséquent B un rapport causal ; — ensuite il *expérimente*, il emploie certaines méthodes pour voir si l'expérience vérifiera ou contredira son hypothèse ; c'est l'interprétation des faits ; si l'expérience la confirme, il a trouvé la *cause* cherchée du phénomène ; — il n'a plus qu'à *induire*, à généraliser ce rapport causal qu'il a découvert et à l'ériger ainsi en *loi*. *Constater, supposer, vérifier, généraliser*, tel est, ordinairement, la suite des opérations de la méthode dans les sciences physiques (¹).

44. — § A) Iᵉʳ MOMENT : L'OBSERVATION (²)

I. — **Définition** : c'est la considération attentive des faits pour en découvrir les causes et les lois. C'est l'attention scientifique.

On distingue deux sortes d'observation : l'observation *interne* ou *psychologique, subjective*, et l'observation *externe* ou *physique, objective*. C'est de cette dernière qu'il est question dans les sciences de la nature. Nous ne pouvons atteindre les phénomènes du monde extérieur qu'au moyen des sensations, qui sont conditionnées par les *organes* des sens. L'observateur, au lieu de rester inerte devant les phénomènes, déploie une certaine activité intellectuelle pour les bien connaître.

Tous nos sens sont mis à contribution dans l'observation. Le goût reconnaît certaines substances chimiques ; l'odorat nous avertit de la présence des gaz ; l'ouïe sert à apprécier les sons

---

(¹) Cl. Bernard, *Introduction à l'étude de la médecine expérimentale*, P. I, ch. 1.

(²) Dumas (J-B), *Éloges académiques*, T. I, p. 90 et s., — Herschel, *Discours sur l'étude de la philosophie naturelle*, p. 112. — Mill (St.), *Système de Logique déductive et inductive*, L. III, ch. VII. — Senebier, *L'art d'observer*.

musicaux ; le toucher nous fait connaitre la température, la grandeur, la forme, la résistance des objets. Mais de tous nos sens le plus utile pour les observations scientifiques, c'est la vue, parce que c'est le sens le plus riche en perceptions acquises (¹).

II. — **Conditions physiques ou moyens de l'observation :**

A) **Intégrité et subtilité des organes des sens** : un sourd est inapte à faire de l'acoustique ; un myope ou un daltoniste sont peu propres à l'étude de l'optique.

B) **Instruments pour suppléer à l'insuffisance des sens.** On a inventé des instruments, qui sont comme de nouveaux organes artificiels :

1°) *Augmentant la portée des sens* : vg. télescope, microscope.

2°) *Augmentant la précision des sens*. Ce sont des *appareils de mesure* : vg. mètre, vernier, balance, baromètre, thermomètre, galvanomètre, hygromètre.

3°) *Enregistrant d'eux mêmes les faits*. Ces appareils enregistreurs remplacent avec avantage l'observateur, car l'homme, vu la mobilité de ses impressions, l'imperfection de ses organes, le temps que mettent les impressions à traverser les nerfs, devient une *cause d'erreurs*. Tels sont : vg. le sphygmographe, qui enregistre les battements du pouls ; le pneumographe, qui inscrit les mouvements de la respiration ; le météorographe du Père Secchi, qui enregistre la vitesse et la direction du vent, la température, la hauteur barométrique, l'état hygrométrique, la quantité de pluie tombée.

III. — **Conditions intellectuelles et morales ou qualités de l'observateur.** Le bon observateur doit être :

1°) **Curieux**, avoir une certaine faculté d'étonnement, trouver matière à surprise et à réflexion là où le vulgaire ne voit rien que de simple et de naturel. C'est ainsi que l'étonnement de Galilée, à la vue des oscillations régulières d'une lampe, le mit sur la voie de la découverte des lois du pendule (²).

(¹) Cf. G. SORTAIS, *Traité de philosophie*, T. I, PSYCHOLOGIE, 102, 105.
(²) Assis sous un pommier, qu'on montre encore, Newton retiré dans son domaine de Woolsthorpe vit un jour une pomme tomber devant lui. Il se prit à réfléchir sur la nature de ce pouvoir qui précipite les corps vers le centre de la terre avec une vitesse continuellement accélérée. Soudain un

2°) **Attentif**, ne pas se contenter de voir, d'entendre, de toucher, de sentir, de goûter. Le savant *regarde, écoute, palpe, flaire, déguste*.

3°) **Sagace**, savoir choisir ses sujets d'observation et démêler dans les faits ce qui est essentiel ou accidentel, principal ou accessoire.

4°) **Impartial**, se défaire de tout préjugé, voir les phénomènes tels qu'ils sont et non à travers ses idées préconçues (¹). L'esprit de système met un bandeau sur les yeux (²).

5°) **Patient**, prolonger ou recommencer ses observations jusqu'à ce qu'il arrive à des résultats décisifs. Newton écrivait au docteur Bentley : « Croyez-moi, si mes recherches ont produit quelques résultats, ils ne sont dûs qu'au travail et à une *pensée patiente* ». C'est lui encore qui, à cette question : Comment avez-vous fait vos découvertes ? répondait : « En y pensant toujours ». Buffon a dit aussi : « Le génie est une longue patience ». L'histoire des grandes découvertes confirme la vérité de cette parole : il a fallu beaucoup de patience à Pasteur pour réfuter par des observations répétées et minutieuses la théorie des générations spontanées ; il a observé plus de cinquante mille vers à soie pour découvrir leur maladie (³).

---

rapprochement analogique traversa son esprit : « Pourquoi, se dit-il, ce pouvoir n'agirait-il pas sur la lune même pour l'attirer vers la terre ? » Ce fut un trait de lumière qui le mit sur la voie de sa grande découverte. Cf. Biot, *Mélanges scientifiques et littéraires*, T. I, p. 134. Cette anecdote est rapportée par Pemberton, ami et contemporain de Newton.

(¹) Bacon, *Novum organum*, L. I, Aphor. 68.

(²) Cl. Bernard, *Introduction à l'étude...*, Ire P., ch. II, § 3. Il dit ailleurs encore : « Le savant est le secrétaire de la nature ; ce n'est pas lui qui dicte les lois des phénomènes, il doit se borner à les étudier, à les inscrire en cherchant à les comprendre de son mieux ». (*Comptes rendus de l'Académie des sciences*, T. LXXXII, p. 179).

(³) « Croire que l'on a trouvé un fait scientifique important, avoir la fièvre de l'annoncer et se contraindre des journées, des semaines, parfois des années à se combattre soi même, à s'efforcer de ruiner ses propres expériences, et ne proclamer sa découverte que lorsque l'on a épuisé toutes les hypothèses contraires, oui, c'est une tâche ardue ». (Pasteur, *Discours prononcé à l'inauguration de l'Institut Pasteur*, 14 Nov. 1888).
— Cf. Vallery-Radot, *Vie de Pasteur*, ch. v.

Conclusion : le meilleur des instruments, celui sans lequel les autres seraient inutiles, c'est l'esprit, car seuls les bons observateurs font de bonnes observations.

IV. — **Règles** : l'observation doit être :

1°) **Exacte**, *ne rien ajouter et ne rien omettre*. Il ne faut négliger aucune des circonstances du phénomène : vg. temps, espace, température, poids, etc. Pour faire des observations exactes et complètes, l'observateur doit bien connaître les opérations des sens et le mécanisme de ses instruments ; il doit rectifier les illusions des sens ou plutôt les erreurs de jugement à l'occasion des perceptions sensibles ; il doit encore se mettre en garde contre l'association des idées et l'imagination, qui mêlent facilement des éléments étrangers à la représentation des objets tombant sous nos sens.

2°) **Précise** : elle le sera si l'on exprime en chiffres tout ce qui est mesurable, comme le temps, l'espace, la température, etc.

3°) **Méthodique** ([1]) : il faut procéder par degré en allant des faits simples aux composés, ou des faits composés aux simples ([2]). Pour agir méthodiquement, le savant doit choisir, entre les faits observables, ceux qui sont plus significatifs que les autres et plus instructifs. Bacon les appelle faits **privilégiés** ou **prérogatifs**. Il en énumère vingt-sept espèces ([3]) dont voici les principales :

a) Faits **clandestins** ou de **crépuscule** : ceux où la propriété cherchée s'offre au plus bas degré ; vg. cohésion dans les fluides.

b) Faits **ostensifs** : ceux où la propriété cherchée est mise dans un relief éclatant ; vg. la raison chez l'homme ; l'instinct chez l'animal.

c) Faits de **migration** ou de **transition** : ceux où la propriété croit ou diminue par degré ; vg. le papier est plus ou moins blanc selon qu'il est sec ou humide.

d) Faits **limitrophes** : ceux qui, servant de passage et de limite entre deux genres, manifestent la continuité de la nature ; vg. les zoophytes ; Bacon cite les poissons volants.

([1]) Bacon, *Novum organum*, L. I, Aphor. 100.
([2]) Descartes, *Discours de la méthode*, II° P. ; Cf. supra 13, § A, III.
([3]) Bacon, *Nov. Org.*, L. II, Aphor. 22 à 52.

e) **Faits irréguliers et aberrants** : ce sont les anomalies concernant les espèces et les individus. On les étudie actuellement sous le nom de *tératologie*.

f) **Faits de conformité ou d'analogie** : ceux qui dévoilent l'enchaînement des parties de l'univers ; vg. conformité entre les branches et les racines des plantes.

g) **Faits cruciaux ou décisifs** : ceux qui permettent de décider entre deux théories rivales ; vg. le phénomène des interférences : dans certaines conditions deux rayons lumineux produisent de l'obscurité. Ce fait, inexplicable dans la théorie de l'*émission* de la lumière (Newton), s'explique dans la théorie de l'*ondulation* (Huyghens) [1] qui a prévalu.

C'est l'expérience qui fait acquérir au savant, comme dit Bacon, « une sorte de flair », qui lui permet de discerner les cas privilégiés.

45. — § B) II⁰ MOMENT : L'HYPOTHÈSE [2]

§ I. — *NATURE*

C'est une solution provisoire. Le savant fait une hypothèse lorsqu'il suppose et imagine par avance la vérité qu'il cherche. Bacon appelle l'hypothèse un procédé *d'anticipation* [3] : on pressent, on devine la nature. L'hypothèse dépasse l'observation sensible, car elle ajoute aux faits observés quelque notion, qui ne tombe pas, actuellement du moins, sous les sens. On voit par là même que l'imagination a ici un grand rôle. C'est l'imagination créatrice qui suggère l'hypothèse au savant, en lui faisant pressentir et discerner un rapport caché entre deux faits [4]. L'hypo-

---

[1] Huyghens, *Traité de la lumière*, ch. I.
[2] E. Naville, *Logique de l'hypothèse*.
[3] Bacon, *De Dignitate...*, L. V, ch. III.
[4] Adam, *De l'imagination dans la découverte scientifique*, dans la Revue philos. 1890. — Colozza, *L'immaginazione nella scienza*. — A. Ricar-

thèse est « la divination d'une uniformité » (Helmholtz), que l'esprit démêle au milieu de différences qui la dérobent aux regards du vulgaire.

§ II. — *OPÉRATIONS*

Prise dans son sens *complet*, l'hypothèse comprend *quatre opérations*, dont la première est *préliminaire* et la dernière *complémentaire* :

1°) **Observation** d'un fait qui provoque notre étonnement.

2°) **Supposition** imaginée pour expliquer le fait étonnant; c'est l'*hypothèse proprement dite* : « Il n'y a pas de règle à donner pour faire naître, à propos d'une observation, une idée juste et féconde... C'est un sentiment particulier, un *quid proprium* qui constitue l'originalité, l'invention ou le génie de chacun » ([1]).

3°) **Déduction des conséquences** : comme l'hypothèse porte le plus souvent sur des rapports ou des lois, choses abstraites, elle ne peut d'ordinaire être vérifiée directement par les sens. Il faut donc d'abord en *déduire par le raisonnement des conséquences concrètes*, qui puissent être contrôlées par l'observation.

4°) **Vérification de ces conséquences**, au moyen de l'expérimentation.

Exemple : on retrouve ces quatre opérations dans l'histoire de toute grande découverte. Prenons l'exemple classique de la *pression atmosphérique* :

1°) Des fontainiers de Florence **constatent** que, dans des corps de pompe où l'on a fait le vide, l'eau ne monte pas plus haut que dix mètres.

2°) Torricelli **suppose** que l'ascension de l'eau est due au poids de l'atmosphère, qui ne peut faire équilibre qu'à une colonne d'eau de dix mètres.

DOU, *De l'idéal*, 1re P. ch. II. — Th. RIBOT, *Essai sur l'imagination créatrice*, P. III, ch. IV. — G. SORTAIS, *Traité de philosophie*, T. I, PSYCHOLOGIE, 128, § II. — TYNDALL, *Traité de la lumière*, p. 108 et sqq.

([1]) Cl. BERNARD, *Introduction...*, Ire P., ch. II, § 2, p. 59.

3°) Pascal (¹) **déduit** de cette hypothèse deux conséquences concrètes : *a*) la pression atmosphérique restant la même, la hauteur de la colonne doit varier en raison de la densité du liquide ; — *b*) la densité du liquide restant la même, la hauteur de la colonne doit varier en raison de la pression atmosphérique.

4°) Ces deux conséquences sont **vérifiées** à Rouen, à la tour Saint-Jacques de Paris et au Puy-de-Dôme.

§ III. — *VARIÉTÉS OU ESPÈCES*

A) **Hypothèses particulières** : elles peuvent porter :

1°) **Sur l'existence d'une loi** : toute loi revêt la forme d'une succession ou d'une coexistence relativement constante. Si l'observation nous révèle une succession ou coexistence de ce genre, nous *supposons* que c'est l'indice d'une loi : vg. on constate que tous les êtres doués d'*un système nerveux* éprouvent des *phénomènes de conscience* ; nous supposons que ces deux termes sont reliés par une loi.

2°) **Sur l'un des termes de la loi : la cause ou l'effet.** L'expérience nous montre tantôt un phénomène dont la *cause* nous échappe, tantôt une chose dont l'*effet* nous est inconnu. Alors nous *imaginons* la cause qui ne tombe pas sous les sens ou l'effet que nous ne voyons pas : vg. étant donnée telle maladie contagieuse, je suppose qu'elle est due à un virus : c'est une hypothèse relative à la *cause*. Étant donné tel système de répres-

---

(¹) On sait que Descartes (*Lettres à Carcavi*, 11 et 17 Juin 1649) prétend avoir suggéré à Pascal l'idée de cette expérience. Il semble cependant plus probable que Pascal l'a trouvée de son côté. Cf. J. BERTRAND, *Blaise Pascal*, p. 307, sqq. Ce qui rend défiant à l'égard de Pascal, c'est que nous le « savons ardent et passionné », tandis que « le caractère grave de Descartes nous est garant de sa véracité dans une chose qu'il affirme avec précision ». (E. BOUTROUX, *Pascal*, ch. II, p. 39). Ce qui accroît la défiance c'est que Pascal a donné des marques certaines de cet esprit « passionné » dans d'autres questions scientifiques. M. Boutroux a jugé plus prudent de faire le silence sur cette attitude équivoque. Plus équitable, M. Bertrand cite deux exemples des injustices de Pascal, à propos de « l'histoire de la cycloïde ». (J. BERTRAND, *Blaise Pascal*, p. 318-337).

sion légale, je *suppose* qu'il produira tel résultat, c'est une hypothèse relative à l'*effet*.

3°) **Sur la formule mathématique de la loi :** vg. on a démontré que les planètes gravitent autour du soleil ; on peut *supposer* que l'orbite qu'elles décrivent est une ellipse.

B) **Hypothèses générales** : elles cherchent à rendre compte d'un grand nombre de faits, parfois même de l'univers entier. Voici les grandes hypothèses scientifiques :

    I. — **La nébuleuse primitive** : LAPLACE (83).
    II. — **L'unité des forces physiques** (84).
    III. — **Loi des corrélations organiques** : CUVIER (61, § I).
    IV. — **Loi des connexions organiques** : GEOFFROY-SAINT-HILAIRE (61, § II).
    V. — **Le transformisme** : LAMARCK, DARWIN (85).
    VI. — **L'évolutionnisme** : SPENCER (86).
    VII. — **La perfectibilité humaine** (87).

On appelle encore les hypothèses générales **théories** ou **systèmes**. Les savants sont partagés sur le sens de ces deux mots. On entend communément par **théorie** une hypothèse apte à **expliquer** et à *coordonner* un ensemble de faits ; — par **système**, une hypothèse apte à **coordonner** et à *expliquer* un ensemble de faits. Le mot théorie connote *surtout* l'idée d'**explication** ; le mot système, l'idée de **coordination**. Il ne faut donc pas trop presser la distinction qui les sépare, car *tout système est théorie*, parce qu'il est une vue (θεωρία) synthétique de l'esprit ; *toute théorie est système*, parce qu'elle organise un certain nombre de faits.

C) **Hypothèses représentatives** : ce sont celles qui permettent d'introduire dans un ensemble de faits, dont la cause est inconnue, un ordre provisoire qui en facilite l'étude ; ce sont des symboles qui aident l'esprit à se représenter les phénomènes : vg. hypothèse des deux fluides électriques ; théorie atomique pour ceux qui en contestent la valeur réelle.

D) **Hypothèses explicatives** : celles, qui non seulement facilitent la représentation des phénomènes, mais encore prétendent en rendre compte, en donner la raison d'être : vg. théorie des ondulations en physique ; les exemples d'hypothèses générales (B) et particulières (A) cités plus haut.

§ IV. — *IMPORTANCE, AVANTAGES, ROLE*

A) **Rôle expérimental : l'hypothèse dirige la recherche scientifique et prépare les découvertes :** « Une idée anticipée ou hypothèse est le point de départ nécessaire de tout raisonnement expérimental. Sans cela... on ne pourrait qu'entasser des observations stériles (¹) ». Tant qu'un savant est sans *idée directrice* pour observer les phénomènes et expérimenter, il procède au hasard. Mais dès qu'une hypothèse l'a mis sur la trace d'une cause probable, il a un fil conducteur pour le guider dans ses expériences, pour en déterminer le nombre et la nature. Ce rôle de l'hypothèse s'étend aux diverses catégories de recherches scientifiques : tout théorème avant d'être démontré est une *hypothèse* dans l'esprit du géomètre ; toute loi de la nature est *supposée* avant d'être établie. Les intuitions des hypothèses sont comme des éclairs de génie : vg. PASCAL (²) : l'ascension des liquides dans les corps de pompe varie avec la pression atmosphérique ; — FRANKLIN (³) : l'orage est produit par l'électricité des nuages ; — PASTEUR (⁴) : les fermentations ont pour causes les germes flottant dans l'air ; Cl. BERNARD (⁵) : le foie secrète du sucre.

Les hypothèses **fausses** elles-mêmes ont parfois l'avantage d'en suggérer d'autres plus voisines de la vérité. Les lois véritables n'ont souvent été découvertes que par l'élimination successive de lois imaginaires : vg. l'hypothèse des tourbillons de Descartes succéda à celle des forces occultes, et l'hypothèse de la gravitation universelle de Newton à celle des tourbillons. Képler,

---

(1) Cl. BERNARD, *Introduction...*, Iʳᵉ P. ch. II, § 2, p. 57.
(2) PASCAL, *Histoire des expériences du vide*.
(3) FRANKLIN, *Expériences et observations sur l'électricité*.
(4) PASTEUR, *Mémoire sur la fermentation alcoolique ; Étude sur la bière*. — M. Pasteur, *Histoire d'un savant par un ignorant*, p. 113 et s.
(5) Cl. BERNARD, *Leçons sur la physiologie et la pathologie du système nerveux*, T. I.

avant de s'arrêter à l'idée de l'*ellipse*, essaya dix-neuf autres figures imaginaires.

L'hypothèse, en dirigeant les recherches scientifiques, est le grand moteur de la méthode, ou, comme parle Cl. Bernard, « le *primum movens* de tout raisonnement scientifique ([1]) ». C'est là son **rôle essentiel**. L'hypothèse est donc un auxiliaire, non seulement utile, mais *nécessaire* ; elle est une explication anticipée, qui peut devenir définitive ou qui prépare l'explication définitive.

B) **Rôle théorique : elle coordonne les résultats acquis.** Groupant les faits dispersés, elle en rend la comparaison plus facile et le souvenir plus durable : c'est là son rôle **accessoire**. Ce rôle appartient éminemment aux hypothèses *explicatives*, puisqu'elles rendent compte des faits dans une certaine mesure et que la raison d'être des faits, leur loi, sérieusement probable, est le meilleur moyen de « colligation », en attendant la découverte définitive de la loi véritable. Mais, même une hypothèse fausse, une hypothèse simplement *représentative*, peut avoir cet avantage de coordination et faciliter ainsi l'étude et l'exposition des faits : vg. en cosmographie, pour mieux saisir l'ordonnance du système solaire, on se place par l'imagination au centre du soleil ; — en physique, Ampère imagine un observateur la face tournée vers l'aiguille aimantée, de manière à ce que le courant lui entre par les pieds et sorte par la tête ; etc. Dans ces cas, le rôle de l'hypothèse est analogue à celui des *classifications artificielles*.

Conclusion : Milne-Edwards résume ainsi les deux grands avantages de l'hypothèse : « Les hypothèses donnent à la science le **mouvement et la forme** ; d'une part elles **guident** et **excitent** les explorateurs dans la voie des découvertes ; d'autre part elles servent de **lien** entre les faits, dont la réunion en un faisceau est une des conditions de leur emploi utile ([2]) ». C'est dire qu'elle contribue aux **progrès** de la science : a) en provoquant de nouvelles recherches ; — b) en établissant un ordre provisoire dans les phénomènes, car un ordre quelconque vaut mieux que le désordre absolu pour l'étude des phénomènes.

[1] Cl. Bernard, *Introduction.* Ire P., ch. i, § 6.
[2] H. Milne Edwards, *Rapport sur les progrès des sciences zoologiques*, p. 417.

§ V. — DANGERS

L'hypothèse peut prévenir et préoccuper l'esprit, en lui donnant une satisfaction prématurée. La conséquence de cette prévention trop favorable c'est d'entraver les découvertes, car le savant prévenu est détourné de l'observation et de l'expérimentation, ou du moins il ne voit pas les phénomènes qui contredisent son hypothèse favorite. De fait, on a souvent abusé de l'hypothèse ; on peut citer, comme exemples, les cosmogonies des anciens, les forces occultes, l'astrologie, l'alchimie, etc. De là les défiances que l'hypothèse a longtemps excitées parmi les savants : « Ce ne sont pas des ailes, dit Bacon [1], mais du plomb et des poids qu'il faut attacher à l'esprit humain, pour l'arrêter dans son emportement et dans son vol ». Newton [2] disait de son côté : *Hypotheses non fingo*, « Je ne forge point d'hypothèses ». Cependant le mot de Newton ne doit pas être pris à la lettre, car lui-même a usé de l'hypothèse, mais sagement. Les abus qu'on a faits de l'hypothèse prouvent seulement qu'il en faut régler l'usage.

§ VI. — RÈGLES OU CONDITIONS

A) **Relatives à sa découverte.** L'hypothèse doit être :

1°) **Possible** : ne contredire ni les principes de la raison, ni les faits connus, ni les théories scientifiques qui semblent acquises et démontrées.

2°) **Fondée sur les faits** : autrement elle serait chimérique, en l'air. En comparant certains phénomènes nous apercevons une analogie qui fait supposer une autre analogie. C'est pourquoi on a pu définir l'hypothèse l'*intuition d'une analogie* : vg. Franklin constate la ressemblance des effets de l'étincelle électrique et de

---

[1] Bacon, *Novum organum*, L. I, Aph. 104.
[2] Newton, *Philosophiæ naturalis principia mathematica*, L. III, Scolie général.

la foudre : il *suppose* l'identité des deux causes, la foudre et l'électricité.

3°) **La plus simple possible** : le savant doit prendre comme principe directeur l'*idée de la simplicité des voies de la nature*, que Leibniz appelle le principe de *moindre action* et Hamilton la loi d'*économie* ; vg. c'est guidé par ce principe que Copernic substitua le système planétaire au système compliqué de Ptolémée. Mais il faut bien entendre le principe d'économie. Sans doute, la nature étant l'œuvre d'un Dieu parfait, ses voies sont les plus simples possibles ; mais elles n'en restent pas moins assez complexes et il nous est impossible d'établir *a priori* quelles sont ces voies les plus simples, parce qu'il faudrait savoir d'abord le minimum de complication nécessaire. Aussi Condillac a dit avec raison : « Ce principe est fort beau dans la spéculation, mais il est rare qu'on puisse l'appliquer (¹) ». L'adage : *Simplex veri indicium*, doit donc être interprété librement (²) ; la complication n'est pas à elle seule une raison pour exclure une hypothèse ; mais, entre deux hypothèses il faut préférer la plus simple, si elle suffit à expliquer les phénomènes : alors la simplicité d'une hypothèse est une *présomption* en sa faveur.

4°) **La plus féconde possible** : elle le sera si elle explique un grand nombre de faits, et si elle en fait découvrir de nouveaux. — Toutes ces qualités de l'hypothèse : la *possibilité*, le *point de départ dans la réalité*, la *simplicité* et la *fécondité*, ne sont que des présomptions favorables. La preuve est dans une *vérification* directe ou indirecte.

B) **Relatives à sa vérification** : l'hypothèse, remplissant les conditions précédentes, a droit de cité dans la science à titre *provisoire*. Pour y être admise *définitivement*, il faut la *vérifier*. La vérification est :

1°) **Directe**, si l'on constate l'*existence* des faits d'abord imaginés : vg. anneau lumineux de Saturne supposé par Huyghens et aperçu ensuite.

2°) **Indirecte**, c'est-à-dire par *raisonnement* : on déduit de

---

(¹) Condillac, *Art de raisonner*, L. IV, ch. II.
(²) Stallo, *La matière et la physique moderne*, p. 80.

l'hypothèse certaines conséquences qu'on vérifie par l'observation ([1]) (§ II).

La **probabilité** d'une hypothèse croît avec le nombre des conséquences vérifiées. Mais l'hypothèse n'est une vérité acquise que si l'on démontre « qu'aucune autre loi que la loi supposée ne peut conduire aux mêmes conclusions. Et c'est ce qui se réalise souvent ([2]) ».

Conclusion : l'hypothèse n'est pas un pis-aller, mais un procédé *essentiel* de la méthode expérimentale. La science vise à la découverte des causes et des lois ; mais celles-ci ne pouvant être observées, il faut les deviner, les supposer. Tout ce qui est aujourd'hui passé dans le domaine de la science a d'abord été hypothèse : « L'hypothèse expérimentale n'est que l'idée scientifique préconçue ou anticipée. La théorie n'est que l'idée scientifique contrôlée par l'expérience ([3]) ».

46. — § O) III·· MOMENT : L'EXPÉRIMENTATION

L'expérimentation, selon la remarque de Cl. Bernard ([4]), a un double sens et un double rôle. Elle signifie d'abord la *provocation* des phénomènes qu'on veut observer. Elle désigne ensuite et surtout l'*interprétation* des faits ainsi provoqués, au moyen du *raisonnement expérimental*. L'expérimentation ce n'est donc pas seulement la *production* d'une expérience ; c'est encore et principalement la *vérification d'une hypothèse* par une expérience.

([1]) C'est ainsi que l'*hypothèse moléculaire* est confirmée par la vérification des conséquences qu'on en a déduites : vg. les propriétés des cristaux, la vitesse différente de propagation des rayons lumineux de couleurs différentes dans un même corps transparent, la théorie cinétique de la matière s'expliquent très bien dans l'hypothèse que les corps sont composés de molécules identiques (Cf. J. Perrin, *Les hypothèses moléculaires*, Revue scientifique, 13 Avril 1901, p. 151 sqq.)
([2]) S. Mill, *Système de Logique*..., L. III, ch. xiv, § 4.
([3]) Cl. Bernard, *Introduction*..., Ire P., ch. i, § 6, p. 47.
([4]) Cl. Bernard, *Introduction*.., Ire P., ch. i § 5, p. 35.

SECTION I

L'OBSERVATION PROVOQUÉE

I. — Définition : expérimenter c'est susciter un phénomène dans des conditions qui en favorisent l'observation. L'expérimentation est donc une « observation provoquée ».

II. — Différence : la seule différence entre l'observation et l'expérimentation « consiste en ce que le fait, que doit constater l'expérimentateur, ne s'étant pas présenté naturellement à lui, il a dû le faire apparaître, c'est-à-dire le provoquer par une raison particulière et dans un but déterminé (¹) ». L'observateur ne modifie pas les conditions des phénomènes et se contente d'épier la nature, tandis que l'expérimentateur changeant les conditions des phénomènes met, selon le mot de Bacon (²), la nature « à la question pour tâcher de lui arracher ses secrets ». Kant compare l'expérimentateur au juge qui somme les témoins de lui répondre. Il ne faut donc pas dire avec certains logiciens que la différence entre l'observation et l'expérimentation consiste en ce que la première est passive et la seconde active. Sans doute, généralement, l'expérimentation requiert un plus grand déploiement d'activité. Mais l'observation n'est point passive, puisqu'elle exige l'attention. Observer, ce n'est pas assister aux faits en spectateur indifférent et plus ou moins distrait ; c'est s'appliquer à les connaître d'une façon précise et circonstanciée.

III. — Conditions : les conditions exigées de l'observateur (44, II, III) sont nécessaires à l'*expérimentateur* et même à un plus haut degré. L'expérimentation en exige une autre, l'**imagination**, qui fera découvrir une *idée directrice*, une *hypothèse*. A propos d'un fait qui l'étonne, le savant se pose une question ; il faut qu'il ait assez d'imagination pour la résoudre et c'est pour

---

(¹) Cl. Bernard, *Introduction...*, *Ibidem*, p. 35-36
(²) Bacon, *De dignitate...*, L. II, ch. ii.

vérifier cette solution hypothétique qu'il institue des expériences. Dans l'observation, ce sont les *sens* qui commencent ; la raison et l'imagination ne viennent qu'après. Dans l'expérimentation, le savant commence par concevoir une *idée*, par imaginer une hypothèse pour en déduire les conséquences ; c'est seulement quand il aura réalisé l'expérience, qu'il observera, par ses sens, les phénomènes qui en résultent. L'expérimentation doit être guidée. C'est une chasse en règle ; c'est « une chasse de Pan (¹) ». Quand l'expérimentation se fait au hasard, elle est presque toujours stérile. Notons qu'au moment de la vérification, il faut à l'expérimentateur une *impartialité* qui lui est plus difficile qu'au simple observateur. Comme il *prévoit* un fait, l'expérimentateur est prédisposé à le *voir* ; il faut qu'il sache renoncer à son interprétation dès que les faits la contredisent. Cl. Bernard ayant prouvé à Magendie que celui-ci s'était trompé en reconnaissant de l'albumine dans le sucre pancréatique, Magendie lui répondit : « Cette dissidence entre nous vient de ce que *j'ai conclu plus que je n'ai vu* ».

IV. — **Formes ou modes** : Bacon les ramène à huit principales (²) :

1) **Variation de l'expérience** : varier l'expérience, c'est la renouveler dans des conditions différentes de matière, de température, de lieu, de durée, etc. ; vg. pour vérifier la loi de Mariotte on fait l'expérience sur des gaz différents.

2) **Extension** : étendre l'expérience c'est la répéter dans des proportions plus grandes ; vg. pour constater la dilatation des corps par la chaleur, on élève de plus en plus la température.

3) **Translation** : transférer l'expérience c'est appliquer les procédés qui ont réussi dans l'étude d'un certain genre de phénomènes, à l'étude d'un autre genre de phénomènes ; vg. on a inventé, dit Bacon, des lunettes pour aider les vues faibles ; ne pourrait-on imaginer quelque instrument pour aider les personnes un peu sourdes à mieux entendre ?

4) **Renversement** : renverser l'expérience, c'est faire la contre-

---

(¹) Bacon, *De dignitate et augmentis scientiarum*, L. V, ch. ii.
(²) Bacon, *Ibidem*, L. V, ch. ii.

épreuve d'une expérience précédente ; vg. après l'analyse de l'eau, en faire la synthèse.

5) **Compulsion** : compulser l'expérience, c'est la pousser jusqu'à la destruction de la propriété observée : vg. liquéfaction d'un gaz pour se rendre compte de sa compressibilité.

6) **Application** : appliquer l'expérience c'est la transférer de manière à en tirer quelque utilité. La nature mit la première sous les yeux de l'homme des exemples d'évaporation. L'homme en a fait diverses applications : vg. alcarazas.

7) **Copulation** : copuler l'expérience c'est réunir dans un but d'utilité les matériaux de plusieurs expériences ; vg. la glace et le nitre ont la propriété de refroidir, mais bien plus encore quand ils sont mêlés ensemble.

8) **Hasards** : ce sont, dit Cl. Bernard [1], des *expériences pour voir*, des expériences de tâtonnements. Ordinairement le savant n'expérimente pas au hasard ; c'est pour vérifier une idée qui lui a été suggérée par l'observation. Mais quand il s'agit de sciences peu avancées, l'idée expérimentale ne se dégage pas facilement. Plutôt que de ne rien tenter on va un peu à l'aventure, afin d'essayer de « pêcher en eau trouble ».

V. — **Privilèges** : l'expérimentation a sur l'observation l'avantage de fournir des phénomènes qui l'emportent par le **nombre**, la **proportion**, la **nouveauté**, la **simplicité** et la **signification**. L'expérimentation fournit en effet des phénomènes :

1) **Nombreux** : la nature ne nous offre pas des phénomènes à volonté pour le besoin de l'observation ; il en est qu'elle peut faire attendre longtemps. L'expérimentateur, au lieu d'attendre les phénomènes, les suscite à son gré.

2) **Proportionnés à nos sens** : les phénomènes naturels se produisent souvent dans des *conditions défavorables* pour l'observation : tantôt ils sont accompagnés de circonstances pénibles ou dangereuses, qui troublent l'observateur ; tantôt ils sont, trop grands ou trop petits, trop lents ou trop rapides. — L'expérimentateur *change leurs conditions* et les reproduit de la manière la

---

[1] Cl. Bernard, *Introduction...*, Ire P. ch. i, § 5, p. 38

plus favorable à l'exercice de ses sens ; il les rend moins pénibles ou moins dangereux, plus rapides ou plus lents, plus petits ou plus grands suivant les cas : vg. machine d'Atwood.

3) **Nouveaux** : par l'expérimentation on a produit des faits dont l'observation ne donne pas d'exemple : vg. chute des corps dans le vide ; liquéfaction de l'oxygène et de l'hydrogène.

4) **Simplifiés** : dans la réalité les phénomènes sont très complexes ; la nature agit par *groupements*, par *synthèses*. L'expérimentateur décompose ces synthèses et en démêle les éléments ; il simplifie les phénomènes en les divisant : vg. l'observation nous montre que l'air atmosphérique est respirable ; mais seule l'expérimentation, en décomposant cet air en ses éléments et en faisant agir ces différents gaz *successivement* sur l'organisme, a pu montrer d'une façon précise lequel est seul respirable et propre à entretenir la vie.

5) **Significatifs** : le *principal avantage* de l'expérimentation c'est de fournir au *raisonnement expérimental* des faits *significatifs*, qui sont les indices des rapports de causalité. La supériorité des faits expérimentaux sur les faits de simple observation résulte de la *variation* que l'expérimentateur apporte dans les circonstances ou dans les degrés de ces faits eux-mêmes. C'est en effet cette variation qui met le savant sur la piste des rapports de causalité (Sect. II, § C) (¹).

(¹) Les sciences, qui ne peuvent employer l'expérimentation, avancent moins vite. Cependant l'Astronomie fait exception à cette règle : « La raison en est que, dans cette science, la nature elle-même s'est chargée en quelque sorte de faire les frais de l'expérience. En effet, grâce à la distance, les astres ont été réduits à des *points lumineux mobiles*. Ils se sont trouvés par là même ramenés à des conditions géométriques ». (P. JANET, *Traité élémentaire...*, n. 414). C'est ce qui a permis d'appliquer à l'Astronomie la méthode *déductive* à laquelle elle doit les plus beaux résultats (17, § C). — Pour la distinction entre les *sciences d'observation* et les *sciences expérimentales*, Cf. U. SORTAIS *Traité de philosophie*, T. II, LOGIQUE, 66, Sect. I § VI.

SECTION II

L'INTERPRÉTATION DE L'EXPÉRIENCE

Voici les diverses phases de la marche suivie jusqu'au moment présent par le savant : 1) il a imaginé une hypothèse à la suite de quelques observations ; — 2) il a conçu une ou plusieurs expériences pour contrôler cette hypothèse ; — 3) il a institué ces expériences ; — 4) redevenu simple observateur, il a constaté les résultats *bruts* de ces expériences. — Reste à *interpréter* ces résultats, au moyen du *raisonnement expérimental*, c'est-à-dire reste à *prouver* qu'il se dégage de ces expériences un rapport de *causalité* et non de simple succession.

§ A. — *LA RECHERCHE DE LA CAUSE* [1]

I. — **Espèces de causes** : Aristote [2] en distingue quatre :

1° **Matérielle** ou **matière** : c'est l'élément *indéterminé* dont une chose est faite : vg. dans une statue, le *marbre*.

2° **Formelle** ou **forme** : c'est ce qui *détermine* la matière, ce qui fait que la chose est *telle* : vg. figure de Moïse.

3° **Efficiente** ou **motrice** : c'est l'*agent*, ce qui fait passer une chose de la possibilité à la réalité, de la puissance à l'acte : vg. Michel-Ange.

4° **Finale** : c'est le *but* qui détermine l'action de la cause efficiente ; c'est ce *en vue de quoi* une chose est faite : vg. la gloire pour le sculpteur du Moïse [3].

---

[1] Bossuet, *Traité des causes*. — Balmès, *Philosophie fondamentale*, L. X. — P. de Regnon, *Métaphysique des causes*. — Fonsegrive, *La causalité efficiente*. — De Vorges, *Cause efficiente et cause finale*.
[2] Aristote, *Méthaphysique*, L. V, ch. II; *Physique*, L. II, ch. III.
[3] Si l'on veut donner une définition générale qui convienne aux quatre sortes de causes, on peut dire avec les Scolastiques : *Causa est id vi cujus ens est id quod est.* « La cause est ce en vertu de quoi un être est ce qu'il est ». — Cf. P. de Regnon, *op. cit*, L. II, ch. I, n. 7.

On peut rattacher à la cause efficiente la cause **exemplaire** (*exemplar*) : c'est l'idéal d'après lequel l'agent réalise son œuvre. Quand on parle de la cause sans rien ajouter, on entend la cause *efficiente*. C'est de la cause efficiente qu'il est question dans ce chapitre.

11. — **Deux conceptions de la causalité efficiente.** Il y a deux manières de concevoir la causalité :

A) — Conception **psychologique** : la cause est un **être**, une **force**, qui par son *activité produit* quelque chose, être ou phénomène : vg. Dieu est la cause du monde ; la volonté est cause de telle détermination. C'est la conception dont nous trouvons l'origine dans le sentiment de l'effort [1]. C'est la conception du sens commun et des philosophes. On la nomme encore conception *subjective, métaphysique*.

B) — Conception **scientifique** : la cause est un **phénomène** (ou groupe de phénomènes) qui est l'*antécédent constant et invariable*, la *condition nécessaire et suffisante* d'un autre phénomène (ou groupe de phénomènes) : vg. la pression atmosphérique est la cause de l'ascension des liquides dans les corps de pompe. C'est la conception des savants qui étudient la nature. On la nomme aussi conception *objective, physique* [2].

En réalité, ces deux conceptions ne sont pas aussi éloignées qu'elles le paraissent au premier aspect. En effet la conception scientifique garde des traces de son origine psychologique, car dans la formule des lois causales l'idée de *tendance* est maintenue. Aussi, même pour les savants, une cause c'est quelque chose qui *tend* à produire un phénomène et qui le produit quand rien ne s'oppose à l'exercice de cette tendance. Or l'idée de tendance implique l'idée de *force*, d'*activité permanente*, dont les phénomènes ne sont que la manifestation extérieure. La science ne rejette donc pas la notion psychologique de la cause, puisqu'elle l'insinue, dans ses formules, sous le nom de *tendance* ; mais elle fait abstraction de l'*existence* et de la *nature* de cette force ; et elle a raison, car cette question est du ressort de la psychologie

---

[1] Cf. G. Sortais, *Traité de Philosophie*, T. I, Psychologie, 187, § A, III.
[2] Sorel, *De la cause en physique*, Rev. philos. Nov. 1888.

et de la métaphysique. Elle se borne à rechercher quelle est la *condition suffisante et nécessaire* de l'apparition d'un phénomène : quand cette condition *sine qua non* est réalisée, tout obstacle à l'exercice de la cause est enlevé, et alors l'être agit *nécessairement*. Les savants feraient donc mieux de n'employer que les mots de *condition* ou de *loi* des phénomènes, et de réserver le nom de *cause* aux recherches des philosophes.

C'est en effet aux psychologues et aux métaphysiciens qu'il appartient de définir l'idée de cause et de déterminer la nature tant des causes physiques que des causes raisonnables. L'élément *générique*, commun à la causalité physique et à la causalité psychologique, c'est l'idée de **production**. Cette idée, dans les deux cas, implique l'idée de *force*, d'*activité déployée*. Mais cette activité se déploie diversement : de là l'élément *spécifique*. S'il s'agit de la cause physique, il faut ajouter au genre *production*, comme différence spécifique, l'idée de *nécessité* ou de *détermination*. S'il s'agit de la cause psychologique, de la volonté, il faut ajouter l'idée de *liberté*.

Bref, la notion de cause *physique* revient à la notion de **production nécessaire**; la notion de cause *philosophique* à la notion de **production libre**. Les sciences physiques s'occupent seulement de déterminer les *conditions* qui, posées, permettent à la cause d'agir, à l'activité de produire son effet (¹).

III. — **Position du problème** : la cause, au point de vue scientifique, c'est donc non seulement l'antécédent constant et invariable d'un autre phénomène, mais c'est l'antécédent **déter-**

(¹) Il ne faut donc pas confondre la notion de cause avec les notions :

a) **D'antécédent** même constant : vg. : le jour succède invariablement à la nuit, et cependant la nuit n'est pas la cause du jour.

b) **De condition** : la condition enlève l'obstacle à l'activité de la cause : vg. pour que le soleil éclaire une chambre il faut que les volets soient ouverts ; c'est la condition nécessaire pour que la lumière entre ; mais la cause de la lumière c'est le soleil. — La condition, que les savants appellent cause, c'est la condition *nécessaire* et *suffisante*.

c) **D'occasion** : l'occasion facilite l'activité de la cause et la provoque à l'action. Ce n'est donc qu'improprement qu'on parle de *causes occasionnelles*.

minant, c'est-à-dire la **condition nécessaire et suffisante** de son apparition.

Mais, comme la nature procède synthétiquement, les causes sont difficiles à découvrir : « Le cours de la nature, à chaque instant, n'offre au premier coup d'œil qu'un chaos suivi d'un autre chaos. Il nous faut décomposer chacun de ces chaos en faits isolés » (1). Le problème est donc de discerner, parmi les nombreux antécédents d'un phénomène donné, celui qui en détermine l'apparition, celui qui en est la condition nécessaire et suffisante ; il s'agit, parmi une multitude de rapports de simple succession, de démêler un rapport de détermination. Mais la cause ne se manifeste pas par un signe sensible. Nos sens ne perçoivent pas dans le monde extérieur l'action d'un phénomène sur un autre phénomène ; ils nous montrent des successions ou des juxtapositions de phénomènes, mais ils ne nous révèlent aucune liaison nécessaire, aucune liaison causale entre ces phénomènes. Puisque la causalité ne saurait être trouvée par simple *inspection*, il faut en **démontrer** l'existence par le **raisonnement inductif** ou **expérimental**. Quel sera le fondement de ce raisonnement ?

La causalité ne pouvant être atteinte directement, à quel **indice** pourra-t-on reconnaître sa présence ? On a mis en avant deux indices qui ont donné naissance à deux méthodes : la **Méthode des coïncidences constantes** et la **Méthode de coïncidence solitaire**. Toutes deux sont des procédés d'élimination.

§ B. — *MÉTHODE DES COÏNCIDENCES CONSTANTES*

I. — **Exposé** : le premier indice qui peut servir de preuve à la causalité, c'est la **coïncidence** entre un antécédent et un conséquent. Le vulgaire se contente d'une coïncidence *pure et simple*, sans tenir compte des cas défavorables. Pour le savant, la coïncidence doit être :

A) **Constante** : une seule non-coïncidence suffit pour annuler

---

(1) S. MILL, *Système de Logique*..., L. III, ch. VII, § 1.

tous les cas favorables, puisque la cause c'est l'antécédent *nécessairement lié* au conséquent.

B) **Multipliée** : afin d'exclure l'hypothèse du hasard. On dit que des faits arrivent par hasard quand les causes, qui les produisent, y concourent sans le savoir, sans le vouloir : vg. deux personnes se rencontrant sans s'être donné rendez-vous. Or des coïncidences répétées témoignent de quelque chose de prévu, de voulu, d'une loi.

C) **Variée** : la preuve acquiert son maximum de force si l'on constate, entre deux phénomènes, des coïncidences de **présence**, d'absence *et surtout de* **degrés**, c'est-à-dire si l'on constate qu'ils sont *présents ensemble, absents ensemble* et *variant ensemble* dans la même proportion.

II. — **Raisonnement expérimental** : pour procéder méthodiquement dans l'examen des expériences, Bacon conseille à l'expérimentateur de dresser des tables de **comparution** ([1]) :

1°) **Table de présence** : il y notera toutes les circonstances qui en se produisant amènent l'apparition du phénomène dont on cherche la cause.

2°) **Table d'absence** : il y notera toutes les circonstances qui en disparaissant font disparaître le phénomène dont on cherche la cause.

3°) **Table de degrés** : il y notera toutes les circonstances qui croissent ou décroissent dans la même proportion que le phénomène dont on cherche la cause.

Cette méthode des **coïncidences constantes, multiples et variées** repose sur ces conséquences immédiates du principe de causalité : *Posita causa, ponitur effectus* ; — *Sublata causa, tollitur effectus* ; — *Variata causa, variatur effectus*.

Les expériences faites et leur répartition achevée, on dépouille les trois tables pour trouver un antécédent, qui soit toujours présent et absent quand le fait dont on cherche la cause est lui-même présent et absent, et qui croisse et décroisse avec lui. On *éliminera* successivement tous les antécédents qui ne remplissent pas ces conditions, jusqu'à ce qu'on en découvre un qui les

---

([1]) Bacon, *Novum organum*, L. II, Aph. 11 et seq.

réalise : cet antécédent sera la cause cherchée : « Alors seulement, en seconde instance, *après les exclusions et rejets convenables*, toutes les opinions volatiles s'étant dissipées en fumée, restera au fond du creuset l'affirmative véritable, solide et bien limitée » ([1]).

III. — **Défauts de cette méthode** : elle n'a pas une rigueur scientifique suffisante, parce qu'elle est :

A) **Vague** : elle ne détermine pas le **nombre** des cas nécessaires pour remplir suffisamment les tables et obtenir, après le dépouillement, des résultats décisifs. Rien ne prouve qu'un cas de plus ajouté n'annulerait pas les résultats indiqués. La preuve en effet repose sur le principe suivant : Des *coïncidences constantes, multiples* et *variées* excluent l'hypothèse du hasard et supposent une loi de causalité. Ce principe est certain, mais imprécis. On ne saurait dire *combien* il faut de coïncidences pour écarter l'hypothèse du hasard, puisqu'il y a des coïncidences fortuites.

B) **Longue** *par là même*, car le savant est obligé de multiplier indéfiniment les cas, afin d'augmenter la *probabilité* de l'exclusion d'une coïncidence fortuite.

C) **Incertaine** : elle ne permet pas d'établir sûrement des *lois de causalité*. Deux phénomènes peuvent se succéder invariablement sans être unis par un lien de causalité, car la simultanéité constante de deux phénomènes peut avoir sa raison d'être, non dans un rapport nécessaire qui les unit, mais dans une dépendance commune à l'égard d'une cause supérieure, ou dans le fait que l'un est une circonstance constamment concomitante d'une condition nécessaire de l'autre.

§ C. — *MÉTHODE DE COÏNCIDENCE SOLITAIRE*

I. — **Raison d'être** : comment remédier aux lacunes de la méthode précédente, à son manque de rigueur et de précision ? Les faits, antécédents et conséquents, que la nature nous présente, sont enchevêtrés et confondus. De là vient la difficulté de

---

[1] Bacon, *Novum organum*, L. II, Aph. 16.

savoir si une coïncidence, *même constante*, *répétée* et *variée*, n'est pas fortuite, puisque l'antécédent et le conséquent, qu'on suppose être cause et effet, sont mêlés à une multitude d'autres phénomènes. Il faudrait pouvoir réaliser une **coïncidence solitaire** entre un antécédent et un conséquent. Là en effet où *un seul* antécédent reste en présence d'*un seul* conséquent, on ne peut douter qu'il ne soit la condition déterminante de ce dernier, parce que tout phénomène doit avoir sa cause. Cette méthode ne tombe pas sous le coup des objections faites à la méthode des *coïncidences constantes*, car elle est :

1°) **Déterminée** : en effet la limite à atteindre est clairement fixée : arriver à la *complète exclusion* de tous les antécédents qui ne sont pas suivis de l'apparition du phénomène dont on cherche la cause et à la *coïncidence solitaire* d'un antécédent et d'un conséquent.

2°) **Courte** *par là même*, car, au lieu d'accumuler les expériences, il suffit de trouver des cas qui permettent les exclusions requises.

3°) **Rigoureuse** : en théorie du moins elle aboutit, non comme la méthode précédente, à une plus ou moins grande probabilité, mais à la *certitude*. — Elle a pour conclusion non des lois de simple concomitance, mais des lois de *causalité*.

II. — **Procédés de S. Mill** : S. Mill ([1]) a imaginé quatre principaux moyens pratiques pour mettre en œuvre la méthode de coïncidence solitaire. Ce sont quatre modes de raisonnement expérimental :

1°) Méthode d'accord ou de concordance

A) **Canon** : « Lorsqu'une seule circonstance (A) est commune à tous les cas dans lesquels un phénomène (a) se produit, cette circonstance est la cause de ce phénomène. » — Le nerf de la preuve consiste non en ce que la coïncidence entre le fait (a) et la

---

([1]) S. Mill, *Système de Logique...*, L. III, ch. viii, ix.

circonstance (A) est constante, mais en ce qu'elle est **seule constante.**

Premier cas : A B C D : a
Deuxième cas : A E F G : a

B) **Exemple** : on a découvert par cette méthode la cause de la *sensation de son*. On a recueilli beaucoup de cas où notre ouïe perçoit un son : vg. son produit par une cloche, une corde, un tambour, un clairon, la voix humaine, etc. On a constaté que tous ces cas, si différents, s'accordent en *un seul point* qui est la présence d'une *vibration* du corps sonore, propagée jusqu'à l'organe auditif : c'est la cause cherchée.

2°) Méthode de différence

« A) **Canon** : Quand un cas, où un phénomène (a) se présente, et un cas, où il ne se présente pas, ont toutes leurs circonstances communes (B, C, D), **sauf une seule** (A), celle-ci est la cause du phénomène. »

Premier cas : A B C D : a
Deuxième cas : B C D

Cette méthode est l'*inverse* de la précédente ; elle en est la contre-épreuve, puisqu'elle consiste à supprimer la circonstance qui est, d'après la Méthode de concordance, la cause du phénomène. C'est, selon Cl. Bernard [1], le procédé par excellence des sciences expérimentales.

B) **Exemple** : si j'empêche la vibration, qui, dans l'exemple précédent, était donnée comme la cause du son, et si le son est du même coup supprimé, cette expérience confirme la première : la vibration de l'air est bien la cause du son.

---

[1] Cl. Bernard, *Introduction à l'étude de la médecine expérimentale*, 1re P., ch. II, § 8.

3°) Méthode des variations concomitantes

A) Canon : « Quand un phénomène (a) varie, si, de tous ses antécédents, **un seul** (A) varie dans la même proportion, cet antécédent est la cause cherchée. »

$$\begin{array}{ll} \text{Premier cas} : & A_3\ B_1\ C_1\ D_1\ :\ a_3 \\ \text{Deuxième cas} : & A_2\ B_1\ C_1\ D_1\ :\ a_2 \\ \text{Troisième cas} : & A_1\ B_1\ C_1\ D_1\ :\ a_1 \end{array}$$

B) Exemple : si l'intensité du son croît et décroît proportionnellement à l'amplitude des vibrations imprimées au corps sonore, c'est une nouvelle preuve que la vibration est bien la cause du son [1].

---

[1] Un EXEMPLE FAMEUX de l'emploi de ces trois méthodes est l'application qu'en a faite Pasteur dans ses expériences sur la génération spontanée : « Supposons que l'on parte de cette *hypothèse* que la production spontanée d'organismes vivants ait pour cause la présence de germes en suspension dans l'air, qui viennent à rencontrer dans un liquide fermentescible un milieu favorable à leur éclosion. Que fera-t-on pour vérifier l'hypothèse ? 1°) On exposera à l'air libre des vases remplis de liquides fermentescibles, et on prouvera que, partout où des germes supposés auront pu tomber sur ces liquides, les productions dites spontanées auront lieu : *Méthode de concordance*. — 2°) On pratiquera la contre-épreuve en soustrayant ces liquides à l'action de l'air extérieur et en prouvant que des vases fermés, où l'air ne peut pénétrer, restent indéfiniment exempts de tout organisme : *Méthode de différence*. — 3° On montrera que le nombre des organismes produits est proportionnel au nombre de germes que l'on peut supposer dans l'air. Par exemple, dans les caves où l'air est immobile et où les germes doivent être depuis longtemps tombés sur le sol, on pourra exposer des vases ouverts à l'air libre sans que les organismes se produisent ; et si l'on gravit les montagnes, où les germes doivent devenir de moins en moins fréquents à proportion de la hauteur, le nombre des organismes doit décroître proportionnellement : or tous ces faits se sont vérifiés. C'est la *Méthode des variations concomitantes* ». (P. Janet, *Traité élémentaire de philosophie*, n. 416. Pour plus amples détails, Cf. Rabier, *Logique*, ch. viii, append., p. 138-141. — Vallery-Radot, *Vie de Pasteur*, ch. v.

4°) MÉTHODE DES RESTES OU RÉSIDUS

A) Canon : « Si l'on retranche d'un phénomène complexe (a, b, c) tout ce qui peut être attribué (b, c) à des causes connues (B, C) en vertu d'inductions antérieures, le résidu (a) du phénomène sera l'effet des antécédents restants (A, D). » — Pour déterminer lequel des antécédents restants (A, D) est la cause du résidu (a), on emploie l'une des trois premières méthodes. Herschel (¹) avait déjà signalé l'importance de l'étude des « restes » et remarqué que beaucoup de découvertes astronomiques sont dues à la méthode des résidus : vg. la précession des équinoxes.

$$A\,\mathcal{B}\,\mathcal{C}\,D : a\,\widehat{b}\,\widehat{c}$$

B) Exemple : les mouvements de la planète Uranus étaient dans leur ensemble rapportés à des causes connues et calculées ; mais il y avait dans ces mouvements des irrégularités qui *restaient* inexpliquées. Le Verrier les rattacha à une cause nouvelle : la planète Neptune.

47. — § D) IVᵉ MOMENT : L'INDUCTION PROPREMENT DITE

(Établissement de la loi ou généralisation de l'expérience)

Telles sont les quatre méthodes par lesquelles les sciences physiques réussissent à découvrir et à prouver les rapports de causalité entre phénomènes. Il reste à **universaliser** ces rapports, à les transformer en **lois**, à généraliser l'expérience. C'est le rôle de l'**induction proprement dite** : opération par laquelle l'esprit s'élève du particulier au général (²). La loi résulte donc de la

---

(¹) Herschel, *Esquisses d'astronomie*, p. 584 ; *Discours sur l'étude de la philosophie naturelle*, p. 158 et sqq. — Le Verrier, *La planète Neptune*.
(²) Aristote, *Topiques*, L. I, ch. I, 4.

généralisation du rapport qui a été découvert entre] deux phénomènes par les méthodes inductives. Toute la difficulté pour le savant consiste dans la découverte de la cause ; le rapport causal une fois prouvé, il le généralise sans hésitation : c'est une intuition. Cependant cette généralisation est malaisée à justifier. L'esprit, en la faisant, dépasse de beaucoup les connaissances qui lui ont été fournies par l'observation et l'expérimentation. Les cas observés, aussi nombreux qu'on les suppose, sont toujours en *nombre limité* ; ils ne nous renseignent pas sur les faits non observés et en particulier sur les phénomènes futurs. On a prouvé que tel antécédent a déterminé tel effet ; mais de là à dire : « Ce même effet sera *toujours* donné quand l'antécédent le sera », il y a la différence de *quelques à tous*. Comment de *quelques faits* observés dans le *présent* peut-on conclure à l'*infinité des faits à venir* ? La conclusion du raisonnement inductif semble donc *dépasser infiniment les prémisses*. Comment une telle conclusion est-elle possible ? C'est le problème du **fondement** de l'induction. Il y a évidemment quelque *principe* qu'on ajoute aux prémisses pour légitimer la conclusion. Ce principe surajouté se nomme le *fondement de l'induction*. Différentes solutions ont été mises en avant pour résoudre le problème. Voici les principales.

48. — FONDEMENT DE L'INDUCTION

§ I. — *INDUCTION FORMELLE OU ARISTOTÉLICIENNE*

A) **Exposé** : elle consiste à conclure de l'énumération de tous les individus d'une collection à la collection entière ([1]).

B) **Critique** : 1°) L'induction formelle ne peut résoudre le problème inductif tel qu'il est posé par les sciences physiques et naturelles, car elle n'est applicable qu'à une collection *fixe* et *déterminée*, vg. aux élèves d'une classe, aux habitants d'une

---

[1] Aristote, *Premiers analyt.*, L. 1, ch. xxv. n. 4.

ville, parce que l'énumération *complète* des individus est *seulement* possible dans des cas de ce genre.

Il est manifeste qu'une telle induction n'est pas un raisonnement proprement dit ; il n'y a qu'une simple *récapitulation* : on passe des cas *individuellement* énumérés à leur *ensemble*.

2°) L'énumération complète des cas individuels est, au contraire, absolument impraticable quand il s'agit des phénomènes ou des êtres de la nature, parce que la série des phénomènes est indéfinie, et que les espèces ne sont pas des collections déterminées : une espèce n'est jamais réalisée tout entière à un moment donné ; un certain nombre de ses représentants a disparu ; d'autres n'existent pas encore. L'induction formelle est donc inapplicable aux sciences de la nature.

3°) Aristote ne l'ignorait pas. En traitant de l'induction formelle il n'a voulu examiner qu'un cas *théorique* de logique : à quelles conditions le syllogisme inductif peut-il être ramené à un syllogisme déductif ? (1). Mais Aristote, quoi qu'on en ait dit, n'a jamais songé à résoudre par l'induction formelle le problème de l'induction scientifique. (Cf. § V).

§ II. — *SOLUTION DE L'ÉCOLE ÉCOSSAISE*

A) **Exposé** : Reid fait reposer l'induction sur le principe de la « stabilité des cours de la nature », qu'il appelle principe d'induction (*the inductive principle*). « C'est en vertu de l'empire qu'il exerce sur nous que nous donnons un assentiment immédiat à cet axiome, sur lequel est construit tout l'édifice de la science naturelle : *Que les effets semblables dérivent nécessairement de la même cause* (2) ». Reid ajoute : « Il n'y a personne qui n'adopte ce principe aussitôt qu'il le comprend et personne non plus qui en demande la preuve ; ce qui est le caractère d'un principe pri-

---

(1) Cf. G. Sortais, *Traité de Philosophie*, T. II, Logique, 70, § 1er, A.
(2) Reid, *Recherches sur l'entendement humain d'après les principes du sens commun*, Ch. vi, Sect. 24, Édit. Jouffroy, T. II, p. 356.

mitif (¹) ». Ce principe « fait partie de notre *constitution intellectuelle* et il agit en nous lorsque la raison n'est pas encore née (²) ».

Dugald Stewart (³) a suivi l'opinion de Reid et, en France, Royer-Collard s'est efforcé d'en préciser la formule. « Le principe d'induction repose sur deux jugements. L'univers est gouverné par des *lois stables* ; voilà le premier. L'univers est gouverné par des *lois générales* ; voilà le second (⁴) ».

B) **Critique** : d'après cette théorie, on peut donner au raisonnement inductif la forme suivante :

> Les lois de la nature sont stables et générales ;
> Or nous avons constaté *telle loi* par l'expérience ;
> Donc cette loi est stable et générale.

Sans nous attarder à critiquer l'origine de ce principe primitif dû à un instinct qui prévient l'exercice de la raison, il suffira de montrer que la solution écossaise ne répond pas à la difficulté pendante. En effet, l'induction est faite tout entière dans la mineure du raisonnement précité ; et l'on n'apporte aucune raison pour la légitimer. S'il y a des lois, elles sont, personne ne le nie, *stables et générales*. Mais il est faux que l'expérience, qui est *contingente et particulière*, nous ait fait constater une loi quelconque. Toute la question est précisément de savoir pourquoi tel rapport est la *preuve* d'une loi. La théorie écossaise ne répond pas à cette question ; c'est pourquoi elle laisse sans solution le

---

(¹) REID, *Essais sur les facultés intellectuelles de l'homme*, Essai VI, ch. V, T. V, p. 126-127. Mais Reid range ce principe primitif parmi les principes contingents, car il ajoute : « Dans l'ordre de la nature, ce qui arrivera ressemblera *probablement* à ce qui est arrivé dans des circonstances semblables ». (*Ibidem*, p. 125). C'est alors un fondement bien ruineux pour l'induction.

(²) REID, *Essais...*, p. 126.

(³) DUGALD STEWART, *Éléments de la philosophie de l'esprit humain*, T. III, ch. IV.

(⁴) ROYER-COLLARD, *Fragments* publiés dans les *Œuvres complètes* de Reid, par Jouffroy, T. IV, p. 270.

problème posé : De quel droit peut-on passer de *quelques* cas à *tous* les cas ?

§ III. — SOLUTION DE CL. BERNARD ET DE RAVAISSON

A) **Exposé** : Ravaisson ([1]) résume ainsi la doctrine de Cl. Bernard qu'il fait sienne : « M. Cl. Bernard ([2]) a compris, comme Leibnitz ([3]), qu'induire « c'est toujours tirer des conséquences » ; il a su reconnaître que l'induction, au fond, est une déduction... Dans la pensée de M. Cl. Bernard, l'induction doit être une déduction provisoire et conditionnelle qui se change, par la vérification de l'expérience, en une déduction inconditionnelle et définitive ». Induire, c'est donc chercher de quelle proposition générale, prise comme point de départ hypothétique, on peut déduire tel cas particulier, à charge de vérifier ensuite cette hypothèse par l'expérience. L'induction physique n'est donc qu'une *déduction réflexe* qu'on appelle **réduction** en géométrie. Exemple : l'eau monte dans un corps de pompe jusqu'à 10 mètres ; cette ascension est due à la pression atmosphérique. Cette déduction réflexe, de provisoire deviendra définitive quand l'hypothèse causale (la pression atmosphérique) aura été vérifiée par les conséquences qu'on en peut logiquement déduire (1, § II). Voilà, d'après Ravaisson et Cl. Bernard, le mécanisme du raisonnement inductif. Mais reste à expliquer sur quoi se fonde le passage de *quelques* cas *à tous*. Cl. Bernard donne pour fondement à l'induction le principe *du déterminisme* des phénomènes ([4]). C'est un principe « qui se confond avec la constitution même de notre intelligence, à savoir qu'il y a en tout de la proportion et de l'ordre, en d'autres termes, qu'il n'est rien sans raison ([5]) ».

B) **Critique** : 1°) Quant au *mécanisme de l'induction* on peut

---

[1] F. Ravaisson, *La philosophie en France au* xixe *siècle*, § 15, p. 127-130 (2me Édit.).
[2] Cl. Bernard, *Introduction...* Ire P., ch. ii, § 5, pp. 78-79, 82-83.
[3] Leibniz, *Nouveaux essais...* L. IV, ch. xvii, § 6.
[4] Cl. Bernard, *Introduction...*, Ire P., ch. ii, § vii.
[5] Ravaisson, *Opere cit.* p. 129.

soutenir, avec Ravaisson et Cl. Bernard, qu'il se ramène en définitive au mécanisme de la *déduction réflexe*, car, en physique, on procède en *réduisant* les faits aux lois, d'où l'on peut les déduire ensuite quand les lois sont établies. Seulement, dans la réduction *géométrique*, l'esprit rattache la proposée à une proposition générale *déjà prouvée* ou *immédiatement évidente*, tandis que dans la réduction *physique*, on rattache un cas particulier à une proposition générale *hypothétique*, qui doit être démontrée expérimentalement, avant qu'on puisse en déduire sûrement le fait en question. — Mais on peut discuter sur la *nature* de cette réduction (Cf. *infra*; § V).

2°) Quant au *fondement de l'induction*, le principe du *déterminisme*, invoqué par Cl. Bernard, se ramène en dernière analyse au principe d'uniformité de la nature ou d'invariabilité des causes que nous proposerons plus loin, comme le fondement *prochain* de l'induction (§ V). Ravaisson semble plutôt indiquer comme base de l'induction le principe de raison ou principe d'ordre. Mais ce ne sont là que des divergences de mots; au fond, ces doctrines reviennent au même, car le principe d'uniformité n'est qu'une application du principe de raison au principe de causalité ([1]). Si, les causes étant par hypothèse identiques, les circonstances restant aussi les mêmes, les effets pouvaient être différents, cette différence des effets, n'ayant pas sa raison d'être dans les causes et les circonstances, serait par là même sans raison, ce qui est absurde.

§ IV. — *SOLUTION EMPIRIQUE DE S. MILL*

A) **Exposé** ([2]) : d'après l'école associationniste, le fondement de l'induction est le principe de causalité ainsi formulé : le cours

---

([1]) Le principe de raison a pour formule : *Tout ce qui est a sa raison d'être.* On en dérive :
a) Le principe de causalité : *Tout ce qui commence d'être a une cause.*
b) Le principe d'uniformité : *Dans les mêmes circonstances les mêmes causes produisent les mêmes effets.*

([2]) S. MILL, *Système de Logique déductive et inductive*, L. III, ch. III, IV, V.

de la nature est uniforme. Mais ce fondement est *empirique*, car le principe de causalité est le résultat de l'expérience et de l'association. Lorsque deux phénomènes se sont présentés ensemble dans notre expérience, c'est-à-dire ont été contigus dans notre conscience, il se forme entre eux une association, en vertu de laquelle l'apparition du premier nous suggère l'idée du second (¹). Cette association, que l'habitude rend peu à peu indissoluble, a donc pour effet l'*attente* du retour des mêmes conséquents après les mêmes antécédents : c'est l'induction spontanée. Parfois cette attente est trompée : vg. une comète a été suivie d'une guerre; l'apparition d'une nouvelle comète n'a pas toujours une telle « séquence ». Mais, comme un grand nombre de ces associations sont ordinairement confirmées par les événements, l'expérience nous porte à juger qu'il y a des « uniformités » dans la nature, c'est-à-dire des liaisons constantes de phénomènes, des lois. Avec les progrès de l'expérience, l'esprit constate des uniformités de plus en plus générales, qui garantissent les uniformités particulières. Il en résulte finalement la conviction qu'il y a dans la nature une loi généralissime : la loi de causalité universelle, à savoir : « C'est une loi qu'il y a une loi pour toutes choses (²) ». Quoique dans l'induction l'esprit paraisse conclure du particulier au général, en réalité il va toujours du *particulier au particulier*, car c'est toujours l'expérience qui garantit l'expérience. Les uniformités particulières sont, il est vrai, confirmées par les uniformités plus générales, et les uniformités plus générales par l'uniformité universelle de la causalité. Mais cette uniformité universelle n'est que la réunion et le résultat de toutes les uniformités antérieures, plus ou moins particulières. En définitive, le raisonnement va donc toujours du *particulier au particulier* ; seulement ce particulier devient de plus en plus général, avec l'accroissement de l'expérience ; et c'est cette généralité *relative* et *empirique* qui sert à son tour de règle au particulier.

B) **Critique** : il faut contester l'origine *empirique* du principe de causalité. En effet :

(¹) Cf. G. Sortais, *Traité de philosophie*, T. I, Psychologie, 174.
(²) S. Mill, *Système...*, L. III, ch. v, § 1, p. 368 (T. I de la trad. Peisse).

1°) A supposer que ce principe pût se former ainsi passivement en nous, il ne représenterait que les expériences *passées*. Mais celles-ci ne sont rien en comparaison de tous les cas que l'avenir tient en réserve. Fruit de l'habitude, il peut être détruit par elle. Il n'a donc qu'une valeur *provisoire*. Mill (¹) avoue d'ailleurs qu'il peut être détruit par les expériences futures. Ce principe ainsi expliqué n'a donc qu'une nécessité *subjective* et une universalité *relative*. Comment alors pourrait-il servir de base à la science, qui suppose un enchaînement *objectif* et *invariable* des phénomènes ?

2°) Si le principe de causalité était le résultat de l'habitude, il ne serait qu'une acquisition *tardive* et *progressive* de l'esprit. Or il n'est peut-être pas dans l'esprit humain, d'acquisition *plus précoce* et *plus immédiatement parfaite*. Il apparaît dans toute sa force au premier éveil de l'intelligence de l'enfant.

3°) D'ailleurs cette formation, par la seule expérience, est impossible. En effet les cas, où nous constatons des « uniformités », sont bien plus rares que ceux où nous n'en voyons pas : au regard de l'expérience pure le monde est un chaos. La constance des successions est si peu visible que leur découverte est pour la science le point difficile. Souvent le savant est induit en erreur par des coïncidences frappantes mais illusoires. Les méthodes, que S. Mill lui-même a tracées pour découvrir le rapport causal, prouvent qu'il faut être en garde contre les coïncidences apparentes (46, Sec. II, c).

4°) Dans cette théorie, on ne saisit plus la différence entre le rapport de succession pure et le rapport de causalité : le jour précède invariablement la nuit, et n'en est cependant pas la cause. Sans doute Mill (²) dit que l'antécédent causal ne peut-être que l'antécédent « inconditionnel », déterminant, *nécessaire* ; mais d'où lui vient cette notion ? L'expérience peut suggérer l'idée de succession même constante, mais non celle de nécessité, puisque l'expérience est essentiellement contingente. Si Mill pense que tel fait produira *nécessairement* tel autre fait, c'est qu'il introduit

---

(¹) S. Mill, *Système de Logique*, L. II, ch. v ; L. III, ch. xxi.
(²) S. Mill, *Ibidem*, L. III, ch. v, § 5.

inconsciemment, dans la succession, le principe de causalité qu'il a la prétention d'en tirer.

§ V. — *SOLUTION PROPOSÉE*

Le principe rationnel, qui sert de fondement à l'induction, semble être le principe de l'**invariabilité des essences** et conséquemment de l'**invariabilité des causes**, qu'on peut aussi appeler principe d'**ordre** ou, avec Cl. Bernard, principe du **déterminisme**. Aristote a très bien posé le problème et paraît l'avoir résolu([1]). Voici comment on doit, croyons-nous, interpréter sa pensée. On ne peut passer légitimement du particulier au général sans le secours d'un principe rationnel qui rende l'énumération partielle équivalente de l'énumération totale. Or tel est le principe de l'énumération totale : *Ce qui convient à chaque partie d'un tout, convient au tout*. Quel est donc le principe qui peut *suppléer par lui-même* l'énumération *incomplète* ? L'équivalent de ce qui est commun aux parties d'un tout ou d'une espèce d'êtres c'est la *nature* ou *essence* des parties de ce tout ou des individus de cette espèce, car c'est par leur *nature* ou *essence* qu'ils se ressemblent et possèdent *invariablement* les *mêmes* propriétés. Le *dernier* fondement de l'induction est donc le principe suivant : *La nature ou essence des êtres est invariable*. La raison en tire immédiatement le principe de l'*invariabilité des causes : Dans les mêmes circonstances les mêmes causes produisent les mêmes effets*. C'est ce principe d'invariabilité des causes, qui est le fondement *prochain* de l'induction, car il découle directement du principe de l'invariabilité des essences. En effet, la causalité étant une propriété résultant de la nature ou essence des êtres (selon l'axiome aristotélicien et scolastique : *Operatio sequitur esse*), et la nature étant *identique* dans tous les êtres de la même classe, la causalité qui en dérive sera également *invariable, uniforme*.

([1]) Aristote, *Derniers analytiques*, L. II, ch. xv, n. 7.

Ce principe une fois admis, l'induction devient légitime. Il est vrai qu'ordinairement on ne peut conclure de *quelques à tous* ; mais, en vertu du principe de l'uniformité de la nature, il est un cas où cette conclusion est permise. C'est celui où la succession constatée entre deux phénomènes est *causale*, parce que toute cause fatale, n'eût-elle été découverte qu'une fois, par cela même qu'elle est fatale, c'est-à-dire *tendant toujours à déterminer* son effet, est une cause *nécessitante et virtuellement universelle* : partout et toujours, les circonstances étant les mêmes, elle tendra à produire son effet. C'est que la fatalité, étant une propriété découlant de son essence, est invariable comme cette essence. Le principe : *L'essence des êtres est invariable*, et sa conséquence immédiate : *Dans les mêmes circonstances les mêmes causes produisent les mêmes effets*, sont connus de l'esprit *avant* toute opération inductive. L'esprit voit, avec la clarté de l'évidence, que chaque être conserve invariablement ses propriétés essentielles et constitutives (autrement il cesserait d'être, car l'essence est ce par quoi un être est ce qu'il est) ; il tire ensuite cette conséquence nécessaire : tout être de même nature a des propriétés identiques ; d'où il suit enfin que les êtres matériels, ayant la propriété essentielle d'agir fatalement, se retrouveront partout et toujours avec cette propriété, c'est-à-dire que dans les mêmes circonstances ils tendront à produire les mêmes effets [1].

Conclusion : L'expérience et la raison dans l'induction.

I. — **Élément expérimental** : l'expérience fournit la **matière**, les **faits** ; elle y arrive au moyen de l'**observation** et de l'**expérimentation** qui varie, étend, transpose, etc... les faits. Puis il faut noter sur des tables le résultat de ces diverses observations. L'expérience peut même donner l'*uniformité* des faits, c'est-à-dire nous montrer certains faits se reproduisant d'une manière constante ; mais elle ne peut pas donner la cause et la loi ; c'est l'œuvre de la *raison*.

II. — **Élément rationnel** : a) d'abord l'*imagination créatrice* fournit l'hypothèse qui dirige l'expérimentation.

b) Les faits observés ou recueillis par l'expérimentation scien-

---

[1] Cf. G. Sortais, *Traité de philosophie*, T. II, Logique 70, § V, Remarque.

tifique ne montrent pas la causalité, mais ils servent de base au *raisonnement expérimental* qui est le fond commun des *quatre méthodes* de S. Mill, et dont « le nerf caché, comme dit Ravaisson, est le principe de causalité ». Ce raisonnement peut se résumer ainsi : on est en droit d'exclure tout antécédent qui n'est pas présent quand le phénomène dont on cherche la cause est présent, ou qui est présent quand ce phénomène est absent, ou qui ne varie pas dans les mêmes proportions que ce phénomène. Si, par suite de ces exclusions, il ne reste plus qu'un seul antécédent, c'est la cause cherchée.

c) Quand le rapport causal a été ainsi établi, la *raison* intervient encore pour le **généraliser**, pour l'ériger en **loi**, puisque c'est en s'appuyant sur le principe *rationnel* d'uniformité de la nature que l'esprit étend ce rapport causal à tous les rapports à venir du même genre. La raison imprime donc à la **matière** fournie par l'expérience, aux faits, la **forme** de la causalité et de la loi, c'est-à-dire **la nécessité et l'universalité** (¹).

49. — LE SYLLOGISME INDUCTIF

A) **Exposé** : on a ramené le raisonnement inductif à la forme suivante :

Tout rapport causal est constant ;
Or le rapport constaté entre A et *a* est causal ;
Donc tout rapport entre A et *a* est constant.

La *majeure* n'est qu'un corollaire du *principe d'uniformité* : Dans les mêmes circonstances les mêmes causes produisent les mêmes effets. La *mineure* exprime la découverte de la cause par

---

(¹) Bacon a très bien montré la nécessité d'une alliance entre la raison et l'expérience pour arriver à des résultats féconds (*Novum organum*, L. I, Aph. XCV).

l'*interprétation* de l'expérience. La *conclusion* formule la loi : c'est la *généralisation* de l'expérience.

B) **Critique** : 1°) On prétend d'ordinaire que ce n'est là qu'une réduction apparente de l'induction à la déduction : l'induction n'est pas un syllogisme (¹). En effet, dit-on, l'usage n'autorise à regarder comme syllogisme qu'un argument qui n'enferme pas plus de trois termes. Or, ici, il y en a quatre, car le petit terme, dans la conclusion (*Tout rapport entre A et a*) est pris dans un sens *abstrait et général*, tandis que, dans la mineure, il est pris dans un sens *concret et particulier* (Le rapport *constaté* entre A et *a* est causal). Ce syllogisme irait contre la Ire Règle : Terminus esto triplex... Telle est la réponse habituelle. On pourrait, je crois, donner une autre solution, plus rationnelle.

2°) Sans doute le syllogisme inductif ne se rapporte pas au syllogisme de la **qualité**, mais il rentre dans le syllogisme de la **causalité**, dont la théorie est encore à faire. On peut dire, en bref, que ce syllogisme aurait ce caractère spécial : le petit terme, tel qu'il est exprimé dans la mineure, est *singulier matériellement*, puisqu'il suffit de constater un seul rapport causal ; mais il est **virtuellement universel**, parce que, comme on l'a prouvé (48, § V), toute cause fatale est virtuellement universelle. Il représente, *en puissance*, tous les rapports à venir ; il équivaut par conséquent à un terme universel. Le syllogisme inductif est donc un véritable syllogisme, même d'après le sens usuel, car il ne contient que trois termes : le petit terme a, en effet, dans la mineure et dans la conclusion, la même extension universelle. Cette solution montre aussi qu'au fond l'induction se ramène à la déduction et que, par conséquent, le **seul procédé** de raisonnement est, en définitive, le **procédé déductif**, comme l'ont soutenu Aristote, Leibniz, Cl. Bernard, de Rémusat, Ravaisson, etc.

(¹) Rabier, *Logique*, ch. ix, § 3.

50. — VALEUR ET UTILITÉ DE L'INDUCTION

§ I. — *VALEUR DE L'INDUCTION*

Il y a deux sortes d'induction : l'induction **vulgaire** et l'induction **scientifique**. Leur valeur est toute différente :

A) **Valeur de l'Induction vulgaire** : elle n'a aucune valeur logique, car elle n'est pas précédée de la détermination de la cause. Tantôt elle procède par simple énumération, *per enumerationem simplicem* (¹). De quelques cas ayant une *ressemblance accidentelle*, elle conclut à tous les cas du même genre. L'affirmation « Tous les cygnes sont blancs » était une induction vulgaire, qu'est venue démentir la découverte de cygnes noirs dans la Nouvelle-Zélande. C'est le sophisme du *dénombrement imparfait*. — Tantôt l'induction vulgaire est fondée sur des rapports de *simple succession*. Pour l'ignorant la cause d'un fait c'est le fait qui le précède habituellement ; parfois même il se contente d'une seule coïncidence. C'est le sophisme *Post hoc, ergo propter hoc* (²). Quand l'induction spontanée tombe juste, c'est par hasard, **per accidens**.

B) **Valeur de l'Induction scientifique.** — Il faut distinguer :

I. — **Le point de vue théorique** : en théorie, *in abstracto*, les quatre méthodes sont d'une rigueur et certitude absolues. Elles reposent en effet sur la parfaite exclusion de *tous* les antécédents qui ne sont *pas causes* du phénomène étudié ; elles procèdent *per exclusiones et rejectiones debitas* (³). Or il est manifeste que, là où *un seul* antécédent est donné, il est la condition déterminante du phénomène, car il ne peut pas y avoir de phénomène sans cause. Donc, au point de vue *purement logique*, toutes les

---

(¹) BACON, *Novum organum*, L. I, Aph. 69, 105.
(²) Cf. G. SORTAIS, *Traité de philosophie*, T. II, LOGIQUE, L. III, ch. II, 115 (*Des Sophismes*).
(³) BACON, *Novum organum*, L. II, Aph. 16.

Méthodes se valent, car, dans toutes, les exclusions sont également légitimes.

II. — **Le point de vue pratique** : dans l'application, *in concreto*, elles n'aboutissent pas toujours à la certitude. La difficulté ne réside pas dans le raisonnement expérimental, qui est en soi d'une parfaite rigueur, mais dans l'analyse exacte et complète des cas qu'on lui soumet, dans l'*observation et l'expérimentation*. La découverte de la cause se fait par l'élimination des antécédents qui ne sont pas causes. Mais, *pratiquement*, on n'est pas toujours certain d'avoir réalisé une élimination rigoureuse, parce que :

a) L'expérimentateur, croyant supprimer ou introduire un seul antécédent, peut en supprimer ou en introduire plusieurs.

b) Deux phénomènes A et *a*, sans être liés ensemble par un rapport causal, peuvent, malgré leur simultanéité d'absence, de présence et de variation, dépendre tous deux d'un phénomène inconnu qui est leur cause commune. C'est pourquoi il est bon d'employer, quand on le peut, les différentes méthodes ; car, quand elles aboutissent à la même conclusion, le résultat atteint alors la plus haute probabilité et même, dans certains cas, la certitude : vg. qui doute actuellement que la pression atmosphérique soit la cause de l'ascension des liquides dans un corps de pompe ? Ceux mêmes, qui prétendent que l'induction reste toujours affectée d'un doute dans l'application des méthodes, reconnaissent cependant que ce doute est souvent pratiquement négligeable.

Conclusion : une fois la cause découverte, le savant n'hésite pas à généraliser le rapport causal. C'est la preuve manifeste qu'il a confiance dans la *valeur objective* du principe fondamental de l'induction : *Dans les mêmes circonstances*, etc. Kant prétend que ce principe n'a qu'une valeur subjective : c'est une loi de notre pensée que nous imposons aux choses. En parlant ainsi, Kant est en opposition avec les savants qui sont convaincus de l'objectivité du principe inductif. Leibniz a donné au contraire la véritable solution : d'après lui ce principe n'est pas seulement une loi de notre pensée ; il est en même temps la loi des choses. Il y a une logique dans la nature et cette logique est identique à celle de l'esprit, parce qu'il y a une harmonie préétablie entre le monde et notre esprit. Ce n'est donc pas notre esprit, mais une Intelligence infinie et absolue qui fonde et garantit l'accord des lois de notre pensée et des lois du monde sensible.

§ II. — *UTILITÉ DE L'INDUCTION*

La connaissance des lois de causalité permet :

A) **D'expliquer les phénomènes et de les comprendre** : *Vere scire, per causas scire*. Il n'y a pas, en effet, de science du particulier (2).

B) **De les prévoir avec certitude** : fort de cette prévision on peut *pourvoir* à l'avenir : vg. un capitaine de vaisseau prévoyant le prochain déchaînement d'un orage prend ses précautions.

C) **De les susciter, de les empêcher, de les modifier à volonté** : par là on arrive à se rendre maître de la nature selon le mot de Bacon : « On ne commande à la nature qu'en obéissant à ses lois » ; vg. application des lois de la nature : transports à vapeur, télégraphe, lumière électrique (1, § C) (¹).

BIBLIOGRAPHIE

—

Bacon,   *De dignitate et augmentis scientiarum.* — *Novum organum.*
Bain,   *Logique déductive et inductive*, L. III ; L. IV, ch. II.
Bernard (Cl.),   *Introduction à l'étude de la médecine expérimentale.*
Berthelot,   *La révolution chimique.* — *La synthèse chimique.*
Boutroux,   *Les théories modernes relatives à l'induction*, Rev. des Cours et Conférences, Janv. à Juillet 1900.
Broglie (de),   *Le positivisme et la science expérimentale*, P. II, L. I, II.

(¹) On en trouve une application frappante dans l'utilisation des hautes chutes d'eau. M. Hanotaux cite et décrit brillamment le premier essai en ce genre, tenté par M. Bergès à Lancey. Cf. *L'énergie française*, Ch. IV, *La houille blanche.* — Sur la différence entre *l'Empirisme et la Méthode expérimentale*, Cf. G. Sortais, *Traité de philosophie*, T. I, Logique, 73.

Caro,	*Le matérialisme et la science*, Ch. II.
Dastre,	*Les agents impondérables et l'éther*, Rev. des Deux Mondes, Oct. 1901, p. 649 et s.
Dauriac,	*Des notions de matière et de force dans les sciences de la nature.*
Duclaux,	*La chimie organique.*
Dugald Stewart,	*Éléments de la philosophie de l'esprit humain*, T. III, ch. IV.
Duhem,	*L'évolution des théories physiques du XVIIe siècle jusqu'à nos jours*, Rev. des Questions scientifiques, T. V, 1896, p. 463 et s. — *Quelques réflexions au sujet de la physique expérimentale*, Ibidem, T. III, 1894.
Dumas,	*Éloges académiques.*
Farges,	*Matière et forme.*
Grimaux,	*Lavoisier.*
Hennequin,	*Fondement de l'induction*, dans l'Année philosophique, 1900.
Herschel,	*Discours sur l'étude de la philosophie naturelle.*
Janet et Séailles,	*Histoire de la philosophie*, III, Logique, ch. VI, *Le problème de l'induction.*
Lachelier,	*Le fondement de l'induction.*
Mill (S.),	*Système de Logique...*, L. III.
Naville (A.),	*L'induction dans les sciences physiques*, Rev. philos., Janv. 1890.
Naville (E.),	*La physique moderne. — Logique de l'hypothèse.*
Perrin (J.),	*Traité de chimie physique : Les Principes.*
Pogendorff (de),	*Histoire de la physique.*
Rabier,	*Logique*, ch. VII, VIII, IX.
Ravaisson,	*La philosophie en France au XIXe siècle*, § XI, XV.
Rebière,	*La vie et les travaux des savants modernes.*
Renouvier,	*Logique*, T. II.
Robinson,	*Elements of natural philosophy.*
Sagey,	*La Physique moderne.*
Valson,	*Les savants illustres des XVIe et XVIIe siècles.*
Waddington,	*Essais de Logique.*
Whewel,	*History of the inductive sciences.*
Wurtz,	*Histoire des doctrines chimiques. — La théorie atomique.*

ARTICLE II

MÉTHODE DES SCIENCES NATURELLES

51. — LA GÉNÉRALISATION

I. — **Son double aspect** : les sciences **physiques** étudient les **faits** ; nous venons de voir de quelle façon elles appliquent la méthode expérimentale. Les sciences **naturelles** étudient les **êtres** ; reste à examiner la manière dont elles se servent de la même méthode. Ces deux groupes de sciences, en s'appropriant les procédés de la méthode inductive, aboutissent à des **idées générales** de rapports. Les sciences physiques s'élèvent à des **lois de causalité**, qui expriment des *rapports de succession constante entre les faits* ; les sciences naturelles s'élèvent à des **lois de coexistence**, qui expriment des *rapports de simultanéité de caractères entre les êtres*. L'opération, qui consiste à dégager le général du particulier, s'appelle **induction** s'il s'agit des *faits*, et **généralisation**, s'il s'agit des *êtres*.

La **généralisation** a donc pour terme des idées générales de rapports ; elle y arrive par la **définition** et la **classification**. Ces deux procédés de la généralisation correspondent aux deux propriétés de toute notion générale : la **compréhension** (ensemble des *caractères* qu'elle renferme) et l'**extension** (ensemble des *êtres* auxquels elle s'applique, en raison de cette ressemblance commune). La compréhension et l'extension sont deux aspects de l'idée générale : au point de vue *compréhensif*, l'idée générale représente un **type**, une **essence** ; au point de vue *extensif*, elle représente un **genre**, une **classe**. Ainsi l'idée de *vertébré* représente *à la fois* un certain **type** d'organisation et un certain **groupe** d'animaux. De même la définition et la classification sont deux formes de la même opération, la généralisation : définir,

c'est dégager les *caractères essentiels* des êtres et déterminer
leurs *types* ; classer, c'est *coordonner* les êtres d'après leurs
ressemblances essentielles. Ces deux aspects de la généralisation
sont pratiquement inséparables : on ne peut définir sans classer
au moins virtuellement, car toute définition est applicable à une
certaine **catégorie** d'êtres ; on ne peut non plus classer sans
définir, parce que toute classification naturelle a pour fondement
un ensemble de caractères essentiels qui constitue tel **type** d'êtres.
C'est pourquoi le système d'idées générales, dont se compose une
science, peut être disposé en une série de définitions et de classifications alternatives, parce que la définition et la classification
sont **corrélatives** comme la compréhension et l'extension.

II. — **Priorité de la définition** : sans doute, pour généraliser,
il faut tout ensemble définir et classer. Cependant on doit admettre
qu'au point de vue *logique* la définition est **antérieure** à la classification. En effet, c'est la compréhension qui détermine l'extension, car un être n'est rangé dans une *classe* (point de vue *extensif*)
que s'il a certains caractères essentiels constituant un *type* déterminé (point de vue *compréhensif*). Or la définition correspond à
la compréhension et la classification à l'extension. Cette conclusion
est manifeste pour les Mathématiques : la classification des
diverses sortes de figures est la conséquence logique de leurs
définitions. Mais nombre de logiciens modernes prétendent que
c'est le contraire pour les définitions empiriques, parce que celles-
ci se réfèrent, dit-on, à une classification préalable. En effet, toute
définition empirique fait d'abord rentrer le concept à définir dans
un concept plus général, dans un *genre* : vg. le vertébré est un
animal à squelette. Il y a là une confusion. M. Rabier ([1]) a très
bien prouvé que le mot *genre* signifie ici non un groupe ou classe,
mais la *somme des caractères*, le *type*, qui est « la marque de la
classe ». Autrement la définition manquerait d'homogénéité : le
genre prochain serait constitué par une *classe* d'êtres (point de
vue *extensif*) et la différence spécifique par un ou plusieurs
caractères (point de vue *compréhensif*). « Sans doute, en définis-
sant par le type générique, on fait, par cela même, entrer l'espèce

---

([1]) Rabier, *Logique*, ch. xi, 1re section, p. 184.

définie dans le groupe où ce type se réalise. Mais ce n'est là qu'une conséquence, car ce classement suppose un motif et ce motif ne peut être que la participation à l'*essence* commune du groupe. Comment savoir que tel animal est au nombre des vertébrés, si, avant tout, nous ne savons ce que c'est qu'être vertébré ? Le type, qui définit le groupe, doit donc être visé tout d'abord. » Les naturalistes le reconnaissent eux-mêmes, implicitement, quand ils disent que la classification a pour *fondement* la subordination des caractères essentiels.

III. — **Ordre à suivre** : les sciences naturelles cherchent à *énumérer* les caractères essentiels des êtres, afin de pouvoir les *distribuer* dans un ordre hiérarchique ; elles *définissent* d'abord, pour *classer* ensuite. Nous aurions pu traiter de l'analogie en traitant de l'hypothèse, puisque l'hypothèse se résout ordinairement dans la supposition d'une analogie (**45**, § VI). Cependant, comme l'analogie trouve surtout son application dans les sciences naturelles, il semble plus convenable d'exposer ici le mécanisme du raisonnement analogique. De là trois sections dans le présent article :

A. — **Définition**, qui énumère les caractères essentiels des êtres.

B. — **Classification**, qui distribue les êtres d'après le nombre et l'importance de leurs caractères essentiels.

C. — **Analogie**, qui détermine les lois d'après lesquelles les caractères essentiels des êtres s'impliquent ou s'excluent.

PREMIÈRE SECTION. — LA DÉFINITION [1]

Avant d'exposer la méthode à suivre pour établir une définition empirique, il faut traiter des espèces et des règles de la définition en général.

Définir, c'est délimiter, c'est circonscrire (*de-finire*). On dis-

---

[1] Bossuet, *Logique*, L. II, ch. xiii. — Davidson, *The logic of definition*. — Port-Royal, *Logique*, Ire P., ch. xii-xiv ; IIe P., ch. xv

tingue deux sortes de définition : la définition **nominale** et la définition **réelle**. C'est la division indiquée par la *Logique* de Port-Royal.

52. — DÉFINITION NOMINALE

§ I. — *NATURE ET ESPÈCES*

La définition **nominale** consiste à expliquer le **sens** d'un mot. Elle est de deux sortes, parce que le sens d'un mot dépend de l'*usage* ou de la *volonté* de celui qui s'en sert :

I. — **Sens usuel** : la première espèce de définition *nominale* a pour but de préciser l'idée qu'on se fait généralement d'une chose, d'après le *sens* que l'*usage* attache à son nom. On débute ordinairement, dans l'exposition des systèmes, par des définitions de cette espèce. Cette définition nominale est **hypothétique** et **provisoire** ; mais elle offre un *terrain commun* où tous peuvent se rencontrer, puisqu'elle permet de s'entendre sur le sens usuel des termes et empêche ainsi la discussion de s'égarer. Ce n'est donc qu'un *point de départ*, en attendant qu'on puisse aboutir à une définition complète, la définition *réelle*, qui, étant **catégorique** et **définitive**, est le *point d'arrivée*, le terme de la démonstration. Elle a pour but de déterminer ce que la chose est *réellement* en elle-même, et conséquemment l'idée qu'on *doit* s'en former. — Bref, la définition **nominale** a pour but de rendre l'idée **claire** en indiquant *quelques* traits caractéristiques de l'objet. La définition **réelle** a pour but de rendre l'idée **distincte** en énumérant tous les caractères *essentiels* de la chose.

II. — **Sens arbitraire** : la seconde espèce de définition *nominale* explique le sens que l'on **veut** attacher à un mot nouveau ou à un mot détourné de sa signification habituelle.

§ II. — RÈGLES DE LA DÉFINITION NOMINALE

A) De la première espèce : elle doit :
1°) Se conformer à l'usage qui fixe le sens des mots.
2°) Donner de la chose définie une idée suffisante pour la faire reconnaître.

B) De la seconde espèce : elle doit être :
1°) **Claire.** — 2°) **Courte.**
3°) **Positive** : quand on définit par négation, on ne dit pas ce que la chose est, mais ce qu'elle n'est pas.
4°) **Non tautologique**, car définir par tautologie, c'est répéter la même chose en des termes identiques.

53. — DÉFINITION RÉELLE OU LOGIQUE

La définition **réelle**, ou définition de **choses**, consiste à expliquer la **nature** d'une chose, à déterminer ce qu'est cette chose en elle-même.

Il faut, pour cela, analyser intégralement la compréhension de son *idée générale*, afin de trouver les *caractères essentiels* qui la constituent. C'est pourquoi la définition proprement dite est appelée définition **logique** ou **essentielle**, par opposition à la définition improprement dite qu'on nomme **descriptive** ([1]).

([1]) DÉFINITION DESCRIPTIVE : comme il est souvent impossible de connaître tous les caractères *essentiels* d'une chose, on doit renoncer à la définition proprement dite ou logique et se contenter d'une définition *approximative* par *description*. Elle consiste à choisir, parmi les caractères les plus saillants d'un être, ceux qui permettent de le distinguer des autres êtres. Elle est d'un grand usage dans les sciences naturelles : vg. classification de Linné. C'est aussi un procédé oratoire et littéraire.
A la définition descriptive se rattache la définition **causale**, qui indique l'*origine*, le *mode de fabrication* ou les *éléments composants* : vg. le plaisir résulte de l'activité satisfaite ; l'éclipse de lune provient de l'interposition de la terre entre elle et le soleil ; — le papier est du chiffon ou du bois mis au pilon, réduit en pâte, blanchi au chlore, etc.

§ I. — *RÈGLES DE LA DÉFINITION LOGIQUE*

A) **Règles** : I. — La définition doit convenir **à tout le défini et au seul défini**. C'est dire qu'elle doit être **universelle et propre**. Si l'on définit l'homme : *un animal qui fait de la philosophie*, cette définition ne convient pas à tout le défini ; tout homme ne philosophe pas. — Si l'on définit l'homme : *un animal*, cette définition ne convient pas au seul défini ; la bête est aussi un animal.

II. — Elle doit se faire par **le genre prochain et la différence spécifique**. Il ne suffit pas, en effet, d'*énumérer* les éléments de la définition, il faut encore les *classer*.

Pour bien comprendre le mécanisme de la définition, on doit se rappeler la façon dont Porphyre, philosophe de l'École d'Alexandrie, a divisé les **idées générales** ou **universaux** :

1°) **Genre** : c'est l'idée de l'ensemble des caractères communs à plusieurs espèces : vg. *animal* (qui a pour caractères : *être, substantiel, corporel, organique, sensible*) est un genre par rapport à l'espèce *homme* et à l'espèce *bête*, parce qu'il a des caractères qui conviennent à l'une et à l'autre.

2°) **Espèce** : c'est l'idée de l'ensemble des caractères communs à un nombre indéfini d'individus : vg. *animal raisonnable* ; cette idée convient à tous les individus humains, passés, présents et futurs.

3°) **Différence spécifique** : c'est l'idée du caractère essentiel que chaque espèce ajoute à l'idée du genre pour le déterminer. Elle sert à distinguer une espèce du genre qui la contient et des autres espèces du même genre : vg. le genre *animal* est indéterminé, il peut s'appliquer à l'homme et à la bête. Si on lui ajoute : *raisonnable*, il ne convient plus qu'à l'homme. La *raison* est donc la différence spécifique de l'*homme*.

4°) **Propre** : c'est l'idée d'une qualité qui *découle nécessairement* de l'*essence* d'un être. Il convient à une espèce tout entière, à cette espèce seule, et lui convient toujours : vg. la faculté de *parler* est le propre de l'homme. Étant posée son essence d'animal raisonnable, cette perfection en découle nécessairement.

5°) **Accident** : c'est l'idée d'une qualité qui peut être présente dans un être ou absente, sans que l'essence de cet être soit changée : vg. être *blanc* ou *noir*, *savant* ou *ignorant*, c'est chose accidentelle pour l'homme.

Une même idée peut être tout à la fois *genre et espèce*, genre par rapport aux idées moins générales qui lui sont subordonnées, espèce par rapport à une idée plus générale à laquelle elle est subordonnée : vg. l'idée d'*animal* est *espèce* par rapport au genre *vivant* ; elle est *genre* par rapport aux espèces *raisonnable irraisonnable*. C'est pourquoi l'on peut distinguer le :

a) **Genre suprême** : celui qui renferme l'idée *la plus générale*, l'idée d'*être*. Ce genre ne peut donc être espèce, puisqu'il n'y a rien au-dessus de lui. — L'idée d'être est *indéfinissable*, parce que toute définition se fait par analyse et décomposition. Or l'idée d'être, étant *simple*, est indécomposable.

b) **Genre prochain** d'une espèce : celui qui contient *immédiatement*, sans l'intermédiaire d'un autre genre, l'espèce en question : vg. *animal* est le genre prochain des espèces *homme* et *bête*.

c) **Genre éloigné** : celui qui ne contient pas immédiatement l'espèce, mais ne l'atteint que par des genres *intermédiaires* : vg. *substance* est un genre éloigné par rapport à *homme* ; les genres intermédiaires sont *corps, vivant, animal*.

Pour se figurer nettement en quoi consiste la *hiérarchie des idées générales*, il faut aussi avoir sous les yeux la classification qu'on appelle l'échelle de Porphyre (*Voir en face*).

§ II. — QUALITÉS DE LA DÉFINITION LOGIQUE

Une bonne définition logique doit être :

I. — **Réciproque** : on doit pouvoir remplacer le sujet par l'attribut et l'attribut par le sujet : vg. l'homme est l'animal raisonnable = l'animal raisonnable est l'homme. C'est une conséquence de la première règle : l'analyse de l'idée étant *intégrale*,

HIÉRARCHIE DES IDÉES GÉNÉRALES

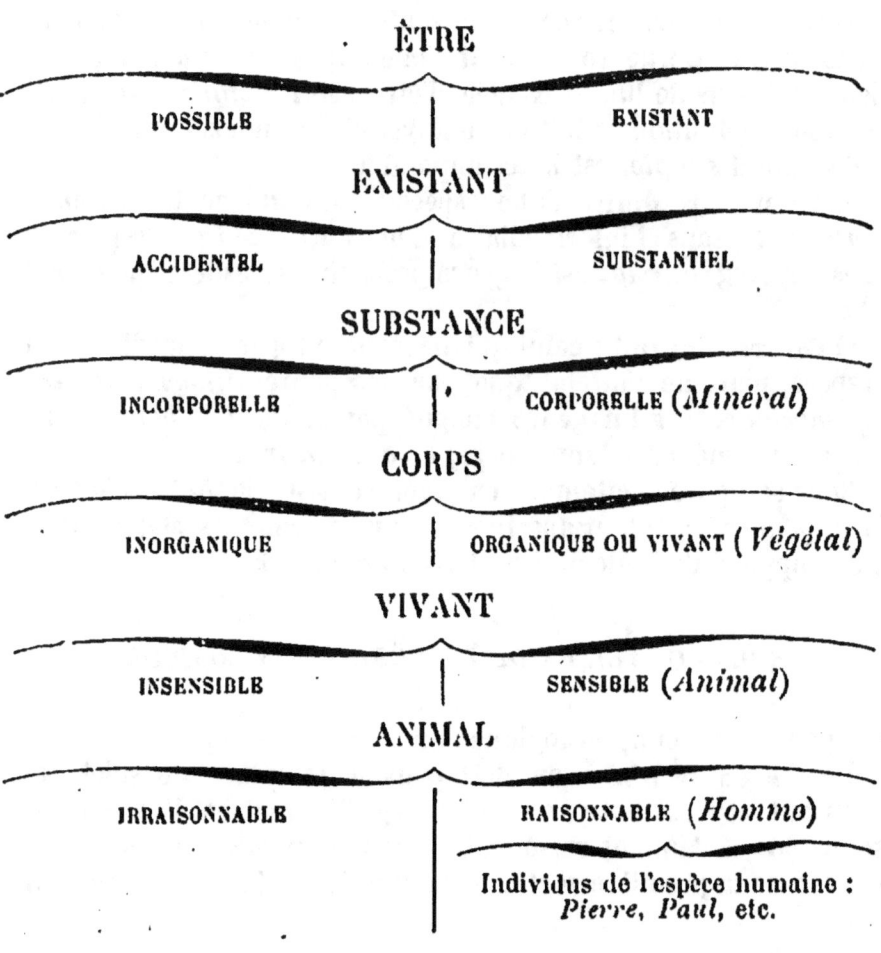

il y a identité *totale* entre le sujet et l'attribut : on peut conséquemment les remplacer l'un par l'autre. Il n'en est pas ainsi dans les propositions simplement vraies, parce que dans ce cas l'identité n'est que *partielle*.

II. — **Courte** : elle le sera si on la réduit au genre prochain et à la différence spécifique. — Le genre prochain étant indiqué, il est inutile d'énumérer les genres supérieurs, puisqu'il les enveloppe et les présuppose.

Étant donnée la différence spécifique, il est :

a) **Superflu** d'énoncer les **propriétés** d'un être, puisqu'elles découlent *nécessairement* de l'essence. Ainsi, à la définition : l'homme est un *animal raisonnable*, il n'est pas besoin d'ajouter : *libre, capable de parler et de rire*.

b) **Illogique** d'énoncer les **accidents**, car ils sont *en dehors* de l'essence des choses. Il ne faut pas dire : vg. l'homme est un animal raisonnable *savant*, parce que la science peut être absente, sans qu'il cesse d'être homme.

III. — **Claire** : autrement elle aurait elle-même besoin d'être définie. La clarté sera la conséquence de l'observation des deux règles fondamentales.

Conclusion : la définition logique, étant la fin et le résumé de la science, a donc pour **matière** le *général*, *l'essentiel*, c'est-à-dire l'élément *invariable* des choses.

L'**essence** d'un être est *ce par quoi* il est ce qu'il est, *ce sans quoi* il ne peut plus être.

L'**accident**, étant une qualité qui n'est pas liée à l'essence d'un être, est *variable, particulier, innombrable*. C'est pourquoi il ne peut figurer dans une définition scientifique, qui porte sur les **espèces** et non sur les individus (1).

Bref, la définition *logique* doit faire connaître *les caractères essentiels* de l'objet à définir et les *ordonner* d'après leur importance.

Remarque : les définitions sont-elles libres ?

I. — **Définition réelle** : elle n'est aucunement arbitraire,

---

(1) Les *individus* d'une même espèce ne sont pas définissables, précisément parce qu'ils ne diffèrent entre eux que par des caractères *accidentels*.

parce qu'elle explique la nature des choses, qui est indépendante de toute convention.

II. — **Définition nominale** : Il faut distinguer :

A) *Première espèce* (*sens usuel*) : bien qu'elle n'exprime pas l'essence des choses, elle n'est pas libre non plus, parce qu'elle doit se conformer à l'usage courant.

B) *Seconde espèce* : elle est seule vraiment libre, car il est loisible à chacun, pourvu qu'il en prévienne les autres, « de déterminer un son à signifier précisément une certaine chose ([1]) ».

54. — MÉTHODE POUR ÉTABLIR LA DÉFINITION EMPIRIQUE

La définition réelle, que cherchent à établir les sciences naturelles, est appelée *empirique* pour indiquer son origine et l'opposer aux définitions *mathématiques* que créent les sciences abstraites (39, § C, II). Après ces préliminaires, nous pouvons maintenant tracer la méthode à suivre pour constituer une bonne définition empirique.

La définition empirique, dont le but est de déterminer la compréhension des êtres, leurs éléments constitutifs, implique trois opérations principales : 1) le **dénombrement complet** des caractères des êtres à classer ; — 2) l'**élimination** des caractères accidentels ; — 3) la **hiérarchisation** des caractères essentiels ou constitutifs qui restent.

I. — **Dénombrement complet des caractères** : le savant, après avoir comparé les êtres à classer, doit **compter** les caractères communs et les caractères différents. Il n'y a point de critérium qui permette de reconnaitre si l'énumération est complète ; l'avenir peut amener la découverte de propriétés nouvelles.

II. — **Élimination des caractères accidentels** : il ne suffit pas de compter les caractères, il faut encore les **peser** ; il ne faut pas seulement considérer leur *nombre*, mais encore et surtout leur importance. Quand l'énumération des caractères d'un groupe

---

([1]) Port-Royal, *Logique*, Ire P., ch. xii.

d'êtres est terminée, il s'agit d'éliminer les caractères *accidentels*, pour ne retenir que les caractères *essentiels* ou *constitutifs*.

A) **Indices de l'accidentel et de l'essentiel** : le critérium de l'*accident* c'est le **manque de liaison et d'influence** ; l'accident c'est ce qui n'est pas nécessairement lié avec l'ensemble de l'être où il apparaît. — Le critérium du caractère *essentiel* c'est la **liaison et l'influence** : le caractère constitutif est celui dont la présence ou l'absence entraîne la présence ou l'absence au moins d'une partie notable de l'ensemble auquel il appartient [1].

B) **Procédés d'élimination** : pour exclure l'accident on peut formuler deux règles, analogues à celles qui ont servi à éliminer l'antécédent non causal :

1°) **Méthode d'accord** : n'est pas lié par une loi de coexistence avec l'ensemble des caractères d'un être et par conséquent ne fait pas partie de son essence, un caractère qui peut être absent quand cet ensemble est donné.

2°) **Méthode de différence** : ne fait pas partie de l'essence d'un être un caractère qui peut être présent alors que l'ensemble des caractères de cet être est absent.

Cette exclusion des caractères accidentels terminée, on a, comme résidu, des caractères **constitutifs** qui ont entre eux « des rapports fixes de *coexistence* ou d'*incompatibilité* [2] » et forment ainsi des groupes distincts.

III. — **Hiérarchisation des caractères essentiels** : jusqu'ici tous les caractères constitutifs sont sur le même plan ; il faut encore déterminer leur ordre hiérarchique, c'est-à-dire leurs rapports mutuels :

A) **Principe de hiérarchisation** : pour distinguer l'essentiel de l'accidentel, l'indice c'est l'*existence* ou le *manque* d'influence et de liaison. Mais les caractères essentiels, qui restent après exclusion des accidentels, n'ont pas tous la même importance. Pour déterminer la valeur de leurs rapports, l'indice sera le **mode spécial** d'influence et de liaison. A la lumière de ce crité-

---

[1] On a mis en avant, comme critérium de l'accident, l'*absence de généralité*. C'est à tort, car il y a dans la nature des caractères très répandus et qui cependant ne sont qu'accidentels : vg. la couleur.

[2] Cuvier, *Règne animal*, Introduction.

rium, on peut distinguer, entre les caractères essentiels, des rapports de **coordination** et de **subordination** :

1°) **Caractères coordonnés, connexes, corrélatifs**, c'est-à-dire de **même ordre** : ce sont des caractères qui sont toujours liés à d'autres caractères, de telle sorte que, les uns disparaissant, les autres disparaissent aussi : vg. la présence des canines entraîne un seul estomac ; « la forme de la dent entraîne la forme du condyle, celle de l'omoplate, celle des ongles, tout comme l'équation d'une courbe entraîne toutes ses propriétés ([1]) ».

2°) **Caractères dominateurs et caractères subordonnés**, c'est-à-dire **d'ordre différent** : un caractère **dominateur** est celui dont la présence entraîne celle de tels *ou* tels autres caractères parmi un certain nombre déterminé de caractères divers, *indifféremment* mais *exclusivement* possibles. Un caractère **subordonné** est celui dont la présence dépend absolument de la présence d'un autre caractère : vg. les caractères du vertébré sont *dominateurs* par rapport à ceux du mammifère, de l'oiseau, du reptile, du batracien et du poisson, qui leur sont *subordonnés*. Un mammifère est nécessairement vertébré, mais un vertébré n'est pas nécessairement mammifère, car il peut être oiseau, reptile, etc. Les caractères dominateurs sont *nécessaires* aux caractères subordonnés ; si les premiers disparaissent, aucun des seconds n'est possible. *Aucun* des caractères subordonnés, *pris à part*, n'est nécessaire aux caractères dominateurs ; mais *un* des caractères subordonnés accompagne toujours les caractères dominateurs. Ainsi, dès qu'un animal est vertébré, son appareil circulatoire peut prendre *indifféremment* plusieurs formes (mammifère, oiseau, etc.) ; mais il ne peut prendre que l'*une* d'elles. Si le caractère de vertébré n'est pas donné, *aucune* des formes subordonnées n'est possible.

B) **Résultat** : une fois qu'on a établi les rapports de coordination et de subordination des caractères essentiels, on a non seulement les éléments de la définition, mais leur ordre hiérarchique. L'ensemble des caractères **dominateurs** constitue le genre ; la réunion des caractères **subordonnés** forme la

---

([1]) Cuvier, *Discours sur les révolutions du globe*.

différence spécifique ; vg. on définit l'oiseau : un VERTÉBRÉ (genre prochain), *ovipare, à circulation double* (différence spécifique).

Conclusion : chacune des opérations employées a son rôle particulier. Le **dénombrement complet** des caractères tant accidentels qu'essentiels rend la notion des êtres à définir aussi **adéquate** qu'elle peut l'être ; — l'**élimination des accidents** la rend **propre** à cette classe d'êtres ; — la **hiérarchisation** des caractères essentiels, distingués d'une part en *dominateurs* ou *génériques* et de l'autre en *subordonnés* ou *spécifiques*, la rend **systématique**. La définition ainsi obtenue est une classification en miniature et le premier échelon d'une classification générale.

55. — DÉFINITIONS MATHÉMATIQUES ET DÉFINITIONS EMPIRIQUES

Les définitions empiriques diffèrent des définitions mathématiques (39, § B, II) par leur :

I. — **Origine** : les définitions des sciences abstraites sont nommées **rationnelles**, parce qu'elles résultent du travail de la raison : ce sont des constructions *idéales*. Ici l'expérience est *minima* : elle a suggéré quelques notions (22, § III) que l'intelligence a dépouillées de toute réalité concrète. — Les définitions des sciences de faits sont dites **empiriques**, parce qu'elles sont fondées sur l'expérience et l'observation.

II. — **Procédé** : les définitions mathématiques sont **constructives** : elles se font par **génération**. — Les définitions empiriques sont **descriptives** : elles se font par **énumération** des caractères essentiels ; vg. l'homme est animal, vertébré, mammifère, bimane.

III. — **Valeur** : les définitions mathématiques sont **imperfectibles et définitives**. — Les définitions empiriques sont plus ou moins **perfectibles et provisoires**, car elles dérivent de l'expérience qui est sujette à l'erreur et aux tâtonnements ; elles ne sont donc pas parfaites du premier coup, mais se font par addition ou soustraction successive. Les anthropologistes actuels connaissent mieux l'homme que les anthropologistes anciens, et par conséquent ils peuvent mieux le définir. Mais les définitions géométriques restent immuables.

IV. — **Rôle et place** : les définitions mathématiques sont des **principes** de démonstration, des majeures de raisonnement. — Les définitions empiriques, comme les classifications naturelles, ont leur place, non au début, mais à la fin de la science, car elles sont le **terme** et le **résumé** des connaissances acquises au prix de longues recherches antécédentes (¹).

IIe SECTION. — LA CLASSIFICATION

56. — DÉFINITION ET ESPÈCES

A. — **Définition générale** : c'est une opération par laquelle l'esprit groupe les objets, d'après un ordre méthodique, selon leurs ressemblances et leurs différences. On peut classer les idées (**53**, § II) aussi bien que les êtres, les sciences aussi bien que les arts (**4-7**). Mais c'est dans les sciences naturelles que la classification est surtout en usage. On la définit alors :

B. — **Définition particulière** : opération par laquelle on distribue les êtres en genres et en espèces d'après leurs caractères.

C. — **Espèces** : on distingue trois sortes de classification :

1°) **Empirique** ou **usuelle** : c'est celle qui est indépendante de la nature des objets ; vg. les classifications par ordre *alphabétique* ; la classification des livres par le *format* dans une bibliothèque.

2°) **Artificielle** : celle qui classe les objets d'après *un seul* caractère ou d'après *un petit nombre* de caractères, choisis non parmi les plus importants, mais parmi les plus *visibles* ; vg. la classifica-

---

(¹) Liard, *Les définitions géométriques et les définitions empiriques.*

tion des plantes de Tournefort est fondée sur la présence ou l'absence de corolle ; les plantes, dans la classification de Linné, sont classées d'après les étamines et les pistils. La classification artificielle a quelques *avantages* :

a) Elle permet de retrouver rapidement, au milieu de beaucoup d'autres, une observation déjà faite.

b) Elle met un ordre provisoire dans l'ensemble des êtres à étudier et fraye ainsi le chemin aux classifications naturelles : vg. les classifications de Tournefort, de Linné et d'Adanson ont préparé celle de Jussieu.

3°) **Naturelle** : elle repose sur les caractères *essentiels* des êtres. Le savant cherche à reproduire les véritables rapports qui relient les êtres entre eux dans la nature. Cependant une distinction absolue ne sépare pas ces deux dernières espèces de classification. La classification botanique de Linné n'est pas entièrement artificielle, car elle se rapproche sur quelques points des classifications naturelles. De même les classifications naturelles les meilleures ne laissent pas d'être plus ou moins artificielles, parce que la connaissance parfaite de tous les caractères essentiels des êtres et de leur importance relative est un idéal, qui n'est pas pleinement réalisable. Il y a un plan dans la nature, et les systèmes des naturalistes ne sont, selon le mot d'Agassiz, que la « traduction, dans la langue de l'homme, des pensées du Créateur. » Une classification parfaite serait « l'expression exacte et complète de la nature entière (¹). » Les divers essais, tentés par des hommes de génie, ne sont que des approximations successives du système de la nature. C'est ainsi que A.-L. de Jussieu divise le **règne végétal**, d'après les caractères de l'embryon, en *acotylédones, monocotylédones, dicotylédones*. G. Cuvier distribue le **règne animal**, d'après la structure du système nerveux, en quatre embranchements : *vertébrés, articulés, mollusques* et *rayonnés*.

(¹) Agassiz, *De l'espèce et de la classification en zoologie*, ch. I.

57. — FORMATION DES CLASSIFICATIONS NATURELLES

Il faut, dans la formation d'une classification naturelle, distinguer trois opérations : 1) la **fixation des groupes inférieurs** ; — 2) la **détermination des groupes supérieurs** ; — 3) la **distribution des divers groupes**. Chacune de ces opérations se fait à la lumière d'un *principe particulier*.

I. — **Détermination des groupes inférieurs** (Principe de l'affinité générale). Le groupe fondamental est l'espèce : c'est le groupe ultime des individus ayant entre eux le plus grand nombre de caractères communs et capables de se reproduire indéfiniment (¹). L'espèce peut se diviser en **variétés** et en **races**. La *variété* résulte d'une modification *accidentelle* et *plus ou moins passagère* de l'espèce : vg. la variété albinos. Elle a pour causes des influences extérieures, comme le climat, la nourriture. La *race* est une variété devenue *héréditaire* et *plus ou moins permanente* : vg. la race jaune. L'espèce est constituée par un ensemble de caractères *essentiels communs* à plusieurs êtres. Nous avons vu quel critérium permet de discerner les caractères essentiels des accidentels : l'*existence de l'influence* (54, II). — Le principe, qui domine la fixation des groupes inférieurs, est le Principe de l'affinité générale qu'on peut formuler ainsi d'après Cuvier : Les êtres, qu'on réunit dans une même classe, doivent se ressembler entre eux plus qu'ils ne diffèrent les uns des autres, et, en même temps, se ressembler plus qu'ils ne ressemblent aux êtres des autres classes.

II. — **Détermination des groupes supérieurs** (Principe de la subordination des caractères) : après avoir ramené l'innombrable multitude des individus à une certaine quantité d'espèces, le

---

(¹) Le genre est au contraire caractérisé par la fécondité limitée. Les produits d'*espèces différentes* (vg. cheval, âne), se nomment *hybrides* : vg. le mulet. Au bout de quelques générations, les produits reviennent au type primitif. Les produits de races différentes (vg. blanche et nègre) s'appellent *métis* : vg. le mulâtre.

savant compare entre eux ces groupes spécifiques, comme il a comparé les individus. Nous avons vu à quel signe on peut, parmi les éléments constitutifs des êtres, reconnaître les caractères dominateurs et les subordonnés : le *mode spécial d'influence* (54, III). — C'est à la lumière du PRINCIPE DE LA SUBORDINATION DES CARACTÈRES, mis en avant par A.-L. de Jussieu (1789), que le naturaliste établit la gradation des groupes supérieurs : entre les groupes les plus restreints (= ESPÈCES) et les groupes les plus étendus (= RÈGNES) s'échelonnent, dans une série de généralisations croissantes, les GENRES, FAMILLES, ORDRES, CLASSES, EMBRANCHEMENTS. Chacun de ces groupes doit être considéré comme une espèce à définir, dans laquelle le *genre prochain* est constitué par les caractères *dominateurs*, et la *différence spécifique* par les caractères *subordonnés*.

En appliquant le principe de la subordination des caractères, le naturaliste réunit, en un groupe plus vaste nommé GENRE, les espèces infimes qui présentent le plus grand nombre de caractères dominateurs communs. De la même manière il ramène plusieurs genres à une même FAMILLE, plusieurs familles à un même ORDRE, plusieurs ordres à une même CLASSE, plusieurs classes à un même EMBRANCHEMENT, plusieurs embranchements à un même RÈGNE, la compréhension de chaque groupe étant en raison inverse de son extension. C'est ainsi par exemple que le **Lion** appartient au Genre **Chat**, à la Famille des **Digitigrades**, à l'Ordre des **Carnivores**, à la Classe des **Mammifères**, à l'Embranchement des **Vertébrés**, au Règne **Animal**. — Les caractères distinctifs de chaque groupe sont *dominateurs* par rapport aux caractères constitutifs des groupes inférieurs qu'il contient et commande, et *subordonnés* relativement aux caractères constitutifs des groupes supérieurs dont il dépend. C'est pour cela qu'il faut non seulement tenir compte du **nombre** des caractères essentiels, mais surtout de leur **importance**, c'est-à-dire qu'il faut, comme dit Jussieu, non seulement les « compter », mais encore les « peser. »

III. — **Disposition des divers groupes** (PRINCIPE DE LA SÉRIE NATURELLE) : reste une dernière question à résoudre. Dans quel ordre disposer les groupes dont les caractères, étant d'*égale importance*, sont simplement **coordonnés** entre eux ? Comment

FORMATION DES CLASSIFICATIONS NATURELLES

RÈGNE	EMBRANCHEMENTS	CLASSES	ORDRES	FAMILLES	GENRES	ESPÈCES	VARIÉTÉS
Animal (Doué de sensibilité, de mouvement spontané, etc.)	Vertébrés (squelette intérieur, système nerveux double, etc.)	Mammifères (Vivipares, allaitant leurs petits, etc.)	Carnivores (Griffes, dents tranchantes, etc.)	Plantigrades			
				Digitigrades (Marchant sur l'extrémité de leurs doigts, etc.)	Genre Felis (Tête arrondie, ongles rétractiles, etc.)	Lion, Tigre, Jaguar, Panthère, Chat domestique, etc.	Angora, etc.
					Genre Canis	Loup, Renard, Chacal, Chien domestique, etc.	Lévrier, Dogue, Épagneul, etc.
				Hyènes etc.			
			Rongeurs				
			Cétacés etc.				
		Oiseaux					
		Reptiles etc.					
	Annelés						
	Mollusques etc.						

183

distribuer, par exemple, les Classes *Mammifères, Oiseaux, Reptiles, Batraciens, Poissons*, qui appartiennent à l'Embranchement des **vertébrés** ? Ces différentes classes ont la même importance, mais elles n'ont pas la même **perfection** : on les rangera donc d'après le Principe de la série naturelle, c'est-à-dire en série progressive, par ordre de *perfection croissante* ou *décroissante*. Consulter le tableau ci-dessus.

Conclusion : il est manifeste que la classification naturelle a pour fondement la définition. D'une part, la constitution des espèces s'établit par l'élimination des caractères accidentels, d'autre part la détermination des groupes supérieurs s'obtient en distinguant, parmi les caractères essentiels, les dominateurs des subordonnés. Or ce sont précisément les opérations fondamentales de la définition (**54**).

58. — DIVISION LOGIQUE ET CLASSIFICATION

§ A. — *NATURE DE LA DIVISION* (¹)

Les logiciens distinguent la division :

I. — **Physique** : c'est la distribution d'un tout concret en ses parties composantes : vg. le composé humain se divise en corps et en âme.

II. — **Logique** : c'est le partage d'un tout abstrait en ses divers représentants : vg. le genre humain se divise en races blanche, noire, etc. Le *tout*, au point de vue logique, c'est le *genre* ; les *parties*, ce sont les *espèces*. Diviser revient donc à *analyser l'extension d'une idée*. C'est pourquoi la division s'exprime par une proposition dont l'attribut est le développement de l'extension du sujet.

La **dichotomie**, qui consiste à distribuer constamment chaque genre en deux parties, dont l'une est la contradictoire de l'autre,

---

(¹) Bossuet, *Logique*, L. II, ch. xiv. — Port-Royal, *Logique*, IIᵉ P., ch. xv. — Ueberweg, *Logik*, § 63.

est le procédé le plus rigoureux de division logique, parce que, entre deux contradictoires, il n'y a pas de milieu. Cette division, épuisant la matière, est dite « *exhaustive* ».

§ B. — *RÈGLES DE LA DIVISION*

Une division, pour être bonne, doit être :

I — **Fondée sur le même principe** : on divisera bien le triangle, en *équilatéral*, *isocèle* et *scalène*, d'après l'égalité ou l'inégalité des côtés. On diviserait mal les livres d'une bibliothèque en classant les uns d'après leur contenu, les autres d'après leur format.

II. — **Complète** ou **adéquate** : énumérer *toutes* les espèces contenues dans le genre. On diviserait mal le genre *vivant* en plante et bête.

III. — **Exacte** : ne renfermer *que* les espèces contenues dans le genre. On diviserait mal le genre *animal* en homme, bête et plante.

IV. — **Irréductible** : n'énumérer *que* les espèces vraiment distinctes entre elles ; autrement elles rentreraient les unes dans les autres. On diviserait mal le genre animal en bête, en homme blanc, en homme noir, etc.

Quand on viole la première règle, la division pèche par *confusion* ; quand on viole la seconde, elle pèche par *défaut* ; quand on viole la troisième et la quatrième, elle pèche par *excès*.

§ C. — *DIVISION ET CLASSIFICATION*

La division est une *étape* vers la classification, car la classification n'est qu'un cas particulier de la division. Ainsi les *Animaux* sont vertébrés, articulés, mollusques, etc. — Les *Vertébrés* sont mammifères, oiseaux, reptiles, etc. — Les *Mammifères* sont quadrumanes, carnassiers, rongeurs, etc. Chacune de ces propositions énonce une division ; l'ensemble de ces propositions constitue une classification. La classification n'est donc qu'une division systématique à plusieurs degrés.

59. — AVANTAGES DES CLASSIFICATIONS NATURELLES

Une classification naturelle offre, au point de vue scientifique, les plus grands avantages :

I. — **Elle diminue le nombre des objets à connaître** : en effet, à la multitude indéfinie des individus elle permet de substituer les types des *espèces*, à ceux-ci, encore bien nombreux, les types des *genres*, etc. Comme ces types nous représentent ce qu'il y a d'*essentiel*, les espèces, dans une pluralité d'individus ; les genres, dans une pluralité d'espèces, etc., il suffit de se rappeler qu'un être a tel caractère distinctif, pour savoir ses autres caractères, soit dominateurs, soit coordonnés, liés au premier par des rapports constants. C'est un soulagement pour la mémoire, parce que la classification réduit la **compréhension** aux caractères essentiels.

II. — **Elle donne à la connaissance une extension illimitée** : en effet, au moyen d'une ou de quelques notions générales, on connaît les caractères d'un être et on peut étendre cette connaissance à tous les êtres semblables, passés, présents et futurs, parce que cette **extension** est fondée sur la compréhension des caractères essentiels qui sont immuables. En pensant les caractères essentiels d'un être, on peut négliger le reste, car le reste ce sont les caractères *accidentels*. De là vient la **supériorité** de la classification naturelle sur la classification artificielle : celle-ci, étant fondée sur les ressemblances *accidentelles* des individus, n'est pas un moyen de les *penser*, car alors la pensée laisserait de côté leur essence ; elle n'est qu'un moyen commode pour les *retrouver*.

Objection : en simplifiant la représentation, la classification naturelle l'appauvrit. Elle nous présente, dans une série abstraite de genres superposés, un squelette décharné de la nature, au lieu et place de sa vie infiniment complexe et variée. — C'est vrai ; mais c'est inévitable, car il n'y a pas de science du particulier (2, § A). De plus il y a des **compensations**. Ce que la connaissance perd en compréhension, elle le gagne en **extension** : la portée indéfinie des lois de la nature nous est révélée. Elle gagne aussi en **qualité esthétique**, car la beauté du plan divin nous est manifestée (Cf. III). Elle gagne enfin en **fécondité**, car les classifications acquises servent de base à de nouvelles inférences analogiques (Cf. IV).

III. — **Elle reflète l'ordre de la nature** : en effet une classification parfaite, miroir fidèle, reproduirait exactement le plan de la création. C'est un idéal, inaccessible sans doute, mais dont la science peut approcher de plus en plus. Les classifications existantes, malgré leurs imperfections, nous révèlent, dans une certaine mesure, la grandeur et l'ordre de la création, parce qu'elles s'efforcent de grouper les êtres d'après leurs *affinités naturelles*. Alors la nature nous apparaît comme une :

a) **Œuvre rationnelle**, parce qu'elle est faite d'après un plan logique dont nous apercevons les grandes lignes.

b) **Œuvre belle**, parce que ce plan manifeste la puissance et l'ordre de la pensée créatrice ; or la puissance et l'ordre sont les conditions fondamentales du beau (¹).

IV. — **Elle sert de base au raisonnement analogique**, parce que le raisonnement analogique a pour point de départ des ressemblances déjà définies et classées.

60. — VALEUR DES CLASSIFICATIONS NATURELLES

A. — **Valeur significative** : elle varie suivant que l'on admet :

1°) La **fixité des espèces** avec Cuvier ; alors la classification fait connaître les *affinités naturelles* des êtres et conséquemment le *plan* de la création.

2°) Le **transformisme absolu**, avec Darwin, c'est-à-dire la variabilité des espèces et l'absence de l'intervention créatrice ; alors la classification fait connaître le degré de *parenté* des êtres et l'*évolution de la vie* (85).

(¹) Cf. G. Sortais, *Traité de philosophie*, T. II, Esthétique, 2 IV.

3°) **Le transformisme mitigé**, avec GAUDRY, c'est-à-dire une évolution limitée et l'intervention créatrice qui suppose une Cause efficiente ayant une fin ; alors la classification fait connaître *à la fois* et la parenté des êtres et leurs affinités naturelles.

B. — **Valeur objective** : les classifications les plus parfaites ne peuvent avoir, ce semble, qu'une valeur *relative*, parce que les conditions faites aux sciences naturelles entraînent des imperfections et des lacunes, auxquelles il paraît impossible de remédier complètement. En effet :

1°) **Lacunes de l'observation** : l'esprit de l'homme étant *borné, faillible* et, d'autre part, les rapports de coexistence étant *très complexes* et *très flexibles*, il est difficile que l'observation soit faite sans omission. D'ailleurs à quel signe reconnaître que l'on n'a pas péché par omission ?

2°) **Lacunes de l'expérimentation** : *a)* L'expérimentation est possible dans les sciences naturelles, en tant que sciences de *faits* (PHYSIOLOGIE), pour déterminer les *lois de succession* des phénomènes physiologiques : vg. *vivisections, inoculations,* etc.

b) Elle est impossible dans les sciences naturelles, en tant que sciences d'*êtres* et de *formes* (ANATOMIE), pour établir les *lois de coexistence* des organes, car on ne peut isoler, artificiellement, tel organe, par exemple, du type vertébré, pour voir si les autres organes apparaîtront ou non en même temps que lui. — Cependant l'expérimentation réussit à modifier, dans une certaine limite, quelques formes extérieures de l'être organisé, au moyen de la culture, de l'élevage, des croisements artificiels, de la greffe, etc.

3°) **Flexibilité de la nature** : les formes des êtres sont trop complexes et trop souples pour être fidèlement représentées dans les cadres rigides et simplificateurs des systèmes. En effet :

a) Un même caractère n'a pas une valeur identique dans toutes les espèces ; vg. la dentition, si importante chez les mammifères, perd de sa valeur chez les vertébrés à sang froid.

b) Bien plus, un même caractère n'a pas, *dans le même être*, la même valeur aux différentes périodes de son existence ; vg. chez les animaux à métamorphoses.

c) Enfin, les êtres disparates réunissent, d'une façon permanente, les caractères opposés de deux groupes différents. Ce sont les « types synthétiques (¹) », qu'on trouve surtout dans les espèces disparues ; vg. l'archæopteryx, ayant des plumes d'oiseau sur un squelette de lézard.

Conclusion : pour toutes ces raisons, les classifications naturelles ne peuvent avoir qu'une valeur approximative ; mais cette approximation peut grandir indéfiniment.

61. — FONDEMENT DE LA GÉNÉRALISATION

Le rapport de *causalité* se définit : le rapport qui unit invariablement une cause à son effet. La cause entraîne l'effet à sa *suite*; aussi les lois physiques, établies par l'induction, s'appellent-elles **lois de succession**. Nous avons montré que ces lois avaient pour fondement le principe d'*invariabilité des causes* ou d'*uniformité de la nature* (**48**, § V). — Nous avons une question analogue à résoudre pour les sciences naturelles : quel est le *fondement de la généralisation* ? Comment expliquer les **lois de coexistence** ? Le naturaliste découvre, entre les caractères dominateurs et les caractères subordonnés d'un être, un rapport constant et universel. On peut le définir : le rapport qui unit invariablement un caractère subordonné à un caractère dominateur. Dans ce rapport, le caractère dominateur n'entraîne pas le caractère subordonné à sa *suite*, mais il l'entraîne *en même temps* que lui, il l'*implique*. Aussi les lois biologiques, établies par la généralisation, sont-elles nommées **lois de coexistence**. Comment les **expliquer** ? Quel est leur **fondement** ? Puisque le caractère subordonné n'est pas produit à la *suite* du caractère dominateur, mais *en même temps*, le caractère dominateur n'est pas la cause du caractère subordonné, car la cause doit *précéder* l'effet. Reste donc que ces deux caractères, liés ensemble, dépendent de causes supérieures. Ce qui revient à dire que les lois de coexistence sont des lois *secondaires*, *empiriques*, qui n'ont pas une rigueur absolue (**17, D**).

(¹) Agassiz, *De l'espèce et de la classification en zoologie*, ch. xxvii.

Pour en trouver le fondement et en donner l'explication, il faut les rattacher à des *lois primitives*, à des *principes supérieurs*, d'où l'on puisse les faire *dériver* (¹). Deux solutions méritent d'être citées, celle de Georges Cuvier et celle d'Étienne Geoffroy-Saint-Hilaire.

§ I. — *PRINCIPE DES CONDITIONS D'EXISTENCE OU DES CAUSES FINALES*

Cuvier le formule ainsi : « Comme rien ne peut exister s'il ne réunit les conditions qui rendent son existence possible, les différentes parties de chaque être doivent être coordonnées de manière à rendre possible l'être total non seulement en lui-même, mais dans ses rapports avec ceux qui l'entourent (²) ».

Pour Cuvier les lois de coexistence sont des **lois de finalité**. Les divers organes d'un être sont conçus par lui comme un **système de moyens** ordonnés à une fin : la **vie**. C'est une

---

(¹) H. Milne Edwards, *Introduction à la Zoologie générale ou considérations sur les tendances de la nature dans la constitution du règne animal*.

(²) Cuvier, *Règne animal*, Introduction, p. 8. C'est à l'aide de ce principe des conditions d'existence ou de finalité que Cuvier a pu reconstituer des organismes disparus avec un fragment retrouvé de ces organismes. Grâce à ce principe, on peut conclure *a priori* d'un organe *coordonné* à un autre organe *coordonné*, parce que la relation entre deux organes coordonnés est unique : vg. « Si les intestins d'un animal sont organisés de manière à digérer de la chair et de la chair récente, il faut aussi que ses mâchoires soient construites pour dévorer une proie, ses griffes pour la saisir et la déchirer, ses dents pour la couper et la diviser, le système entier de ses organes de mouvement pour la poursuivre et pour l'atteindre, ses organes sensoriels pour l'apercevoir de loin. — Telles sont les conditions générales du régime carnivore. Tout animal, destiné pour ce régime, les réunira infailliblement, car la race n'aurait pu subsister sans elles. » (Cuvier, *Discours sur les révolutions du globe*). Mais ce principe ne permet pas de conclure *a priori* d'un caractère *dominateur* au caractère *subordonné*, parce que, dans ce cas, plusieurs caractères subordonnés sont indifféremment compatibles avec le même caractère dominateur : vg. un vertébré peut être mammifère, oiseau, reptile, batracien ou poisson (54, III, A). Pour lever l'indétermination il faut recourir à l'*expérience*.

explication **physiologique** par l'idée de **fonction** : un être organisé doit vivre ; pour vivre il doit se nourrir, se mouvoir, etc. ; or toutes ces fonctions sont dépendantes d'une fonction centrale, la fonction nerveuse, qui tient sous sa domination tout l'organisme : « Le système nerveux est, au fond, tout l'animal ; les autres organismes ne sont là que pour l'entretenir et le servir ([1]) ». Aussi, en vertu même des conditions d'existence, toute modification du système nerveux entraînera une modification corrélative dans le reste de l'organisme. Le système nerveux doit donc être considéré comme dominateur relativement aux autres caractères essentiels de l'animal, puisque ceux-ci sont commandés par le premier et varient avec lui. Ainsi, d'après Cuvier, le principe, qui rattache les uns aux autres les divers organes d'un être, c'est la **hiérarchie des fonctions** que ces organes doivent remplir pour entretenir et développer la vie : c'est le point de vue **dynamique** ([2]).

§ II. — *PRINCIPE DES CONNEXIONS ORGANIQUES OU DU PLAN DE COMPOSITION*

On peut résumer ainsi la loi des **connexions organiques** d'après Geoffroy-Saint-Hilaire ([3]) : Tout être est composé d'après un type ou plan général, dont les différentes parties sont toujours en nombre égal et semblablement placées, quelles que soient les

---

[1] Cuvier, *Annales du Muséum*, T. XIX. p. 76. L'expérience n'a pas pleinement confirmé cette vue *a priori* de Cuvier, car nombre d'animaux inférieurs n'ont pas de système nerveux.

[2] On a voulu aussi expliquer les lois de coexistence par le principe des corrélations organiques, qu'on peut formuler ainsi d'après Cuvier : Tout être organisé forme un système clos dont les parties se correspondent mutuellement et concourent à une même action définitive par une réaction réciproque. (Cf. *Règne animal*, Introd.). Mais ce n'est là que l'affirmation qu'il y a des lois de coexistence et non leur explication ; aussi Cuvier a-t-il eu soin de ramener ce principe des *corrélations organiques* à un principe supérieur, qui en est la raison et qui l'explique, au principe des conditions d'existence.

[3] G.-Saint-Hilaire, *Philosophie zoologique*, Discours préliminaire.

modifications secondaires qu'elles puissent subir dans les différentes espèces. — Pour G.-Saint-Hilaire, les lois de coexistence représentent l'**immutabilité du type**. Le type est conçu comme **un système de rapports géométriques et numériques**. C'est une explication **anatomique** fondée sur l'idée du **plan de composition** : tous les organes d'un animal sont liés ensemble par le fait même qu'ils font partie d'un certain *type* ou *plan* de *composition* (¹). Ces organes peuvent parfois vaquer à des fonctions différentes, s'atrophier et devenir inutiles ; mais ils ne peuvent être supprimés. Ainsi, pour G.-Saint-Hilaire, le principe qui rattache les uns aux autres les divers organes d'un être, c'est l'existence d'un **type immuable** de l'espèce, d'après lequel sont produits tous les individus : c'est le point de vue **statique**.

§ III. — *UNION DES DEUX EXPLICATIONS*

On s'accorde à dire aujourd'hui que ces deux points de vue ne sont pas exclusifs ; il faut associer les deux principes pour expliquer les lois de coexistence. Les rapports, qui lient dans un être les caractères dominateurs aux caractères subordonnés, sont fondés, les uns sur le *genre de vie de cet être*; les autres sur le *type de l'espèce*; les premiers sont expliqués par le principe des *conditions d'existence*; les seconds, par le principe des *connexions organiques*. L'être organisé est donc la résultante de la **composition** de ces deux lois : la conservation de la *vie individuelle* est l'effet de la loi des conditions d'existence ; la conservation du *type spécifique* est l'effet de la loi des connexions organiques. C'est ainsi que les lois de coexistence, établies par la généralisation, d'*empiriques* qu'elles étaient, deviennent des lois **dérivées**, quand on les a rattachées à ces deux principes supérieurs.

(¹) G.-SAINT-HILAIRE croyait à tort que tous les animaux étaient construits d'après *un plan unique*, c'est-à-dire composés de parties en nombre égal et semblablement placées : de là sa théorie de l'*unité du plan de composition*. Mais le principe des *connexions organiques* reste vrai malgré la *multiplicité des plans de composition*.

Bien plus, l'union de ces deux principes permet aussi d'expliquer les **exceptions** que présentent les lois de coexistence. Ainsi, on rencontre chez certains animaux des organes **inutiles**, à l'**état rudimentaire** : vg. on voit parfois chez le cheval, aux côtés du sabot, des vestiges de doigts latéraux. Leur état d'*inactivité* est une défaite de la loi des conditions d'existence. Mais leur état *rudimentaire* est aussi un échec pour la loi des connexions organiques, car cette atrophie est une suppression partielle de ces organes, donc un écart du type primitif (¹). Leur survivance prouve l'efficacité persistante de la loi de l'immutabilité du type ; leur amoindrissement indique des modifications dans les conditions d'existence. Le concours et le conflit de ces deux lois expliquent donc l'apparition de ces types indécis qu'il est si difficile de classer. L'être vivant est comme le **compromis** qui résulte de la composition de ces deux lois et varie avec les données et les circonstances.

62. — INDUCTION ET GÉNÉRALISATION

I. — **Identité** : les lois de la nature ne font qu'exprimer des rapports généraux entre certains termes. Les lois **physiques** expriment des rapports de **succession** entre des **phénomènes** ; les lois **biologiques**, des rapports de **coexistence** entre des **caractères** ou **qualités d'êtres**. On appelle **induction** l'opération par laquelle l'esprit découvre les idées générales dans les *faits* singuliers ; on nomme **généralisation** l'opération par laquelle l'esprit découvre les idées générales dans les *êtres* singuliers. Ces deux opérations vont du *singulier* au *général*, du *passager* au *permanent*, de l'*accidentel* à l'*essentiel* ; elles sont précédées

---

(¹) On peut tirer un argument analogue de l'apparition des organes *transitoires* : vg. une larve acquiert des organes transitoires nécessités par les conditions de son existence ; ces organes disparaissent avec les conditions qui les avaient exigés. Cet éloignement momentané du type prouve l'efficacité de la loi des conditions d'existence.

d'opérations diverses (*comparaison, abstraction, jugement, raisonnement*) qui les préparent ; mais au fond elles sont *identiques*, car leur acte propre c'est d'être une **intuition** qui découvre l'*essence* des choses, c'est-à-dire ce qu'il y a de *permanent* et de *général*, à travers la mobilité et la singularité des phénomènes et des qualités ([1]).

II. — **Fondement commun** : dans les deux cas le problème posé est le même : Comment peut-on, de la succession invariablement constatée entre certains phénomènes, passer à l'idée générale de successions indéfiniment semblables ? Comment peut-on, de la coexistence de certains caractères, passer à l'idée générale de coexistences indéfiniment semblables ? Bref, quelle raison légitime, en dernière analyse, le passage du *singulier* au *général*, d'*un* cas à *tous* ? Pourquoi peut-on dire : La chaleur dilate les corps ? L'homme est un animal vertébré, mammifère, bimane ? C'est que, selon la doctrine d'Aristote, l'esprit a précisément la faculté de discerner l'essentiel de l'accidentel par abstraction intuitive. Or l'essence des choses est invariable. Donc, quand l'esprit a découvert, soit entre deux êtres (vg. deux hommes), soit entre deux phénomènes (vg. chaleur et dilatation) un rapport essentiel, ce rapport (les essences étant invariables) peut être étendu à tous les êtres ou phénomènes de la même espèce. En dernière analyse, c'est donc le principe de l'**invariabilité des essences** qui est le **fondement commun** de l'*induction* et de la *généralisation*.

IIIe SECTION. — L'ANALOGIE

On peut étudier l'analogie comme l'hypothèse, dont elle n'est qu'une forme spéciale, au point de vue **psychologique** et au point de vue **logique**. L'analogie se ramène au genre d'hypo-

---

([1]) Fossegrive, *Généralisation et induction*, Revue philosophique, T. XLI, 1896, p. 353 et p. 516 sqq.

thèses qui portent sur le *terme inconnu d'une loi* (cause ou effet) ; elle se résout en deux opérations : la *supposition d'une ressemblance*, provoquée par l'*aperception d'une ressemblance* (¹).

63. — DÉFINITIONS ET ESPÈCES

Par analogie on entend tantôt une **propriété des choses**, tantôt une **opération de l'esprit**.

I. — **Analogie réelle** : comme propriété des choses, l'analogie est un *degré de ressemblance*. La ressemblance peut être :

a) **Absolue** : alors c'est l'identité.
b) **Relative** : alors c'est l'analogie.

L'analogie est donc une *ressemblance mêlée de différence*, une ressemblance *partielle*. C'est, ordinairement, une ressemblance de **rapports** entre objets de *nature différente* : vg. la trachée d'un insecte, la branchie d'un poisson, le poumon d'un mammifère sont des organes très différents ; mais ils ont entre eux une ressemblance de **rapports** : ils se ressemblent par la *fonction*.

II. — **Analogie psychologique** : comme opération de l'esprit, c'est un *raisonnement* par lequel on conclut d'une ressemblance observée à une autre ressemblance qu'on ne voit pas ; vg. de la ressemblance des organes sensitifs chez l'homme et chez l'animal on infère la ressemblance des sensations. On constate entre deux faits une ressemblance partielle : vg. similitude de l'organisme sensitif (c'est l'aperception de l'analogie entre les *choses*) ; puis on l'*étend* (c'est l'analogie *psychologique*) à un cas nouveau : similitude des sensations. Tels sont les rapports entre l'analogie, propriété des *choses*, et l'analogie, procédé de l'*esprit*.

(¹) LALANDE, *Lectures de philosophie*, chapitre sur l'analogie. — LAPLACE, *Exposition du système solaire*, L. V. — S. MILL, *Système de logique...*, L. III, ch XX. — RABIER, *Logique*, ch. XIV.

64. — FORMES DE L'ANALOGIE

L'analogie, *comme procédé de l'esprit*, peut être *spontanée* ou *réfléchie*.

A. — **Analogie spontanée** : c'est d'ordinaire spontanément que l'esprit passe, par analogie, d'un cas à un autre cas. Alors l'esprit va du *particulier* au *particulier*, mais ce n'est pas un raisonnement, comme le soutient S. Mill ; c'est une simple **association d'idées**. Voici, vg. un fait A qui présente trois caractères : *a b c*. L'idée totale de A se composera donc de trois idées partielles *a b c*, lesquelles sont associées entre elles. Un nouveau fait B s'offre à moi avec deux des caractères précités *a b*. La notion complexe de B comprend par conséquent les deux idées partielles *a b*. Mais les idées *a* et *b* sont déjà associées avec l'idée *c*. Donc, quand l'expérience ramènera dans mon esprit les idées *a* et *b*, elles lui suggèreront, en vertu de l'association contractée, l'idée *c*. Par là même je serai conduit à admettre que cette troisième idée *c* fait aussi partie de l'idée totale de B, que partant ce nouveau caractère appartient au fait B comme au fait A. Mais il n'y a là qu'un semblant de raisonnement, parce qu'il n'y a *pas aperception de rapports*. C'est une « simple consécution », opération dont les animaux mêmes sont capables [1].

B. — **Analogie réfléchie** : elle existe quand c'est en vertu d'un *raisonnement* que nous passons d'un cas à l'autre par suite d'une ressemblance observée. Soient les deux objets A et B ; on constate dans le premier la présence des caractères *a b c* ; si l'on vient à constater aussi dans B la présence des mêmes caractères *a b*, l'analogie consistera à *inférer* dans B la présence du caractère *c*. De la ressemblance observée entre les deux objets A, B, sous le rapport des caractères *a b* (faits particuliers), j'infère qu'une ressemblance existe aussi entre les deux objets sous le rapport du caractère *c* (fait particulier).

[1] Cf. G. Sortais, *Traité de philosophie*, T. I, Psychologie, 157, § A, C.

1°) Exemple : la terre est une planète, elle a une atmosphère, des alternatives de jour et de nuit, des variations de saison, des habitants. Mars est également une planète ; on y remarque la présence d'une atmosphère, des alternatives de jour et de nuit, des variations de saison ; on en conclut que cette planète est aussi habitée. Il semble donc que l'analogie va du *particulier au particulier* et que S. Mill a raison d'en faire une espèce de raisonnement distinct de l'*induction*, qui va du particulier au général ; et de la *déduction* qui va du général au particulier. Mais ce n'est là qu'une apparence.

2°) Nature : en réalité l'analogie est une **déduction fondée sur une induction préalable** ; elle va donc du particulier au particulier, mais en *passant par le général*. C'est un raisonnement *complexe* :

a) **Induction** : dans le cas A, on a constaté un rapport *causal* entre *a b* et *c* ; on en conclura par *induction* que si *a* et *b* ont produit *c* dans le cas A, ils le produiront toujours dans les mêmes circonstances, parce qu'une même cause produit toujours les mêmes effets.

b) **Déduction** : on conclura par *déduction* que si *a* et *b* doivent toujours produire *c*, ils le produiront aussi dans le cas B ; c'est ainsi qu'on attribue aussi à B le caractère *c* trouvé dans A.

Analogie
- INDUCTION : Les caractères *a b c* de A sont unis par un rapport causal ;
Donc les caractères *a b c* sont liés entre eux par une loi.
- DÉDUCTION : Les caractères *a b c* sont liés par une loi, c'est-à-dire sont liés entre eux *nécessairement et universellement* ;
Donc *a* et *b* étant donnés dans B, *c* doit s'y rencontrer aussi.

Il est manifeste que le raisonnement analogique implique, outre l'allégation du cas, vg. A, où l'on a constaté la présence des caractères *a b c*, *la preuve* ou *du moins la supposition* que ces caractères sont liés par une *loi* ; or c'est l'affirmation de cette loi, c'est-à-dire d'une liaison *nécessaire et universelle*, qui devient la majeure de la déduction analogique. S. Mill prétend donc, bien à tort, que l'analogie constitue un raisonnement spécial, qui irait du particulier au particulier. L'analogie *semble* aller du particulier au particulier ; en réalité elle va du particulier (P) au particulier (P), mais en passant par le général (G), puisqu'elle est une déduction appuyée sur une induction préalable :

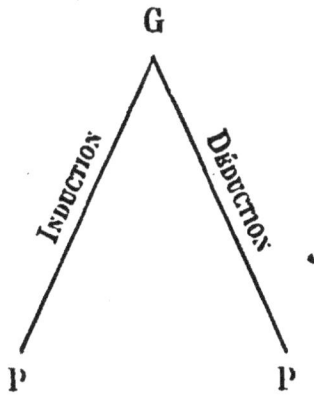

65. — VALEUR DE L'ANALOGIE

§ A. — *CAUSES D'ERREURS*

L'analogie, étant essentiellement **hypothétique**, n'aboutit qu'à des **probabilités**. Il y a deux causes possibles de cette incertitude :

I. — **La première réside dans l'induction préalable** : la loi, fondement de l'inférence analogique, au lieu d'être démontrée, peut n'être que *supposée*.

II. — **La seconde réside dans la déduction** : même quand la loi est certaine, l'analogie reste *toujours* affectée d'incertitude, car elle conclut, non pas du même au même, c'est-à-dire en raison d'une identité, comme la déduction ordinaire, mais du semblable au semblable, c'est-à-dire en raison d'une similitude mêlée de *différence*. L'analogie conclut donc en vertu de certaines ressemblances et *malgré* certaines différences. En effet rien ne prouve que les différences, qui séparent les deux cas, (celui qui est le point de départ de l'inférence : vg. A avec les caractères *a b c*, et celui qui en est l'objet : vg. B avec *a b*) n'annulent pas la loi qui régit les caractères *a b c*. Il s'ensuit par conséquent que *peut-être* ces différences empêchent *a b* de produire *c* dans B. La conclusion reste donc toujours *hypothétique*, car il n'y a certitude que dans le cas où les causes agissent dans des circonstances *identiques*; et ici, précisément, il y a des *différences* qui peuvent entraver la loi. Bref, l'analogie est *toujours* incertaine à un premier titre : la différence des cas rapprochés.

A cette cause essentielle d'incertitude *peut* s'en ajouter une seconde : celle qui résulte du caractère *hypothétique* de la loi. Ainsi : vg. deux plantes appartiennent à la même famille ; on en conclut qu'elles ont les mêmes propriétés curatives. D'abord, on n'est pas sûr qu'il existe une loi entre le fait d'appartenir à telle famille et celui d'avoir telles propriétés curatives ; — ensuite, en supposant l'existence de cette loi, on ignore si les différences, qui distinguent les deux plantes, ne sont pas de nature à contrarier le fonctionnement de la loi. Quand les deux causes d'incertitude sont réunies, l'analogie est une déduction probable fondée sur une induction elle-même probable.

§ B. — *DEGRÉS DE PROBABILITÉ*

La probabilité des conclusions de l'analogie est :
1°) **En proportion directe** du *nombre* et de l'*importance* des ressemblances constatées.
2°) **En proportion inverse** du *nombre* et de l'*importance* des différences constatées ou présumables.

L'importance des ressemblances et des différences a pour mesure le degré probable de leur **influence**.

§ C. — *VÉRIFICATION DE L'ANALOGIE*

L'analogie n'aboutit qu'à des hypothèses. Comme toute hypothèse elle peut être **vérifiée directement** ou **indirectement** :

A) **Vérification directe** : l'incertitude pratique qui pèse toujours sur l'analogie, tant qu'elle reste elle-même, c'est-à-dire une ressemblance mêlée de différence, peut être levée *directement* soit :

I. — **Par l'expérience**, si l'on peut *constater l'existence* du caractère supposé par analogie. C'est ainsi que la découverte du *Palæotherium* est venue confirmer la justesse de la reconstruction de cette espèce, que Cuvier avait imaginée en raisonnant par analogie d'après la loi des corrélations organiques.

II. — **Par la transformation de l'analogie en déduction fondée sur une induction certaine** :

a) La première cause d'incertitude provient de l'*induction hypothétique* qui sert de base à la déduction : on écarte cette première cause si l'on réussit à *démontrer* la loi qui était simplement supposée ; de la sorte la déduction a pour majeure cette loi certaine.

b) La seconde cause d'incertitude réside dans la *déduction*, qui applique une même loi à des cas en partie semblables, en partie différents. Cette seconde cause disparaît si les différences entre les deux cas sont parfaitement déterminées et si l'on prouve que ces différences ne peuvent faire obstacle à l'application de la loi ; alors en effet on ne raisonne plus du semblable au semblable, mais de l'identique à l'identique.

B) **Vérification indirecte** : Par l'exactitude des conséquences déduites. Elle consiste à déduire les conséquences de l'hypothèse faite et à s'assurer de leur conformité avec la réalité. Mais cette preuve n'est rigoureuse que si l'on parvient à *exclure toute autre* hypothèse, c'est-à-dire à démontrer qu'aucune autre hypothèse ne peut rendre compte des faits.

66. — ANALOGIE, INDUCTION ET DÉDUCTION

On peut dégager de ce qui précède les **rapports** de l'analogie avec l'induction et la déduction. L'analogie **diffère** de l'induction et de la déduction par :

I. — **Le principe qui lui sert de base** : l'analogie va du **différent au différent**, puisqu'elle applique une loi, soit supposée, soit démontrée, à des cas nouveaux qui se distinguent des premiers sur certains points. On peut formuler son principe ainsi : « Des raisons analogues, en tant que semblables, entraînent des conséquences semblables ; en tant que différentes, des conséquences différentes ». Or ce principe autorise *deux conclusions* opposées. — L'induction et la déduction vont du **même au même**. La première a pour principe fondamental : « Dans les *mêmes* circonstances les *mêmes* causes produisent les *mêmes* effets ». La seconde : « Deux termes *identiques* à un *même* troisième terme sont *identiques* entre eux ». L'induction et la déduction reposent donc en dernière analyse sur le même principe, qui n'autorise qu'*une* conclusion : « Des raisons identiques entraînent des conséquences identiques ».

II. — **Sa marche** : l'induction va du *particulier* au général, et la déduction du *général* au particulier. — L'analogie étant, prise dans son ensemble, une induction suivie d'une déduction, va du *particulier au particulier* en passant par le *général* (**64**, B).

III. — **Sa valeur** : l'induction est *théoriquement certaine*, parce que d'abord elle va du *même au même*, en vertu de son principe, et ensuite parce que ses méthodes, reposant sur la *parfaite exclusion* de tout antécédent qui n'est pas cause et de tout caractère qui n'est pas essentiel, sont, idéalement du moins, absolument rigoureuses (**50**). — La déduction est *théoriquement et pratiquement certaine*, d'abord parce qu'elle va du *même au même* comme l'induction, et ensuite parce que les règles du syllogisme sont rigoureuses. — L'analogie, au contraire, est toujours **théoriquement et pratiquement hypothétique** (**65**, A) ; elle ne peut donner la certitude qu'en perdant sa propre nature, en devenant une induction ou une déduction proprement dite (**65, C**). Elle est *nécessairement* incertaine, parce qu'elle affirme le même de ce qui est simplement analogue, c'est-à-dire *à la fois semblable et différent*. Comme l'identité fait la force et la certitude de l'induction et de la déduction, ainsi la différence, qui se mêle à la ressemblance, fait la faiblesse et l'incertitude plus ou moins grande de l'analogie. L'analogie n'est donc en définitive qu'un cas du *calcul des probabilités*, car, en vertu même de son principe, elle comporte deux conclusions possibles.

67. — AVANTAGES ET DANGERS DE L'ANALOGIE

§ A. — *AVANTAGES DE L'ANALOGIE*

I. — **Vie** : l'analogie est un raisonnement d'un emploi très fréquent dans la vie ordinaire. La plupart des jugements, que nous portons sur les autres, ont leur origine dans l'analogie.

II. — **Langues** : l'analogie explique la transformation d'un grand nombre de formes verbales ([1]).

III. — **Lettres** : c'est l'analogie qui est la source des comparaisons, des métaphores, des allégories, de la poésie même. Souvent le poète désigne les objets par le nom d'autres objets qui leur sont analogues ; il dit : vg. le soir de la vie, le sommeil de la mort, etc. ([2]).

IV. — **Sciences physiques** : le raisonnement analogique fait le fond de la plupart des hypothèses : vg. Priestley suppose que toute combustion est une oxydation, en raison de l'analogie qu'il remarque entre la rouille et les effets de la combustion. Dans les sciences physiques, le raisonnement analogique peut d'ordinaire

---

([1]) V. Henry, *Étude sur l'analogie en général et sur les formations analogiques de la langue grecque.* — Darmesteter, *La vie des mots.*

([2]) Longhaye, *Théorie des belles-lettres*, L. III, ch. v. § 2 ; L. II, ch. IV, § 2.

être soumis au contrôle de l'expérience, et, l'hypothèse une fois vérifiée, il se transforme en induction (**65**, § C).

V. — **Sciences naturelles** : l'*expérimentation* étant impossible pour déterminer les lois de coexistence des organes (**60**, B, 2°), l'hypothèse analogique ne peut être vérifiée par ce moyen ; c'est pourquoi l'analogie conserve dans ces sciences sa physionomie propre, c'est-à-dire qu'elle reste *hypothétique*, tant qu'un fait ne vient pas justifier la justesse du raisonnement analogique (**65**, § C).

VI. — **Sciences morales** : *a*) en **Psychologie**, l'analogie vient au secours de la méthode subjective ou réflexion : l'analogie est le fondement de nos jugements sur les autres, sur les animaux([1]).

b) En **Histoire** et en **Politique**, on use aussi du raisonnement analogique pour déterminer les causes des événements ou pour prévoir le résultat de tel système législatif, etc. (**80**, § E).

VII. — **Sciences métaphysiques** : pour concevoir la réalité du monde extérieur nous nous la représentons sur le type de la seule réalité, que nous connaissions immédiatement, du moi et de ses phénomènes ; c'est ainsi que nous transportons l'idée de cause, de substance, de fin, etc., dans le monde extérieur, et que nous le construisons à notre image, en faisant les restrictions nécessaires ([2]). C'est cette idée qui fait le fond de la *Monadologie* de Leibniz. — Nous concevons aussi Dieu d'après nos propres qualités, mais, ici, en leur enlevant toute imperfection et en les sublimant jusqu'à l'infini ([3]).

§ B. — *DANGERS DE L'ANALOGIE*

On peut envisager ces dangers au point de vue :

I. — **Moral** : les jugements téméraires, portés sur nos semblables, ont souvent pour causes des analogies apparentes ou superficielles, que nous transformons en identités réelles. C'est

---

[1] Cf. G. Sortais, *Traité de philosophie*, T. I, Psychologie, **7**, § B ; **251**, II.
[2] Cf. G. Sortais, *Traité de philosophie*, T. I, Psychologie, **187**, § A, V°.
[3] Cf. G. Sortais, *Traité de philosophie*, Métaphysique, **41**.

ainsi que nous leur prêtons nos motifs d'agir : « On mesure les autres, dit le proverbe, à son aune ».

II. — **Littéraire** : nombre de comparaisons et de métaphores outrées proviennent d'un manque de goût, qui exagère ou fausse complètement certains rapprochements analogiques.

III. — **Scientifique** : l'écueil pour celui qui raisonne par analogie, c'est de transformer des conjectures plus ou moins probables en certitudes, ou de simples analogies en identités ; c'est encore de voir partout des ressemblances en négligeant les différences.

Exemples : c'est pour avoir exagéré les analogies entre l'âme humaine et la société que Platon, dans ses *Lois* et sa *République*, sacrifie la liberté individuelle à l'omnipotence de l'État. Des sociologues contemporains outrent jusqu'à la minutie les rapprochements, vrais dans les grandes lignes, entre une société et un organisme (¹). — En philosophie, l'abus de l'analogie n'est pas rare : vg. on compare la volonté à une balance, et l'on nie la liberté ; on se représente les phénomènes de l'âme par analogie avec ce qu'on appelle la matière, et l'on est matérialiste ; certains philosophes anciens ont rabaissé la divinité en la concevant sur le modèle de l'humanité, dont il lui prêtait même les vices ; c'est l'excès de l'*anthropomorphisme*.

Conclusion : Règles pour l'emploi de l'Analogie : pour faire un bon usage de l'analogie et pour éviter les dangers qu'elle présente, il faut suivre les règles suivantes :

I. — Ne pas fonder ses conclusions sur des ressemblances rares et secondaires.

II. — Ne pas négliger les différences.

III. — Ne pas confondre les conclusions probables de l'analogie avec les conclusions certaines de l'induction et de la déduction.

(¹) René Worms, *Organisme et société*. — Cf. P. Leroy-Beaulieu, *l'État moderne et ses fonctions*, ch. I.

BIBLIOGRAPHIE

Agassiz,   *De l'espèce et de la classification en zoologie.*
Bacon,   *De dignitate et augmentis scientiarum. — Novum organum.*
Bain,   *Logique déductive et inductive*, L. V, ch. iv, vi.
Régis,   *Les sciences naturelles au moyen âge.*
Bernard (Cl.),   *Introduction à l'étude de la médecine expérimentale.*
Blainville (de),   *Histoire des sciences de l'organisation. — De l'organisation des animaux*, Introduction.
Blanchard,   *La vie et les êtres organisés.*
Bossuet,   *Logique*, L. II, ch. xxviii-xxxiv.
Caro,   *Le matérialisme et la science.*
Chauffard (Dr.),   *La vie.*
Cuvier,   *Le règne animal*, Introduction.
Darwin,   *L'origine des espèces.*
Evellin,   *L'analogie*, Année philosophique 1902.
Fusck-Brentano (Th.),   *Méthode et principes des sciences naturelles : introduction à l'étude de la médecine.*
Gaudry,   *Les enchaînements du monde animal dans les temps géologiques. — Essai de paléontologie philosophique.*
Geoffroy-Saint-Hilaire,   *Principes de philosophie géologique. — Philosophie anatomique. — Notions de philosophie naturelle.*
Grasset,   *Les limites de la biologie.*
Guibert,   *Les origines*, ch. ii.
Herschel,   *Discours sur l'étude de la philosophie naturelle.*
Hœffer,   *Histoire de la botanique, de la minéralogie et de la géologie. — Histoire de la zoologie.*
Huit,   *La philosophie de la nature chez les anciens.*
Janet (Paul),   *Les causes finales.*
Liard,   *Des notions d'espèce et de genre dans les sciences de la nature.* Rev. phil., 1879. *— Les définitions géométriques et les définitions empiriques.*

Mercier,	*La définition philosophique de la vie.*
Meunier,	*La philosophie géologique.*
Mill (S.),	*Système de Logique...*, L. III, ch. xxii ; L. IV, ch. v.
Milne Edwards.	*Zoologie.*
Perrier (Ed.),	*La philosophie géologique avant Darwin. — Les colonies animales.*
Pouchet (F.-A.),	*Histoire des sciences naturelles au moyen âge.*
Quatrefages (de),	*L'espèce humaine. — L'unité de l'espèce.*
Rabier,	*Logique*, ch. xi, xii.
Spencer,	*Principes de biologie.*
Valery-Radot,	*Vie de Pasteur.*
Vallet,	*La vie et l'hérédité.*

CHAPITRE V

MÉTHODE DES SCIENCES MORALES [1]

68. — OBJET ET DIVISION DES SCIENCES MORALES

I. — **Objet** : les sciences morales recherchent les **lois de l'activité individuelle** dans ses libres manifestations ; elles ont par conséquent pour objet l'homme en tant qu'**être moral**, en tant que **personne**, c'est-à-dire considéré comme un individu conscient et libre.

II. — **Division** : on peut étudier l'homme tel qu'il **est** ou tel qu'il **doit** être ; c'est pourquoi les sciences morales recherchent les lois **réelles** ou les lois **idéales** de l'activité humaine. De là deux grandes divisions :

A) **Sciences morales théoriques ou de l'ordre réel** : elles sont théoriques et réelles parce qu'elles ont pour but immédiat la **connaissance** des choses humaines **telles qu'elles sont**. On range dans ce premier groupe les sciences suivantes : **Psychologie, Histoire, Philologie, Science sociale** ou **Sociologie**. La Sociologie se subdivise en plusieurs branches : vg. la **Politique théorique** qui recherche les lois d'un bon gouvernement ; l'**Économie politique** qui recherche les lois présidant à l'accroissement de la richesse ; le **Droit** qui tâche de dégager de l'étude des divers codes les conditions d'une bonne législation, etc... Toutes ces sciences, s'appuyant sur l'**observation** des faits individuels et sociaux, s'efforcent d'en dégager les **lois réelles** qui les régissent.

---

[1] E. Charles, *Éléments de philosophie*, ch. xxxix. — S. Mill, *Système de logique....* L. VI. — Rabier, *Logique*, ch. xvii.

B) **Sciences morales pratiques ou de l'ordre idéal** : elles sont **pratiques**, parce qu'elles ont pour but prochain de déterminer ce **qui doit être**, c'est-à-dire les **lois idéales**, qu'elles imposent ensuite comme **règles** à l'activité humaine. On classe dans ce groupe les sciences suivantes : **Logique, Morale, Esthétique, Politique pratique, Économie politique** et **Droit** dans la partie **préceptive**, etc. Elles s'appuient sur les observations recueillies par les sciences morales *théoriques*, et sur les lois réelles que celles-ci ont établies par induction ; c'est de ces vérités, observations et lois réelles, que les sciences morales *pratiques* déduisent les lois idéales qu'elles formulent, sous le mode impératif.

La *Logique* a pour idéal, le **vrai** ; — la *Morale*, le **bien** ; — l'*Esthétique*, le **beau** ; — la *Politique*, le **respect des droits et la « promotion »** du progrès physique, intellectuel et moral ; — le *Droit*, le **juste et l'équitable** ; — l'*Économie politique*, le **développement de la richesse**. Chacune de ces sciences formule un certain nombre de *règles*, qui dirigent l'activité humaine privée et sociale vers le but idéal que chacune se propose : c'est pourquoi on les nomme sciences « normatives » (Wundt), de *norma* (règle).

A. — **Sciences morales théoriques et réelles** :

    I. — **Philologie**
    II. — **Psychologie expérimentale**
   III. — **Histoire**
   IV. — **Sociologie** { POLITIQUE THÉORIQUE
                            ÉCONOMIE POLITIQUE THÉORIQUE
                            DROIT THÉORIQUE

B. — **Sciences morales pratiques et idéales** :

    I. — **Logique**
    II. — **Morale**
   III. — **Esthétique**
   IV. — **Politique pratique**
    V. — **Économie politique pratique**
   VI. — **Droit pratique**

69. — DIFFÉRENCE DES MÉTHODES

La différence résulte du but même poursuivi par chacun des groupes :

A) **Méthode des sciences morales théoriques** : elle est surtout **inductive**. Le psychologue, l'historien, le philologue, le sociologue, pour déterminer les lois réelles de l'activité humaine, doivent, comme le physicien et le naturaliste, observer les faits, expérimenter dans la mesure restreinte où l'expérimentation est possible dans les sciences morales, et conclure des faits aux lois qui les régissent, au moyen du raisonnement *inductif*. La *déduction* y a aussi un rôle, mais *secondaire* ; on peut tirer des lois établies les conséquences qui en découlent.

B) **Méthode des sciences morales pratiques** : le logicien, le moraliste, l'esthète, le politique, le juriste, l'économiste posent un **idéal** à atteindre : le vrai, le bien, le beau, le type d'un bon gouvernement, le juste, l'accroissement de la richesse. Puis ils recherchent les **moyens** propres à atteindre cet idéal. Enfin de ces deux données combinées ils *déduisent* les **règles** qu'il faut suivre pour l'atteindre. Le procédé *essentiel* de ces sciences est donc la **déduction**.

On peut esquisser ainsi ce genre de déduction :

La MAJEURE contient l'**idéal** à atteindre ; c'est un **optatif**.

La MINEURE contient les **moyens** de l'atteindre ; c'est un **indicatif**.

La CONCLUSION contient les **règles** à suivre pour l'atteindre ; c'est un **impératif** ([1]).

---

[1] M. RABIER (*Logique*, ch. XVII, 2e section, § 1) apporte en exemple le syllogisme suivant qui résume la science politique :

MAJEURE. — Elle pose le *but idéal* qu'il serait désirable d'atteindre ; *Telle chose est le vrai bien de la société auquel il faut tendre.*

MINEURE. — Elle exprime ce qu'il est *possible* et *utile* de faire actuellement : *Dans les circonstances données, voici jusqu'à quel point et par quels moyens la fin idéale peut être réalisée.*

CONCLUSION. — Elle applique la forme optative de l'idéal aux moyens indiqués : *Donc il faut employer ces moyens si vous voulez atteindre la fin proposée.*

Mais l'**observation** et l'**induction** ont aussi leur part d'influence dans les sciences morales *pratiques*. Pour déterminer le but idéal que l'homme doit poursuivre dans les manifestations diverses de son activité, il faut savoir ce qu'il est, ce que sont ses facultés. Il faut donc connaître la psychologie, l'histoire. De même pour déterminer les moyens que l'homme doit mettre en œuvre pour atteindre l'idéal proposé, il faut connaître les lois de l'ordre réel, lois psychologiques, économiques, sociales, qui dirigent son activité. Mais ces lois sont le résultat d'*inductions* préalables, établies par les sciences morales *théoriques*, la psychologie, l'histoire, la science sociale, etc.

70. — LES SCIENCES PHYSIQUES ET LES SCIENCES MORALES

A) **Tentative de réduction** : l'école positiviste prétend qu'il n'y a entre les diverses sciences qu'une différence de degré et non de nature. La Psychologie est absente de la hiérarchie des sciences d'A. Comte, qui en fait une branche de la Biologie. Les sciences sociales et politiques, que Comte nomme *Sociologie* ou *Physique sociale*, sont par là même sous l'étroite dépendance des sciences biologiques. Cette conception suppose que les modes supérieurs d'existence peuvent se ramener aux modes inférieurs ; par suite que les phénomènes moraux ne sont qu'une forme plus complexe des phénomènes physiques.

B) **Réponse** : 1°) Cette conception, finalement, a été répudiée par Comte qui reconnaît que de la forme inférieure à la forme supérieure il y a « un immense accroissement » (6, § 3, B). Il avait coutume de réfuter le matérialisme en disant : « C'est une explication du supérieur par l'inférieur ». C'est parfait ; mais, logique jusqu'au bout, Comte aurait dû reconnaître explicitement que les phénomènes psychologiques ne sont pas réductibles aux faits physiologiques.

2°) De ce que l'activité intellectuelle et morale est accompagnée de mouvements nerveux, on ne peut conclure qu'elle est elle-même un mouvement nerveux. Il y a en effet entre les phénomènes psychologiques (vg. la pensée, la volition) et les phénomènes physico-physiologiques (vg. vibrations cérébrales, circulation) une différence essentielle. Les phénomènes psychologiques sont conscients, aperçus dès qu'ils se produisent, avec une certitude absolue et sans intermédiaire ; ils constituent des faits *originaux*. Comment les assimiler, sans absurdité, aux phénomènes physiologiques qui sont inconscients et qui, se ramenant à des mouvements, ont une forme, une vitesse, une direction ? Mais quelle est donc la forme d'un sentiment? Quelle est la vitesse d'une volition ? Quelle est la direction d'une idée ? Autant de questions absurdes.

C) **Irréductibilité** : il est donc manifeste que, les **objets** des sciences physiques et naturelles d'une part, et d'autre part les objets des sciences morales étant **absolument opposés**, les sciences morales sont irréductibles aux sciences physiques et naturelles. Voici les principales différences qui les séparent. Elles diffèrent par :

I. — **La nature des faits et des méthodes** : les faits que les sciences morales étudient ne peuvent être observés objectivement. Il faut ou bien les constater en soi par l'**observation subjective (72, § A)** ou bien les admettre sur la foi du témoignage d'autrui. On ne peut ni les calculer ni les mesurer (¹). — Les sciences physiques emploient au contraire l'**observation objective (44)**, et les faits qu'elles étudient sont mesurables.

II. — **Les caractères de leurs lois** :

a) Les lois auxquelles aboutissent les sciences morales ne sont pas **fatales** : elles expriment des tendances qui peuvent être comprimées ou contrariées par la liberté. De là vient qu'on ne peut pas prévoir les faits qu'elles régissent, ni les soumettre à l'expérimentation avec la même sûreté que les faits du monde extérieur gouverné par des lois fatales.

b) Les lois du monde physique sont toutes de la même espèce : ce sont des formules **indicatives**, qui résument les rapports invariables des faits. — Les lois du monde moral sont *non seulement indicatives* mais encore **impératives** : elles tracent la règle d'un idéal obligatoire. Il en résulte que les sciences morales

---

(¹) Cf. G. Sortais, *Traité de philosophie*, T. I. Psychologie, 4.

ne peuvent se borner, comme les sciences physiques et naturelles, à la description et à l'explication des faits ; il faut en outre qu'après les avoir comparés à leur idéal elles les jugent et qu'elles se préoccupent de déterminer les moyens propres à réaliser de plus en plus cet idéal.

Après ces généralités, il nous reste à exposer le genre de méthode propre aux principales sciences morales.

SECTION I. — MÉTHODE DE LA PSYCHOLOGIE EXPÉRIMENTALE

71. — LA MÉTHODE GÉOMÉTRIQUE ET LA PSYCHOLOGIE

La Psychologie est la science des *phénomènes de conscience et de leurs lois*. Ce que nous avons d'abord devant nous, en psychologie, ce sont des *effets*, des *phénomènes*, dont il s'agit de déterminer les causes et les lois. La méthode psychologique ne sera donc pas la *déduction*.

La *déduction* en effet est la méthode appropriée aux sciences de *raisonnement*, dont les mathématiques sont le type. Elles ont pour caractéristique d'étudier non des réalités, mais des abstractions, des constructions *idéales*, faites par l'esprit lui-même avec des éléments *très simples* (l'unité, le point, le mouvement, l'espace), dont les propriétés sont *immédiatement évidentes*. On conçoit dès lors que le *raisonnement*, sans le secours de l'observation, *suffise* à découvrir toutes les propriétés de ces constructions, puisqu'elles *dérivent analytiquement des propriétés de leurs éléments*. Mais il s'ensuit aussi que les *vérités* ainsi découvertes sont purement *idéales*, n'expriment que de pures *possibilités*.

Or la psychologie ne réalise pas ces conditions d'une science de raisonnement. D'abord son objet n'est pas une abstraction, mais une *réalité* : l'âme humaine. — De plus, cette réalité est *très-*

complexe; nous ne pouvons savoir *a priori* de quelles forces elle dispose et quelles sont leurs propriétés. Il faut donc nécessairement s'adresser à l'*observation* pour les découvrir.

Objection : cependant certains philosophes ont voulu traiter la Psychologie comme une *science de raisonnement* et *construire a priori la science de l'âme* par le seul procédé de la déduction : vg. **Spinoza**, qui a composé une sorte de *géométrie de l'âme*; il prétend déduire toute sa psychologie d'une définition de l'âme, déduite elle-même de la définition de Dieu ; il veut traiter des passions de l'âme « comme s'il s'agissait simplement de lignes et de plans » ; — *Herbart* (philosophe allemand du commencement du xixe siècle, disciple de Kant), qui a fait une *statique* et une *dynamique de l'esprit*.

Réponse : une telle psychologie *entièrement a priori* est *impossible* :

A. — Spinoza et Herbart font des *emprunts subreptices à l'expérience* : c'est l'observation qui leur a appris l'*existence* de l'âme, qu'elle a des *passions*, etc.

B. — Les conclusions tirées d'une psychologie *absolument a priori* n'auraient qu'une *valeur hypothétique*, tant qu'elles n'auraient pas été *vérifiées par l'expérience*.

Conclusion. — La psychologie, étant une science d'observation, doit donc recourir à la MÉTHODE INDUCTIVE OU EXPÉRIMENTALE. Le raisonnement, comme dans toutes les sciences d'observation, intervient, en Psychologie, à titre d'AUXILIAIRE de l'expérience, soit pour *induire* (raisonnement inductif) les lois qui la régissent, soit pour *déduire* (raisonnement déductif) les conséquences de ces lois. C'est l'observation, qui fournit au raisonnement *ses prémisses* et vérifie *ses conséquences*. Par cela même le *raisonnement* en psychologie, ainsi que dans les sciences physiques et naturelles, ne peut être que *subordonné* à l'observation.

La méthode de la Psychologie, étant INDUCTIVE OU EXPÉRIMENTALE, comprend quatre moments distincts : 1) *Observation* ; — 2) *Hypothèse* ; — 3) *Expérimentation* ; — 4) *Induction proprement dite* **(43)**.

72. — I : OBSERVATION

On distingue une *double observation* :

A) **Subjective** ou **interne** : méthode par laquelle le *sujet* (l'esprit) s'étudie *directement* lui-même ; c'est l'étude attentive de soi-même par la *conscience*.

B) **Objective** ou **externe** ; méthode qui consiste à étudier la vie psychologique par l'*intermédiaire de ses manifestations extérieures* ; c'est l'étude attentive de l'âme des AUTRES dans les faits qui l'expriment *extérieurement*.

§ A. — *OBSERVATION SUBJECTIVE OU INTERNE*

Nous ne connaissons ce qui passe en nous qu'en nous observant nous-mêmes. Le point de départ de toute étude psychologique est donc l'*observation intérieure*, ou, comme disent les Anglais, l'*introspection* (*intro aspicere*, regarder dedans) au moyen de la *conscience spontanée*. Mais cette conscience naturelle, qui accompagne chaque fait psychologique, est vague, obscure, *synthétique* ; elle ne peut produire une connaissance distincte, précise, *analytique*, telle que la science l'exige. Il faut l'éclaircir et la préciser. Or l'homme a le pouvoir de revenir sur lui-même, de se distinguer de ses modifications, de fixer sur elles son attention ; par là même il en acquiert une idée plus claire et plus exacte. Cet acte, par lequel l'homme prend ainsi pour objet de sa pensée, sa pensée même, se dédouble pour ainsi dire en *sujet connaissant* et en *objet connu*, c'est la **réflexion**, l'observation intérieure, tournée vers le dedans, non vers le dehors, l'observation *subjective*, non *objective*.

Cette observation *subjective* ou *réflexion* est la méthode PROPRE de la psychologie. On a soulevé contre cette méthode plusieurs objections :

Objection Iʳᵉ. — D'après A. Comte, la connaissance par la réflexion est *impossible*, car elle est en dehors des conditions générales de la connaissance. Celle-ci, en effet, repose sur la *dualité* du *sujet* connaissant et de l'*objet* connu ; elle suppose deux termes de nature différente. Mais, dans la réflexion, cette dualité est impossible : le *même esprit* ne peut être à la fois *sujet* observant et *objet* observé. Locke avait dit avant Comte : « L'entendement est semblable à l'œil qui voit les objets environnants sans pouvoir se voir lui-même ». Il ne peut pas en même temps penser et se regarder penser : c'est comme si l'on se mettait à la fenêtre pour se voir passer dans la rue.

Réponse : *a*) il est faux que la connaissance exige la distinction absolue du sujet et de l'objet ; si, en effet, la chose est complètement en dehors de l'esprit, comment l'esprit peut-il la saisir ? Un objet ne peut être connu par la pensée que s'il est devenu modification de l'esprit pensant. — Il suffit que l'esprit puisse établir une *distinction mentale* entre le *sujet* connaissant et l'*objet* connu : c'est la *seule dualité nécessaire*.

b) L'objection ne supprimerait pas seulement la psychologie, mais toutes les autres sciences ; celles-ci n'atteignent *pas les choses elles-mêmes* ; elles ne saisissent immédiatement que les *effets* des choses *sur nous*, c'est-à-dire des états de conscience, vg. des sensations sonores.

c) De plus, la comparaison tirée de l'*œil* ne prouve rien, parce qu'elle rapproche des *choses absolument différentes*, *l'âme* et *le corps*. L'œil, composé de parties matérielles, qui *occupent chacune un point dans l'espace* et s'excluent réciproquement du point occupé, ne peut évidemment se replier sur lui-même. Mais l'âme, par le fait même qu'elle est *simple*, est *tout entière présente à elle-même* et peut, par suite, se considérer sans se diviser.

Objection II. — L'homme *répugne à se replier sur lui-même* : les événements extérieurs exercent sur lui une fascination qui l'attire au *dehors* et l'empêche de réfléchir. — D'ailleurs la *multiplicité*, la *complexité* et la *mobilité* des phénomènes psychologiques les rend *insaisissables*, il devient impossible de les démêler.

Réponse : cela prouve que la réflexion est *difficile*, mais non impossible. C'est une *habitude* à acquérir par l'*effort* répété d'une volonté persévérante, qui *concentre l'attention* de l'esprit sur la vie intérieure.

Objection IIIe. — D'autres objectent que la réflexion, bien que possible, est forcément *inexacte* et *infidèle*, car :

a) La réflexion vient *après* le phénomène ; quand on songe à l'observer, il n'existe déjà plus ; on croit le saisir et on ne saisit que son *ombre*, son souvenir.

Réponse : la réflexion, il est vrai, est *postérieure* au fait observé ; elle implique par conséquent la *mémoire* de ce fait ; mais si elle suit immédiatement, ce souvenir est l'équivalent du fait lui-même, car il est la *reproduction immédiate* de la conscience qui l'accompagnait. — Du reste, on pourrait faire la *même objection* à l'observation *externe* : la *perception* d'un phénomène extérieur, vg. du mouvement des astres, retarde sur l'*existence* de ce phénomène, comme le montre le fait de l'*équation personnelle*, bien connu des astronomes.

b) La réflexion peut *altérer* les phénomènes par l'*effort* même qu'elle fait pour les observer ; parfois même elle les *supprime* : vg. comment étudier la colère ? l'observation la calmerait.

Réponse : dans ces cas, il faut recourir au *souvenir* et ressusciter les états d'âme passés.

Objection IVe. — La méthode *réflexive* n'a *pas de valeur scientifique* : elle n'étudie que des *faits individuels*, relatifs à une seule âme ; or il n'y a pas de science du particulier (2). Il en résulte donc une *monographie* et non une œuvre scientifique, la connaissance d'*une âme* et non la connaissance de *l'âme*. — Si le psychologue *généralise* les résultats *personnels* auxquels il est parvenu, il péchera par *excès* ou par *défaut*, en attribuant à la nature humaine en général des faits *accidentels* propres à l'observateur, ou bien en lui refusant des éléments qu'il n'a pas découverts en lui. Enfin, le psychologue ne s'étudie qu'à un *âge relativement avancé*, où les facultés sont *pleinement développées*. Comment saisirait-il *leurs origines*, suivrait-il *leur évolution* ? Il n'observe donc que l'*homme adulte*, et encore d'une catégorie particulière, l'homme *civilisé*, l'homme *philosophique*. De toute façon, sa psychologie sera artificielle.

Réponse : cette dernière série d'objections prouve seulement l'*insuffisance* d'une méthode *purement subjective*, car ses résultats peuvent être *incertains* ou *incomplets* ; il faut donc la *contrôler* ou la *compléter* par *l'observation des autres*, par la méthode *objective*.

§ B. — *OBSERVATION OBJECTIVE OU EXTERNE*

Fondement de cette méthode : il nous est impossible de pénétrer dans la conscience des autres. Ne percevant que leurs *mouvements extérieurs*, nous ne pouvons connaître leurs *états de conscience* que par un raisonnement fondé sur l'*analogie*. Ainsi, voyant un homme ou un animal exécuter une série de mouvements, dont les analogues correspondent, en nous, à une certaine série d'états de conscience, nous en concluons que cet homme ou cet animal ont des états d'âme semblables. — Ce raisonnement analogique a lui-même pour base l'observation intérieure, car, si nous n'avions pas saisi *en nous* le rapport qui lie tel état interne à tel phénomène extérieur, ce dernier resterait un phénomène dénué de toute signification. — C'est ainsi qu'on peut instituer une *Psychologie comparée* qui, embrassant toutes les formes de la vie psychologique, soit chez l'*homme*, soit chez l'*animal*, rendra à la science de l'âme les mêmes services que l'anatomie et la physiologie comparées rendent aux sciences de la vie. Quelles sont donc les *sources d'information complémentaire* que peut offrir la Psychologie comparée ?

§ I. — **Le psychologue étudiera les autres hommes** :

A) **Les hommes de son temps** : *a*) en observant leur physionomie.

b) Surtout en les *interrogeant*, car la *parole* est l'instrument par excellence de la communication des consciences.

B) **Les hommes de tous les temps**, au moyen des :

1°) **Langues** : le langage, étant la forme sensible que prend la pensée pour se manifester, obéit aux mêmes lois que la pensée elle-même. Étudier le langage, c'est donc étudier l'esprit humain qui s'y reflète comme dans un *miroir*. En effet :

a) Il est impossible d'observer les *opérations spontanées* de l'intelligence, car elles sont tellement rapides qu'elles sont insaisissables ; l'observation d'ailleurs les interromprait. Mais ces opérations revêtent, par le langage, une *forme* qui permet de les analyser.

b) L'*analyse comparative des différentes langues* sert à dégager les *lois générales* de l'esprit humain.

c) La *langue particulière* d'un peuple fournit des renseignements sur ses divers états psychologiques. La langue d'un peuple est à ce peuple ce que le style est à l'homme. Et les progrès de la philologie confirment la vérité de cette parole de M. Ribot : les langues sont « une psychologie pétrifiée » (¹).

2°) **Littératures et arts** : on peut tirer des grandes œuvres littéraires et artistiques une psychologie, soit *des hommes de génie* qui en ont été les auteurs, soit *des siècles* et des *nations* où elles ont paru. Cette comparaison fait ressortir, à côté des parties mobiles de la nature humaine à travers les milieux et les âges, ses éléments essentiels, ce que l'on a appelé « *l'homme universel, l'homme éternel* » (²).

3°) **Histoire** : elle est un vaste champ d'observations ouvert au psychologue :

a) Il y trouve une grande **variété** de faits psychologiques.

b) Ces faits se présentent, avec une **intensité** plus grande, chez les hommes supérieurs ou dans un peuple soulevé par une forte émotion à tel moment de son histoire, ce qui permet d'étudier, avec tout le *grossissement nécessaire*, certaines facultés et certaines passions.

C) **L'homme à tout âge, surtout dans l'enfance** :

C'est la **Psychologie infantile**, qui éclaire les origines, l'éclosion et les premiers développements de nos facultés et de nos opérations. Autrement on s'expose à regarder, comme simple et

---

(¹) Cf. G. Sortais, *Traité de philosophie*, T. I, Psychologie, L. IV, ch. ¹.
(²) A. Fouillée, *Psychologie du peuple français* ; *Esquisse psychologique des peuples européens*. — H. Joly, *La Psychologie des grands hommes* ; *La Psychologie des saints*. — G. Michaud, *Le génie latin*.

naturel, ce qui est complexe et le fruit d'une longue élaboration (¹).

D) **L'homme dans tous les états, réguliers et anormaux :**
Les cas extraordinaires sont souvent les plus décisifs pour la solution de certains problèmes psychologiques : vg. le cas des *aveugles-nés* opérés de la cataracte pour le problème de la *perception extérieure*, celui des *sourds-muets* pour le problème des *rapports du langage et de la pensée* ; les désordres survenus dans la *mémoire* ont permis de préciser le rôle important de l'*organisme cérébral* dans l'apparition des souvenirs, etc. — Le *somnambulisme*, l'*hallucination*, la *folie*, les *maladies* et les *monstruosités mentales* sont à étudier. C'est l'objet de la **Psychologie morbide** ou *tératologie* (science des monstres) *psychologique* (²).

§ II. — **Le psychologue étudiera l'animal :**
« S'il n'existait pas d'animaux, a dit Buffon, la nature de l'homme serait bien plus incompréhensible ». En effet, quelques-unes de nos facultés existent chez l'animal à l'état imparfait, vg. l'*intelligence*. D'autres, comme l'*instinct*, sont bien plus développées chez l'animal que chez l'homme. Après avoir vu tout ce qui *manque à l'animal* et tout ce qui *nous appartient*, il est plus facile, *par contraste*, de connaître ce qui constitue la *supériorité de l'homme* (³).

Conclusion : quelle que soit l'importance de l'observation *extérieure*, elle n'est qu'un *auxiliaire* ; elle reste *subordonnée* à l'observation intérieure, qui est la méthode psychologique par excellence.

(¹) Maillet, *Psychologie de l'homme et de l'enfant*. — Nicolay, *Les enfants mal élevés*. — Pérez, *Les trois premières années de l'enfance* ; *L'éducation intellectuelle dès le berceau* ; *L'éducation morale dès le berceau* ; *La poésie chez l'enfant*. — Preyer, *L'âme de l'enfant*. — Sully (J), *Études sur l'enfance*.
(²) Cf. G. Sortais, *Traité de philosophie*, T. I, Psychologie, **244-250**.
(³) Cf. G. Sortais, *Traité de philosophie*, T. I, Psychologie, **251-254**.

73. — II : HYPOTHÈSE EN PSYCHOLOGIE

Après avoir rassemblé ainsi, par l'observation interne et par l'observation externe, un ensemble de faits, le psychologue constate que certains d'entre eux sont invariablement précédés ou invariablement suivis de certains autres. Ceux qui précèdent invariablement sont appelés *antécédents*, et on nomme *conséquents* ceux qui les suivent toujours. On est amené par cette constatation à **supposer** qu'il y a entre ces faits un lien de *dépendance nécessaire*, un rapport de *causalité* : on imagine une **hypothèse**. Mais, comme on peut prendre pour des relations *essentielles* et *nécessaires* ce qui n'est qu'une succession *fortuite* et *accidentelle*, il faut **vérifier** l'hypothèse par l'**expérimentation**, qui démontrera si le lien, qui unit l'antécédent et le conséquent en question, est vraiment **causal** ou simplement accidentel.

74. — III : EXPÉRIMENTATION EN PSYCHOLOGIE

§ A. — *SA NÉCESSITÉ*

Si la psychologie est vraiment une science, *analogue* aux autres *sciences positives*, (sauf la différence de nature dans les phénomènes étudiés), elle ne doit pas se contenter de l'observation. En effet toute science doit s'élever à ce qui est *général*, à la *loi*. La loi est un *rapport de causalité universalisé*. Sans doute l'observation peut bien saisir les différents antécédents d'un fait, et même l'*uniformité* des faits, c'est-à-dire des faits se *succédant* d'une manière *invariable*. Mais elle est incapable de découvrir les *rapports*, qui ne tombent ni sous le sens intime, ni sous les sens externes (**46**, sect. II, § A). Il faut donc recourir à un autre procédé : l'**expérimentation**. La physique et la chimie doivent à cette méthode leurs progrès ; la physiologie a été transformée depuis que les Bichat, les Claude Bernard, les Pasteur en ont fait une *science expérimentale*. Dans *quelle mesure* l'expérimentation est-elle *applicable* à la psychologie ?

§ B. — *CONDITION DE SA POSSIBILITÉ*

Pour que l'expérimentation fût possible en psychologie, comme en physique ou en chimie, il faudrait pouvoir faire agir à volonté la cause capable de produire le phénomène psychologique qu'on veut étudier, et cela dans des circonstances nettement déterminées.

Or cette condition fondamentale n'est réalisable que pour les *sensations*, parce qu'elles dépendent d'un petit nombre d'antécédents physiques ou physiologiques, sur lesquels nous avons prise. Dans ce cas, il y a possibilité matérielle d'expérimenter, mais parfois une *impossibilité morale* s'y oppose. Il y aurait, par exemple, utilité, pour résoudre certains problèmes psychologiques, à séquestrer un enfant (comme on a fait pour Gaspard Hauser), à le laisser grandir sans éducation, à le rendre momentanément aveugle, sourd, etc. Mais le respect dû à la personne humaine réprouve de telles expériences, car elle a des droits sacrés devant lesquels la science doit s'incliner. Il faut se contenter des cas *anormaux* qui se présentent : vg. aveugles-nés opérés de la cataracte (comme l'aveugle âgé de quatorze ans que Cheselden opéra en 1728) — amputés — aliénés — maladies de la mémoire. Tel est le cas de Laura Bridgmann à la fois sourde, muette et aveugle de naissance. Ces faits constituent de véritables expérimentations *naturelles*.

Pour les phénomènes psychologiques, autres que les sensations, l'expérimentation ou bien :

1. — *Est impossible*, parce qu'on ignore la cause probable du phénomène ou parce qu'elle échappe à nos prises : vg. quelle cause nous rend capables d'abstraire, de généraliser, de juger, de raisonner ? C'est l'esprit lui-même ; mais on ne peut expérimenter sur l'esprit, réalité intangible, comme on manipule une substance chimique.

II. — *Se ramène à l'observation et n'est guère plus instructive* : quand on reproduit volontairement, exprès pour les observer, des actes produits spontanément : vg. recommencer un raisonnement qu'on vient de faire.

III. — *Est indirecte et aboutit à des conclusions vagues et générales* ; vg. quand le *politique*, le *législateur*, le *maître* essaient tel ou tel système de *gouvernement*, de *répression* ou d'*éducation*.

§ C. — *TENTATIVES*

On peut classer ainsi les expériences diverses tentées par les psychologues :

§ I. — **Expériences psycho-physiques** : les psycho-physiciens, comme Weber, Wundt, Fechner, Helmholtz, Ribot, etc., se sont surtout proposé de **mesurer** les phénomènes psychologiques. Étant donnée une cause *physique* qui produit des *sensations*, quelle loi rattache les variations de cette cause aux variations des effets, c'est-à-dire des sensations ? C'est l'énoncé général de leurs recherches, qui ont porté surtout sur les points suivants :

A) **Vitesse des sensations** : il s'agit de mesurer d'abord le temps nécessaire au mouvement né de l'impression organique pour se propager à travers les nerfs jusqu'au cerveau ; puis le temps que dure la sensation elle-même. Le résultat des expériences est que la durée de la sensation *varie* avec les individus et les circonstances : la durée *moyenne* est de $1/5$ à $1/8$ de seconde.

B) **Minimum et maximum sensibile** : les psycho-physiciens ont essayé de déterminer la *quantité d'excitation* qui correspond au premier degré de la sensation. — Il y a de même un *maximum sensibile*. — Pour produire une sensation *l'excitation* doit être *d'intensité moyenne* ; une excitation *trop forte* ou *trop faible* n'arrive pas à la conscience : vg. une corde tendue, qui aurait moins de 32 vibrations par seconde ou plus de 34 000, ne produirait aucun son.

C) **Rapport de la sensation à l'excitation qui en est la**

cause : on savait que la sensation ne croît pas aussi vite que l'excitation : vg. 10 bougies n'éclairent pas 10 fois autant que 1 bougie. — Mais quel est le rapport des accroissements de sensation aux accroissements d'excitation ?

1°) WEBER a établi cette première loi : *Le rapport est constant.* Exemple : le rapport est 1/3 pour les sensations de chaleur. Supposons que l'expérience commence à 9°, nous constaterons de nouvelles sensations de chaleur à 12°, 16°, 21° + 1/3, 28° + 1/9, etc. (12 = 9 + 3, c'est-à-dire 1/3 de 9 ; 16 = 12 + 4, c'est-à-dire 1/3 de 12....).

2°) FECHNER a établi cette deuxième loi : *La sensation croît* (en intensité) *comme le logarithme de l'excitation qui la fait naître ;* — ou plus simplement : *l'excitation extérieure croissant en progression géométrique* (telle que 1, 2, 4, 8, 16, etc.), *les sensations correspondantes croissent seulement en progression arithmétique* (telle que 1, 2, 3, 4, 5, etc.). Si une première sensation a été produite par une excitation = 2, pour produire une sensation trois fois plus forte = 6, il faudra une excitation = 32,

$$1 \quad 2 \quad 4 \quad 8 \quad 16 \quad 32 \quad 64$$
$$1 \quad 2 \quad 3 \quad 4 \quad 5 \quad 6 \quad 7$$

Ainsi, tandis que la *température extérieure*, qui cause la sensation, est représentée par :

$$9 \quad 12 \quad 16 \quad 21\ 1/3 \quad 28\ 1/9,$$

la sensation de chaleur correspondante l'est par :

$$1 \quad 2 \quad 3 \quad 4 \quad 5$$

Les logarithmes des nombres, qui forment une progression géométrique, sont en progression arithmétique : de là la *formule* de la loi Fechner.

Critique : 1°) On ne peut expérimenter ainsi, que sur des faits psychologiques *conditionnés par des antécédents physiques,* c'est-à-dire sur les *sensations externes.*

2°) On fait, dans ces expériences, plus ou moins abstraction des faits *physiologiques* qui s'interposent entre les causes physiques et les effets psychologiques. Leur action n'est cependant pas négligeable. Aussi la loi de Fechner est-elle contestée.

3°) L'expérimentation psycho-physique ne détermine que des lois de *mesure*; or ces lois sont ici *très contestables*, parce que l'un des deux termes, la *sensation*, n'est pas une quantité ; il est impossible de le diviser en parties égales ; par conséquent on ne peut donner une sensation comme étant double, triple d'une autre, etc. (¹).

§ II. — **Expériences psycho-physiologiques** : elles cherchent à déterminer les antécédents ou conséquents *physiologiques* des états psychologiques.

Exemples : FLOURENS a prouvé que, si on enlève le cerveau à un animal, en laissant intacte la moelle allongée, la sensibilité persiste, mais les instincts et l'intelligence ne s'exercent plus ; d'où il conclut que l'intelligence est irréductible à la sensation ; — études de BROCA sur les localisations cérébrales ; — expériences de Mosso sur les effets produits par la peur dans la circulation, etc.

Critique : ces expériences sont également *limitées* aux *sensations* et à des *effets physiques* d'états psychologiques très simples. — Elles sont délicates à faire, parce qu'il est difficile d'isoler, chez l'homme ou l'animal vivants, les organes intérieurs de la vie physiologique. — Cuvier condamne les *vivisections*, parce qu'en troublant l'organisme elles vicient l'observation.

§ III. — **Expériences hypnotiques** : l'*hypnotisme* fait le vide dans l'esprit du sujet ; on introduit alors par suggestion un phénomène psychologique, dont on peut suivre plus facilement le développement, parce qu'il n'est pas contrarié par des causes étrangères.

Critique : cette méthode ne semble pas décisive :

a) Elle opère dans des conditions *anormales*.

b) On n'est jamais sûr qu'il ne subsiste pas quelque *cause inconnue* qui contrarie le développement du phénomène suggéré (²).

(¹) J. DE BONNIOT, *L'âme et la physiologie*, L. I, ch. VII. — A. FARGES, *Le cerveau, l'âme et les facultés*, Iʳᵉ P. § 9. — RIBOT, *La Psychologie allemande contemporaine*, ch. VI.

(²) Cf. G. SORTAIS, *Traité de Philosophie*, T. I, PSYCHOLOGIE, 247.

Conclusion : l'expérimentation est donc *très restreinte* en physchologie, si on ne la fait consister qu'à susciter l'apparition d'un phénomène ou à modifier les circonstances dans lesquelles il se produit. Mais si, avec Claude Bernard ([1]), on la fait consister essentiellement dans la *vérification d'une hypothèse*, que cette vérification ait lieu à l'aide d'un fait provoqué par le savant ou d'un fait donné par la nature, n'importe ; alors il n'est plus juste de dire que l'expérimentation n'a, en psychologie, qu'un domaine très limité. Le psychologue trouve en effet, dans l'expérience interne, matière à nombreuses hypothèses et peut découvrir, par l'observation de lui-même ou des autres, des faits capables de les vérifier.

75. — IV : INDUCTION : LOIS PSYCHOLOGIQUES

Après que l'expérimentation a dégagé des rapports de causalité, il reste à les transformer en **lois**, en les généralisant par l'*induction proprement dite*. C'est ainsi qu'on a établi les lois, vg. du *plaisir et de la douleur*, — des *inclinations*, — des *passions*, — de la *mémoire*, — de l'*habitude*, etc. Mais les *lois psychologiques* n'ont pas la *précision*, la *nécessité*, la *généralité* des lois physiques, parce que :

I. — L'analyse psychologique n'est pas *quantitative* comme l'analyse chimique ; — les phénomènes psychologiques ne sont pas *mesurables* comme les faits physiques : vg. quelle quantité de colère, de joie, etc., devrait-on adopter comme *unité* de mesure, comme « mètre psychologique ? »

II. — Les phénomènes physiques, étant fatals, sont régis par le principe : *Dans les mêmes circonstances, les mêmes causes produisent les mêmes effets*. La nécessité et la généralité des lois physiques ne dépendent que de cette condition : *si* les circonstances restent les mêmes. En soi, elles comportent donc des exceptions, parce que Dieu peut agir directement en faisant un

---

[1] Cl. Bernard, *Introduction à l'étude de la médecine expérimentale*, Iʳᵉ P., ch. I.

miracle. Mais cette intervention immédiate de la cause première est, en fait, si exceptionnelle que, *pratiquement*, les lois physiques sont réputées *invariables*, c'est-à-dire nécessaires et générales.

Les phénomènes psychologiques, au contraire, dépendent plus ou moins de la *liberté*. Or une cause libre est essentiellement une cause qui, *les circonstances restant les mêmes, peut prendre une détermination différente*. C'est pourquoi l'application d'une loi psychologique aux cas *particuliers* est toujours *précaire et hypothétique*, parce qu'elle est subordonnée à l'intervention toujours possible de la liberté, qui empêche toute prévision certaine ([1]).

BIBLIOGRAPHIE

BAIN,	*Logique...*, L. V, ch. v.
BERGSON,	*Les données immédiates de la conscience.*
BINET,	*Introduction à la psychologie expérimentale.* — *L'étude expérimentale de l'intelligence*, ch. I.
BONNIOT, (de),	*L'âme et la physiologie.*
CHARAUX,	*De l'esprit philosophique.*
FOUCAULT,	*La psychophysique.*
GÉRARD-VARET,	*Psychologie objective*, Rev. phil., Mai 1900.
JANET et SÉAILLES,	*Histoire de la philosophie* : PSYCHOLOGIE, ch. II.
JOUFFROY,	*Mélanges philosophiques.*
KELLER (H.),	*The story of my life.*
MAINE DE BIRAN,	*Essai sur les fondements de la psychologie.*
MAISONNEUVE (Dr),	*La psychologie scientifique*, Annales de phil. chrét., 1895.
MILL (S.),	*Système de Logique...*, L. VI.
PAULHAN,	*Physiologie de l'esprit.*
RABIER,	*Psychologie*, ch. IV, v.
RIBOT (Ch.),	*Psychologie anglaise contemporaine*, Introd. — *Psychologie allemande contemporaine.*
SÉAILLES,	*Les méthodes psychologiques et la psychologie expérimentale*, Rev. phil., T. XIII, p. 341 et s.
SERGI,	*La psychologie physiologique.*
SULLY (J),	*Outlines of psychology*, p. 684 et s.
VAN BIERVLIET,	*Éléments de psychologie humaine.*
VILLA,	*La Psychologie contemporaine*, ch. IV.
WUNDT,	*Psychologie physiologique.*

[1] Pour la comparaison entre la *Méthode des sciences physiques* et la *Méthode de la Psychologie*, Cf. G. SORTAIS, *Traité de philosophie*, T. II, LOGIQUE, **74**.

SECTION II. — MÉTHODE DE LA MORALE

76. — NATURE DE LA MÉTHODE EN MORALE

On a imaginé trois méthodes différentes :

I. — **Méthode empirique** : c'est l'opinion de S. Mill et des positivistes.

A) **Exposé** : les partisans de cette méthode procèdent, en morale, comme dans les sciences physiques. Ils observent comment les hommes agissent et quelles fins dirigent leurs actions ; puis, dégageant ce que ces fins ont de commun, ils le présentent comme la fin unique et le bien suprême de la volonté humaine. C'est ainsi que, pour S. Mill, ce bien c'est le bonheur : de cette loi établie par une induction empirique, sans recourir à un principe rationnel il déduit toute la morale (MORALE, **53**). C'est de la même façon que Mill établit cette loi : Les hommes sont mortels. Son fondement unique c'est la constatation de l'expérience présente et la tradition de l'expérience passée : Les hommes mourront à l'avenir, parce que *jusqu'ici* ils sont morts (**17**, § A, B).

B) **Critique** : l'empirisme est impuissant à constituer la morale ; il dit comment, *en fait*, l'homme agit ou peut agir ; il ne dit pas comment il *doit* agir. L'empirisme mène donc à une morale sans obligation, c'est-à-dire à la négation de la moralité. En effet, les lois tirées des faits ne sont en elles-mêmes que des *faits généralisés* et n'ont partant aucun caractère obligatoire. La loi morale, comme la loi physique, n'est, dans le système empirique, qu'une généralisation de l'expérience passée. Or, dans les deux cas, le passé ne peut garantir l'avenir, car l'expérience exprime ce qui est *ici* ou *là*, et non ce qui *doit* être *partout* et *toujours*. La loi morale n'aurait, dans ces conditions, qu'une valeur relative et provisoire, comme la loi physique : la méthode empirique aboutit à une « physique des mœurs ».

II. — **Méthode rationnelle** : c'est la thèse des Stoïciens, de Spinoza et de Kant (¹).

A) **Exposé** : la science morale est une science *a priori* ; elle devient une sorte de *géométrie des mœurs*, qui doit être constituée, en dehors de toute donnée psychologique. « La morale, dit Kant, n'emprunte pas la moindre chose à la connaissance de l'homme ».

B) **Critique** : cette méthode n'est pas recevable, car elle est :

1°) **Fausse en principe** : on ne peut déterminer la fin et la loi d'un être avant de connaître sa nature, puisque la loi et la fin d'un être ne sont, en définitive, que sa nature dégagée de toute imperfection, sa nature idéalisée. Avant de savoir ce que l'homme doit être et doit faire, il faut savoir ce qu'il est et ce qu'il fait. — D'ailleurs l'exemple de Kant et de Spinoza suffirait à réfuter leur théorie : pratiquement, ils font des emprunts subreptices à la psychologie.

2°) **Funeste dans ses conséquences** :

a) Si le moraliste n'observe pas la nature humaine, il construira une morale chimérique qui ne conviendra point à l'homme réel et concret. Détruire les passions pour vivre conformément à la raison et parvenir à l'ataraxie : voilà l'idéal stoïcien (²). Affranchir la moralité de toute vue d'intérêt personnel, même raisonnable : voilà l'idéal kantien (MORALE, 56). Kant et les Stoïciens ne nous offrent qu'un idéal *inhumain*, *contre nature*, par conséquent *impraticable*, car ils mutilent l'homme en supprimant la sensibilité.

b) Une pareille doctrine a pour aboutissement naturel l'inertie et le découragement. Les faits attestent la vérité de cette conséquence. Le stoïcien mourant s'écrie avec désespoir : *Vertu, tu n'es qu'un mot!* Kant se demande si un seul acte vertueux a été accompli depuis le commencement du monde. Socrate avait été plus sage quand il fondait la philosophie morale sur cette maxime : *Connais-toi toi-même.*

III. — **Méthode empirico-rationnelle** : c'est la méthode véritable. Les notions morales du bien, du devoir, du droit, du

---

(¹) KANT, *Fondements de la métaphysique des mœurs*, Trad. BARNI, p. 42 et s.

(²) Cf. G. SORTAIS, *Traité de philosophie*, T. I, PSYCHOLOGIE, 64, § A.

mérite, etc., ne sont pas, comme les notions mathématiques, des constructions idéales de l'esprit. D'autre part, elles ne sont pas un objet d'observation directe. Il faut donc que la raison les déduise des données recueillies par les sciences psychologiques qui s'occupent de l'homme.

A) **Expérience et raison** : l'homme étant un *animal raisonnable, social* et *religieux*, pour découvrir les notions de l'ordre moral, il faut étudier l'*Anthropologie*, la *Psychologie*, la *Sociologie* et la *Théodicée*. Mais, appuyé sur son expérience personnelle et sur l'expérience universelle, le moraliste doit surtout s'attacher à l'analyse des jugements et des sentiments moraux. C'est de l'analyse de ces données psychologiques et des faits fournis par les autres sciences, qui éclairent la nature de l'homme, que l'esprit dégage par la *réflexion* les notions fondamentales du bien, du devoir, du droit, du mérite, etc. (Morale, 32). Alors rapprochant entre elles ces notions, la raison y découvre des rapports absolus, nécessaires et universels et les formule en jugements qu'on nomme *principes premiers* de l'ordre moral et pratique : vg. Le bien est distinct du mal. — Il faut faire le bien et éviter le mal. — Le bien a droit à une récompense, le mal à un châtiment, etc.

B) **Déduction** : partant de ces principes certains, de ces vérités nécessaires, le moraliste en **déduit** des conclusions rigoureuses, qui doivent servir de **règles** de conduite.

Conclusion : la loi d'un être se déduit de sa fin, et sa fin se déduit de sa nature, que l'on ne peut connaître que par l'observation réfléchie : c'est dire que la méthode de la morale est la **déduction** fondée sur l'**expérience psychologique**.

SECTION III

MÉTHODE DES SCIENCES HISTORIQUES

77. — OBJET ET DIVISION DE L'HISTOIRE

A) **Objet de l'histoire** : l'histoire (ἱστορία, *information*) est la science du passé des sociétés humaines ; c'est « la mémoire de l'humanité ». Elle a pour objet les **événements passés**, qui par conséquent ne peuvent plus être observés. Mais, dira-t-on, les phénomènes observés par les autres sciences sont passés aussi. C'est vrai ; mais ces faits peuvent être reproduits au moyen de l'expérimentation ; ils ne sont donc pas strictement passés (¹).

B) **Division** : l'histoire se subdivise suivant la nature des phénomènes moraux particulièrement étudiés. C'est ainsi qu'on a l'histoire : 1) des *arts*, des *lettres*, des *sciences*, qui recherche les manifestations de l'activité esthétique et scientifique ; — 2) des *religions* ; — 3) des *systèmes philosophiques* ; — 4) de la *civilisation* ; — 5) du *commerce et de l'industrie* ; — 6) de la *vie des sociétés*.

C) **Éléments de la science historique** : cette science implique :

I. — La **Critique du témoignage en général**.

II. — La **Critique historique des témoignages particuliers**, source d'informations de l'histoire.

III. — L'**Histoire proprement dite**, qui raconte les faits passés et les explique par leurs *causes particulières et immédiates*.

IV. — La **Métaphysique de l'histoire**, qui s'efforce de dégager les *causes générales et les lois supérieures* de la vie des peuples.

78. — Ier ÉLÉMENT : CRITIQUE DU TÉMOIGNAGE EN GÉNÉRAL

Le plus grand nombre des faits historiques ne pouvant être connus par l'observation directe et personnelle, puisqu'ils sont

---

(¹) M. H. Poincaré a signalé cette différence d'une façon piquante : « Avant tout le savant doit prévoir. Carlyle a écrit quelque part quelque chose comme ceci : le fait seul importe ; Jean-sans-Terre a passé par ici, voilà ce qui est admirable, voilà une réalité pour laquelle je donnerais toutes les théories du monde ». Carlyle était un compatriote de Bacon ; comme lui il tenait à proclamer son culte *for the God of Things as they are* ; mais Bacon n'aurait pas dit cela. C'est le langage de l'historien. Le physicien dirait plutôt : Jean-sans-Terre a passé par ici ; cela m'est bien égal puisqu'il n'y repassera plus » (*La science et l'hypothèse*, p. 168-169).

passés, il faut recourir à l'observation *indirecte*, à un mode particulier d'information : le **témoignage** des hommes.

§ A. — *DÉFINITION DU TÉMOIGNAGE*

1°) **Le témoignage** : c'est le récit *verbal* ou *écrit* d'un fait par un ou plusieurs témoins. Le **témoignage proprement dit** est relatif aux **faits** ; l'**autorité** se rapporte aux **doctrines** : vg. telle opinion philosophique a pour elle l'autorité d'Aristote.

2°) **Le témoin** : c'est celui qui a vu (= oculaire) ou entendu (= auriculaire) quelque chose.

§ B. — *IMPORTANCE DU TÉMOIGNAGE*

Elle ressort de sa **nécessité** par rapport :

I. — **A l'individu** *pour son développement physique, intellectuel et moral* :

1°) Le témoignage est l'instrument naturel de l'**éducation**, car l'homme est un être enseigné [1], et l'enseignement a pour condition la foi au témoignage. L'enfant, ne pourrait éviter les périls qui le menacent s'il ne croyait pas à la parole de ses parents. Sans cette foi, comment apprendrait-il à parler, comment acquerrait-il ses premières idées ? Il ne peut toujours vérifier ce que ses parents et ses maîtres lui disent, et eux-mêmes n'ont pu le faire toujours. Sans doute ce n'est pas l'éducation, aidée de la parole et fondée sur la foi au témoignage, qui produit les idées dans l'âme de l'enfant, comme le prétend de Bonald. Non ; l'éducation suppose l'existence des facultés personnelles : les sens, la conscience et la raison. Son rôle est d'en stimuler le développement, d'aider l'enfant à passer des notions synthétiques et confuses, qu'il forme spontanément, aux notions analytiques et distinctes. Ce n'est pas une fonction créatrice mais *excitatrice*.

2°) De spontanée qu'elle est chez l'enfant, la foi au témoignage

---

[1] Lacordaire, *Conférences de Notre-Dame*, Ire C.

devient réfléchie chez l'homme fait, qui la contrôle par l'expérience de la raison. Livrée à elle-même, la connaissance individuelle serait très bornée ; grâce au témoignage dont nous usons constamment, chacun de nous a pour ainsi dire des millions d'yeux et d'oreilles, qui le rendent présent sur tous les points de l'univers.

II. — **A la société** : le lien social par excellence, c'est la parole ; or la parole suppose la foi au témoignage ; sans cette foi mutuelle les relations entre citoyens seraient impossibles.

III. — **A la science** : la foi au témoignage est une des conditions du progrès scientifique (**14**, § II). C'est pourquoi le témoignage est nécessaire aux sciences :

1°) **Rationnelles** : il faut sans doute se rendre compte de la valeur des démonstrations antérieures ; mais chaque savant ne recommence pas le travail de ses prédécesseurs ; il en profite.

2°) **Expérimentales** : la part du témoignage y est beaucoup plus grande, parce que ces sciences reposent sur l'observation et l'expérimentation. Il est manifeste que chaque savant ne peut refaire toutes les observations et expérimentations accumulées par ses devanciers ; son point de départ est le point d'arrivée des autres. Sinon il passerait sa vie à contrôler les travaux antérieurs, et la science resterait stationnaire.

3°) **Historiques et géographiques** : elles s'appuient *directement* sur le témoignage.

§ C. — *FONDEMENT DE LA FOI AU TÉMOIGNAGE*

Pour quelles raisons ajoutons-nous foi au témoignage de nos semblables ? La foi au témoignage peut être, comme toute croyance, **spontanée** ou **réfléchie**. La réponse variera selon le cas :

I. — **Croyance spontanée ou naturelle** : l'École écossaise ([1]) recourt à un double instinct : **instinct de véracité** ou inclination à dire la vérité ; **instinct de crédulité** ou inclination à y croire. — Il faut rejeter comme inutile l'existence *primitive* de

---

([1]) REID, *Recherches sur l'entendement humain d'après les principes du sens commun*, ch. VI, Sect. XXIV, p. 346 et s. (Édit. JOUFFROY)

ces inclinations ; la véracité et la crédulité s'expliquent par un fait qui leur est antérieur : *nous parlons pour exprimer notre pensée* ; c'est là le but et l'utilité essentiels du langage. Nous en *inférons* spontanément, par une analogie toute naturelle, que les autres parlent aussi dans ce but ; et l'expérience vient vérifier cette induction. Le **fondement** de la foi spontanée au témoignage est donc cette **induction naturelle** ; et cette foi persiste tant que l'induction n'est pas démentie par les faits. Alors apparaît la nécessité d'une foi réfléchie.

II. — **Croyance réfléchie** : elle repose sur une **application du principe de raison suffisante**. Après avoir constaté que parfois nous cédons à la tentation de tromper les autres et que nous nous sommes trompés involontairement, une analogie toute naturelle nous fait penser qu'il en peut être ainsi pour les autres. Puis les faits viennent confirmer cette induction spontanée. Dès lors nous concluons que l'on ne peut se fier toujours et sans réserve au témoignage : désormais avant de croire nous exigeons des **garanties** et des **conditions**. Quelles sont-elles ? Un témoignage peut être attribué *seulement* à trois causes : à la *mauvaise foi*, à l'*erreur* ou à la *réalité* du fait attesté. Si l'on parvient à éliminer les deux premières, il ne reste plus que la troisième : la réalité du fait. Dès lors la croyance au témoignage est justifiée. Refuser d'y croire, toute fausseté étant dûment écartée, n'aurait pas sa raison d'être, serait donc déraisonnable. Les **conditions** ou **garanties**, que l'on doit exiger des témoins, sont par conséquent la **probité** et la **science**. La critique du témoignage n'est qu'un cas de la recherche de la cause ; il faut donc employer la **méthode d'exclusion** des antécédents qui ne sont pas causes pour découvrir la valeur du témoignage.

§ D. — *RÈGLES DE LA CRITIQUE DU TÉMOIGNAGE*

Les règles de la critique du témoignage sont relatives :

I. — **Aux témoins** : il faut établir qu'ils ne sont ni **trompeurs**, ni **trompés**, c'est-à-dire qu'ils ont la **probité**, qualité qui se rapporte à la volonté, et la **compétence convenable**, qui a trait à l'intelligence. Il y a deux cas à distinguer :

A) **Témoin unique** : pour écarter les deux causes qui peuvent vicier son témoignage, le *mensonge* et l'*erreur*, il faut avoir de ce témoin une connaissance aussi parfaite que possible touchant :

1°) Son *intelligence* en général, sa compétence dans le cas particulier, l'état de ses sens.

2°) Son *caractère*, sa véracité habituelle, ses passions ou ses intérêts du moment. Bien que l'assertion d'un témoin unique fasse rarement foi, parce qu'il est très difficile de vérifier s'il remplit les conditions requises de véracité et de compétence, cependant la maxime juridique : *Testis unus, testis nullus*, n'est pas absolue, en fait de témoignage historique.

B) **Témoins multiples** : on procèdera, comme ci-dessus, pour chacun d'eux en particulier :

1°) Mais, ici, quand les témoins sont d'**accord** entre eux, un nouvel élément de preuve apparait. On cherchera si l'accord ne peut s'expliquer par une cause générale d'erreur, une entente préalable, une communauté d'intérêts ou de passions ; si aucune de ces raisons n'est reconnue valable, il reste que le fait est réellement arrivé. Autrement cette unanimité, n'ayant pour causes ni l'erreur, ni le mensonge, ni la réalité du fait, serait un effet sans cause, ce qui répugne.

2°) Si les témoins sont en **désaccord**, on les range en deux catégories ; on *compte* et surtout on *pèse* les témoignages contradictoires ; puis on conclut en faveur des témoins compétents et sincères, fussent-ils moins nombreux, mais en proportionnant la créance à la valeur de leur témoignage.

II. — **Au fait rapporté** : il faut que le fait soit :

A) **Vraisemblable.** — On peut distinguer trois sortes d'invraisemblance :

1°) **Invraisemblance métaphysique** : un fait absurde, contradictoire en lui-même et, par conséquent, en opposition manifeste avec la raison, doit être rejeté sans qu'il soit nécessaire d'examiner la valeur des témoins, car ils ne peuvent être que trompeurs ou trompés.

2°) **Invraisemblance physique** : le fait contredit les lois scientifiques actuellement connues. Il ne faut pas le rejeter *a priori* sans examen, car :

a) Le fait peut dériver de lois supérieures. On ne doit pas identifier l'impossible et l'invraisemblable, parce que « le vrai peut quelquefois n'être pas vraisemblable ». Un fait ne doit pas être jugé impossible par cela seul qu'il est extraordinaire, car les phénomènes de la nature renferment encore plus d'un mystère inexpliqué. C'est ainsi qu'on a longtemps taxé d'invraisemblance le fait des pierres tombées du ciel. Et pourtant l'existence des aérolithes n'est aujourd'hui contestée par personne. L'Académie de Médecine de Paris, en plein xix° siècle, refusa longtemps d'examiner les faits de magnétisme, qui dérangeaient certaines théories préconçues (1).

b) Le fait peut provenir de la Cause première. L'historien ne doit pas oublier que les lois physiques sont *hypothétiques* (2) et que Dieu, Créateur et Conservateur du monde, ne s'est pas interdit d'intervenir dans les événements par le miracle (3). Dans ces cas extraordinaires on doit seulement examiner plus sévèrement la compétence et la bonne foi des témoins. Mais les rejeter *a priori* n'est ni sage, ni scientifique, car, selon le mot d'Arago : « Celui qui en dehors des mathématiques pures prononce le mot impossible, manque de prudence ».

3°) **Invraisemblance morale** : le fait paraît en opposition avec le caractère connu d'un personnage, d'un peuple ou d'une époque. C'est la moins forte des invraisemblances, car il ne faut pas oublier que l'intervention de la liberté est capricieuse et peut dérouter toute prévision. De plus, nous sommes très enclins à repousser comme absurde tout ce qui contrarie notre expérience et nos habitudes. Ici surtout l'historien doit se dépouiller de toute prévention et de toute préoccupation locale ou personnelle.

B) **Facilement observable.**

C) **Important** en lui-même ou dans ses conséquences.

---

(1) E. Méric, *Le merveilleux et la science*, L. I, ch. v.
(2) Cf. G. Sortais, *Traité de philosophie*, T I, Psychologie, **168**.
(3) J. de Bonniot, *Le miracle et ses contrefaçons*, Ie P., ch. i-iii. — Cf. G. Sortais, *Traité de philosophie*, T. II, Métaphysique, **50**.

79. — II⁰ ÉLÉMENT : CRITIQUE HISTORIQUE

Les règles de la **Critique historique** ne sont qu'une application particulière des règles générales du témoignage aux **sources** de l'histoire, qui sont les **traditions orales**, les **monuments**, les **textes**.

§ A. — *CRITIQUE DES TRADITIONS*

La tradition c'est la transmission orale d'un fait de génération en génération. De toutes les sources historiques c'est la moins pure, car elle est souvent altérée et grossie par des légendes plus ou moins poétiques, que l'imagination populaire a mêlées au fait primitif. Aussi est-il souvent difficile de distinguer la fiction de la réalité, et de retrouver le fait véritable d'où est sortie la tradition. C'est pourquoi, pour être admise comme document historique, la tradition doit remplir certaines **conditions**. Elle doit être :

I. — **Universelle** : si tous n'ont qu'une voix pour la proclamer, l'imposture est impossible à cause du conflit des passions et des intérêts.

II. — **Constante et uniforme** : si elle a persisté dans son intégrité et si l'on peut remonter par une série ininterrompue de témoignages jusqu'à son point de départ, elle mérite créance. En effet chaque génération humaine ne disparaît pas au même moment ; mais les générations successives s'entremêlent et plusieurs subsistent en même temps. Aussi une erreur grave ne peut s'introduire dans la transmission d'un fait traditionnel sans réclamations, car des hommes, différents d'âge, de principes, de passions et d'intérêts, ne peuvent être unanimes dans le mensonge ou l'erreur.

III. — **Relative à des faits importants** : l'importance d'un fait est une garantie contre l'altération.

Dans ces conditions, la tradition a une valeur incontestable si on la restreint à la **substance** du fait et à ses circonstances **essentielles**.

§ B. — *CRITIQUE DES MONUMENTS*

On range, parmi les **monuments historiques**, tous les objets matériels qui conservent l'empreinte des faits passés : *édifices publics et privés, temples, palais, tombeaux, statues, colonnes, arcs de triomphe, tableaux, meubles, armes, bijoux, médailles, monnaies*, etc., avec les *inscriptions* qui les accompagnent.

I. — **Règles pour la critique des monuments.** — Vérifier :

1°) **Leur authenticité**, c'est-à-dire s'assurer s'ils se rapportent bien au temps, au lieu, à l'auteur auxquels on les attribue.

2°) **Leur sincérité**, c'est-à-dire s'assurer s'ils ne sont pas inspirés par la flatterie, l'orgueil, l'esprit de parti.

II. — **Utilité** : malgré leurs lacunes, les monuments servent à contrôler les récits des historiens et même à les compléter sur certains points [1].

§ C. — *CRITIQUE DES DOCUMENTS ÉCRITS*

C'est la source principale de l'histoire. Daunou range les documents écrits en huit catégories : 1) *Procès-Verbaux*. — 2) *Journaux privés*. — 3) *Journaux publics*. — 4) *Mémoires*. — 5) *Relations contemporaines*. — 6) *Relations postérieures de plus d'un siècle*. — 7) *Relations composées longtemps après*. — 8) *Histoire générale*.

Règles de la critique des textes. — Il faut vérifier leur :

I. — **Authenticité** : c'est l'attribution des ouvrages à leur auteur et à leur époque véritables. Elle se reconnaît à des signes *intrinsèques* et *extrinsèques* :

---

[1] Cf. J.-B. DE ROSSI, *Roma sotteranca cristiana*. — P. ALLARD, *Histoire des persécutions pendant les trois premiers siècles de l'Église.*

A) **Signes intrinsèques**, c'est-à-dire tirés de l'examen du livre *en lui-même* : vg. conformité des idées et du style avec ce que l'on sait de l'auteur par ailleurs ; — vocabulaire et construction grammaticale en harmonie avec le temps ; — accord du récit avec les mœurs, usages, lois, croyances, institutions et autres faits de l'époque ; — absence de contradictions.

B) **Signes extrinsèques**, c'est-à-dire pris *en dehors* de l'ouvrage ; vg. assentiment des contemporains qui le citent comme de tel auteur, de telle époque ; — témoignage des historiens postérieurs ; — accord du récit avec les autres sources de l'histoire : les traditions et les monuments.

Les caractères intrinsèques, étant fort élastiques, il faut en user avec précaution. Ils doivent servir surtout à *confirmer* les caractères extrinsèques, qui permettent d'établir directement l'authenticité d'un ouvrage, car ils sont précis et faciles à constater. Les caractères extrinsèques ne se plient pas, comme les autres, aux caprices de l'interprétation subjective, dont la critique allemande ([1]) a donné des spécimens mémorables. D'habiles faussaires peuvent en effet imiter un auteur à s'y méprendre et duper les plus clairvoyants ([2]).

II. — **Intégrité** : c'est l'absence d'altérations substantielles. Ces altérations se font par *suppression, addition, interpolation*. Les signes d'intégrité sont aussi :

A) **Intrinsèques** : unité de plan, de doctrine, de style.

B) **Extrinsèques** : comparaison des manuscrits, des éditions, des analyses de l'ouvrage, des citations qui en sont faites par d'autres auteurs.

III. — **Véracité** : c'est la conformité du récit avec les faits. On établit la véracité d'un écrit :

1°) En le **confrontant** avec d'autres documents.

2°) En prouvant que l'auteur est un historien :

a) **Éclairé**. — S'il est *contemporain* des faits qu'il rapporte,

---

([1]) Prat, *L'Évangile et la critique, ou critiques contre critiques*, dans les *Études*, 1897, T. LXXII, p. 55 et sqq. : p. 604 et sqq.
([2]) Prat, *Savants et mystificateurs. Le roi des faussaires*, dans les *Études*, 1897, T. LXXI, p. 491 et sqq.

il faut montrer qu'il est un témoin compétent. — S'il est *postérieur* aux faits, il faut voir s'il a puisé ses renseignements à bonne source et s'il est bien informé.

b) **Fidèle.** — On en juge d'après son caractère moral.

Conclusion : il résulte de ce qui précède que la critique historique est une science délicate. Elle requiert des :

a) **Qualités intellectuelles** : érudition, esprit de discernement, grande pénétration, profonde connaissance de l'âme.

b) **Qualités morales** : infatigable patience, impartialité absolue et dévouement sans borne au vrai : *Vitam impendere vero*.

80. — III⁰ ÉLÉMENT : HISTOIRE PROPREMENT DITE

§ A. — *SES CONDITIONS*

L'histoire proprement dite comprend le **récit** et l'**appréciation** des événements. Elle est tout ensemble une **œuvre d'art** et une **œuvre de science**. Pour les **anciens**, elle était *surtout* une œuvre d'art et d'art *oratoire*. Grecs et Romains ne séparaient pas l'histoire de l'éloquence. De là cet usage factice des harangues prêtées aux personnages historiques. Pour les **modernes**, elle est *surtout* une œuvre de science, une œuvre de critique et d'érudition puisée aux sources originales. La méthode historique a été véritablement renouvelée au xixe siècle. Le champ d'investigation a été également agrandi : au lieu de le restreindre presque exclusivement à l'*histoire-bataille*, les modernes étudient toutes les manifestations de la vie des peuples, religion, politique, état social, arts, lettres, sciences, etc.

I. — **Œuvre de science** : l'histoire, prise dans son ensemble, exige l'*esprit critique* et l'*esprit philosophique*.

A) **Esprit critique** : l'historien doit d'abord recueillir les faits, aller aux documents originaux et en examiner la valeur **(79)**. Mais la *Critique historique*, qui rassemble et discute les témoignages, n'est pour l'histoire qu'un *fondement* et une *préparation* ; elle fournit des matériaux de bon aloi, des faits bien contrôlés. Il faut ensuite les mettre en œuvre, construire l'édifice. Autrement on est un *érudit*, et non un historien.

B) **Esprit philosophique** : l'histoire proprement dite ne se contente pas de rapporter les faits, elle tâche d'en découvrir les **causes** et de les rattacher à leurs **lois**. Les témoignages relatifs au passé, surtout à un passé un peu lointain, sont incomplets. Dans cette seconde partie de sa tâche l'historien se sert du raisonnement pour combler les lacunes des documents.

De plus, il recherche les motifs et les mobiles qui ont fait agir les personnages mis en scène : ici encore il est obligé de recourir à des conjectures et à des inférences analogiques. Comme l'anatomiste reconstitue l'ensemble d'un organisme disparu d'après les vestiges qui ont survécu, ainsi l'historien doit reconstituer le tout d'après les parties subsistantes. L'histoire est, de ce chef, une **reconstruction**.

Enfin, de la comparaison des faits et des causes, il dégage les **lois** qui serviront de guide aux individus et aux sociétés. L'histoire est, à ce titre, une **généralisation**.

II. — **OEuvre d'art** : on n'est un grand historien qu'à la condition de bien coordonner les faits, d'animer les matériaux qui sont comme le squelette de l'histoire, et de communiquer à ses récits l'intérêt d'une action vivante. Alors le passé semble revivre et l'histoire est vraiment, selon le mot de Michelet, une **résurrection**.

Conclusion : voilà ce que l'*Histoire proprement dite* ajoute à la *Critique des témoignages* ([1]).

§ B. — ÉCOLES HISTORIQUES

On peut en distinguer deux d'après le but qu'elles poursuivent et la méthode qu'elles emploient :

I. — **École descriptive et narrative** : elle ne vise qu'à composer des récits *fidèles*, racontant les faits sans les apprécier

---

([1]) A. de Broglie, *Notice sur Duruy*, Revue des Deux Mondes, Fév. 1898, p. 540-551.

et sans remonter aux causes. L'histoire pour elle n'est qu'un **spectacle** : le monde est une vaste scène dont on contemple les acteurs sans louer ni blâmer rien.

Critique : cette méthode conduit à une *coupable indifférence* entre le bien et le mal ; elle est donc immorale dans ses conséquences ; elle aboutit au scepticisme. — Elle est d'ailleurs en opposition avec la nature de l'homme qui a une raison pour juger et une sensibilité pour s'émouvoir. C'est pour cela qu'elle est impraticable ; de même que, dans l'art, quoi qu'on dise, on idéalise toujours soit en beau, soit en laid ; ainsi, en histoire, on ne peut rester impassible devant le bien et le mal. L'historien, comme l'artiste, laisse plus ou moins transparaître l'impression que la nature des événements a produite sur son âme. L'impassibilité est donc une chimère ; la neutralité est un état d'équilibre instable qui ne saurait durer longtemps.

II. — **École critique et philosophique** : elle joint au récit fidèle des faits l'appréciation de leur valeur et la recherche de leurs causes. L'historien n'est pas seulement un témoin qui dépose sur les événements passés dont il a réussi, à force d'études, à se faire le contemporain ; il est encore un **juge impartial**. C'est la méthode que tâchent de suivre la plupart des historiens ; elle est, sans doute, d'un emploi délicat, mais elle est conforme à la nature des choses. L'histoire ne doit pas être seulement un spectacle intéressant ; elle doit être encore une **leçon instructive**.

§ 6. — *QUALITÉS D'UN BON HISTORIEN*

I. — **Qualités morales** : on peut les ramener à l'**impartialité**, qui consiste à n'avoir aucun parti pris, à juger les hommes et les choses, sans faveur comme sans colère : « Le bon historien n'est d'aucun temps, ni d'aucun pays ; quoiqu'il aime sa patrie, il ne la flatte jamais en rien [1] ». Cela veut dire que l'historien doit être impartial, mais non qu'il doit être impassible. Il ne faut pas écrire

---

[1] Fénelon, *Lettre sur les occupations de l'Académie française*, § 8.

l'histoire au profit d'une idée préconçue, autrement on torture les faits, pour les ajuster à la thèse fixée d'avance. Mais, comme nous l'avons vu (§ B), impartialité n'est pas indifférence. L'historien ne doit avoir qu'une passion, celle de la vérité.

II. — **Qualités scientifiques** : à l'esprit critique et philosophique, qui est surtout un don de nature, l'historien doit joindre l'acquisition de connaissances presque universelles, parce qu'il est appelé à parler de tous les éléments, si variés et si complexes, qui entrent dans la vie d'un peuple : religion, institutions sociales et politiques, etc, etc.

III. — **Qualités littéraires** : si l'histoire doit être une « résurrection », la qualité maîtresse de l'historien sera la vie ; il faut que son imagination soit assez puissante pour évoquer le passé et le faire revivre devant nous.

Conclusion : on voit, par cette énumération des qualités requises de l'historien, combien sa tâche est difficile à remplir.

§ D. — *CERTITUDE HISTORIQUE*

I. — **Objection** : on a soutenu que le témoignage en matière de faits était impuissant à donner la certitude, et que par conséquent l'histoire la plus parfaite ne dépassait pas les limites de la probabilité et de la vraisemblance. C'est l'opinion de Locke, de J.-J. Rousseau. Un géomètre écossais, Craig (XVIIe siècle), tenta de démontrer, d'après le calcul des probabilités, que les faits du commencement de l'ère chrétienne cesseraient d'être croyables au bout de 3 150 ans environ. Un autre géomètre, Peterson, indiqua la date de 1789.

II. — **Réponse** : 1°) On ne doit pas traiter les choses morales comme les grandeurs mathématiques. Le calcul des probabilités n'est rigoureux que s'il est appliqué à des éléments *quantitatifs* ayant une commune mesure. On ne peut donc soumettre à ce calcul les *qualités* du témoignage.

2°) Si la valeur du témoignage oral peut décroître avec le temps, celle du témoignage consigné par écrit demeure fixe en soi.

3°) Sans doute, en bien des cas, l'historien doit se contenter d'une plus ou moins grande probabilité. Mais il en est d'autres aussi où l'on peut arriver à une véritable certitude : qui doute par exemple de l'existence de Pékin ou de César? — On objecte qu'il ne peut y avoir certitude où manque l'évidence ; or on ne peut avoir l'évidence de l'existence d'un homme ou d'une ville qu'on ne connaît pas par soi-même. — La réponse est facile. On n'a pas l'évidence d'un fait passé ou lointain ; mais on a l'évidence qu'un grand nombre de témoins, différents entre eux de mille manières, ne peuvent se rencontrer dans le même mensonge ou tomber dans la même erreur, quand ils sont unanimes à attester un fait qu'ils ont pu connaître et qu'ils n'avaient aucun intérêt à dénaturer. C'est l'évidence immédiate et intrinsèque de ce principe rationnel qui rejaillit sur le fait attesté ([1]).

4°) Quand il s'agit de déterminer les *causes* morales, les *motifs* réels qui ont fait agir les personnages historiques, la certitude est bien plus difficile ; car, pour résoudre cette question, on doit souvent recourir à des inductions qui d'ordinaire ne sont que probables. Pour suppléer aux *lacunes* du témoignage, l'histoire appuie ses inférences sur la connaissance de la nature humaine. Mais cette base est incertaine, car les raisons qui ont fait agir la volonté libre ne peuvent être devinées avec certitude.

§ E. — *ROLE DE L'INDUCTION EN HISTOIRE*

A) Les événements passés, impossibles à observer, ne sont connus que par les traces qu'ils ont laissées dans la mémoire des hommes, les monuments et les textes. Ces documents divers doivent être *interprétés* et *complétés* ; or cette double opération est *inductive*. Il faut d'abord, avant de les admettre, faire passer ces documents au crible d'une sévère critique. Pour éliminer les causes d'erreur (*mensonge* et *ignorance*) et réaliser une *coïncidence solitaire* entre l'attestation du fait et sa cause, qui est la réalité du fait, il faut employer les procédés de la méthode inductive.

([1]) Cf. G. Sortais, *Traité de philosophie*, T. II, Logique, 112, § 4.

B) Les faits transmis ont des lacunes : il faut combler les intervalles et rétablir la chaîne interrompue. Dans les sciences physiques, les faits sont certains, étant observables ; il suffit de les constater. On peut les compléter par l'expérimentation en provoquant des faits nouveaux. En histoire, l'expérimentation est impraticable ; il faut pour combler les lacunes recourir aux conjectures, aux *inductions analogiques*. Ici le résultat ne dépasse pas les limites d'une probabilité plus ou moins haute, car, dans ce cas, l'induction en histoire ne va pas des faits à leurs causes et à leurs lois, mais des *faits connus* à d'autres *faits conjecturés* par analogie.

C) La critique des documents n'est que le travail préliminaire de l'histoire. Son œuvre principale consiste à organiser ces matériaux dûment contrôlés, à découvrir les rapports qui lient les faits, c'est-à-dire à déterminer leurs causes et à formuler leurs lois. Pour cela l'historien doit faire des inférences, très délicates parfois à cause de la complexité des événements ; et, quand il s'agit de démêler les véritables motifs d'action, ces inférences n'aboutissent souvent qu'à des conclusions plus ou moins conjecturales (§ D, II, 4°).

81. — IV· ÉLÉMENT : SYNTHÈSE DE L'HISTOIRE

On peut distinguer, comme trois degrés, dans la composition de l'histoire :

1°) L'historien raconte les faits et tâche de remonter aux *causes particulières* et aux *lois immédiates* qui les expliquent : c'est l'**Histoire proprement dite**, dont on vient de parler.

2°) Il peut s'élever plus haut et passer de la connaissance de ces causes et de ces lois plus ou moins particulières à la détermination des *lois générales* qui président à la vie de l'humanité, ou du moins à la vie de tout un peuple ([1]), c'est la **Philosophie de**

([1]) Montesquieu, *Considérations sur les causes de la grandeur et de la décadence des Romains*. — Fustel de Coulanges, *La cité antique*. — J. de Maistre, *Considérations sur la France*. — Baudrillart, etc... *La France chrétienne dans l'histoire*. — G. Hanotaux, *Tableau de la France en 1614*.

l'histoire, qui est le point culminant de la science sociale (82, I).

3°) Il peut monter encore en s'efforçant de ramener à l'unité de plan tous les événements de ce monde : c'est la **Synthèse métaphysique de l'histoire** ; c'est le sommet le plus élevé de la Philosophie de l'histoire.

A) **Objet de la métaphysique de l'histoire** : au-dessus des volontés libres qui produisent les faits particuliers, au-dessus des lois sociales qui régissent la vie des peuples, n'y a-t-il pas une volonté transcendante qui gouverne les volontés individuelles, une loi suprême qui dirige la marche des événements et les fait concourir à une fin unique et souveraine ? Quelle est cette cause, quel est ce plan ?

B) **Solutions diverses** : on a placé la raison dernière des événements :

I. — **Dans la nature humaine** : chez tous les peuples, malgré la variété des circonstances, se retrouvent certains éléments identiques, qui forment la « nature commune ». D'après Vico, c'est cette *commune natura delle nazioni* qui est la loi suprême de l'histoire. A cause de cette communauté de nature, toutes les sociétés passent par trois âges : l'âge *théocratique*, l'âge *héroïque* et l'âge *humain*. La suite des temps ramène périodiquement la même évolution circulaire. C'est cette marche périodique, ces *corsi e ricorsi*, qui ont fait appeler le système de Vico « le système des retours historiques ». Il faut noter d'ailleurs que Vico admet l'action de la Providence, dont les sociétés ne font qu'exécuter les décrets ([1]).

II. — **Dans la nature extérieure** : c'est la thèse de Taine ([2])

([1]) Vico, *Principi della scienza nuova d'intorno alle commune natura delle nazioni.*

([2]) Taine, *Histoire de la littérature anglaise*, Introduction ; *Philosophie de l'art*, IVe P. — Cette théorie, exclusive et de la liberté humaine et de l'intervention divine dans les événements, pèche évidemment par la base qui est trop étroite. Son application a conduit l'auteur à des appréciations arbitraires, qui ont suscité de nombreuses critiques. C'est ainsi vg. que Taine nous donne l'imagination anglaise comme le produit « d'une atmosphère brumeuse, noyée de pluies, etc ». Or voici M. Boutmy (*Essai d'une psychologie du peuple anglais au XIXe siècle*) qui rapproche, non sans qui s'efforce de rendre compte de la diversité des faits et des divergences de caractères par l'action combinée de la *race*, du *milieu* et du *moment*.

III. — **Dans l'action combinée de la Providence divine et de la liberté humaine** : c'est l'enseignement de la philosophie chrétienne, magnifiquement exposé par S. Augustin ([1]) et Bossuet ([2]).

On a reproché à saint Augustin et à Bossuet ([3]) de construire *a priori* les lois de l'histoire et de tout rapporter à l'action continue de la Providence. Ces reproches sont immérités, car saint Augustin et Bossuet s'appuient sur la *Révélation* qui est un *fait*, et ils n'excluent nullement la coopération de l'homme, mais ils admettent que son action est subordonnée à celle de Dieu : « L'homme s'agite et Dieu le mène » ([4]).

BIBLIOGRAPHIE

Bain,	*Logique...*, L. V, ch. vii.
Balmès,	*L'art d'arriver au vrai*, ch. viii, ix, x, xi, xx.
Boissier,	*Tacite.*
Bouillier,	*Traité de la certitude morale.*
Castelein,	*Méthode des sciences morales.*
Cournot,	*Exposition de la théorie des chances. — Essai sur le fondement de nos connaissances.*

quelque raison, l'imagination anglaise de l'imagination hébraïque et qui attribue cette parenté à l'influence de la Bible sur l'esprit de l'Angleterre. — A. de Margerie, *H. Taine.* — V. Giraud, *Essai sur Taine.* — L. Roure *Hippolyte Taine.*

([1]) S. Augustin, *De civitate Dei.*

([2]) Bossuet, *Discours sur l'histoire universelle.* — Cf. G. Sortais, *Traité de philosophie*, T. II, Logique, 95, § B, III. — Gratry, *La morale et la loi de l'histoire.*

([3]) On a aussi reproché à Bossuet de n'avoir pas parlé des civilisations de l'Inde et de la Chine. Cette omission n'infirme en rien ses conclusions. M. Brunetière a victorieusement réfuté les objections dirigées contre le *Discours sur l'histoire universelle.* Cf. *Études critiques sur l'histoire de la littérature française*, V^e et VIe Séries.

([4]) Fénelon, *Sermon pour l'Épiphanie*, Ire P.

Dauxou,	*Cours d'études historiques*, T. I.
De Smedt,	*Principes de la Critique historique.* — *L'histoire est-elle une science?*
Dubois (M.),	*Du rôle de la géographie dans l'enseignement et dans l'éducation*, Rev. de l'enseignement secondaire et de l'enseignement supérieur, 21 sept. 1893.
Dubois (M.) et Guy (C.),	*Précis de géographie*, Préface.
Edgeworth,	*Mathematical psychics : an essay on the application of mathematics to the moral sciences.*
Langlois et Seignobos,	*Introduction aux études historiques.*
Laplace,	*Essai philosophique sur la probabilité.*
Lapôtre,	*La critique*, dans l'œuvre collective : *Un siècle, mouvement du monde de 1800 à 1900*, IIe P.
Lapparent (de),	*Leçons de géographie physique*, Préface.
Levasseur,	*Étude et enseignement de la géographie.*
Mill (S.),	*Système de Logique...*, L. VI, ch. x, xi.
Naville (E.),	*Comptes rendus de l'Académie des sciences morales et politiques*, avril 1873.
Ollé-Laprune,	*La certitude morale.*
Pillon,	*Année philosophique*, 1867. — *Critique philosophique*, 1873, T. II.
Prades (de),	*De la certitude historique.*
Renard,	*La méthode scientifique de l'histoire littéraire.*
Supan,	*Grundzüge der physischen Erdkunde.*
Taine,	*Essais de critique et d'histoire*, Préface. — *Essai sur Tite Live.*

SECTION IV

MÉTHODE DE LA SCIENCE SOCIALE

82. — LA PHILOSOPHIE DE L'HISTOIRE OU LA SCIENCE SOCIALE EN GÉNÉRAL

La **Philosophie de l'histoire** ou **Science sociale** recherche les lois qui régissent les faits de la vie sociale de l'humanité : c'est la **science des faits sociaux**. Ces faits, très complexes, peuvent être ramenés aux groupes suivants : **Races, Langues,**

Régime de la famille, Régime social, Faits économiques, (AGRICULTURE, INDUSTRIE, COMMERCE), Institutions politiques, Religions, Mœurs, Législations, Arts, Lettres, Sciences, Philosophie, Migrations, Guerres, Conquêtes, Révolutions, etc.

§ I. — *LOIS HISTORIQUES ET SOCIALES*

Le sociologue doit étudier les phénomènes sociaux et tirer par induction les lois qui les gouvernent.

A) **Espèces** : il faut distinguer deux sortes de lois sociales :

1°) **Lois de coexistence** : elles déterminent les **connexions** des divers éléments d'une société ; elles montrent que tel fait ne se produit pas sans qu'*en même temps* se produise tel autre fait. Dans le corps social, comme dans un être vivant, les parties composantes sont unies entre elles par des rapports de coordination et de subordination. Ces lois constituent ce que Comte appelle la **Statique sociale** ([1].)

2°) **Lois de succession** : elles déterminent les rapports constants et généraux qui relient entre elles les *modifications successives* des sociétés. Ce sont des lois de causalité, qui constituent ce que Comte nomme la **Dynamique sociale**. Telle est cette loi déjà formulée par Platon : L'excès de la démocratie engendre la tyrannie ; ou cette autre : La criminalité est généralement en raison inverse de la sévérité et de la constante application des lois. Cette division est empruntée à la **Mécanique**, qui étudie l'*équilibre* et le *mouvement* des corps. Elle rappelle aussi la division de la **Biologie**, qui comprend l'*anatomie* ou étude de l'organisation, et la *physiologie* ou étude des fonctions. Concevoir toute société comme une espèce d'**organisme**, dont tous les organes ont entre eux d'étroites relations, et la vie sociale comme la résultante de leurs diverses fonctions, c'est établir une assimilation, qui peut donner de bons résultats, pourvu qu'on n'oublie pas que c'est une simple *analogie* et qu'on ne pousse pas les rapprochements jusqu'à la minutie (**67**, § B).

---

[1] A COMTE, *Cours de philosophie positive*, 48ᵉ Leçon

B) **Caractères** : les lois historiques et sociales ont pour objet la manière constante dont l'ensemble des hommes agit dans des circonstances semblables. Ces lois sont en fonction de deux éléments :

1°) L'un **constant** : c'est une tendance naturelle commune.

2°) L'autre **variable** : c'est la liberté individuelle. C'est pourquoi les lois historiques, comme toutes les lois morales, ont un caractère d'imprécision qui ne permet pas de prévoir l'avenir d'une façon certaine. En effet :

a) L'avenir ne reproduit pas toujours exactement le passé ; on n'est donc jamais sûr que les circonstances seront identiques.

b) L'intervention de la liberté introduit dans les faits sociaux un élément d'indétermination.

Ces lois, comportant des exceptions, n'ont qu'une **généralité relative**. Cependant, comme les êtres de même espèce ont tous une tendance identique, il est impossible qu'une impulsion opposée à cette tendance commune prévale jamais dans le plus grand nombre des individus de cette espèce, car elle serait en contradiction avec leur nature. La dérogation à cette tendance naturelle, résultant de la liberté, sera donc exceptionnelle. C'est une loi, dit S. Mill, que l'existence d'un lien entre les citoyens d'un même État, d'où résulte le sentiment qu'ils sont bien un seul et même peuple. Cela n'empêche pas qu'il y a de mauvais patriotes. Les lois physiques au contraire étant *fatales* sont précises et permettent une prévision certaine, au cas où les circonstances sont les mêmes.

§ II. — *MÉTHODE DE LA SCIENCE SOCIALE EN GÉNÉRAL*

A) **Observation et Induction** : la Science sociale s'en sert pour établir les lois de coexistence et de succession. Mais le sociologue doit se rappeler que les lois des faits sociaux sont très difficiles à déterminer, parce que :

1°) Ces faits ont une **extrême complexité**.

2°) Ces faits ont des **causes multiples** :

a) **Générales** : tendances de la nature humaine, climat, caractères des diverses nations, passé historique, état actuel des mœurs, des connaissances, etc.

b) **Particulières** : inventions des savants ; intervention des chefs d'État, influence des hommes de génie, etc.

B) **Expérimentation** : elle est praticable dans une certaine mesure en Sociologie : vg. l'exécution de toute prescription législative ou administrative est une expérimentation.

C) **Statistique** : c'est le *dénombrement des faits*, d'un genre déterminé, accomplis dans une période donnée ; c'est de plus l'*expression* des résultats de ce dénombrement, soit par des tableaux de chiffres, soit par divers procédés graphiques. La statistique permet de grouper les faits qui sont concomitants, de dégager ceux dont la fréquence ou la persistance mérite attention, d'éliminer enfin les phénomènes insignifiants. Mais, pour rendre service, la statistique doit être dressée d'une façon très complète et très impartiale ; elle doit porter sur un très grand nombre de faits pour écarter les coïncidences accidentelles ([1]).

D) **Déduction** : on l'emploie pour contrôler l'induction. On peut ou bien tirer les conséquences des lois établies inductivement et les vérifier par de nouvelles observations ; — ou bien déduire ces lois elles-mêmes des lois supérieures de la nature humaine.

§ III. — *BRANCHES DE LA SCIENCE SOCIALE*

Pour obvier aux difficultés qui résultent de la complexité des faits sociaux, la science sociale tend à se morceler en sciences particulières, dont chacune étudie une catégorie spéciale : **Politique, Philosophie du droit, Économie politique**, etc.

([1]) Cheysson, *Les lacunes de la statistique et les lois sociales.*

BIBLIOGRAPHIE

Antoine (Ch.),	*Cours d'économie sociale*, Introduction, § 5.
Bain,	*Logique...*, L. V, ch. vii.
Bernard-Lavergne,	*L'évolution sociale.*
Bernès,	*Sur la méthode de la sociologie.* Rev. philos., Mars 1895. — *La sociologie, ses conditions*, Rev. de Mét. et de Mor., Mars 1895.
Beudant,	*Le droit individuel et l'État*, ch. iii.
Caro,	*Problèmes de morale sociale.*
Comte (A.),	*Cours de philosophie positive*, xlviiie Leçon.
Coste,	*Les principes d'une sociologie objective.* — *L'expérience des peuples et les prévisions qu'elle autorise.*
Devas,	*Political Economy.*
Donnat,	*La politique expérimentale.*
Durkheim,	*Les règles de la méthode sociologique*, Rev. phil., Mai 1894.
Fouillée,	*La science sociale contemporaine.*
Funck-Brentano,	*La science morale, sociale et politique.*
Fustel de Coulanges,	*La Cité antique.*
Greef (de),	*Les lois sociologiques.*
Izoulet,	*La cité moderne.*
Janet (Paul),	*Histoire de la science politique dans ses rapports avec la science morale.*
Jouffroy,	*Cours de droit naturel.*
Leroy-Beaulieu (An.),	*La papauté, le socialisme et la démocratie.*
Mackenzie,	*An introduction to the social philosophy.*
Marousem (du),	*Les enquêtes, pratique et théorie.*
Menger,	*Untersuchungen über die Methode der Socialwissenschaft und politischen Œconomie.*
Mill (S.),	*Système de Logique...*, L. VI, ch. vi-x.
Périn,	*Les lois de la société chrétienne.*
Renouvier,	*Philosophie analytique de l'histoire.*
Revues sociales,	*Année sociologique, Association catholique, Réforme sociale, Revue sociologique, Science sociale, Revista Internazionale di scienze sociali*, etc.

Ribot (P.),	*Exposé des doctrines sociales de Le Play.*
Schœffle,	*Structure et vie du corps social.*
Seignobos,	*La méthode historique appliquée aux sciences sociales.*
Spencer,	*Introduction à la science sociale.* — *Principes de sociologie.*
Tarde,	*Les lois sociales.* — *La Logique sociale.* — *Les lois d'imitation.*
Vignes,	*La science sociale d'après Le Play.* — *Nouvelle méthode d'observation,* Science sociale, 1886, T. I, p. 393 et s.
Worms (R.),	*Philosophie des sciences sociales,* T. II, *Méthode.*

CHAPITRE VI

LES GRANDES HYPOTHÈSES SCIENTIFIQUES

En parlant des procédés de la méthode inductive (45), nous nous sommes borné, pour ne pas interrompre la théorie, à faire l'énumération des principales hypothèses scientifiques. Le moment est venu d'exposer sommairement celles que l'ordre logique des choses ne nous a pas encore fourni l'occasion de présenter au lecteur. Ce sera le complément naturel de ce traité de **Méthodologie**. Nous examinerons successivement les hypothèses suivantes : **La nébuleuse primitive — L'unité des forces physiques — Le transformisme — L'évolutionnisme — La perfectibilité humaine.**

83. — LA NÉBULEUSE PRIMITIVE

Laplace [1] suppose que la matière cosmique, d'où est sorti notre système solaire, était primitivement une nébuleuse, à l'état gazeux, brûlante, douée, dès l'origine, d'un mouvement de rotation. Tout en tournant ainsi sur elle-même, elle se serait peu à peu refroidie et, par suite, condensée autour d'une masse centrale

---

[1] LAPLACE, *Exposition du système du monde*, note 7, au ch. vi du L. V, Édition Bachelier, T. II, p. 547. La première édition est de 1790. — Dans les *Œuvres complètes*, (Édition Gauthier-Villars) T. VI.

destinée à devenir le soleil. Sous l'action de la force centrifuge, le système prit la forme sphéroïdale renflée à l'équateur et aplatie au pôle. La vitesse du mouvement rotatoire et l'aplatissement allaient croissant à mesure que décroissait le volume de la nébuleuse sous l'action du refroidissement. Au cours de cette transformation, elle abandonna une portion de matière qui se détacha, à l'équateur, comme une sorte de bourrelet ou anneau de vapeur concentrique, lequel continua à se mouvoir autour de la masse centrale et dans le même sens qu'elle (1). Mais, comme tous les éléments de cet anneau n'étaient pas animés d'une vitesse égale, l'épaisseur de celui-ci augmenta en l'un de ses points ; il finit par se rompre et se ramasser en un globe, qui lui aussi continua sa révolution autour de la masse centrale, en même temps qu'il tournait sur lui-même dans le sens de la rotation primitive : ce fut la première planète. Les mêmes phénomènes, se renouvelant au bout d'un certain temps, donnèrent naissance à de nouvelles planètes (2). Chaque planète prit à son tour la forme sphéroïdale, renflée à l'équateur et aplatie aux pôles, et produisit ainsi des satellites. La formation de ces derniers est, pour Laplace, une répétition en petit de la formation des planètes, et l'existence actuelle de l'anneau de Saturne est une confirmation de l'existence antérieure des anneaux qui avaient servi à constituer les planètes.

(1) LAPLACE, « frappé du rôle prédominant du soleil et de l'identité du sens de circulation des planètes autour de lui, sens qui, pour toutes les planètes *étudiées de son temps*, était aussi celui de leur rotation propre, fut amené à considérer ces dernières comme des sortes de résidus que le soleil, jadis énormément dilaté, aurait, en se contractant, laissés çà et là dans l'espace. », J. de JOANNIS, *Formation mécanique du système du monde*, dans les Études, t. LXXI, pp. 530 et sq.

(2) On a souvent, pour donner une idée de ces mouvements, rapporté l'ingénieuse expérience d'un physicien belge, Plateau. Au centre d'un mélange d'eau et d'alcool, ayant la densité de l'huile, il introduisait une goutte d'huile, à laquelle, au moyen d'une aiguille qui la traversait, il imprima un mouvement régulier de rotation. Peu à peu cette goutte se renfla à l'équateur et s'aplatit aux pôles ; et bientôt il vit se détacher de la partie renflée une sorte de bourrelet, qui se brisa en petites sphères, dont chacune se mit à tourner autour de la goutte centrale, décrivant des courbes pareilles à celles que décrivent les planètes autour du soleil.

La persistance de l'anneau de Saturne, qui s'est condensé sans se briser, est un cas unique dans notre système solaire (¹).

Il a longtemps couru, sur le compte de Laplace, une légende qui le faisait passer pour un athée. M. Faye, de l'Académie des Sciences, a pris soin de réfuter cette calomnie :

« Comme le citoyen Laplace présentait au général Bonaparte la 1re édition de son *Exposition du système du monde*, le général lui dit : « Newton a parlé de Dieu dans son livre. J'ai déjà parcouru le vôtre, et je n'y ai pas trouvé ce nom une seule fois ». A quoi Laplace aurait répondu : « Citoyen premier Consul, je n'ai pas eu besoin de cette hypothèse ». Dans ces termes, Laplace aurait traité Dieu d'hypothèse. S'il en avait été ainsi, le premier Consul lui aurait tourné le dos. Laplace n'a jamais dit cela. Voici, je crois, la vérité. Newton croyant que les perturbations séculaires, dont il avait ébauché la théorie, finiraient à la longue par détruire le système solaire, a dit quelque part que Dieu était obligé d'intervenir de temps en temps pour remédier au mal et remettre en quelque sorte ce système sur ses pieds. C'était là une pure supposition, suggérée à Newton par une vue incomplète des conditions de stabilité de notre petit monde. La science n'était pas assez avancée à cette époque pour mettre ces conditions en évidence. Mais Laplace, qui les avait découvertes par une analyse profonde, a pu et dû répondre au premier Consul que Newton avait à tort invoqué l'intervention de Dieu pour raccommoder de temps en temps la machine du monde, et que lui, Laplace, n'avait pas eu besoin d'une telle supposition. Ce n'est pas Dieu qu'il traitait d'hypothèse, mais son intervention en un point déterminé » (²).

Plusieurs textes de Laplace lui-même, relatifs à la manière dont il appréciait l'opinion de Newton sur ce point, confirment pleinement l'explication que M. Faye vient de donner (³).

(¹) KANT, dans son *Histoire universelle de la nature et théorie du ciel*, (1755), avait déjà imaginé une nébuleuse primitive, une matière très raréfiée. Mais, la théorie de Kant est en opposition, pour le reste, avec celle de Laplace. Cf. Wolf, *Les hypothèses cosmogoniques*, pp. 8-20 ; 105 et s. Paris, 1886.

(²) FAYE, *Sur l'origine du monde*, p. 131. Il ajoute en note. « Je tiens de M. Arago que Laplace, averti peu avant sa mort que cette anecdote allait être publiée dans un recueil biographique, l'avait prié d'en demander la suppression à l'éditeur. » La suppression ne fut pas faite : ce qui explique comment la légende a pu longtemps avoir cours sans obstacle.

(³) Cf. J. de JOANNIS, *Formation mécanique du système du monde*, *Loc. cit*, § 6. — LAPLACE, fit d'ailleurs une mort chrétienne, comme le raconte le journal *La Quotidienne* du 7 mars 1827.

L'hypothèse d'une nébuleuse primitive est toujours acceptée par la science. Mais on a signalé de nombreux défauts dans la façon dont Laplace faisait sortir de cette nébuleuse notre système solaire. On lui reproche, par exemple, de ne pas expliquer « la rotation rétrograde des deux dernières planètes (Uranus et Neptune) et celle de leurs satellites, non plus que le pelotonnement en un seul globe des anneaux de vapeur détachés successivement de la nébuleuse, et pas davantage la provenance de la provision de chaleur du monde » (1). Diverses tentatives ont été faites pour remédier aux défectuosités du système et en combler les lacunes. Indiquons les essais de M. Faye (2) et du colonel du Ligondès (3).

84. — L'UNITE DES FORCES PHYSIQUES

L'ancienne physique admettait, dans les corps, une foule de qualités ou forces occultes pour expliquer les effets qu'ils produisent : vg. l'horreur de la nature pour le vide, l'influence bienfaisante ou maligne des astres, la vertu dormitive de l'opium, etc. Les savants modernes, depuis Bacon et Descartes, se sont élevés contre ce mode d'explication. Descartes ramène toutes les propriétés des corps à l'étendue et au mouvement : « Toute ma physique, dit-il, n'est que mécanique et géométrie. » Newton poursuit de son côté la lutte contre les qualités occultes, parce qu'elles « arrêtent le progrès de la philosophie naturelle. ». « Et c'est pour cela, ajoute-t-il, qu'elles ont été rejetées dans ces derniers temps. Nous dire que chaque espèce de choses est douée d'une qualité occulte spécifique, par laquelle elle agit et produit des effets sensibles, c'est ne nous rien dire du tout » (4). Quoique Leibniz fasse consister l'essence de la matière dans la force, son « dynamisme » ne

---

(1) J. de Joannis, *Loco cit.* § 5. — Cf. Wolf, *Opere cit*, p. 60 et s.
(2) H. Faye, *Sur l'origine du monde*, Paris 1884. — Cf. *Revue des Questions scientifiques*, avril 1903, p. 353 et sqq.
(3) R. du Ligondès, *Formation mécanique du système du monde*, Paris, 1897.
(4) Newton, *Philosophiæ naturalis principia mathematica*.

lui fait pas repousser le mécanisme cartésien, car il écrit : « Tout se fait mécaniquement dans la nature, principe dont on ne peut rendre compte que par la seule raison et jamais par les expériences, quelque nombre qu'on en fasse » (1). Cette hypothèse, suggérée à Descartes et à Leibniz, par des considérations théoriques, a frayé le chemin à ce que l'on a pu appeler justement « l'œuvre philosophique de la Physique de notre temps, à savoir : l'unification des agents du monde physique » (2).

Cette œuvre s'est faite lentement par voie d'élimination. Aux qualités occultes, dont la physique ancienne était prodigue, la physique moderne a substitué des « êtres de raison », qui pourraient à leur tour servir de cible aux railleries faciles dont on a voulu accabler les qualités occultes. Il y a cent ans, « on comptait au moins six de ces êtres de raison : les deux électricités, les deux magnétismes, le calorique et l'agent lumineux » (3). On les appela fluides impondérables, à cause de leur facilité à se déplacer et à s'insinuer dans les corps sans en augmenter le poids. Leur expulsion successive du domaine scientifique a été « l'œuvre maîtresse de notre temps.... Le progrès de la physique dans tout le cours du XIXᵉ siècle a consisté à réduire le nombre de ces agents hypothétiques, c'est-à-dire, en définitive, à ramener à l'homogénéité des catégories de phénomènes précédemment regardés comme distincts et irréductibles » (4).

Le *fluide lumineux* disparut le premier, au moment où l'on admit que la lumière était due aux mouvements vibratoires d'un fluide subtil, appelé éther. Ce résultat fut obtenu quand les travaux de Huyghens, de Young et de Fresnel eurent fait prévaloir le système des ondulations sur celui de l'émission soutenu par Newton.

Le *magnétisme*, décomposé en fluide austral et en fluide boréal,

---

(1) Leibniz, *Nouveaux essais sur l'entendement humain*, Édition Erdmann, p. 383.
(2) A. Dastre, *Les agents impondérables et l'éther*, Revue des Deux Mondes, 1ᵉʳ Oct. 1901, p. 657. — Secchi, *L'unité des forces physiques*. — Saigey, *La physique moderne*.
(3) A. Dastre, Loc. cit. p. 649.
(4) A. Dastre, Loc. cit. pp. 650-651.

disparut à son tour quand Ampère, guidé par l'expérience d'Œrstedt (1821) relative à l'action du courant de pile sur l'aiguille aimantée, découvrit l'*aimant électrique*, et fonda la science de l'électro-magnétisme, développée par Gauss et Weber. Depuis lors, le magnétisme est considéré comme une dépendance de l'électricité.

Grâce aux expériences de Mayer et de Joule, établissant l'équivalent mécanique de la chaleur, on est parvenu à identifier la chaleur rayonnante avec la lumière, déjà ramenée à l'éther. Et c'est ainsi que le *fluide calorifique* a été banni de la science.

« D'après la conception mécanique adoptée présentement, si nous pouvions nous transporter en un point d'un rayon solaire et percevoir ce qui s'y passe réellement, nous ne trouverions pas autre chose que le tremblotement, infiniment rapide et infiniment réduit, d'une particule d'éther. Il n'y a rien de plus, objectivement, que ce phénomène simple et nu d'un corpuscule vibrant. Si cette vibration est mise ultérieurement en rapport avec une rétine, il en résultera une sensation de lumière, par exemple de lumière jaune ; si le contact a lieu avec une région de la peau où les terminaisons nerveuses du sens thermique soient développées, cette même vibration provoquera une sensation de chaleur ; si, enfin, cette vibration tombe sur la plaque photographique, elle sera l'occasion d'un phénomène chimique. Et, suivant ces occurrences, le même rayon, la même suite de molécules vibrantes, aura mérité les noms de rayon lumineux, de rayon de chaleur, ou de rayon chimique, qui ne sont, comme on le voit, que l'expression des réactions d'un même être objectif sur des réactifs divers... » [1].

Après ces identifications successives, il ne restait plus, en face de l'éther, que l'électricité avec ses deux fluides, le positif et le négatif. La doctrine des deux fluides l'emporta, après 1759, sous l'influence du physicien Symmer. Cependant l'explication de Franklin, ramenant tout à un seul fluide, persista parallèlement. En 1867, Bertin la reprit en la perfectionnant. C'est pourquoi on finit par se poser la question suivante : si, à côté de l'éther, nécessaire pour expliquer les phénomènes lumineux, il n'existe plus que le fluide électrique, est-ce que ces deux agents impondérables ne peuvent pas être ramenés à un seul, à l'éther ? A cette question la

---

[1] A. Dastre, *Loc. cit.* p. 653.

réponse est, aujourd'hui, généralement affirmative. On n'y est arrivé que graduellement. Faraday, en montrant, en 1845, que l'aimant électrique est capable de faire tourner le plan de polarisation d'un rayon lumineux, prouvait du même coup qu'il existe des rapports intimes entre les phénomènes optiques et les phénomènes électriques. Mais quelle est la nature de ces rapports ? C'est ce que le physicien-mathématicien Maxwell expliqua, en 1864, en faisant dériver mathématiquement la théorie des ondes lumineuses de celle des courants électriques : « Il en vint à assimiler l'onde lumineuse qui chemine dans le milieu éthéré à une suite de courants alternatifs.... Ces alternances fréquentes induisent, conformément aux lois de l'électro-dynamique, d'autres courants alternatifs similaires dans les parties de l'éther voisines des premières ; et c'est ainsi, par ce mécanisme de l'induction, que se ferait de proche en proche la propagation des ondes lumineuses » (¹).

Cependant les formules trouvées par Maxwell ne reçurent qu'en 1887 une confirmation expérimentale ; elle leur vint de la découverte des ondes hertziennes. Les interférences, le phénomène des lames minces, la réfraction, la polarisation, la diffraction, ont pu être reproduits au moyen des ondes électriques de Hertz. « L'électricité se présente donc, dans ces conditions, comme un système d'ondes, non pas seulement voisines des ondes lumineuses, mais entièrement superposables à elles, et c'est pourquoi, — au lieu de deux systèmes ondulatoires, l'un pour l'électricité, l'autre pour la lumière — la théorie de Maxwell conclut à la confusion complète de la lumière avec l'électricité » (²). C'est ainsi que, progressivement, on est parvenu à « attribuer à un agent unique, l'éther » (³), la plupart des phénomènes du monde physique,

---

(¹) A. Dastre. *Loc. cit.* p. 655.
(²) A. Dastre, *Loc. cit.* p. 679.
(³) A. Dastre, *Loc. cit.* p. 658. — M. H. Poincaré, dit de son côté : « Les rapports de l'électricité et de la lumière sont maintenant connus ; les trois domaines de la lumière, de l'électricité et du magnétisme, autrefois séparés, n'en forment plus qu'un ; et cette annexion semble définitive. » (*La science et l'hypothèse*, ch. x, p. 204. Paris 1903). Dans son exposé de la question, M. Dastre ne tient pas assez compte des objections formulées par M. Duhem et son école. — Cf. P. Duhem *Les théories de la chaleur*, Revue des Deux

notamment ceux de la lumière, du magnétisme, de la chaleur et de l'électricité : ils ne sont que des modalités d'un milieu unique, l'éther universel. Telle est, en bref, la théorie de l'unité des forces physiques, dont la majestueuse cohérence a de quoi séduire l'imagination du savant et du philosophe ; cependant, si bien appuyée soit-elle, ce n'est encore qu'une hypothèse ([1]).

Au point de vue philosophique, relativement à la nature de la perception extérieure, on en a déduit des conséquences importantes :

« Le principe de l'unité des forces physiques et la théorie cinétique permettent de confondre, sous les diverses formes de l'activité mécanique, tous les phénomènes objectifs. On a donc affirmé que toutes les stimulations fournies aux organes sensoriels étaient essentiellement identiques et, pour ainsi parler, homogènes entre elles. Lorsqu'on parle de la chaleur, de l'électricité, de la lumière, du son, comme d'autant d'agents divers, susceptibles d'agir en tant que stimulants du système nerveux, on emploie donc un langage conventionnel, s'il est vrai que le monde objectif soit la proie de la mécanique, et que tout n'y soit que mouvement. La chaleur, l'électricité, la lumière, le son, les actions chimiques, étant supposés être des modes vibratoires particuliers, sont essentiellement identiques. Ces vibrations ne se distinguent évidemment entre elles que dans la mesure dans laquelle des mouvements peuvent se distinguer, c'est-à-dire par la masse, la vitesse et la forme des trajectoires. Ces différences n'établissent pas entre ce que nous appelons les agents physiques une distinction de nature ou une diversité spécifique, mais seulement des différences quantitatives. Ce n'est que dans notre for intérieur, par la perception, qu'ils deviennent dissemblables et spécifiquement distincts. L'hétérogénéité est donc le fait de la perception, le résultat de l'intervention de la conscience..... Le même agent physique provoque dans le sen-

---

Mondes, 15 Juillet et 15 Août 1895, T. CXXIX, CXXX. — *Quelques réflexions au sujet des théories physiques,* dans la Revue des Questions scientifiques, 2e Série, T. I, 1892 ; *Physique et Métaphysique, Ibidem,* T. II, 1893 ; *Quelques réflexions au sujet de la physique expérimentale, Ibidem,* T. III, 1894 ; *L'évolution des théories physiques du xviie siècle jusqu'à nos jours, Ibidem.* T. V, 1896. — A. Hronabel, *Thermodynamique et mécanique. Études,* 1897, T. LXXIII, pp. 514-521.

([1]) «... Un jour viendra sans doute où l'éther sera rejeté comme inutile ». (H. Poincaré, *La science et l'hypothèse,* ch. xii, p. 246.)

sorium des réactions dont la nature dépend de l'organe qui l'a recueillie et du point de l'écorce cérébrale où vient aboutir l'excitation. Les divers organes des sens, soumis à un même agent physique, l'électricité, lui répondent de manière différente, la langue par des saveurs, le nez par des odeurs, la peau par des sensations de picotement, l'œil par des lueurs et l'oreille par des sons. C'est là ce qui constitue la loi des énergies spécifiques des sens...

« Les physiologistes ont donc admis, comme une vérité d'expérience, que la sensation est un état de conscience, qu'elle ne traduit pas une qualité ou un état des corps extérieurs, mais un état du cerveau variable avec le lieu d'où part la stimulation et celui où elle arrive. La sensation n'est pas l'image de l'objet qui la provoque, mais le signe des actions que cet objet exerce sur le cerveau » [1].

Cette doctrine, on le conçoit, a été fortement attaquée [2]. La connaissance du monde extérieur étant relative à la nature de nos sens, il en résulte qu'avec d'autres sens les objets nous paraîtraient autres, et qu'en l'absence de tout être sentant, il n'y aurait *formellement* ni lumière, ni couleur, ni son, etc., mais seulement des mouvements vibratoires. Cette doctrine, cependant, ne mérite pas le reproche de mener logiquement au *scepticisme* et à l'*idéalisme*, car elle ne dit pas que rien de *réel*, mais que rien de *semblable* ne correspond dans les corps à la perception que nous en avons. Il existe réellement, en dehors de nous, des objets animés de mouvements vibratoires ; il existe des ondes lumineuses, électriques, sonores, etc., qui sont les *causes* de nos sensations. Mais les qualités sensibles, qu'on nomme le son, la couleur, etc., sont des sensations, qui, comme telles, sous cette *forme*, n'existent que dans la vue et dans l'ouïe de celui dont les organes sont impressionnés par les vibrations venues du dehors. Bref, la couleur est *formellement* dans la vue, le son dans l'ouïe, etc. ; leurs *causes* sont dans les objets extérieurs. Ce qui peut se résumer

---

[1] A. DASTRE, *Revue des Deux Mondes*, 1er Avril 1900, pp. 679-680.
[2] Voir, par exemple, J. JAURÈS, *Réalité du monde sensible*. — J. de Bonniot, *L'âme et la physiologie*, t. I, ch. IX. — C. MELLINAND, *Un préjugé contre les sens*, Rev. des Deux Mondes, 15 sept. 1898, p. 435 et s.

dans cette courte formule scolastique : les qualités sensibles sont *formaliter in sensibus, causaliter in rebus* (¹).

C'est en ce sens qu'on peut entendre ce mot de Newton : « C'est nous qui parons la nature de ses plus belles couleurs », ou cette description de Tyndall dépeignant l'état du monde avant l'apparition des animaux :

« On parle d'une terre couverte de forêts verdoyantes, baignée de lumière, puis brusquement secouée par des éruptions volcaniques, par des explosions d'un effet grandiose; on nous représente l'atmosphère chargée d'épaisses vapeurs, théâtre d'orages sans pareils. S'il n'y avait vraiment alors ni un œil pour voir, ni une oreille pour entendre, toute cette description est vaine et imaginaire; il n'y avait ni lumière, ni couleur ; le monde n'était que ténèbres et ce fracas d'orages que silence. Quand nous en parlons, c'est que nous nous y transportons avec notre imagination et nos sens. Apparemment quelque chose avait lieu au dehors ; *nous ne le nions pas ;* et la science nous apprend qu'en effet quelque chose d'extérieur fait impression sur nos sens et donne lieu aux perceptions. Mais ce qui est certain c'est que ce quelque chose *ne ressemble pas* à la perception intérieure que nous en avons » (²).

Cette négation d'un rapport de *ressemblance* entre les objets extérieurs et la perception que nous en avons, n'a rien de répréhensible en soi. Elle est en harmonie avec ce principe aristotélicien : 'la perception est l'acte commun du sensible et du sentant ; — et avec cette formule scolastique : *Quidquid recipitur, ad modum recipientis recipitur*. Ce qui serait étonnant c'est que l'effet, produit en nous par les impressions des agents extérieurs, ne dépendît pas de nos sens qui y coopèrent : cet effet, émanant

---

(¹) « Si autem intelligatur id quod formaliter sensus percipit, sive modus sub quo corpus percipitur, id existit a parte rei *causaliter*, at *formaliter* est in sensu. A parte enim rei est quidem motus certus œtheris, at lux et color est in visu ; item a parte rei est quidem motus aeris, sed sonus est in aure ». D. PALMIERI, *Logica Critica*. C. II, Thesis 13. — De BROGLIE, *Le positivisme et la science expérimentale*. — Voir, en sens contraire : A. FARGES, *L'objectivité de la perception des sens externes et les théories modernes*. — TH. DUBOSQ, *Contribution à l'étude de l'objectivité formelle des couleurs.*

(²) TYNDALL, *La lumière*, (Trad. Moigno).

de deux causes concourantes, ne peut ressembler exclusivement ni à l'une ni à l'autre, mais il doit porter l'empreinte de toutes les deux. La perception n'est ni purement subjectiviste, ni purement objectiviste ; elle est mixte :

« 1°) Nos sensations ne correspondent pas d'une façon identique à leur cause, car elles sont l'acte commun du sentant et du senti ; elles gardent la forme de la cause selon les lois du sentant.

« 2°) A toute forme différente de nos sensations correspond une forme différente dans l'excitation, c'est-à-dire dans l'être senti, car la forme de l'effet est le produit de la forme de la cause. C'est ce que les sciences expérimentales démontrent, car *a*) la physiologie et la physique nous apprennent que toutes les sensations sont dues à des excitations extérieures qui, toutes, se ramènent à des mouvements ([1]), — *b*) la physique nous montre aussi que les mouvements, qui produisent les sons, ne sont pas les mêmes qui produisent les couleurs ou la chaleur » ([2]).

85. — LE TRANSFORMISME

§ I. — *LES PRÉCURSEURS DE DARWIN*

A) **Exposé** : bien que la question de l'origine des espèces vivantes, végétales et animales, ait été agitée avant Lamarck, elle n'a été cependant nettement posée qu'en 1809 par ce naturaliste français, dans sa *Philosophie zoologique*. On peut donc regarder Lamarck comme le fondateur du transformisme. Selon lui, il n'y aurait eu à l'origine qu'un petit nombre de types très simples, qui se sont transformés pour constituer les différentes espèces animales. Il explique ces transformations progressives par trois

---

([1]) Notons que certains savants protestent contre cette tentative « de ramener l'étude de tous les phénomènes physiques à l'étude du mouvement. » (P. Duhem, *Journal de Mathématiques pures et appliquées*. (4ᵉ série), 1894, T. X, p. 285.

([2]) G. Fonsegrive, *Éléments de philosophie*, T. II, *Métaphysique*, 14ᵉ Leçon, VI. — Cf. Denys Cochin, *La perception extérieure*.

principes : le milieu, le besoin, l'habitude. (¹) Le milieu produit le plus souvent des troubles, des interruptions dans le développement progressif des organismes. Son action est donc plutôt perturbatrice que plastique. Le vrai principe formateur, indépendant du milieu, est un principe d'activité interne ; c'est le *pouvoir de la vie*, qui agit selon deux lois : la loi du *besoin* et celle de l'*habitude*. Dans les circonstances favorables, le besoin crée les organes, l'habitude les développe et les fortifie. Lamarck reconnaît qu'il est difficile de prouver par l'observation que le besoin crée les organes ; mais l'expérience établit que l'habitude les développe ; il en conclut que le besoin les crée, donnant ainsi la seconde loi comme preuve de la première.

B) **Critique** : 1°) Que le besoin et l'habitude développent des organes qui existent déjà, c'est un fait d'expérience ; mais qu'ils produisent de nouveaux organes, c'est un fait qui n'a jamais été constaté.

2°) En vertu de la loi des corrélations organiques, il faudrait admettre qu'un nouvel organe se créant, tous les autres subissent des transformations analogues ; c'est là une conséquence inadmissible.

§ II. — *LE SYSTÈME DE DARWIN*

Darwin admet, comme Lamarck, que les végétaux et les ani-

(¹) « Lamarck distingue, dans l'ensemble des choses, l'Univers, la Nature et Dieu. L'Univers comprend tout ce qui est formé de la matière, et cette matière est absolument inerte. La Nature est l'ensemble des forces qui agissent sur la matière et des lois immuables qui régissent ces forces. Dieu est le créateur de l'Univers et de la Nature. » De Quatrefages, *Les précurseurs de Darwin*). En effet nous lisons dans Lamarck : « On a pensé que la nature était Dieu même. Chose étrange on a confondu la montre avec l'horloger, l'ouvrage avec son auteur. Assurément cette idée est inconséquente et ne fut jamais approfondie... La nature n'est que l'instrument, que la voie particulière qu'il a plu à la puissance suprême d'employer pour faire exister les différents corps... Elle n'est en quelque sorte qu'un intermédiaire entre Dieu et les parties de l'Univers physique, pour l'exécution de la volonté divine. » (Lamarck, *Histoire des animaux sans vertèbres*, p. 322. Paris 1815).

maux descendent par transformations successives de quatre ou cinq types primitifs, peut-être même d'un seul. L'originalité du *Darwinisme* n'est donc pas là, mais dans le principe qu'il met en avant pour expliquer les transformations successives des êtres vivants : celui de la **sélection naturelle**. On sait que des variations organiques se produisent chez les animaux domestiques et chez les plantes cultivées. Comme elles ont la propriété de se transmettre par hérédité, les éleveurs peuvent, grâce à un choix habile des reproducteurs, créer des variétés et des races si différentes de la souche primitive qu'on *dirait* des espèces nouvelles. C'est ainsi qu'on a pu créer tant de races de chevaux, de chiens (180 races), de pigeons (150 races) et tant de variétés de fleurs et d'arbres. On a appelé **sélection artificielle** ce procédé de perfectionnement employé par l'homme.

Ayant constaté ces faits, Darwin s'est dit : pourquoi la nature ne pourrait-elle pas ce que l'homme peut ? Des variations se produisent aussi à l'état sauvage. Les unes sont inutiles à l'être vivant ; n'étant d'aucun secours elles disparaissent aisément par la défaite des individus où elles se sont produites. Les autres sont utiles ; étant d'un grand avantage dans la lutte pour la vie, elles ont favorisé la survivance des individus qui en étaient doués et ont pu ainsi se transmettre. De la sorte s'effectue une *sélection naturelle* ou choix, assez semblable à la sélection artificielle. Sans doute la nature est aveugle et on ne peut lui prêter l'intention de modifier les espèces vivantes ; mais ce qu'elle n'obtient pas par dessein, elle l'obtient par l'action fatale de lois nécessaires. L'éleveur, qui choisit et isole les reproducteurs, est remplacé dans la nature par :

a) **La lutte pour la vie** (*struggle for life*) qui préserve les meilleurs sujets.

b) **L'influence du milieu.**

c) **Les cataclysmes et les migrations** qui empêchent le mélange des variétés en les séparant.

Voici le mécanisme de cette opération (¹) :

(¹) On entend par : 1°) Espèce : une collection d'individus qui ont un certain nombre de qualités communes et essentielles, indéfiniment trans-

A) **La lutte pour la vie ou concurrence vitale** est la conséquence fatale de l'exubérante fécondité des êtres vivants. Si cette exubérance n'était pas contrebalancée, la terre serait bientôt incapable de nourrir et même de contenir ses habitants. Chaque être vivant doit donc lutter pour assurer son existence. Dans cette concurrence vitale, les moins avantagés périssent ; les mieux protégés résistent. Ainsi se dégage la loi de la **survivance des plus aptes à la lutte**. Il ne faut pas confondre les plus aptes avec les plus forts. Les victorieux sont ceux qui l'emportent sur leurs concurrents soit par leur force, soit par quelque autre qualité naturelle, comme la ruse, la légèreté, la couleur, etc. Il se fait donc, à chaque génération, un choix réel des individus qui possèdent les qualités les plus avantageuses et les transmettent à leurs descendants.

Le **temps** et l'**hérédité** sont deux grands facteurs de ce progrès, car le temps, dont dispose si largement la nature, accumule sans cesse de petites différences, et l'hérédité les fixe dans la descendance. Les caractères ainsi acquis le sont pour toujours, et cela constitue la loi de **caractérisation permanente**.

Mais comme, à chaque génération, les individus sortis d'un groupe ainsi caractérisé s'éloignent de plus en plus du point de départ, ils en viennent à différer, d'une façon très tranchée, de l'organisme primitif d'où ils descendent, et constituent ainsi de nouvelles espèces, en obéissant à la loi de la **divergence des caractères**.

Remarque : on s'imagine parfois qu'il s'agit de transformer une espèce donnée en une espèce voisine, vg. un âne en cheval, un chien en loup ou *vice versa*. C'est une erreur. Les espèces ne

---

missibles par génération. Elle implique donc deux caractères : la *fixité* et *l'interfécondité*. C'est la définition qui résulte des observations qui ont été faites par l'homme, depuis qu'il consigne ses observations.

2°) Variété : un groupe d'individus qui ne se distinguent que par des qualités accidentelles, lesquelles peuvent disparaître.

3°) Race : un groupe d'individus dont les caractères, constituant une variété, sont fixés et perpétués d'une manière constante par la génération et l'hérédité. — Aux yeux de Darwin, *les espèces actuelles* ne sont que des *variétés fixées*.

se transforment pas (ce sont les individus); elles se *forment* par **divergence** en s'éloignant du tronc commun, d'où elles descendent et dont elles gardent les traits fondamentaux. Le loup ne vient pas du chien, ni le chien du loup, mais le loup et le chien seraient, d'après les transformistes, deux rameaux divergents sortis d'une même souche antique.

B) **Le milieu** : Darwin n'attache qu'une importance secondaire à l'**influence du milieu** comme source de variations dans les animaux et les plantes. C'est un fait que la nature des conditions ambiantes, le climat, l'alimentation, la lumière, etc., sont une cause de modifications plus ou moins considérables dans la constitution des êtres : vg. le chien transporté dans les régions polaires se couvre d'une fourrure de poils épais ; à l'équateur, il perd ses poils. Les changements, disent les transformistes, ont dû être encore beaucoup plus profonds et rapides, dans les périodes géologiques, où les conditions de milieu étaient beaucoup plus instables.

C) **L'émigration spontanée et les grands cataclysmes** [1], en séparant les espèces en voie de formation, ont permis aux caractères divergents de s'accentuer de plus en plus.

Les transformistes ajoutent d'autres arguments [2] :

D) **Les organes rudimentaires ou organes-témoins** : ce sont des organes si peu développés qu'ils ne paraissent plus pouvoir exercer aucune fonction : vg. l'œil pinéal, placé au sommet de la tête, est atrophié chez les animaux supérieurs, mais il se rencontre encore chez certains reptiles ; — le chien, le porc, le cheval ont des doigts plus ou moins atrophiés et inutiles, etc. Dans la théorie transformiste, ces organes ont leur raison d'être : c'est comme la signature de l'ancêtre commun dans toutes les

---

[1] « Obligé d'abandonner la géologie des cataclysmes, on s'est rejeté sur la paléontologie, imaginant des luttes violentes dans le monde animé... En réalité ces combats ont été des exceptions ; il faut se figurer une grande nature où, comme de nos jours, tout était harmonie ». (GAUDRY, *Essai de paléontologie philosophique*).

[2] GUIBERT, *Les Origines*, ch. III, p. 98 et sq., 3e Édit. Paris, Letouzey, 1903.

espèces qui descendent de lui. C'est sans doute le non-usage à travers plusieurs générations qui a produit l'atrophie.

E) **Série embryologique** : l'embryologie est la science du développement individuel depuis l'œuf jusqu'à la forme adulte. D'après les darwinistes, tout animal va du simple au composé par une multitude de phases, pendant lesquelles il offre de grandes analogies avec des formes que conservent toute leur vie les types inférieurs : vg. des êtres de même embranchement, mais de classes différentes, comme les poissons et les mammifères, ont un développement parallèle jusqu'au type poisson ; alors, tandis que les poissons se caractérisent dans leurs espèces, les mammifères continuent leur marche ascendante, passent par des états qui sont permanents chez les batraciens et transitoires chez eux, et arrivent enfin au type caractéristique de leur classe. Il y aurait donc un parallélisme entre la série embryologique et la série zoologique. Chaque individu répéterait brièvement les phases par lesquelles a passé son espèce. Ainsi les embryons d'un poisson et d'un mammifère se ressemblent longtemps, parce que tous deux reproduisent les phases par lesquelles avait passé l'ancêtre commun qui fut le premier des vertébrés.

F) **Série paléontologique** : les couches sédimentaires étudiées par les géologues sont comme les feuillets d'un livre, où la science peut étudier la succession des êtres vivants. Mais il manque beaucoup de pages à ce livre, soit parce qu'une petite partie seulement de l'écorce terrestre a été explorée, soit parce que l'érosion a détruit beaucoup de documents. De plus, à part les mollusques, peu d'êtres vivants se fossilisent. Une grande part est donc laissée à l'hypothèse pour interpréter les signes conservés et combler les lacunes. Or, d'après les transformistes, les caractères non effacés seraient tous favorables à leur thèse.

Les animaux n'ont point tous apparu à la même époque ; les espèces ont été formées successivement dans le cours des périodes géologiques : depuis la première origine de la vie jusqu'à la naissance de l'homme, on signale sans cesse de nouvelles espèces. Ces apparitions ne se font pas brusquement ; les espèces se renouvellent peu à peu ; les unes périssent, les autres arrivent. Ce n'est pas au hasard, mais suivant un ordre constant, en allant du simple au composé, que ces espèces apparaissent. Les invertébrés vivent avec les vertébrés. Parmi les vertébrés, les poissons se montrent dès le silurien ; viennent ensuite les batraciens sur les premiers continents émergés au temps carbonifère ; les reptiles débutent avec l'ère secondaire ; les oiseaux et les mammifères commencent à avoir des représentants dans l'ère secondaire, mais ils n'ont leur plein développement que durant l'ère tertiaire.

Pour les groupes représentés par de nombreux restes, le passage insensible d'une forme à l'autre est frappant ; ces formes de transition se rencontrent, soit :

a) Pour lier entre eux les embranchements : vg. les premiers batraciens présentent de nombreux caractères propres aux poissons ; les premiers oiseaux gardent plusieurs caractères propres aux reptiles.

b) Pour faire l'histoire des espèces d'un même genre : vg. parmi les mollusques, où les fossiles abondent, chez les céphalopodes, comme les nautiles, les goniatites, les ammonites.

Le transformisme prétend expliquer ainsi cette succession paléontologique : les formes primitives se sont modifiées et élevées peu à peu en s'adaptant aux milieux où elles vivaient, en se pliant aux conditions d'existence.

Les développements successifs du règne *végétal* offrent des faits plus saillants, car l'ordre d'apparition correspond exactement à l'ordre de complication organique : les cryptogames sont seuls aux temps primaires ; puis viennent les conifères et les cycadées ; les monocotylédones et les dicotylédones apparaissent durant l'ère secondaire et n'atteignent leur apogée que dans l'ère tertiaire

G) **Lien des formes vivantes** : on suit aisément les divers degrés de complication qui forment le trait d'union entre les animaux simples et les types les plus perfectionnés. Les protozoaires sont composés de cellules semblables, isolées ou réunies en colonies. Les colonies cellulaires commencent à se différencier chez les cœlentérés. Chez les échinodermes apparaissent nettement des organes internes entre l'ectoderme et l'entoderme. A partir de là, tantôt les parties se groupent en rayonnant autour d'un centre, tantôt elles se disposent sur une même ligne droite. Dans ce dernier cas, ou bien certaines parties restent assez distinctes comme chez les vers, ou bien elles se fusionnent plus ou moins et se condensent en une unité plus serrée, comme dans les embranchements supérieurs.

Les espèces voisines ne diffèrent que très légèrement les unes des autres ; dans leur série continue, il est difficile de trouver des lignes de démarcation. Même dans les espèces qui paraissent éloignées, soit dans une même classe, soit dans un même embranchement, les parties homologues sont construites de la même façon. Ainsi chez le cheval, la taupe, la souris, le marsouin, la baleine, le membre antérieur a les mêmes os agencés de la même manière. Les pattes du mammifère, les ailes de l'oiseau, les membres du reptiles, sont composés des mêmes pièces. Les différences, que l'anatomie signale, s'effacent si l'on remonte soit aux périodes embryonnaires, car la formation du membre antérieur s'y fait de la même façon, soit aux sédiments géologiques, car on y trouve des ancêtres où les modifications différentielles n'étaient pas encore effectuées. — Ces faits démontrent une parenté morphologique très étroite entre les espèces d'un même genre, moins étroite entre les genres d'une même classe, moins étroite encore entre les espèces extrêmes du règne animal. Ce lien qui unit les êtres vivants est, d'après les transformistes, le résultat d'une commune descendance ; ce n'est pas un lien idéal, mais un lien de parenté réelle.

§ III. — *CRITIQUE DU TRANSFORMISME*

A) **Réfutation générale** : la théorie darwiniste repose sur l'analogie entre la sélection naturelle et la sélection artificielle. Or cette analogie est contestable. La sélection artificielle est réfléchie et calculée. Pour faire une race douée de telle qualité déterminée, il ne suffit pas de lui donner pour père un individu qui offre la première ébauche de cette qualité ; il faut trouver une mère en qui se rencontre la même qualité ; autrement cette qualité s'affaiblit dès la seconde génération et disparaît à la troisième ou quatrième. Ce double choix est nécessaire, non seulement au début, mais constamment ; c'est à cette condition que se précisera le caractère que l'on veut perpétuer dans une race. Pour que la sélection naturelle obtînt le même résultat, il faudrait que la nature fût capable de choix, mais elle est aveugle. L'animal agit sous l'influence d'un instinct irréfléchi. Comment admettre qu'un animal, dont la constitution offre quelque particularité utile, ira chercher et découvrira un autre individu doué du même avantage ? Comment admettre surtout que cette recherche et cette découverte se renouvelleront autant de fois qu'il est nécessaire pour produire et fixer une variété ? Il serait étrange que l'homme intelligent et la nature aveugle, agissant par des voies opposées, aboutissent aux mêmes résultats.

Ce n'est pas assez dire, car la nature aboutirait à des résultats bien supérieurs : elle arriverait à produire des *espèces*, tandis que l'homme n'a réussi qu'à produire des *races*, en fixant des variétés. Avec un père et une mère de l'espèce canine, la sélection artificielle a créé de nombreuses races de chiens, mais jamais un autre animal.

Les produits hybrides, qui proviennent de deux espèces voisines, ou bien sont stériles après un petit nombre de générations (comme les mulets), ou bien sont indéfiniment féconds (comme les léporides), mais alors leurs descendants reviennent promptement au type lièvre ou au type lapin. Ce fait d'interstérilité entre deux espèces voisines est, de l'aveu de Darwin, « inexplicable » dans la théorie transformiste. M. de Quatrefages regarde ce fait capital comme la preuve manifeste de la fixité des espèces.

De plus l'histoire, aussi haut qu'on puisse remonter dans l'étude du passé, confirme la permanence des espèces. Certaines ont disparu ; aucune des survivantes n'a subi de transformations (Cf. les descriptions d'Aristote, les monuments de l'Égypte, etc.) Si donc la sélection naturelle, sous l'action de la concurrence vitale, n'a produit, de mémoire d'homme, pendant 60 ou 70 siècles, aucune modification notable, de quel droit les transformistes lui accordent-ils une si merveilleuse efficacité dans le passé ? Ils répliquent que, dans les périodes géologiques antérieures à la nôtre, la sélection naturelle, disposant d'un temps illimité, a pu agir efficacement. — Mais le temps par lui-même ne produit rien ; il n'est qu'une condition qui permet à une force de se développer ; si donc pendant 70 siècles la sélection naturelle n'a rien fait, ce n'est pas avec un temps indéfiniment prolongé qu'elle fera quelque chose. C'est une supposition gratuite qui n'a rien de scientifique (¹).

B) **Réponse aux arguments particuliers :**

I. — La persistance d'organes rudimentaires n'est pas une preuve en faveur du transformisme, car :

1°) Au dire de Darwin lui-même, nous ne savons pas si un organe, rudimentaire ou inutile chez l'adulte, n'a pas exercé une fonction chez l'embryon.

2°) Il peut se faire que les organes rudimentaires, comme les ailes de l'aptéryx, servent à une fin encore inconnue.

3°) Cette persistance d'ailleurs s'explique suffisamment par l'*unité de plan* qu'elle sert à manifester (**61**, § III).

4°) Ces organes peuvent être le résultat d'une dégradation subie dans l'espèce même, *intra eamdem speciem.*

5°) L'explication darwinienne sur la cause de l'atrophie de ces organes n'est pas juste ; on cite bien des cas où le non-usage n'a pas atrophié certains organes : vg. l'oie de Magellan et la frégate ont des pieds palmés pour nager et ne nagent pas ; un pic d'Amérique (*Colaptes campestris*) a des pieds grimpeurs et ne grimpe pas.

II. — Il est certain, d'après Darwin lui-même, que tous les animaux ne passent pas par les différents états de leur soi-disant ancêtre. Cependant les lois de la nature sont générales, et, si l'explication du développement embryologique était celle que supposent les darwinistes, elle ne devrait pas souffrir ces exceptions. Agassiz a remis les choses au point : « En tant qu'œufs, dans leur

---

(¹) Les savants contestent à la *sélection naturelle* le pouvoir souverain que Darwin lui attribue. C'est ce que constate M. Yves Delage, professeur à la Faculté des Sciences de Paris : « La sélection naturelle est un principe admirable et parfaitement juste. Tout le monde est d'accord aujourd'hui sur ce point. Mais, où on n'est pas d'accord, c'est sur la limite de sa puissance, et sur la question de savoir si elle peut engendrer des formes spécifiques nouvelles. *Il semble bien démontré aujourd'hui qu'elle ne le peut pas.* » (*La structure du protoplasme et les théories sur l'hérédité et les grands problèmes de la biologie générale*, p. 341. Paris 1895).

condition primitive, tous les animaux se ressemblent. Mais aussitôt que l'embryon commence à montrer quelques traits caractéristiques, ceux-ci présentent des particularités telles que le type peut se distinguer. Aucun animal supérieur ne traverse une suite de phases rappelant tous les types inférieurs du règne animal, mais il subit simplement une série de modifications, spéciales aux animaux de l'embranchement auquel il appartient. »

III. — On a apporté plusieurs faits contre la *série paléontologique* :

1°) Certaines espèces ont persévéré, sans transformation, à travers les temps géologiques. Pourquoi certains types ont-ils progressé tandis que d'autres sont demeurés stationnaires ? pourquoi il y a-t-il encore des amibes, des méduses, et même des poissons et des reptiles ?

2°) L'ordre d'apparition des espèces n'est pas conforme au degré de complication de l'organisme : dès le cambrien on voit des êtres de presque tous les groupes.

3°) Les groupes nouveaux apparaissent brusquement, sans être amenés par des formes intermédiaires qui les relient à d'autres. — On n'a pas retrouvé ces intermédiaires nécessaires pour justifier le transformisme. Darwin l'a reconnu loyalement : « Le problème de la filiation des espèces dans les couches fossilifères reste, quant à présent, inexpliqué, insoluble, et l'on peut continuer à s'en servir comme d'un argument sérieux contre les opinions émises ici. » M. Contejean, quoique transformiste, dit de son côté : « Il faut admettre que les nombreuses étapes, qui marquent la transformation entre deux types spécifiques voisins, sont représentées chacune par une forme particulière qu'on devrait retrouver à l'état fossile. Ces formes de passage seraient donc innombrables ; en outre les types spécifiques, noyés dans cette multitude d'intermédiaires, ne pourraient plus être distingués les uns des autres, ou, en d'autres termes, n'existeraient pas. Or c'est le contraire qui a lieu. »

Pressés par ces objections, certains transformistes ont imaginé la théorie des *émigrations*. Quand on leur dit : vg. on ne connaît aucune forme intermédiaire entre l'hipparion et le cheval ; ils répondent : l'être que vous cherchez ne peut se trouver que dans une région éloignée de celle où vécurent ces animaux ; autrement il ne se fût pas transformé. Mais cette hypothèse est tellement gratuite et arbitraire qu'elle est rejetée par la plupart des darwinistes. Aussi d'autres, comme M. Naudin, recourent à des transformations brusques, et ils apportent en preuve les modifications produites soudainement chez les plantes et même chez certains animaux. Mais ces modifications n'ont jamais lieu qu'entre des races ou variétés d'une même espèce.

IV. — Le lien qui unit entre elles les formes vivantes est manifeste ; mais le fait de son existence ne tranche pas la question de son origine : est-il idéal ou le résultat d'une descendance commune ? On peut admettre que le transformisme explique, aussi bien que le créationnisme, les ressemblances qui unissent les espèces voisines ; mais il ne rend pas aussi aisément compte des différences anatomiques et physiologiques qui les séparent.

V. — Jusqu'ici l'ensemble des faits dépose contre la théorie transformiste. Mais admettons qu'on établisse l'interfécondité des espèces et qu'on découvre les innombrables intermédiaires des transformations successives, il reste toujours à expliquer :

1°) **L'origine des êtres vivants** : or, depuis la réfutation des générations spontanées par Pasteur, c'est une vérité acquise à la science que les êtres organisés reçoivent toujours la vie de corps déjà vivants, que par conséquent la vie ne résulte pas de l'évolution d'éléments physico-chimiques : *Omne vivum ex vivo*. Il faut donc recourir à un principe transcendant, en dehors et au-dessus de la matière, à un être créateur du principe vital.

2°) **La plasticité des êtres vivants** : comment sont-ils capables de s'adapter aux conditions de leur existence ? Comment peuvent-ils se développer régulièrement au milieu des influences diverses qu'ils subissent ? Cette plasticité offre éminemment le caractère de la finalité. Il faut y reconnaître les marques d'une intelligence qui, n'étant ni dans la plante, ni dans l'animal, doit être en dehors et au-dessus d'eux, dans une Providence qui dirige les êtres vivants vers une fin qu'ils ignorent. C'est ce qu'exprime fort bien un naturaliste américain, L. Agassiz : « Rien dans le règne organique n'est de nature à nous impressionner autant que l'unité de plan qui apparait dans la structure des types les plus différents. D'un pôle à l'autre, sous tous les méridiens, les Mammifères, les Oiseaux, les Reptiles, les Poissons révèlent un seul et même plan de structure. Ce plan dénote des conceptions abstraites de l'ordre le plus élevé, il dépasse de bien loin les plus vastes généralisations de l'esprit humain, et il a fallu les recherches les plus laborieuses pour que l'homme parvînt seulement à s'en faire une idée. D'autres plans non moins merveilleux se découvrent dans les Articulés, les Mollusques, les Rayonnés et dans les divers types de plantes. Et cependant ce rapport logique, cette admirable harmonie, cette infinie variété dans l'unité, voilà ce qu'on nous représente comme le résultat de forces auxquelles n'appartiennent ni la moindre parcelle d'intelligence, ni la faculté de penser, ni le pouvoir de combiner, ni la notion du temps et de l'espace ».

Conclusion : le transformisme, qui prétend se passer de l'intervention de Dieu pour produire la matière et la vie et qui s'étend à l'homme lui-même, est contraire à la raison et à la foi. Mais un transformisme restreint et mitigé n'est en opposition ni avec le dogme chrétien, ni avec la métaphysique, car il admet une triple intervention de Dieu pour créer la matière, la vie, l'homme. Dans ces limites, il est loisible à un catholique de soutenir que les espèces actuelles, végétales et animales, proviennent par voie de transformations successives d'un certain nombre de types primitifs créés par Dieu. C'est un système *possible en soi*. Est-il vérifié par les *faits* ? Certains savants le prétendent ; vg. M. Gaudry, professeur au Muséum d'histoire naturelle : d'après lui, les espèces secondaires (qui ne seraient que des variétés et des races) sont transmutables, mais elles dérivent d'un certain nombre de classes primordiales et irréductibles, qui ont Dieu pour auteur immédiat[1]. D'autres savants repoussent même le transformisme ainsi mitigé, parce qu'ils ne le trouvent pas suffisamment prouvé

---

[1] A. GAUDRY : « Les êtres animés ne sauraient avoir produit eux-mêmes leurs forces vitales, car nul ne peut donner ce qu'il n'a pas. Quand nous imaginerons toutes les forces physiques ou chimiques, elles ne feront pas une force vitale, et surtout une force pensante. C'est donc la cause première, c'est-à-dire Dieu, qui crée les forces (*Essai de paléontologie philosophique*).

par les faits : vg. Cuvier, de Quatrefages, Flourens, Agassiz, Faivre, Godron, Hébert, Blanchard, de Nadaillac, etc. C'est de ce côté qu'il convient d'aller, jusqu'à ce que des faits nouveaux, s'il en doit surgir, viennent confirmer l'hypothèse transformiste modérée. Mais il nous semble raisonnable de ne pas lui opposer une fin de non-recevoir absolue. Volontiers nous faisons nôtres ces sages remarques de Mgr d'Hulst : « Si on tient à poser en principe métaphysique l'immutabilité de l'espèce, nous demandons comme correctif qu'on donne au mot *espèce* un sens large et toujours susceptible d'être amendé ; qu'on dise : le passage d'une espèce à l'autre est impossible ; mais rien n'empêche de considérer comme n'atteignant pas l'espèce proprement dite les transformations dont il semble à plusieurs découvrir des traces dans la nature. C'est ainsi que plusieurs paléontologistes, (dont les convictions spiritualistes sont très fermes et qui sont les premiers à déclarer qu'aucun passage d'espèce à espèce connue n'a jamais été constaté depuis que l'homme consigne ses observations,...) inclinent à supposer que la nature avait, à l'origine, une plasticité plus grande qui la rendait accessible à un plus grand nombre d'influences modificatrices, et que cette propriété a été s'oblitérant de plus en plus jusqu'à disparaître entièrement pour laisser désormais aux caractères spécifiques une rigidité absolue ; comme il arrive dans l'individu vivant, dont la faculté de croissance s'arrête quand il est parvenu à son développement normal... Il y aurait ainsi deux façons d'envisager l'espèce, ou bien dans cette phase relativement récente de l'évolution générale qui date des premières observations humaines, ou dans la succession totale des phases qu'elle a parcourues. Considérée de la première manière, elle serait fixe ; considérée de la seconde, elle ne pourrait l'être qu'à la condition d'embrasser sous un type commun des groupes depuis longtemps classés comme espèces distinctes » (¹).

(¹) D'Hulst, *Conférences de Notre-Dame*, 1891, note 30, p. 409-411. — Les antitransformistes définissent ainsi l'espèce : « Assemblage d'individus qui donnent des produits indéfiniment féconds ». Les transformistes modérés, comme M. Gaudry, proposent celle-ci : « Assemblage d'individus qui ne sont pas encore assez différenciés pour cesser de donner ensemble des produits féconds ». (*Essai de paléontologie philosophique*).

Citons, pour terminer, la loyale déclaration faite par M. Yves Delage, professeur d'anatomie et de physiologie comparées à la Sorbonne : « Je reconnais sans peine qu'on n'a jamais vu une espèce en engendrer une autre, ni se transformer en une autre, et que l'on n'a aucune observation absolument formelle démontrant que cela ait jamais eu lieu. J'entends ici une vraie bonne espèce, fixe comme les espèces naturelles et se maintenant comme elles, sans le secours de l'homme. » L'auteur, qui est cependant transformiste, ajoute en note : « Je prends ici la première personne pour montrer que je parle en mon nom et non en celui des Transformistes dont beaucoup seront sans doute scandalisés en lisant cette déclaration. Je suis cependant absolument convaincu qu'on est ou qu'on n'est pas transformiste, non pour des raisons tirées de l'histoire naturelle, *mais en raison de ses opinions philosophiques*. S'il existait une hypothèse *scientifique* autre que la descendance pour expliquer l'origine des espèces, nombre de Transformistes abandonneraient leur opinion actuelle comme *insuffisamment démontrée* (¹).

Remarque : il ne faut pas confondre entre eux :

1°) **Le Monisme** de Hœckel ou théorie *universelle de l'évolution*. Il soutient qu'il existe dans la nature entière un grand *processus* évolutif, un, continu et éternel ; tous les phénomènes de la nature, sans exception, depuis le mouvement des corps célestes jusqu'à la croissance des plantes et à la conscience de l'homme, arrivent en vertu d'*une seule et même loi de causalité*. Bref, tout est réductible à la mécanique des atomes. Cette conception mécaniste du monde est appelée par Hœckel *monisme*, parce qu'il ramène tout à l'unité, à la *monère*, atome éternel d'où tout ce qui existe est descendu par une série d'évolutions progressives. C'est une des formes de l'*évolutionnisme universel*. — Nous exposerons plus bas celle de Spencer.

2°) **Le Transformisme** ou théorie de la *descendance* : LAMARCK explique l'origine des espèces organiques par des transformations graduelles; de sorte que tous les organismes complexes des végé-

---

(¹) Y. DELAGE, *La structure du protoplasme et les théories sur l'hérédité et les grands problèmes de la biologie générale*, p. 184. Paris, 1895.

taux et des animaux actuels dérivent d'une seule forme primitive ou du moins d'un très petit nombre de formes. C'est un cas particulier de l'évolution. Le *monisme* a la prétention de tout expliquer, le *transformisme* se borne à expliquer le développement de la vie.

3°) **Le Darwinisme** ou théorie de la *sélection naturelle*. Darwin n'a pas imaginé le transformisme; c'est l'œuvre de Lamarck; mais il a conçu la théorie de la *sélection naturelle* pour expliquer les transformations successives des êtres vivants et l'origine des espèces. Dans la première édition de l'*Origine des espèces*, Darwin était modéré; il admettait l'intervention de Dieu pour créer les premiers organismes et n'étendait pas son système à l'homme. Mais entraîné par ses disciples, notamment par Huxley [1], il accepta la théorie de l'évolution universelle et écrivit un livre sur la descendance animale de l'homme. En fin de compte cependant, Huxley n'était pas très affirmatif sur la valeur du *Darwinisme*, car, en 1896, en recevant le prix Darwin que lui décernait la Société royale de Londres, il s'exprima ainsi : « La théorie de Darwin sera-t-elle confirmée par l'expérience des temps qui viendront après nous ? C'est ce que je ne sais pas, c'est ce que personne ne peut savoir en aucune façon ! »

BIBLIOGRAPHIE

A. — Transformistes absolus

Darwin,	*L'origine des espèces. — De la variation des animaux et des plantes. — La descendance de l'homme.*
Delage,	*Structure du protoplasme*, etc.
Duval,	*Le Darwinisme.*
Giard,	*Les facteurs de l'évolution*, Revue scientifique, 23 Nov. 1889.
Hartmann,	*Le Darwinisme.*

[1] Cf. un article de la *Revue des Deux Mondes* sur la *Vie d'Huxley*, 15 Déc. 1900, p. 920 sq.

Hœckel,	*Histoire de la création des êtres organisés. — Anthropogénie. — Les preuves du transformisme.*
Huxley,	*L'évolution et l'origine des espèces. — La place de l'homme dans la nature.*
Lamarck,	*Philosophie zoologique.*
Le Dantec,	*Théories néo-lamarckiennes,* Revue philos. Nov. et Déc. 1897.
Naudin,	*Les espèces assises et la théorie de l'évolution.* — Cf. de Quatrefages, *Les émules de Darwin,* ch. II.
Perrier (Ed.),	*La philosophie zoologique avant Darwin. — Le transformisme. — Les colonies animales et la formation des organismes.*
Romanes,	*L'intelligence des animaux. — L'évolution mentale chez les animaux.* — Cf. de Quatrefages, *Les émules de Darwin,* ch. III.
Schmidt,	*Descendance et Darwinisme. — Les mammifères dans leurs rapports avec leurs ancêtres zoologiques.*
Vries (de),	*Le transformisme.* — Cf. A Dastre, Revue des Deux Mondes, 1ᵉʳ Juillet, 1903, p. 207 et sq.
Wallace,	*La sélection naturelle. Essais.* — Cf. de Quatrefages, *Les émules de Darwin,* ch. I.
Weismann,	*Essais sur l'hérédité.*

B. — Transformistes modérés

Cochin (D.),	*L'évolution et la vie.*
Gaudry,	*Les enchaînements du monde animal dans les temps géologiques. — Les ancêtres de nos animaux dans les temps géologiques. — Essai de paléontologie philosophique.*
Guibert,	*Les origines,* ch. III. L'auteur semble incliner du côté du transformisme modéré.
Leroy,	*L'évolution des espèces organiques.*
Maisonneuve,	*Création et évolution,* dans le compte rendu du Congrès international scientifique des catholiques, 1896, 8ᵉ Section.
Saint-Georges Mivart,	*Genesis of species.*
Zahm,	*L'évolution et le dogme.*

C. — Antitransformistes

Agassiz,	*De l'espèce et de la classification en zoologie.*
Blanchard,	*La vie et les êtres organisés.*
Bonniot (J. de),	*La bête comparée à l'homme.*

Diercks,	*L'homme-singe*, Revue des Questions scientifiques, Avril 1894.
Duilhé de Saint-Projet,	*Apologie scientifique de la foi chrétienne*, III° et IV° P.
Faivre,	*La variabilité des espèces et ses limites.*
Farges,	*La vie et l'évolution.*
Godron,	*De l'espèce et des races.*
Janet (Paul),	*Le Darwinisme*, Revue des Deux Mondes, 1er Oct. 1863.
Joly,	*L'instinct. — L'homme et l'animal*, IV° P.
Jousset (D^r),	*Évolution et transformisme.*
Lavaud de Lestrade,	*Transformisme et Darwinisme.*
Lecomte,	*Le Darwinisme et l'origine de l'homme.*
Lodiel,	*Quelques appréciations récentes du transformisme*, Études, Déc. 1892.
Nadaillac (de),	*Le problème de la vie.*
Quatrefages (de),	*L'espèce humaine. — Unité de l'espèce humaine. — Darwin et ses précurseurs. — Les émules de Darwin.*
Thomas,	*Les temps primitifs et les origines religieuses.*
Vignon,	*Sur le matérialisme scientifique ou mécanisme antitéléologique*, Revue de Philosophie, mars 1904, p. 261 sqq.
Vigouroux,	*Les Livres Saints et la critique rationaliste*, T. III, L. I, Sect. II, ch. III, Art. 3.

86. — L'ÉVOLUTIONNISME

§ A. — *EXPOSÉ DU SYSTÈME DE SPENCER*

L'idée d'évolution, entendue dans un sens large, n'est pas nouvelle. Les physiciens d'Ionie expliquaient l'univers par les transformations successives d'un élément primitif. Les Péripatéticiens, les Stoïciens, les Alexandrins sont plus ou moins évolutionnistes. Un grand nombre de philosophes et de savants modernes ont repris cette conception : Bacon, Pascal, Leibniz y ont recours. A la fin du xviii° siècle, Turgot et Condorcet se firent les défenseurs de l'idée de progrès, voisine de celle d'évolution. La théorie de Laplace, la philosophie de Comte, le transformisme de Lamarck et de Darwin, tout pénétrés de l'idée d'évolution, préparent les voies à l'évolutionnisme universel de Hœckel et de Spencer.

L'œuvre de Herbert Spencer est donc une vaste synthèse, où sont venues se fondre certaines idées qui avaient déjà cours dans la philosophie et dans la science. Spencer voulut constituer une philosophie scientifique. Pour Laplace, l'évolution est la loi de la formation originelle de notre monde planétaire ; pour Lamarck et Darwin, elle est la loi de la nature vivante ; pour Spencer, elle est la loi de toutes choses : en vertu des seules lois de la mécanique physique, groupant ou dispersant des atomes inertes par eux-mêmes, tout s'explique, depuis les mouvements stellaires et la chute d'une pierre jusqu'à la croissance des végétaux, la conscience de l'homme et l'organisation sociale. Matière, vie, pensée, individu et société, tout évolue.

L'évolution, c'est le passage de l'homogène à l'hétérogène, du simple au complexe, par des différenciations et des intégrations successives.

A) **Monde primitif** : à l'origine, l'univers était une masse confuse, chaotique, où toutes les parties étaient homogènes. Peu à peu, par suite d'actions inconnues, cette masse s'est divisée en plusieurs parties qui ont commencé à se différencier. Le monde est alors devenu hétérogène, composé d'éléments divers. Mais, en même temps qu'ils se diversifiaient, ces éléments apprenaient peu à peu à se coordonner entre eux. Ainsi, à la confusion primitive une organisation rudimentaire tendait à se substituer. Le monde allait donc de l'homogénéité confuse à l'hétérogénéité coordonnée, « c'est-à-dire devenait à la fois plus multiple et plus un ».

B) **Minéraux** : la masse primitive a ainsi formé des *nébuleuses*, qui elles-mêmes en se dissolvant ont produit les *astres*. La théorie de Laplace est une première application de la loi d'évolution. La nébuleuse primitive, qui occupait tout l'espace, où se meut aujourd'hui notre système solaire, s'est condensée et différenciée jusqu'à ce qu'elle ait donné naissance à ce système, composé d'astres distincts mais solidaires les uns des autres. La *terre* est un de ces astres. D'abord en ignition, la terre s'est refroidie peu à peu et en se refroidissant se divisa ; par suite de ces refroidissements progressifs se formèrent les différentes couches de terrain, la variété des *minéraux* qui les constituent, les continents, les mers et tous les phénomènes physiques.

C) **Végétaux et animaux** : les minéraux se modifièrent et se compliquèrent sous l'influence de combinaisons chimiques, jusqu'à ce qu'un jour une action chimique plus complexe y fit jaillir la **vie** sous la forme rudimentaire du *protoplasma*. Ce protoplasma primitif ne contient aucun élément qui ne soit dans la matière brute ; toute la différence est dans une plus grande complexité. Il grandit peu à peu, puis se divisa. Mais les cellules, formées par la division d'une même cellule-mère, s'associèrent : le protoplasma simple et diffus donna ainsi naissance au corps composé, c'est-à-dire aux cellules unies par le double progrès dans la multiplicité et dans l'unité. Il y a toujours différenciation et intégration : plus grande est la diversité des éléments composants, plus frappante est l'unité qui les coordonne. C'est ainsi que se formèrent les **végétaux** et les **animaux**.

Une fois formés, ils se développèrent de la même façon, en accroissant leurs membres et en les coordonnant en vue de l'entretien de l'existence commune. Pour assurer leur existence, ces organismes durent lutter entre eux, car la quantité d'aliments répandue sur la surface de la terre est insuffisante à nourrir tous ses habitants. Il faut donc qu'un certain nombre périssent pour que le reste survive. Ceux-là subsisteront qui auront le plus d'avantages dans la *lutte pour la vie*. Ces avantages sont de deux sortes : les uns sont transmis à l'être par les organismes de ses ancêtres ; ils constituent pour lui des caractères *héréditaires* ou *innés* ; les autres sont *acquis* par lui-même au cours de son existence ; car, pour vivre, il est obligé de *s'adapter* à son milieu ; or, pour s'adapter, il doit souvent se modifier. **L'adaptation et l'hérédité** sont les deux grands facteurs de l'évolution des êtres vivants. Ceux qui ont les caractères héréditaires les plus parfaits ou qui ont su le mieux s'adapter, survivent seuls, comme si la nature les avait *choisis* ; c'est la **sélection naturelle des meilleurs**, c'est le résultat de la **lutte pour la vie (85, § II, A, B)**. Et comme, pour vaincre ses rivaux, il faut que l'être se perfectionne sans cesse, on conçoit la continuité du *progrès* chez les êtres vivants. L'apparition du système nerveux marque une phase importante de l'évolution ; car le système nerveux domine les autres organes, centralise leurs efforts et c'est par son perfectionnement que s'est fait surtout le progrès de l'animalité.

D) **Hommes** : à une époque préhistorique, après des essais innombrables, l'humanité est issue de l'animalité. C'est un développement extraordinaire du système nerveux qui a permis l'apparition des formes les plus hautes de la pensée. Il en est de l'esprit de l'homme comme des formes organiques ; il s'est compliqué et diversifié de plus en plus dans son évolution. La nature et la pensée humaine nous apparaissent maintenant comme deux mécanismes qui s'accordent parfaitement ; mais l'adaptation du cerveau humain et par conséquent de la pensée à la nature est l'œuvre des siècles. Le procédé essentiel de cette évolution, comme de l'évolution organique, c'est la *sélection naturelle* sous l'action de la *concurrence vitale*, puis l'*hérédité*, qui fixe les résultats acquis. Il y a aussi lutte pour la vie entre les idées, et celles-là survivent au conflit qui sont conformes aux rapports naturels des choses : tôt ou tard la vérité vaincra l'erreur.

Cette loi de l'évolution se retrouve dans l'histoire de l'humanité ; c'est elle qui régit toutes les formes de l'activité humaine :

1°) **Activité sociale** : à leur origine, les *sociétés* forment des ensembles homogènes d'individus qui ont mêmes facultés et mêmes fonctions ; chacun d'eux est guerrier, pêcheur, chasseur, constructeur. Le travail se divisa sans nuire à la solidarité sociale, qui grandit avec l'hétérogénéité des fonctions. Les gouvernés se distinguèrent des gouvernants, et peu à peu s'établit la séparation des pouvoirs, exécutif, législatif et judiciaire.

2°) **Activité scientifique et artistique** : les premiers savants rêvaient une science universelle, et l'art primitif enveloppait tous les arts. C'est progressivement que se sont constitués des sciences particulières et des arts distincts.

3°) **Activité morale** : étant donnée la vie de l'homme en société, il en résulte que l'altruisme naît forcément de l'égoïsme. L'homme vivant en société remarqua que, s'il cherchait à faire le bonheur de ceux avec lesquels il vivait, il jouirait par contre-coup des émotions agréables des autres et que ceux-ci, par une réciprocité naturelle, chercheraient à faire son bonheur (¹).

Conclusion : tout ce qui est connaissable, c'est-à-dire les *phénomènes*, est du domaine de la science et soumis à la loi d'évolution. Au-dessus de ce domaine, il y en a un autre réservé aux religions : c'est celui de l'absolu ou de l'*inconnaissable*, dont nous ne savons qu'une chose : qu'il est. « La croyance à l'omniprésence de quelque chose qui passe l'intelligence n'a rien à redouter de la logique la plus inexorable ; voilà une vérité de la plus grande certitude possible ; une vérité sur laquelle les religions s'accordent également avec la science : c'est que la puissance, dont l'univers est la manifestation, est impénétrable ». De là le nom d'**agnosticisme** donné à la philosophie de Spencer.

§ B. — *CRITIQUE DE L'ÉVOLUTIONNISME*

Il faut une **cause** pour expliquer : l'existence de cette masse nébuleuse et chaotique, d'où seraient sorties toutes choses ; — le mouvement initial de cette masse ; — la direction de ce mouvement ; — l'apparition de la vie organique, de la sensation, de la pensée et de la vie morale. Or le système évolutionniste est incapable d'expliquer :

I. — **L'existence de cette masse** : d'après Spencer, la matière est incréée, éternelle, indestructible. C'est inadmissible. La matière en effet est imparfaite, surtout aux débuts de l'évolution, puisqu'elle se transforme et change ; or ce qui est imparfait, ce qui change, n'a pas en soi sa raison d'être et par conséquent pourrait ne pas exister. Si donc la matière existe, ce n'est point par une nécessité qui vient de sa nature, c'est qu'elle a reçu l'existence d'une cause qui avait en soi sa raison d'être. Il faut conséquemment que la matière ait été produite par un être transcendant, par Dieu.

II. — **Le mouvement initial nécessaire à la formation du monde inorganique** ; d'après Spencer, le monde porterait en soi

---

(¹) Pour la réfutation de cette morale égoïste, Cf. *infra*, Morale, (54).

sa raison d'être ; les éléments des choses ont été d'abord à l'état diffus ; puis, soumis à la loi du mouvement mécanique, ils se sont associés de façon à produire tous les phénomènes du règne minéral. C'est la théorie de l'*immanence*, d'après laquelle la masse des éléments matériels aurait *en soi* la cause de ses actualisations successives : l'univers posséderait *en puissance* tout ce qu'il développe *en acte* dans la suite des temps. Il n'y a donc pas lieu de chercher, en dehors du monde, une cause *transcendante* du mouvement de la matière ; la matière est incréée, éternelle, indestructible.

Réponse : l'évolutionnisme prétend que l'univers est la cause de ses actualités successives dans le temps. C'est impossible, car la matière diffuse, qui composait l'univers primitif, étant inerte, il a fallu une cause en dehors d'elle pour la faire passer de la puissance à l'acte, pour déterminer la combinaison mécanique de ses éléments. On a beau parler d'un ressort caché, d'un *nisus* ou tendance à l'évolution, l'être matériel ne peut sortir lui-même de son repos ; il a besoin pour se mouvoir d'y être déterminé par une force motrice extérieure à la série des éléments dont il se compose ; il faut donc recourir à un moteur distinct de la matière, à un être transcendant et immuable, à Dieu (1).

III. — La direction de ce mouvement et l'ordonnance magnifique de l'univers : Spencer admet l'évolution des choses sans causes finales. C'est impossible ; qui dit évolution, développement, marche en avant, progrès, dit tendance, direction, ordre. C'est ainsi que l'entendaient Aristote et Leibniz, qui ne séparaient pas l'évolution de la finalité. C'est que le mouvement, laissé à lui-même, est indifférent à produire telle combinaison plutôt que telle autre. Or le monde nous présente le spectacle d'un ordre constant et merveilleux ; il ne peut donc s'expliquer sans une intelligence ordonnatrice et directrice de tous les mouvements de l'univers. C'est ce qui faisait dire à Newton : « Tout est inconcevable dans le monde planétaire sans l'activité d'une intelligence infinie » (2).

---

(1) Hulst (d'), *Conférences de Notre-Dame*, 1891, note 24, pp. 383-384.
(2) On connaît la belle page de Pasteur sur l'infini : « Au delà de cette voûte étoilée qu'y a-t-il ? De nouveaux cieux étoilés. Soit. Et au delà ?... Il

IV. — **L'apparition de la vie** : d'après l'évolutionnisme, la terre, c'est-à-dire le règne inorganique, a produit spontanément, par suite d'un heureux concours de circonstances, un ou plusieurs êtres vivants d'où sont sorties progressivement toute la flore et toute la faune actuelles. L'organique est sorti un jour de l'inorganique par génération spontanée. C'est la thèse de l'**hétérogénie**. Pasteur a démontré qu'il n'y avait pas de génération spontanée : tout être vivant provient d'un germe vivant antérieur. Des évolutionnistes de marque, comme Darwin, Huxley, Tyndall, Virchow, n'ont pas fait difficulté de l'avouer (¹). Certains ont prétendu que, s'il n'y avait plus actuellement de générations spontanées, il y en avait autrefois dans les temps géologiques, les circonstances étant alors plus favorables. C'est là une affirmation gratuite, en contradiction même avec les principes de l'évolutionnisme, qui prétend ne s'appuyer que sur des démonstrations expérimentales. La vie est donc inexplicable sans un principe vital distinct de la matière.

V. — **L'apparition de la sensation et de la pensée** : la sensation ne serait qu'une transformation de la vie physiologique, et la pensée serait sortie des sensations par une infinité de degrés. Toutes les opérations psychiques : conscience, sensation, pensée, volition, ne seraient que des productions du cerveau, des mouvements nerveux. Nous montrerons (MORALE, 1) que les phénomènes physiologiques et les phénomènes psychologiques diffèrent essentiellement : les premiers sont étendus, mesurables, localisés ; —

---

ne sert de rien de répondre : au delà sont des espaces, des temps et des grandeurs sans limites. Nul ne comprend ces paroles. Celui qui proclame l'existence de l'infini, *et nul ne peut y échapper*, accumule dans cette affirmation plus de surnaturel qu'il n'y en a dans les miracles de toutes les religions, car la notion de l'infini a le double caractère de s'imposer et d'être incompréhensible... » (*Discours de réception à l'Académie française*, 27 avril 1882).

(¹) « Personne n'a jamais vu se produire devant lui une génération spontanée ; ceux qui disent le contraire sont contredits par les savants et non pas par les théologiens... Quand on tient à avoir une formule, quand on on dit : « J'ai absolument besoin d'une formule, je dois me rendre compte, je veux me faire une idée de l'ensemble des choses », il faut opter entre la génération spontanée et la création : il n'y a pas une troisième alternative. » (VIRCHOW, *Revue scientifique*, 8 Déc. 1877, p. 539).

les seconds sont inétendus, non localisés, etc. On peut prouver, en particulier, que la pensée n'a pu dériver de la sensation : éprouver des sensations et penser des rapports sont deux choses différentes. Il n'y a pas de transformation possible de l'une à l'autre, car la sensation a pour caractéristique d'être singulière, contingente, relative, tandis que la pensée a pour caractère spécial de saisir l'universel, le nécessaire et l'absolu.

VI. — **L'apparition de la vie morale** : la morale dans cette hypothèse n'est plus qu'une physique des mœurs. La première condition manque à la morale évolutionniste pour être une morale : le *libre arbitre*. Dans l'évolutionnisme il n'y a pas place pour la liberté, puisque tous nos actes sont *déterminés* par les phénomènes antécédents. Or on ne peut concevoir qu'il y ait une obligation morale pour un être qui n'est pas libre, car il ne saurait y avoir « devoir sans pouvoir ». La métamorphose de l'égoïsme en altruisme par de lentes transformations est chimérique. L'impératif catégorique du devoir ne peut sortir des suggestions du plaisir et de l'intérêt. — Quant à l'hérédité, elle ne joue pas dans la moralité le rôle important que lui attribue Spencer. L'influence de l'hérédité parait incontestable pour certaines habitudes organiques et sensitives ; mais elle n'est qu'*indirecte* pour les habitudes intellectuelles et morales (Morale, 8).

Conclusion : l'être ne peut venir du néant, la vie de la matière et du mouvement, la sensation de la vie, la pensée de la sensation, le désintéressement de l'égoïsme, la moralité du déterminisme. Comme l'évolutionnisme rejette un principe suprême pour produire et diriger l'évolution, c'est une hypothèse (¹) antiscientifique ; car c'est une explication du plus par le moins, du supérieur par l'inférieur, de l'ordre par le désordre, de l'être par le néant.

Remarque : les arguments apportés contre le transformisme valent aussi contre l'évolutionnisme, puisque Spencer admet la transformation des espèces.

(¹) Le matérialiste Huxley écrivait en 1886 ces paroles significatives à Spencer : « Je n'ai pas d'objection *a priori* contre la transmission héréditaire de modifications fonctionnelles, et je souhaiterais fort que votre hypothèse fût vraie ; mais elle est *aussi loin que jamais de trouver à s'appuyer sur une preuve digne de foi.* »

BIBLIOGRAPHIE

Outre certains ouvrages cités à la fin du numéro 85 :

CARRAU,	*Études sur la théorie de l'évolution.*
COLLINS,	*Résumé de la philosophie de H. Spencer.*
HALLEUX,	*L'évolutionnisme en morale.*
JANET (Paul),	*Les causes finales*, Appendice VIII.
LALANDE,	*La dissolution opposée à l'évolution dans les sciences physiques et morales.*
LIARD,	*La Science positive et la Métaphysique*, L. I, ch. IX XI.
MARGERIE (de),	*Théodicée.*
NAUDIN,	*Les espèces assises et la théorie de l'évolution.* — Cf. de Quatrefages, *Les émules de Darwin*, ch. II.
RENOUVIER,	*La Critique philosophique*, (1871 à 1889, nombreuses discussions sur le Spencérisme).
ROURE,	*Doctrines et Problèmes*, ch. II.

87. — LA PERFECTIBILITÉ HUMAINE

Avant d'examiner les hypothèses auxquelles a donné lieu la question du progrès et de la civilisation, il est nécessaire de définir ces grands mots vagues de *progrès* et de *civilisation*, dont on abuse si aisément.

§ A. — *ÉLÉMENTS CONSTITUTIFS DE LA CIVILISATION*

Le *progrès* c'est la marche en avant vers la réalisation de la perfection individuelle et sociale. La *perfection* c'est le plein développement des puissances d'un être dans le sens de sa fin. La *civi-*

lisation est un état social de perfection et de bonheur résultant de la rencontre harmonieuse de divers éléments. Ces éléments sont multiples :

1°) *Arts industriels* : agriculture, commerce, industrie.
2°) *Beaux-Arts et Sciences.*
3°) *Institutions civiles, morales, religieuses.*

Lesquels, entre ces éléments divers, l'emportent en dignité et en puissance, et par conséquent déterminent le degré de civilisation ? Le bonheur et la perfection de l'homme individuel et social consistent dans la satisfaction des tendances légitimes de la nature humaine. Or cette satisfaction se trouve dans le développement **simultané mais coordonné** de tout l'homme, c'est-à-dire de sa triple vie, **vie physique, vie intellectuelle, vie morale**. Comme ces trois vies sont inégales en valeur, ainsi seront inégaux les éléments de la civilisation qui s'y rapportent. Dès lors il faut ranger :

I. — **Au plus bas degré** : LES ARTS INDUSTRIELS, qui, par eux-mêmes, ne servent qu'à la vie physique.

II. — **Au degré intermédiaire** : LES ARTS, LES LETTRES ET LES SCIENCES, qui alimentent la vie de l'esprit. Comme cette vie est inférieure à la vie morale, la civilisation ne réside pas surtout dans la splendeur de la culture scientifique et artistique.

III. — **Au sommet** : LES MŒURS, qui sont la vie morale même. Les *institutions civiles* sont des moyens pour entretenir les bonnes mœurs ; mais c'est surtout la *religion* qui est la sauvegarde efficace de la moralité. La religion, même mêlée de faux, est plus favorable aux mœurs que l'irréligion. Mais c'est la vraie religion, le christianisme, qui est le meilleur instrument de civilisation. L'idéal, pour la société comme pour l'individu, c'est le développement *complet mais subordonné* des trois vies matérielle, intellectuelle et morale, dont l'union harmonieuse produit la fleur de la civilisation. Or cet équilibre est difficile à réaliser ; ordinairement quand les éléments inférieurs sont en progrès, les éléments supérieurs sont en baisse : accroissement de richesse, diminution de moralité. Pour maintenir élevé le niveau moral, malgré toutes les séductions du progrès matériel, il ne faut rien moins que l'intervention surnaturelle de la grâce. On ne doit pas repousser le progrès matériel, mais il faut le christianiser ; c'est le contrepoids nécessaire.

Objection : le détachement de la vie présente prêché par le christianisme est un obstacle au progrès matériel.

Réponse : ce détachement, en modérant les convoitises et en maîtrisant les passions, contribue au bonheur social. L'objection vaudrait si le christianisme refusait toute valeur au progrès matériel, mais il lui accorde une *valeur relative*.

§ B. — *HYPOTHÈSES*

On peut ramener à deux les hypothèses relatives au progrès et à la civilisation :

I. — **Hypothèse ancienne** : on la retrouve formulée par divers auteurs, notamment par Hésiode : au début se place l'*âge d'or*, ère de justice et de bonheur ; puis se succèdent, dans un ordre de décadence et d'imperfection croissantes : l'*âge d'argent*, l'*âge de bronze* et l'*âge de fer*.

Critique : l'idée d'une époque primitive parfaite, qu'on rencontre chez un grand nombre de nations, semble n'être qu'un écho plus ou moins fidèle de la tradition originelle. La Bible nous rapporte en effet qu'Adam et Ève, souche de l'humanité, furent créés dans l'état de justice, au milieu des délices de l'Éden ou Paradis terrestre.

Mais l'histoire contredit la supposition d'une décadence continue, s'accélérant d'âge en âge, chez tous les peuples.

II. — **Hypothèse moderne** : c'est celle d'une marche continuellement progressive :

« La pensée du progrès n'est pas une pensée païenne. Au contraire, l'antiquité païenne se croyait sous une loi de décadence irréparable. Hésiode berçait les Grecs au récit des quatre âges, dont le dernier avait vu fuir la pudeur et la justice... Les Romains mettaient l'idéal de toute sagesse dans les ancêtres... C'est avec l'Évangile qu'on voit commencer la doctrine du progrès. L'Évangile n'enseigne pas seulement la perfectibilité humaine, il en fait une loi : « Soyez parfaits », et cette parole oblige l'homme à un progrès sans fin, puisqu'elle en met le terme dans l'infini : « Soyez parfaits, comme votre Père céleste est parfait » (¹).

Cette notion du progrès reparaît, depuis le christianisme, sous des formes variées, à travers les siècles.

C'est ainsi, par exemple, que Saint Augustin, devançant Pascal, écrit ces fortes paroles :

« La Providence humaine, qui conduit admirablement toutes choses, gouverne la suite des générations humaines, depuis Adam jusqu'à la fin des siècles, comme *un seul homme*, qui, de l'enfance à la vieillesse, fournit sa carrière dans le temps en passant par tous les âges » (²).

Écho de Vincent de Lérins, qui, au ve siècle, dans son *Commonitorium*, proclame la légitimité du progrès même dans le dogme chrétien, Bossuet parle ainsi : « Pour être constante et perpétuelle, la vérité catholique ne laisse pas d'avoir ses progrès ; elle est connue en un lieu plus qu'en un autre, en un temps plus qu'en un autre ; plus clairement, plus distinctement, plus universellement ». On a déjà cité le mot de Pascal comparant l'humanité à un seul homme qui « subsiste toujours et qui apprend continuellement » (³).

Au XVIIIe siècle, la doctrine du progrès est soutenue à des points de vue divers par Fontenelle, Turgot (⁴), d'Alembert, Condorcet (⁵).

Au XIXe siècle elle reparaît, sous la plume de Hegel, de Fourier, de Saint-Simon, de Pierre Leroux (⁶). Le fondateur du positivisme, A. Comte, distingue trois époques ou états dans le développement de l'esprit humain : « l'époque théologique, l'époque métaphysique, l'époque scientifique ». Nous sommes entrés dans

---

(¹) Ozanam, *Leçons sur la civilisation au Ve siècle*.
(²) Cité par M. Faguet, Cf. *Revue des Cours et Conférences*, 1898, p. 146.
(³) Pascal, *Fragment d'un traité du vide. Pensées*, Édit. Havet, p. 436.
(⁴) Turgot, dans son deuxième *Discours sur les progrès de l'esprit humain*. — *Histoire des progrès de l'esprit humain*.
(⁵) Condorcet, *Esquisse d'un tableau historique des progrès de l'esprit humain*.
(⁶) P. Leroux, *De l'humanité, de son principe et de son avenir*.

la troisième : « L'époque des systèmes comme celle des dogmes touche à sa fin » (¹). L'école évolutionniste, on l'a vu (86, § A), soutient que, par une progression lente mais nécessaire, la vie est venue de la matière, la sensation de la vie, et la pensée de la sensation (²).

Aux quatre âges anciens, l'archéologie préhistorique substitue l'âge de la *pierre taillée* ou *paléolithique*, l'âge de la *pierre polie* ou *néolithique*, l'âge des *métaux* : cuivre, bronze, fer, qui sont comme autant d'étapes d'une marche continuellement ascendante.

Ce dernier système repose sur une supposition gratuite : la *sauvagerie originelle*. Le sauvage actuel n'est pas le type de l'homme primitif, arrêté dans son développement : ce n'est pas un arriéré; c'est un être *dégénéré*. Ce qui est vrai, c'est que les premiers hommes, bien que doués d'intelligence, ne s'élevèrent que par degré au confortable et aux raffinements de la civilisation, car la raison « instrument universel » qui peut servir « en toute rencontre », selon le mot de Descartes, ne se perfectionne que par les tâtonnements de l'expérience (³). (MORALE, 102, § B).

Critique : l'humanité est-elle **indéfiniment perfectible** ? Pour répondre à cette question, il faut distinguer entre l'individu et la collectivité.

La perfectibilité de l'**individu** est indéfinie quant au degré

(¹) A. COMTE, *Cours de philosophie positive*, 1ʳᵉ Leç. — « Pour ce qui est de la fameuse loi des *trois états*, qui domine tout le système, elle n'est plus présentement défendable ». (E. Durkheim, *Revue bleue*, 19 Mai, 1900, p. 612). Il paraît d'ailleurs que Comte, acceptant le principe de finalité, avait modifié sa première conception et formulé sa pensée définitive dans ce vers posthume :

Pour expliquer des lois, il faut des volontés.

Cf. Littré, *A. Comte et la philosophie positive*, p. 578.

(²) H. SPENCER, *Essais sur le progrès*.

(³) DE QUATREFAGES, *Hommes fossiles et hommes sauvages*. — H. JOLY, *L'homme avant les métaux*. — J. GUIBERT. *Les origines*, ch. VII, 2ᵉ Édit. « Étant doué d'intelligence et en conséquence capable de progrès, l'homme a dû créer, dans la suite des temps, des œuvres de plus en plus parfaites; mais, dès le commencement, ses œuvres étaient le fruit de facultés spirituelles caractéristiques. » (p. 303). Telle est la thèse que M. Guibert prouve par les faits, pp. 303-384.

possible d'imitation de l'idéal, en ce sens que, si de fait chacun s'arrête à un degré fini de perfection, il lui serait toujours possible de monter plus haut.

La perfectibilité de l'**humanité** est-elle aussi indéfinie ? Étant composée d'individus indéfiniment perfectibles, elle peut se perfectionner de plus en plus. Mais le progrès sera-t-il en fait indéfini ? On ne saurait répondre d'une façon absolue. La loi du progrès n'est pas fatale, puisque les individus composant la collectivité sont libres. Sans doute çà et là il y a recul et décadence ; il y a des races qui dégénèrent et des civilisations qui rétrogradent ; mais il semble que considérée, non pas dans chacun de ses représentants mais dans son élite, l'humanité progresse à certains égards. Après des moments d'arrêt ou de régression, la marche en avant recommence : aussi n'est-ce pas en ligne droite mais en *spirale* que le progrès paraît se dérouler. Cette conception n'a rien de commun avec celle de Hegel et de Pierre Leroux, qui rêvent pour l'humanité une perfection sans terme assignable, par un progrès fatal et continu : pour eux l'humanité c'est Dieu même en train de se faire.

§ C. — *LE PROGRÈS ET LA VÉRITÉ IMMUABLE*

On entend parfois objecter que cette doctrine du progrès est incompatible avec l'immutabilité attribuée au dogme catholique et aux vérités absolues.

Paul Janet et Mgr d'Hulst ont donné une excellente réponse à cette objection :

« Cette apparente difficulté est levée par une distinction bien simple, celle de la vérité en elle-même et de la connaissance que nous en avons. La géométrie atteint certainement des vérités immuables et absolues, et cependant la science géométrique est progressive. Chacune des vérités, dont se compose la vérité géométrique, se développe successivement à nos yeux ; des principes nous tirons les conséquences, et chaque conséquence nouvelle est une acquisition, un progrès. Ainsi, de théorème en théorème, la science se développe sans que la vérité subisse le moindre changement. Il en est de même de toutes les sciences » (¹).

« A la place du dogme immuable, répond de son côté Mgr d'Hulst, on veut l'éternel et incessant progrès. Nous voulons, nous, l'un et l'autre. Il est de l'essence de la vérité d'être immuable : *Est, est ; non, non.* Ainsi, on peut formuler, avec une exactitude seulement approximative et par conséquent susceptible de progrès, les lois mathématiques très complexes. Le progrès n'est pas alors dans la vérité mais dans la formule. Aussi, quand il s'agit des lois mathématiques très simples, dont la formule n'est pas difficile à trouver, il n'y a pas de progrès. Et ce serait une étrange manière de faire progresser l'arithmétique ou la géométrie que de changer quelque chose à l'équation $2 + 2 = 4$, ou aux théorèmes d'Euclide. Si l'on me dit, à propos de ces théorèmes, qu'aujourd'hui la *géométrie générale* en conteste le caractère absolu, je répondrai qu'on se trompe, Euclide ayant pris soin lui-même de placer sa géométrie sous la protection du fameux *postulatum*. Ce postulatum exprime-t-il seulement une réalité qui se vérifie dans le monde que nous habitons, ou a-t-il le caractère d'une loi nécessaire qui rendrait chimériques les nouveaux essais de géométrie à paramètres finis ? C'est ce que les savants actuels peuvent discuter librement. Mais ce qui est certain, c'est que dans les termes où Euclide a posé sa géométrie, elle reste irréformable, et c'est en s'appuyant sur cette base immuable que les géomètres, depuis Descartes et Leibniz, ont fait faire aux mathématiques de si admirables progrès ; preuve évidente que le caractère définitif d'un enseignement n'est pas un obstacle au progrès..... Nous pensons avoir répondu suffisamment à l'objection qui reproche à la religion d'arrêter le développement de l'esprit humain en l'enfermant dans des dogmes inflexibles ; car on pourrait faire le même reproche à toute science achevée ; et l'expérience prouve, au contraire, que les sciences faites sont le levier qui sert à faire reculer l'ignorance » (²).

(¹) P. Janet, *Morale*
(²) D'Hulst, *Conférences de Notre-Dame*, 1891. note 37, pp. 421-423. — A. de la Barre, *La vie du dogme.*

BIBLIOGRAPHIE

—

Bagehot,	*Lois scientifiques du développement des nations.*
Balmès,	*Protestantisme comparé au catholicisme*, T. I.
Brooks Adams,	*La loi de la civilisation et de la décadence.*
Condorcet,	*Esquisse d'un tableau historique des progrès de l'esprit humain.*
De Greef,	*Le transformisme social.*
Félix (J.),	*Le progrès par le christianisme.*
Frederici,	*Les lois du progrès*
Guizot,	*Histoire générale de la civilisation en Europe. — Histoire générale de la civilisation en France.*
Hulst (d'),	*Conférences de Notre-Dame*, 1895, VIe Conférence.
Kurth,	*Origines de la civilisation moderne. — L'Église aux tournants de l'histoire.* (Conférences sur la civilisation).
Leroux (P.),	*De l'humanité, de son principe et de son avenir.*
Léon XIII,	*Instructions sur l'Église et la civilisation.*
Matteuzi,	*Les facteurs de l'évolution des peuples.*
Nordau (Max),	*Les mensonges conventionnels de notre civilisation.*
Pesch (H.),	*L'Église et la civilisation*, Stimmen aus Maria-Laach. Fév. 1895.
Pioger,	*La vie sociale, la morale et le progrès.*
Ramière,	*L'Église et la civilisation.*
Secrétan,	*La croyance et la civilisation.*
Spencer,	*Essais sur le progrès.*
Turgot,	*Discours sur les progrès successifs de l'esprit humain. — Histoire des progrès de l'esprit humain.*

DEUXIÈME PARTIE

ÉLÉMENTS DE PHILOSOPHIE MORALE

—

LIVRE PREMIER

CONDITIONS PSYCHOLOGIQUES DE LA VIE MORALE

Avant d'aborder l'étude de la Morale, il est indispensable de donner quelques notions sommaires (¹) de Psychologie expérimentale.

La Psychologie expérimentale est la science des phénomènes de conscience et de leurs lois. Après avoir établi la distinction qui sépare les phénomènes psychologiques des phénomènes physiologiques, nous étudierons brièvement les diverses manifestations de l'activité psychologique.

(¹) Pour le détail, Cf. G. SORTAIS, *Traité de philosophie*, T. I, PSYCHOLOGIE EXPÉRIMENTALE, 2ᵉ Édition.

CHAPITRE PREMIER

NOTIONS PRÉLIMINAIRES

1. — DISTINCTION ENTRE LA PSYCHOLOGIE ET LA PHYSIOLOGIE

I. — On distingue dans l'homme *trois vies* :
a) *Physique* ou *végétative*, caractérisée par la *nutrition* ;
b) *Animale* ou *sensitive*, caractérisée par la *sensation* ;
c) *Humaine* ou *morale*, caractérisée par la *raison*, le *sentiment* et la *volonté*.

II. — Les faits qui tombent sous notre expérience se ramènent à l'une des trois classes suivantes :

a) *Physiques* : faits de la *nature corporelle* considérée en dehors des lois de la vie : vg. attraction et mouvements des astres, pesanteur, lumière, couleur, forme, chaleur, électricité, combinaisons chimiques.

b) *Physiologiques* : faits de la vie *physique* ou *végétative* : vg. germination, floraison, fructification chez les végétaux ; innervation, mouvements musculaires chez les animaux ; — respiration, nutrition, circulation, sécrétion chez les végétaux et les animaux.

c) *Psychologiques* : faits de la vie de l'*âme* : vg. sensations, sentiments ; — pensées — volitions.

Les faits physiologiques et les faits psychologiques *diffèrent* par leur *nature*, leur *manière d'être connus* et leurs *fins* :

I. — **Nature** : les phénomènes *physiologiques* sont **étendus**, donnés dans l'*espace* ; c'est pourquoi ils ont des *dimensions*, une forme qu'on peut décrire, représenter ; en dernière analyse, ils se ramènent à des *mouvements*, ce sont des faits *mécaniques*. — Les phénomènes *psychologiques* s'accomplissent dans le *temps* ; ils n'ont pas de dimension dans l'espace ; ils sont **inétendus**. On ne saurait les ramener au mouvement, car quoi de commun entre un mouvement rectiligne, curviligne, etc., et la pensée de Dieu, le sentiment du bien, la sensation du rouge ? « On peut bien dire que le sentiment de l'amour *correspond* dans le cerveau à un mouvement en spirale dextre..., mais il est absurde de dire que le sentiment de l'amour *est* à la lettre un mouvement en spirale dextre... » (Tyndall).

Par exemple, une *coupure* au doigt a une forme, une longueur, une largeur et une profondeur qui s'expriment en millimètres ; la *douleur* qui en résulte n'a pas de forme et ne peut s'exprimer en chiffres. Il serait ridicule de dire : cette douleur a tant de millimètres de profondeur. Si on parle quelquefois de douleurs *profondes*, d'idées *larges*, etc., c'est par métaphore.

De là ces autres différences : les phénomènes physiologiques étant *étendus* sont par le fait même :

A) **Localisés** : la respiration est située dans les poumons, la digestion dans l'estomac ; les phénomènes psychologiques n'ont pas de place : où situer une volition, une idée ?

OBJECTIONS : 1) Cependant est-ce que les sensations et sentiments ne sont pas localisés dans l'organisme : vg. une *douleur* dans le bras ; les *affections* dans le *cœur* ? — RÉPONSE : cette localisation n'est qu'*apparente* ; c'est une illusion analogue à celle des amputés. Dans le bras il n'y a que la cause organique de la douleur, dans le cœur, rien que des mouvements.

2) Les *phrénologistes* ont essayé de localiser dans le cerveau les différentes fonctions spirituelles : vg. Broca a localisé la faculté du langage articulé dans la troisième circonvolution frontale gauche. — RÉPONSE : ce qui est localisé, ce sont les *actions physiologiques* qui sont la *condition* des fonctions spirituelles, *mais non celles-ci*.[1]

B) **Mesurables** : vg. vitesse des courants nerveux centripète

---

[1] A. FARGES, *Le cerveau, l'âme et les facultés*, Ire P., § 8.

et centrifuge ; durée nécessaire à la digestion des divers aliments, nombre des pulsations dans un temps donné, etc.; — on peut exprimer numériquement les rapports des phénomènes organiques : vg. en temps de fièvre le pouls battra trois ou quatre fois plus vite que dans l'état de santé (MÉTHODOLOGIE, **74**, § C).

On ne peut, au contraire, mesurer les phénomènes psychologiques. Pour cela il faudrait d'abord trouver une *unité de mesure* pour chaque ordre de faits psychologiques, ce qui est impossible ; — ensuite toute mesure se fait par *superposition* ; or les phénomènes psychologiques sont *inétendus*. Sans doute nous savons par la conscience que vg. tel sentiment est plus profond que tel autre ; c'est-à-dire que les phénomènes psychologiques sont *intensifs* ; mais il serait absurde de dire strictement qu'on aime Paul vingt fois, cent fois plus que Pierre.

II. — **Manière d'être connus :**

A) Les phénomènes *physiologiques* : *a*) sont connus par l'**intermédiaire des sens,** dont la puissance peut être multipliée par des *instruments* : loupe, microscope, thermomètre, etc. Comme nous n'en avons pas conscience, ils sont difficiles à connaître. Aussi la connaissance des fonctions organiques est souvent tardive : vg. la circulation du sang a été découverte seulement par Harvey en 1628 ; la fonction glycogénique du foie par Claude Bernard (xixe siècle). Beaucoup de fonctions sont encore ignorées.

b) Peuvent être connus par **plusieurs** observateurs à la fois.

c) Sont mieux connus **sur les autres** que sur nous ; de là les expériences faites par les physiologistes : *vivisections*, etc.

B) **Au contraire** les faits *psychologiques* :

a) Sont saisis **immédiatement,** sans *intermédiaire*, par la conscience : ils sont *conscients*. De là vient que non seulement ils sont *faciles* à connaître, mais qu'ils sont *nécessairement connus* : si je ne savais pas que je sens, pense et veux, il n'y aurait ni sensation, ni pensée, ni volition.

b) Sont **seulement** connus de **celui** dans lequel ils se passent : ce que je pense, *moi seul* le sais. — L'oreille avertit le médecin de l'état des poumons, la conscience du malade l'avertit de son malaise.

III. — **Fins** : *a*) les faits *physiologiques* ont pour fin l'entre-

tien de la vie corporelle, la conservation de l'individu et de l'espèce.

b) Les faits *psychologiques* ont *aussi*, comme fin, la conservation du corps; la vue, le goût, l'odorat concourent à nous procurer des aliments ; la mémoire nous rappelle les dangers courus, etc...

Mais là ne saurait se borner la fin : de la *raison* qui peut s'élever à l'infini ; de l'*imagination* qui enfante des chefs-d'œuvre, de la *puissance d'aimer* qui est capable de tous les dévouements. Les *vraies fins* des fonctions spirituelles sont la *connaissance*, la *beauté*, la *vertu*, le *bonheur*, et même tous ces biens dans leur plénitude, car, comme dit Pascal : « L'homme n'est produit que pour l'infinité ».

Conclusion : les phénomènes psychologiques sont donc *irréductibles* aux faits physiologiques ; deux ordres de faits aussi distincts doivent être l'objet de DEUX SCIENCES DISTINCTES ; la psychologie n'est donc pas un chapitre de la physiologie.

Mais la *distinction absolue* de ces deux sciences n'entraîne pas leur *indépendance mutuelle*. La liaison des deux sortes de phénomènes est aussi manifeste que leur distinction, car, selon le mot de Bossuet, « l'âme et le corps forment un *tout naturel* ». De là l'influence réciproque de l'âme sur le corps et du corps sur l'âme:

Les *deux vies* physique et psychologique étant intimement *liées*, les *deux sciences* qui s'en occupent doivent être également *unies*.
— C'est le vœu qu'exprimait Leibniz : « Plût au ciel qu'on pût faire que les médecins philosophassent et que les philosophes médecinassent ! »

On comprend aussi l'institution de *sciences mixtes*, la *Psychophysiologie* et la *Psycho-physique*, qui traitent des rapports des phénomènes physiologiques et physiques avec les phénomènes psychologiques (MÉTHODOLOGIE, **74**).

2. — CLASSIFICATION DES FAITS PSYCHOLOGIQUES

Une bonne classification doit séparer ou rapprocher les faits suivant leurs différences ou ressemblances *essentielles*. De la sorte, elle ne péchera ni par *excès*, ni par *défaut* ; elle sera *nécessaire* et *suffisante*.

La classification des phénomènes psychologiques a varié avec les temps. Les philosophes modernes s'accordent généralement à diviser les faits de conscience en trois groupes : faits *sensibles*, faits *intellectuels*, faits *volitifs*. On constate, en analysant certains faits psychologiques complexes, comme une *délibération*, une *lecture*, que tous ces phénomènes peuvent en effet se rapporter à l'un des trois groupes indiqués.

I. — *ANALYSE ET CLASSIFICATION*

Je lis l'œuvre d'un poète. Je viens de l'ouvrir ; des caractères frappent mes yeux ; je les interprète, je les comprends. Le papier me paraît rugueux à la main, et l'impression est dure à la vue. Les sentiments de l'auteur deviennent les miens ; tour à tour mon âme est triste ou joyeuse ; l'enthousiasme m'entraîne, l'indignation me soulève ; j'aime ou je hais ; je désire ou je réprouve. Puis il me vient à l'esprit d'analyser cette œuvre, je m'y décide ; je la résous en ses éléments, je la dépouille par abstraction de ses formes brillantes, pour mieux apprécier la valeur des thèses qu'elle contient. A son occasion je me souviens d'une autre œuvre que je lui compare et que je lui préfère. Enfin, fatigué, je laisse librement ce travail intellectuel, quitte à le reprendre plus tard s'il me plaît. — Voilà bien des actes divers ; tâchons de les démêler :

I. — **Faits sensibles** : en prenant ce livre j'en ai trouvé le papier *rugueux*, l'impression *fatigante* ; — en le lisant j'ai été tour à tour *triste* ou *joyeux*, *enthousiaste* ou *colère* ; j'ai *aimé* ou *haï* ; j'ai éprouvé *désir* ou *aversion* ; j'ai ressenti *fatigue* et *satiété* dans l'esprit. Or tous ces faits, malgré leurs traits différents, ont tous ce caractère *commun* : ils sont **affectifs** ou **subjectifs**, ils affectent le sujet d'une manière agréable ou pénible : ce sont des modifications subies par le sujet. Conséquemment, les faits **sensibles** sont **individuels, variables**.

II. — **Faits intellectuels** : j'ai *vu* le livre, je l'ai *compris* ; j'ai *analysé* l'œuvre de l'auteur ; j'ai fait *abstraction* de la forme pour *juger* le fond ; je me suis *rappelé* une autre œuvre que je lui ai *comparée* et *préférée* ; enfin j'ai *cru* qu'il était temps de mettre un terme à mon travail. — Tous ces actes, bien que distincts les uns des autres, ont cependant entre eux une ressemblance fondamentale ; leur *caractère essentiel* c'est d'être **représentatifs** ou **objectifs**, c'est-à-dire de nous donner l'idée ou *représentation intellectuelle* d'un *objet*. Les faits **intellectuels** sont sans doute, comme tous les faits psychologiques, *subjectifs*, sont des modifications du sujet, mais de plus ils nous *représentent* quelque chose, ils ont un *objet*. Il y a toujours une certaine *dualité* dans la connaissance : le sujet pensant et l'objet pensé.

En outre, les faits intellectuels sont **impersonnels**, ils ne varient pas comme les faits sensibles. Un jugement vrai, une démonstration exacte valent pour tous les esprits, et leur valeur est indépendante des circonstances de temps, de lieux et de personnes.

III. — **Faits volitifs** : enfin, c'est avec une *entière possession* de moi-même que j'ai pris cet ouvrage, que je l'ai lu en y *appliquant* toutes mes facultés, que j'ai cessé de le faire *quand et comme il m'a plu*, pour recommencer quand *bon me semblera*. — Tous ces faits, quoique divers à certains égards, impliquent un libre effort (*conatus*), car j'ai conscience d'en être la cause et de pouvoir le renouveler à mon gré. Leur caractère commun est donc d'être **conatifs et libres**. Dans un acte de volonté, nous avons conscience d'être non seulement le sujet, mais la cause libre et partant responsable de cet acte. Nos volitions sont le résultat d'un effort dont nous avons l'initiative.

Les faits *sensibles* sont **fatals** : étant donnée une lésion dans l'organisme, nous ne pouvons à notre gré supprimer la souffrance qui en résulte. — Les faits *intellectuels le sont aussi* : « Ce ne sont pas nos connaissances qui font leurs objets, dit Bossuet, elles les supposent ». Lorsque la vérité est évidente, elle s'impose à notre intelligence qui ne peut refuser son adhésion.

II. — *JUSTIFICATION DE CETTE CLASSIFICATION*

Elle est légitime et bien fondée, car elle ne pêche ni par :
A) **Excès** : il n'y a *pas trop* de divisions ; elle est donc nécessaire, car les trois groupes de phénomènes ont des **différences essentielles** qui les rendent **irréductibles**. Les faits sensibles sont *subjectifs* ; les faits intellectuels sont *objectifs* ; les faits volitifs sont *libres*, tandis que les faits sensibles et intellectuels sont *fatals*. On ne peut ranger dans la même classe des phénomènes qui ont des attributs contradictoires ; or l'*objectivité* s'oppose nettement à la *subjectivité*, et la *liberté* à la *fatalité*.

B) **Défaut** : il ne faut *pas plus* de trois divisions. Cette classification est donc suffisante, car il n'est *aucun* phénomène psychologique qui ne soit *ou sensible ou intellectuel ou volitif*. Jouffroy et Garnier ajoutaient *trois autres* ordres de faits : les **penchants primitifs, la fonction locomotrice et le langage** ; mais inutilement, parce qu'on peut les ramener à l'une des trois classes indiquées ci-dessus.

3. — DÉTERMINATION DES FACULTÉS DE L'AME

I. — Donnons d'abord quelques **définitions** :
a) **Propriété** : aptitude qu'ont les *corps bruts* (les minéraux ou êtres inanimés) à recevoir une modification particulière d'un agent extérieur : vg. les corps sont *divisibles*. La propriété implique la *passivité* et la *fatalité*.

b) **Fonction** : aptitude qu'ont les êtres organisés (végétaux et animaux) à produire certains mouvements vitaux : vg. fonction de *nutrition*. La fonction implique l'*activité* et la *fatalité*.

c) **Faculté** : pouvoir que possède l'âme de produire certains phénomènes ; vg. faits intellectuels : idée, jugement, etc. Les *facultés* diffèrent des *propriétés* et des *fonctions*, en ce qu'elles sont des pouvoirs dont l'âme a la *direction* : « Les corps sont agis, dit Malebranche, les âmes sont agents ». L'âme est non seulement active, mais maîtresse de son activité.

II. — **Position de la question** : ramener les faits internes à des **caractères communs** en négligeant les différences accidentelles, c'est en faire la classification. Rattacher ces classes de faits irréductibles à des *pouvoirs* spéciaux du moi, c'est déterminer les facultés de l'âme. La détermination des facultés repose sur ce principe que *tout phénomène suppose une cause* et que des *phénomènes essentiellement différents* supposent des *causes spéciales*.

III. — **Exposé de la théorie des facultés** : l'observation permet de diviser les faits psychologiques en trois catégories : *a*) phénomènes d'*affection* ; — *b*) de *connaissance* ; — *c*) de *volition*. Cette classification ne pèche ni par défaut ni par excès (2). Il est tout naturel de donner à chacune de ces classes le nom de facultés, car si on constate en nous des phénomènes *sensibles*, *intellectuels*, *volitifs*, c'est que nous *pouvons* sentir, connaître, vouloir ; nous avons donc la *faculté* de sentir, de connaître, de vouloir : nous sommes doués de *sensibilité*, d'*intelligence* et de *volonté*. Mais ici se pose une question ultérieure : quelle est la **nature** des facultés ? Il faut reconnaître qu'on n'est pas d'accord sur l'idée qu'il se faut faire de la nature des facultés de l'âme :

A. — *THÉORIE DE L'ÉCOLE ÉCOSSAISE*

Cette école considère les facultés comme des puissances autonomes, réellement distinctes de l'âme, ayant chacune leur vie propre. Elles se distinguent et des phénomènes dont elles sont causes et de l'âme qui en est le fond commun, la substance.

Critique : l'*erreur* de cette école est de s'imaginer que l'âme est réellement divisée en plusieurs activités distinctes, dont chacune forme comme un petit agent séparé et indépendant. Cette théorie introduit une complication factice : dans chacune des facultés principales, l'école écossaise distingue encore des facultés *secondaires*, chacune d'elles ayant une réalité à part. L'unité de l'esprit disparaît au sein de cette complexité. L'hypothèse de facultés réellement distinctes empêche de voir les ressemblances profondes des faits, leur solidarité et leur continuité.

B. — *THÉORIE DE BOSSUET*

La doctrine réfutée contient une *part de vérité* :

1°) Les phénomènes psychologiques se répartissent naturellement en groupes différents ; et il est parfaitement légitime d'attribuer à chacun de ces groupes un *nom distinctif*, comme *sensibilité, intelligence, volonté*.

2°) L'idée de faculté ou de puissance n'est pas une *idée vide*; ce n'est pas *un simple mot*, comme le prétendent l'école associationniste anglaise et Taine, pour qui le moi n'est « qu'une collection de phénomènes ». L'idée de faculté implique l'idée de *cause* ou d'*activité*. Elle a un *fondement réel* dans la conscience que nous avons de *notre énergie propre* ; or, comme cette énergie se manifeste *réellement* de diverses manières, l'esprit est naturellement amené à distinguer en elle différentes manifestations ou pouvoirs d'agir.

« Quoique nous donnions à ces facultés, dit Bossuet, des noms différents par rapport à leurs diverses opérations, cela ne nous oblige pas à les regarder comme des choses différentes. Car l'entendement n'est autre chose que l'âme en tant qu'elle conçoit ; la mémoire n'est autre chose que l'âme en tant qu'elle retient et se ressouvient ; la volonté n'est autre chose que l'âme en tant qu'elle veut et choisit. De même l'imagination n'est autre chose que l'âme en tant qu'elle imagine... De sorte qu'on peut entendre que *toutes ces facultés ne sont au fond que la même âme, qui reçoit divers noms à cause de ses différentes opérations.* »

4. — UNITÉ DE LA VIE PSYCHOLOGIQUE

Il est légitime de ramener les phénomènes psychologiques à trois facultés : sensibilité, intelligence, volonté (8). Mais ces trois facultés ne sont pas trois puissances substantiellement distinctes, sans liaison ni communication entre elles. Il y a en nous *une seule vie psychologique*, dont les éléments sont intimement associés ; la sensibilité, l'intelligence et la volonté ont entre elles une étroite **solidarité**, parce qu'elles concourent à une *même fin*, résultent d'une *même activité* se déployant dans tous nos actes, et sont contenues dans une *même conscience* :

I. — **Unité de fin** : les fonctions spirituelles sont unes, en ce que toutes servent d'*abord* à la conservation de l'individu et de l'espèce ; *ensuite et surtout* à l'accomplissement de notre destinée morale. Pour atteindre sa fin, l'homme dispose d'une force libre : la **volonté**. Mais cette force, pour ne pas agir en aveugle, doit être *éclairée* : c'est la fonction de l'**intelligence**, qui lui *montre* le but à atteindre et les moyens d'y parvenir. — Cette force a besoin en outre d'être *excitée* à poursuivre sa fin : c'est le rôle de la **sensibilité**, dont les impulsions, attraits ou répugnances, stimulent la **volonté**. Bref, l'intelligence *montre* le but à atteindre ; la sensibilité *excite* à le poursuivre ou à s'en éloigner ; la volonté, ainsi éclairée et stimulée, *décide*, cède ou résiste aux entraînements de la sensibilité, fait son *devoir* ou s'y dérobe.

II. — **Unité d'action** : ces trois facultés, contribuant à la réalisation d'une même fin, sont par suite, ordinairement, engagées ensemble dans chacun de nos actes. Si on analyse les faits de *résolution*, d'*attention*, de *passion*, on verra que ce sont des phénomènes complexes, attribués spécialement à une faculté : la résolution à la *volonté*, l'attention à l'*intelligence* et la passion à la *sensibilité* ; mais en réalité ils sont produits par le concours plus ou moins marqué de toutes les énergies de l'âme.

III. — **Unité de conscience** : cette harmonie des fonctions psychologiques n'est possible que parce que ces diverses fonctions sont unies dans *une même conscience*. Autrement, pas d'entente, et partant pas de collaboration possible.

Conclusion : ces trois fonctions, unes dans la fin, dans l'action et dans la conscience, constituent, en réalité, *un seul et même être, un même moi*. C'est seulement par abstraction qu'on les sépare de l'âme.

5. — ACTIVITÉ PSYCHOLOGIQUE ET DIVISION DE LA PSYCHOLOGIE

L'âme humaine est essentiellement **active** : *vivre, sentir, penser, vouloir*, c'est toujours *agir et réagir*, quoique de différentes manières. L'*activité* est l'*essence* de l'âme : l'âme agit toujours plus [ou moins, d'une façon ou d'une autre ; ses facultés et ses opérations ne sont que les formes diverses de cette activité essentielle. La distinction des facultés devrait se faire d'après la *nature de l'activité déployée* dans la production des différents faits psychologiques :

I. — **Faits de sensibilité** (émotions, inclinations, passions) : tous ceux dans lesquels l'esprit *ressent* de la part des objets extérieurs une *impression* qui l'affecte *agréablement* ou *désagréablement*, impression qui l'*attire* vers eux ou l'en *éloigne*. Dans tous ces cas, l'esprit est **surtout passif**, puisqu'il *subit* l'impression des choses et *cède* à leur impulsion. La sensibilité a cependant quelque chose d'**actif**. Cet élément actif est représenté par l'**inclination**. Avant que l'inclination se manifeste, il y a un état passif dans l'âme, une impression reçue : c'est l'**émotion** agréable ou désagréable causée par l'objet extérieur ; l'inclination, c'est la *réaction* contre cette impression, qui se révèle par une *tendance* à se rapprocher de l'objet ou à s'en éloigner. Cette tendance même, étant *subie, forcée*, n'est donc pas pleinement active : ce n'est pas une action, c'est une **réaction**.

II. — **Faits d'intelligence** (perceptions, images, souvenirs, idées abstraites et générales, jugements, raisonnements) : l'esprit ne subit plus l'action des choses, comme dans la sensibilité, il ne s'efforce pas non plus de leur imposer la sienne comme dans la volonté ; mais il travaille avec elles pour tâcher de les comprendre. Ici l'élément passif diminue et l'élément actif augmente : sans doute l'esprit est **plus actif** que passif dans les phénomènes intellectuels ; mais les deux éléments se font à peu près équilibre. L'esprit est *passif* en tant qu'il ne *crée pas* son objet, le vrai, mais le *constate* ; en tant qu'il *reçoit* des choses la *matière* de la connaissance. Il est *actif* en tant qu'il *élabore* cette matière, ces données, et les *transforme* par la réflexion, l'abstraction, la généralisation et le raisonnement.

III. — **Faits de volonté** (**résolutions** ou **volitions**) : par eux s'exprime notre intention d'agir de la manière choisie par nous. Ici, l'esprit est **surtout actif**, parce que c'est lui-même qui *se détermine* dans telle ou telle direction et que, au lieu de subir la loi des choses extérieures, il prend la résolution de les soumettre à ses propres desseins. Il est cependant encore *passif*, parce que, pour vouloir, notre âme a besoin de *recevoir* l'action de l'intelligence et de la sensibilité, d'être *éclairée* par des motifs et d'être *excitée* par des attraits ou répugnances.

Cette analyse montre qu'en définitive l'âme est bien une, malgré la diversité de ses pouvoirs, parce que tous ces pouvoirs ne sont que la manifestation d'*une même activité plus ou moins mélangée de passivité*.

Il est donc naturel de tout ramener à l'**activité** et de diviser ainsi la Psychologie expérimentale :

ARTICLE   I. — **L'activité sensible.**
ARTICLE II. — **L'activité intellectuelle.**
ARTICLE III. — **L'activité volontaire.**

CHAPITRE II

LES DIVERSES FONCTIONS DE L'ACTIVITÉ PSYCHOLOGIQUE

ARTICLE PREMIER

L'ACTIVITÉ SENSIBLE

La sensibilité est la faculté d'éprouver des émotions et des inclinations.

On rapporte ordinairement à la sensibilité trois groupes de phénomènes :

I. — **Inclinations** : tout être apporte en naissant certaines *tendances* fondamentales qui vont se précisant et se ramifiant sous l'empire des émotions : de là l'*instinct*, de là diverses *inclinations*.

II. — **Émotions** de *plaisir* ou de *douleur* : *satisfaite* dans ses inclinations, l'âme éprouve des émotions **agréables** ; *contrariée*, des émotions **désagréables**. Ces émotions prennent le nom de :

A. — **Sensations** ou *émotions physiques*, quand elles se produisent à la suite d'une impression *physiologique*.

B. — **Sentiments** ou *émotions intellectuelles et morales*, quand elles se produisent à la suite d'un phénomène *psychologique* (idée, acte de volonté).

III. — **Passions** : les émotions réagissent sur les inclinations et les exaltent ; les inclinations sont alors devenues impétueuses : on les nomme *passions*.

§ A. — *LES ÉMOTIONS*

6. — PLAISIR ET DOULEUR EN GÉNÉRAL

Le **plaisir** est une émotion agréable qui résulte de l'activité *normalement satisfaite*. La **douleur** est une émotion pénible résultant de l'activité *contrariée*. Les émotions ont pour cause *l'activité interne et consciente*.

Cette activité est soumise à deux lois fondamentales :

I. — **Loi de quantité** (GROTE) : « La douleur vient d'une activité *comprimée* ou *surmenée* ». — « Le plaisir vient d'une activité exercée avec *mesure* » ; il accompagne les actions *moyennes* (¹), c'est-à-dire situées entre les *deux extrêmes*.

II. — **Loi de qualité** : « Le plaisir naît d'une activité qui s'exerce dans *un sens conforme à ses tendances naturelles* ; la douleur, d'une activité *détournée de sa fin* ».

7. — SENSATION ET SENTIMENT

I. — *ANALYSE DE LA SENSATION*

La **sensation** est un phénomène de conscience agréable ou pénible, qui a pour antécédent une impression nerveuse transmise au cerveau : vg. sensation de brûlure. — La sensation est accompagnée de plaisirs ou de douleurs *physiques*, résultant de la satisfaction ou de la contrariété des inclinations qui ont pour objet le bien du *corps* : vg. faim, soif, odeur. Elle est le point précis qui

---

(¹) Cette loi ne s'applique qu'aux fonctions *psycho-physiologiques* ; elle ne concerne pas les fonctions *proprement spirituelles*. Cf. G. SORTAIS Traité de philosophie, T. I, PSYCHOLOGIE, 26, III.

sépare l'*animal* de la *plante*. — La sensation est l'acte de la **sensibilité physique**, qui est la faculté d'éprouver des sensations.

Pour analyser la sensation, il faut la distinguer soigneusement de ses **antécédents**, dont l'un est **physique** et l'autre **physiologique** :

I. — **Antécédent physique** : c'est la stimulation produite par un objet extérieur sur l'organe sensoriel.

II. — **Antécédent physiologique** : c'est la transformation de l'agent physique (vg. ébranlement lumineux) en influx nerveux susceptible de circuler le long des nerfs et de parvenir à l'écorce cérébrale, sous l'influence excitatrice de l'objet extérieur. L'impression physiologique est triple :

1°) **Organique ou sensorielle** : *réaction des organes* mis en contact avec l'objet extérieur.

2°) **Nerveuse**, d'où résulte la production de l'influx nerveux : *transmission* de l'impression organique à un centre nerveux par les nerfs sensitifs qui sont des organes conducteurs.

3°) **Cérébrale** : *excitation* de l'activité corticale du cerveau. — Voilà les **antécédents** de la sensation ; ils en sont les *conditions nécessaires*.

Quand toutes ces conditions sont réalisées, *alors* se produit *dans l'âme* la sensation : c'est le phénomène *psychologique*. Ses antécédents sont, au contraire, dans le corps.

L'impression peut exister sans que la sensation s'en suive, si :

a) L'excitation physique est *trop faible* ou *trop forte* ; elle doit être d'intensité *moyenne* ; il y a pour chaque sens un *maximum* et un *minimum sensibile* (Méthodologie, 74, III).

b) L'âme *est distraite* : vg. faute d'attention on ne s'aperçoit d'une égratignure qu'après coup.

c) L'impression est *habituelle* : vg. souliers, vêtements.

La sensation comprend deux éléments :

I. — **Affectif** : c'est le plaisir ou la douleur physique : vg. odeur *agréable* de la rose ; piqûre d'épingle *douloureuse*.

II. — **Significatif** : c'est l'ensemble des caractères (existence, qualités) de la sensation, qui permettent à l'intelligence de discerner la présence de l'objet qui l'a causée. Ainsi l'odeur de rose est agréable, c'est l'élément affectif, mais elle contient en outre quelque chose de *caractéristique*, par lequel elle se distingue de l'odeur de la violette, etc... et qui en fait pour moi le *signe* de la présence d'une certaine *espèce* de fleur, de la rose : voilà l'élément *significatif*. La sensation de piqûre d'épingle est douloureuse : c'est l'élément affectif ; mais elle offre quelque chose de *spécial* qui la distingue d'une autre sensation et qui est pour moi le *signe* de la présence d'un objet *particulier* : c'est là l'élément *significatif*.

Au point de vue **causal**, on divise les sensations en :

I. — **Internes** : celles qui ont pour causes des excitations *intérieures* de l'organisme. Elles sont ou : 1°) *Périodiques* : vg. faim, soif. — 2°) *Accidentelles* : vg. migraine, crampes, toutes les maladies. On range, parmi les sensations internes, les sensations : a) *musculaires* : qui accompagnent la contraction et la tension des muscles : vg. soulever un poids, marche forcée. — b) *vitales ou organiques* : qui sont attachées aux fonctions de la vie *végétative* (nutrition, respiration, digestion, circulation du sang) : vg. étouffement, mal de tête, névralgie.

II. — **Externes** : celles qui ont leur cause dans les agents physiques *extérieurs* ; elles sont attachées aux fonctions de relation et accompagnent l'exercice des cinq sens.

II. — *ANALYSE DU SENTIMENT*

Le **sentiment** est un phénomène de conscience agréable ou pénible, qui a pour antécédent un autre phénomène de conscience (idée, volition) : vg. *joie* de contempler un beau paysage ; *tristesse* d'avoir perdu un ami. — Le sentiment est accompagné de plaisirs ou de douleurs *intellectuels et moraux*, qui résultent de la satisfaction ou de la contrariété des inclinations qui ont pour objet le *vrai*, le *bien* et le *beau*. Les plaisirs et les douleurs *intellectuels* proviennent de la *connaissance* plus ou moins parfaite du vrai, du bien et du beau ; — les plaisirs et les douleurs *moraux* proviennent de l'accomplissement ou de la violation du *devoir*, de la pratique du bien ou du mal. — Le sentiment est l'acte de la **sensibilité morale** qui est la faculté d'éprouver des sentiments.

Le mot sentiment est équivoque.

On l'emploie pour désigner tantôt : 1) *l'ensemble des faits sensibles* ; alors il est synonyme de *sensibilité*. — 2) *Une sorte d'intuition* ; alors il a le sens de *conscience psychologique* : on dira de quelqu'un qu'il a le sentiment de sa force. — 3) Les *inclinations* ou *affections* : sentiments d'amour, de haine, de colère, etc.; sentiments patriotiques. — 4) Les *inclinations supérieures* au vrai, au bien, au beau. — Ici, nous entendons par sentiments : des états de conscience agréables ou pénibles (vg. joie, tristesse), qui ont pour condition d'autres états de conscience. — Le *sentiment* provient de la satisfaction ou de la contrariété des inclinations qui ont pour objet le *bien de l'âme* : vg. joies de la conscience ou ses remords, joies et tristesses de l'amitié, de la science et de l'art résultant des inclinations supérieures satisfaites ou contrariées.

III. — *DIFFÉRENCES ENTRE LES SENSATIONS ET LES SENTIMENTS*

Les sensations et les sentiments diffèrent par leurs :

I. — **Conditions antécédentes** : celle des *sensations* est *physiologique* ; c'est une excitation organique qui produit la sensation : vg. de piqûre. — La condition des *sentiments* est *psychologique* ; c'est une idée, une détermination : vg. la pensée d'un succès produira la *joie* ; la prévision d'un échec, la *tristesse*.

II. — **Localisation** : les *sensations* sont *localisables*, elles nous *paraissent* situées en un endroit plus ou moins précis de notre corps : vg. nous plaçons la douleur d'une coupure dans le doigt. — Les *sentiments*, n'étant pas liés à des excitations organiques, ne sont pas localisables. Cette question : Où avez-vous mal ? a toujours un sens pour l'homme *malade* ; elle n'en a pas pour l'homme *triste*.

III. — **Rapports avec l'intelligence** : *a*) les *sentiments*, ayant pour antécédent une *connaissance*, supposent un certain exercice de l'intelligence. C'est pourquoi l'enfant éprouve des sensations avant d'éprouver des sentiments, parce que, de ses facultés, c'est la sensibilité physique qui s'éveille la première.

b) Les *sensations* sont *communes* à l'homme et à l'animal, car tous deux ont la sensibilité physique.

c) L'animal a certains sentiments *simples* (joie, tristesse, crainte, colère, amour, haine), parce qu'il possède la *connaissance sensitive*.

d) Mais les sentiments *supérieurs et désintéressés* (amour du vrai, du bien, du beau) sont le privilège de l'homme, parce que seul il est doué de *raison*.

IV. — **Rapports avec la volonté** : *a)* les *sensations* sont *beaucoup moins* soumises à l'action de la volonté que les *sentiments*.

b) Si la sensibilité physique est relativement la même chez la plupart des hommes, parce qu'elle dépend étroitement de l'organisme, qui ne varie pas profondément d'un individu à un autre, la sensibilité morale est très inégale, parce qu'elle est notre œuvre personnelle.

§ B. — *LES INCLINATIONS*

Nous parlerons d'abord des *inclinations* en général, puis de l'*instinct* en particulier.

8. — DES INCLINATIONS EN GÉNÉRAL

Le plaisir et la douleur sont l'élément *passif* de la sensibilité ; ils exigent comme cause l'*inclination*, qui constitue l'élément *actif*.

I. — **Définitions** : A) L'inclination, c'est l'activité tendant *spontanément* vers certaines fins. Nous avons des tendances naturelles, orientées vers des fins *générales* : vg. tendance à conserver et à développer notre être, etc.

Ces tendances se *précisent*, se *déterminent* sous l'empire de l'émotion agréable ou pénible.

B) **Amour** : mouvement qui porte l'âme à s'unir et à s'attacher aux choses.

C) **Désir** : tendance à retrouver le plaisir absent, en recherchant l'objet qui l'a déjà procuré. — Il a pour contraire l'*aversion* : tendance à fuir la douleur en s'éloignant de l'objet qui l'a causée.

II. — **Classification des Inclinations** : nous nous bornerons à les classer d'après leur **objet**. On les divise alors en :

1°) Inclinations **physiques** ou **appétits**, qui ont pour objet le *bien-être corporel*.

2°) Inclinations **morales** ou **penchants**, qui ont pour objet le *bien de l'âme*, le complet épanouissement de la vie intellectuelle et morale.

Les **appétits**, selon qu'ils sont satisfaits ou contrariés, ont pour conséquence des **sensations** agréables ou pénibles.

Les **penchants**, satisfaits ou contrariés, produisent les **sentiments** agréables ou pénibles.

III. — **Division des inclinations morales** :

A) **Personnelles**, qui se rapportent à nous-mêmes, à notre propre *personne* (*Amour de soi*).

B) **Sociales** ou *altruistes*, qui nous portent vers nos *semblables*. Elles ont pour fondement la *sociabilité* et la *sympathie* (*Inclinations électives, domestiques, corporatives, philanthropiques*).

C) **Supérieures** ou *idéales*, qui nous portent vers un objet *au-dessus* de nous et des autres (*Amour du vrai, du bien, du beau, de Dieu.*)

9. — L'INSTINCT

I. — **Définition** : c'est une tendance innée et aveugle à rechercher certaines fins par des moyens non prémédités : vg. la marche, le vol sont, chez les animaux, des effets de l'instinct. L'abeille construit sa ruche, l'oiseau son nid, etc., par instinct. Telle est la définition de l'*instinct proprement dit* ; il suggère *et* la fin *et* les moyens. C'est lui qui conduit l'animal.

II. — **Caractères** : l'instinct offre certains caractères *essentiels*, qu'on retrouve sous la variété des fins qu'il recherche. On peut les ramener à deux principaux dont les autres découlent. L'instinct est :

A. — **Inné** : antérieur à toute expérience et à toute éducation. L'animal l'apporte en naissant, comme le patrimoine commun de l'espèce. — De là :

a) **L'uniformité** : il est le même dans les individus d'une même espèce : vg. les abeilles construisent leurs cellules de la même manière.

b) La **perfection immédiate** : tandis que les facultés humaines se forment progressivement, l'instinct animal est du premier coup, sans tâtonnement et sans apprentissage, ce qu'il doit être : vg. dès la première fois, les araignées tissent merveilleusement leurs toiles.

c) La **fixité** : il reste ce qu'il était tout d'abord ; étant parfait dès l'origine, il ne connaît pas le progrès ; il est immuable et stationnaire. Tandis que l'activité humaine est indéfiniment perfectible, il est incapable de faire face aux difficultés imprévues.

B. — **Aveugle** : l'animal, agissant sous l'impulsion de l'instinct, ne se rend compte ni de la fin poursuivie ni des moyens employés : vg. des castors mis en cage par Cuvier construisirent une digue avec des matériaux mis à leur portée. — De là :

a) **Fatalité** de l'instinct : entraîné vers une fin qu'il ignore, l'animal est incapable de choisir entre divers moyens pour y arriver ; il subit nécessairement l'impulsion de l'instinct ; il ne la dirige pas : vg. l'abeille maçonne continue à remplir de miel la cellule dont on a percé le fond.

b) Sa **spécialité** : il n'est pas, comme la raison, « un instrument universel, qui peut servir en toutes sortes de rencontres » (Descartes) ; il n'y a que des instincts particuliers. L'instinct ne sert qu'à une seule chose : l'animal est un *spécialiste*.

§ C. — *LES PASSIONS*

10. — RAPPORTS DE L'INCLINATION ET DE LA PASSION

I. — **Définition** : entendue au sens moderne, la passion est une inclination *vive, impétueuse, dominante*. On peut prendre la passion en bonne ou mauvaise part :
A. — **Passion bonne** : c'est une inclination *puissante et ordonnée* : vg. passion du dévouement, de la science. Elle tend au bien et est réglée par la raison.
B. — **Passion mauvaise** : inclination *puissante et désordonnée* : vg. amour excessif de l'argent, du jeu. Elle pousse à agir contre le devoir et n'est pas dirigée par la raison ; l'inclination a dévié, elle s'est *pervertie*. Ce dernier sens est le *plus usité* dans la langue courante et dans le langage philosophique actuel.
II. — **Comparaison** : l'inclination et la passion sont toutes deux des tendances de l'activité ; mais de grandes différences les séparent :
1°) L'inclination est **innée, primitive** : amour de l'être, de la vie. Elle est donnée en même temps que l'être et elle est nécessaire à l'être pour qu'il veille à sa conservation et à son développement. — La passion est **acquise, ultérieure** : elle provient d'un développement extraordinaire de l'inclination ; c'est une exaltation plus ou moins *tardive* des appétits et des penchants. L'enfant a des inclinations ; il n'a pas encore de passions. La passion et l'inclination diffèrent donc par leur *origine*. Quand la passion naît, il n'y a pas apparition d'une tendance absolument nouvelle ; il y a seulement développement notable d'une inclination antérieure.
2°) L'inclination est **calme** et laisse l'homme maître de lui-même. — La passion est **violente** ; elle apporte le trouble, elle

enlève à l'homme la maîtrise de lui-même. La réflexion devient difficile et la volonté est plus ou moins asservie.

3°) C'est pourquoi l'inclination est **stable** et **permanente** comme la nature même. — La passion étant violente ne dure guère : *violentum non durat*. Elle est généralement **passagère**. C'est une *crise* qui d'ordinaire ne se prolonge pas. Cependant certaines passions affectent l'état *chronique* : vg. l'avarice.

4°) Les inclinations peuvent **coexister en bonne harmonie** et se développer parallèlement : vg. les affections de la famille n'empêchent pas d'aimer la patrie, le vrai, le bien, le beau. — La passion est **jalouse** et **exclusive** : elle absorbe à son profit toute la puissance de désirer et de sentir. L'argent est un dieu pour l'avare : vg. Harpagon sacrifie tout à sa passion, honneur, amitié, famille.

5°) L'inclination est, de sa nature, **désintéressée** : elle a pour fin un *bien* nécessaire au corps ou à l'âme. Sans doute, en atteignant le bien, elle trouve aussi le plaisir, comme *conséquence* du développement normal de notre activité.

La passion est **égoïste** ; elle recherche le *plaisir pour le plaisir*. Aux actes, qui concourent à notre conservation et développement (vg. manger), la Providence a attaché quelque plaisir, lequel n'est dans son intention qu'un *moyen* de nous faciliter l'accomplissement de ces actes. Mais l'homme passionné prend comme *fin* non l'acte lui-même, mais le *plaisir* qui l'accompagne. C'est un désordre. Il manque le vrai but poursuivi par la nature : le bien de l'âme et du corps ; pour atteindre le plaisir, il néglige ce bien et, s'il le faut, le sacrifie ; mais il finit par en être puni. C'est ainsi que l'ivrogne ruine son corps et dégrade son âme. Le plaisir répété produit la satiété et la tristesse.

11. — VALEUR ET TRAITEMENT DES PASSIONS

Quel est le rôle des passions dans la vie ? La réponse à cette question dépend de l'idée qu'on se fait de leur valeur morale. Trois solutions ont été apportées : deux extrêmes, une moyenne.

§ A. — *VALEUR DES PASSIONS*

I. — **Apologie** : les *Hédonistes*, partisans de la doctrine du plaisir (ἡδονή), regardant toutes les passions comme *bonnes*, déclarent qu'il faut les laisser se développer en pleine liberté. Elles sont l'expression fidèle des lois de la nature ; l'intelligence et la volonté ne sont que des instruments pour les satisfaire. Telle est la thèse soutenue dans l'antiquité par Aristippe, chef de l'école cyrénaïque ; — chez les modernes par Fourier et Saint-Simon.

II. — **Condamnation** : pour Zénon et les *Stoïciens*, la passion est un mouvement de l'âme opposé à la droite raison et contraire à la nature. Elle est un *trouble* de l'âme, une *maladie* mortelle. Toutes les passions sont donc *mauvaises*, il faut les étouffer pour arriver à l'impassibilité et, par elle, à l'exemption de toute espèce de trouble. C'est l'idéal du sage.

III. — **Opinion moyenne** : Aristote et les *Péripatéticiens*, tenant le milieu entre ces deux écoles extrêmes, distinguent les passions :

A) **Mauvaises** : ce sont celles qui :
1) Dérivent d'inclinations *malveillantes*, antisociales : vg. haine, vengeance, envie.
2) Proviennent de bonnes inclinations, mais qui se sont perverties avec le temps, parce que le développement de ces inclinations n'a pas été réglé par la raison : vg. gourmandise, ivrognerie, avarice, ambition, — chauvinisme.

B) **Bonnes** : celles qui dérivent d'inclinations bonnes et contenues dans les bornes légitimes par la raison : vg. amour de la patrie, de la famille, de la science, du bien, du beau.

§ B. — *TRAITEMENT DES PASSIONS*

La « thérapeutique morale » variera selon la nature même des passions ; si elles sont :

I. — **Mauvaises** : il faut : A) Les **prévenir** : on s'efforcera de les empêcher de naître :

1) En *dirigeant bien* le cours des inclinations bonnes.

2) En *développant* fortement, dès l'enfance, les inclinations généreuses (par le travail, les relations honnêtes, les habitudes morales, etc.) qui absorberont l'activité de l'âme.

3) En *combattant* vigoureusement leurs premières manifestations : *Principiis obsta*.

B) Il faut les **apaiser**, si elles se sont développées ; on y arrive :

a) **Directement** : par le raisonnement, le ridicule, quand, dans les moments de calme, on réfléchit sur les conséquences des passions.

b) **Indirectement** : 1) En faisant *diversion* et non en attaquant la passion de front.

2) En *éloignant* les objets qui alimentent la passion : on lui coupe les vivres.

3) En *substituant* une passion innocente à une passion coupable.

II. — **Bonnes** : il faut les *entretenir* et les *développer* en favorisant les inclinations dont elles découlent. Même les meilleures ont besoin d'être dirigées par la raison et modérées par la volonté, parce qu'elles sont susceptibles d'écart et d'excès : vg. l'amour maternel peut dégénérer en aveuglement, l'amour de la patrie en chauvinisme.

§ C. — *CONCLUSION*

I. — **Ne pas proscrire** les passions comme les Stoïciens : c'est mutiler l'homme.

Les passions sont la condition des grandes choses, car ce sont elles qui donnent l'élan à toutes nos facultés.

II. — **Ne pas les suivre aveuglément** comme les Hédonistes, car il est des passions basses qui ravalent ; et les plus nobles inclinations, si elles ne sont pas maîtrisées, peuvent nous écarter du droit chemin.

III. — **Philosopher avec les passions**, comme dit Aristote, les gouverner par la raison et utiliser leur puissance d'action.

La passion est faite non pour déterminer la direction de nos actes, mais pour en fournir la puissance ; la direction appartient à la volonté libre, éclairée par la raison.

§ D. — *RESPONSABILITÉ DANS LA PASSION*

I. — On est responsable de la naissance et des progrès des passions et par conséquent des actes commis sous leur impulsion, parce qu'on pouvait empêcher soit le développement des inclinations mauvaises, soit le dérèglement des bonnes. C'est que la passion ne naît, grandit, progresse qu'avec le concours et la complicité de la volonté.

II. — Si la passion est violente au point d'aveugler l'intelligence et d'enlever la liberté, on n'est pas *directement* coupable de l'acte commis alors, puisque, par hypothèse, la volonté réfléchie a fait défaut ; mais *indirectement*, car on a posé librement la *cause* de cet acte, en laissant la passion acquérir un empire tyrannique.

III. — Cependant la passion peut être une circonstance *atténuante*, surtout *juridiquement*, parce que d'ordinaire on n'en a pas prévu ni voulu toutes les conséquences désastreuses. Mais de là à innocenter certains crimes, comme le font trop de romanciers ou de dramaturges, sous prétexte qu'ils ont été inspirés par la passion, il y a loin : est-ce que tous les crimes ne sont pas à quelque degré passionnels ?

12. — RÔLE DE LA SENSIBILITE

§ A. — *RÔLE DU PLAISIR*

Le plaisir, étant lié aux succès de l'activité normalement déployée, c'est le *signe d'un bien*, du bon état de nos organes ou de nos facultés. Il est :

I. — **Un guide**, qui nous révèle nos propres fins, car l'enfant les recherche d'abord sans les connaître. C'est pour cela que Descartes l'a défini : « La conscience de quelque perfection ».

II. — **Une impulsion** : le plaisir sort de l'activité ; mais à son tour il la rend plus forte. Quand l'être a trouvé plaisir dans une action, il se sent plus décidé à agir encore, il a plus de courage et de constance. Le plaisir est alors comme le *ressort* et l'*aiguillon* de l'activité : c'est un *attrait* qui s'ajoute à l'inclination pour la renforcer et accélérer son mouvement. Mais, c'est un *moyen dangereux*, car il est facile de rechercher le plaisir pour lui-même, de le transformer de moyen en fin, au lieu de l'attendre comme l'effet et la récompense du bien accompli : c'est ainsi que se pervertit l'inclination (**10**, II, 5°).

Conclusion : le plaisir est un guide nécessaire mais non infaillible : il doit donc lui-même être dirigé par la raison et maîtrisé par la volonté.

§ B. — *RÔLE DE LA DOULEUR*

Elle est accompagnée du sentiment d'une imperfection, c'est-à-dire d'une défaillance ou d'une impuissance de l'activité. Elle est par conséquent *signe d'un mal*, du mauvais état de nos organes ou de nos facultés. Cependant les raisons ne manquent pas pour la justifier. Elle est :

I. — **Un avertissement** : elle informe la conscience qu'un désordre s'est produit dans notre constitution physique ou morale, que notre corps est menacé (vg. mal de tête), que la loi morale est violée (vg. remords). Par là même l'intelligence est excitée à rechercher la nature du mal que la douleur nous signale et à y porter remède.

II. — **Un frein** qui, avant toute enquête de l'intelligence, nous empêche de continuer l'action commencée et nous pousse à fuir l'objet qui est cause du mal ; vg. un mal d'yeux fait interrompre la lecture qui les fatigue.

III. — **Un stimulant** : pour échapper à la souffrance, on redouble d'activité. C'est pour remédier à ses besoins que l'homme travaille, devient industrieux, inventif ; aussi la nécessité est-elle appelée « l'ingénieuse », « mère de l'industrie ». C'est elle qui a porté l'humanité à perfectionner nourriture, vêtements, habitations, etc. La civilisation est en partie le résultat de la lutte contre la douleur. La douleur est donc la condition du progrès. Combien d'hommes de génie ou de talent, pressés par la souffrance, ont déployé toutes leurs ressources intellectuelles, qui nés dans l'abondance auraient langui et végété !

IV. — **Moyen de perfectionnement moral** : elle inspire les vertus :

A) **Individuelles** : par cette lutte qu'elle nous contraint d'entreprendre contre elle-même, elle aguerrit la volonté, trempe le caractère, revêt l'âme d'énergie, de courage, de virilité ; elle mûrit l'homme et hâte l'avènement de sa personnalité. « C'est, disait Montaigne, la fournaise à recuire l'âme. »

Elle a aussi une vertu *expiatrice* : la faute est une jouissance coupable ; la douleur qui la suit ou qu'on s'impose a une efficacité réparatrice, si elle est bien endurée : « Après l'injustice commise, le plus grand mal c'est de ne pas en être puni » (Platon).

B) **Sociales** : elle produit la charité, le dévouement, la compassion. C'est surtout quand nous avons souffert que les malheurs d'autrui éveillent un écho *sympathique* dans notre cœur.

La douleur, en rapprochant les hommes, leur donne un sentiment plus net de leur *solidarité*.

V. — **Inspiratrice de sentiments religieux** : non seulement a douleur unit les hommes entre eux, mais elle leur fait chercher un secours supérieur à celui des hommes. « La douleur fait dans les âmes un désert où retentit la voix de Dieu » (Bossuet).

Conclusion : c'est donc à tort qu'on se plaint de la douleur ; c'est au fond regretter d'avoir la conscience. D'ailleurs la raison demande que la vertu et le bonheur soient unis ; ce postulat est sans cesse démenti par l'expérience. Aussi les douleurs imméritées élèvent notre âme au delà de l'existence terrestre et nous invitent à espérer, comme compensation, les joies d'une vie future.

ARTICLE II

L'ACTIVITÉ INTELLECTUELLE

13. — CLASSIFICATION DES FONCTIONS INTELLECTUELLES

L'intelligence est la faculté de connaître : elle est essentiellement *représentative* des choses. Aussi toute connaissance est-elle *objective*. Dans cette faculté générale on peut distinguer deux grands systèmes de facultés et d'opérations :

A) SENSITIVES. — B) PROPREMENT INTELLECTUELLES.

Ces facultés remplissent des *fonctions* diverses, qui correspondent à l'évolution de la connaissance : il faut l'ACQUÉRIR, la CONSERVER, l'ÉLABORER. Les deux premières fonctions sont *inférieures, sensitives, animales* : elles se rapportent à l'expérience, dépendent étroitement des organes et sont communes à l'homme et à l'animal. La troisième fonction est *supérieure, proprement humaine et intellectuelle*.

A. — OPÉRATIONS SENSITIVES

I. — **Fonction d'acquisition** : la matière première de la connaissance nous est fournie par la :

1°) Conscience : qui nous fait *acquérir* les idées de nos *états psychologiques*. On distingue la conscience :

a) Spontanée (*sens intime*) : c'est la *connaissance immédiate* et comme le sentiment de ce qui se passe en nous.

b) Réfléchie (*réflexion*) : c'est la faculté par laquelle l'esprit se replie sur lui-même pour s'expliquer le moi et les phénomènes psychologiques.

2°) Sens : qui nous font *acquérir* les idées des *objets extérieurs*. Ce sont des facultés spéciales de sentir unies à des organes particuliers. Les *sens* (*vue, ouïe, tact, goût, odorat*) sont dans l'âme ; les *organes* (*œil, oreille*, etc.) sont dans le corps.

Ces deux facultés sont dites *expérimentales* et les idées que nous leur devons sont des idées *concrètes, singulières*. On distingue l'expérience *interne* ou de la conscience, et l'expérience *externe* ou des sens.

II. — Fonctions de conservation et de combinaison : elles sont remplies par la :

1°) Mémoire : pour que la connaissance soit possible il faut que les *matériaux acquis* soient *conservés* et puissent être *reproduits* à notre gré. Cette fonction de *conservation* est remplie par la *mémoire*, faculté de conserver et de se rappeler les états de conscience antérieurement acquis. — La *loi*, suivant laquelle ces matériaux conservés par la mémoire sont reproduits, c'est l'*association des idées*.

2°) Imagination : l'association des idées, en tant qu'elle a pour résultat de disposer dans un *ordre nouveau* les matériaux conservés par la mémoire, c'est la fonction de *combinaison*, qui est remplie par l'*imagination*, faculté de produire des images ou idées nouvelles en *combinant* des images ou des idées anciennes.

B. — *OPÉRATIONS PROPREMENT INTELLECTUELLES*

Au-dessus des opérations sensitives viennent les opérations proprement intellectuelles, qui supposent les précédentes comme condition préalable. Les idées *acquises, conservées, associées*, il faut les élaborer, c'est-à-dire imprimer une *forme rationnelle* aux *données expérimentales.* C'est l'œuvre, la fonction de l'intelligence proprement dite ou ENTENDEMENT : faculté de former les concepts et de percevoir les rapports. De là :

III. — **Fonction d'élaboration** : elle s'exerce par les opérations suivantes :

1°) **Formation des concepts ou des idées générales** au moyen de l'*abstraction* et de la *généralisation.*

2°) **Jugement** : aperception d'un rapport entre deux concepts.

3°) **Raisonnement** : aperception d'un rapport entre deux jugements et un troisième.

Mais ces opérations intellectuelles supposent deux actes *préliminaires ou concomitants* : l'*attention* et la *comparaison.*

IV. — **Raison** : toutes les opérations, aussi bien sensitives qu'intellectuelles, sont soumises à des *lois* supérieures et nécessaires, qui les dirigent et qu'on appelle pour cela *principes directeurs* de la connaissance : principe d'*identité* ou de *non-contradiction*, principe de *raison suffisante.* Le fond de l'intelligence est constitué par un besoin d'intelligibilité, besoin de *comprendre* l'essence des choses. Les principes d'identité et de raison ne sont que l'expression abstraite de cette tendance foncière. Ces deux principes constituent ce qu'on nomme, au sens strict, la RAISON.

Voici le tableau général de l'activité intellectuelle :

A. — OPÉRATIONS SENSITIVES

I. Fonction d'**Acquisition** { I. CONSCIENCE. II. SENS. }

II. F. de **Conservation** { I. MÉMOIRE. II. IMAGINATION. III. ASSOCIATION. }

B. — OPÉRATIONS PROPREMENT INTELLECTUELLES

III. F. d'**Élaboration** { I. FORMATION DES CONCEPTS, (*Abstraction, Généralisation*). II. JUGEMENT. III. RAISONNEMENT. }

IV. **Raison** : PRINCIPES RATIONNELS (*identité et raison suffisante*).

14. — L'ORIGINE DES NOTIONS ET VÉRITÉS PREMIÈRES

Les **vérités premières** ou **principes premiers**, ce sont des *jugements* portant sur des rapports nécessaires, universels, évidents par eux-mêmes : vg. Principes d'identité, de contradiction, de raison suffisante, de causalité, de substance, d'uniformité de la nature, de finalité, de l'obligation morale.

Les **notions premières** sont les *idées* qui entrent dans la composition des premiers principes et sont impliquées dans nos divers jugements : vg. notions d'être, de raison, de cause, de substance, de fin.

Il faut admettre, avec Aristote, les Scolastiques, Leibniz et Maine de Biran, que les notions et vérités premières sont dues au *concours* de l'expérience et de la raison.

I. — **Notions** : il faut distinguer la *matière* ou donnée concrète à élaborer, qui est fournie par l'expérience interne, et la *forme* abstraite que l'intelligence impose à cette matière.

A) — **Matière ou donnée concrète** : l'*expérience interne* fournit la matière de la connaissance ; ce sont des données *concrètes, singulières, contingentes*. Par la *réflexion*, l'âme, assistant à sa vie, se voit subsistant *une et identique* à travers la diversité et la mobilité de ses phénomènes ; — elle distingue les *actes* qu'elle *produit* des manières d'être qu'elle subit ; — elle observe que cette énergie productrice ne se déploie pas au hasard mais tend vers un *but* ; — elle remarque que ses actes se produisent dans des *conditions déterminées*. Bref, elle constate qu'en elle tout a sa *raison* d'être. Voilà la matière concrète qu'il s'agit d'élaborer.

B) — **Forme abstraite et générale** : l'intelligence, au moyen de l'abstraction, dégage ces données de leur contenu expérimental, c'est-à-dire de ce qu'elles ont de *concret*, de *particulier*, de *relatif*, et les transforme en idées pures : de là les notions abstraites d'*être*, d'*unité*, d'*identité*, de *raison*, de *substance*, de *cause*, de *fin*, de *loi*. — Puis, par la **généralisation**, elle étend ces notions psychologiques à tous les cas possibles de sa vie propre et, par analogie, aux choses extérieures qu'elle conçoit à son image et ressemblance.

II. — **Vérités** : jusqu'ici la *réflexion* et l'intelligence proprement dite, au moyen de l'*abstraction* et de la *généralisation*, ont suffi pour former les *notions* premières. Mais la **raison**, fonction supérieure de l'intelligence, c'est-à-dire la faculté de percevoir l'absolu, le nécessaire, l'universel, doit intervenir pour la formation des *vérités* premières. Comparant les notions abstraites et générales, la raison perçoit entre elles des rapports indépendants de toute condition relative, contingente, particulière, c'est-à-dire des rapports absolus, nécessaires, universels ; puis elle les formule en *jugements* que l'on nomme *principes premiers*. Exemple : comparant la notion psychologique de *cause* (ce qui produit quelque chose) avec la notion d'*effet*, de *fait* (ce qui est produit par quelque chose), la raison perçoit entre ces deux notions un rapport absolu, nécessaire, universel, qu'elle affirme en disant : *Pas de fait sans cause*. — Enfin, par analogie, l'esprit applique au monde extérieur les vérités premières acquises à l'occasion de l'expérience interne.

ARTICLE III

L'ACTIVITÉ VOLONTAIRE

15. — SA NATURE ET SES MODES

I. — **Nature** : l'activité est le fond de toutes nos facultés et l'essence même de l'âme : Être, d'après Leibniz, c'est agir.

Ici, nous considérons l'activité, dans un sens spécial, en tant qu'on l'oppose à la sensibilité et à l'intelligence, et qu'elle se montre dans la volonté. Dans la production des phénomènes sensibles, l'âme est *plus passive* qu'active ; dans celle des phénomènes intellectuels, elle est *plus active* que passive ; mais c'est dans les déterminations *volontaires* qu'elle est *surtout active*. (5).

II. — **Modes** : l'activité est **instinctive, volontaire** ou **habituelle** :

1°) **Instinctive** : l'activité est d'abord *spontanée et irréfléchie* (¹).

2°) **Volontaire** : à mesure que l'intelligence s'éveille et se développe, l'âme cède de moins en moins aux impulsions de l'instinct. Avant d'agir, elle se rend compte du but qu'elle poursuit ; elle y adapte les moyens et en prévoit les conséquences ; elle se détermine elle-même par un effort dont elle prend *librement* l'initiative : c'est la *Volonté*, c'est l'activité *vraiment humaine*.

3°) **Habituelle** : enfin, par degrés, l'activité redevient *comme* instinctive et spontanée, sans cesser toutefois d'être *plus ou moins* réfléchie et libre. Plus les actes volontaires se répètent, plus ils deviennent semblables à ceux que produit l'instinct, parce que la répétition diminue la réflexion et l'effort : c'est l'*Habitude*.

§ A. — *LA VOLONTÉ*

16. — VOLONTÉ ET LIBERTÉ

La volonté s'étend plus loin que la liberté : tout acte libre est volontaire ; mais tout acte volontaire n'est pas libre. La liberté n'est pas une faculté ; c'est une *propriété* de la faculté agissante, de la volonté. L'**instinct**, c'est l'activité inconsciente et fatale. La **volonté**, c'est l'activité réfléchie ; c'est une puissance **intelligente**. La **liberté**, c'est le pouvoir de se déterminer soi-même ; c'est le pouvoir d'opter entre deux possibilités ; c'est le pouvoir qu'a la volonté de choisir ses actes. Bref, c'est une puissance **intelligente élective**.

(¹) Nous avons parlé de *l'activité instinctive* en traitant des inclinations (9).

17. — ANALYSE DE L'ACTE VOLONTAIRE ET LIBRE

Prenons un exemple. Un ami m'a confié une somme considérable. Il vient à mourir subitement. Personne ne sait que j'ai en dépôt une part de l'héritage. En outre, je suis dans le besoin. Rendrai-je le dépôt ? J'hésite un moment, partagé entre le devoir et l'intérêt. Mais bientôt la voix de la conscience l'emporte : je juge que je dois restituer le dépôt ; je m'y décide et je le rends. Si nous analysons cet exemple ou un autre analogue, nous y trouvons trois phases successives :

I. — **Délibération intellectuelle** : elle est elle-même un acte complexe qui comprend plusieurs moments :

1°) **Conception de deux actes contraires**, *de deux alternatives*, entre lesquelles il faut choisir : rendrai-je le dépôt ou le conserverai-je ? — L'*advertance* est une condition nécessaire de l'acte volontaire.

2°) **Conception des raisons pour ou contre** les actes qui sont l'objet de la délibération. On les divise en deux catégories :

a) Les MOTIFS : ce sont les raisons d'ordre *intellectuel* : vg. l'idée du devoir, de l'intérêt.

b) Les MOBILES : ce sont les raisons d'ordre *sensible*, les impulsions de la sensibilité : vg. telle action nous choque, nous répugne ; telle autre nous agrée, flatte notre amour-propre, répond à nos secrètes sympathies.

Il est de mon devoir de rendre le dépôt, parce que c'est le bien d'autrui ; mais il me serait bien agréable de le garder pour soulager ma misère, etc. Chaque alternative possible amène à sa suite tout un cortège de motifs et de mobiles. Ces motifs et ces mobiles agissent sur la volonté et cherchent à l'entraîner chacun dans leur sens.

3°) **Examen, comparaison** : à peine ces motifs et mobiles sont-ils mis en présence que l'âme les compare, les pèse, les évalue ; c'est la *délibération proprement dite*, l'acte par lequel l'esprit apprécie les motifs d'action. Elle peut durer plus ou moins longtemps, selon l'importance du parti à prendre. Elle se fait quelquefois avec une telle rapidité que l'acte volontaire a l'apparence de la spontanéité.

4°) **Jugement** : après avoir examiné les motifs d'action, l'esprit reconnaît la supériorité qu'a chacun d'eux à un point de vue particulier : vg. je juge qu'il me serait plus avantageux immédiatement de conserver l'argent pour subvenir à mes pressants besoins ; mais je juge aussi que le devoir m'oblige à le restituer sans retard. La délibération est terminée par ces jugements pratiques sur la valeur respective des motifs et des mobiles.

II. — **Détermination** (*décision, choix, résolution, volition*) : elle suit la délibération et constitue l'*essence* même de l'acte volontaire. Elle consiste à choisir entre les différentes alternatives, à opter pour l'une d'elles.

III. — **Exécution** : c'est la réalisation extérieure de l'acte intérieur, de la décision prise par la volonté : je prends l'argent du dépôt et je vais le rendre aux héritiers. Ordinairement l'exécution suit la résolution intérieure et la traduit extérieurement. Mais il n'est pas nécessaire pour qu'il y ait acte volontaire, que la détermination soit exécutée, parce que cette exécution peut être entravée par des circonstances qui ne dépendent pas de nous : vg. si je meurs subitement après m'être résolu à restituer le dépôt. L'acte volontaire a été complet et j'en ai tout le mérite. Cependant l'acte volontaire suppose toujours un *effort*, un *mouvement intérieur* pour réaliser la détermination choisie. C'est la marque de la résolution réelle, de la *volition vraie*, qui sert à la distinguer de la simple *velléité*. C'est que cet effort est toujours en notre pouvoir, tandis que l'exécution en est parfois indépendante.

Remarque : L'analyse précédente montre la vérité de cet axiome formulé par les Scolastiques : *Ce qui est premier dans l'intention est dernier dans l'exécution.*

18. — ESSENCE DE L'ACTE LIBRE

Sans doute la volonté intervient dans la délibération et dans l'exécution (**17**) ; mais la liberté ne consiste essentiellement que dans la *détermination*. En effet, la liberté ne réside pas dans :

I. — **La délibération** : les actes qui la composent (*conception des alternatives possibles — conception des motifs et mobiles — examen et comparaison de ces motifs et mobiles — jugement qui la clôt*) se rapportent tous à l'*intelligence* ; or l'intelligence est une faculté *fatale*. En effet quand la vérité apparaît avec évidence, elle s'impose à l'intelligence : vg. $2 + 2 = 4$ ([1]).

II. — **L'exécution** : on confond souvent la *liberté morale*, pouvoir intérieur de choisir, avec le pouvoir extérieur d'agir. Mais, prise en soi, l'action extérieure n'est pas libre. En effet, l'action extérieure peut être arrêtée, modifiée ou contrainte par des circonstances indépendantes de notre volonté. Seule la détermination est toujours en notre pouvoir ; c'est pour cela que l'acte volontaire et libre réside essentiellement dans la **détermination**. La *conséquence* qui découle de là, c'est que l'action, séparée de l'intention qui l'a dictée, n'a plus de valeur morale (**35**).

19. — VOLONTÉ ET DÉSIR

D'après Condillac et les **sensualistes**, la volonté est une **forme du désir** : on veut, quand, de plusieurs désirs en conflit dans l'âme, l'un l'emporte et entraîne l'action. La volition est donc un désir *prédominant, absolu*.

Il y a sans doute des *rapports* entre le désir et la volonté ; mais ces relations étroites ne détruisent pas les *différences* radicales qui les distinguent.

([1]) Cf. G. Sortais, *Traité de philosophie*, T. I, Psychologie, **152**, III § B.

A. *RAPPORTS*

I. — Dans le langage courant, on dit souvent je *voudrais* pour signifier un simple désir.

II. — Le désir et la volonté sont tous deux des modes de l'activité psychologique et tendent à des fins.

III. — Tout désir sollicite la volonté et toute volition est précédée d'un désir, car si l'idée d'un acte à réaliser n'est pas en harmonie avec nos inclinations, elle traverse l'âme sans stimuler la volonté. De là vient que la volonté n'est jamais plus énergique que lorsqu'elle est secondée par un vif désir.

B. *DIFFÉRENCES*

La volition et le désir diffèrent par leurs :

I. — **Caractères** : le désir est **fatal**, comme l'inclination dont il est la forme apparente. Il s'élève souvent en nous *sans nous* ; il prévient l'advertance de l'intelligence et le consentement de la volonté. — La volonté est **libre** : la volition est en nous *par nous*. Il dépend d'elle de céder ou de résister au désir. Les désirs coupables sont les désirs consentis ou provoqués par la volonté. C'est la différence *fondamentale*.

II. — **Objets** : *a*) nous ne voulons que ce qui *nous paraît* possible (bien qu'il puisse être impossible en réalité) ; — nous désirons même l'*impossible pour nous* (quoique possible en soi) : vg. voler dans les airs.

b) Nous ne pouvons vouloir que ce qui dépend de nous ; — nous désirons des choses indépendantes de nous : vg. gagner à une loterie.

c) Nous ne pouvons vouloir la fin sans les moyens ; — nous désirons la fin sans les moyens : vg. désirer se venger et ne pas vouloir le faire.

III. — **Conditions** : la volonté a pour condition nécessaire la *réflexion* : elle est *éclairée* ; le désir devance la réflexion : il est *spontané, irréfléchi, aveugle.* Aussi le même homme peut éprouver au même moment des désirs contradictoires, tandis qu'il ne peut prendre en même temps deux déterminations opposées.

IV. — **Effets** : plus un homme se laisse aller au cours de ses désirs, moins il se possède, moins il a de personnalité. « Le désir, a dit Cousin, est si peu la volonté qu'il l'abolit. » — Au contraire, plus un homme veut énergiquement, et plus sa personnalité s'affirme et s'accentue.

V. — **Relations** : ils diffèrent jusque dans leurs rapports. Si on peut désirer sans vouloir (vg. désirer une friandise et ne pas vouloir la prendre), on ne peut vouloir sans désirer. En effet « toute volonté suppose une fin, toute fin suppose la notion d'un objet comme bien, et toute notion de bien suppose dans le sujet le sentiment que l'objet est désirable. » (Rabier).

Le désir et la volonté sont si bien distincts l'un de l'autre que souvent ils sont *absolument opposés* : c'est le conflit de la passion et du devoir. La moralité a pour condition la lutte de la volonté contre le désir illégitime, et la vertu est le prix des victoires de la volonté sur les impulsions de la sensibilité. On voit par là même l'importance capitale de la distinction entre le désir et la volonté. Si la volonté est identique au désir, du même coup la responsabilité, le mérite et le démérite, le vice et la vertu disparaissent en même temps que la liberté.

Conclusion : ni le *jugement*, ni le *désir* ne sont décisifs ; le jugement *éclaire* le choix de la volonté ; le désir la *pousse* vers ce qui est agréable ; la volonté seule *décide*. On ne saurait donc ramener la volition au désir ou au jugement.

20. — CARACTÈRES DE LA VOLONTÉ SAINE

On peut les ramener aux trois suivants :

I. — **Réflexion** : vouloir, c'est d'abord *agir en connaissance de cause*, sachant ce qu'on fait et pourquoi on le fait.

Otez la réflexion, et l'activité n'est plus qu'instinctive. Le pouvoir de vouloir et le pouvoir de réfléchir sont donc inséparables.

II. — **Liberté** : vouloir, c'est ensuite *choisir*. Tout choix suppose une alternative.

III. — **Efficacité** : vouloir, c'est enfin *pouvoir*, dans une certaine mesure. Le proverbe : « vouloir, c'est pouvoir » n'est que l'exagération de cette vérité que la volonté est *efficace*. *Possunt quia posse videntur*. En voulant, nous produisons quelque chose de *nouveau*, parce que l'acte libre ne résulte pas nécessairement des antécédents posés.

Réfléchie, libre, efficace, la volonté élève l'homme à la dignité de *personne responsable*. C'est tout à la fois un honneur et une charge (65).

21. — DÉFAUTS ET MALADIES DE LA VOLONTÉ

I. — **Défauts** : ils consistent dans un manque :

1°) de *réflexion* ; — 2°) de *décision* ; 3°) d'*énergie* dans l'exécution. Quand ces défauts prennent des proportions exceptionnelles, sous l'influence de troubles organiques, ils revêtent un caractère pathologique : ce sont des *maladies* de la volonté. On les a ramenées aux types suivants.

II. — **Maladies** : le malade, affligé d'*aboulie*, est plus ou moins *incapable* :

1°) De *délibérer*, soit parce que les impulsions de la sensibilité sont trop fortes ou trop faibles, soit parce que l'attention volontaire n'est pas suffisante.

2°) De se *résoudre*, parce qu'il est en proie à la manie du doute et de l'irrésolution ; l'intelligence est nette, le but et les moyens clairement perçus, mais le passage à l'acte est impossible : la volonté est rétive.

3°) De *résister* à une idée impulsive ; le pouvoir d' « inhibition » est plus ou moins paralysé. Tantôt, l'impulsion subite détermine une exécution immédiate sans qu'on ait pu s'en rendre compte ; tantôt le malade est obsédé par une idée futile, extravagante ou criminelle ; il résiste d'abord ; mais l'idée revenant à la charge, il est entraîné par le « vertige » de la représentation. — C'est cette forme de maladie qu'on appelle proprement l'*aboulie* (ἀ, βούλομαι).

4°) D'*exécuter* une décision, parce qu'il est comme paralysé par l'idée même de l'action.

Ce sont là des cas pathologiques qui sont des maladies du cerveau et non de la volonté. L'intelligence comme la volonté restent intactes ; mais, dans l'état actuel d'union intime entre l'âme et le corps, ces facultés, bien que purement spirituelles, sont conditionnées dans leur exercice par l'organisme. Quand les conditions sont défectueuses, les conditionnés s'en ressentent. C'est ainsi que le talent d'un grand artiste sera paralysé dans l'exécution s'il n'a à sa disposition qu'un mauvais instrument.

22. — LA PERSONNALITÉ

Dans la question de l'*idée du moi* ([1]) on envisage surtout le caractère par lequel une personne se distingue des autres *personnes*. Ce caractère consiste en ce qu'elle possède une conscience distincte et indépendante de celle des autres personnes, conscience dont le propre est d'être *incommunicable*.

Ici on oppose personne à *chose*.

Dans ce cas, on définit la personne : *un individu raisonnable et libre*.

Les trois éléments constitutifs de la personne sont l'*individualité*, la *conscience réfléchie*, qui caractérise l'être raisonnable, et la *liberté*.

I. — **Individualité** : l'individu est un être *un et tout entier en soi*, c'est-à-dire qui ne se rapporte pas à un autre comme la partie au tout dont elle dépend.

Ainsi la main est une substance, mais ce n'est pas une substance *individuelle*, parce qu'elle appartient à un tout, au corps. Être un individu, c'est *être tout entier en soi*.

II. — **Conscience réfléchie** : l'individualité ne suffit pas à

([1]) Cf. G. Sortais, *Traité de philosophie*, T. I, Psychologie, 78.

constituer la personnalité, car les plantes, les animaux sont des substances individuelles, et cependant ce ne sont pas des personnes. Être une personne, c'est non seulement exister en soi, mais encore exister *pour soi*. Il faut connaître son existence et être capable de s'attribuer ses actes, de dire : *je* ; il faut pouvoir *réfléchir*, ce qui est le propre des êtres raisonnables.

III. — **Liberté** : être une personne, ce n'est pas seulement *exister en soi et pour soi*, c'est enfin être *maître de soi*, se posséder, être *sui juris*, être cause de ses actes ; c'est pouvoir déterminer son avenir et faire sa destinée.

Les minéraux, les plantes, les animaux mêmes ne sont que des **choses**, car ils ne s'appartiennent pas, ils n'agissent pas par eux-mêmes, ils sont plutôt « agis ».

Seul l'homme peut revenir sur ses actes et se dégager par cette réflexion des suggestions de la sensibilité ; seul il puise dans sa nature raisonnable des motifs d'agir et introduit dans le monde une série de faits, qui ne résultent pas nécessairement des antécédents posés. Il joue un rôle bien à lui (*personam agere*) ; il se fait l'acteur, l'artiste de sa destinée et il peut se rapprocher de plus en plus de l'idéal de conduite que la raison lui assigne.

Voilà les éléments psychologiques de la personnalité : ils constituent pour l'homme un for intérieur inviolable aux influences du dehors, si l'homme sait vouloir.

Remarque : il ne faut pas confondre les notions suivantes :

1°) **Essence** : ce par quoi un être est ce qu'il est.

2°) **Substance** : c'est un être qui existe *en soi* : *Ens in se* ; vg. ce papier. C'est par opposition à l'**accident** qui, pour exister, a besoin d'être dans un autre : *Ens in alio* ; vg. la *couleur* de ce papier.

3°) **Individualité** : c'est un être *tout entier* en soi. Le pied dans un animal, la feuille dans la plante sont des substances, mais ne sont pas des individus, parce qu'ils ne sont pas tout entiers en eux-mêmes ; ils font *partie* d'un tout dont ils dépendent.

4°) **Personne** : c'est un individu *raisonnable* tout entier en soi.

5°) **Nature** : dans l'ancienne langue philosophique, ce mot signifie le *principe de l'activité*. C'est encore le sens usité chez

Descartes. Dans la langue actuelle, le mot nature s'emploie souvent dans l'acception d'essence.

§ B. — *L'HABITUDE*

23. — ORIGINE, DÉVELOPPEMENT, ESPÈCES.

I. — **Définition générale** : c'est une tendance, *acquise* par la répétition, à conserver ou à reproduire avec une facilité croissante les états ou les actes antérieurs.

II. — **Origine et cause** : la cause de l'habitude est dans l'*acte* même qui la commence. Le premier acte engendre une tendance à faire un second acte semblable. Si le premier acte ne modifiait pas l'activité et ne laissait en elle aucune disposition à le reproduire, le second serait comme s'il était le premier et n'aurait pas plus d'efficacité. Le troisième serait comme le second et ainsi indéfiniment. On aurait beau répéter un acte maintes fois, aucune habitude ne se formerait. L'habitude est donc en germe dans le premier acte. La répétition ne la commence pas ; elle ne fait que la développer. C'est du reste un fait d'expérience que parfois *un seul acte* suffit à produire l'habitude.

III. — **Conditions de l'origine** : pour qu'un acte puisse créer une habitude, il faut :

1°) Qu'il ne soit pas contre nature, c'est-à-dire contraire aux lois essentielles de l'être : vg. on n'habituera pas un animal à se passer de nourriture.

2°) Qu'il ne dépasse pas certaines limites fixées par la nature, car elle ne plie pas, mais se brise : vg. au delà d'une certaine mesure, l'alcoolique ne peut plus boire.

IV. — **Conditions du développement** : le degré de l'habitude dépend de quatre conditions, dont les trois premières sont *positives*, et la quatrième *négative* :

1°) Le **nombre** *des états ou des actes antérieurs*.

2°) La **durée** *des états ou des actes antérieurs*.

3°) **L'intensité** *des états ou des actes antérieurs.*

L'âme est d'autant plus portée à reproduire ou à conserver une manière d'être que cette manière d'être a été plus *fréquente*, plus *durable* et plus *intense*, chaque fois qu'elle s'est produite.

4°) **L'intervalle** entre les actes habituels *ne doit pas être trop grand.*

V. — **Espèces** : A) **Habitude active** : disposition à *reproduire de plus en plus* les mêmes actes : vg. habitude de la réflexion.

B) **Habitude passive** : disposition à *ressentir de moins en moins* les mêmes états de conscience : vg. le meunier entend peu ou point le tic tac de son moulin. On ne sent plus une odeur qu'on porte toujours sur soi. On s'endurcit à la souffrance, on se blase sur le plaisir.

VI. — **Domaine** : il s'étend aussi loin que celui de la vie. A ce point de vue on distingue les habitudes :

I. — **Physiques** : qui concernent la vie *organique* : vg. le corps s'habitue au froid, au chaud, etc.

II. — **Psychologiques** : qui se rapportent à la vie *psychologique*. La sensibilité, l'intelligence et la volonté peuvent contracter des habitudes.

24. — EFFETS DE L'HABITUDE

I. — **Facilité croissante de l'action** : l'habitude rend les actes **plus faciles**, car plus l'acte est répété, plus l'effort diminue : la voie est frayée. De là résulte une double conséquence ; l'acte devient

1°) **Plus rapide**, car la durée diminue avec l'effort.

2°) **Moins vif** : étant plus facile, il exige moins d'attention. Plus un ivrogne a bu, plus il boira ; mais il boira *plus vite* et avec une *sensation plus faible*, puisque la durée et l'intensité des actes diminuent avec le nombre.

II. — **Propension croissante à l'action** : l'habitude rend les actes **plus nécessaires**, car elle produit le besoin ou l'accroît. En effet, les actes opposés à l'habitude devenant de plus en plus difficiles, les actes habituels deviennent un *besoin*, une *nécessité*. Au début, il fallait un effort pour produire l'acte d'où est issue l'habitude ; dans la suite, il faut un effort pour ne pas le faire. Aussi Aristote a-t-il dit que l'habitude est « une seconde nature ».

III. — **Diminution de la conscience** : l'acte devient **plus obscur**, parce que la réflexion s'en retire de plus en plus ; il tend vers l'inconscience : vg. le goût du buveur s'émousse de plus en plus.

25. — ROLE ET IMPORTANCE DE L'HABITUDE

L'habitude étant coextensive à toutes nos facultés, son rôle est immense : quels sont ses *avantages et ses inconvénients ?*

§ A. — **Bienfaits et services : elle est la condition :**

I.) **De la continuité de la vie humaine** : grâce à elle l'homme accumule et conserve les résultats sans cesse accrus de son activité ; car aucun de ses efforts n'est perdu ; il en reste quelque trace.

II.) **Du progrès dans les domaines divers de l'activité :**
a) Sans elle les actes exigeraient toujours les mêmes efforts, ils seraient toujours aussi imparfaits ; il faudrait sans cesse recommencer ; la vie serait un apprentissage continuel. Le découragement nous gagnerait vite, spécialement en ce qui regarde la vertu, si la pratique coûtait toujours autant de peine.

b) L'habitude rend faciles et rapides des actes compliqués ; c'est pourquoi, dispensées de surveiller ces actes, la réflexion et la volonté peuvent porter leur effort sur d'autres points.

III.) **De toute éducation** : il faut faire contracter, dès le jeune âge, de bonnes habitudes physiques, intellectuelles et morales ; sinon les mauvaises prennent les devants et le dessus.

§ B. — **Inconvénients et dangers de l'habitude :**

I.) En diminuant l'effort, elle *diminue la conscience*, qui est proportionnée à l'effort. C'est par là qu'elle devient automatique et machinale.

II.) Rendant les actes plus nécessaires, elle peut *diminuer* la *liberté*. L'habitude est donc dangereuse, puisqu'elle soustrait nos actes à l'empire de la *réflexion* et de la *volonté* ; elle peut dégénérer en *mécanisme* et en *routine*, source de *décadence*.

§ C. — **Remèdes** : pour prévenir ces résultats fâcheux, il faut réagir par la *réflexion* et l'*esprit d'initiative* :

I.) L'*attention* peut se porter soit sur des faits nouveaux non habituels et leur donner une force qui s'oppose au développement excessif des anciennes habitudes, soit sur les faits habituels eux-mêmes, maintenir leur intensité et leur durée et par conséquent la conscience qui les accompagne.

II.) L'*imagination active* et la *volonté*, puissances *initiatrices du progrès*, doivent intervenir pour empêcher l'habitude de tomber dans la routine.

26. — L'HABITUDE, LA LIBERTÉ ET LA MORALITÉ

A. — **Objection** : l'habitude, en substituant peu à peu une activité inconsciente et fatale à l'activité réfléchie et libre, paraît supprimer en nous la liberté et la responsabilité.

B. — **Réponse** : I. — En admettant même que l'habitude en vienne à empêcher l'initiative de nos déterminations, comme c'est là une conséquence prévue et voulue par nous, nous en sommes responsables.

II. — L'habitude n'arrive d'ailleurs que progressivement à diminuer l'activité réfléchie. Il dépend de chacun de nous de se ressaisir et de remonter le courant, car ce qu'un acte a fait, un acte contraire peut le défaire. Il y a donc toujours place pour la liberté.

III. — On a dirigé cette objection spécialement contre les bonnes habitudes : si la vertu est l'habitude de faire le bien, comme le prétend Aristote, la vertu finit par devenir une sorte de routine d'où la liberté est bannie.

« La bonne habitude qu'on s'est donnée à soi-même, répond M. Marion, a de plus en plus droit à l'admiration, parce que, loin de diminuer la liberté, elle l'accroît. On en parle bien à tort comme si elle faisait succéder à l'effort moral, seul méritoire, une vertu automatique sans prix, une sorte d'utile et heureuse routine. C'est le contraire qui a lieu. Cette infaillibilité acquise, ou plutôt *conquise*, est le plus haut degré du mérite, et c'est la plus haute liberté », parce qu'elle est le résultat de longs et persévérants efforts. C'est la récompense de la vertu ; aussi Aristote définit-il l'homme vertueux : « celui qui *trouve du plaisir* à faire le bien ».

LIVRE II

LA MORALE

Il importe de connaître les conditions de la science (Cf. MÉTHODOLOGIE) ; mais il importe plus encore de connaître les conditions de la moralité, parce que, s'il est utile de savoir, il est indispensable de bien faire. La science est le privilège d'une élite ; la moralité est le devoir de tous.

27. — DEFINITION ET OBJET DE LA MORALE

I. — **Définition** : la MORALE ou ÉTHIQUE ($\tilde{\eta}\theta$ος, mœurs) est la science des mœurs telles qu'elles *doivent* être. C'est la science du *bien obligatoire*.

II. — **Objet** : la morale a donc pour objet le **bien**, en tant qu'il *doit être pratiqué* par la volonté, c'est-à-dire le **devoir**, et conséquemment les **lois** que la volonté doit suivre pour faire le bien. C'est pourquoi la morale n'indique pas ce qui se fait ; elle prescrit ce qui *doit se faire*. Ce n'est donc pas une science du réel, mais de l'*idéal*. Elle n'est pas pour cela *a priori*, car les lois qu'elle formule ne sont pas des constructions arbitraires de l'esprit, mais l'esprit les dégage de l'analyse des jugements et des sentiments moraux, qui sont des faits relatifs à la conscience morale.

28. — DIVISION ET MÉTHODE DE LA MORALE

A) **Division** : il y a dans la loi morale deux choses à considérer : 1°) le **devoir** envisagé en lui-même et dans ses conséquences nécessaires ; — 2°) les **actes divers** commandés par le devoir. Il y a donc dans la loi morale une *forme* immuable et une *matière* variable. De là deux grandes divisions dans la morale :

I. — **Morale formelle ou générale** : elle recherche quel est pour l'homme le bien universel, absolu, obligatoire : c'est la **science du devoir** et de ses conséquences.

II. — **Morale matérielle, particulière ou appliquée** : elle détermine, pour tout le domaine des actions morales, ce qui, dans les cas particuliers, est le vrai bien de l'homme, conformément au bien absolu préalablement établi : c'est la **science des devoirs**, c'est le *détail* de ce qu'il faut faire.

B) **Méthode de la morale** (Cf. Méthodologie, ch. v, **101**).

29. — LA MORALE INDÉPENDANTE

A) — **Exposé** : cette thèse est soutenue par Proudhon, Mme C. Coignet, Guyau, M. Buisson, etc. Proudhon l'a condensée en deux lignes : « Ne relevant que d'elle-même, la moralité doit désormais répudier toute solidarité avec une religion et une philosophie quelconques. » Le principe de la morale ne doit pas être tiré de la réalité extérieure ou demandé à un être transcendant. Il faut le chercher dans un fait d'expérience, que la conscience révèle à chaque individu. Ce fait intérieur, c'est le sentiment spontané que tout homme a de sa dignité personnelle et de l'inviolabilité de sa nature. Considérant que ses semblables ont une nature identique à la sienne, chacun comprend qu'ils ont droit au même respect et à la même inviolabilité : « Respecte la dignité d'homme en toi-même et dans les autres », voilà le devoir, voilà le fondement véritable de la morale. Il est donc inutile de sortir de soi et de remonter plus haut.

La dignité personnelle étant posée comme le principe de la morale, on en peut tirer :

1°) **Le critérium du bien et du mal** : le bien, c'est ce qui maintient le respect de la personne humaine ; le mal, tout ce qui porte atteinte à ce même respect.

2°) **L'obligation morale** : c'est l'adhésion que l'esprit est contraint de donner au respect de la personne humaine en soi et dans les autres.

3°) **La sanction** : c'est cette paix ou ce trouble de la conscience qui suit infailliblement l'observation ou la violation de la loi du respect. D'après Proudhon les autres sanctions sont immorales, parce qu'elles rendent la vertu intéressée.

Pour mieux établir leur système, les moralistes indépendants vantent les avantages qui doivent résulter de cette séparation. La morale, disent-ils, ne peut devenir une *vraie science* qu'à la condition de secouer toute dépendance par rapport à toute religion et à toute métaphysique ; sans cela elle restera, comme autrefois la philosophie et les autres sciences, asservie à la théologie.

Ils ajoutent que c'est le moyen de la soustraire aux variétés et incertitudes des systèmes philosophiques et religieux, qui ont introduit dans la morale « tant d'erreurs, tant d'absurdités, tant de monstruosités... ».

B). — **Critique** ([1]) I. — La morale peut et doit être une science *distincte*, mais elle n'est pas pour cela indépendante de la métaphysique et de la religion. Elle ne leur emprunte pas son point de départ : elle le trouve dans la conscience, à savoir le *sentiment de l'obligation* (**32, 46**).

([1]) ANNÉE PHILOSOPHIQUE, 1808, p. 209 et sq.
BROGLIE (de), *La Morale sans Dieu.*
CANO, *Problèmes de morale sociale*, ch. II, III, IV.
FARGES, *La liberté et les fondements de la morale.*
FONTES (J.), *Les bases de la morale*, Études, Oct. 1883.
SECRÉTAN, *La philosophie de la liberté.*
SERTILLANGES, *Les bases de la morale et les récentes discussions*, Revue de philosophie, Déc. 1902, Février et Avril 1903.

II. — En fait, avant de connaître la démonstration de l'existence de Dieu et de l'immortalité, on se sent obligé de tendre à une certaine perfection, on se sent soumis à une loi. On peut donc, à la rigueur, aborder l'étude de la morale, sans allusion à Dieu et à la vie future. Mais c'est là une *abstraction forcément provisoire*. Les sciences de l'étendue et des corps se constituent et progressent, sans s'occuper des notions métaphysiques impliquées dans leurs principes : vg. la géométrie ne traite pas de la nature de l'espace, quoiqu'elle repose sur la notion d'espace. Mais il en va autrement de la morale qui est une science *philosophique* : elle ne peut se séparer du reste de la philosophie.

En effet, il ne suffit pas d'affirmer l'existence et la nécessité impérative du devoir : il faut bien finir par se demander quels en sont le fondement et la valeur, car tout homme a besoin de savoir si la loi morale, qui impose de tout sacrifier au devoir : plaisir, intérêt, sentiment, vie même, est une réalité ou une illusion. Or, en posant le principe du devoir, en admettant qu'il y a un idéal de perfection obligatoire, on résout nécessairement certains problèmes métaphysiques, dans un sens déterminé, qui exclut toute autre solution. C'est ainsi que, pour nous, l'analyse du devoir implique trois vérités, fondement de toute religion et de toute métaphysique spiritualiste : *la liberté et la spiritualité de l'agent moral*; — *l'existence d'un être supérieur à l'homme comme source de l'obligation*; — *l'immortalité de l'âme comme sanction du devoir*. Il est facile de l'établir :

1°) Le devoir suppose le pouvoir ; qui doit, peut, car à l'impossible nul n'est tenu. — Si l'agent moral est *libre*, on doit en conclure qu'il est distinct de la matière, qu'il est spirituel puisque la matière est régie par les lois *fatales*.

2°) Où trouver le principe de l'obligation ? Au-dessus de la volonté, ou bien au-dessous de la volonté, ou enfin dans la volonté même ? Ce n'est pas **au dessous** d'elle ; on prouvera que le plaisir, l'intérêt, le sentiment ne peuvent être la source de l'obligation (**Ch. IV**). — Le placera-t-on, avec Kant, **dans la volonté** même, qui devient autonome ? Mais notre volonté, étant essentiellement changeante, ne peut promulguer une loi immuable. Si la volonté est principe de l'obligation, elle peut la modifier à son gré : toutes conséquences incompatibles avec les caractères de la loi morale **(47)**. — Il faut donc sortir de soi et chercher l'origine de l'obligation **en dehors de l'homme**, dans un être absolument parfait **(64)**.

3°) Les moralistes indépendants reconnaissent eux-mêmes la nécessité d'une sanction. Or toutes les sanctions terrestres sont insuffisantes **(67)**, y compris la sanction de la conscience qu'ils mettent en avant. En effet, le résultat du désordre c'est d'endurcir la conscience, et la pratique de la vertu émousse le sentiment de la satisfaction morale, comme fait l'habitude pour tout sentiment. Reste donc la *sanction de la vie future*.

Sans doute on peut prouver directement la liberté **(38)**, l'existence et l'immortalité de l'âme (¹). Mais il n'en demeure pas moins que, quand même on pourrait établir autrement ces vérités métaphysiques, toute une métaphysique dérive logiquement de la notion du devoir. Pour Kant, ces trois vérités sont des *postulats de la raison pratique* : le devoir est pour lui objet de science, tandis que ces trois vérités ne sont objet que de croyance, car elles sont admises comme condition du devoir. Pour nous, elles sont objet de science, au même titre que le devoir, car elles sont des *déductions rigoureuses*.

III. — Les partisans de la morale indépendante ne peuvent justifier leur morale sans recourir à la métaphysique. Pourquoi suis-je obligé de respecter la dignité humaine en moi et dans les autres ? Qu'est-ce qui a droit proprement au respect dans la personnalité ? Les derniers représentants de la morale indépendante répondent que c'est la liberté. — Mais, pourquoi la liberté est-elle respectable plutôt que tel ou tel élément de la nature humaine ? Ils ne savent répondre que par une nouvelle affirmation de leur thèse : « La liberté est obligée de se respecter, car si elle ne le fait pas, elle se met en contradiction avec elle-même ; elle se détruit, elle s'anéantit, elle se suicide elle-même, ce qui est absurde ». Mais, puisque la liberté est maîtresse de ses déterminations, pourquoi ne pourrait-elle se contredire, se détruire ? Ainsi, ne voulant pas sortir du domaine des faits, ils ne peuvent

---

(¹) Cf. G. Sortais, *Traité de philosophie*, T. II, Métaphysique.

expliquer l'obligation. Ils disent que l'obligation est un sentiment, un phénomène psychologique. Soit ; mais comment expliquer ce sentiment ? comment justifier son caractère impératif ? Il faut de toute nécessité recourir à la métaphysique. — D'autres disent qu'on est obligé de respecter la dignité et la liberté en soi et dans les autres, parce qu'elles constituent la personnalité et que la personnalité a une valeur absolue, est une fin en soi. — Soit ; mais n'est-ce pas là une notion *métaphysique* ?

IV. — Non seulement la morale est **inexplicable** sans la métaphysique, mais elle est, de plus, **impraticable**.

Pour juger de l'**inefficacité pratique** de la morale indépendante, il faut se demander, étant donnée cette morale, non pas comment tel ou tel individu, exceptionnellement, mais comment la généralité des hommes se conduirait habituellement.

Or 1°) celui qui accepte sans répugnance cette idée que son âme est un composé matériel, sera peu porté à donner à la personne humaine une valeur absolue, et conséquemment peu disposé à la respecter en soi et dans les autres.

2°) La pensée que Dieu est le législateur suprême et le juge souverain ; la conviction qu'il nous voit et qu'il nous aime ; la certitude que, dans sa justice et dans sa bonté, il ne nous impose pas de fardeaux au-dessus de nos forces, sont autant de stimulants énergiques pour faire le bien ; tandis que, dans les moments critiques, on sera fortement tenté de rejeter une obligation qui s'appuie sur un sentiment personnel.

3°) Enfin l'espoir de l'immortalité nous console dans l'épreuve et nous fortifie dans la lutte. Mais les moralistes indépendants prétendent que cette sanction est immorale, parce qu'elle rend la vertu intéressée. Contentons-nous de répondre ici par un argument *ad hominem*. Eux-mêmes admettent une sanction : le bonheur qui résulte du devoir accompli. De deux hypothèses l'une : ou le désintéressement est compatible avec une sanction, et alors il l'est, quelle que soit la sanction : satisfaction de la conscience ou bonheur de la vie future ; ou il est incompatible, et alors toute sanction, y compris celle mise en avant par les moralistes indépendants, est immorale (**56, 67**).

BIBLIOGRAPHIE

Ouvrages généraux sur la morale

Aristote,	Éthique à Nicomaque.
B***,	Institutes de Droit naturel.
Beaussire,	Les principes de la morale.
Blanc,	Traité de philosophie scolastique, T. III.
Bouillier,	Études familières de psychologie et de morale. — Nouvelles études familières.
Castelein,	Principes de philosophie morale. — Droit naturel.
Charaux,	La méthode morale.
Cicéron,	De officiis. — De legibus. — De finibus bonorum et malorum.
Cresson,	Morale de la raison théorique.
Ferraz,	Philosophie du devoir.
Fonsegrive,	Le problème moral, Revue de philosophie, Fév. 1904.
Fouillée,	Critique des systèmes de morale contemporaine.
Guyau,	La morale anglaise contemporaine.
Hulst (d'),	Conférences de Notre-Dame, 1891 à 1896.
Janet (Paul),	La morale.
Jouffroy,	Cours de droit naturel.
Jouin,	Elementa philosophiæ moralis.
Kant,	Critique de la raison pratique. — Fondements de la métaphysique des mœurs.
Lévy-Bruhl,	La Morale et la science des mœurs.
Malebranche,	Traité de morale.
Marion,	Leçons de morale.
Meyer (Ch.),	Institutiones juris naturalis.
Pascal (de),	Philosophie morale.
Rauh,	L'expérience morale.
Ravaisson,	La philosophie en France au XIXe siècle, § 31.
Renouvier,	La science morale.
Schiffini,	Disputationes philosophiæ moralis.
Simon (J.),	Le devoir.
Suarez,	De legibus.
Taparelli d'Azeglio,	Traité théorique et pratique de droit naturel.
Thomas (St),	In Ethica commentaria.
Wiart,	Des principes de la morale envisagée comme science.

PREMIÈRE PARTIE

MORALE FORMELLE OU GÉNÉRALE

30. — DIVISION

La morale formelle étant la science du *devoir*, c'est-à-dire de l'obligation d'agir selon la loi du bien, il est naturel de l'ordonner en lui donnant pour centre l'idée du devoir. D'abord elle étudiera la faculté qui nous manifeste le devoir, c'est-à-dire la **conscience morale**. Elle étudiera ensuite la liberté morale, qui choisit entre le bien et le mal. Puis elle dégagera de cette étude la notion du **devoir,** qui exprime la nécessité d'obéir à la loi, et la notion de la **loi morale**, qui est la règle de nos actions et la formule de nos obligations. La loi morale étant la loi qui pose le bien comme fin absolue de toute volonté, il faut rechercher en quoi consiste ce **souverain bien** imposé comme fin à notre activité. Lequel de ces biens : le plaisir, l'intérêt, le sentiment, l'honnête, peut être le principe de la loi morale, peut servir de fin à nos actes, peut être donné comme fondement au devoir ? La nature de la moralité une fois établie, on en déterminera les conséquences : la **responsabilité et la sanction**. Enfin comme le **droit** est corrélatif du devoir, il convient de terminer par la théorie du droit. Telles sont les grandes questions que traite la Morale générale : 1°) La *conscience morale* ; — 2°) la *liberté morale* ; — 3°) le *devoir et la loi morale* ; — 4°) le *bien* ; — 5°) la *responsabilité et la sanction* ; — 6°) le *droit*.

CHAPITRE PREMIER

LA CONSCIENCE MORALE

31. — CONSCIENCE PSYCHOLOGIQUE ET CONSCIENCE MORALE

La conscience morale est la faculté de juger du bien et du mal : c'est la **raison pratique**. Elle diffère de la conscience psychologique :

1°) La Conscience psychologique spontanée est la *connaissance immédiate* de tout ce qui se passe en notre âme, non seulement de nos volitions, mais de nos émotions et de nos pensées. — La Conscience morale *apprécie* nos actes et les actes d'autrui.

2°) La Conscience psychologique est un *témoin*. — La Conscience morale est à la fois un *guide* qui nous trace la voie à suivre, et un *juge* qui nous condamne ou nous acquitte, nous punit ou nous récompense.

3°) La Conscience psychologique *spontanée* nous est *commune* avec les animaux ; elle commence avec la vie et est toujours en acte. — La Conscience morale est le *propre* de l'homme, elle n'apparaît pas dès l'origine et n'est pas toujours en exercice. Il en est de même de la Conscience psychologique *réfléchie*, parce qu'elle ne peut exister, comme la Conscience morale, que chez un être *raisonnable*.

32. — ANALYSE DE LA CONSCIENCE MORALE

L'analyse de la conscience morale fait découvrir en elle : 1°) des phénomènes **intellectuels** ou **jugements** moraux ; 2°) des phénomènes **affectifs** ou **sentiments** moraux.

§ I. — *JUGEMENTS MORAUX*

Ils constituent l'élément **essentiel** de la conscience ; ils *précèdent* ou *suivent* l'action :

A) **Avant l'action** : on juge qu'elle est *bonne* ou *mauvaise*, qu'il est *bien* ou *mal* de la faire, et par conséquent, si elle est en notre *pouvoir*, que nous *devons* l'accomplir ou l'omettre. Ici la conscience fait l'office d'un *héraut* qui promulgue la loi. Trois notions sont impliquées dans ce jugement :

1°) **Bien en soi** : c'est l'idéal moral auquel l'action est conforme ou contraire.

2°) **Devoir** : nécessité morale de faire le bien.

3°) **Droit** : pouvoir moral d'exiger les moyens d'accomplir le devoir.

B) **Après l'action** : on juge que l'action a été *bonne* ou *mauvaise*, c'est-à-dire conforme ou contraire au bien en soi, et par conséquent qu'elle entraîne *mérite* ou *démérite*, *récompense* ou *châtiment*. Ici, la conscience fait fonction de *juge*. — Ce second jugement implique aussi trois notions :

1°) **Bien moral** : c'est le bien accompli.

2°) **Responsabilité morale ou mérite et démérite** : si nous avons bien agi, nous croyons avoir acquis une certaine perfection et excellence. Si nous avons mal agi, nous avons conscience d'une certaine déchéance et dégradation.

3°) **Récompense ou châtiment** : le mérite nous paraît exiger un certain bonheur comme prix de nos efforts, et le démérite, une certaine souffrance comme réparation de nos défaillances. Malgré les démentis de l'expérience, la raison voit un rapport nécessaire entre la vertu et le bonheur, entre le vice et le malheur.

Ces divers jugements nous les portons aussi sur les actions des autres.

C) **Comparaison** : *a)* le **bien en soi** est la **règle** de nos actions : c'est un principe *extérieur* à l'agent, principe *éternel* et *invariable*.

b) Le **bien moral** : c'est une **qualité inhérente** à nos actions, quand elles sont conformes à leur règle suprême ; il dépend surtout de l'*intention* ; il est *notre œuvre*, il est *en nous*.

§ II. — *SENTIMENTS MORAUX*

Les jugements moraux sont accompagnés d'un certain nombre de **sentiments**, qui sont relatifs soit :

A) **A nos propres actions** : 1°) le premier et le principal sentiment qui **précède** l'action, c'est le **respect** pour le bien et l'**aversion** pour le mal. D'après Kant, le respect est le sentiment moral par excellence, celui auquel on reconnaît la présence de la loi morale. Le respect est un composé d'amour et de crainte. Ce qui lui ressemble le plus, c'est l'*admiration* ; mais on peut admirer quelqu'un : vg. à cause de la supériorité de son talent, sans le respecter si la moralité n'est pas à la hauteur du talent.

2°) Les sentiments, qui **suivent** l'action, sont :

a) La **satisfaction morale** : elle est faite d'une certaine fierté de soi-même : on sent qu'on a grandi en perfection ; — et d'un espoir joyeux : on sent qu'on mérite une récompense.

b) Le **remords** : douleur qui torture l'âme après un acte coupable. Il se compose d'abord d'un sentiment d'humiliation et de honte : on se sent déchu, diminué, avili ; et ensuite d'une inquiétude, qui devient parfois de la terreur : on se sent digne de châtiment ([1]).

c) Le **repentir** n'est pas une douleur subie comme le remords ; c'est une tristesse *voulue* qui comprend le *regret* d'avoir fait le mal et la *résolution* de ne plus le commettre. C'est un commencement d'expiation, c'est le retour au bien, que la langue chrétienne appelle la *conversion*.

B) **Aux actions d'autrui** : c'est, selon le degré du mérite ou du démérite, **la sympathie, le respect, l'admiration, l'enthousiasme** ; — **l'antipathie, le mépris, l'indignation, l'horreur**.

([1]) CHATEAUBRIAND, (*Le génie du christianisme*, ch. II) : « Le tigre déchire sa proie et dort ; l'homme devient homicide et veille. »

Telles sont les principales idées et les principaux sentiments de la conscience morale (¹).

33. — UNIVERSALITÉ DE LA CONSCIENCE MORALE

Les notions morales sont-elles communes à toute l'humanité ? Leur universalité n'est-elle pas apparente, puisque, selon les pays et les époques, les mêmes mots désignent des choses diverses et même contradictoires ? Tel est le doute soulevé par le **scepticisme moral.**

§ A. — *OBJECTION*

Pascal, dans une boutade fameuse, a exploité cette thèse pour réprimer la « superbe de la raison » : « ...On ne voit presque rien de juste ou d'injuste qui ne change de qualité en changeant de climat. Plaisante justice qu'une rivière borne ! Vérité en deçà des Pyrénées, erreur au delà ». Paul Janet résume en ces deux propositions l'objection des sceptiques : « Chez les peuples sauvages, point de moralité ; chez les peuples civilisés, moralité contradictoire. » Faut-il donc conclure de ces affirmations, appuyées sur des faits, que la conscience est « la plus changeante des règles » (Vauvenargues) ?

§ B. — *RÉPONSE*

I. — **On exagère les divergences** : on juge de la diversité des idées par la diversité des actions. Ce n'est pas un critérium sûr, car chacun sait qu'il y a toujours un certain écart entre les

---

(¹) Sur *l'origine et la nature* de la conscience morale, Cf. G. SORTAIS, *Traité de philosophie*, T. II, MORALE, 10.

principes et la conduite, entre l'idéal et la réalité. Tel, qui s'adonne au vice, se condamne intérieurement.

II. — **La divergence n'est pas universelle** : elle ne va jamais jusqu'à l'absence totale d'idées et de sentiments moraux. Les notions et les vérités **fondamentales** de la morale sont universelles et invariables. Tous les hommes distinguent un bien et un mal, et savent qu'il faut faire le premier et éviter le second. Ce qui varie c'est l'**application** de ces notions et de ces principes premiers **aux cas particuliers**, plus ou moins compliqués, de la vie quotidienne. Tous ne placent pas le bien et le mal dans les mêmes actions. Les sauvages par exemple admettent ce principe : il faut honorer ses parents ; mais ils l'appliquent mal en tuant les vieillards pour les débarrasser des peines de la vie. Les sacrifices humains sont chose abominable, sans doute ; ceux qui les ont accomplis reconnaissaient l'obligation d'apaiser la justice divine, mais ils l'ont mal pratiquée.

III. — **Cette divergence va en s'atténuant** : les notions morales, momentanément obscurcies ou faussées par certaines influences perturbatrices, se dégagent peu à peu des scories qui les souillaient. C'est ainsi qu'on voit disparaître ou diminuer l'anthropophagie, les sacrifices humains, la polygamie, l'infanticide, l'esclavage. Est-ce que cet accord progressif ne suppose pas un idéal commun, une même constitution morale ? (¹).

§ C. — *CAUSES PERTURBATRICES*

I. — **Passion et intérêt** : c'est surtout dans le domaine des choses morales que leur influence est puissante. « Si la géométrie s'opposait autant à nos passions et à nos intérêts présents que la morale, nous ne la contesterions et ne la violerions guère moins, malgré toutes les démonstrations d'Euclide et d'Archimède, qu'on traiterait de rêveries et croirait pleines de paralogismes » (Leibniz).

(¹) L'objection suppose toujours pour accordé que la diversité actuelle est l'état normal, originel. Cette supposition n'est rien moins que fondée. Les sauvages, qu'on nous oppose, ne sont pas le type de l'homme *primitif* : ce sont des *dégénérés* (MÉTHODOLOGIE, 87, § B ; Cf. *infra*, 102, § B, VI).

II. — **Habitude** : les fautes souvent répétées finissent par sembler naturelles; alors la conscience s'émousse et s'altère.

III. — **Contagion de l'exemple** : ce qui est pratiqué par un grand nombre semble d'abord excusable, puis légitime.

IV. — **Les lois** : comme elles ont une certaine autorité, les prescriptions immorales qu'elles imposent paraissent à la longue fondées en raison ; vg. l'esclavage ; la mort des enfants mal faits ordonnée par la législation de Lycurgue.

Conclusion : le scepticisme moral n'est pas plus recevable que le scepticisme théorique. Donc la loi morale existe. *Est igitur hæc non scripta sed nata lex*, dit Cicéron. Saint Paul lui fait écho : *Opus legis scriptum in cordibus*.

La conscience morale, étant une forme de la raison, a la même valeur que la raison. Ses *jugements primitifs* et les déductions *immédiates* qu'elle en tire sont infaillibles. Mais, comme l'exercice de la raison dépend de l'expérience, de la coutume, de la sensibilité, il arrive que, sous ces influences, les déductions **médiates** et les applications **plus ou moins éloignées** des vérités premières de l'ordre moral sont souvent erronées. La conscience morale a donc une **valeur absolue en soi**. Elle ne peut se tromper quand elle prescrit *le devoir*. Mais elle peut n'avoir qu'une valeur *relative* en tant qu'elle prescrit certains *devoirs particuliers*, car elle est exposée à subir dans ce cas les influences perturbatrices indiquées plus haut. C'est ainsi que la raison spéculative est *infaillible* quand elle affirme que *Tout ce qui arrive a une cause* ; mais elle peut se *tromper* quand elle dit que *Tel effet vient de telle cause*. De même donc que les erreurs et les contradictions des savants dans la connaissance de la nature n'infirment en rien la valeur absolue du principe de causalité et de la raison théorique, ainsi les erreurs et les contradictions de l'homme en morale n'enlèvent pas leur valeur absolue à la notion du devoir et de la conscience morale.

34. — CONDITIONS OU ÉLÉMENTS DE LA MORALITÉ

La moralité est la propriété qu'ont les actes humains d'être bons ou mauvais ; elle dépend :

I. — **De l'objet de l'acte** : l'objet est ce que l'on fait en posant un acte. Il doit être *bon en soi*, conforme à la nature raisonnable, ou au moins *indifférent en soi*. Un acte est indifférent en soi quand il n'a pas de rapport spécial de convenance ou de disconvenance avec cette nature raisonnable : vg. se promener, s'asseoir.

II. — **De l'intention** : l'acte libre consiste essentiellement dans la détermination de la volonté, qui décide quelle est, entre plusieurs fins, celle que nous voulons réaliser. C'est par conséquent de l'intention que résulte *principalement* la valeur morale des actions, et même d'*elle seule* quand l'acte est indifférent en soi (35). L'intention est bonne quand elle est d'accord avec la loi morale, mauvaise quand elle est en désaccord.

Remarque : la moralité dépend *secondairement* **des circonstances**. Ce sont des déterminations accidentelles, qui influent sur l'acte pour l'*aggraver* ou l'*atténuer*.

35. — L'INTENTION MORALE

§ A. — *SON ROLE ET SON IMPORTANCE*

I. — La valeur morale des actes croît avec l'élévation et l'étendue de l'intention. C'est ainsi qu'un enfant, qui travaille par affection pour ses parents, fait une action louable ; mais s'il travaille pour obéir au devoir, l'acte est bien plus parfait, parce qu'il est conforme à l'ordre universel, à la volonté de Dieu. Le motif le plus vaste des actes humains c'est donc l'amour de Dieu, parce que ce motif embrasse l'amour de l'ordre universel et l'amour de son auteur, du Bien suprême, de Dieu. Et ainsi la vie extérieure la plus humble peut surpasser en valeur morale les plus brillantes, si elle est dirigée par des intentions pures et élevées.

II. — Une *action bonne en soi* devient mauvaise si on la fait avec une intention déréglée : vg. secourir les malheureux par ostentation.

III. — Une action *indifférente en soi* ou *amorale* (vg se promener) devient bonne (¹) si elle est faite dans un but légitime : vg. pour réparer ses forces.

IV. — Une *action mauvaise en soi* devient bonne si son auteur ignore *invinciblement* qu'elle est mauvaise et a l'intention de bien faire : vg. les sauvages tuant leurs grands parents pour les délivrer des souffrances de la vieillesse.

V. — L'intention, au point de vue moral, est réputée pour le fait. Aussi « ce qui importe, ce n'est pas le succès, mais l'effort » (Jouffroy). C'est pour cela qu'il y a « des défaites triomphantes à l'envi des victoires ».

VI. — L'absence d'intention enlève à un acte tout mérite ou démérite : ce n'est plus un acte moral mais physique. Un fait *matériellement* criminel ne l'est pas moralement, si l'auteur l'a accompli sans le vouloir et sans imprudence : vg. un cavalier ne peut retenir son cheval emballé et, en passant, écrase une personne. — Au point de vue juridique, l'intention ne suffit pas, il faut qu'elle soit manifestée par l'exécution.

La perfection de la vie morale dépend donc surtout de l'art de diriger ses intentions vers les fins les plus élevées et les plus universelles.

§ B. — *OBJECTION*

On **objecte**, à la doctrine des *directions d'intention*, qu'elle aboutit à la légitimation de cette maxime machiavélique : *La fin justifie les moyens.*

(¹) C'est que, s'il y a des actes indifférents *in abstracto*, considérés en dehors de l'intention, il n'y en a pas *in concreto*, considérés dans la réalité, car alors ils sont revêtus d'une intention morale, bonne ou mauvaise, qui fait cesser leur indétermination. Cf. S. Thomas, *Summa theologica*, 1ᵃ 1ᵃᵉ, Q. XVIII, A. 8 et 9. — *De Malo*, Q. II, A. 5.

Réponse : cette maxime est évidemment abominable, puisqu'elle signifie qu'on peut user de tous les moyens, fût-ce le vol, l'homicide, etc., pour réaliser une fin bonne en soi. C'était déjà la calomnie lancée par le paganisme contre les chrétiens et repoussée par S. Paul : *Et non (sicut blasphemamur, et sicut aiunt quidam nos dicere) faciamus mala ut veniant bona*. Elle a été ressassée depuis, surtout par les jansénistes (¹), à l'adresse des jésuites. Il est pourtant manifeste que c'est une doctrine de tout point condamnable, car :

a) La volonté ne peut changer la nature des choses : si le moyen est connu comme mauvais; quoi qu'on dise ou qu'on fasse, il restera toujours mauvais.

b) La volonté en employant des moyens mauvais est mauvaise, parce qu'elle n'évite pas, comme elle y est obligée, le mal, c'est-à-dire l'emploi de moyens injustes.

Conclusion : la moralité est avant tout conditionnée par l'intention ; mais elle dépend aussi de son objet qui doit être bon en soi ou du moins être indifférent, et, enfin, secondairement, des circonstances qui l'accompagnent. Pour qu'un acte soit moralement bon, il faut donc que son but, sa matière, ses circonstances, tout en lui soit bon ; il est mauvais dès qu'un seul de ces éléments fait défaut, et plus ou moins, selon l'importance de l'élément absent. C'est le sens de la maxime : *Bonum ex integra causa, malum ex quocumque defectu*.

36. — DEGRÉS, ÉDUCATION ET RÈGLES DE LA CONSCIENCE

A) Degrés : notre devoir ne va pas au delà de notre savoir. Chacun de nous n'est obligé à faire que le bien qu'il connaît

---

(¹) PASCAL, *Les provinciales*, VIIe Lettre. — On peut voir dans l'édition de Maynard les injustices de Pascal. Pascal s'appuyait sans doute sur cette maxime pour se permettre de tronquer les textes qu'il cite. — Cf. MAYNARD, *Pascal*, IIe P., ch. II.

comme obligatoire. Or la conscience peut être, vis-à-vis de son objet, le bien, dans tous les états où peut se trouver la raison théorique vis-à-vis du vrai spéculatif (¹). Elle peut être *droite, erronée, certaine, douteuse* ou *probable*. La conscience morale est :

I. — **Droite** : quand son jugement est d'accord avec la loi morale.

II. — **Erronée**, quand elle nous représente des actes autrement qu'ils ne sont d'après la loi morale, c'est-à-dire comme bons et permis, quand ils sont mauvais et défendus ; comme illégitimes, quand ils sont licites. L'erreur peut être soit :

a) INVINCIBLE : vg. conscience de l'enfant, du sauvage ; dans ce cas, étant inévitable, elle est involontaire, donc exempte de faute.

b) VINCIBLE : étant évitable, elle est coupable.

III. — **Certaine**, quand elle juge de la légitimité ou de l'illégitimité d'une action sans crainte raisonnable d'erreur.

IV. — **Douteuse**, quand elle hésite entre plusieurs devoirs parce qu'elle voit des raisons pour et contre qui s'équilibrent ; mais ce doute absolu est rare.

V. — **Probable**, quand elle penche d'un côté plutôt que de l'autre.

B). — **Éducation** : puisque la conscience est faillible et sujette au doute, c'est un devoir pour chacun de l'éclairer et de la perfectionner. Cette éducation est assurément l'œuvre de l'intelligence, mais plus encore de la volonté et des bonnes habitudes, parce que les passions obscurcissent la notion du devoir (²).

C). — **Règles de conduite**. Voici les principales :

I. — Il y a obligation de suivre non seulement une conscience *droite*, mais aussi, dans le cas d'*ignorance invincible*, une conscience *erronée*, parce que nous devons toujours faire ce que nous croyons bon et éviter ce que nous croyons mauvais.

II. — On ne doit pas agir d'après une conscience *vinciblement erronée*, car, de même que l'erreur volontaire est coupable, les

---

(¹) Cf. G. SORTAIS, *Traité de philosophie*, T. II, LOGIQUE, 108.
(²) Cf. G. SORTAIS, *Traité de philosophie*, T. II, LOGIQUE, 116, § C.

conséquences de l'erreur le sont aussi. Alors on est tenu de s'éclairer.

III. — On ne peut agir avec une conscience *douteuse*. Celui qui accomplit ou omet une action, bien qu'il doute s'il est légitime ou non de l'accomplir ou de l'omettre, s'expose volontairement au danger de mal faire. Cette disposition est évidemment mauvaise, puisqu'elle implique l'acceptation d'un mal possible. — Que faire alors ? Ou ne pas agir si on le peut ; ou sortir du doute. — Comment ? En prenant conseil, si c'est possible. Si la chose est impossible et s'il y a nécessité d'agir, on sort du doute par ce *principe certain* : **Lex dubia non obligat.** Une loi douteuse n'oblige pas. Et alors on peut prendre le parti favorable à la liberté, en laissant de côté le parti restrictif favorable à la loi.

IV. — Supposons la conscience en présence de deux opinions également ou diversement *probables*, l'une plus large, l'autre plus sévère. Il faut agir. Laquelle des deux opinions peut-on ou doit-on suivre ?

a) Les uns disent qu'il *faut* suivre l'opinion **plus probable**, celle qui a pour elle les raisons les meilleures ou les moralistes les plus autorisés ; c'est la thèse du **probabiliorisme**.

b) Les autres répondent qu'on *peut* suivre l'opinion **moins probable**, pourvu qu'elle soit *vraiment* probable, c'est-à-dire qu'elle ait pour elle quelque bonne raison ou quelque auteur sérieux : c'est la thèse du **probabilisme**. Les probabilistes donnent la preuve suivante qui paraît décisive. Aucun des deux partis n'étant certain, il n'y a pas, même dans la probabilité plus grande, une raison suffisante pour constituer une obligation de conscience, car c'est à la certitude seule que l'obligation est attachée : *Lex dubia non obligat* ; autrement l'incertain produirait le certain.

Cependant les probabilistes apportent ces deux réserves :

1°) On *peut* agir d'après l'opinion moins probable, mais il est *mieux* de suivre l'opinion plus probable : ce n'est pas une question d'obligation, mais de *perfection*, parce que l'opinion plus probable est plus sûre, plus favorable à la loi.

2°) Il est des cas où l'on *doit* suivre le parti le plus probable, le plus sûr : c'est quand il s'agit d'une fin qu'on est obligé d'atteindre : vg. entre deux bons remèdes, le médecin est tenu de prescrire le meilleur.

BIBLIOGRAPHIE

Bertrand (J.),   *Blaise Pascal*, p. 197 et sq.
Bonniot (de),   *Le problème du mal*, L. II, ch. vi.
Bouillier,   *La vraie conscience.*
Charles (E.),   *Éléments de philosophie*, ch. lxii.
Janet (Paul),   *La Morale*, L. III, ch. i, iii.
Jouin,   *La conscience.*
Le Bachelet,   *La question liguorienne : Probabilisme et Équiproba-*
    bilisme.
Lehmkuhl,   *Theologia moralis*, T. I, n. 73 et sq.
Maynard,   *Pascal*, IIe P, ch. ii § 9.
Simon (J.),   *Le devoir*, P. IV, ch. i.
Vallier,   *L'intention morale.*
Waddington,   *Dieu et la conscience.*

CHAPITRE II

LA LIBERTÉ MORALE

37. — DIVERSES ESPÈCES DE LIBERTÉS

Le mot *liberté* est employé en des sens divers. Un trait commun cependant se retrouve dans ces acceptions multiples : c'est l'*exemption de quelque nécessité*. On peut distinguer les espèces suivantes :

I. — **Liberté morale ou libre arbitre** : c'est le pouvoir de choisir entre plusieurs actes possibles sans y être contraint par aucune force, ni extérieure, ni intérieure. L'essence du libre arbitre consiste dans la *possibilité du choix*. Sans doute dans l'homme ce choix porte sur le bien et le mal. Mais il suffit à l'essence de la liberté que le choix soit possible entre plusieurs biens ou entre divers moyens d'obtenir un même bien ; c'est même la forme parfaite de la liberté, telle qu'elle existe en Dieu. — C'est de la liberté morale, fondement de toutes les autres, qu'il sera question dans ce chapitre.

II. — **Liberté physique ou d'action** : pouvoir extérieur d'agir et de se mouvoir sans contrainte. C'est l'exemption de toute *violence extérieure*. Cette forme de liberté n'est que le complément de la liberté morale (**17**).

La liberté d'action a des manifestations diverses :

A) **Liberté civile** : pouvoir, garanti par les lois, de jouir des droits naturels : vg. posséder, tester, vendre, acheter, fonder une famille, aller et venir.

B) **Liberté politique** : pouvoir de participer au gouvernement de son pays : vg. par le vote.

C) **Liberté religieuse ou de conscience** : pouvoir de professer ses croyances.

D) **Liberté de pensée** : pouvoir de manifester ses opinions par la parole ou par la plume.

III. — **Liberté de perfection** : c'est l'affranchissement de toute passion déréglée. Elle consiste à n'obéir qu'à la raison et aux inclinations supérieures.

38. — LES PREUVES DU LIBRE ARBITRE

L'activité volontaire complète c'est l'activité *réfléchie et libre*. Le premier de ces caractères n'est pas contesté (**16**) ; le second est l'objet de nombreuses controverses. On peut tirer les preuves du libre arbitre soit du témoignage de la conscience personnelle : c'est la preuve *directe* ; soit de la croyance universelle de l'humanité, de certains faits de l'ordre moral et de l'ordre social : ce sont les preuves *indirectes*, preuves de raisonnement, fondées sur le principe de raison suffisante.

§ A. — *TÉMOIGNAGE DE LA CONSCIENCE*

C'est une preuve de *fait*. Considérons l'acte volontaire dans son ensemble :

A) **Avant** de se déterminer, on *délibère*. Or celui qui délibère sent qu'il est libre. En effet, celui qui délibère a conscience qu'il peut choisir l'un ou l'autre des deux partis qui le sollicitent ; il n'est pas à la merci des motifs et des mobiles ; il sent au contraire que la décision est en son *pouvoir*.

B) **Au moment même** de la détermination, il a conscience qu'en prenant tel parti, il pourrait prendre le parti opposé ; il a conscience d'un *effet propre*, dont il se sent la cause unique et immédiate, qui s'ajoute à l'un ou à l'autre des motifs et le fait prévaloir.

C) **Après** sa détermination, il a conscience d'être *responsable* de cet acte ; on ne se sent responsable que de ce que l'on a fait librement.

Ainsi, conscience du pouvoir d'agir à mon gré, conscience d'un acte émané de ce pouvoir, conscience de la responsabilité de cet acte, tel est le triple témoignage de la conscience ; or la certitude de la conscience est irrécusable.

Réponse : la conscience de la liberté n'est pas la conscience d'un *possible*, de quelque chose de *futur*, mais d'un *pouvoir*. Nous concédons qu'un possible n'existant pas encore, on ne peut en avoir conscience. Mais un pouvoir est une chose *réelle et actuelle*. Je puis donc en avoir conscience. Or, ce que je sens, ce n'est pas sans doute la *décision opposée* à celle que je prends, car elle n'existe pas ; mais je sens le *pouvoir* de la prendre, c'est-à-dire une *énergie capable* de faire équilibre à tous les motifs.

Objection de Hobbes, de Spinoza, de Bayle : d'après eux la croyance au libre arbitre est illusoire. Elle provient de l'*ignorance* des causes qui nous font agir : « L'idée que les hommes se font de leur liberté vient de ce qu'ils ne connaissent point la cause de leurs actions... » Hobbes apporte la comparaison de la toupie, Bayle celle de la girouette, Leibniz celle de l'aiguille aimantée.

Réponse : *a*) Ces exemples renferment une confusion entre le désir et la volonté. C'est dans le sentiment de l'*effort intérieur* par lequel nous *consentons* au désir ou nous lui *résistons*, que se manifeste la conscience de la liberté. Etant donné un désir, nous pouvons vouloir ou ne pas vouloir nous y abandonner : tel est le pouvoir de la volonté libre. Or il n'y a rien de pareil dans les comparaisons alléguées. Il s'agit de savoir si, au moment où la toupie, la girouette et l'aiguille aimantée sont poussées d'un côté, elles sentent qu'elles peuvent se diriger du côté opposé. C'est précisément en cela que consiste la liberté.

b) D'après cette théorie, la croyance au libre arbitre devrait être en *raison inverse* de la connaissance que nous avons de nos raisons d'agir. *Moins* nous connaîtrions les causes qui nous déterminent, *plus* nous devrions croire à la liberté. Or les faits attestent précisément le contraire. Quand cette connaissance des motifs nous fait complètement défaut, nous nous déclarons irresponsables ; quand nous sommes entraînés par une suggestion presque inconsciente, nous nous sentons moins libres. En revanche, nous assumons d'autant plus la responsabilité d'un acte que nous avons agi en plus parfaite connaissance de cause. L'expérience prouve donc que la croyance au libre arbitre est en *raison directe* de la connaissance des motifs et mobiles qui nous poussent à agir.

Conclusion. — Il peut arriver cependant des cas où la croyance à la liberté est illusoire : vg. l'aliéné, l'homme ivre, le malade en délire, l'hypnotisé, parfois se croient libres et ne le sont pas. Mais il ne faut pas juger de l'âme humaine et de ses facultés par les cas morbides. C'est donc en vain que Spinoza essaie de tirer de ces faits anormaux une conclusion contraire à la liberté ; c'est comme si l'on prétendait assimiler la santé à la maladie. D'ailleurs, comment l'aliéné, l'homme ivre, etc., pourraient-ils s'imaginer être libres, s'ils n'avaient jamais eu la conscience de l'avoir été véritablement ? Il faut donc dire avec Descartes : « Nous sommes tellement assurés de la liberté et de l'indifférence qui est en nous, qu'il n'y a rien que nous connaissions plus clairement ».

§ B. — *TÉMOIGNAGE DE L'HUMANITÉ*

Tous les hommes croient à la liberté et le petit nombre de ceux qui, théoriquement, la mettent en doute, agissent comme s'ils n'en doutaient pas. « Cette croyance, dit Jules Simon, est naturelle et invincible. » Cette croyance universelle ne peut provenir ni de l'influence des *passions* intéressées à l'étouffer ; — ni de l'*ignorance*, car elle est plus précise chez les peuples cultivés ; — ni d'une *illusion* persistante et générale, comme nous venons de le prouver en répondant à Spinoza, etc. (§ A) ; — ni de l'intervention des *législateurs* incapables d'imposer une doctrine si gênante pour les mauvais instincts dans ses conséquences morales (responsabilité, etc.) ; — ni de l'*éducation* ou des *préjugés*, car ils varient avec les temps, les lieux et les personnes. Elle doit donc être fondée sur l'évidence même de l'existence de la liberté ; autrement elle n'aurait pas de raison d'être : ce serait un effet sans cause.

§ C. — *PREUVES MORALES*

Toutes les notions de l'ordre moral, notamment les notions du *devoir* et de la *responsabilité*, postulent la liberté. Sans la liberté elles n'ont plus de raison d'être ; elles sont inexplicables et impraticables. Donc il faut ou bien rejeter toute la morale ou admettre l'existence du libre arbitre.

I. — **Devoir** : nous nous sentons *obligés* d'obéir à la loi morale, d'accomplir le *devoir* qu'elle commande d'une façon catégorique (**46, 47**). Or devoir implique pouvoir : si je dois, je puis, comme le remarque Kant. En effet, si l'homme n'est pas libre, lui imposer une obligation est inutile ou absurde. *Inutile*, s'il observe nécessairement la loi morale ; *absurde*, s'il la transgresse nécessairement, car « à l'impossible nul n'est tenu ».

II. — **Responsabilité** : la *responsabilité* et les autres conséquences de la moralité, le *mérite* et le *démérite*, la *vertu* et le *vice*, la *satisfaction* et le *remords* de la conscience, l'*estime* et le *mépris*, etc., supposent aussi l'existence du libre arbitre.

Nous ne nous sentons *responsables* que des actes que nous avons posés librement. Ce qui rend le **remords** intolérable, c'est la pensée qu'on pouvait s'abstenir de mal faire, si on l'avait voulu. Si le mal commis l'a été involontairement, par inadvertance (vg. on tue un de ses amis à la chasse), on éprouve des regrets mais non pas des remords. De même les **joies** de la conscience, après une bonne action, ne sont pas concevables si l'on a fait le bien forcément.

Si l'homme agit nécessairement, où sont le **mérite** et le **démérite?** le **vice** et la **vertu ?** Il n'a pas plus de mérite ou de vertu que l'arbre qui donne de bons fruits ; il n'a pas plus de démérite ou de vice que le lion qui dévore sa proie. C'est ainsi « qu'on ne blâme ni on ne châtie un enfant d'être boiteux ou laid, mais on le blâme et on le châtie d'être opiniâtre, parce que l'un dépend de sa volonté et que l'autre n'en dépend pas ([1]) ».

([1]) Bossuet, *De la connaissance de Dieu et de soi-même*, ch. 1, § 18.

Si l'homme est soumis à une inéluctable nécessité, l'**estime** et le **mépris** n'ont plus de portée ni de sens. Comment estimer ou mépriser quelqu'un qui fait le bien et le mal sans le vouloir ? Il faut donc conclure que la moralité a pour condition nécessaire la liberté.

§ D. — *PREUVE INSUFFISANTE*

I. — **Exposé** : on a voulu voir une preuve en faveur de la liberté dans certains phénomènes moraux qui se manifestent dans la vie privée ou sociale, comme les *lois* ; — les *promesses*, les *contrats*, les *paris* ; — les *ordres*, les *conseils*, les *prières*, les *menaces*, etc. Ces faits rappelés, on raisonne ainsi : Pourquoi supplier qui n'est pas maître de vous exaucer ? A quoi bon conseiller ou menacer qui est déterminé à agir ? Comment peut-on s'engager à faire ce qu'on ne peut exécuter ? A quoi bon faire des lois pour qui n'est pas capable d'y obéir ? etc. L'existence de ces faits suppose donc la liberté.

II. — **Critique** : c'est bien là l'interprétation naturelle et générale de ces faits. Mais cette interprétation ne vaut que comme indice de la croyance universelle à la liberté. Il ne faut donc pas les séparer de cette preuve (§ B). Pris séparément ils n'ont pas de valeur contre un déterministe. Les *lois*, répond-il, les *contrats*, les *promesses*, les *prières*, etc. deviennent autant de *motifs d'agir* et gardent par conséquent, même sans la liberté, leur raison d'être vis-à-vis de celui qui est nécessairement déterminé à agir par le motif le plus fort. En employant les *prières* etc., on *renforce* les motifs d'agir dans un sens plus que dans un autre, et finalement la volonté est déterminée dans ce sens.

Comme ces faits d'ordre moral peuvent, dans une certaine mesure, s'expliquer sans recourir à la liberté, nous rejetons comme insuffisante la preuve qu'on a voulu parfois en tirer, pour nous en tenir aux arguments décisifs apportés plus haut.

Conclusion : l'existence du libre arbitre est attestée par la conscience psychologique ; la morale l'exige rigoureusement et le genre humain y croit invinciblement. Il semble donc qu'aucune vérité ne soit mieux prouvée, et pourtant elle est vivement combattue. On peut ramener à deux les systèmes qu'on a essayé de lui opposer : le **fatalisme** et le **déterminisme**.

A) Le fatalisme est une doctrine *métaphysique et religieuse* : il explique nos actions et les événements du monde, par une cause *unique et surnaturelle* qui échappe à toute règle. — Le déterminisme est une doctrine *scientifique et psychologique* : il rend compte de nos actions et des événements du monde par des causes *multiples et naturelles*, qui obéissent à des lois.

B) Le fatalisme aboutit à l'*inertie*, le déterminisme conclut à l'*action*.

39. — LE FATALISME

C'est une doctrine d'après laquelle l'homme serait nécessairement soumis à des influences déterminantes provenant d'une puissance supérieure. Le fatalisme attribue donc les actes de l'homme à une cause unique et surnaturelle. Il se présente sous trois formes ; on distingue le fatalisme *vulgaire*, le fatalisme *panthéistique*, le fatalisme *théologique*.

§ I. — *FATALISME VULGAIRE*

A. — **Exposé** : c'est le fatalisme des anciennes religions (*fatum, destin*) et des Mahométans. Il soumet les événements de la vie soit à une force impersonnelle et aveugle, soit aux décrets irrévocables d'Allah. Pour toute raison il donne celle-ci : « C'est écrit, Dieu le veut », sans chercher la preuve de cette volonté divine.

B. — **Critique** : le fatalisme est une doctrine :

1°) **Illogique et inconséquente**, car elle n'est pas, comme elle le prétend, la négation du libre arbitre. Elle tombe dans le sophisme qu'on nomme : *ignoratio elenchi* (ignorance du sujet). Il y a confusion entre la *détermination intérieure* et l'*action exté-*

rieure. En effet, c'est sur l'action que le destin pèse et non sur l volition ; ce sont les événements qu'il règle et non les volontés il décide de ce que nous ferons, non de ce que nous voudrons L'homme peut toujours ou accepter le destin ou protester contr ses arrêts. Aussi voit-on les personnages antiques, soumis à l fatalité, s'estimer cependant responsables.

2°) **Aboutissant à l'inaction**, au sophisme appelé par les an ciens, le *sophisme paresseux* : vg. serai-je reçu bachelier ? S'i est écrit que je serai refusé, j'aurai beau travailler, je serai re fusé quand même ; — s'il est écrit que je serai reçu, je le serai alors même que je ne travaillerais pas. De toute façon, le travai est inutile.

Ce raisonnement est absurde, car il repose sur cette hypothès fausse que les événements sont directement produits par un cause surnaturelle, sans la coopération des causes secondes. Le effets ne sont prévus et écrits que dépendamment du concours d causes.

Le seul fatalisme, *vraiment logique*, est donc celui qui se ra mène au déterminisme, c'est-à-dire qui nie la liberté morale, l liberté de la détermination. C'est le cas du fatalisme *panthéisti* et du fatalisme *théologique*.

§ II. — *FATALISME PANTHÉISTIQUE*

A. — **Exposé** : la négation de la liberté est la conséquence lo gique du panthéisme (Stoïciens, Spinoza, Hegel, etc.). Tout es fatal et déterminé parce que tout dérive nécessairement de l substance divine. C'est ainsi que, d'après Spinoza, il n'y a qu'un substance unique qui est Dieu. Cette substance a une infinité d'at tributs, qui se développent nécessairement en une infinité de mod finis. Deux seulement nous sont connus : la *pensée* et l'*étendue* Les esprits sont les modes de la pensée divine ; les corps sont l modes de l'étendue divine. Donc, conclut Em. Saisset « il n'y rien de contingent dans l'ordre des choses, car tout ce qui exist et agit est déterminé par Dieu même à l'existence et à l'ac- tion ».

B. — **Critique :** Spinoza n'a pas démontré que tout dérive nécessairement de la nature de Dieu. Le fondement de son système reste donc *hypothétique*. Or toute hypothèse doit être prouvée par les faits. Mais les faits démentent celle de Spinoza, puisque la conscience nous atteste l'existence de notre activité libre et de notre personnalité distincte (38 § A).

§ III. — *FATALISME THÉOLOGIQUE*

On essaye de tirer une objection, contre le libre arbitre, de son apparente incompatibilité avec la *prescience divine*.

Objection : Dieu, étant infiniment parfait, sait tout et d'une science infaillible ; il connaît l'avenir aussi bien que le présent et le passé, par conséquent nos décisions futures. Ces actes arriveront donc comme Dieu les a prévus. Mais des actes, absolument certains avant d'être accomplis, sont nécessairement déterminés d'avance : ils ne sont pas libres.

Réponse : avant de rapporter les divers essais de conciliation, une remarque préalable s'impose. Il est certain d'une part que Dieu *sait tout* ; autrement il ne serait plus Dieu, n'étant pas infiniment parfait. Il n'est pas moins certain d'autre part que l'homme est libre ; autrement il faut rejeter le témoignage immédiat de la conscience et bannir toute certitude : c'est le scepticisme. Quand même nous n'arriverions pas à voir *comment* s'accordent ces deux vérités incontestables, l'une prouvée par la raison, l'autre attestée par la conscience, ce ne serait pas un motif suffisant pour les nier. Cette impuissance ne prouverait qu'une chose, les bornes de notre intelligence. « C'est pourquoi, dit Bossuet, la première règle de notre logique, c'est qu'il ne faut jamais abandonner les vérités une fois connues, quelque difficulté qui survienne, quand on veut les concilier ; mais qu'il faut au contraire, pour ainsi parler, tenir toujours fortement comme les deux bouts de la chaîne, quoiqu'on ne voie pas toujours le milieu, par où l'enchaînement se continue ».

Premier essai de conciliation : la prévision divine ne nécessite pas nos actes futurs, parce que c'est une dénomination *extrin-*

séque à ces actes. Prévoir, même avec certitude, un événement ne change pas sa nature et ne le produit pas. C'est ainsi que la prédiction d'une éclipse par un astronome ne la nécessite pas : l'éclipse arrivera non pas parce qu'elle est prédite ; mais elle a été prédite parce qu'elle devait arriver. De même les actes futurs n'ont pas leur cause dans la prescience divine : ils n'existent pas parce que Dieu les prévoit, mais Dieu les prévoit parce qu'ils *seront* et *tels* qu'ils seront.

La nécessité ne porte donc pas sur la nature des actes (qui peuvent être libres ou non), mais sur la prévision de Dieu qui se réalisera nécessairement, parce que sa science est infaillible.

Instance : les adversaires insistent et disent : l'acte libre ne peut être prévu par Dieu ni dans sa réalité, car il n'existe pas encore, ni dans sa cause possible, la volonté libre ; car, par définition, la volonté libre est une puissance *indéterminée*, pouvant agir ou ne pas agir, capable de choisir entre les partis contraires. Or ce qui est indéterminé ne peut être prévu.

Réplique : la difficulté par rapport à la liberté s'évanouit, si l'on admet (comme on le démontre en Théodicée) que pour Dieu il n'y a pas prévision, mais vision ; qu'il n'y a pas prescience, mais science. Dieu n'est pas dans le temps, il est éternel. Le caractère du temps c'est d'être successif, le caractère de l'éternité c'est d'être toujours entière. Il n'y a place dans l'éternité ni pour le passé, ni pour le futur, c'est un perpétuel présent. Dieu voit tout dans cet éternel présent qui embrasse tous les temps. Il connait de toute éternité, dans une même intuition, les actes tels qu'ils sont, les actes libres comme libres, les actes nécessaires comme nécessaires, car la vision ne change rien à la nature des choses vues. C'est ainsi que, du haut d'un pont, nous pouvons voir du même regard et le cours fatal du fleuve et les personnes qui se promènent librement sur ses bords. Le témoin d'une action n'influe pas sur son existence et sa nature.

Dieu connait de toute éternité tous les possibles et tous les futurs contingents. Il voit, par exemple, les différentes séries d'actes que tel homme poserait librement s'il était placé dans telles ou telles conditions ; il voit la volonté de cet homme se déterminant librement ; il la voit en acte. Cette connaissance ne peut nuire à la liberté. Supposons, parmi cette infinité de possibles libres, que Dieu choisisse telle série et décrète qu'elle arrivera à l'existence. Quand cette série se réalisera dans le temps, c'est-à-dire passera de la possibilité à la réalité, elle restera telle qu'elle est connue par Dieu de toute éternité, elle restera libre. Il n'y a, entre cette série connue et cette même série existante, d'autre différence qu'une différence d'état : elle est passée de l'état possible à l'état réel ; mais il n'y a pas de différence de nature : de libre elle ne devient pas nécessaire.

Étant donné que Dieu voit tout dans un éternel présent, il n'y a donc plus de difficulté par rapport à la liberté humaine et à la science divine. La difficulté est ailleurs. Il s'agit d'expliquer la coïncidence du temps et de l'éternité. Comment concevoir que Dieu connaisse comme présent ce qui est pour nous l'avenir ? La chose n'est peut-être pas aussi incompréhensible qu'elle le paraît de prime abord. Est-ce que nous ne connaissons pas dans le présent le passé qui n'est plus ? Pourquoi Dieu ne pourrait-il pas connaître dans le présent le futur qui n'est pas encore ? Tous les temps sont présents à l'intelligence divine, parce que l'éternité, dans sa simplicité indivisible, équivaut à un temps indéfini. C'est pourquoi tout ce qui arrive dans le temps est connu par Dieu comme présent et n'a la raison de passé ou de futur que relativement à une autre partie du temps. Une comparaison éclaircira notre pensée. Supposons que quelqu'un, sachant bien l'histoire, soit capable d'avoir simultanément présents à la mémoire plusieurs faits : vg. la bataille de Tolbiac, la mort de Saint Louis et la défaite de Napoléon à Waterloo. Cette connaissance serait *actuelle*, et cependant elle se rapporterait à des termes échelonnés sur la ligne du *passé*.

Conclusion : quand même cette concordance de la durée successive avec un éternel présent serait pour nous absolument inexplicable, on n'en pourrait rien conclure contre la liberté. C'est une autre question. La difficulté n'est pas dans la conciliation de la liberté humaine et de la science divine, puisque la vision d'un acte accompli sous nos yeux n'en modifie pas l'essence ; il reste libre s'il est libre, il reste nécessaire s'il est nécessaire. Mais la difficulté est de comprendre comment Dieu peut connaître le passé et le futur dans l'éternel présent de sa connaissance infinie. La raison montre clairement qu'il en *doit* être ainsi : autrement il y aurait, en Dieu, succession et changement, donc imperfection, ce qui répugne. Par conséquent il n'y a pas de contradiction. Mais *comment* cela est-il possible ? Là est le mystère et il est bien à sa place dans l'infini. On peut essayer, comme nous l'avons fait, de soulever un coin du voile ; mais l'intelligence humaine ne saurait le soulever complètement. Rien d'étonnant que le fini ne puisse comprendre l'infini, car l'infini déborde de toute part le fini. Or comprendre, c'est égaler. La connaissance parfaite consiste dans une sorte d'équation entre le sujet connaissant et l'objet connu. Quand rien de l'objet ne reste en dehors des prises de l'intelligence, il y a connaissance parfaite, *compréhension*. « Nous ne savons, dit Pascal, le tout de rien » dans la nature créée ; comment saurions-nous le tout de l'Être incréé ? L'infini seul peut comprendre l'infini.

40. — LE DÉTERMINISME EN GÉNÉRAL

Les phénomènes physiques sont sous la dépendance des circonstances, présents, absents et, variant avec elle. Ils sont régis par le principe : *Dans les mêmes circonstances, les mêmes causes produisent les mêmes effets.* Il n'en est pas ainsi pour les actions volontaires : elles sont *indépendantes* des circonstances qui les accompagnent. Après une action, nous sentons que *les circonstances restant les mêmes, nous aurions pu agir autrement.* L'idée de *liberté* est donc en complète opposition avec l'idée de *détermination.*

Les défenseurs du déterminisme universel prétendent au contraire que les actes volontaires, dépendant des circonstances, sont le résultat nécessaire des antécédents une fois posés. On distingue trois formes principales du déterminisme, selon la nature des phénomènes en relation avec les actes volontaires : 1°) le déterminisme *scientifique* ; — 2°) le déterminisme *physique et physiologique* ; — 3°) le déterminisme *psychologique.*

Parlant *en général* on peut dire que le déterminisme est le système de ceux qui assimilent les lois du monde moral aux lois du monde physique et qui soutiennent conséquemment que la volonté est déterminée par des influences nécessitantes.

41. — DÉTERMINISME SCIENTIFIQUE

Il consiste à opposer la liberté soit aux conclusions de certaines sciences *particulières*, comme la *statistique*, soit aux *principes* et aux *résultats* de la science positive *en général*.

§ A. — *STATISTIQUE ET LOIS DES GRANDS NOMBRES*

I. — **Objection** : Fr. Bernoulli a établi la loi du calcul des probabilités, qu'on nomme « lois des grands nombres ». Qu'on examine un très grand nombre d'événements, ces événements, envisagés isolément, semblent ne dépendre que du hasard ; mais considérés dans leur ensemble ils présentent une *grande régularité*. Les résultats de la *statistique*, qui sont l'expression de la loi des grands nombres, prouvent que dans une contrée déterminée on peut prévoir le nombre de meurtres, de vols, de suicides, de mariages, etc., qui auront lieu dans une année, quoique chacun de ces actes, considéré séparément, semble dépendre de la liberté humaine.

II. — **Réponse** : 1°) D'une année à l'autre, les nombres relevés par les statistiques ne sont que relativement constants ; il y a toujours des variétés susceptibles d'être mises au compte de la liberté.

2°) Les statistiques ne régissent que la *collection* des individus et non les *individus eux-mêmes* ; elles ne déterminent que les *moyennes* et non les *cas particuliers*. C'est pourquoi Cl. Bernard disait : « Le médecin n'a que faire de ce qu'on appelle la *loi des grands nombres*, loi qui, suivant l'expression d'un grand mathématicien, est toujours vraie en général et fausse en particulier. » Quand même il y aurait, chaque année, tant de meurtres dans une région, cela ne contraint aucunement tel ou tel individu à commettre un assassinat.

3°) On ne peut rien conclure des statistiques contre la liberté. En effet, la liberté est une cause irrégulière, dont les interventions opposées se compensent et s'annulent. Or les statistiques ne mettent en lumière que les déterminations régulières, c'est-à-dire les résultats des causes constantes et fatales. Elles éliminent forcément l'action des causes variables et libres.

§ B. — *LA LIBERTÉ ET LE PRINCIPE DE CAUSALITÉ*

On objecte ensuite que la liberté est en opposition avec certains principes de la science, comme le principe de *causalité* et le principe de la *conservation de l'énergie*.

I. — **Objection** : c'est un argument que Kant tire du déterminisme de la nature. L'esprit humain croit spontanément que *tout ce qui arrive a une cause*, et la science constate que tout se tient dans la nature. Tous les phénomènes sont reliés entre eux par des rapports nécessaires et forment des séries régulières. De la sorte, le phénomène conséquent trouve sa condition nécessaire et suffisante dans le phénomène antécédent. Il n'y a pas de solution de continuité : ce serait admettre, contrairement au principe de causalité, un fait sans cause. Or l'acte libre est, par définition, un phénomène qui ne résulte pas nécessairement des antécédents posés ; il suppose donc une solution de continuité dans l'enchaînement des phénomènes naturels, et constitue un « commencement absolu », un véritable « miracle ». L'accepter est impossible, car c'est se mettre en contradiction avec le déterminisme universel.

Réponse : cette objection renferme une pétition de principe et repose sur une fausse notion de la causalité. Elle n'admet en effet, comme possible, qu'une seule espèce de cause, la cause *unilatérale*, c'est-à-dire déterminée à produire un effet unique. Assurément cette conception s'applique parfaitement aux phénomènes du monde physique, qui sont régis par le principe d'*uniformité* *de la nature* : Dans les mêmes circonstances les mêmes causes produisent les mêmes effets. Mais de quel droit l'étendre aux faits de l'ordre moral ? C'est commettre une *pétition de principe*, car c'est supposer ce qui est précisément en question, à savoir s'il n'y a qu'une conception possible de la causalité, la conception *unilatérale*. Or la conscience nous atteste que la volonté est une cause *bilatérale*, c'est-à-dire indéterminée, enveloppant en puissance deux effets contraires. Son témoignage est d'autant plus recevable que la causalité interne est la seule que nous connaissions directement.

D'ailleurs, dans les deux hypothèses, le principe de causalité reste intact, car il exige simplement qu'il n'y ait pas de changement sans cause assignable, faisant abstraction de la question de savoir si le changement provient d'une activité fatale comme celle des agents physiques ou d'une activité libre comme celle de la volonté. La liberté n'est donc pas incompatible avec le principe de causalité. Ce qui est vrai, c'est qu'elle n'est pas régie par le principe d'*uniformité de la nature*, que l'objection confond avec le principe de causalité (MÉTHODOLOGIE, **48**, § V).

II. — **Instance** : Kant insiste : si l'on admet la possibilité d'actes libres, c'est-à-dire la possibilité d'une *solution de continuité* dans les phénomènes naturels, la science devient impossible, faute de fixité dans son objet, dans ses lois.

Réplique : 1°) Les lois scientifiques sont, comme le principe d'uniformité, *conditionnelles* et non *absolues*, *hypothétiques* et non *catégoriques* : elles affirment des rapports invariables entre tels antécédents et tels conséquents, *si* les circonstances et l'antécédent restent les mêmes. Mais qu'une cause quelconque, libre ou fatale, intervienne, et modifie les circonstances et l'antécédent, l'effet sera modifié, mais la loi ne sera pas violée, car il serait absurde que, la cause changeant, l'effet restât le même. Autant vaudrait dire que la loi de la pesanteur est violée quand je lance en l'air un ballon et que je l'empêche de tomber à terre en le relançant de nouveau.

2°) Quand le savant veut établir une loi, il étudie les phénomènes en écartant les cas où des causes étrangères peuvent troubler ses observations. Que ces causes soient libres ou fatales, peu importe, car il fait abstraction des cas où intervient leur influence perturbatrice.

§ C. — *LA LIBERTÉ ET LA LOI DE LA CONSERVATION DE L'ÉNERGIE*

Objection : les faits du monde physique ne sont que les formes successives d'une même énergie. Cette énergie, malgré ses transformations variées, se retrouve toujours en quantité rigoureusement constante, car dans la nature rien ne se perd et rien ne se crée. Les phénomènes physiques, si divers qu'ils soient en apparence, sont tous au fond identiques : ils se ramènent au mouvement. C'est pourquoi ils sont enchaînés les uns aux autres. — Mais s'il y a continuité entre les différentes *forces physiques*, il doit y avoir enchaînement entre celles-ci et les forces vitales, car *natura non facit saltum*. La *vie* ne peut donc être que le résultat de transformations plus compliquées des forces physico-chimiques. — De même, il ne saurait y avoir discontinuité entre la vie et la *pensée*. Les phénomènes psychologiques ne sont qu'une évolution plus complexe de l'énergie nerveuse. Donc tous les phénomènes, qu'ils soient physiques, biologiques ou psychologiques, ne sont que des modes variés d'une même énergie qui subsiste, en quantité immuable, au milieu de ses transformations multiples. Mais, si la liberté existait, elle produirait, à son gré, des mouvements qui seraient, par rapport aux mouvements antécédents, quelque chose d'absolument nouveau, au lieu d'en être la transformation et la conséquence nécessaires.

Or la science démontre *a priori* et vérifie *a posteriori* la loi de la conservation de l'énergie. Or cette loi serait violée si la volonté pouvait produire des mouvements (vg. lever le bras) qui ne soient pas la conséquence nécessaire des phénomènes antécédents.

Réponse : I. — La mécanique prouve cette loi *a priori* et *in abstracto*, en *supposant* des éléments **inertes**, c'est-à-dire incapables de produire du mouvement ou de modifier le mouvement reçu, et formant un système **fermé**, c'est-à-dire dans lequel aucune action étrangère n'intervient, dans la suite, après la première impulsion donnée. Mais cette démonstration abstraite laisse irrésolue la question de savoir si les êtres vivants sont inertes et si aucune action du dehors n'intervient dans le monde matériel.

II. — *a*) Dans le domaine de la *physique* et de la *chimie,* la loi a pu être vérifiée expérimentalement. Mais, même dans ce monde inorganique, la vérification n'a été qu'*approximative.*

b) Dans le domaine *biologique*, la vérification est impossible, parce que l'être vivant n'est jamais semblable à lui-même : tantôt il acquiert quelque chose qui lui manque, tantôt il perd quelque chose qu'il possède. C'est un flux et un reflux continuels. Pour que la vérification fût possible dans le monde organique, il faudrait pouvoir « mesurer un nombre infiniment grand d'infiniment petits » (1). On ne peut donc démontrer par l'expérience que la volonté ne crée pas les mouvements qu'elle imprime aux organes.

La loi de la conservation de l'énergie n'est incontestable que dans l'ordre *abstrait*. Dans le domaine *concret* de l'expérience, elle se vérifie, non pas rigoureusement, mais jusqu'à une certaine limite d'approximation pour les phénomènes mécaniques et physico-chimiques. La vérification est impossible pour les phénomènes biologiques. Quand même cette vérification serait faite un jour, et d'une façon rigoureuse, ce serait une hypothèse gratuite de transporter à l'activité volontaire une loi qui régit les forces matérielles et organiques, car les phénomènes psychologiques sont irréductibles aux phénomènes physiques et physiologiques (1).

II. — **Instance** : mais on insiste en disant : alors il faut que la volonté crée elle-même une énergie nouvelle ; son action serait dans ce cas un *commencement absolu*, puisqu'elle ne résulterait pas nécessairement des antécédents posés. Or l'introduction de ces énergies nouvelles par les différentes volontés humaines bouleverserait l'ordre de l'univers et empêcherait toute prévision scientifique.

Réplique : 1°) Il n'est pas nécessaire de supposer que la vo-

---

(1) Rabier, *Psychologie*, p. 543. — Cf. Boutroux, *De la contingence des lois de la nature*, C. v, vi.

lonté crée l'énergie de toutes pièces. On peut admettre que le Créateur a donné à chaque volonté une certaine somme d'énergie qu'elle peut dépenser à son gré et communiquer au monde des corps (¹). Cette action motrice des esprits ne consisterait donc pas à créer une force nouvelle, mais à dégager une force préexistante. La volonté trouve d'ailleurs emmagasinée dans le cerveau la force corporelle nécessaire à l'exécution de ses déterminations ; elle n'a qu'à la mettre en jeu et à la diriger dans le sens qui lui convient.

2°) Pour que l'ordre de l'univers fût bouleversé par l'introduction de ces forces nouvelles, il faudrait que Dieu ne les ait pas prévues ni fait rentrer dans l'harmonie générale du monde. Or cette hypothèse répugne à la sagesse infinie de Dieu.

3°) « La prévison scientifique n'exige pas que nous connaissions toutes les actions qui s'échangent dans l'univers, car de fait nous ne les connaissons pas toutes, loin de là ; nous ne voyons que les effets d'ensemble. Dieu seul peut supputer toutes les énergies dont le monde est la résultante ; et Dieu, qui voit les actes libres comme les actions fatales, fait entrer les uns et les autres dans la formule dont il a le secret. Quant à nos formules approximatives, elles sont trop grossières pour qu'un élément aussi délicat que la liberté y introduise des variations appréciables » (²).

42. — LE DÉTERMINISME PHYSIQUE ET PHYSIOLOGIQUE

Libre, l'homme est l'artisan de sa destinée. On conteste cette vérité et l'on prétend que la volonté est le produit nécessaire des circonstances *physiques* et des conditions de l'*organisme*. C'est la thèse du déterminisme *physique et physiologique*, soutenue vg. par Gall, Cabanis, Broussais, Taine, Moleschott. Ses partisans redisent volontiers, avec Taine (³), que « le vice et la vertu sont des produits comme le sucre et le vitriol ».

(¹) Fonsegrive, *Essai sur le libre arbitre*, II° P., L. III. ch. II.
(²) Hulst (d'), *Conférences de Notre-Dame*, 1891, 3° Conf. p. 133-134.
(³) Taine, *Introduction à l'Histoire de la littérature anglaise*. Toutefois nous devons noter que Taine a protesté contre les conséquences tirées de cette phrase : « Elle ne veut pas dire que le vice et la vertu se comportent

§ A. — *DÉTERMINISME PHYSIQUE*

I. — Exposé : le déterminisme physique soutient que nos actions dépendent des circonstances *physiques* : vg. de la température, du climat, du régime, etc., bref, du milieu où se passe la vie.

II. — Réponse : ces circonstances extérieures peuvent suggérer à notre esprit certains motifs d'action et lui imprimer certaines tendances. Mais ces tendances, étant générales, ne peuvent expliquer les actes particuliers. D'ailleurs, tant que nous restons capables de concevoir des motifs opposés, il nous est possible de ne pas céder à la pression des circonstances physiques.

Remarque : même réponse s'il s'agit des circonstances *morales*, comme l'*éducation*, les *exemples*, les *occasions*, etc.

§ B. — *DÉTERMINISME PHYSIOLOGIQUE*

I. — Exposé : les actes des hommes ont leur raison dernière dans leur tempérament. Le tempérament c'est la constitution physique particulière à chaque individu d'après la prédominance de certains éléments organiques. On naît avec tel ou tel tempérament; on le reçoit tout fait et on le subit. Le tempérament sanguin pousse à la colère et à la sensualité ; le bilieux, à la haine et aux passions violentes ; le nerveux, à l'inconstance ; le lymphatique, à la mollesse, etc. Les actes de la volonté ne sont donc que l'expression fatale du tempérament.

II. — Réponse : 1°) Le tempérament n'imprime ordinairement à la volonté qu'une impulsion *générale*, qui ne détermine pas les actions particulières. Un homme vigoureux, jouissant d'une par-

---

comme des produits chimiques, à la façon du sucre et du vitriol. Elle signifie seulement que toute donnée complexe naît par la rencontre d'autres données plus simples dont elle dépend. » (Cf. Giraud, *Essai sur Taine*, Appendice xxix).

faite santé, éprouve un vif besoin d'agir. Mais il pourra dépenser son activité en actes de dévouement ou en actes de violence.

2°) Parfois cependant le tempérament pousse dans un sens déterminé : vg. à la colère, à la sensualité. Mais si le tempérament influe sur le moral, l'expérience constate aussi l'empire de la volonté sur le tempérament. On peut réagir contre les tendances de son tempérament et ainsi le modifier peu à peu : vg. s'exercer à la douceur pour vaincre la colère, dominer l'impressionnabilité pour arriver au calme et au sang-froid. L'histoire des âmes offre de beaux exemples de ces victoires morales, depuis Socrate jusqu'à Garcia Moreno (¹).

L'influence de l'organisme et des circonstances physiques n'est pas contestable ; mais c'est une influence *prédisposante* et non pas *nécessitante*.

Remarque : on traiterait d'une façon analogue la question de l'influence des *passions*, des *habitudes*, du *caractère* sur les déterminations volontaires, mais en ajoutant que les passions, les habitudes et le caractère ne se sont développés qu'avec le concours de la volonté.

43. — LE DÉTERMINISME PSYCHOLOGIQUE

I. — **Exposé** : ce système affirme que nos volitions sont nécessairement déterminées par le motif le plus fort. C'est, à vrai dire, la seule difficulté sérieuse contre la liberté, et c'est dans la doctrine de Leibniz qu'elle a trouvé son expression la plus nette. Leibniz s'appuie sur le principe de raison suffisante. On peut réduire sa théorie aux deux propositions suivantes : *Pas de volition sans motif. — La volonté suit toujours le motif le meilleur.*

En effet, la volition, comme tout le reste, doit avoir sa raison d'être ; et cette raison ne peut être que le *motif*, c'est-à-dire l'idée de l'acte à accomplir, de sa valeur morale ou utile. Une volition non motivée serait un acte *irrationnel* et dépourvu de

---

(¹) Cf. l'intéressante vie de *Garcia Moreno*, par le R. P. Berthe (Paris, Retaux).

moralité ; la volonté ne serait plus qu'une puissance aveugle et arbitraire. Donc sans motif pas de volition.

Il faut ajouter : la volonté suit toujours le motif le plus fort. Autrement, c'est-à-dire si la volonté suivait le motif le plus faible, *le moins* l'emporterait sur *le plus*, ce qui n'a pas sa raison d'être. La volonté ressemble donc à une *balance* ; les motifs sont des poids ; la volonté penche nécessairement du côté le plus lourd.

Or, malgré cela, Leibniz a la prétention de sauvegarder le libre arbitre : « Tout est certain et déterminé dans l'homme, comme partout ailleurs, et l'âme humaine est une espèce d'*automate spirituel*, quoique les actions contingentes, en général, et les actions libres, en particulier, ne soient point nécessaires pour cela d'une nécessité absolue, laquelle serait véritablement incompatible avec la contingence.

Leibniz a beau dire, son déterminisme détruit la liberté. Il est manifeste en effet que la volonté, si elle suit toujours le motif le plus fort, perd par là même le pouvoir de choisir ; par conséquent la volonté cesse d'être libre.

II. — **Critique** : est-il bien vrai que la volonté suive toujours le motif le plus fort ? C'est la question préalable à résoudre. On a essayé d'y répondre soit en disant que la volonté est si peu déterminée par les motifs qu'elle est capable de se déterminer *sans motif* ; c'est la thèse de la *liberté d'indifférence* ; soit en réduisant les motifs au rôle de condition *nécessaire*, mais *non nécessitante* ; c'est la véritable solution.

§ I. — *LIBERTÉ D'INDIFFÉRENCE*

A) **Exposé** : la liberté d'*indifférence* ou d'*équilibre*, c'est le pouvoir de se déterminer sans motif ou les motifs opposés étant égaux. Si l'on prouve l'existence d'une telle indifférence, on prouve par là même que la volonté est indépendante de l'influence des motifs et par conséquent qu'elle est libre au moins dans certains cas. Bossuet et Thomas Reid ont soutenu cette thèse. « Assurément, dit Reid, un homme, qui a une guinée à payer, peut en posséder deux cents d'une égale valeur pour celui qui donne et pour celui qui reçoit, et toutes également propres à la fin qu'il s'agit d'atteindre. Dire qu'en pareil cas le créancier ne pourrait payer son débiteur serait une prétention encore plus extravagante ; et cependant elle aurait en sa faveur l'autorité de quelques scolastiques qui ont soutenu qu'entre deux bottes de foin parfaitement égales, un âne resterait immobile et périrait d'inanition. »

B) **Réponse** : cette thèse est insoutenable, car :

1°) L'hypothèse de motifs absolument égaux et opposés, qui se fassent complètement équilibre, semble chimérique. C'est à Buridan, philosophe du xiv° siècle, qu'on prête l'exemple de l'âne placé entre deux bottes de foin également appétissantes, quoiqu'on ne le trouve pas dans ses œuvres. En supposant cette condition parfaitement réalisée, il est clair que l'âne restera immobile, car il n'a pas de motif qui le détermine à manger l'une des bottes plutôt que l'autre ; et, n'ayant pas la raison, il ne peut imaginer un motif pour sortir de son indécision. Il en serait tout autrement dans le cas d'un homme placé entre deux plats absolument semblables ; il trouverait toujours une raison pour entamer l'un plutôt que l'autre, quand ce ne serait qu'il faut bien commencer, sous peine de mourir de faim.

2°) Nous ne nions pas l'existence d'actes *indifférents*, c'est-à-dire non motivés ; mais nous prétendons que ces actes ne sont pas *volontaires et libres*. En effet, dans l'exemple cité par Reid ou dans les exemples analogues, on doit distinguer deux actes. L'un est *motivé* et par là même *volontaire* : vg. un débiteur veut payer sa dette et il a des raisons pour le faire : mettre ordre à ses affaires, éviter des poursuites, etc. L'autre est *sans motif* et par conséquent *sans volonté* : le débiteur en question ne veut pas payer sa dette avec la guinée A plutôt qu'avec la guinée B. Il ne choisit donc pas, mais il prend une guinée au hasard. C'est l'excuse qu'il ferait valoir, si on l'accusait plus tard d'avoir donné une pièce fausse.

Les actes faits *sans motif*, c'est-à-dire sans raison connue et voulue par nous, ne sont donc pas libres. Ils ont pourtant une cause : elle est dans certains antécédents organiques dont nous n'avons pas conscience ou dans certaines circonstances extérieures. Si le débiteur a pris la guinée A plutôt que la guinée B, c'est que vg. elle se sera trouvée la première sous sa main. On n'a pas de motif pour partir du pied gauche plutôt que du pied droit ; mais il y a dans l'organisme une cause mécanique qui fait lever l'un plutôt que l'autre.

Conclusion : il faut donc admettre, avec le déterminisme psychologique, que la volonté ne s'exerce pas sans motif ; c'est la part de vérité que renferme la théorie de Leibniz. Mais elle contient une part d'erreur, à savoir que la volonté suit toujours le motif le plus fort, le meilleur : c'est la thèse de la « prévalence » des motifs. Reste à la réfuter en montrant le véritable rôle des motifs.

§ II. — *L'INFLUENCE DES MOTIFS SUR L'ACTE LIBRE*

Le motif est la *condition* préalable, mais non la *cause* déterminante de l'acte libre ; il est *nécessaire*, mais il n'est *pas nécessitant*. La cause efficiente c'est la volonté. Comme c'est une cause *intelligente*, elle ne peut agir sans raison ; or ce sont les motifs que lui présente l'intelligence, qui éclairent et dirigent le choix de la volonté ; ils rendent ce choix possible, mais ils ne le déterminent pas. C'est ainsi qu'un flambeau éclaire et dirige la marche, en montrant le chemin et le but, à travers les ténèbres ; mais il ne produit pas la marche, car ce n'est pas lui qui met en branle les nerfs et les muscles.

Malgré tout, les déterministes soutiennent que la volonté suit toujours le motif *le plus fort*.

Réponse : I. — Affirmer la « prévalence » de tel motif sur tel autre, parce que, de fait, il l'a emporté, c'est faire une prédiction *après l'événement*. Il faudrait, *avant* toute détermination, dire lequel des motifs l'emportera. Or, en fait, une telle prédiction sera toujours incertaine et aucun déterministe ne voudra la risquer, quand même il connaîtrait parfaitement tous les motifs en conflit. C'est que, pour prédire sûrement, il faudrait pouvoir comparer entre eux les divers motifs. Or cette comparaison est impossible, parce que les motifs envisagés en **eux-mêmes**, étant le plus souvent **hétérogènes**, il n'y a pas entre eux de commune mesure. Quelle comparaison établir entre l'honneur et l'argent, entre l'intérêt et le devoir ? etc.

II. — Si l'on considère les motifs dans leurs **rapports** avec les facultés de *sentir* et de *connaître* et avec le *caractère*, quel sera le motif le plus fort ?

1°) D'après les uns, le motif le plus fort est celui que nous *jugeons* le meilleur, le plus grand bien ; celui qui, au regard de l'*intelligence*, paraît le plus conforme au *devoir*.

Réponse : cette affirmation reçoit chaque jour de l'expérience un démenti formel, car trop souvent les déterminations de la volonté ne sont pas inspirées par la raison. C'est le cas de répéter avec Ovide : *Video meliora proboque* ; *Deteriora sequor*.

2°) D'après d'autres, le motif le plus fort, c'est celui que nous *jugeons* le plus conforme à notre *intérêt*.

Réponse : l'homme vertueux sacrifie l'intérêt au devoir et le jouisseur le sacrifie au plaisir immédiat.

3°) D'après un grand nombre, le motif le plus fort est celui qu est *senti* comme le plus *attrayant*, celui qui éveille, excite le plus vif *désir*.

Réponse : ici encore l'expérience atteste que la volonté sait parfois résister aux impulsions du désir et aux attraits du plaisir.

4°) D'après l'interprétation la plus commune, le motif le plus fort est celui qui cadre le mieux avec *notre caractère*. Aussi, quand on connaît bien le caractère d'un homme, peut-on prévoir la détermination qu'il prendra dans telle et telle circonstance.

Réponse : nos déterminations sont, il est vrai, ordinairement conformes à notre caractère. Mais :

a) Il y a des cas où nous agissons *contre* notre caractère, *contre* nos tendances habituelles.

b) S'il y a, dans le caractère, un élément *inné*, c'est-à-dire un ensemble de tendances *naturelles*, il y a aussi un élément *acquis*, c'est-à-dire un ensemble d'habitudes librement contractées. Le premier est indépendant de nous, mais il peut être *modifié* par l'effort d'une volonté énergique. Le second est l'œuvre de la volonté. Par conséquent, si le caractère explique bon nombre de nos déterminations, on ne peut rien en conclure contre la liberté, puisqu'on peut réagir contre les tendances natives de son caractère et que le caractère formé est en somme ce que l'a fait la volonté libre (¹).

c) Quant aux prévisions fondées sur la connaissance du caractère, elles ne sont point infaillibles. — Elles le seraient, répliquent les déterministes, si cette connaissance était adéquate. On peut tout aussi légitimement supposer que cette incertitude tient à l'intervention de la liberté.

§ III. — *VRAIE NATURE DU LIBRE ARBITRE*

C'est la volonté qui, par son choix, fait triompher un motif et le rend ainsi le plus fort. Cette « prévalence » du motif préféré est l'œuvre même de la volonté, c'est elle qui confère au plaisir, à l'intérêt ou au devoir, cette prédominance pratique. La vérité est donc dans un juste milieu entre le déterminisme et l'indéterminisme absolus ; il faut admettre une liberté limitée et conditionnée. Cette doctrine n'explique les déterminations humaines ni par la seule volonté, comme les partisans de la liberté d'indifférence, ni par les seuls motifs, comme les défenseurs du déterminisme, mais par le *concours* de la volonté et des motifs. La volonté est la *cause* des déterminations ; les motifs en sont la *condition nécessaire*, quoiqu'insuffisante.

Conclusion : servitude ou liberté. — Chacun peut travailler à devenir de plus en plus libre ou bien peut amoindrir sa liberté, selon qu'il favorise ou qu'il contrarie ce qui en facilite le développement. Les moyens les plus efficaces pour fortifier le libre arbitre, c'est d'abord de perfectionner en nous la réflexion qui nous montrera de plus en plus la beauté du devoir et fera resplendir davantage l'idéal moral que nous devons atteindre ; c'est aussi de maîtriser la sensibilité, les passions, qui offusquent la raison et sollicitent la volonté au plaisir ; c'est enfin de tremper la volonté en l'habituant à la lutte.

Celui qui suit fidèlement la ligne du devoir arrive à la liberté de perfection ; celui qui descend persévéramment la pente du vice

(¹) Cf. G. Sortais, *Traité de philosophie*, T. I, 217.

tombe dans l'esclavage. Remplir son devoir, c'est se conformer à la raison ; s'adonner au vice, c'est s'abandonner à l'action du corps et des passions. Or la raison, avec les inclinations supérieures du vrai, du bien et du beau, est proprement ce qui fait l'homme. Au contraire les passions basses et le corps, qui s'en fait l'instrument, sont quelque chose d'opposé à l'ordre et à la raison, par conséquent quelque chose d'étranger à la nature raisonnable et ordonnée de l'âme. C'est pourquoi, en obéissant à la raison, on se possède soi-même ; on devient de plus en plus indépendant des influences passionnelles ; on règne et l'on gouverne ses penchants inférieurs. Inversement, servir ses passions c'est aliéner sa liberté, c'est se mettre à la merci des impressions extérieures, c'est se réduire en servitude, la pire de toutes, parce qu'on en forge soi-même la chaîne et qu'on la serre chaque jour davantage. Leibniz l'a dit en termes expressifs : *Eo magis est libertas, quo magis agitur ex ratione ; eo magis est servitus, quo magis agitur ex animi passionibus.*

Remarque : Comparaison de la balance. — Elle est inacceptable, à plusieurs titres :

A) Les poids représentent les motifs. Mais les poids sont des causes *physiques*, tandis que les motifs sont des causes *finales*. De là découlent plusieurs différences essentielles :

1°) Les poids, étant des quantités, sont *homogènes*, de *même espèce* ; ils peuvent donc être rapportés à une certaine mesure prise pour unité. Les motifs considérés en eux-mêmes sont *hétérogènes*, de nature différente et, par conséquent, ne peuvent avoir de commune mesure.

2°) Les poids, étant *extérieurs* à la balance, s'en distinguent réellement. Les motifs sont *intérieurs* à l'âme : ce sont ses émotions, ses passions, ses pensées.

3°) Les poids sont des quantités *fixes et invariables*. Les motifs sont susceptibles de *variations* nombreuses, par suite de leur rencontre mutuelle et de l'action que la volonté exerce sur eux.

B) C'est qu'en effet, la balance est *inerte* : elle n'a aucune influence sur les poids. La volonté, au contraire, est une force *vivante et active* : elle modifie les motifs. Au cours de la délibération, ils peuvent s'affaiblir ou se renforcer selon l'intervention de la volonté, qui peut commander ou empêcher la réflexion, de sorte que celui qui paraissait d'abord le plus léger finit par l'emporter (¹).

BIBLIOGRAPHIE

Aristote,	*Éthique à Nicomaque*, L. III, notamment ch. III, VI ; L. VII, ch. II. — *De l'interprétation*, ch. IX.
Bergson,	*Essai sur les données immédiates de la conscience*.
Blackie,	*L'éducation de soi-même*.
Blondel,	*L'action*.
Bossuet,	*Traité du libre arbitre*. — *De la connaissance de Dieu et de soi-même*, ch. III.
Broglie (de),	*Le positivisme et la science expérimentale*, IIe P., L. I, ch. VIII.
Boutroux,	*La contingence des lois de la nature*.
Farges,	*La liberté et le devoir*.
Fonsegrive,	*Essai sur le libre arbitre*.
Fouillée,	*La liberté et le déterminisme*.
Gardair,	*Les passions et la volonté*.
Garnier,	*Traité des facultés de l'âme*, T. I, L. V.
Hulst (d'),	*Conférences de Notre-Dame*, 1891, 3e Conf.
James,	*Principles of Psychology*, C. XXVI.
Jouffroy,	*Cours de droit naturel*, T. I, ch. I et s. — *Mélanges philosophiques* : Des facultés.
Lapie,	*Logique de la volonté*.
Le Dantec,	*Le déterminisme biologique*.
Leibniz,	*Essais de Théodicée*. — *Nouveaux essais...*, L. II, ch. XXI.
Maine de Biran,	*Œuvres inédites*.
Marion,	*La solidarité morale*.
Mercier,	*Cours de Philosophie*, T. III.
Mill (St.),	*Système de Logique*, L. VI, ch. II. — *La philosophie de Hamilton*, ch. XXVI.
Naville (E.),	*Le libre arbitre*.

(¹) Cf. G. Sortais, *Traité de philosophie*, T. I, **216** : *Nécessité et liberté*.

Noël (L.).	*La conscience du libre arbitre.*
Palmieri,	*Institutiones philosophicæ*, T. II. *Anthropologia, Thesis 40.*
Pérès,	*Le libre arbitre.*
Piat (Cl.),	*Historique du problème de la liberté au XIXe siècle. — Le problème de la liberté.*
Rabier,	*Psychologie*, ch. xxxix, xl,
Regnon (Th. de),	*Travaux contemporains sur la question du libre arbitre,* Études, 1888.
Reid,	*Œuvres complètes*, Traduct. Jouffroy, T. VI.
Renouvier,	*Psychologie. — Essai d'une classification des systèmes philosophiques.*
Schopenhauer,	*Essai sur le libre arbitre.*
Secrétan,	*La philosophie de la liberté.*
Simon (J.),	*Le devoir,* L. I.
Thomas (St),	*Summa theologica*, 1re P., Q. 82, 83.

CHAPITRE III

LE DEVOIR ET LA LOI MORALE

44. — LE DEVOIR ET L'OBLIGATION MORALE

On confond souvent ces trois notions : le *devoir*, l'*obligation* et la *loi morale*. La précision exige qu'on les distingue.

I. — **Devoir et loi morale** : la loi est une règle d'action ; le devoir est l'obligation de faire le bien. La loi est l'expression, la formule, formule impérative, de cette obligation ; le devoir est la nécessité imposée par la loi.

II. — **Devoir et obligation morale** : le devoir implique une idée purement rationnelle : c'est l'idée de ce qui *doit* être fait, l'idée d'une *fin meilleure* que toutes les autres, non seulement pour nous mais en soi, l'idée d'un *bien obligatoire*. — L'obligation est le **sentiment** de contrainte respectueuse qui accompagne l'idée du devoir. C'est une contrainte *morale* et non physique (47) exercée par l'idée du devoir sur notre volonté et les penchants de la sensibilité. Mais, pratiquement, on emploie souvent ces deux mots *devoir*, *obligation*, l'un pour l'autre.

45. — DE LA LOI : DEFINITIONS ET DIVISIONS

La loi, en général, est une règle constante, d'après laquelle s'accomplit ou doit s'accomplir un ordre de choses. C'est l'acte d'une autorité qui domine ; c'est la volonté d'un *supérieur naturel* qui s'impose à son inférieur pour le maintenir dans des conditions déterminées et lui imprime une nécessité, qui est une *fatalité* inévitable pour les êtres inintelligents, une *obligation* pour les êtres libres. « Les lois, dans la signification la plus étendue, sont les rapports nécessaires qui dérivent de la nature des choses ; et, dans ce sens tous les êtres ont leurs lois » (Montesquieu). On a distingué **diverses espèces** de lois.

§ A. — *LOI PHYSIQUE ET LOI MORALE*

I. — **Les lois physiques** (lois des phénomènes astronomiques, physiques, chimiques, biologiques) ou lois de la **nature** sont les rapports constants et généraux qui lient entre eux les phénomènes naturels ; c'est la façon constante dont s'accomplit un ordre de choses : vg. lois de l'attraction, de la pesanteur, de la chaleur.

a) Ces lois sont **indicatives** et non impératives ; ce sont des **formules** et non des commandements ; elles énoncent non ce qui doit se faire, mais ce qui se *fait nécessairement* : bref, elles sont *fatales*, parce qu'elles s'appliquent aux êtres matériels et inintelligents.

b) Leur **nécessité** n'est pas absolue, mais **relative, conditionnelle** ; elles n'ont qu'une nécessité de **fait**. En droit, elles sont **contingentes**, car elles ont une valeur relative à la nature de notre monde : on conçoit comme possible l'existence d'un monde régi par d'autres lois. En outre, leur application est toujours conditionnelle : *si* les circonstances restent les mêmes, telle cause produira tel effet : elles sont donc **hypothétiques**, non catégoriques (41, § B, II).

c) Ne s'adressant à des êtres ni intelligents, ni libres, elles n'ont **pas besoin d'être connues ni consenties** pour être observées ; elles le sont de fait partout et toujours, quand les circonstances requises sont réalisées.

d) Les lois physiques se **découvrent** par la **raison théorique** au moyen de l'observation, de l'expérimentation et de l'induction (Méthodologie, ch. IV).

e) Elles servent à **expliquer**, à **prévoir**, à **susciter** les phénomènes, et conséquemment à **maîtriser** la nature.

f) De leur observation résulte l'**ordre** et l'**harmonie** de l'univers.

II. — **La loi morale** s'applique aux êtres intelligents et libres : c'est la règle à laquelle l'être raisonnable doit conformer sa conduite.

a) Elle n'est pas seulement indicative, mais **impérative** ; c'est une loi *pratique*, un *commandement*, non une simple formule. Elle oblige *absolument*, mais l'obligation est une contrainte *morale* et non physique.

b) Sa nécessité est **absolue, inconditionnelle**. Son commandement est un *impératif catégorique* (**47**). C'est une nécessité de **droit**, indépendante de toute hypothèse, valable pour tous les êtres raisonnables qui *doivent* l'observer.

c) Mais s'adressant à des êtres intelligents et libres, elle peut être et elle est, en fait, **transgressée**.

d) La loi morale est **connue** par la conscience ou raison pratique.

e) Elle sert à **régler la vie morale** de l'humanité.

f) Elle a pour conséquences **mérite ou le démérite, la vertu ou le vice, la récompense ou le châtiment** (Ch. IV). L'ordre et l'harmonie du monde moral résultent de son observation ; c'est le bon ou mauvais usage de la liberté qui contribue à rendre ce monde plus ou moins parfait.

§ B. — *LOI ÉTERNELLE, LOI NATURELLE, LOI MORALE*

Son fondement est en Dieu et dans l'ordre essentiel des choses qui n'est qu'une imitation plus ou moins parfaite des perfections divines. Dieu ne peut pas ne pas vouloir l'observation de cet ordre essentiel, car ce serait se renier lui-même. Cette volonté éclairée de Dieu, « ordonnant la conservation de l'ordre naturel des choses et défendant de le troubler », c'est la *loi éternelle*.

La loi éternelle et la loi naturelle ou morale ne sont pas des lois différentes. C'est une seule et même loi, qui s'appelle loi *éternelle* en tant qu'elle existe dans l'intelligence divine ; loi *naturelle* ou *morale* en tant qu'elle est connue par la conscience de l'homme.

§ C. — *LOIS POSITIVES*

Ce sont les lois qui *dépendent de la volonté* du législateur soit divin, soit humain, et par conséquent exigent son intervention positive. Les prescriptions de la loi naturelle, qui nous sont manifestées par la conscience, ont besoin d'être complétées, précisées, appliquées aux cas particuliers. Ce complément peut être donné soit *par Dieu lui-même*, s'il lui plaît de révéler ses intentions à ce sujet d'une façon explicite (nous, chrétiens, nous savons qu'il l'a fait : vg. par la promulgation du Décalogue et par son Fils N.-S.-J.-C. dans l'Évangile) ; soit par *une autorité qu'il délègue* ; cette autorité peut être celle de la Société *religieuse* (l'Église) ou celle de la Société *civile*. C'est ainsi que la loi positive peut être :

    a) **Divine** : loi *primitive, patriarcale, mosaïque, chrétienne*.
    b) **Humaine** : loi *ecclésiastique*, loi *civile* ou *politique*.

§ D. — *LOIS CIVILES*

Ce sont les lois qui émanent de l'autorité sociale en vue d'assurer aux *citoyens* la jouissance de leurs *droits naturels*. Saint Thomas la définit : « Une ordonnance conforme à la raison, faite en vue du bien commun, et promulguée par celui qui est chargé du gouvernement de la société ». Les qualités d'une loi obligatoire sont :

I. — **La justice ou équité** : la loi civile doit être dictée par la raison, être conforme à la loi naturelle, à l'ordre essentiel des choses. Une loi n'est donc légitime qu'autant qu'elle s'accorde avec la loi morale, avec la justice éternelle. Les anciens l'avaient bien compris quand ils parlent de « lois immuables et non écrites, portées par la divinité ; lois qui ne sont ni d'aujourd'hui ni d'hier, mais éternelles » (Sophocle).

Les légistes ont mis en honneur un autre principe emprunté aux jurisconsultes romains : *Quidquid principi placuit legis vigorem habet.* « Si veut le roi, si veut la loi ». Comme depuis la

Révolution le souverain c'est le peuple, on a défini la loi : « L'expression de la volonté générale ». C'est ce que l'on nomme l'esprit de **légalité**. C'est la loi, donc c'est juste, donc c'est obligatoire. Voilà une maxime tyrannique et immorale. Que la loi émane du bon plaisir d'un roi ou de la volonté d'un peuple, elle n'est légitime que si elle est en harmonie avec la loi naturelle, la loi morale, antérieure et supérieure (¹) à toutes les lois positives.

II. — **La conformité avec le bien public** : si elle favorise un intérêt particulier au détriment du bien général, il est clair que c'est un désordre et une injustice, car toute la raison d'être de la loi est de procurer le *bien commun* de la société. Cela ne veut pas dire que tout privilège soit illégitime, parce qu'il peut se faire qu'une faveur, accordée à certaines catégories de citoyens, contribue au bien général : vg. loi qui dispensait du service militaire ceux qui s'engageaient à enseigner pendant dix ans.

III. — **Notification authentique** : pour être obligatoire une loi doit être connue ; pour être connue elle doit être promulguée par l'autorité compétente.

§ E. — *LOIS POLITIQUES*

Ce sont les lois qui déterminent la forme du pouvoir social et la participation des citoyens au gouvernement. Elles doivent garantir aux citoyens la jouissance de leurs droits, et avoir les mêmes qualités que les lois civiles.

§ F. — *LOI NATURELLE ET LOIS CIVILES : COMPARAISON*

La loi morale est **immuable, universelle, absolue.**
Les lois **civiles**, tout en ayant une certaine stabilité, sont **variables et relatives.**

(¹) Montesquieu le reconnaît : « Dire qu'il n'y a rien de juste ni d'injuste que ce qu'ordonnent ou défendent les lois positives, c'est dire qu'avant qu'on eût tracé de cercle, tous les rayons n'étaient pas égaux. »

C'est que : *a*) elles sont faites *par des hommes* ; elles dépendent donc de la volonté plus ou moins changeante, faillible, tyrannique, de celui qui les porte. Étant des œuvres humaines, elles sont toujours, malgré les meilleures intentions, plus ou moins artificielles et imparfaites.

b) Elles sont faites *pour des hommes* ; elles doivent donc varier avec les circonstances de temps, de lieux et de personnes. — La loi naturelle a au contraire Dieu pour auteur et, bien que faite pour les hommes, elle convient à tous les temps et à tous les peuples (¹).

46. — EXISTENCE DE LA LOI MORALE ET DU DEVOIR

Elle peut être prouvée **a priori** et **a posteriori**.

§ I. — *PREUVE A PRIORI OU RATIONNELLE*

La loi morale est exigée par la liberté : il doit y avoir une loi morale, une loi régissant les volontés et les actes libres, imposant l'observation d'un ordre constant d'après lequel ces actes doivent être accomplis. En effet, tous les êtres de l'univers sont soumis à des lois conformes à leur nature : la matière a des lois mécaniques, la plante et l'animal ont des lois organiques. Par ces lois, qui dérivent de leur essence, les êtres réalisent la fin que Dieu leur a assignée. Ne serait-il pas étrange de supposer que les créatures intelligentes et libres demeurent seules en dehors de toute loi ? que la force la plus noble du monde, la volonté, n'ait pas de fin à réaliser ? Il est donc impossible que Dieu ait créé l'homme avec la liberté sans lui donner une fin conforme à sa nature et sans lui imposer une loi qui l'y conduise. Autrement, à quoi bon la liberté ? Ce serait une force inutile et sans objet. Seu-

---

(¹) *Sur l'ordre hiérarchique des lois*, Cf. G. Sortais, *Traité de philosophie*, T. II, Morale, **18**.

lement, tandis que les êtres inférieurs à l'homme sont régis par des lois *contraignantes*, la loi qui gouverne la liberté est simplement *obligatoire*.

§ II. — *PREUVE A POSTERIORI OU EXPÉRIMENTALE*

A) **Par la conscience individuelle** : l'existence de la loi morale et du devoir ressort en effet de l'analyse des jugements et des sentiments moraux **(32)** :

I. — En face de toute action mauvaise, contraire à notre nature raisonnable, nous nous sentons obligés de l'éviter, de même qu'en présence de certaines actions bonnes nous nous reconnaissons obligés à les faire, de telle sorte que la simple abstention serait un mal.

II. — Cette loi de la conscience, dans les cas importants et clairs, est tellement impérative que ni les passions, ni les sophismes ne peuvent l'obscurcir.

III. — Pour nous prononcer sur une obligation, nous ne faisons aucune attention aux conséquences heureuses ou malheureuses que l'action peut entraîner ; nous nous disons : *Fais ce que dois, advienne que pourra*.

IV. — Après l'action, si elle a été mauvaise, naît le remords ; si elle a été bonne, la satisfaction morale.

V. — Chacun croit au mérite de toute bonne action et au démérite de toute action coupable.

VI. — Ceux-mêmes qui, dans leurs paroles ou écrits, traitent la moralité de préjugé, ne laissent pas de montrer qu'au fond ils y croient, car il y a des vices dont ils se défendent et des vertus dont ils se font un mérite. Or tous ces faits incontestables n'auraient pas de sens si la loi morale et le devoir n'existaient pas ; ce seraient des effets sans cause.

B) **Par la conscience universelle** : le *sens commun moral* confirme le témoignage de la conscience individuelle. Partout et toujours on a distingué le bien du mal, on a admis que les hommes doivent faire certaines choses et qu'ils doivent en éviter d'autres, c'est-à-dire qu'on a cru que la volonté ne relève pas de ses caprices mais qu'elle est gouvernée par une loi. Tout le prouve : les **langues** qui ont des mots différents pour exprimer le bien et le mal, le vice et la vertu ; — les **écrits** des littérateurs, des historiens, des philosophes qui supposent l'existence d'une loi supérieure, d'après laquelle on doit juger de l'usage que l'homme fait de sa liberté ; — les **lois civiles**, les **tribunaux**, les **institutions** qui supposent également une loi morale.

Or cette conviction n'a pu provenir ni de l'influence des **passions**, intéressées à supprimer la loi morale ; — ni de l'**ignorance**, car cette conviction est plus précise chez les peuples cultivés ; — ni de l'influence des **législateurs**, parce qu'ils seraient impuissants à imposer un joug aussi gênant pour les passions et parce que l'on juge de la valeur de leurs lois par comparaison avec la loi morale ; — ni de l'**éducation** ou des **préjugés**, car ils varient avec les temps, lieux et personnes, tandis que la nature de la loi morale est universelle et absolue. Cette conviction doit donc avoir sa *raison d'être* dans l'évidence même de l'existence de la loi morale, manifestée par la conscience ; autrement, ce serait un phénomène sans cause.

47. — CARACTÈRES DE LA LOI MORALE ET DU DEVOIR

L'existence de la loi morale nous a été manifestée par un ensemble d'idées et de sentiments qui constituent la conscience morale. Si ces idées et ces sentiments sont la conséquence nécessaire de la loi morale, cette loi doit avoir des caractères tels qu'ils expliquent ces idées et ces sentiments. Comme l'union entre la loi morale et le devoir est très étroite, on pourra appliquer au devoir les caractères qui conviennent à la loi morale. — La loi morale est :

I. — **Obligatoire** : la loi de la volonté libre doit tout à la fois respecter la liberté et lui commander. Elle ne doit donc pas imposer une nécessité physique, comme les lois du monde matériel aux phénomènes qu'elles déterminent, mais une nécessité ou contrainte *morale*. On a toujours le *pouvoir* de l'enfreindre, mais, en l'enfreignant, on reconnaît qu'on n'en avait pas le *droit*. Ce caractère, qui tient le milieu entre la nécessité inéluctable des lois physiques et l'autorité négligeable d'un conseil, s'appelle l'**obligation**, ou, comme dit Kant, un **impératif**. On est *tenu*, mais on n'est *pas forcé* d'obéir.

II. — **Absolue**, se suffisant à elle-même, indépendante de toute condition ; c'est-à-dire qu'elle doit être une « fin en soi » (Kant), une fin dernière. La loi morale doit en effet être la règle dernière et suprême de notre activité raisonnable, car si elle n'était qu'un moyen pour obtenir un autre bien, c'est cet autre bien qui serait la règle véritable et par conséquent la loi morale elle-même. Kant exprime la même idée en disant que la loi morale est un impératif **catégorique** et non un impératif hypothétique. L'impératif **hypothétique** est un commandement *conditionnel* ; mais l'accomplissement de la condition est facultatif ; vg : telles sont les règles de l'intérêt personnel. Cet impératif n'exprime que la nécessité **relative** de prendre les moyens si l'on veut la fin ; vg. : Fais ceci, si tu veux t'enrichir. Pour s'y soustraire, il suffit de renoncer à la fin : Je ne veux pas m'enrichir. — L'impératif **catégorique**, c'est un commandement *inconditionnel*. Il exprime une nécessité **absolue**, indépendante de toute condition. On n'a donc pas le droit de s'en affranchir. La loi morale vaut *par elle-même*. Kant en a déduit cette définition du devoir : c'est la nécessité morale d'obéir à la loi par respect pour la loi elle-même.

III. — **Universelle**, c'est-à-dire la même pour tous les hommes, dans tous les temps et dans tous les lieux. Cette universalité, fondée sur l'identité de la nature humaine, est un corollaire du caractère précédent : si la loi morale est absolue, inconditionnelle, elle est par là même indépendante de toute condition de personnes, de temps et de lieux. — Kant a déduit de l'universalité, qu'il regarde comme le caractère constitutif de la loi morale, cette règle comme critérium du bien et du mal : « Agis toujours de telle sorte que tu puisses vouloir que la maxime de ton action devienne une loi universelle ». En effet, dit-il, la volonté du mal ne peut s'universaliser : le voleur veut bien voler les autres, mais il ne veut pas l'être. On peut, au contraire, vouloir le bien partout et toujours, pour soi et pour les autres. C'est le fond des deux maximes évangéliques : « Ne faites pas à autrui ce que vous ne voudriez pas qu'on vous fit à vous-même. Faites à autrui ce que vous voudriez qu'on vous fit à vous-même. »

IV. — **Claire** : sa *clarté* est une conséquence de son universalité. Étant faite pour tous, elle doit être à la portée de tous, dans ses premiers principes et leurs applications immédiates.

V. — **Praticable** : sa possibilité est une conséquence de l'obligation, car à l'impossible nul n'est tenu.

Conclusion : tels sont les caractères essentiels de la loi morale. Mais parmi les motifs divers qui inspirent nos actions, lequel réunit ces caractères et mérite conséquemment d'être érigé en règle suprême de notre activité ? Le chapitre suivant sera la réponse à cette question.

BIBLIOGRAPHIE

Aristote, *Morale à Nicomaque*, L. V, ch. i, vii. — *Politique*, L. III, ch. xi.
B***, *Institutes de droit naturel*, L. IV.
Bardoux, *Les légistes.*
Belanger, *Une loi injuste oblige-t-elle en conscience ?*
Boutroux, *De l'idée de loi naturelle dans la science et la philosophie contemporaine.* — *De la contingence des lois de la nature.*
Castelein, *Droit naturel*, Thèse XXII, p. 841 et sqq.
Cicéron, *De legibus.* — *De Republica*, L. III, Ch. XXII.
Coquille, *Les légistes et leur influence.* — *Le césarisme.*
Falliquet, *Essai sur l'obligation morale.*
Farges, *La liberté et le devoir.*
Ferraz, *La philosophie du devoir.*
Kant, *Critique de la raison pratique.* — *Fondements de la métaphysique des mœurs.*
Platon, *Des lois.*
Simon (J.), *Le devoir.*
Suarez, *De legibus.*
Thomas (S.), *Summa theologica.* Iª Iᵃᵉ, Q. CX et sq.

CHAPITRE IV

LE SOUVERAIN BIEN

48. — LES MOTIFS DES ACTIONS HUMAINES

La fin de l'activité humaine, le motif de nos actions, c'est le bien. Mais le bien se présente sous des formes variées. Chacun poursuit le bien qu'il croit être le meilleur, ce qui est pour lui le **souverain bien**, *finis bonorum*. De là vient qu'il y a autant de systèmes de morale qu'il y a eu de conceptions diverses du souverain bien. Or, nous avons constaté en Psychologie que nos inclinations tendent à une triple fin : les inclinations *personnelles* tendent au **bien individuel** ; les inclinations *sociales* au **bien altruiste** ; les inclinations *supérieures* au **bien rationnel**. D'où trois grands systèmes de morale :

1°) Morale **égoïste** ou **utilitaire** ;
2°) Morale **altruiste** ou **sentimentale** ;
3°) Morale **rationnelle**.

Le bien personnel se manifeste sous la forme du **plaisir** ou de **l'intérêt**. Le plaisir c'est la satisfaction momentanée d'une de nos inclinations. L'intérêt c'est encore le plaisir, non le plaisir actuel, sans distinction, mais le plaisir réfléchi, calculé, réparti sur toute la vie : c'est la recherche du bonheur personnel. Et le **bonheur personnel** c'est la satisfaction de l'ensemble de nos inclinations. — A côté des inclinations personnelles, il y a les inclinations qui nous portent vers autrui : de là les sentiments de **bienveillance**, de **sympathie**, d'**amour de l'humanité**. — Enfin nous éprouvons l'amour du **bien universel** sous différentes formes, le respect de la loi morale, le bonheur rationnel, l'amour de l'ordre et l'amour de Dieu. C'est ainsi que tous les motifs des actions humaines se ramènent à quatre : au plaisir, à l'**intérêt**, au **sentiment**, au **bien rationnel**. Mais, en dernière analyse, ces divers motifs ne sont que des formes du bien : le plaisir et l'intérêt, formes du bien personnel ; le sentiment désintéressé, forme du bien altruiste ; enfin le bien rationnel, forme du bien universel. Il s'agit de déterminer lequel de ces biens est le souverain bien et par conséquent doit servir de principe à la loi morale et de fin à l'activité humaine. Car, de même que dans l'ordre intellectuel, en remontant de raison en raison, on arrive enfin à un principe premier, évident par lui-même et qui éclaire toutes les autres vérités ; ainsi, dans l'ordre moral, en remontant de motif en motif, on parvient nécessairement à un motif suprême, à un bien absolu, voulu pour lui-même, qui fait la bonté de tous les actes qu'il inspire.

Le tableau ci-après représente une vue synthétique des divers systèmes de morale. Nous étudierons les principaux.

49. — TABLEAU DES DIVERS SYSTÈMES DE MORALE

		PRINCIPES	NOMS
Le souverain bien c'est le	**Bien propre :**	1) *Plaisir quelconque* : ARISTIPPE, FOURIER	Hédonisme
		2) *Plaisir de la conscience* : ROUSSEAU, JACOBI	Satisfaction morale
		3) *Intérêt personnel* : ÉPICURE	Morale du bonheur
		4) *Intérêt bien entendu* : BENTHAM	Utilitarisme
		5) *Bonheur de l'humanité* : S. MILL	Utilitarisme rectifié
		6) *Bien de l'individu et de l'espèce* : SPENCER	Ego-altruisme
	Bien altruiste :	1) *Altruisme*. A. COMTE	Morales sentimentales
		2) *Bienveillance* : HUTCHESON	
		3) *Sympathie* : A. SMITH	
		4) *Sentiment de l'honneur*	
	Bien idéal :	1) *Idéal esthétique* : PLATON	Esthétisme
		2) *Bonheur raisonnable* : ARISTOTE	Eudémonisme rationnel
		3) *Obéissance à la nature* : ZÉNON	Stoïcisme
		4) *Respect de la loi* : KANT	Morale formelle
		5) *Bien rationnel* : St-THOMAS	Morale de l'ordre

ARTICLE PREMIER

MORALES ÉGOISTES OU UTILITAIRES

§ I. — *MORALE DU PLAISIR*

50. — L'HÉDONISME DE CHRYSIPPE

A) **Exposé** : c'est la formule la plus grossière de l'utilitarisme. Au premier rang des défenseurs de la morale du plaisir (ἡδονή), se placent les sophistes Gorgias et Calliclès, mais surtout Aristippe de Cyrène, infidèle à la doctrine socratique. Ils mettent le souverain bien dans la recherche du **plaisir immédiat** sans regarder aux conséquences ; ils pensent que la fin de la vie humaine est atteinte quand la sensibilité est satisfaite. Jouir du **plaisir du moment**, telle est la loi ; il n'y a qu'à suivre l'instinct qui nous y pousse.

Cette doctrine a été reprise au XVIIIe siècle par d'Holbach, Helvétius, St-Lambert ; au XIXe par les Saint-Simoniens et les Fouriéristes. Fourier voulait qu'on laissât les passions se développer sans entrave, prétendant que ce développement se ferait d'une façon modérée et harmonique.

B) **Critique** : I. — **La morale du plaisir est fausse dans son principe** :

1°) Sans doute le plaisir est un bien, mais c'est le bien *sensible, inférieur*. Il n'est pas le souverain bien pour l'homme, parce que la nature humaine n'est pas réduite à la sensibilité : l'homme a une raison et une volonté qui demandent aussi leur bien. Faire du plaisir la loi de notre activité, c'est mutiler la nature humaine et ravaler ses facultés supérieures.

2°) Le plaisir n'est pas une fin, mais un **moyen**, c'est un résultat et non un principe. La fin, et par conséquent le bien de l'activité, c'est de conserver et de développer l'être, en la déployant conformément aux tendances de sa nature. Le plaisir résulte de l'activité normalement dépensée, de l'inclination satisfaite. C'est un moyen destiné à stimuler l'activité, à faciliter à chaque être l'accomplissement de sa destinée. L'assigner comme but à l'activité humaine, c'est renverser l'ordre essentiel des choses, c'est transformer *un moyen en fin*, c'est mettre *l'effet avant la cause* (1).

II. — **Le plaisir n'a pas les caractères de la loi morale**, car le plaisir ne peut pas être érigé en règle :

1°) **Obligatoire** : il nous attire, mais ne nous commande pas. Personne ne se croit tenu, sous peine d'être coupable, de chercher le plaisir.

2°) **Absolue** : il dépend d'une foule de circonstances relatives.

3°) **Universelle** : car il est personnel et variable. Le plaisir de l'un n'est pas le plaisir de l'autre.

4°) **Claire et pratique** : *a*) quel plaisir chercher, le plaisir calme ou violent ? de l'esprit ou des sens ? qui jugera ?

b) Le plaisir suppose un ensemble de conditions (santé, loisir, richesse) souvent difficiles ou même impossibles à réunir. La règle que cette doctrine propose n'est donc pas une règle, mais l'absence de toute règle, puisque le plaisir ne dépend pas de nous.

III. — **La morale du plaisir est funeste dans ses conséquences** : cette doctrine, qui se donne comme conforme à la nature, est au contraire en opposition avec elle, car aucun être n'est fait pour jouir à satiété. La poursuite aveugle du plaisir, comme le note Platon dans le *Philèbe*, conduit à la douleur, au dégoût, au désenchantement, à la folie, au désespoir (2).

---

(1) Cf. G. Sortais, *Traité de Philosophie*, T. I, Psychologie, 25, § II, B ; 69, § A.
(2) Sur le système de la *Satisfaction morale*, Cf. G. Sortais, *Traité de philosophie*, T. II, Morale, 23.

§ II. — *MORALE DE L'INTÉRÊT OU DU BONHEUR PERSONNEL*

La morale du plaisir immédiat, accepté aveuglément à la façon de l'animal, s'est transformée en **morale utilitaire**. L'homme, qui recherche son intérêt, se propose encore le plaisir, non le plaisir brut, actuel, mais le **plaisir calculé** pour assurer le bonheur de toute la vie. L'expérience apprend que certaines jouissances sont funestes et entraînent parfois des douleurs durables ; qu'au contraire certaines peines sont la condition de certains plaisirs. Il ne s'agit donc pas de saisir au passage tous les plaisirs qui s'offrent, sous couleur qu'ils sont des biens, ni de fuir toutes les douleurs qui menacent, sous prétexte qu'elles sont des maux ; il faut les considérer par rapport à leurs conséquences utiles ou nuisibles en vue de l'avenir. ÉPICURE est le fondateur de l'*utilitarisme*. Dans les temps modernes, l'école anglaise professe la doctrine *utilitaire* : HOBBES, BENTHAM. S. MILL et H. SPENCER en sont les représentants.

51. — LA MORALE DE L'INTÉRÊT DANS ÉPICURE

A) **Exposé** : Épicure (341-270) admet que le plaisir est le bien suprême. Mais, tous les plaisirs n'ayant pas la même valeur, il faut faire un choix entre eux : de là la morale ou art de vivre. Épicure distingue deux sortes de plaisirs :

1°) Le plaisir **en mouvement** : c'est celui des *sens* ; il est vif, mais fugitif et mêlé de douleur.

2°) Le plaisir **en repos** : c'est celui de l'*esprit* ; il est calme, stable, pur, c'est-à-dire sans mélange de peine ou d'effort.

C'est le plaisir de l'esprit qu'il faut préférer, parce qu'il rapproche le sage de l'idéal de la vie, qui est l'**ataraxie**, l'exemption de trouble, d'inquiétude, de souffrance : ne pas souffrir, l'**indolentia**, c'est la volupté suprême. Les dieux seuls atteignent cet idéal ; le sage doit y tendre, et pour cela il doit régler ses désirs de façon à diminuer ses besoins et par là même tarir la source de ses troubles.

B) **Critique** : la doctrine d'Épicure est supérieure à celle d'Aristippe, parce qu'elle ne se contente pas de l'instinct pour nous diriger vers le bonheur, mais qu'elle y ajoute la *raison*. Elle est fausse pourtant, car :

1°) Le plaisir a sa cause dans l'activité normalement déployée, et non dans l'absence de trouble qui est quelque chose de négatif.

2°) Les plaisirs intellectuels, par exemple, sont le résultat d'un grand déploiement d'activité.

3°) Le plaisir choisi, calculé, l'intérêt en un mot, n'a pas les caractères d'une règle morale (52, B, II).

4°) Cette doctrine, austère avec Épicure, retourna, avec ses disciples, à la morale cyrénaïque. C'est logique ; car, en dernière analyse, l'intérêt se ramène au plaisir.

52. — LA MORALE UTILITAIRE DE BENTHAM

A) **Exposé** : J. Bentham (1748-1832) regarde l'**utilité** et le **bonheur** comme les premiers principes du devoir. Le bonheur est pour lui la plus grande somme de plaisirs diminuée de la plus grande somme de douleurs. Une action est utile quand la somme de ses conséquences agréables l'emporte sur celle de ses conséquences pénibles. La morale est donc le calcul de l'utilité des actes humains et devient une **arithmétique des plaisirs**. Dans ce calcul il faut tenir compte de la valeur du plaisir qui dépend de ses caractères. Bentham en énumère sept : 1°) **Intensité** ; — 2°) **Durée** ; — 3°) **Proximité** ; — 4°) **Certitude** ; — 5°) **Pureté** (= plaisir net de toute peine) ; — 6°) **Fécondité** (= plaisir suivi de beaucoup d'autres) ; — 7°) **Étendue** (= plaisir susceptible d'être goûté par un plus grand nombre). Ces caractères sont **extrinsèques** au plaisir, c'est-à-dire font abstraction de la qualité. Pour Bentham, tous les plaisirs sont *homogènes*, de même espèce ; leur différence vient de la **quantité** (1ᵉʳ et 2ᵉ caractères) ou des circonstances *extérieures* (5 derniers caractères).

Bentham ne néglige pas la considération du bien social ; ce n'est pas dans un but désintéressé, mais parce qu'il croit que l'intérêt personnel et l'intérêt général sont inséparables. En effet, dit-il, en dehors de la société, l'individu ne peut se procurer ce qui lui est nécessaire pour vivre ; son bonheur dépend du bonheur des autres. « En travaillant pour la ruche, l'abeille travaille pour elle-même ». La doctrine de Bentham se résume en cette formule : « Le plus grand bonheur pour le plus grand nombre ». Autrement on fait un mauvais calcul.

B) **Critique** : I. — Le calcul de Bentham est impossible : on ne peut opérer sur des plaisirs comme sur des chiffres ; le plaisir n'est pas mesurable et le nombre par lequel on le représente n'est qu'une abstraction vide de sens. Toute mesure implique une unité. Où la prendre ? Elle suppose encore des choses fixes et invariables. Quoi de plus mobile que les plaisirs et leurs caractères ? Qui déterminera le coefficient propre à chaque caractère ?

II. — Supposons que l'intérêt bien entendu obtienne pratiquement les mêmes résultats que le devoir, il ne pourrait cependant être le principe de la loi morale. Notre intérêt, dit Bentham, est d'être laborieux, sobres, justes ; soit. En suivant cette maxime on pourra être **habile**, mais non pas vertueux. C'est le cas de répéter ce que Fontenelle disait d'un voleur conduit en prison : « C'est un homme qui a mal calculé ».

L'intérêt n'a pas les caractères de la loi morale. En effet, il n'est pas :

1°) **Obligatoire** : on n'est pas tenu d'être habile, mais honnête homme. « L'intérêt conseille, dit Kant, la moralité seule ordonne ».

2°) **Absolu** : il est relatif aux personnes, aux situations et aux circonstances, car l'intérêt c'est l'utile, et l'utile est essentiellement conditionnel.

3°) **Universel** : les intérêts sont souvent opposés et contradictoires.

III. — Il n'est pas vrai d'ailleurs que l'intérêt et le devoir coïncident toujours. Il n'est pas vrai que l'honnêteté est, dans tous les cas, la meilleure des politiques. Il y a des exceptions. Ordinairement l'intérêt me conseille de ne pas voler, mais si le besoin est urgent, si la somme est considérable, si le vol doit passer inaperçu, mon intérêt n'est-il pas de prendre l'argent? Toute règle utilitaire n'est donc qu'un impératif *hypothétique*, chacun restant juge en dernier ressort s'il doit lui obéir ou passer outre.

Cependant, si par intérêt on entend non l'intérêt immédiat, mais l'**intérêt définitif** où les sanctions de la **vie future** entrent en ligne de compte, l'intérêt véritable consistera toujours à faire son devoir. Dans ce cas, intérêt et devoir coïncident en fait *matériellement*. Mais, *formellement*, l'intérêt reste distinct du devoir comme motif d'action. C'est le devoir qui doit inspirer nos actes ; le bonheur sera la conséquence du devoir accompli (60).

53. — UTILITARISME RECTIFIÉ DE S. MILL

Stuart Mill (1806-1873) a reproché à la morale de l'intérêt bien entendu de Bentham d'être :

1°) **Grossière**, parce qu'elle ne fait attention dans le plaisir qu'à la **quantité**.

2°) **Égoïste**, parce qu'elle rapporte tout à l'**intérêt individuel**, même l'intérêt général.

Stuart Mill a essayé de la rectifier sur ces deux points.

§ A) **Il faut tenir compte de la qualité** : Bentham, faisant consister l'utilité et le bonheur uniquement dans la **quantité** de plaisir, n'excluait aucune jouissance, pas même les plus grossières. Pour purifier cette morale « digne seulement de pourceaux », S. Mill introduit un nouvel élément dans l'évaluation des plaisirs : la **qualité**. Certains plaisirs ont une valeur intrinsèque qui les rend préférables à d'autres plaisirs plus nombreux et plus étendus : telles sont les jouissances de l'esprit et du cœur comparées à celles des sens : « Mieux vaut être un homme mécontent qu'un pourceau satisfait ; mieux vaut être un Socrate mécontent qu'un imbécile satisfait. »

Critique : c'est fort bien dit ; mais un utilitaire n'a pas le droit de parler ainsi, sans sortir de son système *empirique*. Il convient, dit-on, de donner la préférence aux plaisirs délicats et nobles qui donnent satisfaction aux facultés supérieures. Mais, dans ce cas, ce n'est pas le plaisir en tant que plaisir, qui est le vrai bien ; c'est *ce qu'il y a de délicat et de noble* dans le plaisir ou dans les facultés élevées. Les choses diffèrent donc en excellence et en valeur intrinsèque *indépendamment* du plaisir qu'elles produisent. Il y a par conséquent dans les choses un bien, antérieur au plaisir, qui nous permet d'établir une hiérarchie entre les plaisirs. Ce critérium, c'est l'idée de perfection ou d'excellence qui se rapporte à la *raison*.

Réponse de Mill : pour parer à cette difficulté, Mill s'est efforcé de trouver un critérium *purement empirique* de la qualité des plaisirs. Il fait appel à un tribunal compétent, composé de ceux qui ont fait l'expérience des deux sortes de plaisirs, entre lesquels il faut choisir.

Réplique à Mill : mais un tel tribunal est impossible à constituer. Qui le composerait ? Ce ne sont pas les gens toujours vicieux ou constamment vertueux, car les premiers sont incompétents relativement aux plaisirs des facultés supérieures, et les seconds par rapport aux plaisirs des sens. — Quand même on réussirait à trouver un pareil tribunal, son jugement serait toujours récusable comme entaché de partialité, parce qu'il est purement empirique et personnel.

Conclusion : donc ou bien l'utilitarisme doit renoncer à son point de vue empirique et sensible pour recourir au critérium du bien rationnel, ou se contenter du critérium de la quantité et, par conséquent, se résigner à n'être qu'une morale grossière.

§ B) **Bonheur de l'humanité** : par intérêt général, on n'entend évidemment ni l'intérêt de la famille, ni l'intérêt d'une ville ou d'une province, pas même l'intérêt de la patrie, car ce serait de l'égoïsme national. Travailler au bonheur des autres, c'est donc travailler au bonheur de l'humanité. Bentham avait déjà mis en avant le *bonheur de l'humanité* comme règle de la vie morale. Mill a voulu la purifier du reproche mérité d'égoïsme. Dans la théorie de Bentham, l'agent cherchait son propre bonheur en travaillant pour le bien général. Selon Mill « l'utilitarisme exige que, placé entre son bien et celui des autres, l'agent se montre aussi strictement *impartial* que le serait un spectateur bienveillant et désintéressé. » Il s'approprie, pour résumer sa doctrine, la maxime évangélique « : Aimez votre prochain comme vous-même. »

Critique : I. — Cette morale est plus élevée et plus pure que celle de Bentham, car elle impose le sacrifice et le désintéressement. En cela elle s'accorde avec la morale vraie ; mais la question est de savoir si l'utilitarisme, confiné dans l'empirisme et la sensibilité, trouve en lui-même un principe capable d'imposer à l'humanité ce qu'il ordonne. Or, il n'en est rien, car **l'intérêt d'autrui n'est pas obligatoire** par lui-même. Pour le rendre obligatoire il faut invoquer un principe supérieur à l'intérêt. L'*utilitarisme humanitaire* donne le bonheur comme le bien suprême de l'homme. Comment peut-il alors me commander de sacrifier, en cas de conflit, mon bonheur personnel au bonheur général ? C'est poser d'un côté le bonheur comme la seule chose bonne et désirable, comme la fin unique et la raison d'être de toute l'activité ; c'est, d'autre part, exiger qu'on soit toujours prêt, le cas échéant, à sacrifier son bonheur au bonheur des autres. Il y a là une *contradiction formelle*. Il faut donc, de toute nécessité, recourir à un principe étranger et supérieur à l'intérêt même général.

Réponse de Mill : Mill a vu la difficulté. Il reconnaît, à l'encontre de Bentham, que l'intérêt particulier et l'intérêt général sont loin de coïncider toujours en fait : vg. l'intérêt public exige que les soldats se fassent tuer pour défendre la patrie envahie ; mais est-ce l'intérêt personnel de ceux qui se feront tuer ? L'identité des intérêts est un idéal qui n'est pas encore réalisé. Afin de se rapprocher le plus près possible de cet idéal, il faut qu'une nouvelle organisation sociale harmonise l'intérêt général et l'intérêt privé, et que l'éducation et l'opinion unissent leurs efforts pour « *associer* dans l'esprit de chaque individu son bonheur au bien de tous ».

Réplique : la pratique de la morale utilitaire exige, de l'aveu de Mill, cette merveilleuse transformation des sociétés. Or, un pareil changement est une utopie irréalisable ; la morale utilitaire est donc impraticable et chimérique.

II. — **L'intérêt général ne peut constituer une règle claire** : il est déjà assez difficile à chacun de calculer ce qui lui est vraiment utile. Combien plus de déterminer ce qui l'est au bien commun de l'humanité ?

III. — **Elle conduit à la violation des droits individuels** : comme, pratiquement, l'intérêt particulier et l'intérêt général sont souvent en désaccord, que faire en attendant qu'une nouvelle organisation sociale réalise cet accord ? On se contentera de rechercher l'intérêt de la *majorité*, auquel on sacrifiera impitoyablement les droits de la minorité. Que de crimes ont été commis ou proposés au nom du salut public !

IV. — **La morale utilitaire aboutit finalement à l'égoïsme** : supposons, en effet, qu'un jour l'harmonie entre l'intérêt général et l'intérêt particulier soit pleinement réalisée par suite de la réorganisation sociale, alors l'intérêt général, se confondant avec l'intérêt particulier, deviendra *notre* premier et unique intérêt. La morale de l'utilitarisme humanitaire retombe donc dans la recherche de l'intérêt personnel, puisque, à cause de la coïncidence parfaite des deux intérêts, nous n'aurons rien à sacrifier au bonheur des autres.

54. — MORALE ÉVOLUTIONNISTE DE SPENCER

A) **Exposé** : pour identifier l'intérêt particulier et l'intérêt général, S. Mill recourt à l'influence combinée de l'éducation et de l'opinion, qui doivent associer ces deux idées dans l'esprit et les rendre indissolubles. Spencer, trouvant ce moyen inefficace, invoque pour opérer cette conciliation une loi de la nature. C'est, d'après lui, une loi naturelle de l'évolution que les sentiments altruistes sortent peu à peu de l'égoïsme et finissent par prédominer. L'élément primordial de la moralité c'est la poursuite instinctive du plaisir ; mais l'expérience montre à l'homme que le plaisir immédiat est souvent désavantageux ; il diffère alors sa jouissance pour la rendre plus sûre et plus durable. L'homme d'ailleurs est fait pour vivre en société ; afin de s'adapter au milieu social et pour en bénéficier, il doit sacrifier certaines jouissances personnelles. Il recherche d'abord le bonheur d'autrui, l'intérêt général pour les avantages qu'il lui procure. Peu à peu l'habitude finit par rendre inconsciente cette fin intéressée ; alors l'homme poursuit le bonheur d'autrui sans retour égoïste : telle est l'origine des sentiments altruistes. Ils se consolident progressivement et sont transmis héréditairement. Aujourd'hui, il y a encore conflit entre les instincts égoïstes et les tendances altruistes. La formule de la loi morale est présentement : « Vis pour toi et pour les autres ». C'est l'*égoaltruisme*. Mais, en vertu même de la loi nécessaire de l'évolution individuelle et sociale, un jour viendra où les tendances altruistes subsisteront seules ; alors tout conflit entre l'intérêt particulier et l'intérêt général aura disparu : ce sera le triomphe complet de l'altruisme, et la formule définitive sera : « *Vis pour les autres* ».

B) **Critique** : I. — La nature, d'après Spencer, est égoïste ; s'il en est ainsi, il est impossible que, soumise à la loi *fatale* de l'évolution, elle devienne jamais désintéressée. En nous les tendances égoïstes luttent contre les tendances altruistes. Les unes et les autres se valent puisqu'elles sont également le résultat de la nécessité : alors pourquoi sacrifierait-on l'égoïsme à l'altruisme ? Pour arracher l'homme à l'égoïsme et faire prévaloir l'altruisme, il faut un principe en dehors et au-dessus de l'intérêt général : il faut que la *raison* me montre que le bonheur général l'emporte sur le bonheur particulier. Mais ce point de vue *rationnel* est interdit à l'utilitarisme, qui ne se place qu'au point de vue *empirique* de la sensibilité.

II. — On ne peut faire sortir l'altruisme de l'égoïsme :

a) S'agit-il des sentiments **altruistes** ? De deux choses l'une, ou bien l'altruisme est véritable, et alors comment peut-il sortir de l'égoïsme, son contraire ? Ou bien l'altruisme n'est encore qu'un produit raffiné de l'égoïsme, et alors de quel droit l'appeler ainsi ? L'altruisme suppose le sacrifice volontaire de l'égoïsme : il n'est pas de l'égoïsme inconscient.

b) Parle-t-on des inclinations **supérieures**, de l'amour du bien, etc. ? On recourt à l'habitude pour les expliquer. Mais l'habitude ne crée rien de nouveau ; elle conserve seulement et accroît la tendance primitive. Égoïste d'abord, je serai par l'habitude, en multipliant les actes intéressés, de plus en plus égoïste. L'habitude est donc impuissante à faire succéder le désintéressement à l'égoïsme.

55. — ROLE DU PLAISIR EN MORALE

Nous avons montré que le plaisir ne pouvait être le fondement du devoir (50). Il a cependant un rôle dans la vie morale ; c'est le rôle d'*auxiliaire*, car c'est un stimulant énergique de l'activité ; la satisfaction morale du devoir accompli nous engage à pratiquer la vertu. Si la vertu était toujours sans charmes, le courage faillirait à la tâche. C'est un fait d'expérience qu'on ne remplit jamais son devoir avec plus d'entrain que lorsqu'il nous est agréable. L'homme vertueux n'est-il pas, comme dit Aristote, « celui qui prend plaisir à faire des actes de vertu ? » C'est donc, dans le dessein de Dieu, un moyen d'intéresser l'être à sa destinée. Il ne faut pas rechercher le plaisir moral comme une fin ; il faut l'attendre comme un **effet** et une **récompense** du bien accompli, et s'en servir comme d'un **moyen** (12, § A) pour mieux faire à l'avenir.

56. — ROLE DE L'INTÉRÊT EN MORALE

L'intérêt est, selon le mot de Cousin, « le ressort qui nous pousse à rechercher en toutes choses notre plaisir et notre bonheur ». Le *bonheur* c'est la satisfaction harmonique et durable de toutes nos inclinations, mais principalement de nos inclinations personnelles. Nous avons vu que l'intérêt ne pouvait être le principe de la vie morale ; mais il ne s'ensuit pas qu'il en doive être complètement exclu et qu'il n'y joue aucun rôle.

§ A. — *C'EST UN AUXILIAIRE*

I. — Il est légitime de rechercher ce qui est utile, car la raison veut que nous conservions notre être et que nous le développions. Or, le grand moteur du progrès individuel et social, c'est l'intérêt. C'est lui qui pousse sans cesse l'homme à améliorer sa position sur la terre.

II. — Ordinairement la vertu est avantageuse, dès ici-bas, à celui qui la pratique, parce que la morale ne prescrit rien à l'homme qui ne soit d'accord avec son intérêt bien entendu : *Quidquid honestum, idem et utile* (CICÉRON).

III. — Il n'est pas toujours vrai que le devoir coïncide avec nos intérêts immédiats ; mais, si l'on fait entrer en compte les sanctions de la vie future, il est certain que, définitivement, il y a accord parfait entre la vertu et le bonheur, entre l'honnête et l'utile. On a tiré de là une objection contre la vertu.

§ B. — *OBJECTION CONTRE LA VERTU*

I. — **Exposé** : certains moralistes, comme les Stoïciens, les Quiétistes, Kant et autres, repoussent tout point de vue intéressé dans l'observation de la loi morale, surtout l'espérance d'un bonheur éternel ou la crainte d'un malheur éternel, fondée sur la croyance à l'immortalité de l'âme. D'après Kant, l'action, considérée en elle-même, dans sa *matière*, n'a pas de caractère moral. Ce caractère lui vient de sa *forme*, de l'*intention* dans laquelle elle a été faite. Or, l'intention est *toujours mauvaise*, quand elle est *intéressée* : alors elle peut être *légale*, matériellement conforme à la loi ; elle n'est pas morale. Une action n'est morale que si elle est accomplie *uniquement par respect pour la loi, par amour du devoir*.

II. — **Réponse** : A) **Cette objection est mal fondée.** En principe, agir par l'unique motif du devoir, préférer la vertu au vice, alors même que, par impossible, elle ne serait suivie d'aucune récompense, c'est la perfection. — Agir au contraire par l'unique motif du bonheur, en excluant formellement l'amour du devoir, dans la disposition intérieure de violer la loi s'il n'y avait pas de châtiment, c'est faire un acte coupable, car c'est exclure l'idée du bien. — Mais l'espérance du bonheur final, motif intéressé, peut se superposer à l'amour du bien en soi : elle n'est, dans ce cas, ni l'unique, ni même le principal motif. Je puis faire mon devoir d'abord et surtout parce que cela est bien, et ensuite parce que j'en serai récompensé. C'est agir d'abord par le motif du devoir, s'exciter ensuite à l'accomplir par l'espoir de la récompense ou la crainte du châtiment : où est le mal, étant donné que l'intérêt est subordonné au bien ? — Bien plus, un acte fait d'abord en vue de la récompense, mais sans exclure l'amour du devoir, est bon moralement ; mais il est moins parfait parce que le motif intéressé est prédominant. La raison en est que le bonheur poursuivi est un bonheur digne de l'homme. C'est un bonheur qui résulte de la satisfaction de ses tendances raisonnables ; il exige le sacrifice de plaisirs immédiats et de tendances agréables mais opposées à la raison. Le bonheur et le bien ici se confondent ; poursuivre son bonheur, c'est travailler à sa perfection morale, car, comme dit Descartes : « La vraie félicité est la satisfaction qui suit l'acquisition de la perfection ». Les adversaires de cette doctrine oublient que le bonheur final auquel nous aspirons et le bien en tant qu'il commande nos actes libres sont en réalité un seul et même objet, sous deux aspects différents. Cet objet, c'est l'Être infini, absolu, c'est Dieu même. Il est sans doute plus parfait de pratiquer la vertu par amour du bien, en faisant abstraction de la récompense ; c'est l'idéal de la perfection, réservé à l'élite. Mais il est légitime de pratiquer la vertu en recherchant le bonheur qui y est attaché, car ce bonheur se confond avec notre perfection morale, avec le bien : c'est l'idéal proportionné à la commune faiblesse. Celui que Kant propose est chimérique : il se condamne d'ailleurs lui-même en disant que peut-être aucun acte de vertu n'a été accompli.

B) **Cette doctrine entraîne une mutilation de la nature humaine, que la morale ne peut commander.** — L'homme est tout ensemble sensible et raisonnable. Pourquoi donc exclure des motifs d'action le motif du bonheur, quand il est conforme ou subordonné au devoir ? Imposer le sacrifice du bonheur, c'est imposer le sacrifice de la sensibilité. C'est d'abord sacrifier les inclinations personnelles, dont le bonheur est la satisfaction. C'est, par contre-coup, sacrifier aussi les inclinations altruistes, car comment celui, qui se désintéresserait totalement de sa destinée, pourrait-il s'intéresser à celle des autres ? Cette théorie va donc à mutiler l'âme humaine. De quel droit ? N'est-ce pas avec « l'âme tout entière » qu'il faut aller au devoir ? Ce serait d'ailleurs une obligation impraticable. Comment arracher du cœur de l'humanité l'instinct du bonheur ? « Tous les hommes désirent être heureux ; cela est universel et sans exception » (Pascal).

Conclusion : 1°) **Le devoir seul en vue, en faisant abstraction de la récompense.**
2°) **Le devoir d'abord en vue, puis la récompense.**
3°) **La récompense d'abord en vue, puis le devoir.**
4°) **La récompense en vue, sans exclure le devoir.**
5°) **La récompense seule en vue, en excluant le devoir.**

Telle est la hiérarchie de la perfection morale : partout où la récompense et le devoir coïncident, l'acte est bon moralement ; là où il y a exclusion du devoir, l'acte est mauvais. L'acte est plus ou moins parfait selon que l'idée du devoir brille seule ou au premier rang.

ARTICLE II

MORALES ALTRUISTES OU SENTIMENTALES

S. Mill et Spencer ont vainement essayé de rendre la théorie utilitaire altruiste en la présentant sous forme de morale de l'*intérêt général* : au fond elle reste *égoïste*. D'autres philosophes, comme A. Comte [1] Hutcheson, A. Smith, ont cherché le prin-

---

[1] Sur la morale de Comte et de Hutcheson. Cf. G. Sortais, *Traité de philosophie*, T. II, Morale, 31, 32.

cipe de la loi morale dans des sentiments désintéressés comme **l'amour des autres**, la **bienveillance**, la **sympathie**, etc.

57. — MORALE DE LA SYMPATHIE D'A. SMITH

§ I. — EXPOSÉ

On peut envisager la sympathie au point de vue :

A) **Psychologique** ([1]) : c'est, d'après Adam Smith (1723-1790), économiste et philosophe écossais, « un instinct qui nous porte à nous mettre en harmonie d'impression avec nos semblables. » La sympathie ainsi entendue n'est donc pas un sentiment particulier ; c'est la propriété qu'ont tous les sentiments de se propager d'une âme à une autre.

B) **Moral** : partant de ce fait que l'homme est sympathique à l'homme, c'est-à-dire que l'homme souffre des souffrances de ses semblables et qu'il se réjouit de leurs joies, Smith en conclut que toute action qui excite la sympathie est bonne et que toute action qui excite l'antipathie est mauvaise. C'est qu'au fond la souffrance est un signe de l'amoindrissement de l'être, et la joie un signe de son développement. On éprouve du plaisir à partager les sentiments d'autrui et surtout à voir ses propres sentiments partagés. L'absence de sympathie est pénible : on désire la sympathie des autres.

La sympathie pour être morale doit être :

1°) **Pure** : il n'y a d'action absolument bonne que celle qui excite une sympathie sans réserve.

2°) **Universelle** : l'action vraiment bonne mérite l'admiration de tous.

Smith déduit de là cette règle de conduite : « *Agis toujours de façon à provoquer la plus grande sympathie chez le plus grand nombre de spectateurs.* »

Mais Smith constate que la sympathie du plus grand nombre

[1] Cf. G. SORTAIS, *Traité de philosophie*, T. I, PSYCHOLOGIE, 47, § II.

n'est pas toujours un critérium sûr du bien et du mal. De plus, nous ne pouvons pas toujours avoir les autres pour témoins de nos actions. Que faire? Nous sommes à la fois acteurs et spectateurs de nos actes : étant pour ainsi dire dédoublés par la réflexion, nous pouvons sympathiser avec nos propres sentiments comme avec ceux des autres. Que chacun devienne pour lui-même un **spectateur impartial**, et alors l'assentiment que nous donnerons à nos actes équivaudra à celui de nos semblables. La règle définitive de la morale est donc la suivante : « *Agis toujours de telle sorte que tu excites la sympathie d'un spectateur impartial et désintéressé.* »

§ II. — *CRITIQUE*

Ce que Smith nous permet de rechercher c'est la sympathie des autres, leur approbation, leur estime ; la règle qu'il propose, c'est en définitive le **respect humain**. Mais :

I. — Cette règle est **variable, capricieuse**, comme la sensibilité d'où elle procède. Dans un entourage sain, le souci de l'estime d'autrui, le sentiment de l'honneur pourra empêcher bien des fautes. Mais dans un milieu malsain, les actions flétries par la conscience provoquent seules la sympathie ; faudra-t-il nous mettre à l'unisson ?

II.—Une action **ne saurait être obligatoire** par le fait même qu'elle est sympathique ; la sympathie est un phénomène de sensibilité, qui dépend de conditions variées ; elle est **relative**, elle ne saurait donc être un impératif catégorique.

III. — La sympathie et l'antipathie constituent si peu un principe d'action morale, que nous devons **en faire souvent abstraction** pour juger et agir honnêtement.

Conclusion : la morale de la sympathie aboutit à une **contradiction**. Après nous avoir recommandé de suivre les mouvements de la sympathie, Smith finit par nous dire de nous en défier et de contrôler ses tendances par l'avis d'un spectateur impartial. Cette impartialité implique précisément l'absence de toute sympathie et de toute antipathie. Faire appel au spectateur impartial c'est donc récuser la valeur de la sensibilité en matière de moralité, et recourir par un biais au jugement de la conscience morale, à la raison pratique.

58. — SENTIMENT DE L'HONNEUR

Avant d'examiner quelle **relation** le sentiment de l'honneur peut avoir **avec la loi morale**, il faut l'envisager au **point de vue psychologique**, c'est-à-dire en constater l'origine et en faire l'analyse.

I. — **Point de vue psychologique** : ce sentiment s'est épanoui surtout au moyen âge, dans une société guerrière. Après avoir été la loi du chevalier, il est devenu l'idéal du gentilhomme. Dans des sociétés restreintes, dont les membres se regardent comme solidaires, il s'est formé un code qui a pour sanction l'estime ou le mépris de ses pairs. Peu à peu ce sentiment s'est étendu : ce n'est plus l'apanage d'une caste, mais un sentiment individuel. Dans ce sens plus large on peut le définir : *le sentiment qui nous porte à rechercher l'estime des autres et à la mériter par le respect de la dignité personnelle.* C'est un sentiment complexe et mêlé ; il y entre, avec une part d'amour-propre raffiné et la préoccupation du *qu'en dira-t-on*, l'amour des autres sous forme de sympathie, et l'amour d'un certain idéal de perfection sous forme de dignité personnelle.

II. — **Point de vue moral** : sans doute le sentiment de l'honneur peut être un *auxiliaire* puissant pour l'accomplissement du devoir. Il peut même le suppléer, quelque temps, chez certaines personnes. Mais c'est là un fait d'exception. Il ne s'ensuit pas qu'on ait le droit de les confondre, ni surtout de les substituer l'un à l'autre. On peut distinguer deux cas : le devoir et l'honneur sont en conflit ou sont d'accord.

A) **Conflit du devoir et de l'honneur** : Il arrive parfois que le code de l'honneur parle d'une façon et la règle du devoir d'une autre : vg. on reconnait que le duel est condamné par la morale ; mais on rougira de ne pas répondre à un outrage par un cartel. On sacrifiera en conséquence la loi morale, la loi naturelle à la loi artificielle de sa coterie, au préjugé de l'opinion. Il est clair qu'en pareil cas le sentiment de l'honneur ne peut remplacer l'idée du devoir. Mais, dira-t-on avec raison, dans ce cas et autres analogues, il ne s'agit que de *faux points d'honneur*. Parlons donc de l'honneur véritable qui concorde avec le devoir.

B) **Accord du devoir et de l'honneur** : même alors on ne peut les confondre. Le sentiment de l'honneur ne peut prendre la place et jouer le rôle du devoir, car :

1°) On reconnait qu'il y a un vrai et un faux honneur : il faut donc choisir. Qui le fera, sinon la conscience morale à la lumière de l'idée du devoir ?

2°) Le devoir s'impose au nom d'un principe supérieur à l'homme, au nom de Dieu qui doit nous demander un jour compte de tous nos actes. — Le sentiment de l'honneur ne commande qu'avec l'autorité, après tout récusable, de la société à laquelle nous sommes fiers d'appartenir. Quand on est seul, sans autre témoin que Dieu et sa conscience, la voix de l'honneur, loin du regard de nos pairs, sera-t-elle bien efficace ? « Défiez-vous de l'honneur humain, dit J.-J. Rousseau ; c'est bien peu de chose quand le soleil est couché. »

3°) Le devoir est universel et immuable. — L'honneur varie avec les pays et les époques.

4°) Le devoir est synonyme de désintéressement et de sacrifice de soi-même. — L'honneur est un amour-propre habilement déguisé, qui souvent n'est au fond que le souci de notre réputation et l'intérêt de notre orgueil.

Conclusion : l'honneur, même véritable, ne saurait être la règle suprême et le motif dernier de nos actions. Cette règle et ce motif ne peuvent être que le devoir, parce que seul il peut être recherché pour lui-même (**62**).

59. — RÔLE DU SENTIMENT EN MORALE

§ A. — *IL NE PEUT ÊTRE LE PRINCIPE DE LA MORALE*

Le sentiment, même désintéressé, altruiste, sous quelque forme qu'il se présente, ne saurait être le fondement de la morale, car :

I. — Le sentiment a toujours pour **condition antécédente une idée**, il implique certains jugements, dont il n'est que la manifestation sensible. Sous la sympathie, sous l'altruisme, sous le sentiment de l'honneur, il y a une idée, un principe moral plus ou moins voilé par le sentiment, mais que l'analyse fait apparaître ; et c'est sur cette idée, sur ce principe qu'est fondée la moralité du sentiment.

II. — Le sentiment n'a pas les **caractères de la loi morale**. Il n'est pas :

a) **Obligatoire** : il attire, il entraîne la volonté ; il ne commande pas. De cette proposition : « Les hommes *tendent* naturellement à agir ainsi », on ne fera jamais sortir cette conclusion impérative : « Donc ils *doivent* agir ainsi ». Bien plus, on est parfois obligé de combattre le sentiment.

b) **Absolu et universel** : il participe à la mobilité de la sensibilité et est relatif aux individus et aux circonstances.

c) **Clair et pratique** : il dégénère en passion qui aveugle, et il ne dépend pas de nous.

III. — La morale du sentiment serait **dangereuse**, car elle tendrait à absoudre les vices aimables qui plaisent, et à proscrire les vertus austères qui n'agréent pas.

§ B. — *C'EST UN AUXILIAIRE INDISPENSABLE*

I. — C'est un fait d'expérience qu'on remplit mieux son devoir quand on l'aime ou quand on aime les personnes envers lesquelles il oblige.

II. — L'idée n'agit pas directement sur la volonté ; il faut qu'elle se fasse en quelque sorte sentiment pour *mouvoir* la volonté, qui, sans cela, resterait inerte. Aussi Dieu a-t-il mis en nous, pour correspondre à chacun de nos devoirs, une inclination qui aide à l'accomplir, car l'inclination agit directement sur la volonté par mode d'*impulsion*. Autant le sentiment est périlleux quand il est laissé à lui-même, autant il est efficace quand il est dirigé par la raison et mis par elle au service du devoir. Il excite la raison et la rend ingénieuse à découvrir de nouvelles formes du bien ; il réchauffe la volonté et lui communique de généreux élans. C'est un fait qu'on ne fait rien de grand sans passion.

ARTICLE III

MORALES RATIONNELLES

Puisque le principe de la morale ne peut être ni le plaisir, ni l'intérêt, ni le sentiment, qui sont des formes variées du *bien sensible*, il faut voir s'il ne consisterait pas dans le bien *rationnel*, et partant *universel*, le bien en soi. De là plusieurs systèmes, selon la façon de comprendre l'élément rationnel du devoir (1).

60. — L'EUDÉMONISME RATIONNEL D'ARISTOTE

§ I. — *DU BONHEUR EN GÉNÉRAL*

On peut envisager le bonheur au point de vue soit :
A) **Psychologique** : le plaisir est un élément du bonheur : mais un seul plaisir ne fait pas le bonheur. Notre activité a des

---

(1) Sur la *Morale platonicienne (L'idéal esthétique)*, Cf. G. Sortais, *Traité de philosophie*, T. II, Morale, 37.

inclinations et par conséquent des fins qui l'attirent. C'est dans la poursuite et l'obtention de chacune de ces fins qu'elle trouve le bien-être. Le plaisir est la satisfaction momentanée d'une de nos inclinations (6) ; le bonheur est la satisfaction collective de toutes nos tendances ou du moins des principales. De même que le plaisir est un « surcroît qui s'ajoute à l'acte comme à la jeunesse sa fleur » (Aristote), ainsi le bonheur est un épiphénomène ; il est comme l'épanouissement de tout l'être, auquel il est donné de réaliser ensemble ses fins préférées.

B) **Moral** : il suit de cette analyse du bonheur en général qu'il ne peut être le fondement de la loi morale. En effet :

I. — Le bonheur est chose **relative et variable** avec les individus.

II. — Il est en grande partie **subjectif**, car il dépend de notre imagination et de notre volonté.

III. — Il est toujours plus ou moins **incomplet**, car nos tendances sont souvent opposées ; on ne peut contenter les unes qu'aux dépens des autres.

§ II. — *LE BONHEUR RATIONNEL*

A) **Exposé** : ces objections, dira-t-on sans doute, sont valables contre le bonheur qui a sa source dans la satisfaction des inclinations personnelles, dans le bonheur sensible. Mais il y a, au-dessus, un bonheur plus parfait : aux yeux de la raison, il consiste dans la satisfaction harmonieuse de nos tendances élevées ; c'est un bonheur qui résulte de l'activité *raisonnable*, où la sensibilité est subordonnée à l'intelligence et à la volonté. C'est la théorie d'Aristote qu'on appelle l'**eudémonisme** (εὐδαιμονία, bonheur) **rationnel**, et qu'on peut formuler ainsi : *Sois raisonnable et tu seras heureux*. Cette formule n'est égoïste qu'en apparence, parce que la raison nous montre que nous devons parfois sacrifier nos fins personnelles et particulières aux fins générales, parce que nous sommes membres d'un tout plus important que nous-mêmes. Ainsi cette morale se confond, au point de vue de la *matière*, avec la morale du bien en soi, puisqu'elle prescrit à l'homme d'estimer, dans la poursuite du bonheur, la valeur des biens suivant les lumières de la *raison*, et non d'après les attraits de la sensibilité.

B) **Critique** : 1°) La morale du bonheur ainsi entendu se confond, il est vrai, *matériellement*, avec la morale de l'ordre et du bien ; la morale du devoir est donc conciliée avec celle de l'intérêt. Mais le bonheur et le bien diffèrent au point de vue *formel*. Le bien c'est ce qui perfectionne la nature raisonnable, ce qui lui est conforme ; le bonheur c'est la conscience du bien possédé, la perfection réalisée. Le bien, par conséquent, demeure la seule fin *absolue* et *suprême* de la volonté, le bonheur en est une simple *conséquence*. Notre bonheur, même raisonnable, ne peut donc être la fin dernière de nos actions et le principe de la morale, car il rendrait la vertu intéressée.

2°) On objecte que le bonheur est le terme nécessaire de toute tendance, l'unique ou du moins la principale raison de vouloir et d'agir. — On doit répondre que l'amour de soi et le désir du bonheur sont sans doute le premier *mobile*, le principe spontané de toutes nos actions. Mais ils n'en sont pas nécessairement le *motif* et la *raison*. La preuve c'est que si personne ne peut renoncer explicitement au bonheur, on peut en faire abstraction, agir sans y penser, sans le rechercher. Le bonheur est encore moins la *mesure* de la moralité, puisque la valeur morale d'un acte est proportionnée à son désintéressement. Plus un acte est désintéressé, plus il est parfait. Il reste vrai cependant que, si le bonheur raisonnable, qui se confond avec notre perfection, ne peut être la fin dernière de la vie morale, il peut néanmoins être recherché en même temps que le bien : il est en effet la *conséquence* et la *récompense* du bien accompli, de la perfection réalisée. Cette récompense est une sanction de la loi morale ; elle fait donc partie intégrante de la loi morale ; la vouloir, la rechercher en même temps que le bien ce n'est donc pas sortir de la loi morale (56, § B, II) ([1]).

([1]) Sur la *Morale stoïcienne*, Cf. G. Sortais, *Traité de philosophie*, T. II, Morale, 39.

61. — LA MORALE FORMELLE DE KANT [1]

§ I. — *EXPOSÉ*

On peut ramener à quatre points principaux ce qu'il y a d'essentiel dans la morale de Kant : 1°) Existence d'une loi morale pour l'homme et ses conséquences ; 2°) Nature du devoir ; 3°) Condition de la moralité ; 4°) Formules de la loi morale.

I. — **Existence d'une loi morale et ses conséquences** : Kant fait reposer la morale sur un « fait de raison », une donnée primitive : l'existence du devoir. Nous avons conscience du devoir, c'est-à-dire d'une loi qui commande ce qui *doit* être, sans égard à ce qui a été, est ou sera. Aucun fait ne pourrait prévaloir contre cette idée qui nous commande. Son commandement est *catégorique*. Seule l'idée du devoir a une valeur objective absolue. Or, l'idée du devoir implique trois autres vérités qui en sont les conditions : la *liberté*, l'*immortalité de l'âme*, l'*existence d'un Dieu rémunérateur*.

II. — **Nature du devoir** : en quoi consiste le **devoir** ? Pour le savoir on peut procéder de deux manières. Ou bien on déterminera le devoir d'après la nature d'un *bien* antérieurement conçu, qui lui servira de fondement. Ce bien en soi, ce bien absolu est la fin dernière de l'homme et le principe de la morale. Alors la valeur morale des actions dépend de leur conformité à ce bien souverain ; elle dépend donc de leur **objet**, de leur **matière**. C'est

---

[1] KANT, *Critique de la raison pratique* ; *Fondements de la métaphysique des mœurs*. — Cf. BOUTROUX, *La morale de Kant*, dans la « Revue des Cours et Conférences », 21 Fév. 1901 et sq. — CRESSON., *La morale de Kant*. — DESDOUITS, *La philosophie de Kant d'après les trois Critiques*. — FOUILLÉE, *Critique des systèmes de morale contemporains*, L. IV. — JOUFFROY, *Cours de droit naturel*, Leçons XXVI, XXVII. — PESCH (Th.), *Le Kantisme et ses erreurs*. — RUYSSEN, *Kant*. — SCHOPENHAUER, *Fondement de la morale*, ch. II ; *Le monde comme volonté et comme représentation*, L. I, § 16.

la voie suivie par les moralistes qui ont précédé Kant. Ou bien on partira de la **forme**, c'est-à-dire du commandement considéré en lui-même, indépendamment de tout bien en soi qui en serait la matière et le contenu. C'est la méthode adoptée par Kant. D'après Kant, le devoir est un absolu qui ne suppose rien au-dessus de lui ; lui donner le bien pour fondement, ce serait en faire un impératif relatif et hypothétique, et dire à l'homme : fais ceci, *si* tu veux obtenir ce bien et réaliser cet idéal. Le devoir a en lui-même sa raison suffisante ; il n'y a donc pas de bien en soi antérieur au devoir. C'est pourquoi le devoir doit se définir : « *la nécessité d'obéir à la loi par respect pour la loi* », et non pas : la nécessité morale de faire le bien. Aussi une action n'est pas obligatoire parce qu'elle est bonne ; elle est bonne parce qu'elle est obligatoire. Tel est le **formalisme moral** de Kant.

III. — **Condition de la moralité : la bonne volonté.** De la notion du devoir ainsi comprise découle la manière de le remplir. Tout dépend de l'**intention** qui fait la valeur morale des actes ;

a) **Sa nature** : soit un ordre à accomplir, qui se présente à ma conscience comme catégorique. J'exécuterai cet ordre, ou bien pour obtenir l'avantage qui en résulte, ou bien uniquement pour obéir à la loi. Dans les deux cas, la matière de l'acte est la même ; mais leur valeur en est bien différente. Dans le premier, l'action n'est pas bonne moralement, elle n'est pas mauvaise non plus : elle est **légale**, c'est-à-dire matériellement conforme à la loi. Dans le second, elle est **morale**. La **bonne volonté**, c'est donc la volonté de *faire le devoir parce que c'est le devoir* d'obéir à la loi par respect pour la loi.

b) **Sentiment de respect qui l'accompagne** : obéir à la loi par *amour* pour la loi, ce ne serait pas, selon Kant, agir moralement, car ce serait attendre quelque satisfaction de son obéissance. C'est pourquoi Kant bannit tous les *bons sentiments* qui pourraient nous aider à pratiquer le devoir, parce que ce serait rendre son observation intéressée. Un seul sentiment a trouvé grâce devant lui ; c'est le sentiment de **respect**, parce que le respect n'est pas un sentiment agréable : il exerce une certaine contrainte sur nos penchants inférieurs.

c) **Son autonomie** : qu'est en elle-même la bonne volonté ?

Elle est **autonome**, elle porte en elle-même la loi à laquelle elle obéit ; elle la pose et se l'impose. La volonté est à elle-même sa propre fin, c'est une *fin en soi*. Si la loi morale nous était imposée du dehors, par un Dieu tout-puissant, la volonté ne pourrait s'y soumettre que par crainte, amour ou intérêt : or, l'obéissance due à de tels motifs n'est pas morale. De plus, toute doctrine qui fait dépendre la volonté d'une fin autre que la volonté même, est une doctrine d'esclavage, une **hétéronomie**.

d) **Sa valeur** : « Il n'y a qu'une seule chose qu'on puisse tenir pour bonne sans restriction, c'est une bonne volonté », c'est-à-dire la volonté raisonnable et libre. Elle « ne tire pas sa bonté de ses effets ou de ses résultats, ni de son aptitude à atteindre tel ou tel but proposé, mais seulement du vouloir, c'est-à-dire d'elle-même... L'utilité ou l'inutilité ne peut rien ajouter ni rien ôter à sa valeur (¹). » C'est que la volonté, étant libre, ne doit rien qu'à elle-même. Tel est le bien *absolu* ; il n'est pas distinct de la personne elle-même ; il résulte de l'intention pure d'obéir à la loi. Tout le reste n'a qu'une valeur *relative*, qui dépend du bon ou du mauvais usage qu'on en fait.

IV. — **Formules de la loi morale.** Nous devons donc *agir par devoir*. Il faut en outre connaître les *actes* que le devoir impose. Pour éclaircir les cas embarrassants, Kant a formulé quatre grandes règles :

1°) « *Agis de telle sorte que tu traites toujours la volonté libre et raisonnable, c'est-à-dire l'humanité, en toi et en autrui, comme une fin et non comme un moyen.* » La volonté raisonnable et libre, la personne humaine, est donc l'**objet** même de la loi, en même temps qu'elle en est l'**auteur et le sujet**. L'être raisonnable est une fin absolue, c'est-à-dire qu'il ne doit jamais se regarder comme un moyen, mais toujours comme une fin. Quand l'homme obéit aux inclinations de la sensibilité au détriment de la raison, il se dégrade, car il se sert de lui-même comme d'un moyen. Les autres hommes étant nos égaux en nature, nous devons respecter leur personnalité ; il est donc illégitime de les traiter comme des

---

(¹) Kant, *Fondements de la métaphysique des mœurs*, p. 13 (trad. Barni).

moyens, c'est-à-dire de s'en servir pour en tirer un avantage. C'est pour cela que l'esclavage est odieux. La personnalité est inviolable et sacrée. Le respect absolu de la personne est donc le fondement du **droit** comme du **devoir**.

2°) « *Agis comme si tu étais législateur en même temps que sujet dans la république des volontés libres et raisonnables.* » L'idéal que poursuit la morale, c'est la réalisation d'une république des volontés libres et raisonnables, dans laquelle chacune serait pour les autres une fin. Ce serait la conséquence de la mise en pratique de la première formule, car si les volontés se prenaient réciproquement comme fin, elles réaliseraient cette cité libre et unie où chacun serait à la fois législateur et sujet : ce serait la « république des fins ».

3°) « *Agis toujours de telle sorte que la raison de ton action puisse être érigée en loi universelle.* » L'*universalisation* d'un acte, tel est le critérium donné par Kant pour distinguer, pratiquement, quelles actions sont conformes ou contraires à l'idéal indiqué plus haut (**47**, III).

4°) « *Agis extérieurement de telle sorte que ta liberté puisse s'accorder avec la liberté de chacun suivant une loi générale de liberté pour tous.* » C'est le principe régulateur des droits.

§ B. — *CRITIQUE*

Kant a clairement indiqué les caractères de la loi morale, son obligation absolue et son universalité. Il a nettement dégagé l'idée du devoir des motifs égoïstes, et il a bien réfuté les systèmes empiriques et utilitaires. Il a mis en relief la dignité et l'inviolabilité de la personne humaine. La beauté de la loi morale lui a inspiré de belles paroles : « Deux choses remplissent le cœur d'une admiration et d'une vénération toujours nouvelles et toujours croissantes : le ciel étoilé au-dessus de moi et la loi morale en moi. » Mais la morale kantienne mérite plus de reproches que d'éloges. Pour s'en convaincre il suffit d'examiner l'un après l'autre les quatre points, auxquels nous avons ramené sa doctrine :

I. — **Kant ne prouve pas l'existence universelle du devoir:**

il affirme que le devoir est donné dans toute conscience humaine. Il ne l'établit ni **a priori**, ni **a posteriori**.

A) L'existence du devoir n'implique pas la croyance à la liberté telle que Kant la conçoit. En effet Kant distingue l'*homme-phénomène*, c'est-à-dire tel qu'il *s'apparait* à lui-même et *apparait* aux autres ; et l'*homme-noumène*, l'homme en soi, considéré dans son essence qui est inconnaissable. Les actions de l'homme-phénomène, étant dans le temps et étant régies par le principe subjectif de causalité, sont soumises à la loi du déterminisme. Mais nous n'avons pas le droit de dire de l'homme-noumène qu'il n'est pas libre. Il *se peut* que la liberté nouménale existe. Telle est la conclusion de la *raison pure*. Mais la *raison pratique* montre que cette liberté est *nécessaire* parce qu'elle est impliquée par le devoir. Kant aboutit à une contradiction. Ou le devoir s'applique au monde nouménal, et alors il n'a pas d'influence sur le monde phénoménal qui est régi par la fatalité ; ou bien le devoir s'applique au monde phénoménal, le seul dont nous ayons conscience d'après Kant et par conséquent le seul qui nous importe, et alors l'homme-phénomène qui y est soumis doit être libre pour pouvoir l'observer. Or, Kant nie la liberté phénoménale.

B) Les deux autres postulats (*immortalité* et *existence d'un Dieu rémunérateur*) reposent sur une affirmation qui est en contradiction avec la doctrine kantienne sur d'autres points. L'homme doit, dit-il, chercher à réaliser le *souverain bien*, c'est-à-dire l'*accord du bonheur et de la vertu* ; or, cet accord, dont la raison voit la nécessité, n'est pas réalisable en ce monde ; donc il doit y avoir une autre vie. C'est bien raisonné en soi ; mais Kant s'est interdit cette façon de raisonner, car un des éléments fondamentaux de sa doctrine c'est que la pratique de la vertu est incompatible avec la poursuite du bonheur (**56, § B**). Pour éviter cette contradiction, Kant se contente ordinairement de dire qu'il faut par la vertu se rendre *digne* du bonheur sans le rechercher. Quand il parle ainsi, il n'est plus en opposition avec ses principes, mais il enlève toute base à son argumentation : il n'a plus le droit d'affirmer l'obligation de croire à l'immortalité de l'âme et à l'existence de Dieu, puisque le fondement de cette croyance, à savoir la nécessité de l'accord du *bonheur et de la vertu*, a disparu.

II. — **La thèse de l'antériorité du devoir sur le bien :**

1°) **Est en contradiction avec la nature humaine :** L'homme est un être raisonnable ; or, un être *raisonnable* ne saurait, sans aller contre sa nature, obéir à une loi dont il ne connait aucune *raison* qui la motive. L'obéissance à la loi morale doit être une soumission éclairée et non l'exécution aveugle d'un commandement que rien ne justifie. Or, ce qui justifie la loi morale c'est sa conformité au bien en soi. Le devoir, tel que le présente Kant, ressemble à une consigne inintelligible et brutale, qui s'impose sans qu'il soit permis d'en chercher les motifs. On l'a comparé à la discipline des armées allemandes. Mais la logique des choses a contraint Kant à être inconséquent avec son système ; lui aussi rattache, quoi qu'il en dise, le devoir à un bien antérieur : c'est pour lui l'*universalité rationnelle* de l'action (**47**, § III)).

2°) **Rend la morale impraticable** en bannissant le *sentiment* qui est un *auxiliaire* indispensable (**59**, § B).

III. — **La doctrine de l'autonomie de la volonté :**

1°) **Ruine l'autorité de la loi morale.** — Comment la volonté, étant essentiellement changeante, pourrait-elle édicter une loi immuable ? Comment un être, qui s'impose d'agir de telle ou telle façon, serait-il lié par cet ordre émané de lui ? Après cet ordre, ou il n'est plus libre, et alors il n'y a plus de moralité ; ou il le demeure ; il peut par conséquent prendre une décision contraire et se délier de sa première obligation ; alors que devient le caractère absolu, catégorique du devoir ? Il faut donc que l'obligation ait un principe extérieur et supérieur à la volonté.

2°) **Compromet l'universalité de la loi morale.** — Si chaque volonté est autonome, pourquoi la loi morale serait-elle identique pour tous les hommes ? Une loi, qui dépend de la volonté libre, peut changer avec chaque volonté. On dira sans doute que Kant entend assigner comme fondement du devoir la volonté en tant qu'elle est la même chez tous les hommes. Soit. Mais la volonté a précisément chez tous les hommes ceci de *commun* qu'elle est *libre*. Dans ce cas, il faut convenir que c'est la raison, faculté *fatale*, partout la même, qui montre à chaque volonté humaine la règle du devoir. Mais c'est chercher le fondement de l'obligation en dehors de la volonté, et par conséquent sortir du système de Kant.

IV. — **La première formule** n'est que partiellement vraie. Il faut dire avec Kant que l'homme ne peut être pour l'homme un simple moyen. Mais on ne peut lui accorder que la personne humaine est *une fin en soi*, une *fin absolue*. Elle n'est qu'une *fin relative*, car l'homme est *subordonné* à Dieu, seule fin dernière et suprême.

La deuxième formule n'ajoute rien d'essentiel à la première en ce qui concerne la détermination des devoirs.

La troisième formule est vraie ; mais elle n'appartient pas en propre à la morale kantienne. De plus, elle est inconciliable avec le *formalisme* de Kant. En effet, pour savoir quelles actions peuvent être érigées en lois universelles, Kant fait entrer en ligne de compte l'intérêt général ou particulier, et alors, comme le lui reproche Schopenhauer, il raisonne à la façon d'un vulgaire utilitaire.

La quatrième formule n'est pas spéciale à la morale kantienne.

Conclusion : on peut donc dire, avec M. Cresson, que la morale kantienne « pèche par la façon dont Kant tire les conséquences de ses principes, et surtout par ses principes eux-mêmes ».

62. — MORALE DU BIEN RATIONNEL

Nous avons prouvé que ni le plaisir, ni l'intérêt, ni le sentiment, ni le respect de la loi, ni le bonheur rationnel ne peuvent être le principe de la loi morale. Le motif *du bien en soi*, du bien *rationnel*, c'est-à-dire de ce qui est conforme à la nature raisonnable de l'homme, étant le dernier motif de nos actions constaté par l'observation psychologique, il s'ensuit que lui seul peut être le principe de la loi morale. Mais on peut l'établir directement par l'analyse de l'idée du bien en soi. Cette idée a tous les caractères qui conviennent à la loi morale. L'idée du bien est :

I. — **Obligatoire** : c'est par là qu'elle se distingue des autres idées de la raison. Quand je dis : c'est un mal de mentir ; ce jugement n'est pas seulement spéculatif comme les vérités scientifiques, il est *pratique* : j'affirme que je suis *tenu* de ne pas mentir.

II. — **Absolue** : elle s'impose à la raison sans condition. La conscience ordonne, au nom du bien, indépendamment du plaisir, de l'intérêt et du sentiment. Le bien en soi n'est en somme que notre nature idéalisée. Or, l'idéal de notre nature étant le terme dernier de notre tendance, au delà duquel nous ne saurions aller, la raison voit en lui une *fin en soi* qui doit être voulue pour elle-même. Il serait absurde de la vouloir *conditionnellement*, car alors elle ne serait plus une fin dernière, mais une fin relative, c'est-à-dire un moyen d'arriver à un autre bien.

III. — **Universelle** : c'est un fait que tout homme a l'idée du bien et qu'il distingue le bien du mal (33). — C'est un fait aussi que la conscience ne confond pas le bien avec le plaisir, l'intérêt ou les sentiments divers qui accompagnent notre activité. Cela se comprend : puisque le bien est fondé sur la nature humaine, il doit être *universel* et *immuable* comme elle.

IV. — **Claire et pratique** : tous entendent les préceptes généraux de la loi morale. De plus, le bien en soi est admirablement adapté aux exigences de nos facultés, puisqu'il est, par définition, ce qui est conforme à notre nature raisonnable.

Conclusion : le bien rationnel, qu'on nomme d'un mot l'honnête, étant une règle obligatoire, absolue, universelle, claire et pratique, est donc le souverain bien, la fin suprême de l'activité humaine et le principe de la morale.

63. — CRITÉRIUM DU BIEN ET DU MAL

I. — **Vrai fondement de la distinction du bien et du mal.** Le **devoir**, c'est l'obligation de faire le bien. Le **bien**, c'est ce qui convient à la nature d'un être, par conséquent, le perfectionne. Si l'on considère le bien en soi ou idéal moral par rapport à l'homme, on l'appelle l'**honnête** et on le définit : *Ce qui convient à la nature raisonnable, ce qui perfectionne l'homme.* Le mal, c'est ce qui ne convient pas à la nature raisonnable de l'homme ; c'est l'absence d'une perfection qui devrait être présente. Toute action conforme à la nature raisonnable de l'homme est bonne ; toute action, qui lui est contraire, est mauvaise. La convenance ou la disconvenance avec la *nature raisonnable*, tel est donc le principe de la distinction du bien et du mal. C'est là le fondement *immédiat* ; mais le fondement *dernier*, c'est l'*essence même de Dieu*, sur laquelle repose l'ordre essentiel des choses.

II. — **Fondement faux : Volonté arbitraire de Dieu.** — Duns Scot, Guillaume d'Occam, Descartes, faisant dépendre l'essence des choses de la volonté arbitraire de Dieu, ont fait logiquement dépendre de cette même volonté la nature du bien et du mal. Le bien est bien parce que Dieu le veut ; il aurait pu, s'il l'avait voulu, faire que ce qui est bien fût mal et que ce qui est mal fût bien. Dieu ne commande donc pas une chose parce qu'elle est bonne en soi ; mais elle est bonne parce que Dieu la commande.

Réponse : s'il n'existe aucun bien en soi, logiquement antérieur à la volonté divine et lui servant de règle, cette volonté est dépourvue de raison, arbitraire et par suite contraire à la sagesse même de Dieu. A moins donc de supprimer la sagesse divine, il faut reconnaître que, si Dieu commande ou défend une action, ce commandement ou cette défense ont leur raison d'être dans la bonté ou la malice intrinsèque de l'acte, dans l'essence des choses, que l'intelligence de Dieu conçoit, mais qui ne dépend pas de sa volonté, parce que l'essence des choses est une imitation plus ou moins parfaite de l'essence de Dieu qui est immuable. Il existe donc un bien en soi, logiquement antérieur à la volonté divine.

Remarque : s'il s'agit non de choses intrinsèquement bonnes ou mauvaises, mais de choses *indifférentes en soi*, c'est-à-dire sans rapport essentiel avec le souverain bien, il est vrai alors de dire que tel acte sera bon parce que Dieu le commande, mauvais parce qu'il le défend. Cette remarque vaut également pour les lois positives humaines.

64. — FONDEMENT DE L'OBLIGATION

Nous avons défini le devoir : *le bien en tant qu'obligatoire*. Pour expliquer la **nature** du devoir, deux questions sont à résoudre :

1°) En quoi consiste le **bien**, qui est la **matière** du devoir ? Nous venons de montrer que le bien se ramène à l'idée de **perfection**, laquelle se compose de deux éléments : l'*intégrité* et l'*ordre* (¹).

2°) D'où vient ce caractère **obligatoire**, qui est la **forme** du devoir ? C'est la seconde question à éclaircir. Il faut d'abord écarter les solutions erronées.

§ A. — *FONDEMENTS ERRONÉS*

I. — **La Sanction** : on a prétendu que notre bonheur était nécessairement attaché à la pratique du bien ; nous nous sentons obligés de faire celui-ci parce que nous ne pouvons pas ne pas désirer celui-là. Ainsi l'homme serait tenu de faire le bien et d'éviter le mal, à cause des récompenses et des châtiments qui en sont la conséquence nécessaire.

Réponse : A) La sanction, étant *une suite* de l'obligation, n'en saurait être le principe : on ne peut être récompensé ou puni qu'autant qu'on a préalablement observé ou violé un devoir connu.

B) Fonder l'obligation sur la sanction, c'est réduire la morale à l'intérêt.

II. — **Les lois humaines** : ce sont les législateurs qui auraient établi la distinction du bien et du mal, et donné au bien sa force obligatoire.

Réponse : A) Les lois humaines tirent leur autorité de la loi

---

(¹) Cf. G. Sortais, *Traité de philosophie*, T. II, Morale, 43.

morale. C'est à la lumière de la loi morale que les hommes jugent de la légitimité ou de l'illégitimité des lois civiles, selon qu'elles sont conformes ou non à l'ordre essentiel des choses, au droit naturel.

B) Le devoir est universel et absolu ; comment a-t-il pu tirer ces caractères des volontés humaines, essentiellement particulières et changeantes ?

C) Les lois humaines sont loin d'embrasser tout le domaine de la moralité ; elles n'atteignent pas : les actes qui se passent dans le for intérieur, vg. pensées et désirs ; — les actions qui ne sortent pas du foyer domestique : vg. désobéissance des enfants ; — les fautes qui ne menacent pas matériellement l'ordre extérieur, bien qu'elles soient réprouvées par la conscience publique : vg. égoïsme, ingratitude.

D) Cette théorie aboutit à des conséquences désastreuses pour l'individu et la société : si l'on ne distingue pas entre la **légalité**, c'est-à-dire ce qui est conforme à la loi humaine, et la **justice**, c'est-à-dire ce qui est conforme à la loi morale, le pouvoir législatif peut imposer toutes les tyrannies et toutes les injustices (**45**, § D).

III. — **L'idée du bien, abstraction faite de la volonté de Dieu** : c'est la thèse de la *morale indépendante*. Le bien est obligatoire parce qu'il est le bien ; il s'impose à la volonté par le fait même qu'il est connu, et il ne tient son autorité que de lui-même. La question posée est celle-ci : le bien et le devoir sont-ils tellement liés l'un à l'autre que notre esprit ne puisse concevoir le bien sans le concevoir comme obligatoire, ou faut-il un autre principe pour opérer cette liaison ?

Réponse : le bien n'est pas obligatoire par lui-même, car :

A) Ce serait confondre le **motif** de la loi avec la **loi** elle-même ; autre chose est le *bien*, autre chose est le **précepte** de faire le bien. La preuve en est que le bien est *plus étendu* que le devoir ; l'héroïsme c'est le bien au degré supérieur, et cependant l'héroïsme n'est pas obligatoire. La loi morale, s'adressant à la masse de l'humanité, ne peut imposer que cette mesure moyenne de bien qui est à la portée de tous : autrement, elle serait impraticable.

B) La raison, étant une faculté de connaître, peut nous imposer une nécessité de penser, c'est-à-dire l'adhésion à l'évidence, mais non une nécessité d'agir, c'est-à-dire une obligation. La raison nous montrant le bien est une *lumière* qui éclaire notre route ; ce n'est *pas une force* qui nous *oblige* à la suivre. Le bien, la perfection, qu'elle nous présente est un *idéal* qui, par sa beauté et sa grandeur, peut solliciter, attirer, émouvoir toutes les puissances de notre être ; ce n'est pas une *loi* qui s'impose.

C) Une idée conçue par la raison ne peut, par elle seule, obliger, car il n'y a pas de loi sans législateur, ni d'ordre sans une volonté qui l'impose. Or, cette volonté ne peut être la volonté humaine, comme nous l'avons établi contre Kant, parce que la loi morale perdrait toute autorité (**61**, § B, III). Reste la volonté divine.

§ B. — *VÉRITABLE FONDEMENT*

Volonté infiniment sage de Dieu : une volonté arbitraire séparée de la raison serait en Dieu la suprême imperfection. Le vrai fondement du devoir, c'est donc la volonté divine éclairée par la raison infinie. Mais, en Dieu, toutes les perfections sont unies et par conséquent la volonté ne fait qu'un avec sa sagesse. L'accomplissement de cette volonté constitue le *bien moral*, et son habitude constitue la *vertu*. C'est la magnifique définition donnée par Platon : « La vertu consiste à ressembler à Dieu par l'imitation ». Dans l'intelligence divine, tous les êtres et leurs rapports sont représentés avec leur degré de perfection, et Dieu aime les êtres dans la mesure de la perfection qu'il leur a donnée et qu'il connaît. C'est pourquoi, si l'homme proportionne son amour envers les êtres à leur perfection relative, il s'établit entre la volonté humaine et la volonté divine une conformité qui est l'ordre. L'homme aime ce que Dieu aime, et il l'aime dans la mesure où Dieu l'aime. Enfin s'il aime Dieu par-dessus toutes choses, l'homme est pleinement dans l'ordre ; il fait le bien. Le bien *moral* c'est donc *l'ordre dans l'amour*, *ordo amoris*, selon la belle définition de saint Augustin adoptée par Malebranche.

Conclusion : on peut dire, pour tout résumer, que le **devoir** c'est le bien obligatoire. Le **bien en soi** c'est ce qui perfectionne la nature humaine, c'est ce qui est conforme à la nature raisonnable. La **distinction** du bien et du mal est fondée sur l'essence des choses, qui est indépendante de la volonté de Dieu. Le fondement de l'obligation c'est la volonté infiniment sage de Dieu. Le bien en soi est donc **un idéal de perfection**, qui est comme le **principe** du devoir et de la loi morale : c'est le **souverain bien**. Mais il est un autre bien qui est la **conséquence** de l'accomplissement du devoir : c'est le **bien moral**. On peut le définir : l'observation du devoir, c'est-à-dire la réalisation, dans les actes, de l'idéal de perfection qui oblige toute volonté humaine.

Dieu connaît son essence infinie et voit les essences de tous les possibles, c'est-à-dire les diverses façons dont la perfection de son être est imitable. Il voit en même temps les relations invariables qui découlent des différentes essences de ces êtres. L'ensemble de ces relations nécessaires constitue l'ordre essentiel des choses, la hiérarchie des fins qui relient les êtres entre eux et à l'absolu. Cet ordre essentiel connu par Dieu est bon puisqu'il repose sur son essence même. Étant bon, Dieu infiniment saint doit l'aimer. Quand Dieu crée, quand il fait passer une partie des possibles à l'existence, Dieu veut nécessairement que l'ordre essentiel, conçu et aimé par Lui, soit respecté par toute créature. Il fait prévaloir cette volonté par la contrainte physique dans les créatures dénuées de liberté ; il l'impose comme une obligation, comme une nécessité morale, à l'être raisonnable et libre, à l'homme. C'est ainsi que « la volonté divine, commandant de respecter et défendant de troubler l'ordre essentiel des choses que lui montre la raison divine », est le principe de la loi morale, le fondement du devoir. *Ratio divina vel voluntas Dei ordinem naturalem conservari jubens, perturbari vetans* (saint Augustin). La raison éternelle conçoit l'ordre essentiel comme devant être observé, le vouloir divin en impose l'observation à tout être créé.

Par là même s'expliquent tous les caractères du bien : il est *absolu, immuable, souverain, beau*, puisqu'il est la **perfection infinie**. Il est enfin *obligatoire*, parce que cette perfection infinie est une volonté toute sage et toute-puissante qui ordonne à notre volonté de la prendre comme idéal et de la reproduire dans ses actes. On comprend dès lors cette prescription sublime de l'Évangile : « Soyez parfaits comme votre Père céleste est parfait ». Et c'est ainsi qu'en dernière analyse l'amour du bien, l'amour de l'ordre, l'amour du devoir ne sont que les noms abstraits de l'amour de Dieu et de sa volonté sainte. Aussi, pour le philosophe spiritualiste, le motif du devoir n'a pas la froideur d'une abstraction philosophique, puisqu'il se confond avec l'amour de la volonté du Dieu vivant et personnel, de notre Père qui est aux cieux : *Fiat voluntas tua !*

BIBLIOGRAPHIE

Aristote, *Éthique à Nicomaque.*
Beaussire, *Les principes de la morale.*
Bentham, *Introduction aux principes de la morale et de la législation. — Déontologie.*
Caro, *Problèmes de morale sociale,* ch. vi, vii,
Carrau, *La morale utilitaire. — Étude sur la théorie de l'évolution,* V^e étude.
Cicéron, *De finibus bonorum et malorum.*
Comte, *Cours de philosophie positive.*
Coubé, *L'honneur.*
Cousin, *Du vrai, du beau et du bien,* Leçons XI à XVI.
Cresson, *La morale de Kant.*
Farges, *La liberté et le devoir.*
Fouillée, *Critique des systèmes de morale contemporains.*
Guyau, *La morale d'Épicure. — La morale anglaise contemporaine.*
Halévy, *La jeunesse de Bentham. — L'évolution de la doctrine utilitaire de 1789 à 1815.*
Hulst (d'), *Conférences de Notre-Dame,* 1891, 3e Conf.
Hutcheson, *Système de philosophie morale.*
Janet (Paul), *La morale,* L. I; L. II, ch. ii.
Jouffroy, *Cours de Droit naturel,* Leç. XI et s. — *Mélanges philosophiques :* Du bien et du mal.

Kant,	*Critique de la raison pratique.* — *Fondements de la métaphysique des mœurs.* — *Doctrine de la vertu.*
Lessius,	*De summo bono.*
Mill (St.),	*L'utilitarisme.*
Ogereau,	*Essai sur le système philosophique des Stoïciens*, ch. vii, viii.
Ollé-Laprune,	*Essai sur la morale d'Aristote*, ch. iv-viii.
Pallavicini,	*Del bene.*
Platon,	*Philèbe.* — *Théétète.*
Ravaisson,	*La philosophie en France au XIXe siècle,* § 35.
Roure,	*Anarchie morale et crise sociale.* — *Doctrines et Problèmes* : ch. vii, *Vertu kantienne et vertu chrétienne.*
Second,	*L'essence de la morale,* Annales de philos. chrétienne, mars 1893.
Smith (A.),	*Théorie des sentiments moraux.*
Spencer,	*Les bases de la morale évolutionniste.*
Suarez,	*Disputationes metaphysicæ,* Disp. X.
Taine,	*Le positivisme anglais, étude sur S. Mill.*
Thamin,	*Un problème moral dans l'antiquité.*
Valet,	*Le bien,* Annales de philos. chrét., févr. 1887.
Vallier,	*L'intention morale.*

CHAPITRE V

CONSÉQUENCES DE LA MORALITÉ

L'homme est un être moral parce qu'il est raisonnable et libre. Les principales *conséquences* de la moralité sont la **personnalité** (22) et la **responsabilité**, le **mérite** et le **démérite**, la **sanction**, la **vertu**.

65. — RESPONSABILITÉ MORALE

§ A. — *NATURE*

La **responsabilité** est le caractère des personnes qui peuvent et doivent rendre compte de leurs actions, c'est-à-dire s'en reconnaître les auteurs et en supporter les conséquences. Pour qu'un agent soit responsable d'une action, il faut qu'il puisse expliquer quelles sont les *causes efficiente et finale* de cette action. Or, le seul être capable de **répondre** à ces questions est celui qui, étant raisonnable et libre, a posé la cause finale de l'action et en a été la cause efficiente. La responsabilité est donc fondée sur la loi de causalité, qui fait de l'effet un attribut de la cause. — Au terme responsable, qui se dit des personnes, correspond le terme *imputable*, qui se dit des actions. **L'imputabilité** est la propriété qu'a l'action d'un agent libre de lui être attribuée.

§ B. — *CONDITIONS DE LA RESPONSABILITÉ*

La responsabilité morale suppose comme conditions :
I. — **Le libre arbitre** : c'est la condition fondamentale, qui

est comme le **principe** de la responsabilité. On ne peut être responsable que des actions qu'on a voulues librement, c'est-à-dire dont on a eu l'initiative ou auxquelles on a coopéré. C'est pourquoi on n'est pas responsable de sa laideur. Les choses et les animaux, étant dénués de liberté, sont irresponsables.

II. — **La connaissance du bien et du mal** : sans elle il n'y aurait pas de libre arbitre, car agir librement, c'est agir en connaissance de cause (**16**).

§ 6. — *VARIATIONS DE LA RESPONSABILITÉ*

Elle varie dans la même proportion que la liberté et la connaissance du bien et du mal qui la conditionnent. D'où il suit que les causes, qui *suppriment*, *augmentent* ou *diminuent* cette liberté ou cette connaissance, *suppriment*, *augmentent* ou *diminuent* du même coup et dans la même proportion la responsabilité. Ces causes peuvent se ramener aux suivantes :

I. — **Ignorance et erreur** : quand la loi civile a été promulguée, elle n'admet pas, afin de contraindre les citoyens à la connaître, l'excuse trop commode de l'ignorance. Après un certain délai, variant avec les distances, « nul n'est censé ignorer la loi ». — Dans l'ordre moral, il n'en peut être ainsi : nul n'est coupable sans le savoir. Aussi ce qui diminue, augmente ou enlève la connaissance de la loi morale, fait varier la responsabilité dans la même mesure.

L'erreur et l'ignorance **invincibles** sont celles qui n'ont pu être dissipées par tous les moyens que suggère la sagesse humaine : vg. les sauvages, qui tuent leurs vieux parents, sont dans une ignorance invincible. Elles rendent l'homme irresponsable, parce qu'elles sont *involontaires*.

L'ignorance et l'erreur **vincibles** sont celles qui peuvent être dissipées par les moyens qu'emploie communément la sagesse humaine : vg. un médecin qui donne un remède mortel ou dangereux, faute de science suffisante, est dans une erreur vincible. Elles rendent coupable parce qu'elles sont plus ou moins volontaires.

La **folie** et le **délire** supprimant la connaissance, la responsabilité s'évanouit.

Le **sommeil**, le **somnambulisme** rendent généralement irresponsable, parce qu'ils ne laissent pas ordinairement une connaissance suffisante pour discerner le bien du mal.

II. — **Contrainte** : on distingue la contrainte :

1°) **Physique** : une action imposée par une violence extérieure, mais qu'on désavoue intérieurement, n'est pas imputable à celui qui la subit. L'auteur de la violence est seul responsable.

2°) **Morale** : dans ce cas l'action n'est pas tout à fait involontaire, parce que la volonté peut toujours résister à la menace. La liberté est seulement amoindrie et conséquemment la responsabilité atténuée.

III. — **Habitude, passion** : les habitudes et les passions, bonnes ou mauvaises, diminuent la connaissance et le libre arbitre. Elles diminuent la connaissance, parce que les actes habituels et passionnels sont faits avec moins d'attention ; elles diminuent le libre arbitre parce que la répétition des actes les rend de plus en plus nécessaires (**24**). Il peut même arriver que la passion soit violente au point de troubler la raison. Les actes accomplis, sous l'empire de la passion et de l'habitude, considérés **en eux-mêmes** sont donc moins libres ou, dans les cas extrêmes, ne le sont pas ; mais ils le restent toujours **dans leur cause**, et par conséquent l'homme en est toujours responsable, au moins indirectement. Cette cause, c'est la volonté, qui a posé, avec connaissance et liberté, les premiers actes dont la répétition consentie a déterminé le développement de la bonne ou de la mauvaise habitude. Il s'ensuit que la responsabilité, pour le bien comme pour le mal, augmente dans la mesure où l'intelligence a prévu et la volonté accepté les conséquences de l'habitude grandissante. C'est justice, puisque la tendance tyrannique à faire mal et la facilité de plus en plus douce à bien faire sont toutes deux des fruits de la volonté libre (**11**, § D ; **26**).

§ D. — *RESPONSABILITÉ DANS LES ACTIONS D'AUTRUI*

I. — On est responsable, dans une certaine mesure, de la conduite de ceux qui nous sont soumis : vg. les parents de celle de leurs enfants, les maîtres de celle de leurs serviteurs.

II. — Comme les exemples sont des enseignements, on est plus ou moins responsable de leur influence sur les actions d'autrui.

III. — On est responsable du mal qu'on aurait dû et pu empêcher.

IV. — On est responsable des actes auxquels on *coopère*. Dans une action faite en *coopération* on distingue les causes :

a) **Principale** : celle qui est la vraie cause efficiente : vg. le chef d'un complot.

b) **Subalterne** : celle qui concourt *immédiatement* à l'action, mais sous la *dépendance* de la cause principale : vg. les sicaires qui exécutent le complot.

c) **Collatérale ou indirecte** : celle qui concourt à l'action mais sans l'exécuter immédiatement : vg. ceux qui fournissent de l'argent pour payer le complot. La responsabilité de la cause principale est plus grande que celle des causes subalternes et collatérales.

§ E. — *LA SOLIDARITÉ*

La coopération de l'homme au bien et au mal de ses semblables est une preuve de la loi universelle de **solidarité** qui régit :

I. — **L'individu** : l'homme « est un tout naturel » : le corps est solidaire de l'âme et l'âme est solidaire du corps. Le présent dépend du passé et l'avenir du présent.

II. — **La famille** : chaque famille a une sorte de personnalité morale, une existence continue. Les enfants sont solidaires de leurs parents, qui l'étaient de leurs ascendants. Les enfants portent le poids des fautes de leurs pères ou bénéficient de leurs vertus. Les parents sont punis ou récompensés dans leurs enfants.

III. — **La nation** : une certaine communauté de mérite ou de démérite, de gloire ou de honte, etc., relie les citoyens entre eux : c'est la résultante des actions et réactions innombrables qui composent l'histoire de chaque peuple.

IV. — **L'humanité** : la communauté d'origine, de nature et de destinée forme entre tous les hommes un lien d'unité, qui les rapproche entre eux, sans porter atteinte aux groupements particuliers des diverses nations. Les peuples ne peuvent être fondus dans un cosmopolitisme universel. Ils doivent rester distincts et être unis, par conséquent s'entr'aider pour le bien commun de l'humanité. C'est pourquoi le principe de non-intervention est immoral.

66. — MÉRITE ET DÉMERITE

La responsabilité a pour **conséquences** le **mérite** et le **démérite**, les **sanctions** présentes et futures.

§ A. — *DÉFINITION DU MÉRITE ET DU DÉMÉRITE*

On peut envisager le mérite ou le démérite :

I. — **En eux-mêmes** : alors le **mérite**, c'est l'accroissement volontaire de notre valeur morale ; le **démérite**, c'est la diminution volontaire de cette valeur. Tous les êtres ont été créés dans un état de perfection relative. Mais l'homme a le privilège d'être **perfectible**.

II. — **Dans leurs conséquences**, leurs rapports avec la *sanction* : alors le **mérite** c'est le droit au bonheur ; le **démérite** c'est le droit au malheur. Avant l'action, la conscience affirme que le bien est distinct du mal, qu'il faut faire le bien, que nous pouvons exiger les moyens d'accomplir le devoir. Après l'action, elle affirme que l'action mauvaise est digne de châtiment (**32**).

§ B. — *MESURE ET DEGRÉ*

On a soutenu que le mérite était en raison inverse de l'obligation : c'est opposer entre eux le mérite et l'obligation. C'est une doctrine fausse, car, comme le devoir est toujours obligatoire, il en résulterait qu'il n'y aurait pas ou qu'il y aurait peu de mérite à l'accomplir. Or, il y a des actions strictement obligatoires, vg. obligations de justice, et qui sont très méritoires : vg. dévouement du prêtre et du médecin en temps d'épidémie. D'autres actions, à peine obligatoires, sont peu méritoires. Quelle est donc la vraie mesure ?

I. — **Le mérite est en raison composée :**

1°) **De l'importance du devoir :** vg. il y a peu de mérite à se reposer à temps pour mieux travailler ; beaucoup à sacrifier sa vie pour la patrie en danger.

2°) **De la difficulté du devoir ou de l'effort qu'il exige :** vg. il y en a peu à ne pas voler, à aimer ses amis ; beaucoup à restituer une forte somme, à aimer ses ennemis.

3°) **Surtout de la pureté d'intention de l'agent :** vg. faire l'aumône par une certaine générosité naturelle est moins méritoire que de la faire par amour des malheureux et surtout par amour de Dieu.

II. — **Le démérite est en raison composée :**

1°) **De la gravité du devoir :** vg. il est grave de tuer quelqu'un ; il ne l'est pas de le bousculer un peu.

2°) **De la facilité à l'accomplir :** il est facile d'aimer ses parents ; ne pas le faire est une honte. Haïr ceux qui nous font du mal est une action seulement blâmable, parce que les aimer est chose difficile.

3°) **De la malice de l'intention :** manquer à son devoir par respect humain est une lâcheté ; y manquer par haine de la vertu c'est abominable.

67. — LES SANCTIONS MORALES

§ A. — *DÉFINITION ET NATURE*

En morale, on entend par sanction l'ensemble des récompenses et des peines attachées à l'observation ou à la violation de la loi. Il faut définir un certain nombre de termes plus ou moins analogues :

A) **Récompense** : bonheur rigoureusement exigé par le mérite.

Faveur : bien reçu par pur don de la bienveillance d'autrui et indépendamment de tout mérite.

Salaire : prix payé pour une action utile en tant que telle.

B) **Peine** ou **châtiment** : souffrance nécessairement due au démérite.

La **disgrâce** et le **dommage** au contraire ne sont pas mérités.

La sanction véritable est celle qui découle, comme une **conséquence**, du mérite ou du démérite ; c'est pourquoi toute jouissance n'est pas une récompense et toute souffrance n'est pas un châtiment. La récompense est une **jouissance méritée**, comme le châtiment est une **souffrance méritée**.

§ B. — *FONDEMENT DE LA SANCTION*

Le fondement de la sanction c'est donc la **justice**. C'est une dette de justice puisqu'elle est due au mérite et au démérite : à chacun selon ses œuvres. Il en est de même dans l'ordre civil ; c'est donc une erreur de donner pour unique base à la pénalité civile l'intérêt particulier ou général.

L'intérêt, même général, ne peut légitimer une violence.

§ C. — *NÉCESSITÉ DE LA SANCTION*

I. — Le bien sans récompense, le mal sans châtiment sont pour la **conscience** une contradiction. En même temps que je juge une action bonne ou mauvaise, je porte cet autre jugement, qui me paraît aussi nécessaire que le premier, que l'auteur de cette action a droit à une récompense ou à un châtiment et qu'ils doivent être proportionnés à la bonté ou à la malice de l'action. Tous les hommes portent ce même jugement. Et c'est lorsque les faits le contredisent que la conscience l'affirme avec plus de force.

Les **législations humaines** confirment ces exigences de la conscience : chez tous les peuples, on trouve des récompenses attachées à l'observation de la loi, et surtout des peines attachées à sa violation.

II. — Cette nécessité de la sanction est fondée sur la *nature des choses* et sur la *nature de Dieu*. La vertu suppose le sacrifice, la souffrance endurée pour le bien. Le vice suppose la poursuite d'une jouissance contraire au bien. Or Dieu, étant infiniment sage, saint et juste, veut que l'ordre essentiel des choses soit respecté et défend de le violer ; il doit vouloir conséquemment que les sacrifices, entraînés par l'observation de la loi morale, soient compensés par le bonheur, et que l'ordre troublé, effet d'une jouissance coupable, soit rétabli par la douleur expiatrice. C'est ainsi que la sanction de la loi morale nous conduit logiquement, comme l'obligation, à l'idée de Dieu.

§ D. — *BUT DE LA SANCTION*

La sanction n'ajoute rien au caractère obligatoire ni à la valeur intrinsèque de la loi morale ; elle est cependant nécessaire pour procurer le triomphe de la loi. Elle le procure comme moyen :

A) **D'intimidation** qui prévient le mal, et **d'encouragement** qui aide au bien : c'est là le but prochain de la sanction. Le devoir ne s'adresse directement qu'à la raison et à la volonté, aux côtés *spirituels* de l'homme. Mais l'homme est encore *sensibilité*. Il faut donc, pour contrebalancer l'influence des passions mauvaises et l'entraînement des plaisirs défendus, que l'attrait des récompenses et la crainte des châtiments interviennent et excitent l'homme à l'observation de la loi morale. La sanction est par conséquent un *auxiliaire* indispensable de la moralité.

Objection : les Stoïciens et Kant ont soutenu que l'idée d'une rémunération avilit la morale en faisant de la vertu un calcul. Il faut faire son devoir par devoir, sans se laisser aller à l'espérance du bonheur, sans s'abandonner à la crainte du châtiment.

Réponse : cette doctrine, nous l'avons vu (**56**, § B) est :

1°) **Impraticable en fait**, car elle supprime tout désir, toute sensibilité : or il n'y a pas de volonté sans désir.

2°) **Injuste en droit** : la sanction fait partie intégrante de la loi ; exiger de l'homme qu'il ne pense pas à la sanction, c'est lui imposer l'obligation de considérer la loi comme mutilée. Est-ce là respecter la loi ? Sans doute, dans l'observation de la loi, *faire abstraction de la sanction*, c'est le plus pur désintéressement. Mais, s'il est moins parfait, il est encore très raisonnable d'obéir à la loi en voulant *à la fois la loi et la sanction* dans leur rapport naturel : dans ce cas l'homme veut la sanction comme une *conséquence* de l'observation de la loi. Enfin il est encore légitime d'obéir à la loi *par crainte du châtiment et par espoir de la récompense*. En effet l'agent ne sort pas de la loi même. La sanction ne se substitue pas au devoir, elle s'y superpose.

B) **De compensation, de réparation et d'expiation :** l'ordre veut que le bonheur soit le prix de la vertu et que le malheur soit le salaire du vice. Or c'est la sanction qui établit cette harmonie :

I. — La vertu entraînant le sacrifice au Bien suprême des plaisirs immédiats qui en arrêtent la poursuite, il est juste que ce sacrifice soit compensé par une jouissance, qui dédommage l'homme vertueux de sa peine : c'est une créance sur la justice divine. Celui qui fait le bien respecte l'ordre ; ce serait un désordre qu'il ne fût pas récompensé par une sanction **compensatrice**.

II. — Celui qui fait le mal trouble l'ordre, car il recherche un bien interdit, une jouissance illicite. Il faut donc, pour que l'ordre soit rétabli, que le coupable soit empêché d'obtenir le bien qu'il lui est défendu de rechercher, ou que, s'il a réussi à l'atteindre, il soit privé de ce bien illégitimement acquis. Cette contrariété apportée à ses désirs ou cette privation d'un bien défendu, c'est une souffrance ; or cette souffrance est la conséquence légitime de la faute, parce qu'elle **répare** l'ordre troublé.

III. — Lorsque le coupable se repent de son péché et accepte librement la peine, la peine devient une **expiation**. L'ordre n'est pas seulement rétabli au dehors, il l'est dans l'âme du coupable, qui se réhabilite en expiant sa faute. Aussi Platon a-t-il dit avec profondeur : « Commettre l'injustice est un malheur et il vaut mieux la subir ; mais le plus grand des malheurs c'est l'injustice impunie ».

§ E. — *SANCTIONS DE LA VIE PRÉSENTE*

I. — **Espèces** : on les ramène aux quatre suivantes :

1°) **Sanction naturelle** : ce sont les conséquences mêmes de nos actions. Santé, aisance, succès sont les suites normales de la tempérance, du travail et de l'énergie, tandis que des infirmités physiques et mentales sont le résultat naturel du vice.

2°) **Sanction légale** : ce sont les récompenses et les châtiments édictés par les lois humaines.

3°) **Sanction sociale** : c'est l'opinion publique ; c'est la bonne ou mauvaise réputation.

4°) **Sanction morale** : ce sont les satisfactions et les remords de la conscience.

II. — **Leur insuffisance** : une sanction pour être juste doit être :

1°) **Universelle** : ne laisser aucune bonne action sans récompense, aucune mauvaise sans châtiment.

2°) **Proportionnelle** : la récompense et la punition doivent être en rapport exact avec le mérite et le démérite de l'agent.

Or les sanctions terrestres ne remplissent pas ces conditions :

a) **Sanction naturelle** : il y a des hommes vertueux qui se portent mal et des gens malhonnêtes qui se portent bien. Le travail, l'énergie n'amènent pas toujours l'aisance ou le succès.

b) **Sanction légale** : les lois humaines sont presque exclusivement pénales. Elles n'atteignent que les actes publics et extérieurs ; elles ne s'inquiètent pas des fautes ou vertus privées. — Elles ne punissent pas tous les coupables et parfois frappent des innocents. — Leur application est souvent disproportionnée, car les intentions, d'où dépend surtout la moralité, leur échappent.

c) **Sanction sociale** : l'opinion publique s'égare souvent, est mobile et capricieuse. — Que de fautes dissimulées, que de vertus cachées ! Ici encore les intentions échappent.

d) **Sanction morale** : c'est une loi psychologique que l'habitude émousse la sensibilité. Ainsi l'habitude du mal, c'est-à-dire le *vice*, affaiblit chez le coupable le remords et finit même par l'étouffer ; au contraire l'habitude du bien, c'est-à-dire la *vertu*, rend l'âme moins sensible à la satisfaction morale et de plus en plus exigeante avec elle-même. L'habitude produit donc, chez l'homme vertueux, la délicatesse de conscience, et chez le vicieux l'endurcissement ; de là vient qu'un criminel souffre moins d'une grande faute qu'un cœur droit d'une simple imperfection.

§ F. — *NÉCESSITÉ D'UNE SANCTION DE LA VIE FUTURE*

I. — Ces quatre sanctions, les seules de la vie présente, sont insuffisantes ; il faut donc ou bien renoncer à la justice ou bien admettre une vie future, où l'ordre sera rétabli, où l'harmonie entre le bien et le bonheur, le mal et le malheur sera réalisée, où il sera rendu à chacun selon ses œuvres. C'est ainsi que la loi morale *postule* l'immortalité de l'âme.

II. — De plus, pour que la justice soit bien rendue, il faut que toutes les actions, bonnes ou mauvaises, soient connues dans leurs causes et dans leurs conséquences par une intelligence capable de tout savoir ; il faut en outre que cette intelligence soit la justice même pour proportionner exactement la récompense ou la peine à chaque acte bon ou mauvais ; il faut enfin que cette intelligence soit toute-puissante, dispose à son gré des conditions du bonheur et du malheur. La loi morale *postule* donc l'existence d'un Être souverainement intelligent, juste et puissant, de Dieu. Il faut admettre l'immortalité de l'âme et l'existence de Dieu, ou renoncer à la morale et à la justice. C'est ainsi que Dieu se trouve à l'origine et au terme de la morale : il est le souverain Législateur et le Juge suprême (¹).

(¹) Sur la *nature et les conditions de la vertu*, Cf. G. SORTAIS, *Traité de philosophie*, T. II, MORALE, **48**.

BIBLIOGRAPHIE

—

BAYLAC,	*La morale de la solidarité*, Bulletin de l'Institut catholique de Toulouse. Avril 1903, p. 97 sqq.
BEAUSSIRE,	*Les principes de la morale.*
BINET,	*La philosophie morale*, Rev. philos., 1888.
BOUILLIER,	*Morale et progrès.*
BOURGEOIS,	*La solidarité.*
""́,	*Essai d'une philosophie de la solidarité.* Conférences présidées par MM. Bourgeois et Al. Croiset.
CARO,	*Problèmes de morale sociale.* — *L'idée de Dieu*, ch. VI, VII.
CICÉRON,	*Quæstiones tusculanæ.* — *De officiis.*
FONSEGRIVE,	*Essai sur le libre arbitre*, II° P.
FORBES (J.),	*Les bases de la morale*, Études, Oct. 1888.
GRATRY,	*Connaissance de l'âme*, L. V.
GUYAU,	*Esquisse d'une morale sans obligation ni sanction.*
JANET (Paul),	*La morale*, L. III.
HULST (d'),	*Conférences de Notre-Dame*, 1891, V° Conf.
LANDRY,	*La responsabilité pénale.*
LÉVY-BRUHL,	*L'idée de responsabilité*
MARION,	*La solidarité morale.*
PAULHAN,	*La sanction morale*, Rev. phil, 1891.
PIAT,	*La personne humaine.*
PLATON,	*Gorgias.* — *Phédon*
PROAL,	*Le crime et la peine.*
SABBET,	*Essais de philosophie religieuse.*
SCHWALM,	*Individualisme et solidarité*, Rev. thomiste, Mars 1898.
TARDE,	*La philosophie pénale.*

CHAPITRE VI

LE DROIT

Le droit étant habituellement corrélatif du devoir, il convient d'en parler après avoir traité du devoir.

68. — DÉFINITION ET CARACTÈRES DU DROIT

§ A. — *DÉFINITION*

Leibniz a dit : « Le droit est un **pouvoir moral**, comme le devoir est une nécessité morale ». Le devoir est la nécessité morale d'obéir à la loi, de faire le bien. On ne saurait être tenu à faire que ce que l'on peut. Par le fait même que nous devons réaliser une fin, nous devons donc aussi le *pouvoir*, c'est-à-dire avoir à notre disposition les moyens de la réaliser. Ainsi tout d'abord le droit est le pouvoir de réaliser librement une fin déterminée ; c'est pour cela que droit et liberté sont fréquemment employés l'un pour l'autre. Mais c'est un pouvoir *moral*, idéal, rationnel et non physique. De même que le devoir est une nécessité qui s'impose toujours mais qui parfois n'est pas obéie, ainsi le droit, quoique inviolable, n'est pas toujours respecté en fait. On peut le définir : *le pouvoir moral inviolable de faire, d'omettre ou d'exiger quelque chose.*

§ B. — *CARACTÈRES*

Le droit a pour caractères d'être :
I. — **Inviolable** : en fait il est souvent violé ; mais notre rai-

son proteste et affirme qu'il *ne doit pas* l'être. Le fait ne prévaut pas contre le droit.

II. — **Absolu** : de même que le devoir est un impératif qui commande sans condition, ainsi le droit est respectable pour lui-même et en toute hypothèse.

III. — **Universel** : commun à tous les hommes. Sans doute il y a des droits particuliers. Mais il s'agit ici du droit fondamental, principe des autres : le droit de s'appartenir, de faire son devoir. Toute personne humaine doit pouvoir accomplir sa tâche et poursuivre sa destinée. Le droit, pris en soi, étant universel, est donc nécessairement *égal* chez tous les hommes. Le droit étant égal chez tous les hommes, les devoirs de justice sont essentiellement réciproques : ce que j'ai le droit de faire ; vg. aller et venir en liberté, les autres ont le droit de le faire aussi ; donc je dois respecter leur liberté.

IV. — **Inaliénable** : nul ne peut renoncer à ce droit fondamental, car ce serait aller contre sa nature raisonnable et renoncer à sa fin.

V. — **Imprescriptible** : le droit naturel, étant fondé sur l'essence des choses, est immuable, éternel comme elle : « Il n'y a pas, dit Bossuet, de droit contre le droit ». C'est la condamnation de la maxime : *La force prime le droit*, et de la théorie de la *légitimité des faits accomplis*.

VI. — **Exigible** : on peut en exiger le respect par la force. Je puis contraindre celui qui me doit de l'argent à me payer. C'est le droit de *légitime défense*, ou de *contrainte physique*. Dans l'état social, ce droit est exercé par la société au moyen des juges et des agents de la justice. En dehors des cas, où le pouvoir social ne peut intervenir, nul ne doit se faire justice à soi-même, parce que :

a) L'individu serait à la fois juge et partie dans sa propre cause. La proportion entre le dommage subi et la réparation exigée ferait souvent défaut.

b) La force ne serait pas nécessairement du côté du droit.

69. — PRINCIPE ET FONDEMENT DU DROIT

Les solutions sont analogues à celles relatives au devoir :
I. — **Force** : d'après Hobbes (1588-1679), Proudhon, le droit c'est la force. On a le droit de faire tout ce qu'on peut faire.

Critique : 1°) Le droit est un pouvoir *moral* ; la force, un pouvoir *physique*. Dire que la force engendre le droit, c'est dire que ce qui est *doit être* : vg. un voleur s'empare de mon bien et le garde. La force peut opprimer le droit, mais ne saurait le primer.

2°) La vraie force, c'est la force morale, c'est le droit, puisque souvent il s'oppose à la puissance brutale et l'arrête : vg. voici un enfant au berceau ; j'ai un marteau à la main. Physiquement, c'est la faiblesse même. Quelle est la force qui s'oppose à ce que je lui brise le crâne ? C'est le droit qu'il a de vivre.

3°) Accepter cette doctrine c'est justifier toutes les oppressions et tous les crimes. Et cependant pour la conscience humaine le droit n'est jamais plus évident que lorsqu'il est opprimé par la force victorieuse. Est-ce qu'il n'y a pas des défaites triomphantes à l'envi des victoires ?

4°) La force est limitée, variable, passagère, aveugle ; elle n'a donc pas les caractères du droit **(68)**.

II. — **Désir** : Helvétius (1715-1771). On a droit à tout ce qu'on désire, car nos penchants venant de la nature sont légitimes. Doctrine chère à tous les malfaiteurs littéraires qui prêchent la sainteté de la passion.

Critique : si deux ou plusieurs hommes désirent en même temps le même objet, comment déterminer le droit de chacun ? Par la vivacité du désir ? Mais comment mesurer cette vivacité ? Sans doute par le succès final du plus fort. Cette théorie revient donc à la précédente. En effet tous les hommes ont les mêmes droits puisqu'ils peuvent avoir les mêmes désirs ; voilà donc des droits qui se combattent réciproquement. C'est la guerre de tous contre tous ; dans une telle guerre qui fera le partage sinon la *force* ?

III. — **Besoin** : Destutt de Tracy (1753-1836). C'est une modification analogue à celle qu'Épicure apporta à la morale cyrénaïque, en substituant l'intérêt au plaisir. Le désir est passager, plus ou moins factice, individuel ; le besoin est permanent, naturel, identique chez tous les hommes. Tout homme a besoin : vg. de propriété, etc. ; donc la propriété est un droit.

Critique : 1°) Comment fixer la limite entre le désir et le besoin ? Les progrès de la civilisation changent en besoins ce qui n'était auparavant que désirs.

2°) Quand deux individus ont en même temps besoin du même bien, comment déterminer le droit de chacun ? Par la vivacité du besoin ? Comment la mesurer ? Il faudra, ici encore, en revenir à la *force*.

IV. — **Utilité sociale** : S. Mill, Spencer. L'École anglaise fonde le droit, non sur l'intérêt individuel, mais sur l'**intérêt général**. Aussi S. Mill définit-il le droit : « Un pouvoir que la société est intéressée à donner aux individus ». L'homme vit naturellement en société et retire de grands avantages de l'état social. Pour que la société subsiste, il faut que les individus qui la composent soient protégés dans leur vie, leur famille, leur propriété, etc. Sans cette protection efficace, la société disparaîtrait et, avec elle, les avantages qui en découlent. Il faut donc, pour le bon état de la société même, que les individus soient garantis dans la jouissance paisible de ce qu'ils possèdent. Les droits individuels dérivent donc de l'utilité sociale.

Critique : 1°) — Si la société octroie elle-même les droits, elle pourra les reprendre ou les modifier si bon lui semble. Le droit serait donc quelque chose d'essentiellement instable et précaire.

2°) — La société pourrait sacrifier les droits individuels les plus manifestes : vg. faire périr un innocent, et sanctionner les institutions les plus révoltantes : vg. l'esclavage, au nom de l'intérêt général : *Salus populi suprema lex esto*. Qui pourrait l'accuser d'injustice, puisque l'utilité sociale, dont elle est juge, est la mesure du juste et de l'injuste ? C'est évidemment ouvrir la porte à toutes les tyrannies.

3°) — Cette doctrine suppose que ce qui est utile à la société est nécessairement juste. Cette identité n'existe pas toujours : vg.

motion de Thémistocle proposant d'incendier la flotte des alliés d'Athènes.

4°) — L'individu, qui serait étranger à la société, n'aurait aucun droit ; par conséquent contre lui toutes les vexations seraient permises. Or ce n'est pas en tant qu'être sociable, mais en tant qu'être moral que l'homme possède des droits. L'individu est logiquement et réellement antérieur à la société, et par conséquent aussi ses droits naturels et primitifs, qui sont fondés sur sa nature de personne morale. La société ne les crée pas, elle ne fait que les reconnaître et les protéger.

V. — **Le bien** : étant donné l'idéal du bien comme fin à atteindre, il s'ensuit :

1°) Qu'il *doit* être réalisé ; cette première conséquence, c'est le **devoir**.

2°) Qu'il doit être réalisé *librement*, sans entrave ; et cette seconde conséquence, c'est le **droit**.

De ce que nous sommes obligés, il résulte en effet que nous devons avoir la possibilité d'accomplir notre devoir. Le droit c'est donc le pouvoir de faire son devoir, comme il doit être fait pour être méritoire, c'est-à-dire librement, sans en être empêché et sans y être contraint.

Conclusion : le droit et le devoir ont donc le même fondement : le *bien*, l'*honnête*, c'est-à-dire ce qui est conforme à la nature raisonnable et à l'ordre essentiel des choses (**63**), et tous deux supposent *comme condition* la liberté. Le droit et le devoir ont par conséquent la même origine, le *bien*, qui est leur principe commun. Mais, comme en dernière analyse, le bien n'est que l'ordre essentiel conçu et voulu par Dieu, il faut dire que, pour le droit comme pour le devoir, le principe suprême c'est la *volonté divine* ordonnant la conservation de l'ordre essentiel et défendant de le troubler (**64**, § B).

70. — RAPPORTS DU DROIT ET DU DEVOIR

§ I. — *ORDRE DE FILIATION*

Quelle est la génération logique du droit et du devoir ? Est-ce le droit qui naît du devoir ou le devoir qui naît du droit ? Lequel est antérieur à l'autre ? La réponse à cette question diffère, selon que le droit et le devoir sont considérés relativement à Dieu ou relativement à l'homme :

A) **Relativement à Dieu** : il faut dire alors que le devoir suppose le droit. On ne peut concevoir un être obligé sans concevoir un principe d'obligation supérieur et antérieur. Tout devoir en effet découle du *droit absolu* que Dieu a sur tout être créé. Dieu est la cause première et la fin dernière de toute créature : à ce double titre, il a sur la création un droit essentiel et primordial. Bien souverain, il a droit d'être recherché comme fin suprême ; c'est de ce droit que résulte tout devoir.

B) **Relativement à l'homme** : alors il faut distinguer deux cas :

I. — **Dans la même personne** : le devoir est ici la raison d'être du droit. L'homme a des devoirs *avant* d'avoir des droits. En effet, le droit essentiel de l'homme c'est de tendre librement à sa fin. Or ce droit naît de l'obligation rigoureuse, qui lui est imposée par Dieu, d'atteindre cette fin. L'homme conçoit l'idéal moral comme devant être réalisé par lui : c'est le *devoir*. Mais pour qu'il puisse le réaliser, il faut qu'il en ait les moyens et qu'il ne soit pas empêché de les mettre en œuvre : cette liberté nécessaire au devoir c'est le *droit*. Le devoir est donc logiquement antérieur au droit. « ... homme, a dit Comte, n'a d'autre droit que celui de faire son devoir ».

II. — **Entre personnes différentes** : ici, au contraire, c'est le droit qui engendre le devoir. « Qu'est-ce que le devoir, dit J. Simon, sinon l'obligation de respecter le droit d'autrui ? Parce que telle personne m'a prêté de l'argent, elle a droit à être remboursée et j'ai le devoir de le faire. Cette corrélation ne vaut que pour les devoirs de *justice* (Cf. § II) (¹).

§ II. — *CORRÉLATION ENTRE LE DROIT ET LE DEVOIR*

I. — **Dans la même personne :** il y a corrélation étroite entre le droit et le devoir ; vg. j'ai le devoir de vivre, de développer mon intelligence et ma volonté ; j'ai conséquemment le droit de faire ce qui est nécessaire à la conservation de ma vie physique et au développement de ma vie intellectuelle et morale. Le droit du père sur ses enfants est la conséquence du devoir d'éducation qui lui incombe ; il a le devoir de les élever ; il a par conséquent droit d'employer les moyens nécessaires : les réprimandes, les corrections, etc. De même aux devoirs des gouvernants, etc. correspondent autant de droits : vg. le gouvernement a le devoir d'assurer la sécurité publique ; il a conséquemment droit aux moyens indispensables : subsides, forces militaires, etc.

II. — **Entre personnes différentes :** ici il faut faire une distinction entre les devoirs de justice et ceux de charité :

A) **Justice :** il y a réciprocité entre les droits et les devoirs fondés sur la justice. Les *devoirs de justice* sont ceux auxquels correspond un *droit strict* chez les autres ; vg. j'ai l'obligation de payer mes dettes, et mon créancier a un droit rigoureux à être soldé.

B) **Charité :** il n'y a pas réciprocité. Les *devoirs de charité* sont ceux auxquels ne correspond aucun droit chez autrui. Si mon créancier tombe dans la misère, une fois que je suis quitte envers lui au point de vue de la justice, il n'a aucun droit à être secouru par moi. La charité m'oblige cependant à le secourir dans la mesure du possible. Dans le cas précédent, il pouvait me citer devant les tribunaux et exiger par la force le paiement de sa créance ; ici, il n'a aucun recours en justice contre moi : n'ayant pas de droit, il ne peut rien exiger.

(¹) Kant et Proudhon soutiennent au contraire que le *droit est le fondement du devoir*. Cf. G. SORTAIS, *Traité de philosophie*, T. II, MORALE, 51, § A.

Conclusion : 1°) Dans la même personne le droit et le devoir ont même étendue.

2°) A prendre les choses dans leur ensemble, le domaine du devoir est plus vaste que celui du droit. Le droit ne concerne que les rapports des hommes entre eux, il a trait à la *vie sociale*. Le devoir domine toute la vie morale ; nous avons des devoirs envers nous-mêmes et envers Dieu. Quant aux droits corrélatifs aux devoirs personnels, ils ne se conçoivent que par rapport à nos semblables, qui ne doivent pas entraver le libre accomplissement de ces devoirs.

71. — FORMES PARTICULIÈRES DU DROIT

§ A. — *DROIT NATUREL*

Le droit naturel : c'est le droit tel qu'il résulte de la **nature de l'homme**, de l'**ordre essentiel** des choses. Étant fondé sur la nature qui est immuable, il est le même pour tous les pays et pour tous les temps ; il est par conséquent *égal, universel, absolu*. Le droit de tendre à sa destinée et de faire tout ce qui est nécessaire pour la remplir, voilà le droit essentiel, source de tous les autres. Toutes les conditions, qui sont indispensables pour que la personne s'appartienne et puisse réaliser librement l'idéal moral, constituent autant de droits naturels distincts. Voici les principaux :

1°) **Droit de conserver sa vie :** d'où droit de se procurer ce qui est nécessaire à cette conservation ; droit de la défendre.

2°) **Droit d'obéir à sa conscience.**

3°) **Droit d'exercer licitement ses facultés :** de là viennent le droit d'aller et venir à son gré ; le droit d'association ; le droit de choisir et d'exercer toute profession honnête ; le droit de fonder une famille et pour les parents de diriger l'éducation, l'instruction ; le droit de propriété, etc. Le droit naturel de l'individu et de la famille est par conséquent **antérieur** au droit social et au droit des gens. Il est la source de tous les droits et la mesure de leur légitimité. Comme il est fondé sur l'ordre naturel des choses, qui repose lui-même sur l'essence divine, il est foncièrement divin ; et, comme le droit positif découle du droit naturel, on doit dire, en regardant la source, que *tout droit est divin*.

§ B. — *DROIT POSITIF*

Le droit positif : c'est le droit qui est défini par l'intervention des législateurs. Il varie avec les pays ; il est spécial et compliqué, en ce sens qu'il s'efforce de régler les cas particuliers ; il précise les points que le droit naturel laisse dans l'indétermination ; vg. l'âge de la majorité, de l'éligibilité. Il doit, pour être légitime, se conformer au droit naturel ; vg. une loi établissant l'esclavage serait injuste. On le divise en :

I. — **Droit social ou public** : l'individu n'a pas seul des droits ; la société en a aussi, mais elle n'a que ceux qui lui sont nécessaires pour garantir aux citoyens la jouissance de leurs droits naturels et primordiaux. La société ne doit limiter les droits des particuliers que dans la mesure où le requiert le bien commun de l'ensemble.

On **subdivise** le droit social en droit :

1°) **Civil** : celui qui a pour but de sauvegarder les droits naturels des citoyens en les mettant sous la protection des lois : vg. lois garantissant les ventes, les donations, etc.

2°) **Politique**, qui consacre les droits qu'un citoyen peut exercer pour participer au gouvernement de son pays : vg. vote. Les institutions politiques doivent servir de garantie aux droits civils ; c'est une seconde circonvallation autour des droits naturels.

II. — **International** : il règle les rapports des nations entre elles. Les nations n'ont des droits les unes vis-à-vis des autres qu'autant qu'il est nécessaire pour maintenir leur existence indépendante et pour protéger l'ensemble des individus qui les composent. Le droit *naturel et individuel* est donc le *fondement* du droit social et du droit des gens.

72. — PRÉCEPTES PRIMAIRES ET PRÉCEPTES SECONDAIRES DU DROIT NATUREL

De même que, dans l'**ordre spéculatif**, on distingue deux sortes de vérités : les vérités premières et les lois scientifiques ([1]) ; ainsi, dans l'**ordre moral** ou **pratique**, doit-on distinguer deux sortes de **préceptes** :

I. — **Préceptes primaires du droit naturel.** Ils sont :

A) **Absolument nécessaires** : c'est-à-dire indépendants de toute condition et de toute hypothèse.

B) **Universels** : s'appliquant à tous les temps et à tous les lieux ; aucune exception n'est possible.

C) **Évidents par eux-mêmes.**

Exemples : Ne blasphème pas. Ne nie pas Dieu. Ne mens pas. Les actions opposées à ces préceptes primaires sont intrinsèquement mauvaises ; elles le restent quelque hypothèse qu'on imagine : dans aucun cas Dieu ne peut les autoriser et il n'aurait pu créer un monde où elles fussent permises.

II. — **Préceptes secondaires du droit naturel.** Ils sont :

A) **Relativement nécessaires** : c'est-à-dire qu'ils pourraient être autrement, si les conditions de notre existence actuelle étaient changées.

B) **Généraux** : Dieu peut en dispenser dans certains cas ; ils comportent des exceptions.

C) **D'une évidence médiate** : il faut en prouver l'existence. Exemples : lois relatives au mariage, à l'homicide, au vol, à la charité. Si notre nature physique était différente, si Dieu avait choisi d'autres moyens que ceux qui président à la conservation de l'espèce humaine, à l'existence individuelle et sociale de l'homme, les préceptes secondaires énumérés ci-dessus pourraient être autres. — De plus, Dieu peut en dispenser dans certains cas, parce que la violation de ces préceptes, n'étant pas *absolument*

([1]) Cf. G. SORTAIS, *Traité de philosophie*, T. I, PSYCHOLOGIE, 167, 168.

contraire à l'ordre essentiel des choses, n'empêche pas complètement l'homme d'atteindre sa fin. La loi naturelle prescrit l'unité et l'indissolubilité du lien conjugal, parce que ces deux qualités sauvegardent le mariage d'une façon efficace. Cependant la polygamie et le divorce ne sont pas *absolument* opposés au droit naturel ; en effet la fin du mariage, qui est la perpétuité, la stabilité et l'harmonie des familles, bien que rendue par là beaucoup plus difficile à réaliser, n'est pas cependant entièrement entravée. Dieu peut donc, pour des raisons supérieures, *tolérer* la polygamie et le divorce. — En outre, ayant droit de vie et de mort, étant propriétaire de toute la création, Dieu peut ordonner de tuer telle personne ou de prendre le bien d'autrui. Nous en avons des exemples dans l'histoire du peuple d'Israël. Dans ce cas, en vertu de son domaine souverain, Dieu dispense de l'observation des préceptes secondaires, tandis que, dans aucune hypothèse, il ne peut permettre à qui que ce soit de transgresser les préceptes primaires en tolérant vg. le blasphème, le mensonge.

Les préceptes secondaires sont fondés cependant sur l'essence des choses, telle qu'elle découle de l'ordre *établi* par Dieu : ils sont donc naturels, mais comme cet ordre aurait pu être différent, Dieu peut y déroger, mais lui seul. Aussi pour s'y soustraire, l'homme a-t-il besoin d'une manifestation particulière du vouloir divin, l'autorisant à ne pas observer tel précepte secondaire.

73. — CONFLIT DES DROITS

Par cela même que les droits sont divers, il se présente des cas où ils paraissent être en opposition. Le conflit n'est qu'apparent : le droit ne peut contredire le droit ; l'honnête ne peut être opposé à l'honnête. Les droits ne sont pas opposés mais subordonnés.

Voici quelques règles pour discerner celui qui doit prédominer :

I. — Le droit, dont l'**objet est plus important** et plus étroitement lié à la fin dernière, prévaut : vg. le droit à la vie est préférable au droit de propriété.

II. — Le droit, dont l'**extension est plus grande**, l'emporte : vg. le droit social doit passer avant le droit particulier : le soldat sacrifie son droit à la vie au bien général.

III. — Les droits, dont les **titres sont plus évidents**, doivent primer les autres · vg. deux hommes sont en péril égal ; je ne puis porter secours qu'à l'un d'eux ; mais l'un d'eux est mon père, c'est lui que je dois secourir.

BIBLIOGRAPHIE

Beaussire,	*Les principes du droit.*
Brun (L.),	*Introduction à l'étude du droit.*
Caro,	*Problèmes de morale sociale.*
Castelein,	*Droit naturel.*
Cepeda (de),	*Éléments de droit naturel*, (Trad. Onclair).
Fouillée,	*L'idée moderne du droit.*
Janet (Paul),	*La morale.*
Jouffroy,	*Cours de droit naturel.*
Kant,	*Principes métaphysiques du droit.*
Korkounov,	*Cours de théorie générale du droit,* (Trad. J. Tchernoff).
Renouvier,	*La science de la morale.*
Rothe,	*Traité de droit naturel.*
Tanon,	*L'évolution du droit et la conscience sociale.*
Taparelli d'Azeglio,	*Essai théorique et pratique de droit naturel,* (Trad. française).
Vareilles-Sommières (de),	*Les principes fondamentaux du droit.*

DEUXIÈME PARTIE

MORALE MATÉRIELLE OU PARTICULIÈRE

La morale générale est la science **du devoir**. La morale particulière est la science **des devoirs**, car elle *applique* aux cas particuliers, *matière* de la loi morale, les principes établis dans la morale formelle.

74. — DIVISION DES DEVOIRS

§ A. — *DIVISION D'APRÈS LEUR FORME*

D'après la façon dont ils sont **formulés**, on divise les devoirs en **positifs** et en **négatifs**.

I. — **Positifs** : ceux qui **commandent** d'agir. *Exemples* pris dans la morale : 1) *individuelle* : Développe tes forces physiques, instruis-toi, sois courageux ; — 2) *sociale* : Paie tes dettes, rends service aux autres ; — 3) *religieuse* : Prie, adore Dieu.

II. — **Négatifs** : ceux qui **défendent** d'agir. *Exemples* tirés de la morale : 1) *individuelle* : Ne te tue pas ; ne mens pas ; ne t'emporte pas ; — 2) *sociale* : Ne tue pas ; ne vole pas ; ne calomnie pas ; ne médis pas ; — 3) *religieuse* : Ne blasphème pas.

Comparaison : A) les devoirs **négatifs** énoncent les *conditions élémentaires* de la moralité. Ils obligent *toujours et à chaque instant*.— Il y a *peu de mérite*, en général, à les *remplir*, parce qu'ils consistent plutôt à s'abstenir de faire le mal qu'à faire le bien ; il y a *beaucoup de démérite* à les transgresser, parce que leur transgression est une violation de la dignité personnelle et des droits d'autrui.

Les devoirs **positifs** énoncent les *conditions supérieures* de la moralité, un *idéal* de perfection morale. — Ils obligent toujours, mais pas à chaque instant. — Ils sont plus relevés que les devoirs négatifs et ils sont *plus méritoires*, parce qu'ils exigent un effort plus ou moins considérable et se rapportent au perfectionnement moral et à la charité.

B) Certains moralistes appellent les devoirs négatifs : **stricts ou parfaits**, et les devoirs positifs : **larges ou imparfaits**. Si l'on entend par là que les premiers sont seuls obligatoires et que les seconds sont facultatifs, c'est inadmissible, parce que, où il n'y a pas obligation rigoureuse, il n'y a pas devoir, mais simple convenance morale. Si l'on entend par là que les devoirs négatifs sont **déterminés** et les positifs **indéterminés**, on est dans le vrai. En effet, les devoirs négatifs, consistant à s'abstenir, sont très précis : vg. ne tue pas. Les devoirs positifs au contraire revêtent des formes sans nombre, d'après les circonstances de temps, de lieux et de personnes. L'obligation, qu'ils imposent, est *théoriquement* indéterminée ; ils ont besoin d'être déterminés *pratiquement* : vg. fais l'aumône ; mais à qui, quand, dans quelle mesure ?

§ B. — *DIVISION D'APRÈS LEUR MATIÈRE*

D'après les **objets** auxquels ils se rapportent, les divisions sont multiples. On peut considérer :

I. — **Les objets des devoirs en eux-mêmes** : on a alors les devoirs : 1°) envers **soi-même**, qui constituent la Morale **personnelle** ; — 2°) envers **les autres**, qui constituent la Morale **sociale** ; — 3°) envers **Dieu**, qui constituent la Morale **religieuse**. C'est la division que nous suivrons.

II. — **L'étendue de leurs objets** : on a alors les devoirs envers : 1°) **soi-même** ; — 2°) **la famille** ; — 3°) **la patrie** ; — 4°) **l'humanité**.

III. — **L'excellence de leurs objets** : on a dans ce cas les devoirs relatifs aux biens : 1°) **extérieurs** (richesses, honneur, réputation) ; — 2°) du **corps** (santé, force, vie) ; — 3°) de l'**âme** (vérité, justice, dignité personnelle, etc).

75. — DEVOIRS ENVERS LES ANIMAUX ?

Certains philosophes, comme Damiron, Paul Janet, ajoutent aux devoirs précédents les devoirs envers les **animaux** et envers les **choses**. Cette addition :

I. — **Est sans fondement** : les animaux ne sont pas des personnes, mais des choses **(22)**, qui doivent servir au bien de l'homme. N'ayant ni raison, ni liberté, ils n'ont aucun droit ; et par conséquent ils ne peuvent être l'objet d'aucun devoir, car le droit suppose un devoir corrélatif **(70, § B.)**

II. — **Est funeste dans ses conséquences** : s'il est vrai que les animaux ont des droits, ils ne peuvent être traités comme des *moyens* ; ils doivent être assimilés aux personnes. Il devient par là même illicite de se nourrir de leur chair, de se vêtir de leurs dépouilles.

III. — **Est inutile** : nous ne devons pas abuser de la nature inanimée et encore moins des animaux ; mais le principe de cette obligation n'est pas dans les choses ni dans les animaux ; il est dans la loi naturelle, qui exige que nous agissions en tout comme des êtres *raisonnables*. Les animaux sont faits pour l'utilité et l'agrément de l'homme ; c'est ce qui ressort de leur nature, inférieure à la nôtre et par conséquent subordonnée. Nous pouvons donc nous en servir, pourvu que l'usage soit conforme à la raison, c'est-à-dire nous soit profitable ou agréable, dans la mesure où la recherche de l'utilité et de l'agrément est permise **(55, 56)**. Ainsi nous n'avons pas, à proprement parler, de devoirs envers les animaux, nous en avons envers nous-mêmes à l'égard des animaux : nous nous devons à nous-mêmes de ne pas en mésuser. C'est ainsi que Dieu n'a pas de devoirs envers ses créatures, mais il se doit à lui-même, à ses perfections, de leur accorder tel ou tel bienfait.

76. — CONFLIT DES DEVOIRS

Les devoirs étant divers, il y a des cas où ils semblent se contredire. Mais, comme pour les droits, cette collision n'est qu'apparente. Elle tient à notre ignorance et non à la nature des choses. Dans un cas donné, il n'y a pas deux devoirs opposés, également obligatoires, et pourtant exclusifs l'un de l'autre ; il n'y a qu'une seule chose à faire et partant qu'une seule obligation. Une intelligence parfaite verrait immédiatement où est le devoir. La *casuistique* a précisément pour but de démêler ces cas de conscience embrouillés. Après avoir distingué : 1°) **l'ordre des biens**, c'est-à-dire l'échelle des devoirs rangés d'après l'*excellence croissante* de leur objet : — 2°) **l'ordre des devoirs**, c'est-à-dire l'échelle des devoirs rangés d'après l'*étendue croissante* de leur objet (**74** § B), Paul Janet a proposé trois principes directeurs, selon que le conflit entre deux devoirs a lieu par rapport :

I. — **A l'excellence**, *l'étendue étant identique par hypothèse* : le devoir le plus excellent l'emporte ; vg. je dois préférer la vie à la richesse, la justice à la vie.

II. — **A l'étendue**, *l'excellence étant identique* : le plus étendu l'emporte ; vg. je dois préférer mes amis à moi-même, ma famille à mes amis, ma patrie à ma famille, l'humanité à ma patrie.

III. — **A l'excellence et à l'étendue** : le point de vue de l'excellence prime celui de l'étendue, l'ordre des biens l'emporte sur celui des devoirs ; vg. il faudra subordonner l'intérêt de ma famille ou de ma patrie à mon honneur ou à ma dignité morale : les premiers devoirs sont plus étendus ; les seconds sont plus excellents. C'est ainsi que je ne dois pas me déshonorer, ni mentir pour enrichir les miens.

Remarque : nous traiterons successivement de la **Morale personnelle** et de la **Morale sociale**.

CHAPITRE PREMIER

LA MORALE PERSONNELLE

77. — EXISTENCE ET FONDEMENT DES DEVOIRS PERSONNELS

Que l'homme ait des devoirs envers ses semblables et envers Dieu, c'est ce que l'on accorde aisément ; mais qu'il en ait envers lui-même, on l'a parfois nié. C'est donc une question préalable à résoudre. On a objecté le mot de Sénèque : *Nemo sibi debet*. On peut l'entendre en disant que personne n'a d'obligations à remplir envers soi-même ou que personne n'est le principe des obligations envers soi-même. Le premier sens est faux ; le second est vrai.

§ A. — *EXISTENCE ET DIVISION DES DEVOIRS PERSONNELS*

I. — **Existence** : l'homme a des devoirs envers soi-même. En effet :

1°) Admettre des devoirs envers les autres, c'est admettre du même coup qu'on a des devoirs envers soi. Ces deux sortes de devoirs sont logiquement inséparables. Il nous est impossible d'être justes et charitables à l'égard des autres, si nous sommes avares, emportés, paresseux, violents, intempérants, etc ; car si nous ne savons pas maîtriser les tendances inférieures de notre nature, nous serons amenés, pour les satisfaire, à mépriser les droits de nos semblables.

2°) L'homme vit en société ; pour que celle-ci soit aussi prospère que possible, chaque citoyen doit faire effort pour se perfectionner. Celui qui ne travaille pas à son perfectionnement manque donc à ses devoirs envers la société. Sans doute il cherche à s'excuser en disant qu'il ne fait de tort qu'à lui-même. C'est une illusion : la solidarité qui unit les membres du corps social est si étroite que le bien et le mal faits par les uns rejaillit sur les autres.

3°) D'ailleurs, quand même l'homme vivrait isolé, il n'en aurait pas moins des devoirs à remplir envers lui-même, car il est obligé de respecter sa dignité et de perfectionner sa nature.

II. — **Division** : on divise les devoirs personnels en :
1°) Devoirs **relatifs au corps**.
2°) Devoirs **relatifs à l'âme**.

§ B. — *FONDEMENT DES DEVOIRS PERSONNELS*

On a diversement répondu à cette seconde question :

A) : KANT considère le **principe de la dignité personnelle** : « *Agis de telle sorte que tu traites toujours l'humanité, en toi et dans les autres, non comme un moyen, mais comme une fin* », comme l'unique fondement de la morale *individuelle* et même de toute la morale.

D'autres lui assignent un **double fondement** :

1°) **La dignité de la personne humaine**, que nous devons respecter en nous-mêmes et dans les autres. De là se déduisent les devoirs **négatifs** envers soi-même, qui correspondent aux devoirs de *justice* envers les autres ; vg. ne te tue pas ; ne tue pas.

2°) **La perfectibilité de la nature humaine**, que nous devons développer en nous-mêmes et pour le bien social ; de là les **devoirs positifs** envers soi-même, qui correspondent aux devoirs de *charité* envers autrui : vg. soigne ta santé ; sois charitable.

Avec Kant on peut ramener le second principe au premier, en soutenant que la perfectibilité de la nature humaine n'est qu'un aspect de sa dignité. Par cela même que l'homme possède la raison, il s'élève au-dessus des autres êtres de la création. La personne humaine possède une dignité supérieure à tout, puisqu'il est impossible de trouver un bien qui lui soit préférable et auquel il faille la subordonner. Quel esprit sensé accepterait toutes les richesses et tous les plaisirs imaginables, à la condition de perdre la raison ? L'homme ne peut donc rien mettre au dessus de sa personnalité ; mais il doit lui sacrifier tout le reste. S'il veut rester dans l'ordre, il lui est interdit de la considérer comme un simple moyen ; il faut qu'il la prenne sans cesse pour but et la traite toujours comme une fin. La maxime de Kant : « *Agis* etc. » revient à dire à l'homme : « Être raisonnable, sois toujours raisonnable ». Celui qui met le bien sensible au dessus du bien rationnel et sacrifie sa personnalité à quelque satisfaction matérielle, abdique sa dignité d'homme, déchoit au rang des êtres inférieurs et se fait simple chose. Le bien n'est donc pas distinct de nous ; c'est ce qui est conforme à notre nature raisonnable, c'est le développement de la personnalité ; ou plutôt c'est la personnalité même. Ne rien faire qui compromette en nous la dignité de la personne, nous efforcer d'autre part de l'accroître en devenant chaque jour plus raisonnables ; voilà le principe de tous nos devoirs personnels.

On objecte à cette théorie que personne ne peut s'obliger soi-même. Kant répond par une distinction. Il dédouble la personnalité : il y a d'un côté la personne de l'*homme-phénomène*, la personne **empirique**, imparfaite, soumise aux entraînements de la sensibilité et à la tyrannie des passions qui troublent la raison ; d'autre part, il y a la personne de l'*homme-noumène*, la personne **intelligible**, parfaite, affranchie de tout esclavage et guidée par une raison toujours droite. C'est la personne *empirique* qui est liée envers la personne *parfaite* : chacun de nous, personnes imparfaites, doit tendre à la personnalité idéale en devenant de plus en plus libre et raisonnable.

B) D'autres philosophes soutiennent avec raison que le principe de la dignité humaine n'est que le fondement **prochain** des devoirs de l'homme envers lui-même. Le fondement **dernier et véritable** ce sont les **droits souverains de Dieu** sur l'homme. L'homme est obligé de respecter et de développer sa nature, sa personnalité, parce que Dieu en commande le respect et en veut le perfectionnement (64) ; et Dieu impose à l'homme cette obligation, parce qu'elle est conforme à l'ordre essentiel des choses.

De la sorte tout s'éclaire : l'homme ne s'oblige pas lui-même, mais c'est Dieu qui l'oblige. Nous ne sommes plus en présence d'une abstraction, comme dans la théorie précédente, où c'est la personne idéale qui oblige la personne empirique ; nous sommes en face d'un supérieur vivant, de l'Être infiniment parfait. Si l'on prend pour base *unique* de la morale personnelle la dignité humaine, en *excluant* l'intervention de Dieu, on ne saurait établir aucun devoir, mais de simples **règles de convenance**. La loi de l'honneur et de la dignité, abstraction faite de l'autorité divine, revient à dire : Si l'homme veut pratiquer le bien, il doit agir comme il *convient* à sa nature raisonnable. Mais ce n'est là qu'un impératif *hypothétique*. Il ne peut y avoir d'impératif *catégorique* qu'en face d'une autorité supérieure qui, de par son droit souverain et indiscutable, impose sa volonté. On ne saurait être obligé par ses égaux, ni par soi-même, parce qu'on n'est pas supérieur à soi-même ; on ne saurait l'être davantage par un idéal abstrait, parce que l'homme est une réalité vivante. Dieu seul a donc l'autorité suffisante pour imposer une obligation absolue.

§ I. — DEVOIRS RELATIFS AU CORPS

A cause de l'union de l'âme et du corps, la vie et la santé sont pour l'âme des conditions nécessaires à l'accomplissement de ses fins. De cette nécessité résultent les devoirs relatifs au corps.

78. — DEVOIRS POSITIFS

L'homme doit conserver et entretenir sa santé : la santé du corps est une des conditions de la santé de l'âme : *Mens sana in corpore sano*. Mais ce soin ne doit pas dégénérer en mollesse et en délicatesse, car il ne faut s'occuper de son corps que pour en faire un meilleur instrument au service de l'âme. A ce point de vue élevé, l'*hygiène*, la *propreté*, l'*exercice* rentrent dans la morale. — Pour conserver la santé, il faut éviter tout excès : gourmandise, abus des boissons, luxure, qui ruinent les forces physiques et amènent les maladies.

79. — DEVOIRS NÉGATIFS

On peut tout résumer en disant : **ne pas attenter à sa vie; ne pas se mutiler.**

Le suicide est une atteinte directe et volontaire à sa propre vie. Les Épicuriens y voyaient un remède extrême contre la douleur. Les Stoïciens l'exaltaient comme un acte de courage : le sage peut sortir tranquillement de la vie « comme on sort d'une chambre remplie de fumée ». Le suicide est réprouvé par une saine morale. Il serait contradictoire d'admettre que l'homme a des devoirs à remplir et de lui permettre le suicide. En effet la vie est la condition nécessaire de l'accomplissement des devoirs. Si l'homme a le droit de s'ôter la vie, il peut par là-même s'exempter lui-même de tout devoir. Ne pas détruire son existence est donc le premier devoir, puisque c'est la condition de tous les autres.

A) **Le suicide est un crime :** 1°) **Contre Dieu :** c'est une violation de ses droits. C'est lui qui donne la vie ; à lui de la reprendre. La vie a été accordée à l'homme comme un temps d'épreuve et de combat pour atteindre sa fin. L'abréger de sa propre autorité, c'est s'ériger en arbitre de ses mérites et de sa destinée, c'est clore une lutte dont Dieu seul doit marquer le terme ; c'est abandonner le poste confié. Le suicide est donc une désertion morale, car « l'homme fuit ainsi sans la permission de Dieu le poste qu'il nous a assigné dans le monde » (Kant).

2°) **Contre la société :** c'est la priver du concours qu'elle a droit d'attendre de chacun de ses membres, en retour des services qu'elle leur rend. C'est ensuite donner un pernicieux exemple.

3°) **Contre soi-même :** c'est la violation du respect qu'on se doit, car attenter à ses jours c'est disposer de soi comme d'un moyen pour une fin arbitraire.

B) **Essais de justification :** on a fait valoir en faveur du suicide les raisons suivantes :

1°) *C'est un acte de courage.* — **Réponse** : il faut une certaine exaltation, une certaine énergie pour se suicider ; mais, au fond, c'est une lâcheté, sous une apparence de courage, car on s'arrache la vie parce qu'on n'a pas la force de supporter l'épreuve.

2°) *Quand on est déshonoré, le suicide est un droit et même un devoir.* — **Réponse** : ou ce déshonneur est *immérité*, et alors il est immoral de sacrifier sa vie à un préjugé injuste ; ou il est *mérité*, et alors le devoir commande, au lieu de fuir l'expiation, de l'affronter courageusement pour réparer la faute commise.

3°) *La vie du malheureux qui se tue ne peut qu'être nuisible à ses semblables ; sa mort est un bon débarras pour la société.* — **Réponse** : il ne s'ensuit pas qu'il ait le droit d'attenter à ses jours, mais qu'il a l'obligation de se corriger et de compenser par l'exemple d'une vie honnête et utile le mal fait à la société.

4°) *Celui qui se suicide ne fait tort qu'à lui-même ; or on n'est obligé à rien envers soi.* — **Réponse** : 1°) cette excuse n'est pas recevable, car nous avons vu qu'on fait tort à la société en ne remplissant pas ses devoirs personnels ; — 2°) l'homme a des devoirs envers soi-même (**77, A**).

C) **Remarques.** — 1°) **Sacrifice volontaire de la vie** : il ne faut pas le confondre avec le suicide, car il peut être obligatoire ou être inspiré par un motif héroïque de charité. Par position on peut être tenu à ce sacrifice, comme le soldat, le médecin, le prêtre, dans certaines circonstances. Tous doivent préférer la perte de la vie à la perte de la vertu.

2°) **Macérations ascétiques** : elles sont blâmées par certains philosophes. C'est à tort, car la mortification de la sensibilité est nécessaire pour pratiquer la vertu, surtout pour arriver à la maîtrise complète de soi-même. Mais ces macérations doivent être réglées, ne pas aller jusqu'à compromettre la santé. Les mortifications de quelques saints paraissent excessives ; il faut se rappeler qu'elles rentrent dans les voies extraordinaires, qu'elles sont inspirées par Dieu : c'est admirable, mais pas imitable.

3°) **Mutilation** : du devoir qu'a l'homme de ne pas attenter à ses jours découle celui de ne pas mutiler son corps. L'homme doit respecter l'intégrité de son organisme, parce que chaque organe concourt à entretenir la vie de l'ensemble. S'il est permis de se faire amputer un membre malade, c'est précisément parce que ce sacrifice d'une partie peut sauver le tout.

§ II. — DEVOIRS RELATIFS A L'AME

80. — VERTUS PRINCIPALES

La pratique des devoirs relatifs à l'âme donne naissance, selon les anciens, à trois vertus, correspondant aux trois facultés :

I. — **Tempérance : devoir relatif à la sensibilité.** La sensibilité est faite pour le **bien sensible, le plaisir.** Il ne faut pas la détruire, comme le voulaient les Stoïciens, mais la régler : pour cela on doit déraciner les mauvaises inclinations et développer les bonnes (**11**, § B). C'est ainsi qu'on parviendra à subordonner la sensibilité à la raison, et à pratiquer la **tempérance**.

II. — **Sagesse : devoir relatif à l'intelligence.** L'intelligence est faite pour la **vérité**. L'homme ne doit pas amoindrir son intelligence par l'*ignorance* et l'*erreur*, ni la dégrader par le *mensonge*, soit *intérieur* où l'on se trompe soi-même, soit *extérieur* où l'on trompe les autres; par l'*hypocrisie* et le *respect humain*, qui sont des mensonges en action. — Il doit la perfectionner par la *recherche de la vérité* : pour cela il faut se connaître soi-même et acquérir les connaissances religieuses et morales qui se rapportent à l'accomplissement de notre destinée, à nos devoirs. C'est ainsi que l'homme s'élèvera à la **sagesse**. Rousseau a prétendu que la culture des sciences est une cause nécessaire de corruption : c'est un sophisme. Tout dépend de l'usage qu'on fait des sciences et de l'intention dans laquelle on les étudie.

III. — **Courage : devoir relatif à la volonté**. La volonté est faite pour le **bien rationnel** : c'est la faculté principale de l'homme, car c'est par elle qu'il est maître de lui-même et réalise sa destinée, par elle qu'il est un être *moral*. L'homme ne doit pas abdiquer sa liberté en se laissant dominer par ses passions, l'avarice, la volupté, l'ambition, etc., mais il doit la fortifier par des efforts généreux et répétés. **L'examen de conscience**, par lequel on arrive à la connaissance de soi-même, et le **travail**, qui écarte l'oisiveté « mère de tous les vices », sont des moyens efficaces, avec la **lutte contre soi-même**, pour tremper la volonté et devenir un homme de caractère. C'est ainsi que l'on acquiert la force d'âme, le **courage**.

81. — L'ALCOOLISME

Comme l'**alcoolisme** est un vice opposé à la vertu de **tempérance**, nous en parlerons ici, par manière de contraste.

L'alcoolisme est un état pathologique du corps et de l'esprit, qui a pour cause l'abus des boissons spiritueuses. Il constitue un péril des plus graves pour les sociétés modernes. Ce fléau redoutable sévit surtout dans les rangs de la classe ouvrière. Il importe donc d'en décrire les effets désastreux et d'en signaler les remèdes.

§ A. — *EFFETS DE L'ALCOOLISME*

I. — **Santé :** l'alcool est un poison. Son usage habituel trouble profondément et incurablement toutes les fonctions de l'organisme. « L'alcoolisme n'est qu'une vieillesse anticipée ». « Le buveur a perdu toute résistance organique » (Dr Lannelongue).

II. — **Intelligence et volonté :** l'alcoolisme, en minant les forces du corps, atteint par contre-coup les facultés de l'âme. Il conduit souvent à la **folie**, au **suicide** et au **crime**. Les statistiques confirment ces observations du Dr Brouardel : « Depuis

1830, le nombre des aliénés criminels, des fous comme des suicidés, est en croissance parallèle avec la consommation de l'alcool ». Il éteint les sentiments les plus puissants de la nature ; c'est souvent à lui qu'on doit de voir les parents devenir les bourreaux de leurs enfants.

III. — **Descendance :** ses effets désastreux se transmettent par hérédité : « Un peuple, dit le Dr Legrain, un peuple qui s'alcoolise et qui, par suite, fait souche de dégénérés, d'idiots, d'épileptiques, d'aliénés, est un peuple qui s'étiole. Un peuple alcoolisé, en somme, est un peuple en voie de disparaître ».

IV. — **Richesse :** l'alcoolisme, étant l'origine d'une foule de maladies, diminue la capacité productive de l'alcoolique qui devient impropre à toute espèce de travail. Il est manifeste qu'un pareil fléau doit avoir une influence désastreuse sur la richesse d'un pays, quand il y sévit d'un façon intense. Le Dr Rochard évalue, à plus d'un milliard et demi, le budget annuel de l'alcoolisme en France. En voici le compte approximatif :

128.298.384 fr. : prix de l'alcool consommé.
1.340.147.500 fr. : journées de salaire perdues (à 2 francs la journée).
70.842.000 fr. : frais de chômage et de traitement médical.
8.894.500 fr. : frais de répression des crimes et délits.
4.922.000 fr. : pertes résultant des suicides et morts accidentelles causées par l'abus de l'alcool. Voilà ce que l'alcoolisme coûte à la France, sans compter les pertes d'intelligence et d'énergie qu'on ne peut évaluer en chiffres. (¹)

§ B. — REMÈDES A L'ALCOOLISME

I. — **Légaux :** prohibition des liqueurs alcooliques ; répression de l'ivrognerie ; diminution du nombre des cabarets.

II. — **Fiscaux :** dégrèvement des boissons hygiéniques ; accroissement des droits sur l'alcool.

(¹) On connaît le mot de GLADSTONE : « L'alcool est un fléau plus dévastateur que les fléaux historiques, la peste, la guerre et la famine ; plus que ceux ci, il décime l'humanité ; il fait plus que tuer, il dégrade. »

III — **Moraux :** ce sont les seuls vraiment efficaces :

a) **Religion :** elle enseigne à respecter la loi de Dieu, à se respecter soi-même et elle donne la force nécessaire pour accomplir le devoir.

b) **Éducation :** elle doit faire contracter de bonne heure à l'enfant des habitudes de tempérance.

c) **Instruction :** les maîtres doivent signaler les effets désastreux de l'alcoolisme et en inspirer une salutaire horreur.

d) **Sociétés de tempérance,** qui ont déjà obtenu d'heureux résultats. « Il y a, dans la question de la tempérance, un élément supérieur. Il ne suffit pas de proscrire les poisons tels que l'absinthe, de combattre les liqueurs perfides telles que l'eau-de-vie... Il faut encore, il faut surtout réveiller chez l'homme le sentiment de la responsabilité morale, le respect de lui-même, l'amour de la famille, l'idée de la patrie et la crainte de Dieu » (J.-B. Dumas).

BIBLIOGRAPHIE

B***,	*Institutes de droit naturel*, L. VI.
Blackie,	*L'éducation de soi-même.*
Bouillier,	*Questions de morale pratique.*
Clay,	*L'alternative*, L. IV.
Durkheim,	*Le suicide. Étude de sociologie.*
Épictète,	*Entretiens. — Manuel.*
····	*Imitation de Jésus-Christ.*
Marc-Aurèle,	*Pensées.*
Martha,	*Les moralistes sous l'empire romain.*
Metz-Noblat (de),	*La peur.*
Nicole,	*Essais de morale.*
Oudaille,	*Le foyer familial et la femme contre l'alcoolisme.*
Proal,	*Le suicide et le crime passionnel.*
Roure,	*Doctrines et Problèmes*, ch. VIII, XI.
Simon (J.),	*Le devoir.*
Triboulet et Mathieu,	*L'alcool et l'alcoolisme.*
Turinaz,	*Trois fléaux de la classe ouvrière.*
Vanlaer,	*L'alcoolisme et ses remèdes.*

CHAPITRE II

MORALE SOCIALE

82. — DIVISION DES DEVOIRS ENVERS AUTRUI

L'homme n'est pas un être isolé mais social. Aussi la société devient-elle pour lui une source de devoirs. L'ensemble des devoirs de l'homme envers ses semblables constitue la **Morale sociale**. On peut répartir ces devoirs sociaux de la façon suivante :

I. — **Devoirs généraux envers nos semblables**, qui constituent la Morale humanitaire.

II. — **Devoirs envers la famille**, qui constituent la Morale domestique.

III. — **Devoirs réciproques des gouvernants et gouvernés**, qui constituent la morale civique.

IV. — **Devoirs envers les autres nations**, qui constituent la Morale internationale. De là quatre sections dans ce chapitre.

Iʳᵉ SECTION

MORALE HUMANITAIRE

On divise les devoirs généraux de l'homme envers ses semblables en devoirs de **Justice** et en devoirs de **Charité**.

83. — JUSTICE ET CHARITE (¹)

§ A. — *LA JUSTICE*

A) **Sa nature** : c'est le *respect des droits d'autrui*. Chaque homme, ayant le devoir de poursuivre sa fin, a le droit de ne pas être entravé dans cette poursuite. De là les devoirs de justice *correspondants* aux droits de nos semblables (**70 § B**), devoirs presque tous *négatifs*, dont la *formule générale* est : « Ne fais pas à autrui ce que tu ne voudrais pas qu'on te fît à toi-même ». D'après le jurisconsulte Ulpien, c'est « une volonté constante et perpétuelle d'accorder à chacun son droit. » *Constans et perpetua voluntas suum jus cuique tribuendi*. La justice a donc pour fondement le **droit (69)**, l'égalité des personnes devant la loi morale. Tout homme, étant tenu de l'observer, a droit aux moyens nécessaires pour cela ; il est donc juste qu'il ne soit pas empêché d'user de ces moyens.

B) **Espèces et variétés** : Aristote distingue la justice :

1. — **Commutative**, qui se rapporte au **droit strict**. Elle régit les rapports des citoyens entre eux et a pour règle l'*égalité* entre la chose reçue et la chose donnée en compensation : vg. dans une vente. Quand il y a *égalité rigoureuse*, la justice est *stricte*. Quand la compensation n'égale pas complètement le bien reçu, c'est la justice imparfaite, que S. Thomas ramène à ces trois formes : **religion** envers Dieu ; **piété filiale** envers les parents ;

(¹) Antoine (Ch.),   *Cours d'économie sociale*, Iʳᵉ P., ch. v.
     Cousin,   *Justice et charité.*
     Hamon (J.),   *La justice*, Association catholique, Déc. 1891, Fév. et Mars 1892.
     Lessius,   *De justitia*, n° 1.
     Taparelli d'Azeglio, *Essai théorique et pratique de droit naturel*, nᵒˢ 177, 287, 586.
     Thomas (St.),   *Summa theologica*, Iᵃ, IIᵃᵉ, Q. 61, A. 3 ; IIᵃ, IIᵃᵉ, Q. 58.

vénération pour les supérieurs. Il est impossible de rendre à Dieu, aux parents et aux supérieurs une compensation *strictement égale* à leurs bienfaits.

II. — **Distributive**, qui se rapporte au **mérite**. Elle regarde l'équitable répartition du bien commun et a pour règle la **proportionnalité** : à chacun selon son mérite. Ce doit être la vertu du gouvernement dans la distribution des fonctions, du magistrat, du père de famille, du maître, etc.

III. — **Pénale** : il faut distinguer, ici, avec Aristote :

1°) La justice stricte, qui applique la loi sans tenir compte de la diversité des personnes et des circonstances : c'est une règle de fer.

2°) L'équité qui tient compte, dans l'application de la loi, des personnes et des circonstances : c'est une règle de plomb. C'est de la justice sans équité qu'on dit : *Summum jus, summa injuria*. (Cicéron, *De officiis*, I, 10). « Une justice extrême est une extrême injustice » ; c'est-à-dire que le droit poussé à l'excès devient une injustice. Les lois sociales, formulées en termes *généraux*, édictent ce qui est juste dans la *moyenne des cas*. Par là même il peut arriver que, dans un cas déterminé, la lettre de la loi soit en opposition avec son esprit ; appliquer alors le droit rigoureusement, c'est tomber dans l'injustice. Il faut juger les choses, non d'après le droit strict, mais d'après l'équité, car « la lettre tue, tandis que l'esprit vivifie ».

§ B. — *LA CHARITÉ*

I. — **Sa nature** : elle consiste à vouloir et à faire du bien aux autres. Elle a son origine psychologique dans la sympathie et les inclinations sociales qui en dérivent. Elle est fondée sur l'idée de notre communauté d'origine, de nature et de destinée. Elle consiste à traiter les autres comme d'autres « soi-même », comme des frères ; aussi la nomme-t-on **bienfaisance** ou **fraternité**. Les devoirs de charité sont presque tous *positifs* et ont pour *formule générale* : « Fais à autrui ce que tu voudrais qu'on te fît à toi-même ». La charité chrétienne ajoute un stimulant nouveau : elle fait aimer Dieu dans les hommes en faisant aimer en eux l'image divine.

II. — **Formes** : la charité s'appelle : *a*) **bienveillance**, quand elle se borne à vouloir du bien aux autres ; — *b*) **bienfaisance**, quand elle se traduit par des actes ; — *c*) **pitié**, quand elle a pour cause les souffrances d'autrui ; — *d*) **dévouement**, quand elle se manifeste par des sacrifices généreux et constants ; — *e*) **héroïsme**, quand elle s'élève aux plus grands sacrifices.

III. — **Objection** : Spencer et autres philosophes voudraient bannir la charité, comme étant une fausse vertu, inutile et funeste. La nature, disent-ils, travaille au progrès des espèces animales en éliminant les individus trop faibles pour vaincre dans la lutte pour la vie. De même, dans l'humanité, les êtres chétifs ou vicieux doivent disparaître pour céder la place à des individus plus sains. Or la charité entrave cette sélection naturelle en dépensant, pour prolonger l'existence d'individus qui ne méritent pas de vivre, des ressources dignes d'un meilleur emploi. Elle fait ainsi obstacle au progrès de l'humanité.

Réponse : 1°) La charité doit être faite avec intelligence et prudence ; elle ne doit pas être une prime au vice et à la paresse. Il faut encourager l'*assistance par le travail*, parce qu'elle aide le malheureux à se relever lui-même. C'est la seule part de vrai à dégager de la barbare doctrine de Spencer.

2°) Il ne faut pas borner la charité à l'*aumône* ; ce n'est là qu'un moyen pour s'élever plus haut ; pour atteindre l'âme du malheureux, il faut chercher à le consoler et à le fortifier moralement ; la charité c'est le développement de la fraternité humaine, c'est l'effort mutuel pour s'entr'aider.

3°) Les ennemis de la charité ne sont pas conséquents avec leur doctrine. Il est interdit, selon eux, de contrarier la sélection naturelle. Mais pourquoi ne serait-il pas permis de l'aider et d'accélérer ainsi le progrès de l'humanité ? Pourquoi ne pas tuer les infirmes, les incurables, les vicieux incorrigibles ? C'est la morale spartiate, préconisée par Platon dans sa *République*, qui prescrit de détruire les enfants mal conformés.

4°) La loi morale ne doit pas se modeler sur les lois de la nature. Les lois de la nature se ramènent à la force et à la fatalité ; la loi morale, c'est le droit, la justice, la fraternité. D'ailleurs, ni la famille, ni la société ne pourraient subsister sans dévouement. Une collection d'individus sains et robustes, uniquement mus par l'intérêt, serait une collection de « beaux animaux », mais elle constituerait une humanité moralement dégradée. Mieux vaut une humanité physiquement moins parfaite, mais où rayonnent la charité et le dévouement ; c'est la vraie perfection, c'est la beauté supérieure.

§ C. — *COMPARAISON*

I. — **Différences** : 1°) La justice repose sur l'*égalité morale* des personnes, la charité sur la *communauté de nature*.

2°) La justice consiste dans le *respect* des droits, la charité dans l'*amour* des autres. Ce qui nous frappe surtout dans la pratique de la justice, c'est l'inviolabilité de nos semblables : les droits de leur personne s'offrent à nous comme une limite infranchissable à notre liberté. Dans la pratique de la charité, nous voyons dans les autres d'*autres nous-mêmes* ; par elle nous sortons de notre égoïsme et nous travaillons à rendre les autres meilleurs. C'est ce don libre et gratuit de soi qui fait la beauté de la charité.

3°) Les devoirs de justice sont pour la plupart *négatifs et déterminés* ; ils obligent partout et toujours. Les devoirs de charité sont presque tous *positifs et indéterminés* ; ils n'obligent pas à chaque instant.

4°) Les devoirs de justice sont *exigibles* par la force, parce que des droits stricts leur correspondent dans autrui. — Les devoirs de charité ne sont *pas exigibles* (**70**, § B) ; ce n'est pas le droit des malheureux qui nous oblige à les secourir, car ce droit n'existe pas ; c'est le *droit de Dieu* sur tous les biens créés qui oblige ceux qui les possèdent à en faire part aux nécessiteux.

II. — **Rapports** : ce sont deux vertus qui **se complètent admirablement** :

1°) **Il n'y a pas de vraie justice sans charité** : comment respecter ceux qu'on n'aime pas ? Celui qui condamne *sans pitié* tout écart hors de la voie du bien, celui qui va *impérieusement* *jusqu'au bout* de son droit, n'est pas le juste tel que la conscience le conçoit. La justice stricte doit être tempérée par l'*équité*; autrement, elle devient *pratiquement* l'injustice (Cf. *supra*, § A, III).

2°) Il n'y a pas non plus de véritable charité sans justice :

a) Avant d'être charitable, il faut être juste. Que dire de celui qui volerait pour faire l'aumône ?

b) L'exercice de la charité, pour être équitable, exige une certaine justice : il doit y avoir une hiérarchie entre les devoirs de charité. Il faut faire passer d'abord sa famille, car c'est ce que nous avons de plus proche, puis ses amis, ensuite ses concitoyens, enfin les étrangers.

§ I. — DEVOIRS DE JUSTICE

Les autres ont droit au **respect** de leur **vie**, de leur **âme**, de leurs **biens**.

84. — DEVOIRS RELATIFS A LA VIE D'AUTRUI

I. — **Homicide : tu ne tueras pas.** Le respect de la vie des autres est le plus impérieux des devoirs de justice, parce que l'homicide met l'homme dans l'impossibilité d'accomplir sa destinée, et il prive la société d'un de ses membres.

II. — **Assassinat politique** : on a essayé de légitimer le meurtre d'un tyran, au nom du bien commun de la société.

Réponse : A) La fin ne justifie pas les moyens (35, § B).

B) On ne peut assimiler l'assassinat politique à la peine de mort, car, dans la peine de mort, le tribunal, qui applique la loi, ne la fait pas ; dans l'assassinat politique le même homme est auteur et exécuteur de la loi.

C) Personne ne peut se substituer sans mandat à la société pour se constituer son justicier. C'est à la société qu'il appartient de se défaire, par les moyens légaux, de son oppresseur (Cf. VI).

III. — **Droit de légitime défense** : au droit que tout homme a de vivre on peut rattacher les questions suivantes : **droit de légitime défense** ; — **duel** ; — **guerre** ; — **peine de mort**.

Quand il s'agit de défendre sa vie, l'intégrité de ses membres, sa pudeur, sa liberté, ses biens, on peut repousser la force par la force. Mais :

A) Ce droit n'existe que dans le cas d'une agression **actuelle et injuste** (¹).

B) Il ne faut l'exercer que dans la **mesure nécessaire** à la défense. Ce que je dois avoir en vue, ce n'est pas le mal de mon agresseur, c'est mon bien. Si je puis atteindre ce résultat sans frapper l'homme, je dois l'épargner ; s'il suffit de le blesser, je n'ai pas le droit de le tuer.

IV. — **Duel** : on distingue le duel :

1°) **Public** : celui que l'autorité ordonne pour terminer une guerre ; il est licite comme la guerre elle-même.

2°) **Judiciaire** : épreuve (vg. du fer chaud) usitée sous le nom de jugement de Dieu. Il reposait sur une conception fausse et superstitieuse de la Providence (²).

3°) **Privé** : combat dangereux entre deux hommes, qui, de leur autorité privée, conviennent du temps, du lieu et des armes. C'est le seul usité aujourd'hui. Il dérive du duel judiciaire, coutume barbare importée en Gaule par les Germains. Le duel est un acte :

A) **Contraire à la loi naturelle**, parce qu'il contient la double malice de l'**homicide** et du **suicide**. Le duelliste s'expose sans

---

(¹) « Si un malfaiteur attente à ma vie ou à ma propriété par surprise, la protection sociale arriverait trop tard pour me mettre en sûreté ; je suis donc en droit de m'y mettre moi-même. Vous le voyez : la raison décisive qui justifie, dans ce cas, la violence défensive, c'est le retard inévitable de la vindicte publique »; (D'Hulst, *Conférences de Notre-Dame*, 1896, III° C. p. 62).

(²) De Smedt, *Les origines du duel judiciaire*, Études, T. LVIII, p. 337 sqq. — *Le duel judiciaire et l'Église*, Études, T. LXIV, p. 35 sqq. (Janvier 1895.)

nécessité au danger, toujours possible (même dans le duel au premier sang et dans le duel avec prévôts parant les coups dangereux), de perdre la vie ou de donner la mort. « Le duel est un homicide conditionnel, subordonné à un suicide manqué ».

B) **Contraire à la raison**, car c'est un moyen absolument inapte à la fin proposée : réparation d'honneur. L'honneur véritable consiste dans la dignité et la valeur morale, que le duel, moyen physique, ne peut donner, ni restituer. Si, par honneur, on entend l'estime des autres, il faut distinguer entre l'appréciation des hommes éclairés et honnêtes, la seule qui compte, et le verdict de l'opinion frivole. L'estime des premiers ira à celui qui aura le courage de refuser le duel ; l'approbation de la seconde lui fera défaut ; mais il peut s'en passer parce qu'elle est méprisable, et il le doit parce qu'il faudrait l'acheter au prix du devoir, qui l'oblige au respect de la vie en lui-même et dans les autres.

C) **Contraire au droit social** : il suppose licite l'exercice de la vindicte privée. Mais, si le droit de vengeance appartient aux particuliers, c'en est fait de l'ordre social, car d'un côté on est mauvais juge dans sa propre cause, et, de l'autre, l'exercice de ce droit est injuste, puisque la victoire revient au plus fort et au plus habile.

D) **Contraire à la justice** : les duellistes s'exposent à recevoir ou à infliger la peine de mort pour une offense qui ne la mérite pas, souvent même pour des motifs futiles, un préjugé, le point d'honneur [1]. Il y a d'autres manières, légitimes, de se faire rendre justice ou de prouver sa bravoure : « Le duelliste, disait Napoléon, est à l'épée du soldat ce que le bavard est à la parole du sage » [2].

V. **Guerre** [3] : c'est l'application à la société du droit de légi-

---

[1] « Deux hommes du peuple, dit J. de Maistre, qui se battent à coups de couteaux sont des coquins ; mais allongez les armes, faites-en des épées, voilà ce qu'on appelle une affaire d'honneur ! »

[2] « Cette démence ne produit pas un seul bon effet, pas même celui de rendre le soldat brave dans la mêlée. » (FRÉDÉRIC LE GRAND, *Tactique prussienne*). — On sait que Wellington a fait supprimer le duel dans l'armée anglaise.

[3] BLOCH (J. de)   *La guerre*, T. VI.
   DONOSO CORTÈS,   *Lettres sur la France en 1842*, Lettres VI, VII, VIII, T. I de la traduct. franç. p. 137 et s.

time défense. La société, comme les individus, a des droits qui seraient illusoires s'ils ne pouvaient être protégés par la force.

Condition de sa légitimité. Il faut :

1°) Qu'elle ait une *cause juste et grave* : vg. défendre l'intégrité du territoire, l'autonomie du pouvoir, les intérêts collectifs de la nation ; bref la réparation ou l'empêchement d'une injustice grave.

2°) Qu'elle s'exerce conformément *au droit naturel et au droit des gens* : on ne doit pas tuer sans nécessité, ni employer les armes prohibées; il faut épargner les blessés, les ennemis désarmés, les vieillards, les femmes, les enfants ; respecter la neutralité, etc. De louables efforts sont faits pour accréditer *l'arbitrage international*, destiné à terminer pacifiquement les différends qui surviennent entre les peuples. (Cf. *Règlement de la Conférence de La Haye*).

VI. — Fondement du droit de punir (¹). — Peine de mort.

Leibniz,	*Deuxième lettre à M. Grimaret.*
Maistre (J. de),	*Soirées de Saint-Pétersbourg*, Entretien VII. — *Considérations sur la France*, Ch. III.
Périn (Ch.),	*Les lois de la société chrétienne*, L. V, ch. iv.
Ramière,	*L'École du droit des gens*, Études, 1872, p. 874 et s.
Richet (Ch.),	*Les guerres et la paix.*
Rothe,	*Traité de droit naturel*, IVᵉ P., ch. iv, sect. i.
Schiffini,	*Disputationes philosophiæ moralis*, T. II, nᵒˢ 565 à 576.
Taparelli d'Azeglio,	*Essai théorique et pratique de droit naturel*, L. VI, ch. iv,
Veuillot (L.),	*La guerre et de l'homme de guerre.*
(¹) Balmès,	*Protestantisme comparé au catholicisme*, Ch. L.
Beaussire,	*Les principes du droit*, L. II, ch. iii.
Beccaria,	*Des délits et des peines.*
Bonniot (de),	*Le criminel*, Études, Juin 1889.
Broglie (de),	*Le droit de punir.*
Caro,	*Problèmes de morale sociale*, Ch. ix, x.
Fonsegrive,	*Essai sur le libre arbitre*, IIᵉ P., L. III, ch. iv.
Franck,	*Philosophie du droit pénal.*
Joly,	*Le crime.*
Maus,	*La justice pénale.*
Mouton,	*Le devoir de punir.*
Périn,	*Les lois de la société chrétienne*, L. III, ch. i, ii.
Proal,	*Le crime et la peine.*

Toute société organisée a le droit de punir, parce qu'elle a le devoir de maintenir l'ordre, ce qui serait impossible si elle était désarmée. Mais ce droit va-t-il jusqu'à la peine de mort? La réponse dépend de l'idée qu'on se fait des fondements de la vindicte publique. Le droit pénal a un triple fondement ; le châtiment est un moyen :

A) **De préservation pour la Société :** *a*) en mettant le coupable hors d'état de nuire ; — *b*) en intimidant ceux qui seraient tentés de l'imiter.

B) **D'amendement** pour le coupable.

C) **De réparation** de la justice et de l'ordre violés.

Ces raisons valent pour la peine de mort.

Objections : les partisans de l'abolition de la peine de mort prétendent : 1°) qu'il suffirait d'emprisonner le scélérat à perpétuité pour le rendre inoffensif ; — 2°) que la peine de mort rend son amendement impossible.

Réponse : 1°) L'emprisonnement même perpétuel serait une sanction inefficace, parce que cette peine ne serait pas suffisamment **exemplaire** : elle n'intimiderait pas assez efficacement ceux qui seraient tentés d'imiter les assassins, etc. Il est bon d'être miséricordieux, mais il ne faut pas, par une impunité relative, encourager l'homicide : les honnêtes gens ont droit aussi à la pitié.

2°) Ce motif de préservation sociale n'est pas le principal fondement du droit d'infliger la peine capitale. Le but du châtiment est encore et surtout de rétablir l'équilibre moral que le criminel a troublé par son forfait : il est sorti de l'ordre absolu par sa révolte, il faut qu'il y rentre en subissant une peine qui sera une *réparation* et, s'il l'accepte comme telle, une *expiation* (**67**, § D). Or l'homicide est le crime qui s'oppose le plus directement aux fins de la société ; celle-ci est faite pour protéger et perfectionner

Rothe,	*Traité de droit naturel*, IVe P., ch. iv, sect. x, art. i, § 3.
Saleilles,	*L'individualisation de la peine*, Ch. ii.
Taparelli d'Azeglio,	*Essai théorique et pratique de droit naturel*, L. IV, Ch. iii, Art. iii.
Tarde,	*La philosophie pénale*.

la vie humaine ; l'homicide la détruit. A ce forfait hors de pair, il faut un châtiment à part. L'ordre essentiel ayant reçu ici la plus grave atteinte, la peine doit être portée à son maximum de rigueur.

On prétend que la peine est destinée à la correction du coupable ; or la peine capitale lui enlève le moyen de s'amender. Ce n'est pas là le but essentiel du châtiment ; son but premier est la réparation de la justice, le rétablissement de l'ordre troublé ; la préservation sociale vient ensuite. L'intérêt du coupable ne vient qu'en troisième lieu parce que l'ordre essentiel des choses et l'intérêt général l'emportent sur l'intérêt particulier. La peine capitale ne laisse pas sans doute au coupable le temps de recommencer une vie nouvelle, mais celui de se repentir et d'accepter la mort comme une expiation de son crime : cette acceptation le réhabilite et le réintègre dans l'ordre moral qu'il avait troublé par sa faute. En punissant de mort, la société agit en vertu d'une délégation naturelle d'un pouvoir qui n'appartient qu'à Dieu, seul maître de la vie et de la destinée.

85. — DEVOIRS RELATIFS A L'AME D'AUTRUI

§ A. — *DEVOIRS RELATIFS A LA SENSIBILITÉ*

Nous devons respecter les autres dans leur sensibilité, éviter ce qui peut les faire souffrir : mauvais traitements, outrages, paroles blessantes. Il ne faut pas exciter les mauvaises inclinations ; on doit, en particulier, ne pas commettre le *scandale*, qui entraîne les autres au mal par la parole et par l'exemple.

§ B. — *DEVOIRS RELATIFS A L'INTELLIGENCE*

L'intelligence a droit à la vérité. C'est pourquoi :
A) Le père de famille doit donner à ses enfants une instruction convenable à leur rang ; le maître doit laisser à ses serviteurs le

temps d'acquérir les connaissances essentielles ; le gouvernement doit favoriser l'instruction.

B) On ne doit pas enseigner l'erreur.

C) On ne doit pas tromper ses semblables. On ne doit donc jamais parler contre la vérité, mais on n'est pas toujours tenu de dire toute la vérité.

§ C. — *DEVOIRS RELATIFS A LA VOLONTÉ LIBRE*

Nous devons la respecter dans toutes ses manifestations légitimes. L'**esclavage** et le **servage** sont contraires à la liberté.

A) **Esclavage** ([1]) : il répugne au droit naturel, parce que l'esclave, qui est une personne morale inviolable, devient la *chose* d'autrui. Sa liberté physique, sa vie, ses droits d'époux, de père, toutes ces choses sacrées sont à la merci d'un caprice du maître. Rien ne peut légitimer une pareille usurpation. — La servitude est en outre la *négation de l'égalité essentielle* de tous les hommes devant la loi morale : tous ont le devoir rigoureux de tendre à leur fin et par conséquent tous ont le même droit de ne pas être entravés dans l'accomplissement de ce devoir. Les philosophes anciens ont en général admis la légitimité de l'esclavage. Seuls les Stoïciens, remarquant que tous les hommes étaient doués de raison, entrevirent la fraternité humaine et combattirent l'esclavage. Mais c'est le christianisme qui lui a porté le coup décisif en rappelant aux hommes l'égalité des âmes devant Dieu et leur dignité

---

[1] ALLARD,   *Les esclaves chrétiens.*
BALMÈS,   *Protestantisme comparé au catholicisme*, ch. xv à xix.
CHAMPAGNY (de),   *Les Antonins*, L. III, ch. v, § 1. — *De la charité chrétienne*, IIe P., ch. xx.
COCHIN (A.),   *L'abolition de l'esclavage.*
MÖHLER,   *Christianisme et esclavage.* — *De l'abolition de l'esclavage par le christianisme.*
TAPARELLI D'AZEGLIO, *Essai théorique et pratique de droit naturel*, n° 1511 et sqq.
TERRAT,   *Le colonat.*
WALLON,   *Histoire de l'esclavage.*

inviolable : « Vous n'avez qu'un Seigneur, vous êtes tous frères ». Les Apôtres et leurs successeurs ont développé, chez le maître chrétien, le respect de son esclave et chez celui-ci le respect de lui-même ; ils ont créé ainsi, par des moyens pacifiques, sans provoquer à la révolte, un état d'esprit qui rendait inévitable la suppression de la servitude.

B) **Servage** : c'est un esclavage mitigé. Attaché à la glèbe, le serf ne pouvait être vendu qu'avec le sol qu'il cultivait moyennant une redevance. Il pouvait avoir une famille, mais il était taillable et corvéable à merci. L'institution du colonat et du servage a été une étape intermédiaire entre l'esclavage et la pleine liberté. La condition du serf est sans doute moins misérable que celle de l'esclave : mais le servage forcé doit être rejeté, parce qu'il viole, quoiqu'à un moindre degré, le droit fondamental qu'a la personne humaine de développer librement ses facultés.

C) **Liberté individuelle** : c'est le droit qu'a tout individu d'exercer ses facultés naturelles, sans entraves, dans les limites de la justice et de la charité.

D) **Liberté du travail** : c'est le droit pour chacun de travailler, de choisir sa profession et d'user à son gré des fruits de son travail ([1]).

E) **Liberté de conscience** : c'est le droit de tendre à sa fin d'après les lumières d'une conscience droite ; c'est le droit de ne pas être empêché dans l'accomplissement de la loi morale. L'intolérance consiste à contraindre les autres à agir contrairement à leur conscience.

F) **Liberté de penser** ([2]) : cette expression prise à la lettre n'a

([1]) Antoine (Ch.), *Cours d'économie sociale*, ch. xv, art. 3.
Béchaux, *Le droit et les faits économiques*, L. II, ch. ɩ.
Blanc, *Les corporations de métiers.*
Dunoyer, *La liberté du travail,*

([2]) Bouglé, *La crise du libéralisme,* Revue de Métaphys. et de Mor. sept. 1902, p. 635 et s.
Faguet, *Le libéralisme.*
Hulst (d'), *Le droit chrétien et le droit moderne. — Conférences de Notre-Dame.*
Hello (H.), *Les libertés modernes d'après les encycliques.*

pas de sens, parce que l'intelligence est une faculté fatale. Si une chose me parait évidente, je ne puis penser qu'elle ne l'est point ; si elle me parait douteuse, je ne puis la tenir, ni pour vraie, ni pour fausse, mais je la regarde comme douteuse. On ne peut donc entendre par là que la liberté de *manifester* sa pensée. Or toute pensée a-t-elle droit à être manifestée ? La réponse à cette question dépend de la réponse à cette question préalable : *Y' a-t-il des pensées coupables ?*

La pensée peut être envisagée dans une triple phase :

1°) **Comme spontanément conçue par l'esprit** : elle n'est alors formellement ni coupable, ni innocente, car l'intelligence est une faculté nécessaire ; pas de liberté, donc pas de responsabilité. Ainsi les plus graves erreurs, les projets les plus monstrueux peuvent traverser l'esprit, sans faute de notre part.

2°) **Comme acceptée par la volonté** : elle devient formellement innocente ou coupable, c'est-à-dire qu'il y a innocence ou culpabilité dans l'acte de volonté qui l'adopte ; vg. la pensée de tuer quelqu'un me passe par l'esprit ; jusqu'ici rien de mal. J'approuve cette idée, je l'accepte par un acte libre ; je veux tuer un tel. La pensée est devenue coupable.

3°) **Comme publiquement manifestée par la parole, la plume ou le dessin** : le délit déjà constitué par l'acceptation antérieure est aggravé par la manifestation verbale, écrite ou figurée. Il est donc évident que toute pensée ne peut prétendre au droit d'être exprimée. Cette expression, ayant une influence morale bonne ou mauvaise, selon que la pensée manifestée est honnête ou déshonnête, vraie ou fausse, sera légitime ou illégitime dans la mesure même de cette influence. Comme l'expression des idées a tôt ou tard son contre-coup dans les faits, toute société, qui veut vivre et prospérer, devra empêcher la manifestation des pensées subversives des fondements de l'ordre social, qui

Keller,   *L'Encyclique du 8 Décembre 1864 et les principes de 89.*
Léon XIII,   Encycliques: *Libertas præstantissimum. — Immortale Dei.*
Parisis,   *Cas de conscience.*
Pie (Cal),   *Instructions synodales sur les principales erreurs du temps présent*, Œuvres, T. V.
Sortais,   *La crise du libéralism et la liberté d'enseignement.*

sont la religion, la famille et la propriété. La liberté *illimitée* d'exprimer sa pensée est donc un abus ; c'est de la licence. Il s'ensuit que la liberté de la *presse* (¹), de la *discussion*, et autres manières de manifester la pensée, doivent être limitées dans une mesure qui varie avec les circonstances.

Cette mesure dépend de la plus ou moins grande unité doctrinale qui règne dans un pays. Toute nation a besoin d'être, dans son ensemble, d'accord au moins sur les principes fondamentaux de l'ordre social. C'est pour elle une question de vie ou de mort.

Aussi l'État a-t-il le devoir et le droit de protéger les fondements de la société et de réprimer toute attaque qui tend à les ébranler. L'intolérance est une loi vitale pour tout être, individuel ou collectif ; c'est le droit de résister à quiconque s'oppose au développement normal de la vie privée ou sociale. En maintenant l'unité et l'indissolubilité du mariage contre la polygamie et le divorce, la propriété individuelle et transmissible contre les systèmes socialistes, l'unité de patrie contre l'internationalisme, le gouvernement remplit sa mission protectrice : il défend la société contre les attaques *antisociales* provenant d'une infime minorité ; il assure la prédominance d'idées qui répondent pleinement à la conscience collective de la nation (**120**).

Il est clair que la zone de cette défense s'étendra ou se rétrécira, selon que l'accord doctrinal des citoyens sera plus ou moins complet. C'est pourquoi, dans les sociétés où la croyance catholique rencontrait l'unanimité morale à l'égard des idées fondamentales de patrie, de famille, de propriété, l'État avait le devoir et le droit de protéger la religion catholique à l'exclusion de toute autre. Sans doute nul ne devait être contraint par la force à embrasser la foi, car « l'homme, dit saint Augustin, ne peut croire que de son plein gré », ou comme parle Tertullien : *Non est religionis cogere religionem*. Mais autre chose est cette liberté intérieure

---

(¹) M. Fouillée ne craint pas de limiter la liberté de la presse : « La complète liberté, politique, scientifique et religieuse de la presse ne saurait entraîner ni le droit de diffamation, ni le droit d'excitation aux crimes ou délits punis par la loi, ni le droit de publications pornographiques » *Revue des Deux-Mondes*, 15 janvier 1897, p. 44.

qui est inviolable et sacrée, autre chose est la liberté de *manifester*, de *publier*, de *propager* sa pensée et sa croyance. Cette seconde liberté est le prolongement de la première, mais elle ne doit être respectée dans son exercice qu'autant qu'elle ne nuit pas à la collectivité. C'est ainsi qu'au temps de concorde religieuse l'État réprimait la propagande hérétique, comme actuellement il a le droit de réprimer la propagande de l'internationalisme, de la polygamie, du communisme, qui sont des hérésies sociales.

On objecte la bonne foi de ceux qui répandent ces doctrines malsaines. La bonne foi étant supposée, il s'ensuit seulement que la pensée n'est que matériellement coupable ; mais cela ne l'empêche pas d'être dangereuse et partant digne de répression. La liberté *illimitée* de la presse, de la discussion, etc., est donc illégitime. Aucun gouvernement ne pourrait d'ailleurs y résister longtemps ; aussi ceux qui l'admettent en théorie sont obligés, arrivés au pouvoir, de la limiter plus ou moins en pratique. C'est une inconséquence, mais qui prouve du moins que la doctrine de la liberté *absolue* est inadmissible.

Remarque : le rétablissement de la religion catholique, comme religion d'État, ne serait possible que si la nation revenait, par une libre persuasion, à l'unité de croyances. Avant d'arriver à cet accord parfait, il y a un terrain commun où l'entente est plus facile à réaliser, c'est le Décalogue. La conclusion de l'enquête sociale conduite par Le Play a été que les peuples sont prospères en raison directe de l'observation du Décalogue.

86. — RESPECT DES BIENS MATÉRIELS : DROIT DE PROPRIÉTÉ

Les biens d'autrui sont **matériels** ou **spirituels**. Étudions d'abord les devoirs relatifs aux biens *matériels*.

§ A. — *DÉFINITION DE LA PROPRIÉTÉ*

Le DROIT ROMAIN définit le droit de propriété : *Potestas utendi* (vg. habiter sa maison), *fruendi* (la louer) *et abutendi* (la vendre ou la démolir). — Le CODE CIVIL : « C'est le droit de jouir et de disposer des choses de la manière la plus absolue ». (ART. 544). La propriété se distingue de la **possession** ; celle-ci n'est qu'un **fait** : la détention actuelle ; je puis posséder quelque chose qui ne m'appartient pas. La propriété est un **droit** : celui d'exclure les autres de l'usage d'un bien, quand même on ne le possèderait pas actuellement.

§ B. — *NATURE DU DROIT DE PROPRIÉTÉ*

Le droit de disposer est un droit *réel et direct* sur la chose, objet du droit ; *jus in re* ; ce n'est pas seulement le droit *personnel et indirect* de créance, qui ne confère qu'un droit à la chose : *jus ad rem*, mais permet de contraindre la personne du débiteur à payer sa dette. Le droit de propriété, tel qu'il est pratiqué généralement, confère le **domaine parfait**, c'est-à-dire le domaine **direct** et le domaine **indirect** ou **utile**. Le domaine direct n'affecte que la **substance** de la chose : c'est la *nu-propriété*. Le domaine indirect ne concerne que l'**usage** ; c'est *l'usufruit*. — Le droit de propriété est un droit *naturel* parce qu'il est fondé sur la nature des choses et sur la nature de l'homme.

§ C. — *FONDEMENTS VÉRITABLES*

Le droit de propriété peut être considéré soit comme un droit :
1°) **Abstrait** : c'est la faculté naturelle qu'a tout homme d'acquérir des biens extérieurs. C'est un droit *indéterminé*, qui a besoin d'un fait concret pour conférer la *propriété actuelle d'un objet particulier*.

2°) **Concret** : c'est le droit qui se rapporte à un objet déterminé. — Le premier est le droit d'acquérir les biens extérieurs en général ; le second est le droit de posséder tel bien en particulier. Tous les hommes ont le premier, c'est-à-dire *peuvent* devenir propriétaires ; pour jouir du second, c'est à-dire pour être *en fait* propriétaires, ils doivent poser certaines conditions. — Le premier est plutôt le droit *à* la propriété ; le second, le droit *de* propriété. Nous avons donc deux questions à trancher :

a) Quel est le **fondement du droit abstrait** ?

b) Quels sont les **faits juridiques** qui déterminent le droit de propriété, le font passer de l'ordre abstrait à l'ordre concret ?

§ A) **Fondement du droit abstrait de propriété** : le droit d'acquérir des biens extérieurs est un droit naturel, parce qu'il résulte de la nature même de l'homme. En effet :

1°) L'homme a le devoir de conserver sa vie ; il a par conséquent le droit de se procurer les objets de consommation *nécessaires à sa subsistance*.

2°) Les besoins à satisfaire pour sa conservation étant habituels, l'homme a droit d'y pourvoir en acquérant des biens productifs permanents : vg. fonds de terre. A des besoins stables doivent en effet correspondre des *ressources stables*.

3°) L'homme est exposé à la maladie, aux accidents, à la vieillesse ; pour y remédier, il doit amasser *au delà du nécessaire*.

4°) L'homme est perfectible dans l'ordre intellectuel et moral ; or, pour développer ses facultés, il lui faut une certaine indépendance à l'égard des moyens d'existence ; le droit de propriété s'étend donc du nécessaire à l'*aisance*.

5°) L'homme est fait pour fonder une famille. La nature lui inspire de nourrir et d'élever ses enfants, de se préoccuper de *leur avenir* en leur créant un patrimoine, parce qu'ils sont un prolongement de la personne du père. Le fondement du droit abstrait de propriété, c'est donc le devoir de vivre, de conserver, de développer la vie et de la transmettre dans de bonnes conditions à ses enfants.

§ B) **Fondement et origine du droit concret de propriété** : il a pour *fondement* et pour *origine* deux *faits juridiques* :

I. — **L'occupation** : c'est la mise en pratique du droit d'acquérir la propriété. Appliquée à des objets qui n'ont pas de maître, qui sont *res nullius*, elle ne blesse le droit de personne. Il faut que cette prise de possession soit manifestée par des indices clairs. C'est le *droit du premier occupant*.

II. — **Le travail** : mais c'est le travail qui peut rendre définitive cette appropriation. L'occupation a pour but d'élaborer et de rendre utile la chose occupée. Pour acquérir une terre qui n'appartiendrait à personne, il ne suffirait donc pas de dire : elle est à moi, ni même de l'entourer d'une clôture ; il faut l'améliorer par le travail. L'homme qui, par son intelligence et ses peines, donne une valeur nouvelle à une matière première dont il s'est justement emparé, doit être considéré comme le légitime propriétaire de cette *valeur* et de la *matière* qu'il a améliorée par son industrie.

La conséquence est manifeste pour la *valeur*, parce qu'elle est un effet et que l'effet appartient à la cause. Quant à la *matière*, c'est manifeste aussi, parce que l'homme, obligé au travail pour vivre, a besoin, puisqu'il ne crée rien, d'une matière préexistante pour travailler. Or cette appropriation de la substance de la chose pour le travail (vg. pierres qui serviront à bâtir une maison ou sol d'où sera tirée une récolte) est légitime, parce que le premier occupant ne viole pas les droits d'autrui, la chose étant *nullius*, et qu'il exerce un droit inhérent à la personne sur la chose, qui est faite pour être possédée. Mais c'est la modification accidentelle, l'amélioration apportée à la substance de la chose par le travail, qui donne droit à conserver la chose elle-même, car il en résulte un effet en tout ou en partie inséparable de la chose. C'est évident pour la maison : détruire l'arrangement des pierres, c'est la détruire elle-même. Ce qui rend un champ meilleur s'incorpore au sol et se confond tellement avec lui qu'il serait en grande partie impossible de l'en séparer. Enlever le sol à celui qui le cultive ce serait le priver du fruit même de son labeur qui l'a transformé.

L'objet approprié et élaboré est donc, pour ainsi dire, marqué au sceau de la *personne* ; il devient respectable comme elle, car l'occupation et le travail sont l'expression de sa volonté et l'empreinte de son activité libre. La propriété est donc comme un *prolongement de la personnalité*.

§ D. — *FONDEMENTS ERRONÉS*

I. — Contrat : Grotius, Puffendorf, Rousseau. Les biens étaient primitivement indivis. Mais cette indivision ayant entraîné des inconvénients, les hommes y remédièrent en adoptant par une convention mutuelle la division des biens.

Critique : A) Cette communauté primitive des biens et ce contrat sont des hypothèses gratuites.

B) Cette théorie ne résout pas la question de l'origine du droit de propriété. Un contrat suppose des droits antérieurs chez les contractants : pourquoi les hommes pouvaient-ils légitimement briser l'indivision et acquérir la propriété individuelle ?

II. — Loi civile : Hobbes, Bentham, Montesquieu, Fichte. « La propriété et la loi, dit Bentham, sont nées ensemble et mourront ensemble. Avant les lois, point de propriété ; ôtez les lois, toute propriété cesse ».

Critique : A) Le droit de propriété, de par la nature, appartient à l'individu et à la famille ; il est donc *antérieur* à la société et par conséquent à la loi.

B) Ou bien la loi est l'expression d'un droit naturel, et alors le droit de propriété a pour fondement ce droit naturel et non la loi ; ou bien la loi n'est que la formule de la volonté arbitraire du législateur ; mais le droit ne saurait être fondé sur la volonté humaine, parce qu'elle peut être la source de l'injuste comme du juste. Le droit implique une nécessité morale inviolable, que l'homme, égal en nature à ses semblables, ne peut leur imposer.

C) La loi est faite seulement pour déterminer et protéger le droit de propriété (Cf. § E, II).

§ E. — *LIMITES ET DEVOIRS*

Il n'y a qu'un droit absolu pour l'homme, celui de tendre à sa fin dernière ; aussi le droit de propriété est-il soumis à des **restrictions morales et légales**.

I. — **Limites morales** : A) L'homme doit user des choses matérielles conformément aux devoirs que lui impose sa nature d'être raisonnable. C'est pourquoi l'**avarice et la cupidité** d'une part, la **prodigalité** de l'autre, sont blâmables.

B) La **fin prochaine** du droit de propriété c'est de procurer à l'homme, individu ou famille, les moyens de développer sa vie physique et morale. Mais il a aussi une **fin éloignée**, c'est de subvenir aux besoins des nécessiteux ; en ce sens la propriété a une *fonction sociale*. La **propriété** des biens est **personnelle, exclusive**, mais l'usage en doit être **commun** : « Sous ce rapport, l'homme ne doit pas tenir les choses extérieures pour privées, mais bien pour communes, de telle sorte qu'il en fasse part facilement aux autres dans leurs nécessités [1] ». C'est la doctrine de S. Thomas : « Le superflu des uns revient, de droit naturel, au soutien des pauvres ». De là deux corollaires :

1°) Dans les cas d'**extrême nécessité**, le malheureux mourant de faim a le droit de prendre, partout où il le trouve, ce qui est indispensable à l'entretien de sa vie, car le devoir de conserver son existence a pour corrélatif le droit de s'en procurer les moyens, droit qui l'emporte sur celui du propriétaire dont il prend le bien.

2°) Les biens matériels étant faits pour l'usage commun de l'humanité, il en résulte le devoir de l'**aumône**, qui, sauf le cas d'extrême nécessité, est un devoir de charité et non de justice.

II. — **Limites légales** : le droit de propriété, étant naturel, n'émane pas de la loi civile. Mais il appartient à l'État :

1°) *De le protéger* contre le vol, etc...

2°) *D'en régler l'usage en vue du bien commun* : ce droit de l'État n'est pas un droit de *domaine éminent* sur la propriété individuelle ; c'est un *pouvoir indirect de juridiction* exercé en vue du bien social. C'est donc à l'État de fixer les *conditions juridiques* (impôts, formalités, etc.) auxquelles les citoyens pourront acquérir et transmettre la propriété ; mais il doit se conformer au droit naturel et ne restreindre l'exercice du droit de propriété que *dans la mesure* où le bien commun l'exige. De là

---

(1) Léon XIII, Encycl. *Rerum novarum*.

le *régime légal de la propriété* qui organise les ventes, les donations, les successions, etc...

§ F. — *VIOLATION DU DROIT DE PROPRIÉTÉ*

On peut attenter au droit de propriété :
I. — En s'appropriant le bien d'autrui : c'est le **vol**.
II. — En causant à autrui un **dommage**.
Le premier attentat doit être réparé par la **restitution** de la chose usurpée ; le second, par une **indemnité**.

87. — OBJECTIONS CONTRE LE DROIT DE PROPRIÉTÉ

I. — La propriété a pour origine la conquête et la spoliation : « La propriété, a dit Proudhon, c'est le vol. »
Réponse : dans sa généralité, cette affirmation est non seulement fausse mais contradictoire, car, si personne n'est légitime possesseur, personne n'est volé.

II. — La terre est un patrimoine commun ; c'est la propriété collective de l'humanité.
Réponse : si Dieu a donné la terre au genre humain tout entier, cela ne veut pas dire qu'il ait voulu que tout restât en commun. Il n'a assigné de part à aucun homme en particulier, parce qu'il entend laisser la délimitation des propriétés à l'initiative individuelle et aux institutions sociales. La division même du sol contribue à l'utilité commune, parce qu'elle le rend plus fertile (Cf. *infra*, V, B).

III. — La propriété amène et consacre l'inégalité ; or la nature veut que tous soient égaux.
Réponse : l'inégalité est chose naturelle. En effet, il y a des tempéraments forts et des tempéraments débiles, des esprits actifs et des intelligences engourdies ; il y a des laborieux et des fainéants, des prévoyants et des sans-souci, des économes et des prodigues. Des différences aussi tranchées entre les producteurs

de la richesse ne peuvent aboutir à l'égalité dans les produits. L'autorité, d'après le Socialisme, devrait rétablir par l'action de la loi l'égalité détruite par la nature. C'est là une prétention chimérique, car la société, organisme vivant, exige, pour fonctionner, la diversité et la hiérarchie des conditions, comme l'activité corporelle suppose la différence et la subordination des organes.

IV. — La valeur que le travail a créée est liée à une matière que le travail n'a pas produite et sans laquelle le travail ne pourrait pas exister (vg. sol, bloc de marbre). Toute propriété renferme donc une part qui est indépendante de l'activité de l'homme et sur laquelle l'homme n'a par conséquent aucun droit, puisque cette part n'est pas un effet de son activité. La valeur utile qu'il a créée lui revient au contraire de plein droit, parce que l'effet est l'attribut de la cause. — Cette objection est dirigée surtout contre la *propriété du sol indéfiniment transmissible par héritage..*

Réponse : il faut distinguer deux cas très différents :

A) S'il s'agit de la quantité de terre nécessaire à l'entretien **d'un individu et de sa famille**, calculée largement de manière à pourvoir aux accidents, aux maladies, à la vieillesse et à l'établissement des enfants, on doit dire que l'occupation et le travail sont des titres suffisants pour légitimer le droit de propriété individuelle. Sans doute le travail ne produit pas la terre, mais l'homme, ayant le devoir de travailler pour vivre et pour subvenir à ses besoins et à ceux de sa famille, a droit à une matière sur laquelle il puisse exercer son activité, sans quoi son travail serait impossible. Le devoir de vivre et de travailler emporte donc conséquemment le droit à la propriété du sol indissolublement lié au travail lui-même.

B) Mais s'il s'agit de légitimer la **possession et la transmission indéfinie** de la propriété, dont la valeur est de beaucoup supérieure aux besoins et aux agréments des possesseurs, il faut ajouter, aux fondements de l'occupation et du travail, celui de la **nécessité et de l'utilité sociales.**

L'expérience a prouvé que la propriété, privée et héréditaire, était plus productive et par conséquent socialement plus avantageuse que la propriété collective : « Seuls en effet le stimulant de l'intérêt personnel, la perspective de pouvoir transmettre à des êtres qui nous tiennent de plus près et continuent notre personne, le fruit accumulé de nos labeurs, donneront à l'effort cette intensité, aux méthodes de travail ces perfectionnements, à l'épargne cet accroissement fait de sacrifices, de prévoyance et de tendresse pour autrui, qui permettront à une province comme la Flandre de nourrir une population dont les besoins, sous un régime plus élémentaire, épuiseraient les produits de la France entière » (d'Hulst). Or l'intérêt de tous est que la production soit aussi abondante que possible. Le pouvoir a donc le droit, dans un but **d'utilité et même de nécessité sociales** (autrement la société ne pourrait se développer), de protéger légalement le régime de propriété individuelle et indéfiniment transmissible, selon certaines règles et moyennant certains impôts.

BIBLIOGRAPHIE

CALMES,	*La propriété. — Réfutation de la thèse historique de Laveleye*, Revue des Questions historiques, Juillet 1891.
CASTELEIN,	*Le socialisme et le droit de propriété.*
CATHREIN,	*Moralphilosophie*, Bund II.
CEPEDA (de),	*Éléments de droit naturel*, XXXe Leçon et s.
FOUILLÉE,	*La propriété sociale et la démocratie.*
FUSTEL DE COULANGES,	*Recherches sur quelques problèmes d'histoire.* — Cf. Revue des questions historiques, Avril 1889.
HULST (d'),	*Conférences de Notre-Dame*, 1896, IVe, Ve.
LAVELEYE (de),	*La propriété et ses formes primitives.*
PASCAL (de),	*Philosophie sociale*, L. IV, ch. II.
PROUDHON,	*Qu'est-ce que la propriété ?*
SCHIFFINI,	*Disputationes philosophiæ moralis*, T. II, Disp. II, n° 309 et s.
TAPARELLI D'AZEGLIO,	*Essai théorique et pratique de droit naturel*, n° 398 et s.
THIERS,	*De la propriété.*
VALET,	*La propriété.*
WULF (de),	*Le droit de propriété d'après St.-Thomas.*

88. — LIBERTÉ DE TESTER

La **liberté testamentaire** est la conséquence légitime du droit de propriété. Vivant, le père peut donner ses biens à ses enfants ou à des étrangers, comment ne le pourrait-il pas au moment de mourir? Mais une question ultérieure se pose : faut-il admettre la liberté illimitée? ou, sinon, dans quelle mesure la limiter? Pour que la famille remplisse son but moral et son rôle social, elle doit être stable. C'est pourquoi il faut tenir le milieu entre une liberté sans limites et une liberté trop restreinte. Donc en vue de la stabilité du foyer domestique :

I. — La loi doit restreindre la faculté de disposer, par donation et par testament, en faveur des étrangers, particulièrement en ce qui regarde les immeubles et les biens patrimoniaux.

II. — D'autre part, la liberté concédée par le *Code civil* est trop limitée. Il édicte ce qu'on appelle le **partage forcé** : la quotité disponible peut s'élever à la *moitié* s'il y a un enfant ; à un *tiers*, s'il y a deux enfants ; à un *quart* s'il y a trois enfants ou plus (Art. 913). Dans ces étroites limites, la stabilité et la prospérité des familles ne sont pas sauvegardées. Voici en effet quelques-uns des inconvénients de ce partage forcé :

1°) Le patrimoine des ancêtres et l'entreprise (vg. manufacture) traditionnelle ne peuvent être conservés ; au bout de quelques générations, il faut les vendre ou les diviser.

2°) Ce partage forcé sape par la base l'autorité du père de famille, qui n'a plus dans le testament un moyen efficace de récompenser ou de punir.

3°) Dans les classes riches, les enfants, se fondant sur leurs droits de naissance, prétendent jouir dès leur entrée dans la vie de la richesse créée par leurs aïeux, et ne sont pas stimulés à s'en montrer dignes par le travail et la vertu.

4°) Le partage forcé est l'occasion d'une quantité de procès qui troublent les familles et de frais qui les ruinent.

III. — **Voici ce qui semble raisonnable** : *a)* Étendre, dans tous les cas, la quotité disponible à la moitié des biens.

b) Réserver aux enfants une part obligatoire. En dehors de cette **réserve**, le père pourrait partager sa fortune à son gré entre ses enfants, dans le but de sauvegarder la stabilité du domaine patrimonial ou de l'entreprise traditionnelle.

Remarque : pour conserver le foyer de famille et maintenir la propriété, il serait bon :

1°) D'introduire en France le régime du **Homestead** américain, en vertu duquel tout propriétaire, cultivant sa terre, peut faire déclarer insaisissables sa maison et une certaine étendue de terre, jusqu'à concurrence d'une valeur maximale de 10 000 francs.

2°) D'exonérer des frais de succession la *petite propriété* rurale et urbaine. Ce sont là d'excellentes mesures contre l'envahissement du Socialisme.

BIBLIOGRAPHIE

Albert (G.), — *La liberté de tester.*
Deneus, — *De la réserve héréditaire des enfants.*
Jannet (Cl.), — *Le Code civil et les réformes indispensables à la liberté des familles.*
Le Play, — *La réforme sociale*, ch. xxi.
Moreau d'Andy (de), — *Le testament selon la pratique des familles stables et prospères.*
Rothe, — *Traité de droit naturel*, IVe P., Sect. VII.
Société d'Économie sociale, — *Enquêtes sur l'application des lois de succession.*

89. — LE SOCIALISME

« C'est un terme générique, dit P. Leroy-Beaulieu, qui exprime certains modes d'ingérence de l'État dans les relations entre producteurs et consommateurs de la richesse ». Le socialisme se présente sous deux formes :

A) **Communisme**, — B) **Collectivisme**.

§ A. — *LE COMMUNISME*

I. — Partisans : PLATON dans sa *République* ; — FÉNELON dans *Télémaque* (République de Salente) ; — G. BABŒUF ; — OWEN ; — CABET, dans l'*Icarie*. — FOURIER n'était communiste qu'en ce qui regarde la production et la consommation ; il ne l'était pas pour la répartition des biens. — Actuellement, il n'y a plus que les ANARCHISTES à soutenir le communisme.

II. — Exposé et réfutation : A) Le communisme supprime complètement la propriété individuelle et met tous les biens en commun.

B) Ce n'est pas là une organisation absolument chimérique, puisqu'elle existe dans les Congrégations religieuses et dans certaines associations aux États-Unis. Mais le système communiste pour réussir exige : 1°) de **très petites sociétés**, parce qu'à mesure que le nombre des associés grandit, l'intérêt que chacun porte au succès de l'association diminue ; — 2°) des sociétés soumises à une **rigoureuse discipline**, qui pousse chaque associé au travail et l'oblige à se contenter de sa part.

§ B. — *LE COLLECTIVISME*

I. — Nature : c'est un communisme mitigé, qui substitue la propriété collective à la propriété privée pour les moyens de production, c'est-à-dire la terre et les capitaux, et fait répartir par l'État les produits du travail d'après certaines règles. On distingue le :

1°) **Socialisme partiel**, qui ne met en propriété collective que les terres et les immeubles : c'est le socialisme **agraire**, qui réclame la « *nationalisation du sol* » : vg. H. George.

2°) **Socialisme total**, qui étend la propriété collective à tous les instruments de production, admettant à peine une exception pour les outils rudimentaires, comme l'aiguille.

Le socialisme eut pour théoriciens, en Allemagne, Lassalle et surtout Karl Marx.

En France le parti socialiste est divisé en deux branches :

1°) Les **Marxistes** : J. Guesde, P. Lafargue.

2°) Les **Possibilistes** : Benoît Malon, Brousse, Allemane.

La différence fondamentale entre le Collectivisme et le Communisme, c'est que le Collectivisme prétend conserver la propriété individuelle des objets de consommation, tandis que le Communisme met tout en commun, et les objets de production et les objets de consommation. Cette distinction est arbitraire, car nombre de richesses, à raison de leurs propriétés diverses, peuvent aussi bien figurer parmi les instruments de production que parmi les matières de consommation. Tout objet de consommation peut devenir capital, par cela seul qu'on lui donne un emploi productif : vg. je puis consommer les fruits de mon jardin ou les vendre.

II. — **Réfutation** : l'établissement d'une vaste société collectiviste est impossible, comme institution stable et viable, étant donnés les penchants impérieux de l'humanité. En effet :

A) D'après le Collectivisme, les biens de production seront décrétés propriété nationale, les biens de consommation laissés à la disposition des citoyens, — Mais comment, en pratique, établir la distinction entre ces deux sortes de biens ?

B) L'État devra déterminer, après enquête, la quantité et la quotité des objets à produire ; c'est le seul moyen de mettre fin à l'*anarchie de la production*. — Mais cette détermination est pratiquement impossible.

C) Supposons ces difficultés surmontées, il faut *organiser le travail*. Pour cela l'Office du travail devra :

1°) *Recenser exactement la main-d'œuvre disponible* : comment répartir en effet le travail sans connaître le nombre des ouvriers valides par commune ? Si l'on impose le domicile forcé, c'est un servage ; si l'on accorde la libre circulation, l'organisation du travail est irréalisable.

2°) *Distribuer les emplois* : si on laisse le choix de la profession, qui se chargera des travaux répugnants ? Si l'État procède d'autorité à cette distribution, que deviennent la liberté et l'égalité ?

D) En admettant qu'on puisse vaincre les obstacles précédents, reste à résoudre cette question : comment l'état répartira-t-il le produit net du travail collectif ? Ici on se heurte à des difficultés inextricables. On a proposé diverses formules de partage : A chacun : *a) part égale ; — b) selon ses besoins ; — c) selon sa capacité ; — d) selon le temps de travail ; — e) selon la quantité de travail effectué ; — f) selon le soin dépensé.* Ces règles sont ou injustes ou impraticables.

E) Le Collectivisme étoufferait par la réglementation toute initiative individuelle ; les citoyens ne seraient plus que des rouages de la grande machine sociale. L'État règlerait tout, la vie et les occupations de chacun. Ce serait la négation de toute autonomie et de toute liberté. Une telle société ne pourrait qu'aboutir au césarisme ou à la dissolution.

BIBLIOGRAPHIE

Andler,	*La décomposition du Marxisme.*
Bouctot,	*Histoire du communisme et du socialisme.*
Bourdeau,	*L'évolution du socialisme.*
Brasseur,	*La question sociale. Etude sur les bases du collectivisme.*
Castelein,	*Le socialisme et le droit de propriété.*
Cathrein,	*Der socialismus. — Das Privateigenthum.*
Dawson,	*German socialism.*
Desjardins,	*Proudhon, sa vie, ses œuvres et sa doctrine.*
Donoso Cortès,	*Essai sur le catholicisme, le libéralisme et le socialisme.*
Eichthal (E. d'),	*Socialisme et problèmes sociaux.*
Ely (R.-T.),	*The Labor Movement in America.*
Ferraz,	*Socialisme.*
Fouillée,	*La morale socialiste,* Rev. des Deux Mondes, 15 Juil. 1901.
Fournière,	*L'idéalisme social. — Essai sur l'individualisme.*
George (H.),	*Progress and Poverty.*
Gibon,	*Des divers modes de rémunération du travail.*

Gide,	*Principes d'Économie politique*, L. III, ch. II.
Goyau,	*Autour du catholicisme social.*
Janet (Paul),	*Les origines du socialisme contemporain.*
Janet (Cl.),	*Le socialisme d'État.*
Lassalle,	*Capital et travail.*
Laveleye (de),	*Le socialisme contemporain. — De la propriété et de ses formes primitives.*
Leroy Beaulieu (A.),	*La Papauté, le Socialisme et la Démocratie.*
Leroy-Beaulieu (P.),	*Le collectivisme.*
Maisonabe,	*La doctrine socialiste.*
Malon,	*Le socialisme intégral. — Précis du socialisme.*
Marx (K.),	*Le Capital.*
Méric,	*Les erreurs sociales du temps présent.*
Métin,	*Le socialisme sans doctrines. — Le socialisme en Angleterre.*
Meyer et Ardant,	*La question agraire. — Le mouvement agraire.*
Nicotra,	*Le socialisme.*
Overbergh (van C.),	*Caractères généraux du socialisme scientifique.*
Rae,	*Il socialismo contemporaneo.*
Renard (G.),	*Le régime socialiste.*
Richard,	*Le socialisme et la science sociale.*
Richter,	*Où mène le socialisme?*
Roure,	*Anarchie morale et crise sociale.*
Sagot,	*Le communisme au Nouveau Monde.*
Sarda y Salvany,	*Le mal social.*
Say,	*Le socialisme d'État.*
Schœffle,	*Quintessence du socialisme.*
Steccanella,	*Del communismo.*
Stein,	*La question sociale au point de vue philosophique.*
Turmann,	*Le développement du catholicisme social.*
Winterer,	*Le socialisme contemporain.*
Wyzewa (de),	*Le mouvement socialiste en Europe.*

90. — RESPECT DES BIENS SPIRITUELS : L'HONNEUR.

L'honneur ou **réputation**, bien supérieur aux biens matériels, est la condition de nombreux avantages sociaux. C'est une injustice de blesser l'honneur d'autrui par des **paroles injurieuses** ou de le diffamer par la **calomnie** et la **médisance**. On est obligé de restituer au prochain l'honneur enlevé. Le calomniateur doit rétracter son mensonge ; le médisant est tenu de compenser le mal fait, en disant du bien de celui dont il a médit. — Tout homme a droit à notre estime, non seulement dans nos paroles mais même dans nos pensées; il faut donc éviter les **jugements téméraires**.

§ II. DEVOIR DE LA CHARITÉ

91. — LES ŒUVRES DE CHARITE

I. — **Précepte général** : c'est d'aimer tous les hommes, même nos ennemis : « Aimer, dit saint Thomas, c'est vouloir du bien ». *Amare est velle bonum*. Mais il s'agit d'une volonté non seulement *affective*, qui souhaite du bien aux autres, mais *effective*, qui leur en fasse. — Aux devoirs de justice correspondent autant de devoirs de charité : vg. la justice nous défend d'attenter à la vie de notre prochain ; la charité nous enjoint de la secourir et de la protéger.

II. — **OEuvres** : 1°) Les unes sont d'**ordre temporel**, relatives au **corps** : vg. secourir les pauvres par l'aumône, assister les malades, défendre la vie menacée de nos semblables.

2°) Les autres sont d'**ordre spirituel**, relatives à l'**âme** : vg. éclairer l'intelligence d'autrui par l'instruction et les bons conseils, porter les autres au bien par nos paroles et nos exemples, fortifier leur volonté contre les passions, les consoler dans leurs peines, etc.

III. — **Qualités** : la charité doit être faite avec :

1°) **Délicatesse** ; — 2°) **Désintéressement** ; — 3°) **Intelligence**.

BIBLIOGRAPHIE

Champagny (de), *De la charité chrétienne dans les premiers siècles.*
Camp (M. du), *La charité à Paris.*
Cousin, *Du vrai, du bien et du beau,* Leçon XV.
Haussonville (d'), *Misères et Remèdes. — Comment faire la charité ?* Revue des Deux-Mondes, 15 Mars 1894.
Hubert-Valleroux, *La charité avant et depuis 1789.*
Lallemant, *Histoire de la charité.*
Witt (de), *La charité en France à travers les siècles.*

IIme SECTION

MORALE DOMESTIQUE

92. — LA FAMILLE

C'est une société formée par les parents et les enfants. Elle est naturelle, c'est-à-dire fondée sur la nature de l'homme, et elle a Dieu pour auteur immédiat. Elle est nécessaire à la protection des droits de la femme et à l'éducation physique et morale des enfants. La famille est un fait universel, mais elle n'atteint sa perfection que dans les pays chrétiens. — Ce n'est pas l'individu, mais la famille qui constitue la véritable **unité sociale**. La famille donne naissance à des devoirs particuliers, découlant des rapports qui existent entre les différents membres qui la composent. — Elle a pour fin immédiate le perfectionnement matériel, intellectuel et moral de ses membres, ordonné à la fin dernière de l'homme : le souverain Bien. La famille a pour fondement le mariage.

BIBLIOGRAPHIE

—

Bebel,	*La femme dans le passé, le présent et l'avenir.*
Beaussire,	*Les principes du droit,* L. III.
Cauvière,	*De la condition de la femme.*
Devas,	*Studies of family life.*
Félix (J),	*Conférences de Notre-Dame,* 1860.
Hulst (d'),	*Conférences de Notre-Dame,* 1894.
Janet (Paul),	*La famille.*
Jannet (Cl.),	*La constitution de la famille dans le passé et dans le présent,* Réforme sociale, 15 juillet 1886.
Lamy,	*La femme de demain.*
Legouvé,	*Histoire de la femme.*
Léon XIII,	Encyclique *Inscrustabile.*
Le Play,	*L'organisation de la famille. — La réforme sociale en France,* ch. xx.
Margerie (A.),	*De la famille.*
Matignon,	*La paternité chrétienne.*
Monsabré,	*Conférences sur le mariage.*
Ribbe (de),	*La vie domestique, ses modèles et ses règles. — Le livre de famille. — Les familles et la société en France.*
Rothe,	*Traité de droit naturel,* T. II.
Schiffini,	*Disputationes philosophiæ moralis,* T. II, Disp. III.
Simon (J.),	*La femme du XXe siècle.*
Taparelli d'Azeglio,	*Essai théorique et pratique de droit naturel,* L. VII, ch. ii.

93. — LE MARIAGE

§ I. — AU POINT DE VUE DU DROIT NATUREL

C'est un contrat par lequel l'homme et la femme s'unissent volontairement pour fonder une famille, c'est-à-dire pour vivre en commun, s'assister mutuellement et élever leurs enfants. Le contrat matrimonial, étant fondé sur la constitution de la nature humaine et ayant pour but principal la perpétuité de l'espèce, est de droit *naturel*. Il est donc **antérieur et supérieur** au droit civil et politique. L'État n'a par conséquent aucune autorité pour légiférer sur le contrat conjugal envisagé dans ses **conditions essentielles**, parce qu'il n'en a pas sur le droit primordial qu'on nomme *droit naturel* (**71**). Il peut seulement, en vue du bien commun, statuer sur les **conséquences civiles** du contrat matrimonial (vg. les biens, les héritages, les ventes, etc.); mais il ne peut atteindre le lien conjugal. Ne pouvant former le lien, l'État ne peut le rompre; il ne peut davantage constituer des empêchements dirimants, mais seulement appuyer de sa sanction ceux que le droit naturel établit.

§ II. — *AU POINT DE VUE DU DROIT CHRÉTIEN*

A) Entre baptisés, le mariage est un sacrement, non par l'addition d'un caractère surnaturel au contrat naturel préexistant, mais par l'élévation de ce contrat lui-même à un ordre supérieur. Ainsi ce qui constitue le sacrement de mariage, ce n'est pas la bénédiction du prêtre, c'est l'engagement mutuel des époux, lesquels sont les *ministres* du sacrement. L'assistance et la bénédiction du prêtre ne sont que la condition disciplinaire, prescrite par l'Église aux époux, pour attester qu'ils veulent s'unir chrétiennement.

B) Le sacrement et le contrat, étant identiques, sont *inséparables*. Donc *point de sacrement sans le contrat* : si le contrat est nul par suite d'une circonstance qui peut l'annuler en droit naturel : vg. défaut de consentement, par là même pas de sacrement. Donc point de *contrat sans le sacrement* : le mariage civil ne crée aucune obligation de conscience. C'est un acte nul; la législation qui le reconnaît ne fait que légaliser le désordre : il n'y a pas mariage, mais « concubinage légal » ([1]). Tel est l'enseignement de l'Église.

([1]) Pie IX, *Lettre à Victor-Emmanuel*, 10 septembre 1852.

C) Le mariage entre baptisés étant totalement un objet sacré, spirituel, la législation en appartient totalement à l'Église en ce qui regarde la validité et la licéité, c'est-à-dire l'établissement des empêchements *dirimants et prohibants*.

D) Les tribunaux ecclésiastiques de Rome, quand ils rendent une sentence matrimoniale, ne dissolvent pas le lien conjugal, ils *déclarent* simplement sa nullité ou son invalidité.

§ III. — *CARACTÈRES DU LIEN MATRIMONIAL*

A) **Liberté** : le lien matrimonial dépend du libre engagement de deux personnes ; il ne peut donc être contraint par aucune autorité.

B) **Unité : la polygamie** est **contraire au bien de la famille**, parce qu'elle l'empêche d'atteindre pleinement sa fin. En effet :

1°) Le mariage est une société qui demande l'affectueuse et intime communication des sentiments. Or cette intimité exige la monogamie ; car elle ne peut être totale et réciproque là où le mari a plusieurs femmes.

2°) La polygamie est contraire à la justice ; la femme se donne tout entière au mari ; il faut donc, pour maintenir l'égalité, que le mari se donne aussi tout entier à la femme.

3°) De cette inégalité résulte la déchéance de la femme ; elle n'est plus traitée en compagne mais en esclave par le mari.

4°) Les familles, où règne la polygamie, sont troublées par les querelles et les jalousies. La consolation et l'assistance mutuelles, que les époux doivent tirer du mariage, sont compromises et l'éducation des enfants est négligée. Les faits confirment la vérité de ces assertions.

C) **Indissolubilité : le divorce** est illicite, parce qu'il est contraire :

1°) **Au bien des enfants** : la possibilité de la dissolution du lien conjugal diminue l'affection et le soin pour les enfants. Leur éducation est par conséquent plus ou moins manquée. Après le divorce, ils sont séparés de l'un ou de l'autre de leurs parents, partagés et contrariés dans leurs sentiments. La vue des mésintelligences de leurs parents est une triste école de moralité.

2°) **A l'union des familles** : la perspective de pouvoir, sous certaines conditions, briser le lien matrimonial, affaiblit la confiance et l'affection mutuelles, rend intraitable envers les moindres défauts, favorise les passions coupables et provoque d'incessantes discordes.

3°) **Aux intérêts de la société elle-même**, car les désordres et les divisions des familles, qui la composent, ont, dans son sein, leurs contre-coups nécessaires. Ici, encore, l'histoire confirme le bien-fondé de ces affirmations.

Remarques : I. — **La séparation de corps et de biens** est le remède aux cas extrêmes où la vie mutuelle est devenue intolérable.

II. — **Dieu peut, mais lui seul**, permettre *exceptionnellement* la polygamie ou le divorce. Il le *peut*, parce que la polygamie et le divorce, n'empêchant pas le mariage d'atteindre *complètement* sa fin, ne sont pas *absolument* contraires au droit naturel (72) ; — *lui seul*, parce que seul il est maître absolu du corps et de l'âme.

BIBLIOGRAPHIE

Bréda (de),	*Considérations sur le mariage au point de vue des lois.*
Daniel (Ch.),	*Le mariage chrétien et le Code Napoléon*, Études, 1869.
Dupanloup,	*De l'éducation.*
Cauvière,	*Le lien conjugal et le divorce.*
Fonsegrive,	*Mariage et union libre.*
Hulst (d'),	*Conférences de Notre-Dame*, Année 1891.
Legouvé,	*Les pères et les enfants.*
Léon XIII,	*Encyclique Arcanum divinæ sapientiæ consilium*
Matignon,	*La paternité chrétienne.*

Nicolay, *Les enfants mal élevés.*
Palmieri, *De matrimonio christiano.*
Plessis de Grenedan (J. du), *Histoire de l'autorité paternelle et de la société familiale en France avant 1789.*
Rochard, *Nos fils et nos filles.*
Rothe, *Traité de droit naturel*, T. III.

94. — LE CÉLIBAT

Le célibat est :

I. — **Obligatoire**, quand on est atteint d'une maladie grave et héréditaire, à moins d'avoir prévenu l'intéressé.

II. — **Méritoire**, quand on le garde pour mieux vaquer à son perfectionnement moral ou à des œuvres qui intéressent l'humanité.

III. — **En soi facultatif** : sans doute le mariage est nécessaire pour assurer la perpétuité de la race ; mais, comme la grande majorité des hommes choisiront l'état conjugal, il n'a pas été nécessaire d'en imposer l'obligation à tous.

95. — DEVOIRS DES ÉPOUX

A) **Avant le mariage** : les futurs époux doivent :

1°) Garder leur cœur intact pour celui ou pour celle qui aura le droit de le posséder.

2°) Se rappeler qu'ils auront charge d'âmes et que leurs enfants seront plus ou moins solidaires de leurs vertus et de leurs vices.

3°) Se guider dans leur choix d'après la raison et l'inclination.

B) **Pendant le mariage :** ils se doivent fidélité ; ils doivent respecter les fins du mariage qui sont la perpétuité de la race humaine, l'éducation des enfants et l'assistance mutuelle. Le mari est le chef de la famille ; il ne doit pas exercer son autorité despotiquement, mais par persuasion et par amitié. La femme est non sa servante, mais sa compagne et son amie ; elle lui doit obéissance. Au mari de protéger la famille et de travailler pour elle ; à la femme les soins intérieurs.

96. — DEVOIRS DES ENFANTS ET DES PARENTS

Les parents doivent à leurs enfants :
I. — Une **affection** raisonnable et sans faiblesse.
II. — **L'éducation** : a) **Physique** : avoir soin de leur vie et de leur santé ;
b) **Intellectuelle** : leur donner une instruction en rapport avec la condition et les ressources de la famille ;
c) **Morale et religieuse** : former leur volonté et leur caractère par les exemples, les conseils, les corrections.

Autorité paternelle. — Indiquons successivement :
I. — **Son fondement** : elle a pour fondement les *devoirs mêmes* des parents. C'est parce qu'ils ont le devoir d'élever leurs enfants qu'ils ont le droit de faire tout ce qui concourt à cette fin.
II. — **Ses bornes** : elle est limitée par ces devoirs mêmes. Les parents ne doivent pas traiter leurs enfants comme une chose ; ils n'ont pas sur eux droit de vie et de mort ; ils ne peuvent les vendre comme esclaves ; ils ne doivent pas les traiter avec brutalité, les corrompre, les déshériter, à moins qu'ils n'aient manqué gravement aux devoirs de la piété filiale, car le bien familial revient naturellement aux continuateurs de la famille ; ils ne doivent pas les violenter dans le choix qui regarde leur mariage ou leur carrière.

97. — DEVOIRS DES ENFANTS

I. — **Envers leurs parents** : ces devoirs se ramènent à la piété filiale qui comprend :
A) L'affection, la reconnaissance et le respect.
B) L'obéissance, excepté le cas où les ordres seraient con-

traires à la loi morale. Les enfants doivent consulter leurs parents pour le choix de leur futur conjoint ou de leur carrière. Ils ont le droit de suivre leur vocation, que les parents peuvent éprouver avec sagesse, mais qu'ils doivent respecter.

C) **Assistance** en cas de besoin. La loi d'obéissance n'a pas la même force quand l'enfant est devenu majeur, mais toute la vie il doit amour et déférence.

II. — **Entre eux** : ils doivent s'aimer et rester unis, s'entr'aider.

98. — DEVOIRS DES MAITRES ET DES SERVITEURS

L'ensemble des rapports entre maitres et serviteurs constitue la **société hérile** (*herus*, maitre) et donne naissance à des devoirs réciproques :

I. — **Devoirs des maitres** : ils doivent choisir des serviteurs honnêtes, veiller à leur moralité, remplir fidèlement les engagements pris, les traiter avec bonté, comme faisant partie de la famille (*domestici*).

II. — **Devoirs des serviteurs** : ils doivent à leurs maitres soumission respectueuse, fidélité et dévouement à remplir les conditions de leurs contrats de service.

99. — DEVOIRS DES PATRONS ET DES OUVRIERS

I. — **Patrons** : 1°) Ils doivent respecter dans l'ouvrier la dignité de la personne humaine.

2°) Ils ne doivent pas l'assujettir à un travail excédant la limite de ses forces.

3°) Ils doivent lui accorder le repos nécessaire pour remplir ses devoirs religieux.

4°) Ils doivent lui payer un salaire, capable de subvenir aux besoins d'un travailleur sobre et honnête.

II. — **Ouvriers** : 1°) Ils doivent accomplir consciencieusement le travail auquel ils se sont engagés.

2°) Ils ne doivent léser leur patron ni dans ses biens ni dans sa personne.

3°) Ils ne doivent pas employer la violence pour faire valoir leurs revendications.

Tels sont les principaux devoirs qui résultent, pour le patron et pour l'ouvrier, du simple contrat de travail. Des rapports entre le patron et l'ouvrier naît la **société patronale** qui n'est qu'une extension de la société *hérile*. De là découlent d'autres devoirs : vg. le patron doit donner le bon exemple à ses ouvriers, veiller sur eux, les assister dans leurs besoins ; l'ouvrier doit au patron reconnaissance et déférence, etc.

BIBLIOGRAPHIE

Antoine (Ch.),	*Cours d'économie sociale*, II° P., ch. xii, art. 4.
Brice,	*Les institutions patronales, leur état actuel, leur avenir.*
Fougerousse,	*Patrons et ouvriers de Paris.*
Freppel,	*Discours*, dans l'Association catholique, 15 Nov. 1886.
Harmel (L.),	*Manuel d'une corporation chrétienne.*
Hubert-Vallepoux,	*Associations ouvrières et associations patronales.*
Lavallée,	*Les classes ouvrières en Europe.*
Léon XIII,	Encyclique *Rerum novarum.*
Le Play,	*L'organisation du travail. — La réforme sociale...*, T. III. — *Les ouvriers européens*, T. I, p. 467. — *Le programme des unions de la paix sociale*, p. 118.
Levasseur,	*Histoire des classes ouvrières.*
Périn (Ch.),	*Le Patron.*
Théry,	*Employeurs et employés.*

III° SECTION

MORALE CIVIQUE

100. — LA SOCIÉTÉ : ÉLÉMENTS CONSTITUTIFS

I. — **Définitions** : A) **Société en général** : c'est une union de personnes qui tendent à une même f... des moyens communs.

B) **Société civile ou politique** : c'est une union de personnes constituée en vue du bien commun, c'est-à-dire en vue d'obtenir la prospérité temporelle, sous la direction d'une autorité reconnue.

II. — **Éléments** : la société contient un double élément :

A) **Matériel** : ce sont les membres de la société, la *multitude*.

B) **Formel** : c'est la **coordination des volontés** pour un bien commun. — Outre cet élément *idéal et abstrait*, il y a un second principe formel *concret* qui dirige efficacement les volontés vers le bien commun : l'**autorité**, qui est un principe d'unité et d'action.

III. — **Fin** : elle consiste dans la poursuite du bien temporel public, c'est-à-dire la réalisation des conditions nécessaires pour que les citoyens aient la possibilité d'atteindre leur vrai bonheur temporel.

IV. — **Termes analogues** : A) **État** : c'est un mot équivoque, qui signifie tantôt :

a) La *société tout entière*, multitude et autorité, gouvernants et gouvernés.

b) Le *pouvoir*, l'*autorité*, le *gouvernement*.

B) **Nation** : c'est une société fondée sur une communauté d'origine, de territoire, de mœurs et de sentiments.

C) **Patrie (101).**

BIBLIOGRAPHIE

Antoine (Ch.),	Cours d'Économie sociale, Ire P., Ire S., ch. I, II.
Aristote,	Politique.
Beaussire,	Les principes du droit, L. II.
Bluntschli,	Histoire du droit public.
Bonald (de),	La législation primitive.
Caro,	Problèmes de morale sociale.
Castelein,	Droit naturel.
Cepeda (R. de),	Éléments de droit naturel, 39e Leç. et s.
Comte,	Cours de philosophie positive, Leçon 45 et s. — Politique subjective.
Fabreguettes,	Société, État, Patrie.
Fouillée,	La science sociale contemporaine.
Izoulet,	Organisme et société.
Janet (Paul),	Histoire de la science politique dans ses rapports avec la Morale.
Jouin,	Elementa philosophiæ moralis, P. IV, S. 2.
Le Play,	L'organisation sociale.
Léon XIII,	Encycliques : Diuturnum. — Immortale Dei.
Michel (H.),	L'idée de l'État.
Pascal (de),	Philosophie sociale, L. III, S. III.
Patten,	The theory of social forces.
Périn (Ch.),	Les lois de la société chrétienne, T. I.
Rickaby (J.),	Moral Philosophy. L. II.
Schiffini,	Disputationes philosophiæ moralis, T. II, Disp. IV, V.
Schœffle,	Vie et structure du corps social.
Simon (J.),	Dieu, Patrie, Liberté.
Spencer,	Introduction à l'étude de la sociologie. — Principes de sociologie.
Spinoza,	Tractatus theologico-politicus.
Suarez,	De legibus, L. III.
Taparelli d'Azeglio,	Essai théorique et pratique de droit naturel, L. II.
Thomas (St.),	De regimine principum.
Vareilles-Sommières (de),	Les principes fondamentaux du droit, § 12-17.

101. — LA PATRIE

L'homme n'est pas seulement membre d'une famille, il appartient aussi à une *patrie*. La patrie est un moyen terme entre la *famille*, qui semble trop *étroite* pour satisfaire toutes les affections naturelles de l'homme, — et l'*humanité* qui est trop *vaste* pour inspirer des sentiments très tendres. La patrie, c'est le pays de nos pères (*patria tellus*).

I. — **Conditions** ou *éléments constitutifs* : on peut les ramener à deux : un **corps** et une **âme** :

A) **Le territoire national** constitue le **corps** de la nation. Mais la patrie ne consiste pas seulement dans un lambeau de terre ; celui-ci peut être agrandi ou mutilé par les traités : la patrie existe encore.

B) **Une âme commune** : la patrie est une société, une famille, une personne morale ; de même que la personne proprement dite n'existe pas sans l'*unité fondamentale* de ses facultés, ainsi la patrie a pour condition indispensable l'**accord** des individus qui la composent : la **communauté** de *souvenirs*, de *sentiments*, de *pensées* et de *volontés*, voilà ce qui fait l'âme de la patrie. Il faut d'abord un legs de souvenirs glorieux, un passé de luttes, d'efforts et de sacrifices pour la défense de l'intégrité du territoire. — Il faut ensuite l'amour de cet héritage de gloire : « Le respect du passé n'est-il pas la piété filiale des nations ? » (Duc de Broglie). — Il faut enfin la volonté de sauvegarder et de faire valoir cet héritage. La patrie, c'est donc avant tout une communauté d'idéal connu, aimé, poursuivi ; c'est une grande *solidarité* établie par des affections, des idées et une volonté communes : tel est le vrai principe de l'*unité nationale*.

II. — **Éléments de l'unité nationale** : tout ce qui peut renforcer cette solidarité fortifie par là même la patrie : c'est pourquoi l'unité de *race*, de *langue*, de *religion*, de *mœurs*, de *lois*, de *gouvernement*, contribue à faire l'unité de la patrie ; chacune de ces conditions concourt à ce but, mais aucune n'est suffisante.

a) **Race** : il y a en Suisse, en Allemagne, en Italie et en France, des races distinctes. — En revanche, les colonies espagnoles de l'Amérique du Sud, malgré l'unité de race, ont formé des nationalités séparées.

b) **Langue** : on parle plusieurs langues en Suisse, le français en Belgique. — Il y a des Bretons qui ne comprennent pas le français.

c) **Religion** : la plupart des nations sont divisées au point de vue des croyances religieuses. C'est une source de faiblesse et un commencement de dissolution. Cependant ces nations subsistent encore.

d) **Mœurs, intérêts** : il y a bien peu de pays sans quelques provinces dont les mœurs et les intérêts ne soient pas différents.

e) **Lois et gouvernement** : sans cette unité, l'action commune serait impossible, faute de centralisation ; mais faut-il encore que les lois et le gouvernement soient acceptés. De plus, les autres liens sociaux sont nécessaires. L'empire romain jouissait de l'unité politique ; pourtant ses provinces ne formaient pas une véritable unité nationale. Donc aucune de ces conditions ne suffit pour former la patrie, mais toutes y concourent. Leur ensemble harmonique constitue la communauté de sentiments, de pensées et de volontés, d'où résulte naturellement l'*unité nationale*.

Conclusion : s'il en est ainsi, le patriotisme ne va pas sans désintéressement, quoi qu'en disent certains utilitaires, qui prétendent que la patrie, c'est la terre qui fait vivre et jouir son propriétaire, c'est le lieu où l'on est bien : *Ubi bene, ibi patria*. Le *civisme* consiste à défendre les intérêts et les droits de ses concitoyens. Le *cosmopolitisme* ou *internationalisme* supprime l'idée de patrie : le cosmopolite se considère comme citoyen de l'univers. La *philanthropie* au contraire est conciliable avec le patriotisme ; car celui-ci ajoute à l'amour de nos semblables en général un amour de *préférence* pour nos concitoyens. Le *chauvinisme* est l'exagération du patriotisme. Le chauvin déteste les autres pays plus qu'il n'aime le sien ; il ne veut voir que les qualités du caractère national. Le vrai patriote voit les qualités et les défauts de ses compatriotes, ne hait aucun pays, bien qu'il *préfère* le sien.

102. — ORIGINE DE LA SOCIÉTÉ

§ A. — *LA SOCIÉTÉ EST UN ÉTAT CONTRE NATURE*

Hobbes et Rousseau ont prétendu que la société n'est un état naturel à l'homme. Pour Hobbes, l'état naturel, c'est l'état de guerre : *Homo homini lupus*. Pour y mettre fin, les hommes se sont unis et rapprochés au moyen d'une convention. Mais ce n'est là qu'un rapprochement accidentel né de la crainte. Rousseau a imaginé une double hypothèse :

1°) **bonté originelle** de l'homme : « L'homme naît bon ; la société le déprave » ; elle n'est donc pas naturelle.

2°) **L'état de nature** : primitivement l'homme vivait heureux, indépendant, en dehors de toute société. L'inégalité des aptitudes amena l'inégalité des conditions ; de là débordement des passions et conflits perpétuels. Pour ne pas périr, mais échapper à cet état violent, les hommes se décidèrent à conclure un **pacte social**, à former une société qui protégeât par la force commune la personne et les biens de chacun. Les citoyens associés, c'est-à-dire le peuple, aliènent leurs droits au profit de la communauté et investissent du pouvoir de leur commander ceux qu'ils choisissent pour mandataires. C'est la théorie du **peuple souverain** : tout pouvoir émane de lui directement ou indirectement. Cette souveraineté est essentiellement inaliénable ; les gouvernants sont les commis du peuple, toujours révocables à son gré. Si les mandataires refusent de résilier leurs fonctions, le peuple peut les contraindre par la force armée. La conséquence c'est donc l'**anarchie** toujours en perspective.

Cette théorie suppose l'unanimité des citoyens, mais comme cette unanimité est irréalisable, on se contentera de la **majorité**. C'est la souveraineté du nombre ; c'est la majorité qui exercera le pouvoir par elle-même ou ses représentants. La majorité ne connaît pas plus de limites à son pouvoir que l'unanimité : la loi, obligatoire et légitime, sera l'expression de la **volonté générale**.

Elle devient la source de tous les droits ; c'est ainsi que chaque citoyen ne tiendra plus que de la communauté les droits qu'il lui a cédés. La majorité devient seule interprète du contrat social et peut traiter à sa guise la minorité. La théorie aboutit donc d'autre part à l'organisation d'une **tyrannie**, d'autant plus effroyable que ses excès sont répartis sur une multitude anonyme. Telle est la doctrine du droit nouveau : la société est un **fait humain**, plus ou moins **artificiel** ; le peuple est la **source** du droit, du pouvoir, du juste et de l'injuste. C'est la **souveraineté du nombre, du peuple, de l'homme**, substituée à la souveraineté de Dieu.

§ B. — *LA SOCIÉTÉ EST UN ÉTAT NATUREL*

I. — Le prétendu état de nature imaginé par Rousseau est un état *contre nature*. La société est un **fait universel** ; elle ne peut donc avoir pour fondement que la **nature même de l'homme**.

II. — Pour établir que la sociabilité est naturelle à l'homme, il suffit d'analyser ses tendances et ses besoins :

A) L'enfant est incapable de subsister et de pourvoir à son éducation physique, intellectuelle et morale pendant une longue période de sa vie. De ce chef une société élémentaire, la famille au moins, est nécessaire.

B) L'instinct de **sympathie** pour ses semblables et la **faculté de parler** sont des preuves manifestes de la sociabilité de l'homme.

C) L'homme est porté à constituer une société plus vaste que la famille par une double tendance, naturelle et irrésistible, l'instinct de **conserver** son être et l'instinct de le **développer** le plus possible. C'est le besoin de **sécurité** pour l'exercice de ses droits et le besoin de **progrès** matériel, intellectuel et moral qui poussent à entrer en société. C'est en effet sous l'empire de ces nécessités pressantes que les familles s'associent. Plusieurs familles, associées pour cette œuvre commune de défense et de perfectionnement, forment une tribu. Celle-ci grandit, travaille, prospère : elle devient un peuple. Voilà ce qu'attestent les faits et l'étude psychologique de l'homme. La société est donc bien un état *naturel*, puisqu'elle est conforme à la nature de l'homme ; elle est conséquemment d'origine divine, puisque Dieu est l'auteur de l'homme et de ses tendances. Aristote avait vu plus juste que Rousseau quand il disait : « L'homme est un animal politique ».

III. — Il n'y a pas trace historique du prétendu contrat social.

IV. — La théorie du contrat social aboutit à des conséquences désastreuses : **l'anarchie** ou le **despotisme** (Cf. § A).

V. Cette théorie suppose à tort que l'homme ne peut être obligé qu'avec son consentement. L'homme, par le *fait même* de sa naissance, n'a-t-il pas des obligations envers Dieu, ses parents, ses semblables ? L'homme peut donc être lié moralement, en dehors de son consentement, parce que certaines obligations sont fondées sur la nature des choses.

VI. — Elle a pour base une hypothèse : la **sauvagerie primitive** de l'homme. Si par ce mot l'on veut dire que les premiers hommes ne jouissaient pas des bienfaits et des inconvénients de la civilisation, c'est vrai, car elle est l'œuvre des siècles ; mais si par là on entend des hommes d'une intelligence grossière, malpropres, cruels, tels que les sauvages actuels qu'on représente comme les types de l'homme primitif, c'est faux. En effet :

A) La tradition place au berceau du monde un âge d'or.

B) Certains anthropologistes rejettent cette hypothèse.

C) Le sauvage actuel n'est pas l'homme primitif arrêté dans son évolution, mais un être *dégradé*. On allègue sa cruauté et son immoralité ; mais au milieu des nations les plus civilisées, il existe des hommes, véritables brutes par leurs instincts cruels et dépravés ; témoins les horreurs de la Révolution. Chez les sauvages les plus dégénérés comme les Fuégiens, on trouve des indices de leur ancienne civilisation : un de leurs dialectes est riche de trente mille mots. D'autres, comme les Mincopies, ont des conceptions religieuses supérieures à celles des Grecs et des Romains [1].

---

[1] Guibert, *Les origines*, ch. vii.
Nadaillac (de), *Les Séris*, Correspondant, 25 Juin, 1901, p. 106 et s.
Vigouroux, *Les Livres saints et la critique rationaliste*, T. IV, L. I, § 5, ch. vi.

Conclusion : 1°) le fait universel de l'existence de la société a sa cause dans les exigences de la nature (conservation et développement des facultés) et dans l'insuffisance de l'individu et de la famille à les satisfaire pleinement : la société vient de la *Providence par l'intermédiaire de la nature*. C'est un fait nécessaire, universel, qui s'applique à l'immense majorité des hommes ; la vie érémitique sera toujours une exception minime.

2°) Le fait de la formation individuelle et concrète de chaque société avec ses caractères distinctifs, position géographique, nombre, forme politique, etc., vient d'une série d'actes *humains*. C'est un fait libre et variable : il vient de la Providence par l'intermédiaire de la *liberté*. L'homme n'est pas créé nécessairement pour telle patrie ou tel régime politique, mais pour vivre en société.

103. — ORIGINE DU POUVOIR

Comme pour la société, il faut distinguer deux questions :
1°) *L'origine de l'autorité en général.*
2°) *L'origine de telle autorité en particulier.*

I. — **Origine de l'autorité en général**, c'est-à-dire du pouvoir de commander et de gouverner. L'autorité, étant un élément essentiel à toute société, dérive comme elle de la nature des choses et par là de Dieu. C'est pourquoi saint Paul a dit : « Tout pouvoir vient de Dieu ».

La raison en est que nul homme n'a en soi de quoi lier la volonté de ses semblables, parce que tous sont égaux en nature. Les différences *accidentelles* qui les séparent, d'où naît l'inégalité des conditions, ne peuvent fonder le *droit* de commander et le *devoir* d'obéir, parce qu'elles sont relatives et variables, tandis que le devoir et le droit sont absolus et immuables. Le fondement de l'autorité est donc dans la volonté de Dieu, qui exige que l'ordre social soit respecté. Aussi tout pouvoir légitime, quelle que soit sa forme : monarchique ou démocratique, est de **droit divin**. On voit donc que cette doctrine, dont on a fait un épouvantail, n'a rien de commun avec la **théocratie**, forme de gouvernement dans laquelle Dieu intervient *directement* pour désigner le sujet du pouvoir, comme il a fait, exceptionnellement, pour Moïse, Saül, David.

II. — **Origine de l'autorité concrète** : quelle est la cause **efficiente prochaine** qui constitue la société et détermine le **sujet du pouvoir** ? D'après Suarez, Bellarmin, Lessius et généralement d'après les Scolastiques, cette cause prochaine c'est le *consentement commun explicite* ou *implicite*, donné par les familles qui désirent s'unir sous telle ou telle forme de gouvernement. Vivre en société étant naturel à l'homme et la société étant impossible sans autorité, Dieu, qui veut la société, veut en même temps son élément indispensable, l'autorité. Aussi Dieu communique-t-il **immédiatement** le pouvoir à la **communauté** qui désire s'établir en société, parce qu'il n'y a pas de raison, tous les membres de la communauté étant égaux en nature, pour qu'on suppose le pouvoir inhérent à l'un plus qu'à l'autre. Mais, comme ce pouvoir ne saurait être exercé par la communauté tout entière, parce que tous ne peuvent gouverner, il est nécessaire et naturel que la communauté détermine la forme spéciale de gouvernement qui lui convient et désigne celui ou ceux qui seront les sujets où résidera l'autorité sociale. Elle le fait en adhérant, par un *consentement explicite* ou *implicite*, à tel ou tel régime politique, selon ses préférences : monarchie, oligarchie, démocratie et systèmes mixtes, où chacun de ces trois éléments entre pour une dose plus ou moins grande. Sous une forme ou sous une autre, ceux qui ont le pouvoir le tiennent de Dieu, mais par l'*intermédiaire* du peuple qui les choisit. Les faits, qui servent d'*occasion* à cette détermination concrète du pouvoir, varient suivant les circonstances : c'est vg. la supériorité du génie, les services rendus, le pouvoir patriarcal bien exercé, la conquête, etc.

III. — **Confirmation** : l'histoire confirme la théorie précédente :

A) La première forme historique des sociétés c'est la forme patriarcale, où la famille se trouve unie à la société politique. Elle résulte de la multiplication des familles descendant d'une même souche. Le passage de la société domestique à la société politique se fait insensiblement, par le consentement tacite des chefs de familles particulières, qui se soumettent aux actes d'autorité sociale exercée par le patriarche ou celui qu'il s'est substitué.

B) La forme historique la plus commune est celle du consentement exprès. Tantôt des groupes de familles, s'arrachant à l'autorité patriarcale, s'en vont fonder une autre société sur un territoire nouveau : vg. dans l'antiquité, fondation des colonies méditerranéennes. On retrouve encore le fait de nos jours dans les émigrations. — Tantôt des tribus indépendantes, mues par le besoin d'assistance mutuelle, se sont fondues en une société politique plus vaste : vg. fondation de Rome, de l'empire germanique. — Tantôt un contingent de familles, échappées au joug de leurs vainqueurs, fondent une société dans quelque coin inoccupé : vg. royaume des Asturies. — Tantôt les vaincus finissent par accepter les vainqueurs et fusionnent avec eux : vg. en Angleterre après la conquête normande.

Remarques : I. — **La thèse gallicane**, soutenue par Bossuet, consiste à dire que le pouvoir descend *immédiatement de Dieu sur les souverains*, sans passer par le peuple, qui, quand il intervient, *désigne* simplement le sujet du pouvoir. C'est la manière dont le pape est investi de l'autorité : les cardinaux ne font qu'indiquer la personne. La thèse gallicane fut très en faveur, après la défection de Luther, à la cour des rois, qui, par là, espéraient se rendre plus indépendants du pape ; elle fut vivement combattue par Bellarmin et Suarez.

II. — **La doctrine de Suarez** et de la plupart des Scolastiques diffère complètement de la théorie de Rousseau :

A) D'après le premier, la société est naturelle à l'homme ; d'après le second, elle est artificielle.

B) D'après le premier, Dieu est la source du pouvoir ; le peuple n'en est que le *canal* : d'après le second, le peuple en est la *source*.

BIBLIOGRAPHIE

B***,	*Institutes de Droit naturel*, L. IX, ch. IV.
Balmès,	*Protestantisme comparé au catholicisme*, ch. XLIX.
Bellarmin,	*De laïcis*. L. III, ch. VI. — *Responsio ad librum inscriptum « Triplici nodo triplex cuneus ».* — *Apologia pro responsione sua ad librum Jacobi I*, etc.
Bœmer,	*Introductio in jus publicum universale*.
Bossuet,	*Politique tirée de l'Écriture sainte*, L. II.
Burlamaqui,	*Principes de droit politique*, I, § 14.
Cepeda (de),	*Éléments de droit naturel*, Leç. 60 et s.
Jouin,	*Elementa philosophiæ moralis*, L. I, Ch. II, P. IV, S. II.
Hulst (d'),	*Conférences de Notre-Dame*, 1895, Ire Conf.
Schiffini,	*Disputationes philosophiæ moralis*, T. II, Disp. IV, S. V-VIII.
Servière (de la),	*De Jacobi I Angliæ rege cum cardinali Roberto Bellarmino S. J. super potestate cum regia tum pontificia disputante.*
Suarez,	*Defensio fidei catholicæ adversus anglicanæ sectæ errores*, L. III, ch. II, III. — *De legibus* L. III, ch. III, IV.
Taparelli d'Azeglio,	*Essai théorique et pratique de droit naturel*, L. II, ch. V, VII. — *Esame degli Ordini rappresentativi*, ch. II, III.
Thomas (St.),	*De regimine principum*.
Vareilles-Sommières (de),	*Les principes fondamentaux du droit*, § 38 et s.
Ventura,	*Le pouvoir public*, ch. VI.

104. — FONCTIONS DE L'ÉTAT (1)

Après avoir établi l'origine du pouvoir de l'État, il faut déterminer la nature et l'étendue de ses fonctions.

(1) Antoine (Ch.),	*Cours d'Économie sociale*, P. I, ch. III.
Beaussire,	*Les principes du droit*, L. II, ch. VIII et s.
Beudant,	*Le droit individuel et l'État*.

§ A. — *NATURE DES FONCTIONS DE L'ÉTAT*

L'homme entre en société pour donner satisfaction à un double besoin : besoin de **sécurité** et besoin de **progrès**, pour jouir en paix de l'exercice de ses droits et pour développer plus pleinement ses facultés, c'est-à-dire pour obtenir un bonheur temporel que l'isolement ne pourrait lui procurer. Comment la société réalise-t-elle cette fin ? Le grand moyen dont elle dispose, c'est l'autorité sociale, l'État. L'État aura donc pour rôle de pourvoir à ce double besoin. Il satisfera au besoin de sécurité en **protégeant** les droits des associés ; au besoin de progrès en **aidant** les citoyens à se perfectionner. Telle est sa double fonction.

1° **Protection** : c'est la fonction de **justice** dont il est le gardien : *Custos justi* ; c'est sa mission *tutélaire*.

2° **Assistance** : c'est la fonction d'**utilité publique** ; c'est sa mission *civilisatrice*.

Bluntschli,	*Théorie générale de l'État.*
Cauwès,	*Précis d'Économie politique*, T. I.
Cepeda (de),	*Éléments de droit naturel.* Leçon 51.
Chevalier (M.),	*Cours d'Économie politique*, T. II. Leçon 6.
Coquille,	*Du césarisme dans l'antiquité et dans les temps modernes.*
Dupont-White,	*L'individu et l'État.*
Funck-Brentano,	*La politique*, ch. II.
Hulst (d'),	*Conférences de Notre-Dame*, 1895, IIe Conf.
Laboulaye,	*L'État et ses limites.*
Leroy-Beaulieu (P.),	*L'État moderne et ses fonctions.*
Michel (H.),	*L'idée de l'État.*
Pascal (de),	*Philosophie sociale*, L. III, S. III, ch. II.
Sortais (G.),	*Les fonctions de l'État dans la société civile, Études*, 1897.
Spencer,	*L'individu contre l'État.*
Taparelli,	*Essai théorique et pratique de droit naturel*, L. II.
Villey,	*Du rôle de l'État*. ch. V, VII, VIII.

I — *FONCTION DE PROTECTION*

L'État doit d'abord **garantir à chacun ses droits**. Il remplit ce devoir en maintenant :

A) **La sécurité extérieure**, au moyen de la diplomatie, de l'armée et de la marine.

B) **La sécurité intérieure**, au point de vue :

1°) **Matériel** : elle peut être menacée par :

a) Les **hommes** : à l'État de défendre la vie et les biens des citoyens contre les voleurs et les assassins (police, etc.).

b) Les **éléments** : à l'État de défendre la société contre les *inondations, sécheresses, incendies, épidémies.*

2°) **Moral** : ici son rôle se résume dans un triple devoir :

a) **Faire respecter les droits** de chacun par une bonne administration de la *justice*.

b) **Interpréter et préciser les droits**, en cas d'indétermination, par une sage *législation*. Les droits du père de famille, de propriété, d'association, etc., sont des droits naturels ; mais l'État doit en régler l'exercice d'après le principe suivant : procurer le maximum de sécurité avec le minimum d'entraves, en vue du bien commun ; telle est la règle du pouvoir législatif, car on n'entre pas en société pour perdre ses droits, mais pour en assurer l'exercice. On ne consent à en sacrifier quelque chose que dans la mesure où ce sacrifice est nécessaire au bon fonctionnement de la société. Si des parents manquent gravement aux devoirs d'élever leurs enfants, en les brutalisant ou en les corrompant, la loi les prive de la puissance paternelle. Le pouvoir législatif intervient encore pour régler l'exercice des droits de propriété : achats, ventes, donations, successions, parce que la nature les a laissés dans un état plus ou moins grand d'indétermination. Le pouvoir de l'État en pareille matière s'étend jusqu'à l'*expropriation* pour cause d'utilité publique ; mais les restrictions, qu'il apporte au droit de propriété, doivent toujours avoir pour principe modérateur le bien commun et se réduire au strict nécessaire.

c) **Faire respecter la morale et la religion.**

II. — *FONCTION D'ASSISTANCE*

L'État doit ensuite **favoriser les intérêts de tous**. Mais il ne faut pas verser dans l'erreur socialiste et faire de l'État le pourvoyeur attitré des citoyens : il n'est pas chargé de les élever, nourrir, soigner, enrichir. C'est la théorie de l'**État-providence**. Il ne faut pas aller non plus à l'autre extrême et borner son rôle à faire respecter la justice : c'est la théorie de l'**État-gendarme**. La vérité est dans ce juste tempérament : « La règle de l'État, dit M. E. Beaussire, n'est pas de *laisser faire*, comme le soutiennent les économistes absolus ; mais elle n'est pas davantage de *faire* dans le sens complet du mot ; elle est, suivant une formule excellente de M. Baudrillart, d'*aider faire* ». L'État n'est pas l'agent général du progrès, mais il en doit être l'**auxiliaire et le promoteur**. Son rôle consiste à placer les citoyens dans des conditions favorables à leur plein développement, en leur préparant un milieu social propice au :

1°) **Perfectionnement physique** : l'État aidera au progrès des intérêts matériels, en facilitant la circulation de la richesse par la construction de routes, le creusement de ports et de canaux, l'établissement de postes et de télégraphes ; — en encourageant l'agriculture, le commerce et l'industrie par des concours régionaux, des expositions ; — en ouvrant des débouchés par la fondation des colonies, etc.

2°) **Perfectionnement intellectuel et moral** : l'État y contribuera en favorisant, dans de sages limites, l'instruction publique ; — en ouvrant des bibliothèques et des musées ; — en subventionnant les œuvres moralisatrices et charitables ; en déclarant d'utilité publique certaines associations bienfaisantes, scientifiques, etc.

Telle est la seconde fonction de l'État : *aider* à la prospérité nationale ; c'est un rôle *supplétif*. L'État n'a donc, ni en principe ni en fait, à intervenir là où l'initiation *privée* (c'est-à-dire individuelle ou collective d'un ou plusieurs groupes), est assez efficace pour atteindre le but. Là où l'initiative privée est : *languissante*, il doit la *stimuler*; — *insuffisante*, la *compléter*; — *impuissante*, la *remplacer*, mais en se considérant comme un « substitut provisoire »; — *suffisante*, l'*encourager*.

Comparaison : ces deux fonctions de l'État sont toutes deux **essentielles**. La *fonction de protection* est la fonction *primaire*, car on entre avant tout en société pour jouir en paix de ses droits ; elle est plus rigide, moins variable que l'autre. La *fonction d'assistance* est *secondaire* et beaucoup plus élastique, car elle dépend de l'état de l'activité privée ; ici l'intervention du pouvoir est surbordonnée aux circonstances changeantes des milieux historiques.

§. B. — *EXEMPLES D'INTERVENTION*

Pour concréter cette doctrine apportons quelques exemples :

I. — **Enseignement** ([1]). L'État peut prendre par rapport à l'enseignement trois attitudes : l'**abstention** : il *n'enseigne pas*; — le **monopole** : il enseigne *seul*; la **concurrence**, il enseigne *en même temps* que les particuliers. L'État, n'ayant pas d'autorité doctrinale, ne saurait avoir par lui-même une mission enseignante. L'enfant appartient d'abord à la famille et non à l'État, selon la monstrueuse doctrine de Danton, renouvelée du paganisme. C'est aux parents qu'il appartient d'élever leurs enfants ; si le temps ou la capacité leur fait défaut, ils délèguent leur pouvoir à ceux qu'ils jugent les plus dignes de tenir leur place : « L'autorité paternelle ne saurait être abolie ni absorbée par

---

([1]) Bricout, *Nos droits en matière d'enseignement*, Revue du Clergé français, 15 fév., 15 mars, 1ᵉʳ avril 1903.
Burnichon, *L'État et ses rivaux dans l'enseignement secondaire*
Dechevrens (A.), *Les universités, autrefois et aujourd'hui.*
Duruy (A.), *L'instruction publique et la Révolution.*
Lacombe (D. de), *La commission préparatoire de 1848.*
Lamarzelle (de), *La crise universitaire.*
Montalembert (de), *Discours.*
Mun (de), *La loi des suspects.*
Sortais, *La crise du libéralisme et la liberté d'enseignement.*
Thureau-Dangin, *L'Église et l'État sous la monarchie de Juillet.*

l'État, car elle a sa source là où la vie prend la sienne. Les fils sont quelque chose de leur père, *Filii sunt aliquid patris* ; ils sont en quelque sorte une extension de sa personne » (Léon XIII).

C'est pourquoi des trois attitudes indiquées :

1°) **Le monopole est illégitime** : c'est la confiscation du droit naturel des familles.

2°) **L'abstention est seule légitime**, quand l'initiative privée (individuelle ou collective, laïque ou ecclésiastique) suffit à faire face aux nécessités de l'instruction. L'État doit se borner à faire la police des établissements scolaires et à encourager les plus méritants par des subventions réparties avec intelligence et impartialité.

3°) **La concurrence peut être légitimée** par les circonstances, quand l'activité privée ne suffit pas à la tâche. L'État doit alors ouvrir des écoles officielles, mais sans les favoriser au détriment des écoles libres ; par conséquent les bourses doivent être équitablement distribuées aux divers établissements. L'État ne doit pas contraindre, même ses fonctionnaires, à fréquenter ses écoles.

II. — **Bienfaisance** (¹). L'État doit :

1°) **Soutenir et encourager** les institutions de bienfaisance dues aux particuliers ou à l'Église ; il doit laisser toute facilité aux citoyens de leur faire des dons et des legs ; favoriser la naissance des associations charitables, en leur accordant le droit de posséder, en les exonérant de certains impôts.

2°) **Suppléer à l'insuffisance de la charité privée.**

Le devoir de bienfaisance est inséparable du *droit* de propriété. Les biens de la terre sont destinés à l'entretien de la vie

---

(¹) Antoine (Ch.), *Cours d'Économie sociale*, ch. xx.
Baron, *Le paupérisme, ses causes et ses remèdes.*
Bourdaloue, *Sermon sur l'aumône.*
Cauwès, *Cours d'Économie politique*, T. III, n° 1092 et s.
Haussonville (d'), *Misères et remèdes. — Socialisme et charité. — La misère à Paris. — Assistance publique et assistance privée*, Rev. des Deux-Mondes, 15 déc. 1900, p. 773 et s.
Périn (Ch.), *La richesse dans les sociétés chrétiennes*
Strauss, *Assistance sociale.*

humaine. Mais il n'est pas nécessaire pour cela que la terre reste en commun. Au contraire la terre atteint mieux son but quand elle est partagée, parce que la propriété privée est plus productive, à cause du stimulant de l'intérêt. Cependant il faut que nul ne soit exclu de la jouissance des fruits de la terre ; or ce résultat est obtenu par la bienfaisance du riche qui donne au pauvre son **superflu**. Le superflu est chose relative : c'est ce qui reste quand on a pourvu au nécessaire pour l'entretien de l'existence, au décorum en rapport avec la position sociale, à l'épargne pour les jours mauvais, et à la constitution d'un patrimoine convenable pour assurer la stabilité de la famille. L'obligation, qu'a le riche de distribuer son superflu au pauvre, ne donne pas à celui-ci le droit de s'approprier ce superflu, sauf en cas d'extrême nécessité (86, § E). Le droit de l'indigent au superflu du riche est un droit *imparfait et indéterminé*. Le superflu appartient aux *pauvres en général* et non à tel ou tel en particulier. Or comme le superflu de chaque riche ne peut subvenir aux besoins de tous, c'est au possesseur de déterminer ceux qu'il doit secourir.

Mais, quand la charité privée ne remplit pas sa tâche ou n'y suffit pas, l'État a le devoir d'en combler les lacunes, en ouvrant des hôpitaux, des asiles, des dépôts de mendicité, en distribuant des secours, surtout dans les calamités extraordinaires. Dans ce but il peut établir des impôts. Il remplit alors légitimement son rôle d'**Assistance publique** qu'il faut distinguer de l'*Assistance légale*. L'Assistance *publique* est celle qui est *distribuée* par l'État, les départements ou les communes, sans que l'indigent puisse l'exiger comme un droit. Elle est légitime dans la mesure où elle est nécessaire pour suppléer à l'impuissance de l'assistance privée : mais c'est un pis-aller, parce que la charité administrative est purement matérielle et gaspille une partie des ressources. L'Assistance *légale* est *perçue* comme un impôt par les pouvoirs publics, de sorte que l'indigent a un droit strict aux secours de l'État. Elle comprend la taxe des pauvres, le domicile d'assistance, et, comme conséquence, elle entraîne l'interdiction de la mendicité. Elle se pratique ainsi vg. en Angleterre. C'est le monopole de la charité dévolu à l'État ; il faut repousser ce système parce que :

a) L'État sort de son rôle qui n'est que *supplétif*.

b) L'effet naturel de la charité légale c'est de refroidir ou d'éteindre la charité privée et d'enlever toute spontanéité aux sacrifices qu'elle impose.

c) Le pauvre ainsi secouru reçoit l'aumône comme chose due : on perd sur lui toute influence morale.

d) Le paupérisme est augmenté par la charité légale, parce que, étant un droit, elle devient un encouragement à la paresse et aux mauvaises habitudes.

e) La froideur officielle de la charité légale la rend incapable de guérir ou de panser les plaies morales.

III. — **Réglementation du travail** ([1]) : on admet généralement une certaine intervention de l'État, vg. pour imposer le repos hebdomadaire dominical, interdire le travail de nuit aux femmes et limiter le travail pour les enfants. On l'admet parce que, dans ce cas, l'État défend évidemment le droit des faibles : ouvriers, femmes et enfants, dont la santé pourrait être compromise par un labeur trop prolongé, au grand dommage de la

---

([1]) ANTOINE (Ch.), *Cours d'Économie sociale*, ch. xv.
AVENEL (d'), *La journée de huit heures*, Revue des Deux-Mondes, 1ᵉʳ avril 1891.
BÉCHAUX, *Les revendications ouvrières. Le droit et les faits économiques*, L. II, ch. I.
BENOIST (CH.), *Le travail dans l'État moderne*, Revue des Deux-Mondes, 15 déc. 1900.
BOILEY, *La législation internationale du travail*.
BUREAU (P.), *Le contrat de travail (Rôle des syndicats professionnels)*.
CAUWÈS, *Cours d'Économie politique*, T. I, p. 176 et s.
CHEVALIER (M.), *Cours d'Économie politique*, T. II, Leçon 4.
DESCURTINS, *La question de la protection ouvrière internationale*.
DESJARDINS (A.), *Le Code civil et les ouvriers*, Revue des Deux-Mondes, T. LXXXVI, 1888, p. 350 et s.
JAY, *L'évolution du régime légal du travail*.
LE PLAY, *L'organisation du travail*.
MILL (St.), *Principes d'Économie politique*, T. II, L. V, ch. XI.
SIMON (J.), *L'ouvrière*.
SPILLMANN, *Réglementation de la durée du travail des hommes adultes*.

société elle-même. Alors l'État ne fait que rendre juridique un devoir moral des patrons.

Mais convient-il d'aller plus loin, de demander aux pouvoirs publics, vg. d'étendre cette limitation des heures aux adultes, de fixer un minimum de salaire, d'établir des assurances obligatoires contre les accidents et les maladies, d'imposer des caisses de retraite pour la vieillesse, de provoquer les divers gouvernements à une entente internationale ?

Ici, la réponse ne saurait être absolue ; elle est *relative* aux circonstances qui *varient* avec les temps, les pays, les intérêts divers de l'agriculture, du commerce et de l'industrie. On peut dire d'une façon générale que cette intervention sera légitime :

1°) S'il y a dans le régime économique des abus graves et urgents à redresser.

2°) Si l'on ne peut y remédier par l'initiative privée des intéressés, individus ou associations.

3°) Si cette ingérence est temporaire, c'est-à-dire dure seulement tant que l'initiative privée restera insuffisante.

§ C. — *LIMITES ET EMPIÉTEMENTS*

I. — **Limites du pouvoir de l'État** :

A) Il ne doit s'occuper **directement** que des choses nécessaires au **bien commun** de la société : armée, tribunaux, police, diplomatie, certains travaux ou services d'**utilité générale**.

B) Il n'a **aucun pouvoir direct** sur les droits, biens, besoins, activités des particuliers : individus, familles, associations. Il ne s'occupe des particuliers qu'en tant qu'ils sont membres du corps social et quand cette immixtion est nécessaire au bien public. Son autorité a donc pour bornes les droits naturels et antérieurs des citoyens associés, et les restrictions qu'elle impose doivent avoir pour principe régulateur le bien social.

C) **Il n'a pas le droit de tout faire par lui-même** ; mais il doit s'effacer devant l'initiative privée, quand elle est suffisante.

II. — **Empiétements** : l'État moderne a la tendance trop naturelle à élargir ses attributions aux dépens de la liberté individuelle sous le prétexte de mieux réaliser l'*unité*, élément de beauté et de force sociales.

Critique : par ce moyen on n'aboutit pas à l'unité, mais à l'*uniformité* et à un *nivellement égalitaire*. Or la loi de l'État, comme de tout le reste, c'est l'unité dans la variété. Les moyens employés pour satisfaire cette tendance absorbante sont :

1°) **La réglementation** poussée à outrance, qui enserre la liberté dans un réseau de prescriptions minutieuses.

2°) **La centralisation** (¹) : il faut distinguer la centralisation :

a) **Politique**, qui concentre dans les mains de l'autorité centrale les intérêts *généraux* ; elle est nécessaire à la société.

b) **Administrative**, qui rattache les affaires d'intérêt local au pouvoir central. Cette tendance centralisatrice, qui s'accuse sous l'ancien régime avec Richelieu, a été renforcée par la Révolution, et pleinement organisée par Napoléon Ier. La centralisation est le plus souple instrument du despotisme ; elle a été acceptée, depuis 1889, par tous les régimes. C'est une situation anormale dans l'organisme social. Elle entraîne l'**hypertrophie** au centre, et la **paralysie** aux extrémités : développement monstrueux de la tête, et mort de toute initiative dans les particuliers. Entre l'État qui veut tout faire et les individus qui se déchargent sur lui de toute besogne gênante, il n'y a plus les organes intermédiaires,

---

(¹) Aucoc, *Controverse sur la Décentralisation administrative. Étude historique*, Académie des Sciences morales et politiques, 1895.

Deschanel (P.), *La décentralisation.*

Faguet, *Questions politiques : décentralisateurs et fédéralistes.*

Foncin, *Les pays de France : projet de fédéralisme administratif.*

Le Play, *La réforme sociale en France*, ch. LXII et s.

Leroy-Beaulieu (A.), *Revue des Deux-Mondes*, T. CX, 1892, p. 99 et s.

Leroy-Beaulieu (P.), *L'État moderne et ses fonctions*, L. II.

Luçay (de), *La Décentralisation*, Bulletin de l'Institut catholique de Paris, juillet 1895.

Périn (Ch.), *Les lois de la société chrétienne*, T. I.

Rondelet (A.), *Mon voyage au pays des chimères*, L. III.

Sortais, *Les empiétements de l'État moderne*, Études, 5 et 20 oct., 20 nov. 1903 ; pp. 5, 186, 454 et s.

les associations corporatives, ayant droit d'acquérir, de posséder et d'ester en justice : c'est la plaie de l'**individualisme**.

3°) **Le fonctionnarisme et la bureaucratie**, conséquences forcées d'une centralisation excessive. Le fonctionnarisme c'est l'ensemble du personnel actif de l'administration centralisée. Vivant du budget, les fonctionnaires sont dans une dépendance absolue de l'État et portés au servilisme. La bureaucratie, c'est le pouvoir des bureaux ou groupes d'agents administratifs, qui expédient le détail matériel des affaires. L'administration de l'État est une machine très compliquée, aux rouages multipliés à l'excès, qui entravent la bonne et prompte expédition des affaires ; lourde, lente, coûteuse, routinière, impersonnelle, elle manque de souplesse et d'initiative. Elle est funeste aux gouvernés qu'elle tyrannise et qu'elle supplante, sans avoir comme eux le stimulant de l'intérêt personnel, — et aux gouvernants qu'elle paralyse par sa routine ou compromet en leur imposant, irresponsable elle-même, la responsabilité de ses agissements. Aussi de tous côtés réclame-t-on la décentralisation, pour limiter l'omnipotence de l'État.

105. — INSURRECTION ET RÉSISTANCE

I. — **Théorie révolutionnaire** : « L'insurrection est le plus sacré et le plus indispensable des devoirs » (¹). C'est la conséquence du principe de la souveraineté du peuple, puisque la volonté générale est la source de tout droit et de toute justice ; ou plutôt il n'y a jamais insurrection, parce que le peuple conserve inaliénable le pouvoir et par conséquent le droit de changer, *ad nutum*, les gouvernants qui ne sont que les dépositaires, toujours révocables, de l'autorité (91). C'est l'*anarchie en permanence*.

II. — **Résistance permise** : la question est de savoir si l'autorité souveraine peut se perdre en certains cas d'abus énormes, incompatibles avec l'existence même de la société, et si alors on a

---

(¹) *Déclaration des droits de l'homme de 1793*, art. XXXV.

le droit et même le devoir de désobéir et de résister à la **tyrannie**, que S. Thomas définit : « Détourner vers une fin privée l'action d'un pouvoir constitué en vue d'une fin générale ». Voici les principes qui dominent la matière :

1°) Le gouvernement est pour la société ; la société, pour les familles et les individus, et non *vice versa*.

2°) Tout pouvoir est divin dans sa source (**103**) ; mais la personnification du pouvoir politique dépend de circonstances humaines (vg. bienfaits, supériorité, accord des volontés). Le pouvoir politique est donc, de sa nature, **amissible**.

Pour bien résoudre la question il faut distinguer plusieurs cas :

1°) Un pouvoir légitime veut nous faire **commettre l'injustice**. — On ne doit pas obéir, mais supporter les conséquences de son refus.

2°) Il veut nous faire **subir l'injustice**. — On peut résister par les moyens légaux (vg. refus des impôts pour lui couper les vivres) ; c'est la **résistance passive**. Si la résistance légale échoue et si l'abus d'autorité ne va pas à ruiner la société, il faut supporter l'injustice, plutôt que de troubler la paix sociale, dommage pire que le tort accidentel et particulier dont on est victime.

3°) Il en vient à **ruiner la société** qu'il devrait maintenir : c'est le cas de la *tyrannie* proprement dite.

En théorie, le pouvoir tyrannique perd l'autorité par le fait même, car il n'a plus sa raison d'être : il détruit la société qu'il est destiné à protéger et à faire progresser.

Mais, **en pratique**, quelle sera la solution ? La société peut-elle résister ouvertement par la force et prononcer la déchéance ? Il y a conflit entre l'État-corps et l'État-tête, entre le peuple et le souverain. Qui décidera ? Pour qu'un jugement ait chances d'être équitable, il faut que celui qui décide ne soit pas juge et partie. Or, comme ici le peuple est partie intéressée, le mieux serait de recourir à un arbitre ; de là l'utilité de l'**arbitrage pontifical** quand le droit public européen reconnaissait le pape comme juge entre les rois et leurs sujets.

Mais, à défaut de cet arbitrage, le peuple peut-il déposer son souverain et, si c'est nécessaire, recourir à la **résistance active**, à la force armée ? Pour cela il faut que le peuple puisse le juger ;

pour le juger, il faut qu'il lui soit supérieur. L'est-il ? C'est manifeste, si le souverain tient son pouvoir de l'élection et a violé le pacte fondamental. On peut l'admettre même pour tous les cas, avec Suarez, Bellarmin, Lessius, etc. Voici leur raison : Dieu est la source du pouvoir, mais le peuple en est le canal ; quand il s'en dessaisit en faveur d'un sujet déterminé, individuel ou collectif, par un consentement exprès ou tacite, il le conserve toujours en puissance, radicalement, car le pouvoir, qui n'a de raison d'être que le bien de la société, ne peut être concédé que *sous la condition* que celui qui en est investi n'en abuse pas de façon à rendre impossible cette fin pour laquelle il lui a été donné : le *bien commun*. La société est dans un cas de légitime défense (¹). C'est ainsi que la prise d'armes de la Ligue a été licite.

Mais pour qu'on puisse exercer ce droit dangereux il faut que les **conditions suivantes** soient réunies :

1°) Les actes du souverain amèneront la ruine de la société, si on le laisse faire.

2°) Cette conséquence doit être évidente à l'immense majorité.

3°) Il n'y a pas d'autre moyen de remédier au mal.

4°) Espérance raisonnable de succès ; autrement le remède serait pire que le mal.

106. — LES GOUVERNEMENTS DE FAIT

I. — **Attitude** : quelle est la conduite à tenir à l'égard de **l'usurpateur** d'un pouvoir légitime, à l'égard d'un **gouvernement de fait** ? Le souverain légitime ayant seul droit à l'autorité, il est permis au peuple de chercher à renverser l'usurpateur, pourvu que la tentative ait des chances sérieuses de réussir. Mais supposons l'usurpateur solidement établi, voici les **droits et devoirs réciproques** :

(¹) Suarez, *Defensio fidei...*, L. III, ch. III ; *De bello*, Disp. XIII, ch. VIII.

A) **De l'usurpateur ; 1°)** Il a l'obligation de restituer le pouvoir au souverain dépossédé.

2°) Il a le devoir de pourvoir au bien commun.

3°) Il a le droit d'employer la force, si elle est nécessaire, pour protéger les intérêts de la société, mais non pour défendre la possession de son autorité.

B) **Des sujets : 1°)** Ils ont le droit d'exiger de l'usurpateur qu'il pourvoie au bien de la société, parce qu'elle ne peut pas vivre sans autorité.

2°) Ils ont le devoir d'obéir à l'usurpateur et de lui prêter concours dans tout ce qui est nécessaire au *bien commun* des citoyens, au maintien de l'*ordre civil*.

3°) Ils ne peuvent lui prêter concours dans l'*ordre politique*, dans ce qui pourrait confirmer son autorité usurpée.

C) **Du souverain dépossédé : 1°)** Comme de fait il ne possède pas l'autorité sociale, il ne peut légiférer, administrer la justice, bref, exercer les fonctions de l'autorité civile, parce que ce conflit jetterait le trouble dans la société.

2°) Mais comme il retient le droit à posséder l'autorité, il peut, pour la recouvrer, exiger l'aide de ses sujets, pourvu que cette tentative soit réalisable et n'entraîne pas, pour la société, de plus graves dommages que l'abstention, car le droit social et l'intérêt général l'emportent sur le droit et l'intérêt particuliers du souverain.

II. — **Légitimation de l'autorité usurpée** : quand il ne reste plus au souverain dépouillé aucun espoir solide de recouvrer ses droits, l'obligation de fidélité cesse par le fait même chez les sujets. Le peuple peut alors reconnaître, soit explicitement, soit implicitement, le souverain de fait ; le prince légitime ne peut en effet vouloir, pour conserver ses droits, le malheur de la société ; c'est pourquoi celle-ci est déliée de toute obligation envers lui. Cette doctrine n'est que le corollaire de ce principe évident : la raison d'être du pouvoir politique est le bien de la société ; les princes sont pour les peuples et non les peuples pour les princes.

Si le peuple ne reconnaît pas l'usurpateur, alors celui-ci n'exerce qu'un pouvoir de fait. Mais, avec le temps, ses successeurs pourront acquérir la légitimité. Il est impossible de dire combien de temps est nécessaire à cette prescription ; c'est une question d'appréciation, qui dépend des circonstances : il s'agit de savoir si le régime nouveau est conforme ou non au **bien général** du pays. **Si oui**, il faut le conserver ; — **si non**, *ou bien*, le pouvoir déchu est encore restaurable et alors on doit travailler à sa *restauration* ; *ou bien* il ne l'est pas, et alors on doit travailler à *améliorer* le régime nouveau, parce que l'intérêt de la patrie prime l'intérêt des partis. Si ce nouveau pouvoir « s'acquitte heureusement de sa fonction protectrice, si l'assentiment populaire se prononce en sa faveur, le temps viendra où son existence de fait recevra la consécration du droit, car rien n'est éternel de ce qui est humain et la vacance de l'autorité légitime ne saurait durer toujours (¹) ». Que cette prescription doive avoir lieu, la société l'exige impérieusement pour vivre, car, tant que l'autorité n'est qu'une autorité de fait, la société est dans un état anormal et violent. Cette prescription n'a pas sa source dans l'injustice commise par l'usurpateur, mais dans le besoin essentiel de paix et de sécurité qu'a toute société pour vivre.

107. — FORMES DE GOUVERNEMENT (²)

I. — **Variétés** : le gouvernement est l'ensemble des pouvoirs qui représentent l'État. On distingue **des formes** :

A) **Élémentaires** : 1°) **Monarchie** : gouvernement d'un *seul*.

(¹) D'Hulst, *Conférences de Notre-Dame*, 1895, IIᵉ, C., p. 36.
(²) Antoine (Ch.), *Cours d'Économie sociale*, Ch. X, Art. IV, *La Démocratie chrétienne*.
Aristote, *Politique*, L. III, ch. iv.
Barni, *La morale dans la démocratie*.
Erskine May, *Démocratie en Europe*.
Flegler, *Geschichte der Democratie*.
Laveleye (de), *Le gouvernement dans la démocratie*.
Maumus, *L'Église et la démocratie*.
Naville, *La démocratie représentative*.
Perrens, *De la démocratie en France au moyen âge*.

2°) Aristocratie ou oligarchie : gouvernement de *plusieurs*, des principaux par le mérite et la fortune.

3°) Démocratie : gouvernement de *tous*, gouvernement du peuple qui exerce le pouvoir par des représentants.

B) **Mixtes** : ce sont les formes dans lesquelles les éléments monarchique, aristocratique et démocratique s'unissent et se tempèrent dans des proportions diverses. L'une de ces formes s'appelle la **monarchie constitutionnelle et représentative**. Cette sorte de monarchie n'est, au fond, sauf l'étiquette, qu'une *démocratie tempérée*. En effet, dans ce système, le roi règne et ne gouverne pas. La puissance exécutive est aux mains des ministres responsables, qui la conservent tant qu'ils obtiennent une majorité suffisante auprès des *représentants* du peuple. Le ministère renversé, le roi doit en composer un nouveau, qui puisse tenir devant les Chambres. Sans doute il peut user du droit de *dissolution*, mais c'est un moyen périlleux et facilement usé, et du droit de *veto*; pratiquement, il en est presque toujours réduit à signer les lois votées par les Chambres.

Il ne faut pas confondre cette forme avec la **monarchie tempérée** : dans celle-ci la puissance exécutive et la puissance législative appartiennent au roi ; mais son pouvoir est limité par des institutions variant avec les divers pays : vg. par des États généraux qui votent des subsides et font des remontrances, par des Cours de justice qui peuvent s'opposer à l'enregistrement des édits royaux, etc.

II. — **Forme la meilleure** ([1]) ? Toutes les formes de gouvernement sont légitimes en soi. Quelle est la meilleure ?

A) **Théoriquement**, les avis sont partagés. D'après S. Thomas, c'est une *monarchie bien tempérée*, parce qu'elle se tient à égale distance des écueils possibles : de la *monarchie absolue*, qui sont l'arbitraire, les intrigues, l'incapacité, le despotisme ; — et de la

---

Pressensé (de), *La démocratie, ses périls*,
Summer Maine, *On popular government*.
Taparelli, *Essai théorique et pratique de droit naturel*. L. II, ch. IX. — *Esame degli ordini rappresentativi*.

([1]) Bellarmin, *De romano pontifice*, L. I, ch. II. — S. Thomas, *Contra gentiles*, L. IV, ch. 76. — *De Regimine principum*, L. I, ch. II.

démocratie, qui sont le parlementarisme (¹), l'instabilité, les brigues et l'anarchie.

B) **Pratiquement** : celle qui, au moment où l'on parle, est mieux adaptée au caractère, aux traditions et aux besoins d'un pays, et par conséquent est apte à procurer le bien social. Il faut se rappeler d'ailleurs le mot de J. de Maistre : « Les peuples ont le gouvernement qu'ils méritent ».

108. — SÉPARATION DES POUVOIRS (²)

On distingue dans le gouvernement trois sortes de pouvoirs :
1°) **Législatif**, qui fait les lois.
2°) **Exécutif**, qui assure l'exécution des lois, même par la force.
3°) **Judiciaire**, qui applique les lois aux cas particuliers.

Le principe de la séparation des pouvoirs consiste à les répartir entre différentes mains, parce que leur réunion dans les mêmes mains peut aisément entraîner de graves abus. Dans la monarchie tempérée, l'exécution et l'initiative des lois sont des prérogatives royales ; mais cette concentration a cependant des limites dans le refus du concours que peuvent apporter les États généraux et les Parlements. Dans tout système de gouvernement il faut au moins que le pouvoir judiciaire reste indépendant du pouvoir central, qui, autrement, lui ferait rendre des services agréables et non des arrêts justes. Les moyens principaux, pour sauvegarder cette indépendance de la magistrature, semblent être un concours au seuil de la carrière et l'inamovibilité.

(¹) Benoist (Ch.), *La réforme parlementaire,* Revue des Deux-Mondes, 1903. — G. B. Milesi, *La riforma positiva del governo parlementare.* — Prins, *La démocratie et le régime parlementaire.*

(²) Benoist (Ch.), *Le pouvoir judiciaire dans la démocratie,* Revue des Deux-Mondes, oct. 1899, pp. 005 et s.

Jouin, *Elementa philosophiæ moralis,* P, IV, L. II, ch. iii-v.
Montesquieu (de), *L'esprit des lois,* L. XI, ch. vi.
Taparelli, *Essai théorique et pratique de droit naturel,* L. V, ch. ii-vii.

109. — STABILITÉ ET TRANSMISSION DE L'AUTORITÉ

I. — **Stabilité** : le peuple ne peut changer à son gré, selon son caprice, une forme de gouvernement légitimement introduite. En effet :

A) Ce serait une injustice, contre ceux qui exercent le pouvoir, de le leur enlever sans raison proportionnellement grave. A l'origine, en choisissant tacitement ou expressément sa forme de gouvernement et en confiant à tel homme ou à telle catégorie de citoyens l'autorité sociale, le peuple a pu entourer cette concession de limites plus ou moins étroites ; mais une fois la concession faite et le pacte conclu, il ne peut, sans motif, reprendre le pouvoir à celui ou à ceux qui continuent à l'exercer d'après la constitution fondamentale acceptée de part et d'autre, qu'elle soit écrite ou verbale, explicite ou implicite. La raison c'est que les gouvernants n'ont pas démérité puisque, par hypothèse, ils usent de leur pouvoir pour le bien commun.

B) Cette stabilité est commandée par l'état général ; s'il était loisible de renverser capricieusement le gouvernement, on ouvrirait la porte à l'anarchie ou au césarisme ; la société, faite pour assurer la jouissance paisible de tous les droits et favoriser tous les progrès, n'atteindrait pas ce double but, car avant tout il exige, comme conditions de sa poursuite, l'ordre et la paix. Les citoyens doivent user des moyens légaux pour remédier aux excès du pouvoir ; nous avons vu ce qui leur est permis, en cas d'abus graves et habituels, en fait de résistance passive et active (**105**).

II. — **Transmission** : comme la société ne peut subsister sans autorité, l'autorité ne peut périr par la mort ou l'abdication de celui qui l'exerce. Aussi, dans toute société, des lois ou coutumes pourvoient-elles à la transmission du pouvoir. Deux moyens surtout sont en usage :

A) **Hérédité**, quand la constitution du pays le règle ainsi.

B) **Élection** : ce mode varie avec les nations. Tantôt ceux qui élisent le successeur n'ont que le droit de le désigner ; tantôt ils possèdent momentanément le pouvoir ; alors ils peuvent, toujours en vue du bien public, modifier la constitution, limiter plus ou moins ou étendre le pouvoir de celui ou de ceux qu'ils choisissent.

110. — DEVOIRS ET DROITS DES GOUVERNANTS ([1])

A) **Devoirs** : 1°) Respecter la constitution et les lois fondamentales.

2°) Servir l'intérêt général de la nation et non l'intérêt des partis.

3°) Respecter les droits des individus et des familles, qui sont entrés en société non pour que leurs droits soient violés mais protégés.

4°) Favoriser le progrès matériel, intellectuel et moral.

5°) Le pouvoir législatif doit faire des lois justes et utiles.

6°) Le pouvoir judiciaire doit appliquer les lois avec justice et équité.

7°) Le pouvoir exécutif doit veiller à la sûreté générale, promulguer les lois et les faire exécuter sans brutalité mais sans faiblesse.

8°) Aucun de ces trois pouvoirs ne doit empiéter sur le terrain des autres.

B) **Droits** : 1°) Légiférer, juger, exécuter les lois.

2°) Être respecté et obéi en ce qui n'est pas manifestement injuste.

3°) Imposer le *service militaire*, des *contributions*, dans la mesure où ces choses sont nécessaires à la sécurité et à la prospérité du pays.

4°) Punir les coupables et les délinquants.

5°) Traiter les autres nations d'après les règles du droit des gens.

([1]) D'Hulst, *Conférences de Notre-Dame*, 1895, IIe et IIIe Conférences.

111. — DEVOIRS ET DROITS DES GOUVERNÉS

A) **Devoirs** : 1°) Dévouement à la patrie.
2°) Obéissance aux lois, à moins qu'elles ne soient manifestement injustes ou tyranniques.
3°) Respect des magistrats.
4°) Éducation des enfants : en faire de bons citoyens.
5°) Participation aux charges de l'État par : *a*) le paiement de l'*impôt* ; — *b*) le *service militaire*. Ceux-là peuvent et doivent être dispensés qui rendent à la société d'autres services incompatibles avec le service militaire.
B) **Droits** : 1°) Les gouvernés conservent leurs **droits naturels** que l'État a pour fonction de protéger ; ils ont droit à être respectés dans leur vie, leur honneur et leurs biens (84, 86, 91).
2°) Ils acquièrent des **droits civils**, relatifs à leurs rapports avec leurs *concitoyens* : vg. vente, donation, etc. Les lois sociales doivent précisément assurer le libre exercice des droits naturels qu'elles interprètent et protègent.
3°) Ils acquièrent des **droits politiques**, relatifs à leurs rapports avec le *gouvernement* : vg. vote, éligibilité.

112. — LIBERTÉ CIVILE ET LIBERTÉ POLITIQUE

« L'essentiel de la liberté, a dit É. Ollivier, n'est pas la liberté politique, simple garantie, le plus souvent nécessaire, parfois inutile ou dangereuse ; c'est la liberté sociale et civile dont aucun parti ne paraît avoir souci ». La liberté **civile**, c'est la somme des libertés qui garantissent l'exercice sans entraves des facultés ou droits naturels de l'individu : religion, famille, propriété, commerce, culture de l'esprit, association dans ces différents buts. La liberté **politique**, c'est la participation des gouvernés au gouvernement, soit par eux-mêmes, soit par leurs mandataires. La liberté politique vaut uniquement comme **garantie de la liberté civile**. Ce n'est pas une garantie :

a) **Indispensable**, car la liberté civile peut exister sous un gouvernement absolu : vg. du temps de S. Louis.

b) **Infaillible**, car la liberté civile peut être confisquée malgré la liberté politique. C'est ainsi qu'en France les libéraux se plaignent avec raison que nous ayons la liberté politique sans une suffisante liberté civile : vg. le droit d'association est entravé, le droit, pour les personnes civiles, de posséder, de recevoir des legs etc., est plus ou moins méconnu ; le droit d'enseigner est mutilé ; la centralisation est excessive. C'est un des fruits de la Révolution, un des « faux dogmes de 89 », comme parle Le Play : sous le couvert de concessions politiques, l'État a pu confisquer plus ou moins la vraie liberté, la liberté civile. La société a lâché la proie pour l'ombre. Le gouvernement a le devoir de respecter avant tout les « libertés nécessaires » et les gouvernés ont le droit d'en exiger le respect.

113. — L'ÉTAT ET L'INSTRUCTION [1]

La formule à la mode est : l'instruction *gratuite, laïque et obligatoire*.

I. — **Gratuite** : chose bonne en soi, d'invention chrétienne,

---

[1] Bouzon, *Le crime et l'école.*
Bricout, *Nos droits en matière d'enseignement*, Revue du Clergé français, 15 févr., 15 mars et 1er avril 1903.
Burnichon, *L'État et ses rivaux dans l'enseignement secondaire.*
Faguet, *Le Libéralisme.*
Faron, *La marche de la criminalité et les progrès de l'instruction depuis soixante ans.*
Fontaine de Resbecq, *L'âme de l'École neutre.*
Fouillée, *Les jeunes criminels*, Revue des Deux-Mondes, 15 janv. 1897.
Goyau, *L'École d'aujourd'hui.*

pratiquée par l'Église dans les Écoles des cathédrales et des monastères, dans ses Universités. Mais il faut la pratiquer avec intelligence et impartialité, ne pas donner l'instruction gratuite à ceux qui peuvent la payer.

II. — **Laïque** : d'après le commentaire que les faits ont donné à ce mot, il veut dire que l'instruction doit bannir systématiquement la pensée et la connaissance de Dieu. On couvre cette abstention du masque de la *neutralité*. Vis-à-vis de Dieu, la neutralité prescrite par l'État est déjà un crime de lèse-majesté divine. C'est d'ailleurs un nom hypocrite, car la neutralité n'est pas tenable en pareille matière ; aussi a-t-elle souvent dégénéré en hostilité ou athéisme.

III. — **Obligatoire** : l'État n'a pas le droit de l'imposer, parce que l'éducation des enfants appartient à la famille : c'est à celui qui donne l'être de le perfectionner. C'est un droit antérieur et supérieur à celui de l'État. On objecte l'utilité de la société : intéressée à ce que tous les citoyens soient dotés d'une instruction élémentaire, elle a droit de l'imposer à tous.

Réponse : la conséquence qu'on tire des prémisses n'en découle pas logiquement. La société a aussi le plus grand intérêt à ce que la race soit saine et robuste ; et cependant elle n'a pas le droit d'établir des lois relatives à la nourriture, aux vêtements, etc. L'État doit encourager l'instruction en la mettant lui-même à la portée des citoyens (**104**, § B), si l'initiative privée n'y suffit pas.

Jouin,	*Elementa philosophiæ moralis*, P. IV, S. II, L. III, C. 3.
Lamarzelle (de),	*La crise universitaire.*
Lescœur,	*Dieu et la liberté dans l'enseignement officiel à propos de deux congrès récents*, Bulletin de la Société générale d'éducation et d'enseignement, 15 sept. 1901.
Mun (de),	*La loi des suspects.*
Rothe,	*Traité de droit naturel*, P. IV, Ch. vii, S. 10, 11.
Sortais,	*La crise du libéralisme et la liberté d'enseignement.*
Taine,	*Le régime moderne*, L. VI.
Taparelli,	*Essai théorique et pratique de droit naturel*, L. VII, ch. ii, art. 5.

La facilité et l'utilité de l'instruction seront des stimulants respectueux de la liberté, mais suffisamment efficaces pour exciter les parents à faire donner à leurs enfants la science qui leur convient. Dans le cas seulement où, malgré les commodités offertes aux familles, l'instruction serait négligée d'une façon générale, l'État pourrait, en vue du bien commun, urger l'accomplissement de l'obligation qu'ont les parents de donner à leurs enfants une instruction appropriée à leur situation.

En effet le droit du père n'est pas sans limite ni contrôle. Le père a le droit et le devoir de bien élever son enfant ; il n'a pas le droit de l'élever mal ou de ne pas l'élever du tout ; s'il forfait radicalement à son rôle de père, il peut être contraint de le remplir ou être privé de la puissance paternelle.

Remarque : on commence à reconnaître que la loi sur l'instruction gratuite, laïque et obligatoire a porté de mauvais fruits. La morale sans Dieu a augmenté le nombre des gens sans conscience (accroissement des crimes et des suicides chez les adolescents) ; — la diffusion inconsidérée de l'instruction a dégoûté du travail manuel et augmenté les déclassés qui, ne pouvant trouver de places, sont prêts à toutes les révolutions. Les connaissances répandues par l'enseignement primaire ne sont pas proportionnées aux besoins de ceux qui les reçoivent : à la fois trop nombreuses et superficielles, elles produisent une instruction frelatée, qui « n'est, selon le mot de J.-J. Weiss, qu'une courbature du cerveau ».

114. — L'IMPOT [1]

L'État a le devoir de subvenir aux besoins communs, de s'acquitter des services publics (administration générale, armée, etc.);

---

[1] Cheysson, *Les budgets comparés de cent monographies de familles.*
Foucher, *De l'impôt sur le revenu.*
Hde, *Principes d'Économie politique*, Appendice.

il a donc droit aux moyens nécessaires ; or l'un de ces moyens c'est l'impôt.

I. — **Espèces** : A) **Direct** : il s'adresse immédiatement aux *personnes* en vertu de rôles nominatifs arrêtés chaque année : cote personnelle, impôt foncier, impôts sur les maisons, sur les portes et fenêtres, sur l'exercice des professions (licence ou patente), sur les transmissions à titre gratuit ou onéreux, sur le revenu ; impôt de l'enregistrement, prestations en nature.

B) **Indirect** : il atteint les *objets* de consommation : matières premières, aliments, vêtements, objets de luxe. On l'appelle ainsi parce qu'il n'est d'ordinaire qu'une avance remboursée par le consommateur à celui qui le paie, ou parce qu'il n'atteint les personnes que par l'intermédiaire des choses. On en distingue trois sortes : 1°) *contributions indirectes* ou *droits réunis* ; — 2°) *douanes* ; — 3°) *régies*.

II. — **Qualités** : A) Il doit être **nécessaire**, exigé par le bien commun ; autrement il est injuste.

B) **Général**, atteignant tous ceux qui participent aux avantages de la vie sociale. Cette règle peut admettre des exceptions : la loi exempte les indigents ; elle peut exempter aussi ceux qui ont rendu des services exceptionnels au pays.

C) **Équitablement réparti**, être proportionné aux ressources de chacun. Il doit frapper d'abord le superflu, puis le convenable et respecter le nécessaire ([1]).

Leroy-Beaulieu (P.), *Traité théorique et pratique d'Économie politique*, P. VIII, ch. III. — *Traité de la science des finances*.
Mirabeau, *Théorie de l'impôt*.
Rothe, *Traité de droit naturel*, P. IV, Ch. v, S. 20.
Stourm, *Systèmes généraux d'impôts*.
Wuarin, *Le contribuable*.

([1]) Sur l'impôt *proportionnel* et sur l'impôt *progressif*, Cf. G. Sortais, *Traité de philosophie*, T. II, Morale, **94**.

115. — LE VOTE (¹)

I. — **Espèces** : 1°) **Suffrage restreint** à une catégorie de citoyens : vg. à ceux qui paient telle quantité d'impôts.

2°) **Suffrage universel**, celui-ci peut être :

a) **Direct**, quand tout citoyen concourt à élire non des électeurs, mais les législateurs mêmes, députés ou sénateurs.

b) **Indirect ou à plusieurs degrés**, quand on élit des électeurs qui choisissent eux-mêmes les représentants.

Là où le vote est un droit, c'est aussi un devoir. L'abstention sans motif sérieux est coupable.

II. — **Organisation du suffrage universel** : tel qu'il fonctionne en France, il est en butte à de nombreuses critiques. Il devrait être :

1°) **A plusieurs degrés**, quand il porte sur des questions d'intérêt général. Le suffrage direct est seulement à sa place quand il s'agit des *intérêts municipaux*, car alors chaque électeur est compétent : l'étroitesse de l'horizon ne dépasse la portée intellectuelle de personne.

2°) **Plural** : l'égalité absolue est en réalité, dit Cicéron, une criante inégalité : *æquitas iniquissima*. Il convient donc de proportionner le nombre des suffrages à la *qualité* et au *mérite* des électeurs. « Ce serait l'assainir en diminuant la prépondérance du nombre sur la qualité des suffrages ». (É. Ollivier).

3°) **Professionnel** : c'est le seul moyen d'avoir une représentation *réelle* du pays, qui reflète fidèlement ses divers besoins.

(¹) BENOIST (Ch.). *L'organisation du suffrage universel.*
DUTHOIT, *Le suffrage de demain.*
FRANÇOIS Ch.), *La représentation des intérêts dans les corps élus.*
GOBLET D'ALVIELLA, *La représentation proportionnelle*, Revue des Deux-Mondes, Janv. 1900, p. 37 et s.
LAFFITE (P.), *Le suffrage universel et le régime parlementaire.*
LEFÈVRE-PONTALIS, *Les élections en Europe à la fin du XIX° siècle.*
TAINE, *Du suffrage universel et de la manière de voter.*

4°) **Proportionnel**, c'est-à-dire représentant aussi les minorités. Autrement il n'est plus universel : c'est un leurre. Il peut arriver que sur vg. 8 millions de votants, la majorité élue le soit par 4 millions 100 mille voix ; voilà donc une minorité de 3 millions 900 mille voix qui n'est pas représentée, c'est-à-dire presque la moitié du pays. Le gouvernement ne sera alors que le représentant d'un parti.

5°) **Obligatoire** : si non, il n'exprime pas l'opinion vraie de la nation.

116. — L'ÉTAT ET LE DROIT D'ASSOCIATION [1]

I — **Fondement** : A) Le droit d'association c'est le droit qu'a tout homme d'unir ses forces à celles de ses semblables, d'une façon constante, pour réaliser une fin commune, utile et honnête. L'homme, être sociable, ne trouve pas le moyen de satisfaire tous ses besoins par la famille et la société civile ; il lui faut des groupements intermédiaires. La tendance de l'homme à s'améliorer exige donc ces sortes de groupements. Il faut en conclure que le droit d'association est un droit naturel, puisqu'il découle d'une tendance incompressible de la nature humaine. Par conséquent, la loi civile ne peut avoir la prétention de conférer le droit d'association, car la loi naturelle est antérieure à la loi civile.

---

[1] DARESTE (P.), *La liberté d'association*, Revue des Deux-Mondes, 1er juin 1891.
FONSEGRIVE, *La crise sociale*, ch. IV.
HEUVEL (VAN DER), *Les Associations au point de vue légal.*
LEROY-BEAULIEU (P.), *L'État moderne et ses fonctions.*
MARTIN (H.), *Désorganisation sociale et individualisme*, Études, juillet 1889.
PRÉLOT (H.), *L'État, le Droit naturel et l'Église en matière d'association*, Études. Mars-Août, 1893.
REVUE CATHOLIQUE DES INSTITUTIONS ET DU DROIT, 1880, T. II, pp. 463-556.
ROTHE, *Traité de droit naturel*, P. IV, Ch. V, S. 16.
SCUIFFINI, *Disputationes philosophiæ moralis*, T. II, Disp. V, S. 7.
WEIL, *Le droit d'association et le droit de réunion.*

B) De plus, le droit d'association est le complément nécessaire de toutes les autres libertés ; à quoi servirait la liberté de l'enseignement, du commerce, de la charité, etc., s'il n'est pas loisible de se réunir et de se grouper ? L'homme isolé est impuissant.

Les associations n'ont pas seulement le droit de naître, mais encore de vivre et de se développer ; elles ont donc droit aux moyens nécessaires à cette vie et à ce développement : vg. droit de s'agréger des membres en nombre illimité, droit de posséder des biens, meubles et immeubles, droit d'ester en justice. Or, en en France, la Révolution a supprimé les corps organisés et réduit la société à un **individualisme** néfaste. L'article 291 du Code pénal est la négation du droit d'association. C'est une prohibition contre-nature : aussi, malgré le Code, des associations diverses ont surgi de toutes parts. Une loi récente (1er juillet 1901), réglant le droit d'association, est encore tout imprégnée de cet esprit de défiance, legs de la Révolution, contre les droits naturels des citoyens : elle rétablit des catégories de suspects.

II. — **L'État** : 1°) Il doit donc laisser se former librement toute association qui poursuit un but *utile et honnête* ; par conséquent aucune association n'a besoin d'autorisation préalable pour naître.

2°) Il a sur les associations, comme sur le reste, un droit de haute police ; il doit donc interdire les associations nuisibles à la religion, aux bonnes mœurs, à la sécurité publique.

3°) Il ne doit imposer aux associations que les restrictions absolument nécessaires pour sauvegarder le bien commun, et non pas s'arroger un droit de tutelle et les traiter comme des mineurs.

4) Il peut accorder certains privilèges à des établissements déclarés d'**utilité publique**, parce qu'ils poursuivent un but d'intérêt général : vg. Banque de France.

5°) L'Église peut fonder des Congrégations religieuses puisque la faculté de pratiquer les conseils évangéliques fait partie intégrante de ses droits. L'État a le devoir de respecter l'exercice de cette faculté [1].

---

[1] On fait contre les Congrégations une objection tirée des BIENS DE MAIN-MORTE. Les communautés ecclésiastiques ne mourant pas furent, dans l'ancien droit, dispensées de payer les droits de succession. Les actes de

117. — LA CONSTITUTION DE L'ÉGLISE

Vivant en pays catholique, il nous faut compléter notre étude sur l'**État** en parlant de ses **rapports avec l'Église**.

Pour bien les établir, on doit connaître les deux termes ; nous savons ce qu'est l'État ; reste à exposer brièvement ce que l'Église enseigne sur sa **constitution** ([1]).

L'Église est une société *surnaturelle, nécessaire, visible, hiérarchique, parfaite, indépendante*.

I. — **Surnaturelle** : *a)* dans sa *fin*, qui est la béatitude des hommes par la vision intuitive de Dieu ; — *b)* dans ses *moyens* : la grâce, les sacrements ; — *c)* dans sa *forme*, ses *droits*, sa *constitution*, qu'elle tient de Jésus-Christ seul.

II. — **Nécessaire** : tous ont l'obligation d'y entrer, dès qu'ils la connaissent. Tout baptisé est sujet de l'Église ; le catholique sujet fidèle ; l'hérétique sujet rebelle. Les non-baptisés sont des étrangers à conquérir par la persuasion.

---

bienfaisance sociale exercés par les Communautés compensaient abondamment cette exemption (Cf. TAINE, *L'Ancien Régime*) Aujourd'hui l'accusation, que les biens de main-morte appauvrissent l'État, n'a pas même l'apparence d'un fondement. En effet : 1°) Pour les communautés reconnues par l'État, les droits de succession ont été remplacés par des taxes exorbitantes, qui sont bien supérieures à l'impôt versé par les particuliers. 2°) Quant aux communautés non autorisées, elles ont payé les droits communs de succession, par la raison que leurs biens reposent sur la tête de particuliers, qui meurent comme les autres. Ce n'est donc là qu'un épouvantail agité par la mauvaise foi. Cf. A. BELLANGÉ, *Les Méconnus*. — DE MUN, *Les Congrégations devant les Chambres*, Correspondant, mars 1903.

([1]) BELLARMIN,   *De romano Pontifice*.
BESSON,   *Conférences sur l'Église*.
FONTAINE (J.), *L'Église*.
FRANZELIN,   *De Ecclesia Christi*.
GRÉA (D.),   *De l'Église et de sa divine constitution*.
JEANJACQUOT, *L'Église*.
PALMIERI,   *De romano Pontifice*.
PLANEIX,   *Constitution de l'Église*.

III. — **Visible** : pour être obligé d'y entrer, il faut pouvoir la reconnaître. Or Dieu l'a faite reconnaissable à quatre **marques ou notes** principales : l'**apostolicité**, l'**unité**, la **catholicité**, la **sainteté**. Cependant tout n'est pas nécessairement visible. Le corps de l'Église le sera, c'est-à-dire la pratique extérieure du même culte, la profession extérieure de la même foi, la soumission extérieure à la même autorité. L'**âme**, c'est-à-dire la grâce sanctifiante, la sainteté, restera *habituellement* invisible. Mais la sainteté, étant un signe de l'Église, doit se manifester çà et là au dehors d'une façon merveilleuse.

On peut être du corps sans être de l'âme (vg. un catholique en péché mortel) ; on peut être de l'âme sans être du corps, sans même soupçonner l'existence de l'Église (vg. hérétique, infidèle, si la bonne foi et la bonne vie les maintiennent en grâce avec Dieu). Ainsi s'explique la maxime : *Hors de l'Église point de salut.* Dans certaines conditions de bonne foi et de bonne vie, il suffit pour être sauvé de faire partie de l'âme de l'Église.

IV. — **Hiérarchique** : l'Église est divisée en **deux catégories** : 1°) le peuple fidèle (λαός), les laïques ; — 2°) la part spécialement choisie de Dieu (κλῆρος), le clergé : c'est le groupe des gouvernants, qui est gradué en hiérarchie.

La hiérarchie ecclésiastique possède un **double pouvoir** :

1°) D'**ordre**, c'est le pouvoir de faire le Sacrement, d'attacher la grâce au signe sensible.

2°) De **juridiction**, c'est le pouvoir de gouverner le peuple fidèle en l'enseignant et en lui imposant des lois. Ces deux pouvoirs peuvent exister l'un sans l'autre.

Il y a **deux degrés** dans le pouvoir d'ordre :

1°) l'**Episcopat** ; 2°) le **Sacerdoce**.

Il y a aussi **deux degrés** dans le pouvoir de juridiction :

1°) **Le Pontife suprême** a juridiction sur l'Église universelle.

2°) **Chaque évêque** ne l'a que sur son diocèse. La juridiction vient au Pape de Dieu, à l'évêque de Dieu par le Pape. Les pouvoirs d'ordre et de juridiction, étant spirituels et surnaturels, ne peuvent venir que de Dieu.

V. — **Monarchique** : le Pape est le centre nécessaire de

l'Église, évoquant toute cause ecclésiastique à son tribunal suprême, jugeant toute controverse sans qu'on puisse en appeler, même au Concile, portant, en matière de foi et de mœurs, des décrets qui ont pleine vigueur indépendamment du consentement de l'Église. Monarchie d'ailleurs admirablement tempérée d'aristocratie hiérarchisée.

VI. — **Parfaite** : elle se suffit à elle-même dans la poursuite de sa fin, car elle possède : *a*) *en acte*, c'est-à-dire en elle-même, ce qui lui est nécessaire ; — *b*) *virtuellement* le reste, c'est-à-dire qu'elle a droit d'exiger le concours de la société civile, quand elle en a besoin. Étant société parfaite, elle a par là même le triple pouvoir *législatif, judiciaire, coercitif*.

VII. — **Indépendante** : cela résulte de ce qu'elle est parfaite. On est indépendant quand on n'a besoin de personne, ou quand au besoin est annexé un droit strict d'en exiger la satisfaction. C'est ainsi que l'Église a le droit d'exiger de la société civile qu'elle lui prête son concours dans certaines circonstances : c'est ce qu'on nomme le concours du bras séculier.

118. — RAPPORTS DE L'ÉGLISE ET DE L'ÉTAT

L'État peut prendre vis-à-vis de l'Église quatre attitudes : **Persécution, Absorption, Séparation, Union.**

§ A. — *PERSÉCUTION DE L'ÉGLISE PAR L'ÉTAT*

On peut distinguer la persécution :
A) **Sanglante** (vg. *Rome, Perses, Barbares, Mahométisme, Japon, Hérésies diverses, Révolution*).

B) **Civile et administrative** : qui veut rendre aux fidèles la religion impraticable par une confiscation aussi complète que possible de la liberté de l'Église. — C'est le grand crime social, car l'État est en opposition directe avec la fin suprême qu'il devrait servir.

§ B. — *ASSERVISSEMENT DE L'ÉGLISE PAR L'ÉTAT*

C'est la persécution mitigée ; on ne veut pas détruire l'Église, mais en faire un instrument de règne. Elle existe, mais dans l'État, comme un de ses rouages, assez puissante pour le servir, assez bridée pour ne le gêner jamais. Ce régime comporte deux degrés :

1°) **Entraves croissantes** mises, au nom de l'État, à la liberté de l'Église, mais non pas jusqu'à rompre l'unité essentielle : vg. le GALLICANISME ; le JOSÉPHISME.

2°) **Christianisme politique** : il aboutit à des Églises nationales, hors de l'unité catholique voulue par Jésus-Christ, asservies aux pouvoirs humains et par là même dégradées : vg. *Église russe, Églises protestantes*. Cette absorption est : *a)* une *erreur*, car c'est confondre deux sociétés qui ont des fins distinctes ; — *b)* un *crime*, car c'est une usurpation commise par la société inférieure.

C'est N.-S. J.-C. qui a établi la distinction des deux pouvoirs, le spirituel et le temporel. Il y a donc deux domaines : celui de l'âme qui ne relève que de Dieu ; celui des intérêts matériels qui relève de César. C'est l'une des grandes nouveautés apportées par l'Évangile. Elle a pour fondement cette idée, nouvelle aussi, d'une religion unique pour tous les peuples. Autrefois la religion était exclusivement nationale. La confusion du sacerdoce et de l'empire dans les mêmes mains était une cause d'oppression pour les âmes. Leur distinction a fondé la liberté. Pour la maintenir l'Église a fourni des martyrs par millions, qui ont préféré, au prix de leur sang, obéir à leur conscience plutôt que de sacrifier à César [1].

---

[1] DE CHAMPAGNY, *Les Césars*. — FUSTEL DE COULANGES, *La cité antique*.

§ 6. — *SÉPARATION DE L'ÉGLISE ET DE L'ÉTAT*

I. — Origine : invoquée par les catholiques libéraux de l'école de Lamennais, (1) pour mettre l'Église au-dessus des partis politiques, la séparation est aujourd'hui le mot d'ordre des ennemis de l'Église. — Que serait-elle si elle était honnêtement pratiquée ? Officiellement l'État ne connaîtrait pas l'Église ; elle serait pour lui comme n'étant pas et réciproquement.

II. — Valeur : A) **En droit** : cette séparation est essentiellement contraire :

1°) **Au devoir de l'État** : il ne peut affecter d'ignorer la société surnaturelle, à laquelle il doit se subordonner, car il doit se subordonner à la fin suprême représentée par l'Église.

2°) **Au droit de l'Église**, société visible, parfaite, indépendante, que Jésus-Christ n'a pas établie pour qu'on n'en tienne pas compte, mais pour qu'elle occupe le premier rang dans les choses humaines.

B) **En fait** : cette séparation est à la fois **funeste** :

1°) **A l'État**, car l'État chrétien ne peut atteindre convenablement sa fin propre, le bonheur temporel, qu'en la subordonnant à sa fin dernière surnaturelle. Il a donc un besoin absolu de l'Église. C'est ce que tous les politiques avisés redisaient en 1803, après la Révolution, avec Portalis : « Il est temps d'appeler la religion au secours de la société ».

2°) **A l'Église** : la constitution intime de l'Église étant spirituelle et surnaturelle, l'Église ne doit rien à l'État et n'a nul besoin de lui sous ce rapport. Mais elle est à la fois humaine et divine comme son fondateur. Composée d'hommes, usant de procédés humains pour transmettre son action surnaturelle, elle a par là même des besoins temporels : besoins de propriété, de liberté, de publicité. Or l'Église a droit à la satisfaction de ces besoins, puisque ce sont pour elle des moyens nécessaires à la

---

(1) Lecanuet, *Montalembert*, T. I. — Thureau-Dangin, *L'Église et l'État sous la monarchie de Juillet.*

poursuite de sa fin. D'autre part, l'action individuelle des fidèles ne suffit pas à les satisfaire complètement. L'aide de l'État est donc indispensable à l'Église, non essentiellement et pour tout exercice de sa puissance (autrement elle ne serait plus société parfaite), mais pour l'exercice facile, complet, normal. Si l'État refuse son concours, il ne détruit pas l'Église, mais il l'entrave et nuit gravement au bien des âmes et conséquemment aux intérêts de la société.

Conclusion : la séparation **totale** n'est pas possible, du moins longtemps. L'Église et l'État se rencontrent inévitablement sur un terrain commun, l'*individu*, à la fois citoyen et fidèle, n'ayant qu'une conscience pour satisfaire à cette double obligation. Dans les pays où l'État est plus ou moins antireligieux, il ignorerait l'Église tant qu'il ne s'agirait que de lui prêter appui ; il la connaîtrait dès qu'il s'agirait de la surveiller et de l'entraver. La séparation n'est donc qu'un *pis-aller*, un *expédient* que peuvent rendre nécessaire certaines circonstances historiques. Jusqu'ici, il n'y a que les États-Unis qui appliquent le système séparatiste avec largeur et bienveillance. Mais les conflits sont toujours à craindre, car il y a des contacts inévitables que peut seul adoucir le régime de l'union sincèrement pratiquée.

§ D. — *UNION DE L'ÉGLISE ET DE L'ÉTAT*

I. — **Nécessité et base** : c'est la seule forme légitime de leurs relations. Cela ressort de l'exclusion des autres systèmes. L'ordre a pour fondement la vérité ; l'union, qui est l'ordre, se fondera donc sur la nature vraie des deux sociétés. Cette nature sera déterminée par leurs *fins* respectives.

II. — **Mode de cette union** : 1°) Il faudra traiter en faisant des *sacrifices réciproques* : en ce sens que l'État doit y mettre la déférence d'un fils et l'Église la condescendance d'une mère. Mais l'Église ne peut rien céder du dépôt qu'elle a reçu de Jésus-Christ, et l'État n'a besoin d'abdiquer aucun droit réel.

2°) Il faudra traiter de **puissance à puissance**, mais de puissance supérieure à puissance subordonnée, non d'égal à égal.

C'est la conséquence nécessaire de la nature des deux sociétés et de leurs fins. La fin immédiate de l'État est d'assurer l'ordre et la prospérité temporels ; la fin immédiate de l'Église est de procurer le salut éternel. Il est évident que la fin de l'Église, n'étant autre que la fin suprême et dernière de l'homme, dépasse la fin de l'État, puisque la première est surnaturelle et spirituelle, tandis que la seconde est naturelle et temporelle. Donc, dans l'union des deux sociétés, il n'y aura *équité* que si l'on *maintient l'inégalité* qui résulte de leur essence.

3°) **En cas de conflit, le pouvoir spirituel doit l'emporter sur le temporel**([1]) : c'est à l'Église qu'il appartient de déterminer la limite entre les deux pouvoirs et de décider en dernier ressort les **questions mixtes**, puisque seule elle a mission pour connaître le spirituel, chose suprarationnelle et révélée.

On nomme questions *mixtes* celles où l'élément religieux est *mêlé* à l'élément politique. Mais alors, dira-t-on, l'Église est juge et partie. — Oui, comme Dieu même qu'elle représente, et il n'y a aucun empiétement à craindre, puisqu'elle est infaillible.

III. — **Clauses essentielles de l'alliance.** — Tout découle de cette vérité fondamentale : *les deux fins et les deux sociétés sont distinctes mais subordonnées.*

A) **Les fins étant distinctes** : 1°) L'Église n'a aucun droit *direct* sur la fin spéciale de l'État ; l'État reste indépendant dans sa sphère propre (le bien temporel). Toutefois l'Église, étant la gardienne infaillible de la morale publique et politique aussi bien que de la morale privée et domestique, a le droit et le devoir d'avertir les gouvernants baptisés qui, comme tels, sont ses sujets, dans toutes les questions où la moralité est engagée. Les gouvernants ont le devoir de déférer à ses avis.

([1]) *Une fois qu'on admet la distinction* entre la puissance spirituelle et la puissance temporelle, la conséquence que nous indiquons est logique, comme le reconnaît M. Clémenceau lui-même. « Quant à moi, j'estime, avec M. Lucien Brun (*Introduction à l'étude du droit*), que, s'il y a une distinction à faire entre les deux puissances, il est certain que la puissance spirituelle doit l'emporter sur la puissance temporelle. Mais ce n'est pas ainsi que j'accepte la question... » (Discours au Sénat, *Journal officiel*, 18 nov. 1903, p. 1370).

2°) L'État n'a aucun droit, *ni direct, ni indirect*, sur la fin propre de l'Église, aucun droit à entraver l'exercice de ses pouvoirs spirituels, de son organisme social : vg. c'est un abus que de s'opposer à la publication des Bulles pontificales et des Mandements épiscopaux, que de les déférer au Conseil d'État, etc., car c'est s'immiscer dans le spirituel.

B) **La fin de l'État étant subordonnée à celle de l'Église :**
1°) L'Église a le droit de réclamer de l'État chrétien le concours temporel qu'elle juge moralement nécessaire à l'accomplissement de sa fin propre.

2°) L'État a le devoir d'aider l'Église positivement et activement, de donner aux choses saintes, comme dit Leibniz, *curam et auxilium*. Il est, selon le mot de Constantin, « l'évêque du dehors ». C'est ainsi que les pouvoirs chrétiens ont fait lois de l'État les lois canoniques de l'Église ; le bras séculier a réprimé les hérétiques publics et scandaleux. En agissant ainsi ils songeaient à la prospérité et à la défense de la société, convaincus que la religion est le plus solide fondement des empires et que l'unité doctrinale est le meilleur rempart de l'unité nationale. Il faut se rappeler aussi que les hérétiques avérés étaient des sujet révoltés contre l'Église et contre l'État, qui troublaient la paix des consciences et la foi commune.

Les clauses de l'alliance se ramènent donc aux suivantes :
1) **Distinction** des deux puissances, souveraines chacune dans sa sphère propre ; — 2) **Concours** : on s'allie pour s'aider ; — 3) **Subordination** de l'État à l'Église dans les questions mixtes.

119. — LA THÈSE ET L'HYPOTHÈSE

On entend par : *a*) **thèse**, la formule **absolue** des rapports de l'Église et de l'État, telle qu'on l'a établie (**118**, § D). C'est ce qui doit être, c'est l'**idéal** ; — *b*) **hypothèse**, les formules **relatives**, c'est-à-dire ce qui peut être, eu égard aux circonstances de temps, et de lieux ; c'est l'application plus ou moins parfaite de la thèse.

A aucune époque la thèse n'a été appliquée dans toute son étendue, car elle suppose l'*unité des croyances* qui est plus ou moins grande, selon les époques. Dès qu'on passe des principes aux faits, la faiblesse humaine apparaît avec ses imperfections inévitables. Aucune des formes d'union que présente l'histoire n'est pure de tout alliage : même au temps de l'alliance intime, l'Église eut à lutter. L'histoire nous montre **trois formes d'alliance** :

I. — **Forme normale** : c'est celle qui résulte de la subordination de la fin de l'État à celle de l'Église. Elle consiste essentiellement en ce que la loi de l'Église est sanctionnée comme loi de l'État ; l'État met sa force au service des lois de l'Église.

II. — **Forme privilégiée** : outre les conséquences rigoureuses de la subordination essentielle, la libre et filiale déférence de l'État donne à l'Église certains droits temporels surérogatoires : tel fut le droit public chrétien au Moyen-Age. Les puissances protestantes et schismatiques, l'Allemagne, l'Angleterre, la Russie, ont une Église établie qui a d'énormes privilèges.

III. — **Forme concordataire** : l'Église ne pouvant, vu la rupture de l'unité religieuse dans un État, obtenir la forme normale qui résulte de l'unité de croyances, *relâche librement* quelque chose de ses droits et stipule avec l'État des **Concordats**. Ces traités, étant bilatéraux, ne peuvent être détruits ou modifiés que par le concours des deux parties contractantes. L'Église fait des concessions : la thèse est moins rigoureusement appliquée. Nous vivons en France, sous cette troisième forme : l'Église a une préséance d'honneur sur les autres cultes ; le Concordat donne force de loi à certaines règles émanant de l'autorité ecclésiastique : vg. l'évêque exerce en France une magistrature reconnue par l'État. La loi de 1850 sur l'enseignement rendait obligatoire l'instruction religieuse dans les écoles de l'État ; les pouvoirs assistaient officiellement aux prières publiques, etc. De son côté l'Église n'a pas demandé à être religion d'État ; elle a consenti, à cause de la divergence des croyances, à la **tolérance** des autres cultes. L'Église, étant seule en possession de la vérité, ne peut approuver les autres religions qui sont erronées. Mais elle admet une tolérance de fait à leur égard ; elle les souffre, dans l'intérêt supérieur de la vérité, pour éviter des troubles funestes.

Cette tolérance existe aussi pour ceux qui n'acceptent que la religion naturelle ou même rejettent toute religion, comme les positivistes. Mais les pouvoirs publics ne doivent pas, à cause de ces êtres d'exception, omettre de payer officiellement, au nom de la nation, le tribut d'adoration dû à la Divinité. Les positivistes, etc. ne peuvent pas s'en plaindre, pas plus que les collectivistes n'ont le droit de reprocher à l'État de maintenir à la base des institutions la propriété individuelle. Aussi l'Angleterre et l'Amérique, nations libérales cependant, ont-elles un culte social. En France, on pratique l'athéisme officiel, sous couleur de respecter la conscience de quelques dissidents. C'est imposer au grand nombre l'impiété de quelques-uns et sacrifier les droits de la majorité.

Conclusion : « Là où la *thèse* n'est pas rigoureusement applicable, — et elle ne l'est presque jamais — il faut s'en inspirer dans la mise en œuvre de l'*hypothèse* et faire passer dans la pratique tout ce que les circonstances permettent d'en appliquer, *sans aller au delà, sans rester en deçà* (¹) ». L'erreur libérale ne consiste pas à aimer la liberté, mais à la dénaturer en faisant d'elle, non plus un moyen, mais une fin en soi, un bien absolu. La liberté extérieure, en matière de manifestations religieuses, n'est pas plus un principe inviolable qu'en matière de manifestations morales, politiques ou sociales. Le père de famille a le droit de réprimer les vices naissants de son enfant, l'État de punir une propagande subversive de l'ordre social. Pourquoi n'aurait-il pas le droit de refouler des erreurs dangereuses pour la religion ? Aux libéraux qui interdisent à l'État de sanctionner par sa puissance coercitive aucune doctrine religieuse, les socialistes répondent logiquement en lui défendant de sanctionner la propriété, la stabilité du lien conjugal, l'idée de patrie. L'État doit donc aller aussi loin que possible dans le patronage du bien : *rester en deçà*, ce serait déserter son devoir, car l'intérêt social lui-même exige qu'il soutienne ce qui subsiste de vérités communes à la nation. Cependant « l'opinion doit être consultée, non comme une maîtresse qui décide ce qui est permis, mais comme un

---

(¹) D'Hulst, *Conférences de Notre-Dame*, 1895, Note 24, p. 331.

témoin qui indique ce qui peut être supporté (¹) » : *aller au delà serait une violence funeste*, car elle déchaînerait la haine contre l'Église. C'est par la *persuasion* et l'*exemple* qu'il faut ramener l'unité dans les esprits. Alors l'intervention de l'État sera bienfaisante, parce qu'elle sera acceptée de tous. Pour préparer cette restauration du règne social de Jésus-Christ, il faut d'abord, comme transition, travailler à l'entente sur le terrain du Décalogue, selon le vœu de Le Play.

Remarque : les quatre articles. Les gouvernements unis à l'Église ont souvent cherché à restreindre l'alliance à leur profit : vg. Louis XIV par les quatre articles de 1682. « On y parle beaucoup des *libertés de l'Église gallicane* ; en réalité ce qu'on affranchit par le premier des quatre articles, c'est seulement le pouvoir royal ; ce qu'on asservit dans toute la suite de ce document, c'est l'Église de France, puisqu'on subordonne au plaisir du monarque temporel les communications de cette Église particulière avec le centre de l'unité, puisqu'on limite jusqu'au pouvoir doctrinal du Saint-Siège, jusqu'à l'exercice du droit d'appel au pape qui appartient à tout catholique. Liberté à l'égard de Rome jusqu'à la révolte inclusivement, soumission à l'égard du roi jusqu'à la servitude, tel est le fond de cette tradition détestable que notre siècle a vu revivre dans les **Articles organiques** ou lois du 18 germinal an X, frauduleusement annexées au Concordat de 1801, et maintenues depuis cent ans par tous les gouvernements, en dépit des protestations du Saint-Siège » (D'Hulst, *Ibidem*, p. 262-263).

BIBLIOGRAPHIE

Albertus, *Die sociale Politik der Kirche.*
At, *Le vrai et le faux en matière d'autorité et de liberté.*
Audisio, *Droit public de l'Église et des nations chrétiennes.*
Bourgain, *L'Église de France et l'État au XIXᵉ siècle.*

(¹) D'Hulst, *Conférences de Notre-Dame*, 1895, Vᵉ Conf. p. 139.

B***,	*Institutes de droit naturel*, L. X.
BUTEL,	*Le péril de la séparation de l'Église et de l'État.*
CAVAGNIS,	*Notions de droit naturel et ecclésiastique.*
CHESNEL,	*Les droits de Dieu et les idées modernes.*
DE DECKER,	*L'Église et l'ordre social chrétien.*
HERGENRÖTHER,	*L'Église catholique et l'État chrétien.*
HULST (d'),	*Conférences de Notre-Dame*, 1895, IV° et V° Conf.
JOUIN,	*Elementa philosophiæ moralis*, P. IV, S. IV.
KELLER,	*L'Encyclique du 8 Décembre 1864 et les principes 89.*
LIBERATORE,	*La Chiesa et lo stato.* — *Traité du droit public de l'Église* (traduit de l'italien).
MATHIEU (C^{al}),	*Le concordat de 1801.*
MINGHETTI,	*Stato e Chiesa.*
MOULART,	*L'Église et l'État.*
OLLIVIER (E.),	*L'Église et l'État au concile du Vatican.* — *Le Concordat et la séparation de l'Église et de l'État.*
PÉRIN (Ch.),	*Les lois de la société chrétienne.*
PHILLIPS,	*Droit ecclésiastique dans ses principes généraux.*
PIE (C^{al}),	*Instructions synodales sur les principales erreurs du temps présent*, Œuvres, T. II, p. 316 ; T. III, p. 128 ; T. V, p. 29 et s.
RUBICHON,	*De l'action du clergé dans les sociétés modernes.*
SEVESTRE,	*L'histoire, le texte et la destinée du concordat de 1801.*
SCHIFFINI,	*Disputationes philosophiæ moralis*, D. VI, S. VI.
TAPARELLI,	*Essai théorique et pratique de droit naturel*, L. VII, ch. I.
TARQUINI (C^{al}),	*Institutiones juris publici ecclesiastici.*

120. — L'INTOLÉRANCE

On peut distinguer trois sortes d'*intolérance* :

I. — **Intolérance brutale** : c'est l'emploi de la force et même du glaive pour :

A) **Établir une religion** : vg. le *Coran* de Mahomet. Les peuples ont eu à choisir entre lui et le cimeterre : Crois ou meurs. L'Évangile, bien qu'imposé comme une obligation à la conscience, est proposé de fait à la liberté : *Credere nemo potest nisi volens* (¹).

(¹) « Que nul ne soit contraint par la force à embrasser la foi, car saint Augustin eu raison de dire : L'homme ne peut croire que de son plein gré ». (LÉO. XIII, Encyclique *Immortale Dei*).

L'établissement du christianisme ne coûta de sang qu'aux chrétiens. Si parfois, dans la suite, quelques princes ont tenté d'imposer la religion, ils ont été au delà de leurs droits et des intentions de l'Église qui les a blâmés : vg. conquête du Nouveau monde.

B) **Maintenir une religion** : ce mode d'intolérance a été accepté par l'Église. Mais la solution de la question exige diverses observations :

1°) **Les deux hypothèses sont absolument distinctes** : *établir* une religion par la force c'est faire une conquête sur des infidèles. Or ces infidèles sont étrangers à la juridiction de l'Église. Ici l'emploi de la force est donc illégitime. Le *maintien* suppose des tentatives de rébellion parmi des *sujets*, car tout baptisé est un sujet de l'Église. Il peut s'excommunier lui-même et aller chercher ailleurs la liberté de l'apostasie. Mais tant qu'il habite une contrée où l'Église est établie, il doit, comme tout sujet, se soumettre aux lois de la société dont il est membre, sous peine d'encourir les châtiments édictés contre les transgresseurs.

2°) **Les faits** : l'Église a décrété des peines temporelles : vg. amende, jeûne, prison, exil. C'est l'État qui a édicté la peine de mort contre l'hérétique, mais *obstiné, public, s'efforçant de rompre l'unité religieuse*.

3°) **Les droits** : *a*) l'ÉTAT a droit d'édicter la peine de mort contre le prédicant hérétique. On reconnaît à l'État le droit de punir de mort ceux qui tentent de rompre l'unité nationale. Or l'État chrétien estime avec raison que l'unité religieuse est le principal élément de l'unité nationale et sa meilleure sauvegarde.

b) L'ÉGLISE a le droit de coopérer à cette législation de l'État en livrant l'hérétique au bras séculier ; ce droit est certain puisque cette législation est juste en elle-même.

On peut se demander en outre si elle peut décréter, de son autorité propre, des peines afflictives. L'État possède le droit de frapper d'amende, d'emprisonner, de bannir ou de mettre à mort celui qui viole les lois, insulte le gouvernement, trouble l'ordre public ou compromet l'unité nationale. Et l'Église, société parfaite, n'aurait pas les mêmes droits contre ceux qui osent outrager son autorité, bouleverser la paix religieuse, briser l'unité doctrinale ? Il faut donc reconnaître à l'Église le pouvoir coercitif.

II. — **Intolérance civile** : elle consiste à refuser aux dissidents religieux la jouissance des droits civils ou à la restreindre. Elle comporte bien des degrés ; elle commence en fait dès que l'État favorise une religion au détriment des autres.

C'est une **conséquence logique** de la religion d'État : le législateur, étant convaincu de la vérité d'une religion et sachant par expérience le bienfait social de l'unité religieuse, est nécessairement amené à interdire la dissidence publique sous peine d'excommunication civile.

C'est une **conséquence légitime**, car cette intolérance découlant logiquement de l'alliance de l'Église et de l'État, est légitime comme elle. Aucun droit ne peut s'attacher à *l'erreur comme telle*. La prudence doit modérer l'exercice de cette intolérance ; les circonstances ou des conventions positives (*concordats*) peuvent donner aux *errants* une situation légale d'où dérivent des droits réels. Cependant cette concession n'est pas faite à l'erreur elle-même, mais dans l'intérêt de la vérité.

Remarque : pour comprendre l'application de ces doctrines dans le passé, il faut se rappeler d'abord *qu'elle suppose l'unité dans les croyances et conséquemment son acceptation comme un bienfait*. Il a pu se glisser des abus ; mais ils ne découlent pas des doctrines elles-mêmes ; l'excès a consisté à ne pas tenir compte des circonstances qui devaient tempérer l'application des principes absolus, à ne pas faire dans la thèse elle-même la part de l'hypothèse. Il faut donc se garder, pour juger équitablement le passé, de le voir à travers nos préoccupations et tendances actuelles.

III. — **Intolérance doctrinale** : A) **En général** : elle consiste à rejeter comme faux ce qui contredit la vérité certaine : vg. je tiens absolument pour faux que la partie soit plus grande que le tout. La tolérance doctrinale suppose l'*incertitude* de la vérité sur *un point particulier*, ou un *scepticisme universel*, qui met en doute l'existence de toute vérité.

B) **En religion** : elle consiste à estimer fausse toute religion hormis celle qu'on professe. C'est logique, car on ne peut admettre deux religions comme également vraies et bonnes. L'intolérance doctrinale est une marque, non pas suffisante, mais nécessaire de divinité. Une religion doctrinalement tolérante prouve par là même qu'elle ne vient pas de Dieu. Or le catholicisme a toujours professé l'intolérance doctrinale.

La **tolérance doctrinale** est au contraire à l'ordre du jour : plus de principes, mais des opinions et légitimité de toutes les opinions ; plus de délits de pensée, mais souveraineté de l'opinion. Voilà ce qui tend à passer en axiome et repose sur l'égalité supposée du vrai et du faux. La conséquence pratique est la suivante : comportons-nous comme si toute vérité était douteuse et toute opinion respectable. C'est l'**anarchie intellectuelle**, le nihilisme doctrinal.

Conclusion : tous les pouvoirs, païens, catholiques, hérétiques, irréligieux, ont été plus ou moins intolérants. Ce fait universel est-il purement brutal ou révèle-t-il l'existence d'un droit ? Voici la réponse.

L'intolérance est une **loi fondamentale, vitale** pour tout être, individuel ou collectif. Ni peuple, ni particulier ne peuvent vivre et prospérer s'ils n'ont le droit et la puissance de résister à ceux qui font obstacle à leur développement normal. C'est une question de vie ou de mort : c'est la lutte pour l'existence. On retrouve l'application de cette loi dans l'ordre moral aussi bien que dans l'ordre physique. Notre force vitale, d'instinct, oppose une résistance impitoyable aux attaques de ces mille petits ennemis, invisible légion de microbes, qui l'assaillent de toutes parts. A son tour, l'ordre social n'est-il pas fondé sur l'intolérance, puisqu'il repose sur un ensemble de lois coercitives, et que ces lois sont des freins vigoureux mis à la liberté du mal et de l'erreur ? Pour la force vitale comme pour l'autorité sociale, il y a un minimum de résistance ou d'intolérance (c'est tout un) ; en deçà c'est pour l'individu la mort, c'est pour un pays la décomposition sociale. La société religieuse ne saurait échapper aux exigences de cette loi : comment se soustraire à l'essence des choses ? Tout pouvoir qui veut vivre doit pratiquer cette maxime de Garcia Moreno, président de la République de l'Équateur : « La liberté pour tout et pour tous, sauf pour le mal et pour les malfaiteurs ».

BIBLIOGRAPHIE

Balmès, *Protestantisme comparé au catholicisme*, ch. xxxvi, xxxvii.
Devivier, *Cours d'apologétique chrétienne*, P. II, ch. iv.
Maistre (J. de), *Lettres sur l'inquisition espagnole.*
Moulart, *L'Église et l'État*, L. II, Ch. iv, Art. ii.
Sortais (G.), *M. Boissier et l'intolérance de l'Église*, Études 1892.
Taparelli, *Essai théorique et pratique de droit naturel*, Note 93.

121. — L'EGLISE ET LA RÉVOLUTION

Que penser de ce que l'on appelle les principes de 89, le Droit nouveau ? On les trouve surtout formulés dans la *Déclaration des droits de l'homme*. Cette déclaration est un amalgame de faux et de vrai, de bien et de mal. Nous prendrons, pour guide de nos appréciations, Le Play.

I. — **Le principe**, qui domine la Révolution et lui a valu, de la part de J. de Maistre, le reproche d'avoir l'esprit « satanique », c'est la *souveraineté absolue de la raison et de la volonté humaines collectives*, c'est-à-dire de l'opinion et de la volonté générales ; conséquemment tout droit émane non de Dieu, mais de l'homme. C'est la *déification pratique* de l'humanité, dont J.-J. Rousseau a été l'ardent apôtre. On objecte :

1°) Rousseau reconnaît Dieu, et la Constituante le nomme dans sa *Déclaration*.

Réponse : *Théoriquement*, c'est vrai ; mais, *pratiquement*, toute leur œuvre tend à l'annihiler en éliminant son action. Les promoteurs de la révolution de 1789 prétendaient que « Dieu n'intervenait pas dans la direction des sociétés et que l'homme avait en lui-même tous les éléments de la prospérité. Cette présomptueuse conviction resta, il est vrai, à l'état latent, au sein de l'Assemblée nationale ; mais elle se fit jour dans les modifications apportées par la Convention à la Déclaration des droits. En cette occasion, les auteurs des lois révolutionnaires, qui continuent à perdre notre race, firent encore mention de l'*Être suprême*, mais ils s'accordèrent à penser qu'ils pouvaient se passer de lui » (¹). Ce n'était qu'une étiquette décorative.

2°) Beaucoup de partisans de la Révolution n'acceptent pas le principe.

Réponse : ce rejet théorique n'en balance pas l'admission pratique, car la plupart de leurs actes supposent ce principe et s'en inspirent. On peut trouver des indices de cette tendance dans l'adoration de la loi, du suffrage universel, du fait accompli, dans cette susceptibilité qui veut tout séculariser et laïciser, bannir toute ingérence de l'Église dans les questions sociales et la confiner dans la sacristie.

II. — **Conséquences** : la négation de l'intervention de Dieu dans les affaires humaines et la proclamation de la souveraineté de l'homme substituée à la souveraineté de Dieu ont des conséquences que Le Play appelle les « faux dogmes de la Révolution » :

A) **Bonté originelle de l'homme**. Les faits la démentent : les constitutions, qui ont le plus contribué au bonheur des hommes, ont fermement réprimé les mauvaises tendances.

B) **Les droits de l'homme** : l'homme n'a qu'un droit essentiel, immédiat, naturel, commun à tous, celui de tendre librement à sa fin. Ce droit naît du *devoir* impérieux d'atteindre cette fin. Ce devoir dérive à son tour du *droit* absolu qu'a *Dieu* sur toute créature (**70**). On voit combien il était peu logique de parler exclusivement des *droits de l'homme*.

C) **Les hommes sont égaux** : c'est vrai, *métaphysiquement* parlant, c'est-à-dire en considérant le degré essentiel de perfection *spécifique*. Au point de vue moral et pratique, ils sont égaux dans le droit essentiel de tendre à la fin dernière ; égaux devant la justice divine, qui rendra à chacun selon ses œuvres. Hors de là l'égalité n'est pas dans la nature ; elle serait la mort de tout progrès et la source de la médiocrité universelle.

D) **La liberté politique est la condition nécessaire et suffisante de la liberté** (**112**).

E) **La nation est d'autant plus parfaite qu'il n'y a entre**

(¹) Le Play, *La Réforme sociale en France*, ch. LXIV.

l'individu et l'État aucun groupe intermédiaire. Cette opinion résulte d'un enthousiasme aveugle pour la centralisation et elle suppose, comme légitime, la confiscation du droit naturel d'association **(116)**. La Révolution est logiquement *socialiste*, car elle déifie l'État sans mesure, et lui livre l'individu sans défense et sans réserve. Elle colore ce servage réel d'une souveraineté illusoire. La réalité du servage consiste dans les restrictions apportées à la vraie liberté, la liberté *civile* : l'État, en fait, est presque tout. L'illusion de la souveraineté consiste dans l'octroi d'une *liberté politique*, qui se réduit au droit de vote, dont la valeur est infinitésimale, eu égard au nombre et à l'égalité des suffrages. C'est d'ailleurs un châtiment logique : qui repousse l'autorité de Dieu doit subir le joug de l'homme.

F) **Le « Droit de révolte »** : de là les révolutions et l'anarchie qui nous secouent périodiquement. On a fondé le pouvoir sur le sable mouvant de la volonté générale ; comment ne serait-il pas balayé par les caprices de la tempête populaire ? Le principe révolutionnaire et ses corollaires ont eu sur les institutions sociales des effets désastreux, que Le Play et son École ont signalés, avec preuves à l'appui. — Ce n'est pas à dire que tout soit mauvais dans la *Déclaration des Droits* ; elle a conservé certaines vérités traditionnelles, empruntées au Décalogue et à l'Évangile. C'est à cette source qu'il aurait fallu emprunter des remèdes efficaces aux abus de l'ancien régime.

III. — **Progrès accomplis** depuis la Révolution :

A) **Dans l'ordre politique** : tendance qui nous porte à préférer aux pouvoirs absolus les pouvoirs contrôlés.

B) **Dans l'ordre judiciaire** : égalité devant la loi : — séparation du pouvoir judiciaire et du pouvoir politique. — En abolissant la torture, reste de barbarie, notre temps achève une évolution morale dont le principe est chrétien.

C) **Dans l'ordre civil et économique** : une plus juste répartition de l'impôt, l'émancipation progressive des classes laborieuses, la tendance de plus en plus générale à tempérer, par des institutions de justice et de pitié, les conséquences fatales de l'inégalité des conditions. Tout cela c'est du progrès moderne, si l'on veut, mais dont l'inspiration remonte à l'Évangile et qui ne se développera pleinement que sous son influence civilisatrice. En le séparant de ce contact modérateur, on débridera dans les masses des appétits que rien ne pourra contenir.

Conclusion : on voit dans quel sens l'Église peut se réconcilier avec l'esprit du siècle. Elle accepte tout ce qu'il y a de bon et de généreux, mais elle rejette ce qu'il y a de faux et de dangereux ; dans les limites où les concessions peuvent s'accorder sans sacrifier les principes, l'Église a eu et aura toujours une condescendance maternelle, sachant doser exactement ce que nos sociétés divisées peuvent porter de vérité.

BIBLIOGRAPHIE

Bodley, La France. Essai sur l'histoire et le fonctionnement des institutions politiques.
Burke, Reflections on the french Revolution.
Brettes, Les principes de 89.
Espinas, La philosophie sociale du XVIIIe siècle et la Révolution française.
Freppel, La Révolution française.
Keller, L'Encyclique du 8 décembre 1864 et les principes de 89.
Le Play, La Réforme sociale en France, ch. LXIV.
Maistre (de), Considérations sur la France.
Ramière, L'Église et la civilisation. — Les espérances de l'Église, P. II.

IVme SECTION

MORALE INTERNATIONALE

122. — LE DROIT DES GENS

Les nations, tout en conservant leur autonomie, ont des relations nécessaires, d'où résulte le **droit international**. Chaque nation forme une personne morale ayant, comme l'individu, le droit de conserver sa vie et de travailler à son perfectionnement matériel, intellectuel et moral. Les autres peuples ont le devoir de la respecter. Par conséquent les principes, qui règlent la conduite des hommes entre eux, s'appliquent aux nations dans leurs rapports mutuels : elles sont donc liées les unes envers les autres par des devoirs de justice et de charité. Voici les principaux :

1°) Respect de l'indépendance, de la nationalité, des droits des autres nations. Il n'est donc pas permis de conquérir un pays étranger, sous couleur de lui porter la civilisation, d'y implanter la vraie religion, ou d'y faire respecter la loi morale, à moins que ses excès ne nuisent aux autres pays.

2°) Fidélité aux conventions internationales.

3°) Ne faire la guerre que pour une cause juste et après avoir épuisé les moyens de conciliation.

4°) Devoir de s'entraider dans l'œuvre de justice et de civilisation. Sans doute il n'est pas permis d'intervenir par la force dans les affaires intérieures d'une autre nation sans son consentement, à moins qu'elle ne soit tombée dans une *complète anarchie* ou qu'elle ne cherche à *propager au dehors des doctrines subversives*. Quand un pays est agité par des troubles civils, on n'a pas le droit d'empêcher une autre nation de porter secours, dans ce pays, soit au peuple, soit à l'autorité, dont les droits sont violés, si ce secours est réclamé. Autrement, ce serait encourager les rebelles. Il faut donc repousser le *principe de non-intervention* entendu sans restriction. METTERNICH disait, dès 1831 : « Qu'est-ce que le principe de non-intervention, sinon l'intervention la plus délétère et la plus active en faveur de l'anarchie ? ». (*Mémoires*, V, p. 128).

BIBLIOGRAPHIE

B***, *Institutes de Droit naturel*, L. XI.
CHAYSSON, *L'internationalisme dans les questions sociales*.
GROTIUS, *De jure belli et pacis*.
HEINECCIUS, *Elementa juris naturæ et gentium*.
JOUIN, *Elementa philosophiæ moralis*, P. IV, S. 3.
NYS, *Les théories politiques et le droit international*.
PÉRIN (Ch.), *L'ordre international*.
SCHIFFINI, *Disputationes philosophiæ moralis*, T. II, Disp. 6.

TABLE ANALYTIQUE
ALPHABÉTIQUE (1)

A

Aboulie : 336.
Absolu : le bien absolu, 434.
Abstraction : 327.
Absurde (démonstration par l') : 111.
Accident : 172 ; 174 ; — indice du caractère accidentel, 175-176.
Accord (méthode d') : 147 ; 176.
A contrario : 86.
Acquisition (fonction d') : 325-326.
Acte, action : 332.
Activité intellectuelle (tableau de l') : 325.
Activité psychologique : 308.
Activité sensible : 310.
Activité volontaire : 329.
Admiration : 354.
Affectif : élément de la sensation, 312.
Affirmation : qualité des propositions, 69.
A fortiori : 85.
Alcoolisme : effets et remèdes, 477.
Alembert (Jean d') : classification des sciences, 13.
Altruisme : inclinations altruistes, 316 ; 414.
Ame : devoirs envers l'âme, 476.
Amissibilité du pouvoir : 541.
Amorale (action) : 359.
Amour : définition, 315 ; — Amour de soi, des autres, du vrai, du bien, du beau, de Dieu, 316.

(1) Les chiffres renvoient aux pages du volume et non aux numéros.

précis philosophie — 37

AMPÈRE (André-Marie) : classification des sciences, 14.

Analogie : définitions et espèces, 195 ; — formes, 196 ; — valeur, 198 ; — comparaison avec l'induction et la déduction, 201 ; — avantages et dangers, 202.

Analyse : définition, 38 ; — analyse rationnelle, 39 ; — analyse des anciens géomètres, 41 ; — analyse expérimentale, 42 ; — comparaison avec la synthèse, 44 ; — règles de l'analyse, 45 ; — emploi du procédé analytique, 46 ; — esprit analytique, 47-48 ; — comparaison avec l'induction, 54.

Anarchie : 524 ; 526.

Anatomie : sa place dans les sciences, 21 ; 121.

Anciens (autorité des) : 34.

Animal : méthode pour étudier l'animal, 217 ; 219 ; — l'instinct, 316 ; — sensation et sentiment, 315 ; — devoirs envers les animaux ? 468.

Antécédent : 142 ; 143, note.

Antécédents de la sensation : 312.

Antipathie : 419.

A pari : 85.

Appétits : 316.

Arbitrage international : 488.

Argument ad hominem : 86.

Aristocratie : 545.

ARISTOTE : classification des sciences, 12 ; — théorie de la déduction, 68 ; — les quatre causes, 141 ; — l'induction formelle, 151 ; — fondement de l'induction, 158-159 ; — valeur et traitement des passions, 320 ; — effets de l'habitude, 341 ; — l'eudémonisme rationnel, 424.

Art et civilisation : 289.

Articles : les quatre articles de 1682 et les articles organiques, 567.

Arts (beaux-) : source d'informations psychologiques, 218.

Assassinat politique : 485.

Assistance légale : 536-537.

Assistance publique : 536.

Association des idées : 326.

Association (droit d'association) : 555.

Ataraxie : 407.

Attention : 327.

AUGUSTIN (saint) : définition du bien moral, 438 ; — de la loi éternelle, 439.

Aumône : 500.

Authenticité : des monuments, 237 ; — des écrits, 237-238.

Autonomie : la volonté autonome d'après Kant, 428-429 ; 432-433.

Autorité : la méthode d'autorité, 33 ; — Descartes et l'autorité, 35 ; — l'autorité paternelle, 517 ; — origine de l'autorité publique, 527 ; empiétements et limites de l'autorité, 538.

Avarice : 500.

Aversion : 316.

Axiomes : logiques, 88-89 ; — axiomes de la démonstration, 97-98 ; — axiomes mathématiques, 104 ; — leurs règles, 112.

B

BACON (François) : classification des sciences, 13 ; — défiance de l'hypothèse, 134 ; — les trois tables, 145.

Balance : comparaison avec la volonté, 389.

BAYLE : objection contre la liberté, 366.

Beau : amour du beau, 316.

BELLARMIN (Robert) : la résistance à la tyrannie, 541-542.

BENTHAM (Jérémie) : morale utilitaire, 408.

BERNARD (Claude) : l'expérimentation, 225 ; — fondement de l'induction, 154.

BERNOULLI (Jacques) : loi des grands nombres, 376.

Besoin : le droit et le besoin, 457.

Bien : amour du bien, 316 ; — le bien en soi et le bien moral, 353 ; — le bien individuel, le bien altruiste, le bien rationnel, 402 ; — le problème du souverain bien, 402-403 ; — morale du bien rationnel, 433 ; — critérium du bien et du mal, 434 ; — le bien n'est pas obligatoire par lui-même, 437-438.

Bien en soi : 353 ; 434.

Bienfaisance : 482-483 ; — intervention de l'État, 535.

Bienveillance : 419 ; 483.

Biologie : 120-121.

Bonheur : le bonheur d'après *Bentham*, 408 ; — le bonheur de l'humanité d'après *S. Mill*, 410 ; — l'intérêt et le bonheur, 415 ; — le bonheur au point de vue psychologique et au point de vue moral, 424 ; — le bonheur rationnel d'après *Aristote*, 425.

Bonté morale : 358 ; 360.

BOSSUET (Jacques-Bénigne) : distinction de l'âme et de ses facultés, 306 ; — la liberté d'indifférence, 384 ; — la prescience divine et la liberté, 372.

Botanique : sa place dans les sciences, 21 ; 120-121.

BROUSSAIS (François) : déterminisme physiologique, 381.

Bureaucratie : 540.

C

CABANIS (Pierre) : déterminisme physiologique, 381.
Calomnie : 509.
Caractère : le caractère et la liberté, 387-388.
Casuistique : cas de conscience, 360-363 ; 464-465 ; 469.
Causalité (principe de) : 155-158 ; — le principe de causalité et l liberté, 377.
Cause : les quatre espèces de causes, 141 ; — la notion psychologiqu et la notion scientifique de cause, 142 ; — la recherche de la cause, 141-151 ; — savoir c'est connaître par les causes, 3.
Cause finale : 141 ; — principe des causes finales, 190.
Célibat : 516.
Centralisation : 539.
Certitude historique : 242.
Charité : nature et formes, 482 ; — objection de Spencer, 483 ; — comparaison avec la justice, 484 ; — hiérarchie des devoirs de charité, 485 ; — devoirs de charité, 510 ; — charité légale, 536.
Chatiment : fondement, nécessité et but d'une sanction pénale, 448-451 ; — le droit de punir, 488.
Chauvinisme : 523.
Chimie : sa place dans les sciences, 20 ; 120-121.
Chose : personne et chose, 337.
CHRYSIPPE : morale du plaisir, 405.
CICÉRON : l'utile et l'honnête, 416 ; — justice et équité, 482.
Circonstances atténuantes ou aggravantes : 358.
Citoyen : morale civique, 520 ; — devoirs et droits des citoyens, 549
Civilisation : 288.
Classification : définition et classification, 166 ; — espèces, 179 ; classifications naturelles, 181 ; — leurs avantages, 186 ; — leur valeur 187 ; — division et classification, 184.
Classification des idées générales, 173.
Classification des sciences, 11-22.
Coïncidences constantes (méthode des) : 144.
Coïncidence solitaire (méthode de) : 146.
Collectivisme : 506.
Combinaison (fonction de) : 326.
Communisme : 506.
Comparaison : 327.
Comparée (psychologie) : 217-219.

COMPARUTION (TABLES DE) : 145.
COMPRÉHENSION DES IDÉES : 69, note ; — point de vue de la compréhension dans le syllogisme, 87 ; 93.
COMTE (Auguste) : classification des sciences, 16 ; — statistique et dynamique sociales, 248 ; — la loi des trois états, 291-292 ; — morale altruiste, 418.
CONCEPT : formation des concepts par l'abstraction et la généralisation, 327.
CONCORDANCE (MÉTHODE DE) : 147 ; 176.
CONCORDAT : 505.
CONDILLAC : analyse, procédé de décomposition, 42-43.
CONDITION : différence entre la condition et la cause, 143, note.
CONDITIONS D'EXISTENCE (PRINCIPE DES) : 190.
CONDITIONNEL : syllogisme, 84 ; — impératif, 400.
CONDORCET : perfectibilité humaine, 291.
CONDUITE MORALE (RÈGLES DE) : 361-362.
CONFLIT : entre les droits, 464 ; — entre les devoirs, 469.
CONNAISSANCE : empirique et scientifique, 2 ; — connaissance du particulier et science du général, 7.
CONNEXES (CARACTÈRES) : 177.
CONNEXIONS ORGANIQUES (PRINCIPE DES) : 191.
CONSCIENCE MORALE : 352-363 ; — comparaison avec la conscience psychologique, 352 ; — analyse : jugements et sentiments moraux, 352 ; — universalité de la conscience, 355 ; — sa valeur, 357 ; — degrés, éducation et règles de la conscience, 360 ; — preuve de la loi morale, 398 ; — examen de conscience, 477.
CONSCIENCE PSYCHOLOGIQUE : spontanée et réfléchie, 326 ; — elle fourni la matière de la connaissance, 328 ; — comparaison avec la conscience morale, 352.
CONSENTEMENT UNIVERSEL : preuve de l'existence : *a*) de la liberté, 367 ; *b*) de la loi morale, 398.
CONSERVATION (FONCTION DE) : 326.
CONSERVATION DE L'ÉNERGIE (PRINCIPE DE LA) : 379.
CONSTITUTION POLITIQUE : 544-545.
CONTINUITÉ (LOI DE) : 379.
CONTRADICTION (PRINCIPE DE) : 90, note.
CONTRADICTOIRES (PROPOSITIONS) : 69-70.
CONTRAINTE : physique ou morale, 444.
CONTRAIRES (PROPOSITIONS) : 70.
CONVERSION DES PROPOSITIONS : 71.
COOPÉRATION : 445.

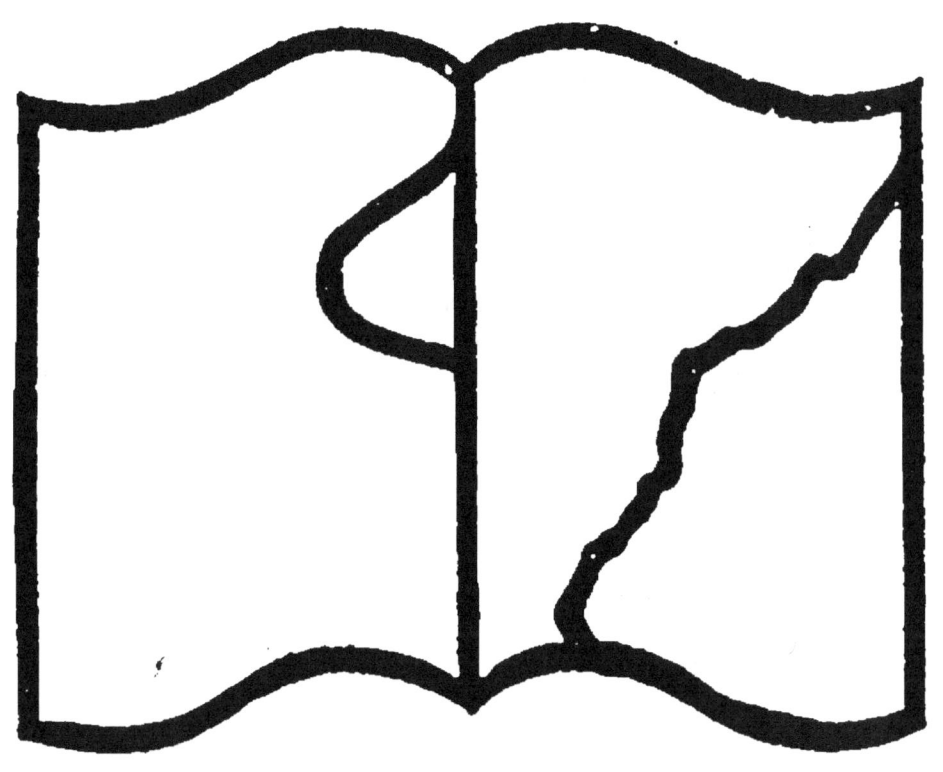

Texte détérioré — reliure défectueuse
NF Z 43-120-11

COORDINATION DES CARACTÈRES : 177.
COPULATIF (SYLLOGISME) : 84.
CORPORATIVES (INCLINATIONS) : 316.
CORPORATIONS : 539-540 ; 556 ; 574.
CORRÉLATIFS (CARACTÈRES) : 177.
CORRÉLATIONS ORGANIQUES (PRINCIPE DES) : 191, note 2.
COSMOLOGIE : sa place dans les sciences, 22.
COSMOLOGIQUES (SCIENCES) : 14-15.
COSMOPOLITISME : 523.
COURAGE : 477.
COUSIN (VICTOR) : rôle de l'intérêt, 415.
CRÉDULITÉ : instinct de crédulité d'après Reid, 232-233.
CRIME PASSIONNEL : 322.
CRITIQUE HISTORIQUE : 236.
CRITIQUE : du témoignage en général, 230.
CUVIER (GEORGES) : principe des conditions d'existence, 190 ; — principe des corrélations organiques, 191, note 2 ; — vérification d'une induction analogique, 200.
CYRÉNAIQUE (ÉCOLE) : 405.

D

DARWIN (CHARLES) : le transformisme, 263-277.
DARWINISME : 278.
DÉCENTRALISATION : 539.
DÉCISION DE LA VOLONTÉ : 352.
DÉDUCTIF : raisonnement, 72 ; — méthode déductive, 48.
DÉDUCTION : immédiate, 68 ; — médiate, 72 ; — valeur de la déduction, 99 ; — comparaison entre l'induction et la déduction, 49 ; — tentatives de réduction : a) de l'induction à la déduction, 154-155 ; 160-161 ; b) de la déduction à l'induction, 51 ; — comparaison avec l'analyse et la synthèse, 54 ; — comparaison avec l'analogie, 201.
DÉFENSE (DROIT DE LÉGITIME) : 486.
DÉFINITION : nominale, 169 ; — réelle ou logique, 170 ; — ses règles, 171 ; — ses qualités, 172 ; — définition descriptive, 170, note ; — définition causale, 170, note ; — Liberté des définitions : 174-175 ; — définition empirique, 175 ; — comparaison entre les définitions mathématiques et empiriques, 178 ; — définition et classification, 166-168.
DÉLIBÉRATION INTELLECTUELLE : 331 ; 333.
DELAGE (YVES) : l'hypothèse transformiste, 277.

Délit de pensée : 493.

Démocratie : 545.

Démonstration en général : ses conditions, 95 ; — nécessité de principes indémontrables, 96 ; — principes de la démonstration : axiomes et définitions, 97-98.

Démonstration mathématique : 103 ; — ses principes : *a*) axiomes, 104 ; *b*) postulats, 105 ; *c*) définitions, 108 ; — démonstration mathématique et syllogisme, 109 ; — espèces de démonstration : analytique, synthétique, directe, indirecte, 111 ; — règles : 112.

DESCARTES (René) : les quatre règles de la méthode cartésienne, 30 ; — Descartes et l'autorité, 35 ; — utilité de la méthode, 57 ; — critérium du bien et du mal, 435.

Description : 170, note.

Désintéressement : inclinations altruistes ou désintéressées, 316 ; — vertu désintéressée, 416-418 ; — charité désintéressée, 510.

Désir : 316 ; — volonté et désir, 332 ; — le désir et le droit, 456.

DESTUT DE TRACY : le besoin, fondement du droit, 457.

Détermination : c'est l'essence de l'acte libre, 332 ; 333.

Déterminisme : objections des déterministes contre la liberté, 366 ; — le déterminisme en général, 375 ; — le déterminisme scientifique, 376 ; — le déterminisme physique et physiologique, 381 ; — le déterminisme psychologique, 383 ; — le principe du déterminisme, 155-158 ; — le déterminisme des lois sociales : sa mesure, 249.

Détraction : 509.

Devoir : la loi morale et le devoir, 392-401 ; — devoir et obligation, 392 ; — existence du devoir, 397 ; — ses caractères, 399 ; — nature du devoir d'après Kant, 427-432 ; — morale du devoir ou du bien rationnel, 433 ; — fondement du devoir, 436 ; — rapports du droit et du devoir, 459 ; — division des devoirs d'après : *a*) leur *forme*, 466 ; *b*) leur *matière*, 467 ; — devoirs envers les animaux ? 468 ; — conflit des devoirs, 469 ; — existence et fondement des devoirs personnels, 470 ; — devoirs relatifs au corps, 473-476 ; - à l'âme, 476-477 ; — devoirs de justice, 485-510 ; — devoirs relatifs : à la vie d'autrui, 485 ; — à l'âme d'autrui, 490 ; — aux biens matériels d'autrui, 495 ; — aux biens spirituels d'autrui, 509 ; — devoirs de charité, 510 ; — devoirs : des époux, 516 ; — des parents, 517 ; — des enfants, 517 ; — des maîtres et des serviteurs, 518 ; — des patrons et des ouvriers, 518 ; — des gouvernants, 548 ; — des gouvernés, 549 ; — devoirs internationaux, 575.

Dévouement : 483.

Dichotomie : 184.

Dieu : amour de Dieu, 316 ; — morale indépendante de l'idée de Dieu

345); — volonté arbitraire de Dieu, fondement de la distinction entre le bien et le mal, d'après Scott, Occam, Descartes, 435; — volonté infiniment sage de Dieu, fondement du devoir, 438; — devoirs envers Dieu, 467; — la liberté humaine et la prescience divine, 372; — Dieu et l'immortalité de l'âme, 452.

DIFFAMATION : 509.

DIFFÉRENCE SPÉCIFIQUE : 171.

DIGNITÉ HUMAINE : respect de la dignité humaine, fondement de la morale indépendante, 345; — fondement des devoirs personnels d'après Kant, 471.

DIRECTION D'INTENTION : 358-360.

DISCURSIF (PROCÉDÉ) : 97.

DISJONCTIF (SYLLOGISME) : 84.

DIVISION : physique, logique, 184; — règles, 185; — comparaison entre la division et la classification, 185; — la division et l'analyse, 31-46.

DIVORCE : 404; 514.

DOMAINE DIRECT ET INDIRECT : 496.

DOMESTIQUES (DEVOIRS ENVERS LES) : 518.

DOMESTIQUES (INCLINATIONS) : 316.

DOMINATEUR (CARACTÈRE) : 177.

DOMMAGE : 501.

DOULEUR : 311; — son rôle dans la vie, 323.

DROIT : définition et caractères, 454; — principe et fondement du droit, force, désir, besoin, utilité sociale, le bien, 456-458; — rapports du droit et du devoir, 459; — corrélation entre le droit et le devoir, 460; — conflits des droits, 464; — droits des gouvernants, 548 — droits des gouvernés, 549.

DROIT CIVIL : 462.

DROIT DES GENS : 462; 575.

DROIT DIVIN : 461-462; 527-528.

DROIT INTERNATIONAL : 462; 575.

DROIT NATUREL : 461; — préceptes primaires et secondaires, 463.

DROIT NOUVEAU : 572.

DROIT PÉNAL : 482.

DROIT POLITIQUE : 462.

DROIT POSITIF : 462.

DROIT PUBLIC OU SOCIAL : 462.

DROIT (SCIENCE DU) : sa place dans les sciences, 21; 208; — philosophie du droit, 26.

DROITS DE DIEU : 459.

DROITS DE L'HOMME : 573.

Duel : 486.
Dynamique sociale : 248.

E

Économie politique : sa place dans les sciences : 21 ; 208.
Économie (principe d') : 135.
Écossaise (école) : fondement de l'induction, 152 ; — théorie des facultés, 305.
Éducation : devoirs des parents, 517 ; — éducation de la conscience morale, 301.
Efficacité : caractère de la volonté, 336.
Efficiente (cause) : 142.
Égalité : égalité du droit fondamental, 455 ; — égalité, règle de la justice, 481 ; — égalité de nature, 573 ; — égalité devant la loi, 574.
Église : sa constitution, 557 ; — rapports avec l'État, 559.
Égoïsme : la passion est égoïste, 319 ; — morales égoïstes, 405 ; — l'altruisme ne peut sortir de l'égoïsme, 414.
Élaboration (fonction d') : 327.
Électeur : devoir de l'électeur, 554.
Éligibilité : 549.
Émotion : émotion agréable (plaisir), émotion désagréable (douleur), 310-311 ; — émotion physique (sensation), 310 ; — émotion intellectuelle et morale (sentiment), 310.
Empirisme : connaissance empirique et connaissance scientifique, 2 ; — origine empirique des notions mathématiques, 64 ; — fondement empirique de l'induction, 155-158 ; — définition empirique, 175 ; — morales empiriques : a) utilitaires, 405-415 ; b) morales sentimentales, 418-422 ; — la personne empirique, d'après Kant, 472.
Énergie (principe de la conservation de l') : 379.
Enfants : psychologie infantile, 218 ; — devoirs des enfants, 517.
Enseignement : l'État et l'enseignement, 534.
Entendement : 327.
Enthymème : 82.
Épichérème : 82.
Épictète : 426, note.
Épicure : morale de l'intérêt, 407 ; — le suicide, 474.
Épisyllogisme : 83.
Époux : leurs devoirs, 516.
Épreuve : rôle de l'épreuve et de la douleur dans la vie, 323.
Équité : 482.
Erreur : vincible ou invincible, 301-302 ; 443.

Esclavage : 491.
Espèce : définition logique, 171; — l'espèce au point de vue des sciences naturelles, 265, note; 270, note.
Espèces (fixité ou variabilité des) : 265-277.
Esprit : esprit géométrique et esprit de finesse, 117; — esprit analytique et esprit synthétique, 47.
Essence : définition, 172, 338; — indice du caractère essentiel, 170.
Esthétique : morale esthétique, 424, note.
Estime : 354.
État : mot équivoque, 520; — fonctions de l'État : 531; *a*) fonction de protection, 532; *b*) d'assistance, 533; — intervention de l'État dans l'enseignement, la bienfaisance, la réglementation du travail, 534-538; — limites et empiétements de l'État, 538; — devoirs et droits de l'État, 548; — l'État et l'instruction 558; — l'État et le droit d'association, 535; — rapports de l'État et de l'Église, 559.
États anormaux : leur utilité pour l'observation et l'expérimentation en psychologie, 219; 221.
États (loi des trois) : formulée par A. Comte, 291-292.
Éternité : la connaissance éternelle de Dieu et la liberté, 373-375.
Etre : genre suprême, indéfinissable, 172.
Eudémonisme rationnel : 424.
Évidence : critérium de la vérité, 30-31.
Evolutionnisme : exposé du système, 281; — critique, 284; — morale évolutionniste, 413.
Examen de conscience : 477.
Exécution : réalisation extérieure de l'acte volontaire, 332.
Exemplaire (cause) : 142.
Exemple (argument de l') : 85; — contagion de l'exemple, 357.
Expérience : méthode expérimentale, 122; 123; — interprétation de l'expérience, 141; — généralisation de l'expérience, 150; — part de l'expérience dans l'induction, 159; — expériences : *a*) psycho-physiques, 222; *b*) psycho-physiologiques, 224; *c*) hypnotiques, 224; — facultés expérimentales, 326; — part de l'expérience dans l'origine des notions premières, 328.
Expérimentation : dans les sciences physiques, 136; — ses conditions, 137; — ses formes, 138; — ses avantages, 139; — méthodes d'expérimentation : *a*) Bacon, 144; *b*) S. Mill, 146; — l'expérimentation en physiologie, 188; — l'expérimentation en psychologie : sa nécessité, 220; — ses conditions et limites, 221; — tentatives d'expérimentations psycho-physiques, psycho-physiologiques, et hypnotiques, 222-224.
Expiation : 451; 489-490.

EXTENSION : propriété de l'idée générale, 69, note ; — extension des propositions, 69 ; — extension de l'attribut, 71 ; — critique d'Hamilton, 72 ; — point de vue de l'extension dans le syllogisme, 73 ; 88 ; — représentations graphiques des syllogismes, 90.
EXTERNE : observation externe, 217 ; — sensation externe, 313.
EXTRINSÈQUE : signe F. extrinsèque d'intégrité, 238.

F

FACULTÉ : définition, 304 ; — détermination des facultés de l'âme, théorie écossaise, 305 ; — théorie de Bossuet, 306.
FAIT ACCOMPLI : 455.
FAITS PHYSIOLOGIQUES : distincts des faits psychologiques, 298 ; 210-211.
FAITS PRIVILÉGIÉS OU PRÉROGATIFS : 127.
FAITS PSYCHOLOGIQUES : distincts des faits physiologiques, 298 et 211 ; — leur classification, 301.
FAMILLE : inclinations domestiques, 316 ; — société familiale, 511 ; — droit naturel de la famille, 461-462 ; 512-513.
FATALISME : comparaison avec le déterminisme, 370 ; — fatalisme : a) vulgaire, 370 ; b) panthéistique, 371 ; c) théologique, 372.
FATALITÉ : des causes de la nature, 142 ; 159 ; — de l'instinct, 317 ; — des lois physiques, 211 ; 393.
FECHNER (LOI DE) : 223.
FÉLICITÉ : 415 ; 424.
FEMME : devoirs envers son mari, 516-517.
FICHTE (JEAN) : fondement du droit de propriété, 499.
FIGURES DU SYLLOGISME : 73.
FIN : justifie-t-elle les moyens ? 359-360.
FIN EN SOI : la personne fin en soi, 429-430 ; 471-472.
FINALE (CAUSE) : 141.
FOI : foi au témoignage, 232 ; — témoin digne de foi, 233-234.
FONCTION : définition, 304 ; — fonctions de l'État, 531.
FONCTIONNARISME : 540.
FORCE : le droit et la force, 456 ; — vertu de force ou courage, 477.
FORCES PHYSIQUES (HYPOTHÈSE DE L'UNITÉ DES) : 256.
FORMELLE (CAUSE) : 141.
FOURIER (CHARLES) : valeur des passions, 320 ; — morale du plaisir, 405.

G

GALL (FRANÇOIS) : déterminisme physiologique, 381.

GARNIER (Adolphe) : classification des faits psychologiques, 304.
Général : science du général, 7 ; — idées générales, 171 ; 173.
Généralisation : formation de l'idée générale, 327 ; — généralisation de l'expérience par l'induction, 150 ; — fondement de la généralisation, 189 ; — induction et généralisation, 193.
Générations spontanées : expérience de Pasteur, 149, note.
Génie : intuitions du génie scientifique, 132.
Genre : au point de vue logique, 171 ; — genre suprême, 172 ; — genre prochain, 171 ; 172 ; — genre éloigné, 172 ; — au point de vue des sciences naturelles, 183.
GEOFFROY-SAINT-HILAIRE : principe des connexions organiques, 191.
Géologie : sa place dans les sciences, 20 ; 120-121.
Géométrie : sa place dans les sciences, 20 ; 61 ; — origine des notions géométriques, 65 ; 66-67.
Grandeur : science de la grandeur, 60.
GROTE : loi de quantité du plaisir, 311.
GROTIUS : fondement du droit de propriété, 499.
Gouvernants : droits et devoirs, 548.
Gouvernement : dépositaire du pouvoir, 520 ; — gouvernement de fait, 542 ; — formes de gouvernement, 544 ; — droits et devoirs du gouvernement, 548. (Voir *Autorité, État.*)
Gouvernés : droits et devoirs, 549.
Guerre : conditions de sa légitimité, 487-488.
GUYAU : la morale indépendante, 345.

H

Habitude : forme de l'activité, 330 ; — origine, développement, espèces, 339 ; — effets, 340 ; — bienfaits et dangers, 341 ; — l'habitude et la liberté, 342 ; — l'habitude et la responsabilité, 444.
HÆCKEL : le monisme, 277.
HAMILTON (William) : critique relative à l'extension des propositions affirmatives, 72 ; — quantification du prédicat, 87.
Hasard : hasards de l'expérience, 139 ; — hasard dans les méthodes des coïncidences constantes, 145 ; 146.
Hédonisme : valeur des passions, d'après les Hédonistes, 320 ; — morale du plaisir (Chrysippe), 405.
HERBART (Jean) : méthode géométrique, 213.
Héréditarisme : son rôle dans la morale évolutionniste, 413.
Hérile (société) : relations entre maîtres et serviteurs, 518.

HÉRITAGE : droit de transmettre la propriété à ses enfants, 502-503.
HÉROÏSME : 483 ; — n'est pas obligatoire en soi, 437.
HÉTÉROGÉNÉITÉ DES MOTIFS : 389.
HIÉRARCHIE : des sciences, 22 ; — des idées générales, 173 ; — des lois, 297, note.
HISTOIRE : méthode des sciences historiques, 229 ; — critique historique, traditions, 236 ; — monuments, 237 ; — écrits, 237 ; — l'histoire, œuvre de science et d'art, 239 ; — écoles historiques, 240 ; — qualités de l'historien, 241 ; — certitude historique, 242 ; — rôle de l'induction en histoire, 243 ; — synthèse métaphysique de l'histoire, 244 ; — philosophie de l'histoire ou science sociale, 247 ; — nature des lois historiques, 248 ; — l'histoire, source d'informations psychologiques, 218.
HOBBES (Thomas) : le droit c'est la force, 456 ; — origine de la société, 524.
HOMESTEAD : 505.
HOMICIDE : 485.
HOMME-NOUMÈNE, HOMME-PHÉNOMÈNE : 472.
HONNÊTE (LE BIEN) : c'est le bien rationnel, 433 ; 435.
HONNEUR : au point de vue psychologique et moral, 421 ; — respect de l'honneur des autres, 509.
HUTCHESON (François) : 418, note.
HYGIÈNE : 473-474.
HYPOCRISIE : 476.
HYPNOTISME : 224, note 2.
HYPOTHÈSE : syllogisme hypothétique, 84 ; — nature de l'hypothèse, 128 ; — opérations qu'elle implique, 129 ; — ses espèces : particulière, générale, représentative, explicative, 130 ; — son rôle : expérimental, 132 ; — théorique, 133 ; — ses dangers, 134 ; — ses règles et conditions, 134 ; — hypothèses fausses : leur utilité, 132 ; — caractère théoriquement et pratiquement hypothétique de l'analogie, 201-202 ; — grandes hypothèses scientifiques, 253 ; — hypothèse et thèse dans les rapports de l'Église et de l'État, 564.

I

IDÉAL (SCIENCES DE L'ORDRE) : 208.
IDÉAL MORAL : 353 ; 434 ; 439.
IDÉE ABSTRAITE : 327.
IDÉES CONCRÈTES OU SINGULIÈRES : 326 ; 328.
IDÉES GÉNÉRALES : leur formation, 327 ; 328-329 ; — leur division, 171 ; — leur hiérarchie, 173.
IDENTITÉ PERSONNELLE : 328.

IDENTITÉ (PRINCIPE D') : 90, note.
IGNORANCE : vincible et invincible, 301 ; 443.
IMAGE, IMAGINATION : 326.
IMMORTALITÉ DE LA LOI MORALE : 296.
IMPÉRATIF : catégorique ou hypothétique, 400.
IMPÔT : 552.
IMPRESSION : organique, nerveuse, cérébrale, 312.
IMPUTABILITÉ : 442.
INCLINATION : définition, 310 ; 315 ; — classification d'après leur objet ; — inclinations physiques ou morales, 316 ; — division des inclinations morales : personnelles, sociales, supérieures, 316 ; — rapports de l'inclination et de la passion, 318.
INCONSCIENCE RELATIVE : effet de l'habitude, 341 ; 342.
INDEMNITÉ : 501.
INDÉTERMINISME RELATIF DE LA VOLONTÉ : 388.
INDIFFÉRENCE (LIBERTÉ D') : 384.
INDIFFÉRENT : acte indifférent *in abstracto*, 358 ; 359, note.
INDIVIDU : indéfinissable, 174, note ; — l'individu et l'État, 573-574.
INDIVIDUALISME : 539-540 ; 556.
INDIVIDUALITÉ : 337-338.
INDUCTION : méthode inductive, 48 ; — comparaison avec la déduction, 49 ; — emploi de l'induction, 52 ; — comparaison avec l'analyse, 54 ; — le stade inductif dans les sciences, 55 ; — raisonnement inductif ou expérimental, 143-144 ; — méthodes inductives de : Bacon, 144 ; — de S. Mill, 146 ; — induction proprement dite, 150 ; — fondement de l'induction ; systèmes divers, 151-159 ; — part de l'expérience et de la raison dans l'induction, 159 ; — le syllogisme inductif, 160 ; — valeur et utilité de l'induction, 162 ; — induction et généralisation, 193 ; — comparaison de l'induction avec l'analogie, 201 ; — l'induction dans les sciences morales, 210 ; — l'induction en psychologie, 225 ; — l'induction en histoire, 243 ; — l'induction dans la science sociale, 249.
INDUCTION FORMELLE OU ARISTOTÉLICISME : 151.
INÉGALITÉ : est chose naturelle, 501-502.
INFÉRENCE : synonyme de raisonnement, 68.
INJURE : 490 ; 509.
INJUSTICE : 442.
INNÉITÉ : de l'instinct, 317.
INSTINCT : ses caractères, 316 ; — l'habitude et l'instinct, 330.
INSTRUCTION : devoirs relatifs à l'intelligence, 477 ; — devoirs des parents à l'égard de leurs enfants, 490-491 ; 517.
INSTRUMENTS : condition physique de l'observation, 125.

INSURRECTION : 540; 574.
INTÉGRITÉ : du témoignage, 233-234 ; 238.
INTELLIGENCE : opérations sensitives, 325 ; — opérations proprement intellectuelles, 326 ; — devoirs relatifs : à sa propre intelligence, 477 ; — à l'intelligence d'autrui, 490-491.
INTENTION MORALE : son rôle et son importance, 358 ; — objection contre les directions d'intention, 359.
INTÉRÊT : motif de l'intérêt, 402-403 ; — morale de l'intérêt dans : Épicure, 407 ; — Bentham, 408 ; — S. Mill, 410 ; — Spencer, 413 ; — rôle de l'intérêt, 415.
INTERNE : observation interne, 214 ; — sensation externe, 313.
INTERPRÉTATION DE L'EXPÉRIENCE : 141.
INTRINSÈQUE : signe intrinsèque d'intégrité, 238.
INTUITION : nécessité et supériorité du procédé intuitif, 97.
INVARIABILITÉ DES ESSENCES ET DES CAUSES (PRINCIPE DE L') : 158.
INVRAISEMBLANCE : métaphysique, physique et morale, 234-235.
IRRÉFLEXION : cause d'erreur, 31.

J

JANET (PAUL) : conflit des devoirs, 469.
JOIE : sentiment, 313 ; — joies de la conscience, 354 ; 368.
JOUFFROY (THÉODORE) : classification des faits psychologiques, 304.
JUGEMENT : 327 ; — jugements de la conscience morale, 353.
JUSTICE : sa nature, 481 ; — espèces : justice commutative, distributive, pénale, 481-482 ; — comparaison avec la charité, 484 ; — devoirs de justice relatifs : a) à la vie d'autrui, 485 ; b) à l'âme d'autrui, 490 ; c) aux biens d'autrui, 495 ; — corrélation entre les droits et les devoirs fondés sur la justice, 460.

K

KANT (EMMANUEL) : jugements synthétiques *a priori*, 106-107 ; — méthode de la morale, 227 ; — caractères de la loi morale, 399 ; — la vertu kantienne, 416 ; — morale formelle, 427 ; — rapports du droit et du devoir, 460, note ; — fondement des devoirs personnels, 471.

L

LAMARCK (JEAN-BAPTISTE) : précurseur de Darwin, 263.

Langues : source d'informations psychologiques, 217-218.
Légalité : 395-396.
Légitimation du pouvoir usurpé : 543.
Légitimité : de la loi, 395-396 ; — du pouvoir, 527-529.
LEIBNIZ (Godefroy) : origine des notions premières, 328 ; — déterminisme psychologique, 381.
LE PLAY (Frédéric) : 495, remarque ; 572-573.
Lettres (belles-) : source d'informations psychologiques, 218.
Liberté : actes conatifs et libres, 303 ; — volonté et liberté, 330 ; — analyse de l'acte libre, 331 ; — essence de l'acte libre, 333 ; — liberté, élément de la personnalité, 338 ; — la liberté et l'habitude, 342 ; — diverses sortes de libertés, 364 ; — preuves du libre arbitre : a) témoignage de la conscience, 365 ; b) témoignage de l'humanité, 367 ; c) preuves morales, 368 ; d) preuve insuffisante, 369 ; — objection de Spinoza et de Hobbes, 366 ; — erreurs opposées à la liberté : 1) fatalisme : vulgaire, panthéistique, théologique, 370-375 ; — 2) déterminisme : a) scientifique, 376 ; b) physique et physiologique, 381 ; c) psychologique, 383 ; — liberté d'indifférence, 384 ; — influence des motifs sur l'acte libre, 386 ; — vraie nature du libre arbitre, 388 ; — liberté et servitude, 388 ; — nécessité et liberté, 390, note ; — le caractère et la liberté, 387 ; 388 ; — liberté et esclavage, 491 ; — liberté individuelle, 492 ; — liberté du travail, 492 ; — liberté de conscience, 492 ; — liberté de penser, de la presse, etc., 492-495 ; — liberté civile et liberté politique, 549 ; — liberté des cultes, 565-566 ; — la liberté postulat de la loi morale, d'après Kant, 427.
Localisation : des sensations, 314.
Logique ou méthodologie : 1 ; — son utilité, 57.
Loi : détermination de la loi dans les sciences physiques et naturelles, 123-124 ; 150 ; 166-167 ; — lois psychologiques, 225 ; — comparaison entre la loi physique et la loi morale, 393 ; — loi éternelle, naturelle, morale, 394 ; — loi positive, 395 ; — loi civile, 395 ; — loi politique, 396 ; — comparaison entre la loi naturelle et les lois civiles, 396 ; — ordre hiérarchique des lois, 397, note ; — existence de la loi morale, 397 ; — ses caractères, 399 ; — la loi morale d'après Kant, 427 ; 429 ; — critique de la théorie kantienne, 431 ; — une loi douteuse n'oblige pas, 302.
Loi empirique et loi dérivée : 52-53.
Lois historiques et sociales : 248.
Lutte contre soi-même : 477.
Lutte pour la vie : 265-266.

M

MACHIAVÉLISME : 359-360.

MAGISTRATS : pouvoir judiciaire, 546 ; — conditions de leur indépendance, 546 ; — doivent appliquer les lois justement, 548 ; — on doit les respecter, 549.

MAINE DE BIRAN (François) : origine des notions premières, 328.

MAIN-MORTE : 556, note.

MAÎTRES : devoirs et droits, 548.

MAJEURE (PROPOSITION) : 73.

MAL : action mauvaise, 353 ; 435.

MALADIES DE LA VOLONTÉ : 330.

MALEBRANCHE (Nicolas) : définition du bien moral, 438.

MARIAGE : au point de vue du droit naturel, 512 ; — du droit chrétien, 513 ; — liberté, unité et indissolubilité du lien matrimonial, 514.

MARXISTES (LES) : 507.

MATÉRIELLE : cause matérielle, 141 ; — faute matérielle, 350.

MATHÉMATIQUES : leur objet, 60 ; — division, 60 ; — origine des notions mathématiques, systèmes divers, 62 ; — démonstration mathématique, 103 ; a) axiomes, 104 ; b) postulats, 105 ; c) définitions, 108 ; — démonstration mathématique et syllogisme, 109 ; — démonstration analytique ou synthétique, 39 ; — directe ou indirecte, 111 ; — règles des axiomes, des définitions et des démonstrations, 112 ; — à quoi tient l'exactitude des mathématiques, 113 ; — les mathématiques et la formation de l'esprit : avantages et dangers, 115 ; — comparaison des définitions mathématiques et empiriques, 178.

MATIÈRE : cause matérielle, 141.

MAXIMUM SENSIBILE : 223.

MÉDISANCE : 509.

MÉMOIRE : 320.

MENSONGE : 476 ; 491.

MÉPRIS : 354.

MÉRITE : 353 ; — le mérite et la liberté, 368 ; — mesure du mérite, 447.

MESURE DES SENSATIONS : 222-224.

MÉTAPHYSIQUE : la morale n'est pas indépendante de la métaphysique, 345.

MÉTHODE : méthode générale, 30 ; — règles de la méthode cartésienne, 30 ; — méthode d'autorité, 33 ; — procédés essentiels de la méthode générale, 37 : a) analyse et synthèse, 38 ; b) induction et déduction,

48 ; — méthode des sciences : *a)* mathématiques, 60 ; *b)* physiques et naturelles, 119 ; 160 ; *c)* morales, 207 ; — utilité de la méthode, 57.

MÉTHODOLOGIE : 1.

MILIEU : son influence, 382 ; 245-246.

MINEURE (PROPOSITION) : 73.

MINIMUM SENSIBILE : 223.

MOBILES : 331.

MODES DU SYLLOGISME : 74-75.

MOI : 326 ; 337.

MOLESCHOTT : déterminisme, 381.

MONARCHIE : 544-545.

MONDE : perception du monde extérieur, 326.

MONISME DE HECKEL : 277.

MONTESQUIEU (CHARLES) : définition de la loi, 393 ; — antériorité de la loi naturelle, 396, note ; — fondement du droit de propriété, 499.

MORALE : définition et objet, 344 ; — division, 345 ; — méthode de la morale, 227 ; — la morale indépendante, 345 ; — morale formelle ou générale, 351 ; — morale matérielle ou particulière, 406 ; — morales : *a)* égoïstes ou utilitaires, 405 ; *b)* sentimentales ou altruistes, 418 ; *c)* rationnelles, 424 ; — morale personnelle, 470 ; — morale sociale 480 : *a)* humanitaire, 480 ; *b)* domestique, 511 ; *c)* civique, 520 ; *d)* internationale, 575.

MORALE FORMELLE DE KANT : 427.

MORALITÉ : éléments constitutifs, 358 ; — conséquences : personnalité, responsabilité, mérite et démérite, sanction, vertu, 442.

MORT (PEINE DE) : 488.

MOTIFS : 331 ; — nécessité des motifs pour l'acte volontaire, 384-386 ; — influence des motifs, 386 ; — comparaison des motifs à des poids, 389 ; — les divers motifs des actions : plaisir, intérêt, sentiment, bien rationnel, 402.

MOYEN TERME : 73 ; 88 ; 89.

MUSCULAIRE (SENSATION) : 313.

MUTILATION : 476.

N

NATION : 520.

NATIONALISATION DU SOL : 506.

NATURE : 338-339.

NÉBULEUSE PRIMITIVE (HYPOTHÈSE DE LA) : 263.

NÉCESSITÉ DES PREMIERS PRINCIPES : 329 ; — cas d'extrême nécessité, 500.

Négation : qualité des propositions, 69.
NEWTON (Isaac) : l'effort patient, 126 ; — Newton et l'hypothèse, 134.
Normatives (sciences) : 208.
Notions premières (origine des) : 328.

O

Objectif : caractères des phénomènes intellectuels, 302-303 ; — observation objective, 217.
Obligation : devoir et obligation, 392 ; — caractères de l'obligation morale, 399 ; — fondement de l'obligation, 436.
Observateur : qualités d'un bon observateur, 125-126.
Observation : subjective ou interne, 214 ; — objective ou externe, 217 ; — l'observation dans les sciences physiques : ses conditions et ses règles, 124 ; — l'observation provoquée ou expérimentation, 137.
OCCAM (Guillaume d') : fondement de la distinction du bien et du mal, 435.
Occasion : 143, note.
Oisiveté : 477.
Oligarchie : 545.
Opérations : sensitives, 325 ; — proprement intellectuelles, 326.
Opposition (déduction par) : 68.
Ordre : ordre essentiel des choses, 439 ; — le bien moral c'est l'ordre dans l'amour, 438.
Ordre (principe d') : 155 ; 158.
Organes des sens : 326.
Organique (impression) : 312.
Ouvriers : devoirs et droits, 518.

P

Paix : arbitrage international, 488.
Paléontologie : sa place dans les sciences, 21 ; 121.
Panthéisme : fatalisme panthéistique, 371.
Partage forcé : funestes conséquences, 504.
Particulier : sens de ce mot dans l'induction et la déduction, 48.
PASCAL (Blaise) : valeur de la méthode d'autorité, 34-37 ; — esprit géométrique et esprit de finesse, 117 ; — l'expérience de la pression atmosphérique, 130.

Passif, passivité : dans les faits psychologiques, 308-309 ; — habitude passive, 340.

Passion : définition, 318 ; — rapports avec l'inclination, 318-319 ; — valeur et traitement des passions, 320 ; — responsabilité dans la passion, 322 ; — influence perturbatrice des passions, 356.

Pasteur (Louis) : observation patiente, 126, note 3 ; — réfutation des générations spontanées, 149, note.

Patience : condition des découvertes scientifiques, 126.

Patrie : patriotisme, 522.

Patrons : devoirs et droits, 518.

Peine : fondement du droit de punir, 488 ; — but de la peine, 449.

Penchants : inclinations morales, 316.

Perception : interne ; externe, 326.

Perfectibilité humaine : 288.

Personnalité : 337.

Phénomènes psychologiques : 297.

Philosophie : scientifique, 1 ; — morale, 297 ; — philosophie des sciences, 23 ; — rapports de la philosophie avec les sciences, 26 ; — philosophie, science universelle et science particulière, 28.

Physiologie : sa place dans les sciences, 21 ; 120-121 ; — distinction entre la physiologie et la psychologie, 298 ; — l'expérimentation en physiologie, 188 ; — expériences psycho-physiologiques, 224.

Physique : faits physiques, 298 ; — sciences physiques comparées : aux sciences naturelles, 119 ; — aux sciences morales, 210 ; — division des sciences physiques, 20 ; 120-121 ; — leur méthode, 119.

Pitié : 483.

Plaisir : lois du plaisir, 311 ; — rôle du plaisir, 323 ; 415 ; — morale du plaisir, 405.

PLATON : morale platonicienne, 424, note.

Politesse : 490.

Politique : sa place dans les sciences, 21 ; 207-208.

Polygamie : 514 ; 463-464.

Polysyllogisme : 83.

Porphyre : échelle de Porphyre, 172-173.

Possession : 496.

Possibilistes (les) : 507.

Postulat : principe de la démonstration mathématique, 105 ; — postulats de la loi morale, 427 ; 431 ; 452.

Pouvoir : origine du pouvoir en général, 527 ; — origine de l'autorité concrète, 528 ; — ses attributions, 531 ; — limites et empiètements, 538 ; — résistance au pouvoir, 540 ; — les pouvoirs de fait, 542 ; —

légitimation du pouvoir usurpé, 543; — formes du pouvoir, 544; — pouvoirs législatif, exécutif et judiciaire : leur séparation, 546; — stabilité et transmission du pouvoir, 547.

PRÉCEPTES PRIMAIRES ET SECONDAIRES DU DROIT NATUREL : 403.

PRÉCIPITATION : cause d'erreur, 31.

PRÉMISSES : 73.

PRESCIENCE : la prescience divine et la liberté humaine, 372.

PRESSE : liberté de la presse, 492-495.

PRÉVENTION : cause d'erreur, 31.

PRÉVISION : caractère de la connaissance scientifique, 6-7; 164.

PRINCIPES FONDAMENTAUX DU SYLLOGISME : 86; — principes de la démonstration en général, 90; — principes de la démonstration mathématique, 104.

PRINCIPES PREMIERS : origine, 329; — principes d'identité et de contradiction, 90, note; — principe du tiers exclu, 70; — principes de raison suffisante et de causalité, 155, note.

PRIVILÈGE : 396.

PROBABILIORISME, PROBABILISME : 302-303.

PROBABILITÉ : de l'hypothèse, 178; — de l'analogie, 198.

PROBLÈME : définition, 104.

PRODIGALITÉ : 500.

PROGRÈS : 288.

PROGRESSION : marche de la synthèse, 39; 44.

PROPOSITION : classification des propositions d'après la quantité et la qualité, 69; — leur opposition, 68; — leur conversion, 71; — leurs rapports dans le syllogisme, 73; — règles du syllogisme relatives aux propositions, 77; 79.

PROPRE (LE) : idée générale, 171-172; 174.

PROPRETÉ : 473.

PROPRIÉTÉ : définition, 496; — vrai fondement : du droit abstrait de propriété, 496; — du droit concret : occupation, travail, 497; — fondements erronés, 499; — limites du droit de propriété : morales et légales, 499; — violation, 501; — objections contre le droit de propriété, 501; — liberté testamentaire, 504; — le socialisme, 505.

ROSYLLOGISME : 83.

ROUDHON (PIERRE) : morale indépendante, 345; — le droit, fondement du devoir, 460, notes; — la propriété, 501.

SYCHOLOGIE : définition, 297; — méthode géométrique et méthode psychologique, 212; — psychologie comparée, 217; — l'hypothèse et l'expérimentation en psychologie, 221; — lois psychologiques, 225; — conditions psychologiques de la vie morale, 297; — distinction entre la psychologie et la physiologie, 298 ; — classification des faits psychologiques, 301 ; — unité de la vie psychologique, 306 ; — l'activité psychologique : division de la psychologie, 308 ; — division des sciences psychologiques, 21 ; 208.

Psycho-physique, psycho-physiologie : 222-224.

PUFFENDORF (Samuel) : fondement du droit de propriété, 499.

Q

Qualité : des jugements et des propositions, 69 ; — syllogisme de la qualité, 87 ; — loi de qualité pour le plaisir, 311.

Quantification du prédicat : 87.

Quantité : sciences de la quantité, 62 ; — extension des propositions 69 ; — syllogisme de la quantité, 86.

Quiétisme : 416.

R

Raison : intuitive et discursive, 97 ; — part de la raison dans l'induction, 159 ; — sa place parmi les facultés, 327 ; — raison théorique: origine des vérités premières, 329 ; — raison pratique ou conscience morale, 352.

Raison suffisante (principe de) : 155, note.

Raisonnement : déductif et inductif, 37 ; — déduction immédiate, 68; — déduction médiate, 72 ; — raisonnement par analogie, 196-198.

RAVAISSON (Félix) : fondement de l'induction, 154.

Recherche de la cause : 141.

Récompense : la vertu et les récompenses, 116 ; — but de la récompense, 449.

Réduction : l'analyse est une réduction, 39-40 ; — réduction des modes du syllogisme, 75 ; — réduction à l'absurde, 111.

Réflexion : méthode de la psychologie, 214 ; — acte de la conscience réfléchie, 326.

Régression : marche de l'analyse, 39 ; 45.

Regret : 354.

REID (Thomas) : fondement de l'induction, 152 ; — fondement de la croyance au témoignage, 232 ; — la liberté d'indifférence, 384.

Religieux : morale religieuse (devoirs envers Dieu), 407 ; — le droit d'association et les congrégations religieuses, 550.

Réparation : le châtiment répare l'ordre troublé, 450 ; 488.

RÉPÉTITION : condition du développement de l'habitude, 339.
REPRÉSENTATIF : caractère des faits intellectuels, 303 ; — gouvernement représentatif, 545.
REPRÉSENTATIONS GRAPHIQUES DES SYLLOGISMES : 90.
RÉPUBLIQUE : 545.
RÉPUTATION : respect de la réputation, 509.
RÉSISTANCE : droit de résistance passive et active, 540.
RESPECT : sentiment moral, 354 ; 428.
RESPECT HUMAIN : morale du respect humain, 420.
RESPONSABILITÉ : conséquence de la liberté, 336 ; — sa nature, 353 ; 442 ; — conditions et variations, 442-443 ; — responsabilité dans les actions d'autrui, 445 ; — conséquences : mérite et démérite, 446 ; — sanctions, 448.
RESTES, RÉSIDUS (MÉTHODE DES) : 150.
RESTITUTION : 501.
RÉVOLUTION : 572.
RIBOT (THÉODULE) : expériences psycho-physiques, 222.
ROUSSEAU (JEAN-JACQUES) : la souveraineté du peuple, le *Contrat social*, 524.

S

SAGESSE : 470.
SAINT-SIMON (HENRI DE) : valeur des passions, 320.
SALAIRE : 448.
SANCTION : définition, 448 ; — fondement et nécessité, 448 ; — but, 449 ; — insuffisance des sanctions de la vie présente, 451 ; — nécessité d'une sanction de la vie future, 452.
SANTÉ : 473.
SATISFACTION MORALE : 354.
SAUVAGERIE : est-ce l'état primitif ? 526.
SCHOPENHAUER (ARTHUR) : attaque Kant, 433.
SCIENCE : sa nature, 2 ; — caractères et conditions, 3 ; — avantages, 6 ; — science du général, 7 ; — marche générale de la science, 55.
SCIENCES : origine et distinction, 10 ; — classifications subjectives (*Aristote, Bacon, d'Alembert*), 12 ; — classifications objectives (scolastiques, *Ampère, Comte, Spencer*), 14 ; — classification proposée, 19 ; — hiérarchie des sciences, 22 ; — philosophie des sciences, 23 ; — rapports des sciences avec la philosophie, 26.
SCIENCES MATHÉMATIQUES : 60.
SCIENCES MORALES : 206.

SCIENCES NATURELLES : 118; 166.
SCIENCES PHYSIQUES : 118.
SCOT (DUNS) : distinction du bien et du mal : 435.
SÉLECTION : naturelle et artificielle, 265 ; — efficacité limitée; 272, note.
SENS : 326 ; — impression sensorielle, 312.
SENS INTIME : conscience spontanée, 326.
SENSATION : définition, 311; — antécédents, 312 ; — éléments affectif et significatif, 312 ; — sensations internes et externes, 313.
SENSIBILITÉ : définition, 310 ; — division, inclinations, émotions, passions, 311 ; — rôle de la sensibilité, 323.
SENSIBLES, SENSITIFS (FAITS) : leur caractère subjectif et affectif, 302.
SENTIMENT : définition, 313; — sens divers de ce mot, 314; — comparaison avec les sensations, 314 ; — sentiments moraux, 254 : morales du sentiment, 418; — sentiment de l'honneur, 421 ; — rôle du sentiment en morale, 423.
SÉPARATION : de corps et de biens, 515 ; — des pouvoirs, 546.
SERVICE MILITAIRE : 549.
SERVITEURS : devoirs et droits, 548.
SERVITUDE : des passions, 388; — servitude légale, 491.
SIGNIFICATIF : élément de la sensation, 312.
SIMPLICITÉ DES VOIES DE LA NATURE : 135.
SINCÉRITÉ : du témoignage figuré, 237 ; — écrit, 238.
SMITH (ADAM) : morale de la sympathie, 419.
SOCIABILITÉ : 525.
SOCIÉTÉ : définition et éléments, 520 ; — ce n'est pas un état contre nature, 524; — origine naturelle, 525.
SOCIOLOGIE : ensemble des sciences sociales, 247.
SOLIDARITÉ : 446.
SOPHISMES : dénombrement incomplet; *post hoc, ergo, propter hoc,* 102.
SORITE : progressif, régressif, 83.
SOUVENIR : acte de la mémoire, 326.
SOUVERAIN BIEN : 403.
SOUVERAINETÉ DU PEUPLE : 524; 529.
SPECTATEUR IMPARTIAL : son rôle dans la morale : d'A. *Smith*, 420; de S. *Mill*, 411-412.
SPENCER (HERBERT) : classification des sciences, 18; — l'évolutionnisme, 280; — morale évolutionniste, 413 ; — attaques contre la charité, 483;
SPINOZA (BARUCH) : méthode psychologique, 212 ; — fatalisme panthéistique, 371.

SPONTANÉITÉ : conscience spontanée, 326.
STATIQUE SOCIALE : 248.
STATISTIQUE : 250 ; 376.
STOÏCISME : valeur et traitement des passions, 320 ; — exclusion de l'intérêt, 416 ; — morale stoïcienne, 426, note ; — suicide, 474.
STUART-MILL (John) : origine des notions mathématiques, 64 ; — objection contre le syllogisme, 100 ; — les quatre méthodes expérimentales, 147 ; — fondement de l'induction, 155 ; — raisonnement par analogie, 197 ; — méthode de la morale, 227 ; — utilitarisme rectifié, 410 ; — fondement du droit, 457.
SUAREZ (François) : origine du pouvoir, 527 ; — résistance à la tyrannie, 541-542.
SUBJECTIF : observation subjective, 214 ; — caractère des faits sensibles, 302.
SUCCESSION : droit d'hériter, 502.
SUFFRAGE : espèces et organisation, 554.
SUGGESTION : 224, note 2.
SUICIDE : 474.
SUJET : extension du sujet, 69 ; 71.
SUPERFLU : usage du superflu, 535-536.
SYLLOGISME : structure et éléments, 72 ; — figures et modes, 73 ; — modes concluants, 75 ; — réduction des modes, 75 ; — règles du syllogisme, 76 ; — syllogismes irréguliers, 82 ; — syllogismes composés, 84 ; — principes fondamentaux : syllogisme de la quantité, 86 ; — syllogisme de la qualité, 87 ; — représentations graphiques des syllogismes, 90 ; — syllogisme démonstratif ou syllogisme du nécessaire, 95 ; — objection contre le syllogisme, 99 ; — comparaison avec la démonstration mathématique, 109.
SYMPATHIE : au point de vue psychologique et moral, 419.
SYNTHÈSE : définition, 38 ; — synthèse rationnelle, 39 ; — synthèse expérimentale, 42 ; — sa marche progressive, 44 ; — règles, 45 ; — emploi, 46 ; — comparaison avec la déduction, 54 ; — la science tend à la synthèse, 55 ; — grandes synthèses scientifiques, 131 ; 253 ; — synthèse de l'histoire, 244.
SYNTHÉTIQUES A PRIORI (PROPOSITIONS) : 106.

T

TABLE : les trois tables de Bacon, 145.
TACT : sens du tact, 326 ; — tact du vrai, 117.

TAINE (Hippolyte) : théorie du milieu, de la race et du moment; 245-246 ; — déterminisme, 381-382.
Témoignage, témoin : définition, 231 ; — importance du témoignage, 231 ; — fondement de la foi au témoignage, 232 ; — règle de la critique du témoignage, 233 ; — valeur du témoignage doctrinal ou de l'autorité, 33.
Tempérament : influence sur la liberté, 382.
Tempérance : 476 ; — sociétés de tempérance, 479.
Tendance : inclination, 310.
Terme : les trois termes du syllogisme, 73 ; — règles relatives aux termes, 77.
Textes (critique des) : 237-239.
Théocratie : 526-527.
Théodicée ou théologie rationnelle : sa place dans les sciences, 22.
Thèse : la thèse et l'hypothèse dans les rapports de l'Église et de l'État, 564.
THOMAS D'AQUIN (saint) : fatalisme théologique, 373-375 ; — définition de la loi, 395 ; — définition de la tyrannie, 540.
Tiers exclu (principe du) : 70.
Tolérance : des cultes, 565.
Traditions : critique des traditions orales, 236.
Transformisme : exposé, 264 ; — critique, 270.
Travail : obligation du travail, 477 ; — liberté du travail, 492 ; — fondement de la propriété, 498 ; — réglementation du travail, 537.
Tyrannie : 540.

U

Uniformité de la nature (principe de l') : 153, note; 158.
Unité du moi : 328.
Unité des forces physiques (hypothèse de l') : 256.
Unité nationale : des éléments, 522-523.
Universalité : de la conscience, 355 ; — de la loi morale, 400.
Universaux (les cinq) : idées générales, 171.
Usage, usufruit : 496.
Usurpateur, usurpation : 542-544.
Utilitarisme : morales utilitaires : d'Épicure, 407 ; — de Bentham, 408 ; — de S. Mill, 410 ; — de Spencer, 413.
Utilité sociale : source du droit d'après S. Mill et Spencer, 457.

V

VARIATIONS CONCOMITANTES (MÉTHODE DES) : 149.
VÉRACITÉ : instinct de véracité, 232-233 ; — qualité morale des témoins, 238 ; — devoir de la véracité, 491.
VÉRIFICATION : de l'hypothèse, 129 ; 135-136 ; — de l'analogie, 200.
VÉRITÉS PREMIÈRES : origine, 329.
VERTU : la vertu et les motifs intéressés, 416 ; — définition de la vertu, 438.
VICO (JEAN-BAPTISTE) : les trois âges de l'histoire, 245.
VIE PSYCHOLOGIQUE : 306 ; 308.
VITALE (SENSATION) : 313.
VITESSE DES SENSATIONS : 222.
VIVISECTION : 188 ; 224.
VOLITIFS (FAITS) : leur caractère conatif et libre, 303.
VOLITION : acte de la volonté, 332.
VOLONTÉ : activité volontaire, 329 ; — volonté et liberté, 330 ; — analyse de l'acte volontaire, 331 ; — essence de l'acte volontaire, 333 ; — volonté et désir, 333 ; — caractères de la volonté saine, 335 ; — maladies de la volonté, 336 ; — l'habitude et la volonté, 340-341 ; 342.
VOTE : droit politique, 549 ; — espèces, 554.
VRAI : amour du vrai, 316.
VRAISEMBLABLE : 234.
VUE : sens de la vue, 326.

W

WEBER : loi de Weber, 223.
WUNDT : expériences psycho-physique, 222.

Z

ZÉNON DE CITTIUM : valeur des passions, 329.
ZOOLOGIE : sa place dans les sciences, 21 ; 170-171.

PARIS (VIe)
Librairie de P. LETHIELLEUX, Éditeur
10, rue Cassette, 10

TRAITÉ DE PHILOSOPHIE
Conforme aux derniers programmes de la classe de philosophie
Par Gaston SORTAIS
Ancien professeur de philosophie à l'externat de la rue de Madrid, à Paris

Deux forts volumes in-8 écu, en reliure anglaise............ **12 fr.**

DU MÊME AUTEUR

PRÉCIS DE PHILOSOPHIE SCIENTIFIQUE
ET DE
PHILOSOPHIE MORALE
Conforme aux derniers programmes des classes de Mathématiques A et B

Fort volume in-8 écu, en reliure anglaise................ **6 fr.**

EXCURSIONS ARTISTIQUES ET LITTÉRAIRES
Deux volumes in-8............................ **6 fr.**
Les mêmes, en deux volumes in-12.......... .... **5 fr.**

LA CRISE DU LIBÉRALISME
ET
LA LIBERTÉ DE L'ENSEIGNEMENT
Par **Gaston SORTAIS**, ancien professeur de philosophie à l'Externat de la rue de Madrid, à Paris

In-12.................................... **2.50**

Dans ce dernier travail, l'auteur, après avoir établi le bilan du Libéralisme sous ses principales formes, et constaté sa faillite complète, suit les adversaires sur le terrain spécial de la Liberté d'Enseignement.

Rien de plus douloureusement intéressant que ce magistral exposé, où tout ce qui touche la liberté est étudié avec finesse, largeur de vues et impartialité. Aucun point important n'est négligé : Les conséquences du Libéralisme et le Syllabus ; — Les droits de l'enfant et le monopole universitaire ; — L'Église et l'intolérance ; telles sont les principales questions que M. G. SORTAIS traite avec une rare compétence et une singulière puissance de logique. Inutile d'ajouter que l'auteur n'est ni un rétrograde, ni un fanatique : il connaît ses contemporains, leurs aspirations et leurs besoins, leurs préjugés et leurs erreurs ; c'est pour eux qu'il écrit, c'est leur langue qu'il parle, leurs arguments qu'il développe ou attaque. Il est donc impossible qu'il ne soit pas compris et goûté de tous.

MANUEL DE PHILOSOPHIE CHRÉTIENNE

Comparé avec les doctrines anciennes et modernes par Sansévérino, traduit sur la troisième édition napolitaine par l'abbé Corriol, ancien professeur de philosophie.

2 vol. in-8. *Nouvelle édition*.................................. **8 fr.**

ÉLÉMENTS DE PHILOSOPHIE CHRÉTIENNE

Par le chanoine **A. GOUIN**, docteur en théologie
Vicaire général honoraire, ancien supérieur du grand séminaire du Mans
Ouvrage approuvé par le Maître du Sacré Palais

2 vol. in-8.. **6 fr.**

LES PENSÉES DE PASCAL

REPRODUITES D'APRÈS LE TEXTE AUTOGRAPHE, DISPOSÉES SUIVANT LE PLAN PRIMITIF ET SUIVIES DES OPUSCULES. ÉDITION APOLOGÉTIQUE ET CRITIQUE ENRICHIE DE NOTES, PRÉCÉDÉE D'UN « ESSAI SUR L'APOLOGÉTIQUE DE PASCAL »

Par **Mgr. A. GUTHLIN**, ancien vicaire général d'Orléans

Fort volume in-12 (cxcv-508 pp.)............................ **4 fr.**

HIPPOLYTE TAINE, par Lucien ROURE.

In-12.. **2.50**

LE RÉALISME CHRÉTIEN ET L'IDÉALISME GREC,
par **L. LABERTHONNIÈRE**.

In-12.. **2.50**

Dans la crise aiguë que nous traversons, ce livre, où les questions actuellement agitées sont reprises de haut, paraît répondre au réel besoin du moment. C'est une œuvre constructive où l'on peut dire, semble-t-il, que l'accord de la raison et de la foi apparaît en acte. Le dernier chapitre a pour titre : Comment se concilient l'immutabilité et la mobilité dans le christianisme? C'est cette conciliation qu'on saisit sur le fait. L'auteur montre comment tout peut et doit servir à renouveler et à consolider la synthèse du catholicisme. Il justifie ce qu'il avait dit ailleurs : « Nouvelle, si l'on veut, l'apologétique qui méthodiquement considère le christianisme comme une vie — et non pas simplement comme un fait extérieur ou un système d'idées — et qui pour le faire accepter s'efforce de le présenter comme la solution même du problème de la vie ; mais ancienne aussi, au moins tout autant que nouvelle, car, si l'on remonte à l'Évangile, on reconnaîtra bien que c'est essentiellement sous cet aspect que déjà le christianisme s'y montre. *Non nova sed nove.* »

HISTOIRE DE LA PHILOSOPHIE

Par S. E. le Cardinal GONZALEZ, O. P.

Traduite de l'espagnol et accompagnée de notes
Par l'abbé G. DE PASCAL

4 forts volumes in-8º carré............................ **24.00**

Ouvrages de M. l'abbé H. DAGNEAUX
Ancien professeur de philosophie à l'Institution Sainte-Marie, à Paris.

Histoire
DE LA
Philosophie

Beau vol. in-8 carré (xi-608 p.). **5 00**

Leçons de Métaphysique

In-8 carré (xii-446 pages).... **5.00**

Recueil méthodique de sujets de dissertations et conseils pour la dissertation. In-8....... **1.50**

La Notion de l'ordre, par l'abbé A. CHOLLET, professeur de philosophie à l'Université catholique de Lille. In-8 carré......... **3.00**

Voltaire et le Voltairianisme, par NOURRISSON, membre de l'Institut. In-8 carré................................. **7.50**

Pensées philosophiques, par le Dr FOURNET, publiées sous le patronage de M. RAVAISSON, membre de l'Institut, par J. GARDAIR, professeur libre de philosophie à la Sorbonne. Beau volume in-8 carré, orné d'un portrait............................... **7.50**

Théorie des Concepts. *Origine, Existence, Valeur*, par le R. P. PEILLAUBE, S. M., professeur à l'Institut catholique de Paris. In-8. **7.50**

BOUDDHISME ET CHRISTIANISME, par CH.-F. AIKEN

docteur en Philosophie et en Théologie, professeur à l'Université de Washington. *Ouvrage traduit de l'anglais*, par l'abbé L. COLLIN, docteur en Théologie, professeur à l'école de Saint-François-de-Sales à Dijon. In-8 carré................... **5.00**

Leçons de Philosophie scolastique, d'après la méthode et les principes de saint Thomas, par le R. P. CORNOLDI, S. J. Traduit de l'italien par M. l'abbé BAUDRE. Gros vol. in-8.................. **7.00**

La Philosophie de M. Balfour, par J. REY. In-12....... **2.50**

BIBLIOTHÈQUE PHILOSOPHIQUE

L. LABERTHONNIÈRE

Essais de Philosophie religieuse In-12............ 3.50

T. R. P. LEPIDI, O. P.

Opuscules philosophiques. — *Première série.* In-12........... 3.50

Ouvrages de M. J. GARDAIR
Professeur libre de philosophie à la Sorbonne

Corps et âme. Introduction à la philosophie de saint Thomas. In-12. 3.50

Cours libre sur la Philosophie de Saint Thomas

Volumes parus

La Nature humaine. In-12. 3.50
La Connaissance. In-12..... 3.50
Les Passions et la Volonté. In-12. .... 3.50
Les Vertus naturelles. In-12. 3.50

En préparation
Les Lois.
Dieu.

Ouvrages du R. P. GRUBER S. J.

Auguste Comte, fondateur du Positivisme. Sa vie, sa doctrine. In-12. .... 3.50
Le Positivisme depuis Comte jusqu'à nos jours. In-12..... 3.50

François Bacon, par G.-L. Fonsegrive, agrégé de philosophie, prof. au lycée Buffon. In-12..... 3.50

R. P. J. SOUBEN, O. S. B.

L'Esthétique du Dogme chrétien. In-12........................ 3.50
Les Manifestations du beau dans la nature. In-12.......... 3.50

Abbé C. BESSE

Philosophies et Philosophes. In-12. .... 3.50

Abbé A. CHOLLET

La Morale stoïcienne et la Morale chrétienne. In-12......... 3.50

Abbé L. NOEL

Conscience du libre arbitre. In-12. .... 3.50

Abbé N. BOULAY

Principes d'anthropologie générale In-12.................... 3.50
La Liberté, par l'abbé C. Piat, agrégé de philosophie, professeur à l'Université catholique de Paris (*Ouvrage couronné par l'Académie française*). 2 volumes in-12. 7.00
I. — Historique du problème au dix-neuvième siècle.
II. — Le Problème.
Chaque volume se vend séparément.
.... 3.50

Ouvrages du R. P. PESCH

Kant et la Science moderne. In-12. .... 3.50
Le Kantisme et ses erreurs. In-12. .... 3.50

Ouvrages de M. St-Georges MIVART
Professeur à l'Université de Louvain

L'Homme. In-12............. 3.50
Le Monde et la Science. In-12. 3.50

Ouvrages du R. P. de PASCAL

Philosophie morale et sociale. 2 volumes in-12, 7.00 :
I. — Philosophie morale.
II. — Philosophie sociale.
Chaque volume se vend séparément.
.... 3.50

Ouvrage du R. P. ZAHM, C. S. C.

L'Évolution et le Dogme. 2 volumes in-12.................... 7.00

Poitiers. — Imp. BLAIS et ROY.

Documents manquants (pages, cahiers...)
NF Z 43-120-13

www.ingramcontent.com/pod-product-compliance
Lightning Source LLC
Chambersburg PA
CBHW051323230426
43668CB00010B/1124